U0807271

钱理群作品精编

钱理群

心灵的探寻

生活·讀書·新知 三联书店

Copyright © 2014 by SDX Joint Publishing Company.
All Rights Reserved.
本作品版权由生活 · 读书 · 新知三联书店所有。
未经许可，不得翻印。

图书在版编目（CIP）数据

心灵的探寻 / 钱理群著. —北京：生活 · 读书 · 新知三联书店，2014.10 （2024.9 重印）
（钱理群作品精编）
ISBN 978－7－108－04750－2

Ⅰ. ①心… Ⅱ. ①钱… Ⅲ. ①鲁迅（1881～1936）－人物研究 Ⅳ. ① K825.6

中国版本图书馆 CIP 数据核字（2013）第 251726 号

责任编辑 卫　纯
装帧设计 蔡立国
责任印制 董　欢
出版发行 生活·讀書·新知 三联书店
（北京市东城区美术馆东街 22 号 100010）
网　　址 www.sdxjpc.com
经　　销 新华书店
印　　刷 河北鹏润印刷有限公司
版　　次 2014 年 10 月北京第 1 版
2024 年 9 月北京第 3 次印刷
开　　本 880 毫米 ×1230 毫米 1/32 印张 10.375
字　　数 257 千字
印　　数 07,001－10,000 册
定　　价 45.00 元
（印装查询：01064002715；邮购查询：01084010542）

“文革”批斗会以后所摄（1968 年）

苦读（60 年代）

和教研究室老师、进修教师在北大校门合影（二排左二严家炎，左三王瑶，左六孙玉石；三排左一：唐沅，左二黄修己，左三孙庆升老师）

90年代讲鲁迅

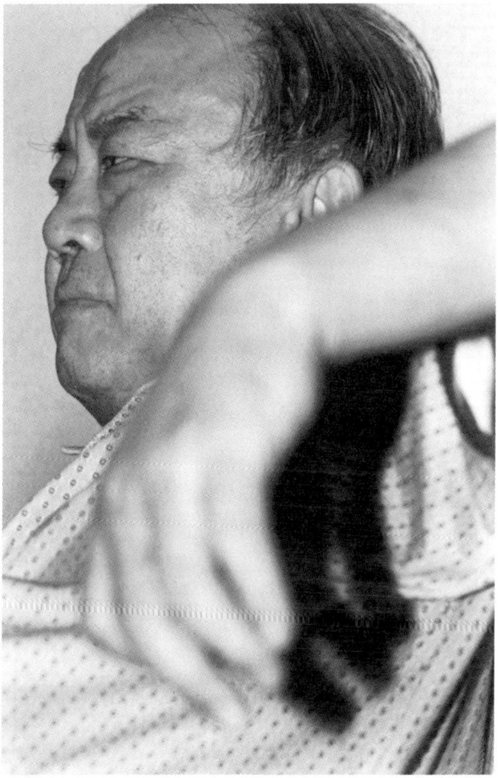

生命的沉湖（2000年）

和中学生（南师大附中学生）聊天

《心灵的探寻》初版（上海文艺出版社，1988 年）

《心灵的探寻》再版（北京大学出版社，1999 年）

总序：大时代里的个体生命史

感谢北京三联书店的朋友，要为我编选“作品系列”，这就给了我一个机会，对自己的研究与著述，作一番回顾与总结。

尽管我从1962年第一个早晨写《鲁迅研究札记》，就开始了业余研究，但将学术研究作为专业，却是以1978年考入北京大学研究生班，师从王瑶和严家炎先生为起端的。记得第一篇公开发表的学术论文，是刊载于《中国现代文学研究丛刊》1980年第2期的《鲁迅与进化论》；从那时算起，我已经笔耕三十三年了。粗略统计，出版了六十四本书，编了五十一本（套）书，写的字数大概有一千三四百万。写的内容也很广，我自己曾经归为十个系列，即“周氏兄弟研究”、“中国现代文学史研究”、“20世纪中国知识分子精神史研究”、“毛泽东及毛泽东时代研究”、“中国当代民间思想史研究”、“中国教育问题研究”、“志愿者文化与地方文化研究”、“思想、文化、教育、学术随笔”、“时事、政治评论”、“学术叙录及删余文”。我曾经说过，我这个人只有一个优点，就是勤奋，整天关在书房里写东西，写作的速度超过了读者阅读的速度，以至于我都不好意思给朋友赠书，怕他们没有时间看。在这个意义上，我是为自己写作的，我整个的生命都融入其中，并因此收获丰富的痛苦与欢乐。

这一次将一大堆著作归在一起，却意外地发现了它们之间的内在联系。我的文学史研究、历史研究，关注、研究的中心，始终是人，人的心灵与精神，是大时代里的人的存在，具体的个体生命的存在，感性的存在。我所要处理的，始终是人的生存世界本身，存在的复杂性与丰富性，追问背后的存在意义与人性的困惑。而且我的写作，也始终追求历史细节的感性呈现，具有生命体温的文字表达。这些关注与追求，其实都是文学观照世界的方式。我因此把自己的研究，概括为“用文学的方法研究、书写历史”。

多年来，特别是退休以后，我更是自觉地走出书斋，关注中小学教育、农村教育，地方文化与民间运动，关注的也依然是一个个具体的，有血有肉的生命个体，我和他们的交往也是具体的、琐细的，本身就构成了我的日常生活。同时，我又以一个历史研究者的眼光、思维和方法，去观察、思考、研究他们，在我的笔下，这些普通的乡人、教师、青年　　都被历史化、文学化、典型化了。因此，也可以说，我是“用历史与文学的方法研究、书写现实”的。

现在，他们——这些留存于历史长河中的生命，这些挣扎于现实生活里的生命，都通过我的系列著作，奔涌而来。他们中间，有历史大人物，也有民间底层社会的普通人，都具有同样的地位与分量，一起构成了大时代里的个体生命史，一部20世纪的中国精神史，中国“人史”。我所有的研究，所写的上千万的文字，因此构成了一个有机整体，并且都渗透了我自己的个体生命史。

为了能展现这样的属于我自己的研究图景，本系列作品的编选，分为两个部分。第一系列是我的五部代表性研究专著：《心灵的探寻》、《周作人论》、《丰富的痛苦——堂吉诃德和哈姆雷特的东移》、《1948：天地玄黄》、《我的精神自传》，以展示我的学术研究的基本风貌。第二系列是重新编选的文集，计有：《世纪心路——现代作家篇》、《爝火不息——民间思想者篇》、《大地风雷——历史事件篇》、《精神梦乡——北大与学者篇》、《漂泊的家园——家人与乡人篇》、

《情系教育——教师与青年篇》。这本身也形成了一个结构：从五四新文化运动的开创者陈独秀开始，到曾经的精神流浪汉、某当代大学博士生王翔结束，我大概写了将近一百位“大时代里的个体生命史”。为便于读者理解我的研究与书写背景，每一卷的开头都有“前言”，主要讲述我和本卷书写对象的关系，借此呈现研究者与研究对象的生命纠结，同时召唤读者的生命投入，以形成所描述的历史、现实人物与作者、读者的新的生命共同体。——这设计本身，就相当的诱人，但却有待读者的检验。

2013 年 3 月

本书献给

正在致力于中国人和中国社会改造的青年人

目　录

情感篇

艺术篇

引 言

人们越来越认识到，“鲁迅”（鲁迅其人，他的作品）本身即是一个充满着深刻矛盾的、多层次、多侧面的有机体。不同时代、不同层次的读者、研究工作者，都按照各自所处的时代与个人的历史哲学、思想情感、人生体验、心理气质、审美要求，从不同的角度、侧面去接近“鲁迅”本体，有着自己的发现、阐释、发挥、再创造，由此而构成了一个不断接近“鲁迅”本体，又不断丰富“鲁迅”本体的，永远也没有终结的运动过程。也正是在各代人广泛参与的过程中，“鲁迅”逐渐成为民族共同的精神财富。

考察鲁迅作品在不同时代读者中的不同反应，以及鲁迅的形象在中国社会发展的不同历史时期所发生的变化，并从这一特殊角度探讨中国现代民族思想、心理、情绪的变化，那将是很有意义的。

30年代中期鲁迅离开我们的时候，中国人民第一次把他称作“民族魂”。此后，40和50年代，以至60年代前半期，在中国知识分子心目中，鲁迅的形象主要是一个“横眉冷对千夫指，俯首甘为孺子牛”的“硬骨头”。毛泽东在40年代指出：“鲁迅的骨头是最硬的，他没有丝毫的奴颜和媚骨，这是殖民地半殖民地人民最可宝贵的性格。鲁迅是在文化战线上，代表全民族的大多数，向着敌人冲锋陷阵的最正确、最勇敢、最坚决、最忠实、最热忱的空前的民族英雄。”[1]毛泽东对鲁迅的这一评价之所以被认为是一个经典式的结论，不仅因为它确切地反映了鲁迅思想性格的实际，而且确切地反映了在民族救亡、奋起的四五六十年代，整个民族的历史命运、要求与心理。在中华民族腾飞的历史任务未完成之前，鲁迅的“硬骨头”形象都将继续活在许多中国人的心中。

时间到了80年代，当今的中国人对于鲁迅的认识、评价（这些评价有的见诸文字，有的则限于私人的口传范围），产生了各种歧义，鲁迅研究界也出现了多种角度的多种见解，以至于今天我们有可能明确提出“我之鲁迅观”的研究命题。应该说这是一种可喜的具有积极意义的现象。人们终于认识到，不同学术见解的关系，绝不是简单到对某一种见解的肯定，必定要以否定（以至推倒）另一种见解为前提；相反，各种学术见解是从各自的角度接近了鲁迅本体的某一方面，因而是可以互为补充的。

在当今众多的鲁迅观中，引起本书作者注意的，是一部分当代青年对于鲁迅的如下观察：“每每捧起鲁迅的作品，我最先感受到的却是另一个问题：鲁迅作品中的‘自我’。”“（他）既燃烧着人类不断探索追求的进取精神的火焰，又流露着把握不住人生的痛苦、犹豫；既闪耀着我们中华民族高尚情操、品德的光辉，又表现出独鲁迅才有的坚韧中带有脆弱的气质。”和世界上一切“探索人类灵魂奥秘的思想家、文学家”一样，鲁迅“博大深邃的思想中，最多地吸取了前人留下的精神财富”，也“最高地负起了人类认识自然、社会自身的重担”；“人类对真理的追求”，在他身上“体现得最强烈”，“人类认识过程中的矛盾，痛苦”，在他的精神世界中“占有更大的空间”。由于鲁迅“探索解剖的是背负着几千年封建思想道德，生活在半殖民地、半封建社会中的中国人的灵魂，他精神世界的犹豫，痛苦，爱，恨，理智，感情”的交锋就特别“强烈”。鲁迅的“自我是立体的，多侧面的，伟大、普通亦有渺小；深刻、平常亦有肤浅。但我想，也许恰恰因为这样，他留给人们的，是人类认识自然，社会，自身的历程中一个真实的横断面，是中华民族在20世纪前三十年艰难跋涉的途径”[2]。

本书作者对于这位敏感善思的当代青年的鲁迅观中的一些具体论点，不一定全部赞同；但却十分欣赏他所提出的观察角度，以为提供了一些值得注意、深思的新的时代信息，并引起了强烈共鸣。

这里所强调的“伟大而复杂的探索者”的鲁迅形象与“硬骨头”的鲁迅形象存在着内在的统一：追求的强烈与坚韧正是硬骨头精神的一种表现；然而，观察视野、思维方式上的变化、发展，也是显而易见的。

如果说四五六十年代，人们对鲁迅的观察视野集中在“民族英雄”的鲁迅这一个层面上，带有单向思维的性质；那么，今天，人们尽管仍然高度重视鲁迅作为“我们民族的伟大代表”、“我们民族的优秀精神的大集合体”[3]这一面，同时又把观察视野缩小到作为“个人”的鲁迅，对鲁迅的“自我”——他的独特的思维方式、心理素质、性格、情感……感到了浓厚的兴趣，又扩大到作为人类探索真理的伟大代表的鲁迅，从世界范围内，从人类思想发展史的广大时间、空间来探讨鲁迅及其思想、艺术的价值。应该说这两种观察视野都是自己时代的产物：在民族遭受异族侵略及外国势力封锁的四五六十年代，人们自然不能不把目标集中于民族的独立、解放与民族精神的发扬上；而在中华民族再次觉醒、崛起的七八十年代，我们的民族不仅需要再度发扬民族精神，而且需要补历史的一课：重新认识、评价、发扬自我的价值——于是，年青一代把目光转向鲁迅的自我；我们的民族再一次走出了闭关自守的绝境，开始面对世界，以人类大家庭的一员的姿态积极参加世界文化的创造——于是，鲁迅对人类文化发展的潜在价值被发掘了出来，成为人们关注的中心之一。我们对鲁迅的观察视野从“民族”的单层面转向“个人”、“民族”、“人类”统一的多层面，从根本上说，反映了民族视野的扩大，从单向思维向多向思维的发展。[4]

在四五六十年代占据支配地位的毛泽东对鲁迅的经典评价中，可以看出一种重结果而不重过程的趋向，即注重鲁迅结论的正确，不注重鲁迅在得出正确结论之前探索的曲折与痛苦；注重鲁迅行动的坚决、勇敢，不注重鲁迅在坚决、勇敢行动之前的犹豫与彷徨；注重鲁迅对于民族的忠诚与热忱，不注重鲁迅对于民族的失望，对民族弱点的憎恨，以及由此引起的矛盾与斗争，等等。人们看到的是“英雄”的鲁迅，却不重视鲁迅怎样成为英雄的探讨，有意无意地忽略鲁迅平凡的一面，更不愿正视作为英雄的鲁迅的内在矛盾与痛苦。对于鲁迅的这种“注重结果，不注重过程”的观察方法，是反映了那个特定时代的社会思维习惯与社会心理的。在那个时代，人们普遍不无盲目地认为，我们对于一切已经有了结论，只需要按“既定方针”办事，依照现成的楷模去行动就够了，探索只是少数“伟大人物”的事。正是这种多少僵化了的社会心理、思维方式塑造了多少有些僵化的鲁迅“英雄”形象。到了七八十年代，我们整个民族的社会心理发生了极大变化：现成的结论、模式，受到怀疑，进行重新审视，开始了全民族的大探索；探索真理的权利开始回到人民（包括作家、思想家）手里，并且变成了亿万人民的实践活动。于是，人们对鲁迅的观察由结果转向了过程。没有怀疑鲁迅的伟大，也不否定鲁迅作为民族英雄的历史地位；但人们的兴趣已经转移到鲁迅作为20世纪中国的伟大先驱者，他在探索民族变革、复兴道路过程中所面临的矛盾（外在的，更是内在的），他复杂万端的心态与情感，他的愤激与焦躁，感伤和痛苦，以及鲁迅怎样从内心的炼狱中挣扎出来，找到正确的道路。人们对鲁迅思想、心理、情感发展过程的着力探求，实质上是表现了人们在苦苦寻求鲁迅这样的民族英雄、历史伟人与平凡的自我之间的心灵通道；鲁迅正是通过这种探求，真正深入到民族大多数普通人民的心灵深处，转化为真正的精神力量。注重过程，就是注重思想的辩证法，心灵的辩证法[5]：这是能够从一个侧面反映我们民族的思维方式正在进一步走向成熟的。

这样，我们对鲁迅的研究、探讨，终于获得了一个新的观察角度与视野：把"个人"的鲁迅与"民族精神代表"的鲁迅，"人类探索真理的伟大代表"的鲁迅三者统一起来，把鲁迅作为一个伟大而复杂的探索者的形象，来研究鲁迅的各个侧面；探讨的重点，是鲁迅心灵的辩证法，并试图通过这一探寻，进一步探索 20 世纪我们民族思想、心理、情感发展的辩证法。

二

在研究目标初步确立以后，首先面临的问题是："个人"的鲁迅、"民族"的鲁迅与"人类"的鲁迅三者怎样获得统一？这就是说，必须对鲁迅个人在人类与民族发展的特定历史阶段的历史坐标作一个历史的确定。

于是，有必要引入"20 世纪中国与世界"这一概念。这是鲁迅活动的历史舞台；他的一切作为都受制于这个舞台，他个人的历史价值，他个人活动的历史特点，首先由这一舞台的性质、所承担的历史任务、所能提供的天地、所具有的历史特点所决定。而鲁迅的个人活动又反过来给这一历史舞台增添独特的光彩。

"20 世纪中国"是一个历史的过渡，它所要实现的是封建旧中国（以经济落后与政治专制为主要特征）向现代化的社会主义新中国（以经济现代化与政治高度民主化为主要特征）的历史大转折、大变革。与经济、政治的现代化历史进程相适应，20 世纪中国将要实现民族传统文化的根本改造，创造现代民族新文化；实现中国人的根本改造，铸造新的民族性格。在经济、政治、文化以及人的全面变革中，古老的中华民族将要实现自己的觉醒、更新与腾飞，嬗变为现代民族。

20 世纪中华民族的蜕变、崛起本身，即具有世界意义。列宁在本世纪初就提出了“亚洲的觉醒”即世界被压迫的落后民族的崛起问题。列宁一方面说明，中国的觉醒绝非孤立现象，是“亚洲的觉醒”的组成部分，另一方面则强调了包括中国在内的亚洲的觉醒是“20 世纪初所揭开的全世界历史的一个新的阶段”的一个标志。[6]“20 世纪世界”的基本特征之一，是东西方封闭体系的打破，各国孤立发展局面的彻底结束；20 世纪东西方文化在世界范围的全面撞击中，同时发生着融会和隔离两种历史趋向，在世界一体化与各民族多元化发展的矛盾对立统一运动中，推动着人类文明的发展。

鲁迅在 20 世纪中国的大变革、大转折，中华民族的大蜕变与大觉醒中，在 20 世纪世界东西方文化的撞击、融会、隔离中，将扮演一个什么历史角色？

鲁迅自己有过明确的回答。

在 20 世纪 20 年代中期，鲁迅在《写在〈坟〉后面》一文里提出了“历史中间物”的概念：“一切事物，在转变中，是总有多少中间物的。……或者简直可以说，在进化的链子上，一切都是中间物。当开首改革文章的时候，有几个不三不四的作者，是当然的，只能这样，也需要这样。他的任务，是在有些警觉之后，喊出一种新声；又因为从旧垒中来，情形看得较为分明，反戈一击，易制强敌的死命。但仍应该和光阴偕逝，逐渐消亡，至多不过是桥梁中的一木一石，并非什么前途的目标，范本。”[7]

这是历史的选择，也是鲁迅的自我选择：无论是 20 世纪古老中国向现代中国的历史纵坐标上，还是在由国别文化的封闭体系向世界文化开放体系过渡的历史横坐标上，鲁迅都处于“历史中间物”的位置。

他来自“旧营垒”，首先“反戈一击”——这是古老的旧中国最彻底的叛逆者，是封建文化封闭体系最勇猛的批判者；由此而决定怀疑主义否定精神成为鲁迅基本的历史文化性格。

他又首先“警觉”，“喊出一种新声”——这是20世纪中国与世界历史变革的伟大先驱者，由此决定着探索、创造、开放精神成为鲁迅不可或缺的历史文化性格，同时决定着鲁迅时刻处于时代旋涡中心的历史巨人般的实践性品格。

但他仅仅是历史过渡“桥梁中的一木一石”，他的任务是“一面清结旧账，一面开辟新路”，“自己背着因袭的重担，肩住了黑暗的闸门，放他们（按：指年青一代）到宽阔光明的地方去”[8]。由此产生了鲁迅历史文化性格中的牺牲精神。

在鲁迅的反叛、探索与牺牲中，都伴随着错综复杂的矛盾与难以想象的精神痛苦。这是20世纪中国与世界历史大变革、大转折中必有的历史大阵痛。

鲁迅是属于自己时代的；他是真正意义上的20世纪中国的、世界的思想家、文学家[9]——他的观念意识、思维方式、心理素质、情感特征、审美趣味，以及他的精神矛盾与痛苦，无不具有20世纪的时代特色；“个人”的鲁迅、“民族”的鲁迅，与“人类、世界”的鲁迅，正是统一在20世纪时代性这一基点上。

鲁迅一再声称，他“并非什么前途的目标，范本”[10]；这绝不是谦辞，而是如实地反映了他自己以及他所处的时代的历史过渡性质。鲁迅绝没有终结一切，无论他的思想，他的艺术，以及他的个性，他的灵魂，都不具有至善至美的特性，他是无限的运动过程中一个有限的环节，他为无数的后来者铺平了超越自己的道路，他的生命价值正是实现在这种超越之中。

——以上概述的各点，构成了本书的基本观点。

三

研究目标——探索鲁迅“心灵辩证法”——的确定，同时也就是研究方法的一种选择。

首先是“回到鲁迅那里去”[11]。这就必须承认，“鲁迅”是一个独立的世界：它有着自己独特的思想及思维方式，独特的心理素质及内在矛盾，独特的情感及情感表达方式，独特的艺术追求、艺术思维及艺术表现方式；研究的任务是从鲁迅自我“这一个”特殊个体出发，既挖掘个体中所蕴含、积淀的普遍的社会、历史、民族……的内容，又充分注意个体特殊的，为普遍、一般、共性所不能包容的丰富性。如果把鲁迅独特的思想、艺术纳入某一现成理论框架，研究的任务变成用鲁迅的材料来阐发、论证某一现成理论的正确性，那就实际上否定了鲁迅的独立价值，也否定了鲁迅研究自身的独立价值。

但通过什么样的途径才能抓住鲁迅之为鲁迅的独特性呢？本书的作者曾对此进行了长期思考而始终不得其门。

最后启发了思路的，仍是鲁迅自己的榜样。鲁迅曾经有过写中国文学史的计划，并且拟定了章节，向他的挚友许寿裳讲过大意。据许寿裳回忆，他把六朝文学的一章定名为“酒·药·女·佛”[12]。这四个字指的都是文学现象，但却不是一般的文学现象，而是“既和时代背景和社会思潮有联系，又和文人的生活与作品有联系，是可以反映和概括中古文学史的特征的典型文学现象”[13]。王瑶先生据此而得出了一个具有普遍方法论意义的结论：“文学史必须分析具体丰富的文学历史现象，它的规律是渗透到现实中的，而不是用抽象的概念形式体现的”，因此，“文学史要求通过对大量文学现象的研究，抓住那些最能体现这一时期的文学特征的典型现象，从中体现规律性的东西”。[14]王瑶先生在这里特意强调了处于一般现象与本质（规律）之间的“典型现象”这一中间环节；这是具有方法论的指导意义的。

进一步的深入研究，就可以发现：每一个有独创性的思想家和文学家，总是有自己惯用的、几乎已经成为不自觉的心理习惯的、反复出现的观念（包括范畴）、意象；正是在这些观念、意象里，凝聚着作家对于生活独特的观察、感受与认识，表现着作家独特的精神世界与艺术世界，它们打上了如此鲜明的作家个性的印记，以至于可以在其上直接冠以作家的名字，称之为“×××的意象”、“×××的观念”，从而构成了我们所要紧紧抓住的最能体现作家个体本质的“典型现象”。而作家（以及思想家）作为一个语言艺术家，他的独特观念、意象总是通过独特的语言（词语）表现出来的。由此而产生了如下研究路线：从作家在作品中惯用的、反复出现的词语入手，找出作家独特的单位意象、单位观念（包括范畴）；然后，对单位意象、单位观念进行深入的多层次的开掘，揭示其内在的哲学、心理学、伦理学、政治学、历史学、美学等的丰富内涵，并挖掘出其中所积淀的传统文化、外来文化的多种因子，以达到对作家与古今中外广大世界息息相通的独特的精神世界与艺术世界的具体把握。

鲁迅，作为一个博大精深的思想家与艺术家，他的单位观念与单位意象无疑是十分丰富的。不同的研究课题，可以有不同的选择，从而构架出不同的体系。

摆在面前的难题是：究竟哪些单位观念与单位意象最能充分地体现我们所要探寻的鲁迅“心灵的辩证法”，最能显示鲁迅独特的灵魂呢？换言之，到哪里去探寻打开鲁迅心灵的钥匙呢？

鲁迅自己已经做了回答。据章衣萍回忆，鲁迅曾经十分明白地告诉他：“他的哲学都包括在他的《野草》里面。”[15]鲁迅的挚友许寿裳也曾提醒我们注意：《野草》“可说是鲁迅的哲学”[16]。鲁迅说过，他不轻易在作品中露出自己的血肉[17]；但他又显然渴望袒露自己，求得真正的知己。《野草》正是对灵魂深处的一次逼视；这是鲁迅最个性化、最具有独创性的精神创造物，是鲁迅心灵炼狱中熔铸的诗，是鲁迅微妙的难以言传的感觉（包括直觉）、情绪、心理、意识（包括潜意识）的捕捉，是鲁迅更高、更深层次的哲理思考的展示，它最充分地显示了鲁迅式的思维方式，鲁迅式的心理特质，鲁迅式的情感方式，以及鲁迅式的美学风格。读者终于获得了一次几乎是绝无仅有的机会，得以通过《野草》打开鲁迅心灵的奥秘。

于是，在《野草·题辞》里，我们读到了如下灵魂的宣示——

> 当我沉默着的时候，我觉得充实；我将开口，同时感到空虚。
>
> 我自爱我的野草，但我憎恶这以野草作装饰的地面。
>
> 我以这一丛野草，在明与暗，生与死，过去与未来之际，献于友与仇，人与兽，爱者与不爱者之前作证[18]。

在《野草·墓碣文》中，我们又看到了如下哲学的概括——

> 于浩歌狂热之际中寒；于天上看见深渊。于一切眼中看见无所有；于无所希望中得救[19]。

这里所提出的观念与意象，无不存在于矛盾对立统一的形态中：这正是我们所要探寻的思想与心灵的辩证法。

我们在《野草·题辞》与《野草·墓碣文》的纲领性提示下，参照《野草》有关篇目，提出了四组鲁迅所特有的单位观念（包括范畴）、单位意象——

第一组："一切"与"无所有"，"天上"与"深渊"，"希望"与"绝望"；

第二组："先觉者"与"群众"，"改革者"与"对手"，"叛逆的猛士"与"爱我者"，"生"与"死"；

第三组："冷"与"热"，"爱"与"憎"，"沉默"与"开口"；

第四组："人"与"神"、"鬼"，"人"与"兽"，"梦"与"现实"。

以上四组，构成了鲁迅独特的思维、心态、情感与艺术世界。

此外，还有一些在鲁迅作品中反复出现的场面（如"示众"），反复讲述的事件、故事（如叶赛宁在十月革命后自杀，耶稣为以色列人所杀等），反复出现的其他观念、意象（如"寂寞"、"孤独"、"黄金世界"、"旷野"……）等等，也都被视为最能显示鲁迅个体特征（本质）的典型现象，也可列作研究的基本单位材料。

在确定了由所选择的单位观念、意象组成的基本构架之后，我们又回到"鲁迅"那里，把鲁迅全部著作及重要的、具有可靠性的回忆材料中凡是有关上述单位观念、单位意象的词句全部分别抄录，取得量的依据，然后再逐一进行质的分析与开掘，尽可能做到准确、辩证、丰富，符合鲁迅原意，既揭示其主要精神，又充分注意表现形态的多样性、复杂性，及内在矛盾的各个侧面，进行多层次、多角度的开掘，以揭示出每一个单位观念、单位意象所蕴含的哲学、心理学、伦理学、政治学、社会学、历史学……的多重内涵。

所有这一切看似拙笨的努力，都贯串着一个自觉的追求——尽可能地接近鲁迅本体，揭示其心灵的本来面目。

四

但本书要说的是"我之鲁迅观"，即是在追求研究的客观性的同时，又突出研究者主体的能动作用。

这首先是研究者与研究对象之间的一种认同。

这是渺小的学徒与20世纪世界与民族文化巨人之间的认同。二者的差距是不言而喻的；所要强调的却是二者在精神与心理上的绝对平等。

本书的作者在研究与写作过程中，始终萦回着如下诗句：

霜风呼呼的吹着
月光明明的照着
我和一株顶高的树并排立着
却没有靠着

——沈尹默：《月夜》（1918年）

我如果爱你——
绝不像攀援的凌霄花，
借你的高枝炫耀自己；
我如果爱你——
绝不学痴情的鸟儿，
为绿荫重复单调的歌曲；
也不止像泉源
常年送来清凉的慰藉；
也不止像险峰
增加你的高度，衬托你的威仪。
…………
不，这些都还不够！
我必须是你近旁的一株木棉
作为树的形象和你站在一起。

——舒婷：《致橡树》（1977年）

在五四新文化运动发端期与新时期文学的起点上，两位敏感的诗人都同时唱出了“独立不依他”的歌声；这相距六十年的巧合，使本书作者产生了一种顿悟：这独立意志与平等意识是贯串20世纪的时代精神，正应该从这里开始去接近鲁迅这位20世纪时代巨人。鲁迅期待于我们的，是“并排立着”的平视，而绝非俯视的审判眼光，与仰视的卑谦心理。

我们完全应该理直气壮地与鲁迅认同。大家同是20世纪的中国人，面临着同样的历史任务——实现中国社会的历史大变革，面对着同样的文化背景——东西方文化的大撞击，大汇合；肩负着同样的历史使命——建设现代民族的新文化，由此而决定着我们必然有类似的追求、探索、思考，类似的矛盾与痛苦。

而共同的强烈的“历史中间物”意识更是使本书作者感到自己与鲁迅心灵的相通。

鲁迅说过：“以前的文艺，好像写别一个社会，我们只要鉴赏；现在的文艺，就在写我们自己的社会，连我们自己也写进去；在小说里可以发见社会，也可以发见我们自己，以前的文艺，如隔岸观火，没有什么切身关系；现在的文艺，连自己也烧在这里面。”[20]研究鲁迅，同样不可能采取“隔岸观火”的“鉴赏”态度，而必定要“自己也烧在这里面”。在鲁迅那里“发见我们自己”，与鲁迅进行心的对话，灵魂的交流。鲁迅说他翻译外国文学作品，“从别国里窃得火来，本意却在煮自己的肉的”，“打着我的伤处了的时候我就忍疼，却决不肯有所增减”[21]；我们与鲁迅的认同，实质上就是在审视鲁迅灵魂的同时，更严峻地审视、解剖自己的灵魂，“煮自己的肉”，也正是在这个过程中，真正理解与接近了鲁迅。

“我之鲁迅观”，同时也就是强调，研究者主体对于研究对象，并非处于绝对被动状态；研究过程也就是参与、创造的过程。主体参与自然是有条件的，即是不能脱离鲁迅本体的实际，随心所欲地作漫无边际的发挥，不能把鲁迅所没有的强加于鲁迅；但是，正像鲁迅自己所说，客体的形象是会“因读者的社会体验而生变化”的，“读者所推见的人物”“和作者所设想的”，虽然“那性格，言动，一定有些类似”[22]，但又不是绝对“相同”。就在这“类似”与“不同”之间，研究主体的能动作用就有了发挥的余地。研究者不但可以通过观察角度、方法、视野范围的不同选择，将客体的某一侧面、层次突出于前景，或推移于后景，亮点的变动自然导致了客观形象的某些变化；而且还能够运用自己的生活与审美经验，对客体的某些方面作出富有创造性的阐释与开掘。事实上，每个研究者，总是根据自己时代及个人的文化积累（文化背景）、思想观念、人生经验、审美趣味、个性特点……对鲁迅的某一层面产生共鸣，然后对这一部分加以强化与发展，从而创造出某一时代、某一个人的“鲁迅”来。只要是从客体出发的科学的创造，而非离开客体的随意臆造，所产生的“鲁迅”形象，必定是基本面貌接近、类似于鲁迅本体，又不完全等同于鲁迅本体：它因为主体的参与，在某一方面丰富、发展了“鲁迅”。这自然是对于研究者的主体提出了一个极高的标准。鲁迅说得很好，“北极的遏斯吉摩人和非洲腹地的黑人，我以为是不会懂得‘林黛玉型’的”[23]；一个各方面与鲁迅相距甚远（甚至背道而驰）的人很难对鲁迅研究作出有价值的贡献。研究者自身的文化积累、人生经验、审美经验越丰富，个性发展越健全，对鲁迅的研究必定越富有创造性。在强调主体参与的创造性研究工作中，研究者自身的人格常常会不同程度地体现于研究成果之中，其间容不得半点掺假；在这个意义上，研究者主体的真诚，是富有成果的研究的前提条件之一。

强调鲁迅研究中的主体参与，同时也就是承认，研究者对于鲁迅的认识不仅受到客观条件的限制，而且受到研究者主体自身发展的限制，因而，必定是有局限的；它只能部分地接近同时又部分地发展鲁迅本体，而不能全面地把握与穷尽鲁迅本体。一切有创造性的研究，必定是有缺陷、有遗憾的研究。它与独断论绝对无缘，而是提倡研究的多元化。它把鲁迅研究看作一个历史运动过程，绝不奢望创造完成式（同时必定是封闭式）的研究体系，而只是期待，在对鲁迅本体多侧面、多层次、多角度、多方法的、不断发展着的研究中，有自己的一席地位。它既自尊，清楚自己的价值，又自重，绝不以否定或攀援别一种研究道路来换取对自己的肯定，那种肯定实际是对自己的辱没；它更公开宣布自己的不足，因此也就为自己取得了一种开放的态势。人们不但可以从这样的研究中得到启示，而且可以从其不足之处开始，进行新的更富有创造性的开拓。其研究的生命力也恰恰在于此。

这样的研究道路与境界，正是本书作者所自觉追求的。

实际上又做得如何呢？本书作者只知道自己是力不从心的。

最权威的评价者，自然是读者。本书作者坚信，文学研究也是以特殊的方式对生活的发言；因此，本书首先是奉献给继承着鲁迅的事业，正在从事中国人与社会改造的改革者们，特别是他们中间年青的一代的，对于本书的最终审定权理所当然地属于他们。

同时，本书作者也以诚挚之心，期待着学术界师长及学友的批评指正。

请读本书，并且发言。

注释

［1］《新民主主义论》，《毛泽东选集》（一卷本），人民出版社1966年7月第1版（以下同），第658页。

［2］李丽（北京师范大学1979级学生）：《一个伟大而复杂的人》，《鲁迅研究》1983年第2期。

[3] 刘再复：《鲁迅研究的本质与精华解剖法的生机》，《鲁迅研究》1983 年第 1 期。

[4] 对鲁迅作品中文学典型的认识，也经历了类似的过程。例如，阿 Q 在二三四十年代人们普遍认为是“国民性弱点”的典型，到五六十年代，人们把他看作“农民”（或落后农民）的典型，并且越来越重视阿 Q 必然要革命这一面。到了七八十年代，人们重又确认阿 Q 身上所寄寓的“改造国民性”的意义，并且着重指出，所谓阿 Q 革命不过是要使自己成为新的统治者。前些年，对阿 Q 又有了新的观察点，有人指出：阿 Q 性格是“人类‘前史时代’世界荒谬性的象征”（林兴宅：《论阿 Q 的性格系统》，《鲁迅研究》1984 年第 1 期）。

[5] 车尔尼雪夫斯基在评论托尔斯泰时，早就指出：一般诗人“主要是关心内心生活的后果和表现”，托尔斯泰“最关心的是心理过程本身”，“研究极其隐秘的心理生活规律”，即“心灵的辩证法”，而“谁要是不在自己内心研究人，那就永远不能达到关于人们的深刻认识”。

[6] 列宁：《亚洲的觉醒》，《列宁选集》第 2 卷，人民出版社 1965 年版，第 385 页。

[7]《鲁迅全集》，人民文学出版社 1981 年版（以下同），第 1 卷第 285–286 页。

[8]《坟·我们现在怎样做父亲》，《鲁迅全集》第 1 卷第 140 页。

[9] 20 世纪中国思想文化的发展具有浓缩性质，西方几百年的路程，我们几十年间即已走完。这决定了中国思想文化界同时拥挤着不同时代的思想家。这就是说，生活在 20 世纪的思想家，有的实际上是过去时代（比如 19 世纪、18 世纪，以至更为远古的）思想家，有的则是“未来时代”的思想家。这样，他们就不能不如鲁迅所说，陷于“身首分离”的窘状（《南腔北调集·论“第三种人”》）。

[10]《写在〈坟〉后面》，《鲁迅全集》第 1 卷第 286 页。

[11] 这是王富仁同志在他的很有创造性的博士论文《〈呐喊〉、〈彷徨〉综论》里首先提出来的。他强调要“首先理解并说明鲁迅和他自己的创作意图”，“严格从这个特殊的个体出发”，“为鲁迅小说的研究寻求一个更可靠的基础”（《文学评论》1985 年第 3 期）。本书作者十分赞同王富仁同志这一意见，并认为其意义不限于鲁迅小说研究，而涉及对鲁迅思想、艺术的独立价值的认识，以及方法论上的一系列重大问题，具有普遍意义。

[12] 许寿裳：《亡友鲁迅印象记》，人民文学出版社 1953 年版（以下同），第 52 页。

[13] [14] 王瑶：《关于现代文学研究的断想》，《中国现代文学研究丛刊》1980 年第 4 期。

[15] 章衣萍：《古庙杂谈（五）》，收《章衣萍集：随笔三种及其他》，汉语大词典出版社 1993 年 11 月第 1 版，第 93 页。

[16] 许寿裳：《鲁迅的精神》，《我所认识的鲁迅》，人民文学出版社 1978 年版（以下

同），第 76 页。

［17］参看《坟·写在〈坟〉后面》，《鲁迅全集》第 1 卷第 284 页。这原因自然是复杂的；创作过程中的作家与生活中的作家总是处于两种精神状态之下，作家写文章总要“加了些藻饰”（《孔另境编〈当代文人尺牍钞〉序》，《鲁迅全集》第 6 卷第 414 页）；旧中国作家为避免文网，创作时不得不有所顾忌，“自己先抽去了几根骨头”（《花边文学·序言》，《鲁迅全集》第 5 卷第 418 页）；而鲁迅更是不愿以自己“未熟的果实”“毒害”了青年，“作文就时常更谨慎，更踌躇”（《写在〈坟〉后面》，《鲁迅全集》第 1 卷第 284 页。）

［18］［19］《鲁迅全集》第 2 卷第 159 页、202 页，文中着重号为引者所加。

［20］《集外集·文艺与政治的歧途》，《鲁迅全集》第 7 卷第 118 页。

［21］《二心集·“硬译”与文学的阶级性》，《鲁迅全集》第 4 卷第 209、210 页。

［22］［23］《花边文学·看书琐记》，《鲁迅全集》第 5 卷第 531、530–531 页，531 页。

思维篇

第一章 “于一切眼中看见无所有”

叛逆的猛士出于人间；……洞见一切已改和现有的废墟和荒坟……

——《野草·淡淡的血痕中》

一

“于一切眼中看见无所有”，鲁迅《墓碣文》里的这句话是被很多人视为“虚无主义”的。

但鲁迅自己却有更明确的说明：“在改革者的眼里，已往和目前的东西是全等于无物的。”[1]

该如何理解呢？

让我们的思绪转向20世纪初。鲁迅1908年间写的《文化偏至论》等一系列论文，可谓20世纪中国改革的宣言书。文章劈头第一句是：“中国既以自尊大昭闻天下，善诋諆者，或谓之顽固；且将抱守残阙，以底于灭亡。”[2]接着是对中国民族心理中顽固的自大病产生的社会、历史、文化、地理背景所作的详尽明确的分析：长期的自我封闭，使中国自“定居于华土”以来即处于“屹然出中央而无校雠”的状态，“宴安日久，苓落以胎，迫拶不来，上征亦辍，使人荼，使人屯，其极为见善而不思式”[3]，逐渐形成了以民族自大狂为中心的病态文化心理。其具体表现形态，首先是盲目的自满，自我感觉始终良好；鲁迅以后把它概括为“十景病”：“点心有十样锦，菜有十碗，音乐有十番，阎罗有十殿，药有十全大补，猜拳有全福手福手全。”[4]一切都“十全十美”，圆满之至，“无问题，无缺陷，无不平，也就无解决，无改革，无反抗”[5]，由此而形成了积重难返的民族惰性。严重性在于“十全十美”仅是心造的幻影，事实并不存在；“十景病”逐渐变成掩饰自我落后状态的“瞒和骗”，“证明着国民性的怯弱，懒惰，而又巧滑。一天一天的满足着，即一天一天的堕落着，但却又觉得日见其光荣”[6]，形成不可解脱的恶性循环。自大又与好古、崇古必然地联系在一起：整个民族都沉湎于“残存的旧梦”[7]里，被祖辈几千年的“光荣”历史压得喘不过气来。“过去”霸占、取代一切，“只要从来如此，便是宝贝”[8]，“古人所作所说的事，没一件不好，遵行还怕不及，怎敢说到改革”[9]？即使“不满于现在”，也是“神往于三百年前的太平盛世”[10]，“活人”受着“死鬼”的牵制，“现在”和“将来”的任何新的生机都被“过去”扼杀，过去型的时间观、过去式思维方式、过去式生活方式形成了过去式封闭性内向循环，表现了一个衰老民族的虚弱与没有前途。民族自大病乃是一种不可救药的浮肿病，正像鲁迅所说，一旦遇到异质文化体系——西方文化的冲击，“一施吹拂，块然踣僵”[11]。自大的主子顷刻间变成自卑自贱的奴才，传统又成为他们充当外国主子西崽的资本，证明着民族的自大狂并非对民族传统有所肯定的“爱国的自大”（尽管他们总是打着这样的旗号），根柢上就是鲁迅说的“做戏的虚无党”，是“什么也不信从”的[12]。

以满足现状与崇尚过去（历史）为主要特征的民族自大心理，严重地阻碍着中国民族的觉醒与变革。这就迫使从19世纪末、20世纪初开始的中国改革运动，不能不以历史的批判为先导；用鲁迅的话来说，“中国的改革，第一著自然是扫荡废物，以造成一个使新生命得能诞生的机运”[13]。批判、扫荡即是否定，首先是对过去（历史）与现状的彻底否定，以根本打破民族自大的病态心理；鲁迅正是在这个意义上提出了“在改革者的眼里，已往和目前的东西是全等于无物”的命题的。

历史呼唤着一批“轨道的破坏者”，“他们不单是破坏，而且是扫除，是大呼猛进，将碍脚的旧轨道不论整条或碎片，一扫而空”[14]。鲁迅是摧毁旧世界的“恶魔”[15]，是在自己旗帜上写着“否定”两个大字的叛逆的一代。这一代人“从旧垒中来，情形看得较为分明，反戈一击，易制强敌的死命”[16]，他们在否定旧社会与旧文化的同时，也在否定着自己。他们是为新世纪的新思想所点燃的“死火”，决心与旧势力同坠于冰谷之中[17]。正像有的研究者已经指出的那样，鲁迅是“一位对中国的传统文明，对旧中国现存的一切，对他自己都自觉地无情地进行批判，予以否定的思想家”[18]；马克思对自己的思想和任务的说明，也同样适用于鲁迅及其同时代人：“新思潮的优点恰恰就在于我们不想教条式地预料未来，而只是希望在批判旧世界中发现新世界。……我们的任务不是推断未来，和宣布一些适合将来任何时候的一劳永逸的决定，……（而）是要对现存的一切进行无情的批判”[19]。

正是马克思所准确表达的这一代人的历史使命、历史位置决定着他们的历史文化品格——全新的思维方式，全新的心理素质。

二

“在批判旧世界中发现新世界”的历史使命，首先决定着他们思维的怀疑主义的否定性特色。

怀疑主义的否定精神，是20世纪的时代精神，也是“五四”时期的时代精神。鲁迅对此有着高度的自觉。在1903年发表的《说钼》里，鲁迅即已指出：“昔之学者曰：‘太阳而外，宇宙间殆无所有。’历纪以来，翕然从之；怀疑之徒，竟不可得。乃不谓忽有一不可思议之原质，自发光热，煌熄焉出现于世界，辉新世纪之曙光，破旧学者之迷梦……由是而思想界大革命之风潮，得日益磅礴，未可知也。”[20] 镭的发现所引起的人们对传统的物质观、自然观的怀疑、否定发生在20世纪初；而这种“重新认识”的怀疑主义否定思潮刚刚冒头，就被鲁迅敏锐地抓往：这两件事都具有极大意义。

直到1926年，鲁迅还翻译了日本鹤见祐辅的《所谓怀疑主义者》[21]；文章说：“一切智识，都在疑惑之上建设起来。凡是永久的人类文化的建设者们，个个都从苦痛的怀疑的受难出发，也是不得已的运命罢”，“他们是和那使人愚昧的无智，压抑人们的癖见，对人的专制的不恕，凌虐人们的惨酷，杀戮人们的憎恶，和诸如此类的东西战斗的”，“我们孱弱者，智力不足者，是大抵为周围的大势所推荡，在廉价的信仰里，半吞半吐的理解里，寻求着姑息的安心”[22]。鲁迅显然于此深有共鸣；“怀疑主义”本质上是对封建专制主义、愚昧主义的反叛，对“廉价的信仰”、“姑息”等传统文化性格的反叛：鲁迅正是要从这里出发，开始他的战斗。

因此，他的第一篇反封建主义的檄文《狂人日记》发出的第一声战叫理所当然的是：“从来如此，便对么？”[23]

这岂止是怀疑，岂只是挑战，这是审问，是无情的判决：一切被视为神圣不可侵犯的思想观念、理论原则，都要置于历史的审判台前，重新审定其价值。

难怪尼采“重新估定一切价值”的思想，“五四”时期在知识分子中引起如此强烈的反响：或赞其“肆其叛逆而不惮”[24]，或欢呼其“扫荡了一切古来传习的信条，把向来所认为绝对真理的，根本动摇”[25]，或称颂其为“欺神灭像”的“学说革命的匪徒”[26]：20世纪东方中华民族思想解放的历史要求竟然在德意志帝国哲学家的“超人哲学”里找到了喷发口。

这是整体性的怀疑与否定。不是对个别理论、个别原则，对具体人物、具体规范提出质疑（这样局部性的怀疑、否定，在中国历史发展中从未停止过），而是径直向现存整个封建制度，向封建思想文化体系挑战，任务是摧毁旧的系统，创造新的体系，开创新的传统，完成民族政治、经济、文化的重建。因此，这是真正意义上的摧枯拉朽的革命，而非“修补老例”的“奴才式的破坏”[27]。在重建过程中，自然也会以全新的眼光，重新审视过去历史所创造的一切，“或使用，或存放，或毁灭”[28]；但“主人是新主人，宅子也就会成为新宅子”[29]，旧文化中的精华作为具体的建筑材料纳入新的系统之后，也获得了改造，取得了新的质。

这不能不是一场殊死的搏斗。“旧社会的根柢原是非常坚固的，新运动非有更大的力不能动摇它什么”[30]，必须对“已往和目前”的“一切”战略上予以藐视，将其看作“全等于无物”，即所谓“于一切眼中看见无所有”。必须采取强硬的，不容辩驳、讨论的态度：“改良中国文学，当以白话为文学正宗之说，其是非甚明，必不容反对者讨论之余地，必以吾辈所主张者为绝对之是，而不容他人之匡正也”[31]。必须坚持极端的、所谓偏激、片面的观点：“与其崇拜孔丘关羽，还不如崇拜达尔文易卜生；与其牺牲于瘟将军五道神，还不如牺牲于Apollo（阿波罗）”[32]，“要少——或者竟不——看中国书，多看外国书”[33]，“不能完全，宁可没有”[34]。

这一切，都是绝对必需的！

偏颇么？鲁迅早在20世纪初，即已认识到事物的发展，“不即于中道，甲张则乙弛，乙盛则甲衰”[35]，哪里有什么不偏不倚的绝对的平衡？鲁迅在“五四”时期写的一篇杂文附记里甚至说，文章要写成毫无偏颇，面面顾到，就“成了最无聊的东西了”，这“是能够这样使自己变成无价值”[36]的。

会产生弊害么？这种杞人之忧几十年绵绵不绝，至今仍盛；因此，鲁迅30年代的告诫依然新鲜：“有百利而无一弊的事也是没有的，只可权大小。”[37]避免弊害之论，“直白的说起来，却只是维持现状说而已”[38]。在利弊面前徘徊犹豫，本是知识阶级的通病；秩序安然地建设新的，又不损害旧的，理论上既全面，实际上又似乎稳妥而无弊害，当然很完美，但不过是书生的空想，在复杂的现实生活中实行起来，必然是什么事都不能做。不做，不就是维护、保存了旧秩序、旧体系吗？

“五四”时期持公允、全面之论的人是有的，不过恰恰是站在五四文学革命对立面的学衡派诸公。“昌明国粹，融化新知；以中正之眼光，行批评之职事”[39]，恰如鲁迅所说，“早上打拱，晚上握手；上午‘声光化电’，下午‘子曰诗云’”[40]，这又是何等的“全面”呢？但如果历史真的走了这一条“折衷的路”，恐怕今天我们的“新进英贤”还在“驼着”前辈先生[41]，早成了尼采说的“末人”！

说到底，这里存在着两种不同的思维模式与文化心理结构。李泽厚在他的《试谈中国的智慧》里曾经指出：以中庸之道为核心的中国古代辩证法思想“由于强调社会的稳定、人际的和谐，它们又是互补的辩证法，而不是否定的辩证法。它的重点在揭示对立项双方的补充、渗透和运动推移以取得事物或系统的动态平衡和相对稳定，而不在强调概念或事物的斗争成毁或不可相容”[42]。诚然，中庸主义的思想模式，以及与之相应的强调平和、和谐、稳定的文化心理结构，在一定的历史条件下，例如处于量变过程中的历史和平、稳定发展阶段，有它或一程度的历史合理性；但是，它企图抹平事物的对立、矛盾，回避对旧事物的否定，以及革命的斗争与转化，具有显然的保守性。在“五四”这样的历史大变革、大转折的时代，彻底否定旧的封建制度及其思想文化体系，建设民主主义、社会主义的新制度、新思想文化体系的任务已经提上历史日程，中国传统的中庸主义的思维模式及相应的文化心理结构，必然成为历史发展的巨大障碍。鲁迅和他的同时代人顺应历史发展的客观要求与趋势，向中国传统的思维模式、文化心理结构实行反叛，在整体上予以否定，并且从西方文化，特别是从现实的历史辩证运动中汲取思想养料，建立起以“否定辩证法”为中心的新的思维模式，以及与之相适应的强调否定、变动、创新的新的文化心理结构，这是应该大书特书的历史功绩。历史已经证明，正是由于正确地选择并且实现了这样的思维模式与文化心理结构的突破与重建，才取得了五四文化革命的伟大胜利，实现了20世纪第一次全民族的思想大解放，为20世纪中华民族思维方式、文化心理结构的现代化开辟了道路[43]。

三

这里，已经涉及一个更加重要的问题：“否定”（破坏）与“肯定”（创造）的辩证关系。事实正是如此：恰恰是怀疑主义的否定的思维使鲁迅得以真正从过去式的思维方式中解脱出来，根本打破了前述过去式封闭内向循环。鲁迅从总体上否定了过去与现存的社会制度、文化系统，“于一切眼中看见无所有”，他就最大限度地卸去了沉重的历史包袱，在最大可能范围内，摆脱了古老鬼魂的纠缠，获得了创造的相对自由。他在总体上否定了旧时代建立的思想文化系统，又在自己开创的新系统中科学地汲取了旧思想文化体系中的精华成分，“过去”包容（积淀）于“现在”与“未来”之中，所谓传统不再是停滞不变的历史僵尸，而是一个生动活泼的不断创造的过程。“不断地破坏”与“不断地创造”正是这同一过程的两个侧面；“否定”（“破坏”）是“创造”的前提，“创造”则是“否定”（“破坏”）的本质。正是在这里，“革新的破坏者”才与“盗寇式的破坏”根本区别开来[44]。鲁迅说，革新的破坏者“内心有理想的光”[45]；鲁迅对鹤见祐辅的《所谓怀疑主义者》一文反问道：“我们国民中的大怀疑主义者，有时岂不是最肯定底，而且常常是最勇敢的人么？”“谁敢保证，无信仰之人却是信仰之人，而世上所谓信仰之人，却反而是无信仰之人呢？”[46]问得多么好呵，鲁迅难道不正是这样么？他公开宣扬“于一切眼中看见无所有”，但他却是有着最执著的追求的；否定得越彻底，理想的追求也越炽烈。或者说，那样彻底的历史性否定，没有加倍炽热的追求力量，没有敢冒天下大不韪的胆力，是支撑不住的。鹤见祐辅在怀疑主义者身上发现了“纯真”、“勇敢”，称他们是“真的意义上的‘强’”者，是很有见地的[47]。以怀疑主义的否定形态表现出来的英雄主义，自然是那些堆砌豪言壮语自娱的庸俗之辈所不能项背，就是与被一些人捧上了天的19世纪的英雄主义的先哲相比，也有后者不可能达到的深刻之处。问题是，在一些人眼里，否定与肯定，无与有，怀疑主义与理想主义，是绝对对立的；他们在鲁迅那里发现了怀疑主义的否定精神，就惶惶不安地问道：难道鲁迅真的是虚无主义者吗？而一旦他们要把鲁迅塑造为理想主义者，鲁迅就必定被打扮成一个天真的老儿童，或者浅薄的吹鼓手。什么时候才能真正从这种形而上学的思维方式中解脱出来呢？

鲁迅总是无所顾忌地走自己的路。他的作品，常给人以强烈的自由感，表现了他思想、艺术上无羁的创造活力。所谓无羁，就是对一切祖先成法、清规戒律的藐视与摆脱。鲁迅总结他的艺术创造经验，归结为一点：“我深信对于我的目的，这方法是适宜的。”[48]他强调的是要创造与寻找适合于自己的艺术形式。他说：“我是大概以自己为主的。”[49]在思想、艺术的创造上，鲁迅从来都是从自我——自我的创作目的，创作个性——出发，即使是艺术形式的选择、创造上，鲁迅也要显示个性的某个侧面，打上自己的烙印。鲁迅，既是思想家，具有高瞻远瞩的历史的社会的批判眼光，又是小说家，对社会人生、人的心灵有着特殊的观察力、感受力与表现力，还是诗人，具有烈火一般的巨大激情，自由奔放的想象力，和对于美的敏锐感受力，鲁迅同时又是一个学问家，站在人类文化的高峰，具有时代文化巨人的胆力与学识——鲁迅正是把他的气质、才能的这一切方面都熔铸在艺术创作之中，熔小说、杂文、政论、诗歌，以至散文、戏剧为一炉。在他的小说中有杂文、政论（他公开宣称，长篇小说也可以“带叙带议论，自由说话”，“变成为社会批评的直剖明示的尖利的武器”[50]，有诗，也有散文，甚至戏剧（他有意识地介绍“用戏剧似的形式来写的新样式的小说”[51]）；他的杂文里有小说、诗，诗里有小说、杂文，散文里也有诗与小说。在鲁迅创造的艺术殿堂里，小说、诗、杂文、散文、戏剧，这些不同文学体裁，文学、哲学、历史、伦理学、心理学，这些社会科学的不同部类，都在互相融合渗透，传统的文学艺术观念、形式在鲁迅的笔下发生着深刻的变革。鲁迅艺术的创造，显然不是本书讨论的重点；我们所关注与强调的是，鲁迅创造实践中所显示的思维特点：他的创造性思维总是与强烈的变革意识、自我意识紧密联系在一起。

鲁迅在著名的《论睁了眼看》里，发出历史性的召唤：“早就应该有一片崭新的文场，早就应该有几个凶猛的闯将。”其前提条件就是“世界日日改变”。鲁迅是从20世纪世界及中国的大变革的历史潮流里不断汲取创造活力的，这与关在个人狭小天地里苦思冥想式的“创造”是绝对不能同日而语的。鲁迅的创造因此从历史的迫切性中获得了深刻的原动力；鲁迅及其同时代人，面对世界性的挑战，简直可以说不创造、不变革就无以生存，“没有冲破一切传统思想和手法的闯将，中国是不会有真的新文艺的”[52]。为大变革的历史、时代所唤起的跃动、冲决的创造欲望与力量，赋予鲁迅及其同时代人的创造以大气磅礴的时代特色。鲁迅创造实践证明，从变革时代获得的创造原动力，又必然地落实于强烈的个人个性意识；真正富有创造性的作家，绝不会因为顺应时代要求而轻易地抛弃个人个性，特别是思想艺术这样的精神劳动，创造从来就是以个人个性的充分发挥为其前提条件与基本内涵的。对于思想家、艺术家来说，创造的过程就是寻找与发挥、发展自己的过程。模仿别人（包括古人）与创造水火不相容。而中国的传统思维方式恰恰是以否定个性意识，否认变革，以拟古、仿古，不敢超越祖先成法为其基本特征的。鲁迅的创造性思维因此具有了反传统性质；这也是显示“五四”时代特点的。

四

认真考察鲁迅的思想艺术创造，很容易发现它的广阔性与综合性的特点。这也是历史条件使然。在某种意义上可以说，鲁迅和他的同代人都是时代的幸运儿。因为他（及他们）是在世界文化发展到这样一个阶段出现在20世纪中国与世界文坛上的：无论是西方文化，还是东方文化，都已发展得充分成熟，同时又面临着新的变革与突破；而突破的方向恰恰是各自向对方所抛弃的传统靠拢，在极其广泛的基础上进行新的综合，从中求得变革与发展。鲁迅正是抓住了历史提供的东西方文化大交汇的难得机会，站在东方文化和西方文化已经达到的高峰之上，又立足于中国人民现实生活的土壤之上，广泛地吸收了古今中外文化创造的一切优秀成果，进行了极其广泛的、富有创造性的综合。所谓“综合”，即是以“我”为主，从20世纪中华民族振兴、“立人”的需要出发，对种种思想不仅有所汲取，而且有所改造，熔为一炉，自成一体。这是继承，也是新的创造。用任何一种曾经影响过鲁迅的思想来概括这崭新的思想，都是片面的；我们只能如实地把它叫作“鲁迅思想”。这样，鲁迅的思维就显示出极大的兼容性与极大的独创性、独立性二者辩证统一的特色。既不拒绝借鉴人类有价值的任何创造，又坚持自己独立的创造。前者使他不至于陷入自我封闭，从而保证了自我发展的无限可能性，他有幸因此而真正站在人类一切文化巨人的肩膀之上，成为20世纪世界文化巨人之一；后者则使他具有了足够的吸收力、消化力，能够广泛吸取而不失去民族与自我的特色，这正是一个具有极其深广的文化传统的伟大民族的伟大代表思想独立性的强大表现，鲁迅因此而作为20世纪现代中国民族文化的“集合体”而独立于世界文化之林。

由此而形成了鲁迅文化心理结构的开放性。所谓开放性，不仅指他思想的彻底与解放，胸襟的开阔闳放，善于吸取与勇于创新；也许更为重要的是，他所建立起来的文化心理结构本身，即具有不断流动、不断创造的不稳定性质。这是一个没有完成的结构——鲁迅从来不将建立完善的体系作为自己追求的目的，他仅仅希望把自己的创造加入到人类思想、艺术发展历史长河的流动过程中。因此，他绝不奢望自己思想艺术创造的凝固化，相反，他是如此渴望对自我的历史的辩证否定，并期待在这辩证否定中不断获得新生。这样，鲁迅就将他的怀疑主义否定精神运用于自身：这才是鲁迅思想的彻底之处。鲁迅一再地强调他的思想与艺术“并非什么前途的目标，范本”[53]，正是把自己的创造作为一个起点，为后来者提供发展与创造的无限可能性。如果说有什么鲁迅传统的话，那么，首先就是开放的传统；如果把学习鲁迅变成对后来者束缚与限制，那恰恰是对鲁迅传统的背叛。鲁迅传统的开放性质，最充分地显示了他的开拓者的历史品格。鲁迅曾意味深长地说自己是中国“知识阶级分子中最末的一个”[54]：他确实是以自己怀疑主义的彻底否定精神结束了黑暗中国的封建旧文化的时代；同时以他富有开放性的创造性思维开创了光明中国的现代新文化的时代。

注释

［1］《译文序跋集·〈出了象牙之塔〉后记》,《鲁迅全集》第 10 卷第 244 页。

［2］［3］《坟·文化偏至论》,《鲁迅全集》第 1 卷第 44 页。

［4］《坟·再论雷峰塔的倒掉》,《鲁迅全集》第 1 卷第 191 页。

［5］［6］［7］《坟·论睁了眼看》,《鲁迅全集》第 1 卷第 238 页，240 页，238 页。

［8］《热风·随感录三十九》,《鲁迅全集》第 1 卷第 318 页。

［9］《热风·随感录三十八》,《鲁迅全集》第 1 卷第 312 页。

［10］《坟·灯下漫笔》,《鲁迅全集》第 1 卷第 213 页。

［11］《坟·文化偏至论》,《鲁迅全集》第 1 卷第 44 页。

［12］《华盖集续编·马上支日记》,《鲁迅全集》第 3 卷第 328 页。

［13］《译文序跋集·〈出了象牙之塔〉后记》,《鲁迅全集》第 10 卷第 244 页。

［14］《坟·再论雷峰塔的倒掉》,《鲁迅全集》第 1 卷第 192 页。

［15］鲁迅在 20 世纪初就写出《摩罗诗力说》，说明他已经敏锐地抓住了、预感到了时代的要求。

［16］《坟·写在〈坟〉后面》,《鲁迅全集》第 1 卷第 286 页。

［17］《野草·死火》,《鲁迅全集》第 2 卷第 196 页。

［18］王得后:《鲁迅思想的否定性特色》,《阜阳师范学院学报》(社科版)1985 年第 2 期。

［19］马克思:《摘自“法德年鉴”的书信·M 致 R》(1843 年 9 月),《马克思恩格斯全集》第 1 卷，人民出版社 1972 年 6 月版，第 416 页。

［20］《集外集·说钼》,《鲁迅全集》第 7 卷第 20 页。

［21］译文载《莽原》第 14 期，收《思想·山水·人物》。

［22］《思想·山水·人物·所谓怀疑主义者》,《鲁迅全集》(人民文学出版社 1973 年版)第 13 卷第 568 页。

［23］《呐喊·狂人日记》,《鲁迅全集》第 1 卷第 428 页。

［24］王国维:《叔本华与尼采》，收《王国维文学美学论著集》，北岳文艺出版社 1987 年版，第 73 页。

［25］沈雁冰:《尼采的学说》《学生杂志》第 7 卷第 1 号（1920 年 1 月 5 日）。

［26］郭沫若:《匪徒颂》,《郭沫若全集》文学编第 1 卷（人民文学出版社 1982 年版）第 114—115 页。

［27］《坟·再论雷峰塔的倒掉》,《鲁迅全集》第 1 卷第 193 页。

［28］［29］《且介亭杂文·拿来主义》,《鲁迅全集》第 6 卷第 40 页。

[30]《二心集·对于左翼作家联盟的意见》,《鲁迅全集》第4卷第235页。

[31] 陈独秀:《答胡适之》,《新青年》第3卷第3号(1917年5月1日)。

[32]《热风·随感录·四十六》,《鲁迅全集》第1卷第333页。

[33]《华盖集·青年必读书》,《鲁迅全集》第3卷第12页。

[34]《热风·随感录·四十八》,《鲁迅全集》第1卷第337页。这是引用易卜生剧中人的话。

[35]《坟·科学史教篇》,《鲁迅全集》第1卷第28页。

[36]《华盖集·忽然想到》注释1,《鲁迅全集》第3卷第19页。

[37][38]《且介亭杂文二集·从“别字”说开去》,《鲁迅全集》第6卷第283页,282页。

[39]《学衡》杂志简章。

[40][41]《热风·随感录·四十八》,《鲁迅全集》第1卷第337页。

[42] 李泽厚:《中国古代思想史论》,人民出版社1986年版,第304页。

[43] 以否定辩证法为中心的思维模式及相应的文化心理结构,以后在毛泽东那里得到了更进一步的发展,并且在发展过程中,逐渐被人为的绝对化。终于在“文化大革命”中走到了反面。在历史的再否定与反思中,中国传统的以互补辩证法为中心的思维模式及相应的文化心理结构,又引起人们的兴趣。是可以理解的。也许历史的经验教训会使我们变得更加成熟,经过更高层次上的综合,建立起更加合理的思维模式与文化心理结构。

[44][45]《坟·再论雷峰塔的倒掉》,《鲁迅全集》第1卷第194页。

[46][47]《思想·山水·人物·所谓怀疑主义者》,《鲁迅全集》(人民文学出版社1973年版)第13卷第567、569页,568页。

[48]《南腔北调集·我怎么做起小说来》,《鲁迅全集》第4卷第512页,着重号为引者所加。

[49]《华盖集续编·新的蔷薇》,《鲁迅全集》第3卷第291页。

[50] 冯雪峰:《鲁迅先生计划而未完成的著作》,《雪峰文集》第4卷,人民文学出版社1985年版(以下同),第19页。

[51]《译文序跋集·少年别·译者附记》,《鲁迅全集》第10卷第390页。

[52]《坟·论睁了眼看》,《鲁迅全集》第1卷第241页。

[53]《坟·写在〈坟〉后面》,《鲁迅全集》第1卷第286页。

[54] 许广平:《元旦忆感》,《许广平忆鲁迅》第5页,广东人民出版社1979年。

第二章 “于天上看见深渊”

叛逆的猛士出于人间；……深知一切已死，方生，将生和未生。

——《野草·淡淡的血痕中》

一

有我所不乐意的在你们将来的黄金世界里，我不愿去。

《野草·影的告别》里，“影”的宣言骇世惊俗，令人困惑不解。

但这却是鲁迅哲学的精华所在。

“黄金世界”的概念出自俄国作家阿尔志跋绥夫的小说《工人绥惠略夫》；但经鲁迅一再引述、思考、讨论[1]，就深深地打上了鲁迅的思想烙印，成为鲁迅的基本观念。

在阿尔志跋绥夫的小说里，无政府个人主义者工人绥惠略夫对沉溺于爱的呓语与无抵抗哲学的托尔斯泰主义者亚拉籍夫，提出了尖锐的质问：“你们将那黄金时代，豫约给他们的后人，但你们却别有什么给这些人们呢？”“你们可曾当真明白，你们走到这将来是应该经过多少鲜血的洪流呢？”

愤激的申斥中包含着严峻的真理：普列汉诺夫说得好，个人无政府主义的抽象命题，“作为臭名远扬的‘不以暴力抗恶’原则的否定”，“是完全应该的”。[2]

“五四”时期，不少思想家、作家都不同程度地为空想社会主义所吸引，却又对暴力革命心怀疑惧，所谓“新村运动”、“工读互助团”以及基督教“爱的福音”风行一时。在这股汹汹而来的“爱”的浪潮里，鲁迅是少数清醒者之一。在写于1920年10月的《头发的故事》里，他借用阿尔志跋绥夫的话，质问中国的空想社会主义的信奉者们：“你们将黄金时代的出现豫约给这些人们的子孙了，但有什么给这些人们自己呢？”“改革么，武器在哪里？工读么，工厂在哪里？”[3]

在鲁迅看来，重要的不是将“黄金世界”的理想“豫约给人们”，而是要找到变革现实、创造未来的道路；否则，“黄金世界”的理想不仅会成为空想，还会弄敏了人们的感觉神经，制造出新的痛苦与新的罪孽。[4]

1933年，当鲁迅已经成为马克思主义者之后，又重新回到这个命题上来。他写了一篇《听说梦》的文章，批评“黄金世界”的老调重弹：“梦‘大家有饭吃’者有人，梦‘无阶级社会’者有人，梦‘大同世界’者有人，而很少有人梦见建设这样社会以前的阶级斗争，白色恐怖，轰炸，虐杀，鼻子里灌辣椒水，电刑……倘不梦见这些，好社会是不会来的，无论怎么写得光明，终究是一个梦，空头的梦。”[5]

这是能够显示鲁迅思想的特色的：他不关心彼岸的结果，更重视过程，由此岸到彼岸的现实道路；对于这一过程中所必有的矛盾、痛苦，高度敏感，有着极其清醒的认识与最充分的思想准备。他的思想从根柢上是超越目的的。他所着意的不是“将来”，而是达到这将来的“现在”。他十分感慨地说：“我看一切理想家，不是怀念‘过去’，就是希望‘将来’，而对于‘现在’这一个题目，都缴了白卷。”[6]他愤怒地大叫：“仰慕往古的，回往古去罢，……想上天的，快上天罢！……

现在的地上，应该是执著现在，执著地上的人们居住的。”[7]

这“超越目的，重视过程，执著现在”的清醒现实主义，构成了鲁迅人生哲学的一个最基本的特色。

二

鲁迅思想的犁继续挖掘下去，赋予“黄金世界”的概念以更深的含意。

鲁迅从来没有怀疑过“将来比现在好”，这是他进化论思想的理论支柱之一。但鲁迅从来也不曾满足于这一结论。他要进一步追问：“将来就没有黑暗了么？”[8]

这是一个鲁迅式的命题。

回答也是鲁迅式的：“我疑心将来的黄金世界里，也会有将叛徒处死刑。”[9]

鲁迅曾作过这样的历史概括：“曾经阔气的要复古，正在阔气的要保持现状，未曾阔气的要革新。大抵如是。大抵！”[10]

在未来的“黄金世界”也同样如此：同样存在革新与保守的斗争，而且，革新派仍然有可能在一定时期、一定条件下，继续受到压制，以至被视为“叛徒”而处以死刑。

在一般人看作社会历史发展运动终点的地方，鲁迅看到的是新的斗争的起点；在一般人认为无限光明、美好的“黄金世界”里，鲁迅看见了新的矛盾，新的黑暗，新的危险；在一般人以为将获得永恒的“天堂”里，鲁迅看见了“死”。

这就是：“于天上看见深渊。”[11]

鲁迅对此作过一个哲学上的概括。他说：“革命无止境，倘使世上真有什么‘止于至善’，这人间世便同时变了凝固的东西了。”[12]

在鲁迅看来，世界上万事万物都是无穷的历史发展运动中的一个环节，一切都处于过程中。发展可以有阶段（过去、现在、将来），但绝无终止，绝无尽善尽美的凝固点。

鲁迅可以说是竭尽全力来粉碎人们头脑中一切有关凝固的、“止于至善”的主观幻想。

他说：“倘要完全的书，天下可读的书怕要绝无，倘要完全的人，天下配活的人也就有限。”[13]增田涉回忆说，他“憎恶中国儒家的‘完人’思想”，总是给那些“对于人要求完全（自己却除外）的道貌岸然”的“正人君子之流”以彻底攻击，不留余地。[14]

他断言：“凡论文艺，虚悬了一个‘极境’，是要陷入‘绝境’的。”[15]

他告诫人们，不要无谓地追究“人生，宇宙的最后究竟怎样”，那是既“没有人能够答复”，也没有意义的。[16]

即使是对于爱情，鲁迅也警告说：“安宁和幸福是要凝固的”，“爱情必须时时更新，生长，创造”[17]，“止于至善”，凝固，也是爱情的绝境。

鲁迅就这样“永远结束了以为人的思维和行动的一切结果具有最终性质的看法”[18]，而达到了与马克思主义哲学相一致的结论。

恩格斯说：“历史同认识一样，永远不会把人类的某种完美的理想状态看做尽善尽美的；完美的社会，完美的‘国家’是只有在幻想中才能存在的东西。”[19]恩格斯接着又说：“正如资产阶级依靠大工业，竞争和世界市场在实践中推翻了一切稳固的、历来受人尊崇的制度一样，这种辩证哲学推翻了一切关于最终的绝对真理和与之相适应的人类绝对状态的想法。”[20]这说明：不承认“止于至善”，强调在矛盾、运动中把握世界的辩证思维、辩证哲学是与现代化大工业、世界市场的发展联系在一起的，这是一种现代思维方式。鲁迅在中国结束了自我封闭、凝固状态，进入世界市场，开始历史大转折大动荡的20世纪获得了这种辩证思维方式，当然不是偶然的。与20世纪中国社会政治、经济现代化进程相适应，必然发生中国人思维方式现代化的历史运动，鲁迅正是一个伟大的先驱者。

三

鲁迅关于“黄金世界”的观念又是对中外传统观念的反叛。

鲁迅一语道破问题的实质：“所谓‘希望将来’，不过是自慰——或者简直是自欺——之法。”[21]古今中外的圣贤们正最精于此类麻醉术。鲁迅说：“记得有一种小说里攻击牧师，说有一个乡下女人，向牧师沥诉困苦的半生，请他救助，牧师听毕答道：‘忍着罢，上帝使你生前受苦，死后定当赐福的。’其实古今的圣贤以及哲人学者之所说，何尝能比这高明些。他们之所谓‘将来’，不就是牧师之所谓‘死后’么？”[22]

鲁迅在另一篇文章里又这样批判了佛教对于人们的欺骗：“我常常感叹，印度小乘教的方法何等厉害：它立了地狱之说，借着和尚，尼姑，念佛老妪的嘴来宣扬，恐吓异端，使心志不坚定者害怕。那诀窍是在说报应并非眼前，却在将来百年之后，至少也须到锐气脱尽之时。这时候你已经不能动弹了，只好听别人摆布，流下鬼泪，深悔生前之妄出锋头；而且这时候，这才认识阎罗大王的尊严和伟大。”[23]

不论是基督教来世天堂“赐福”，还是佛教来世地狱“报应”，都是虚拟了一个或使人有所希望，或叫人畏惧的“将来”，让人们沉醉在“将来”的梦里，忘却了现在，回避现实矛盾、痛苦，闭上了眼睛，算是人生的一种慰安，借此取得心理上的某种平衡。本来，要求获得心理平衡，也是人之常情。不论中外，都有不少受到现代科学熏陶的知识分子，并不相信上帝造人之类唯心主义本体论，却愿意信仰宗教，无非是看上了宗教善于调节人的心理，取得心理平衡的特殊功效。然而，也正是对“自欺以自慰”的心理状态的畸形追求，直到现在，仍然是人们正视现实、变革现实的心理障碍。

鲁迅对这类自欺欺人的玩意儿，可谓深恶痛绝。他宁肯打破心理的平衡，使自己陷于极度痛苦之中，也要睁大眼睛，直面现实。他在《秋夜》里意味深长地写了两个梦。“冻得红惨惨”的柔弱的“小红花”做着“秋虽然来，冬虽然来，而此后接着还是春”的梦，以“春”之必来作为人生支柱，仍不免是弱者的哲学；那“落尽了叶子”的枣树，却梦见“春后还是秋”，“仍然默默地铁似的直刺着奇怪而高的天空，一意要制他的死命”[24]——这是鲁迅式的辩证思维，鲁迅式的强者的人生哲学的诗化。

变革的时代需要“枣树”——这生命的强者。

四

鲁迅对于“黄金世界”的思考是发展的。

最初，“黄金世界”的概念主要指人们理想中的美好、光明的“将来”；于是，展开了关于“过去、现在、未来”的历史哲学、人生哲学的思考。而当鲁迅越来越倾向马克思主义以后，对“黄金世界”的思考，就日益集中于对现实的社会主义新社会和共产主义运动的观察与评价，关于知识分子与共产主义运动的关系，关于知识分子在新社会的历史命运的探索与讨论：思考的重点逐渐转向现实的政治学领域，这是能够显示鲁迅思想发展趋向与他后期思想的基本特点的。它同时表明了鲁迅与时代主潮联系的加强；20 世纪的中国，社会政治思想始终是时代思想的中心环节，对于鲁迅这样的自觉充当时代弄潮儿的思想家，向这一中心环节的归趋是必然的。

鲁迅思想发展的道路是人们所熟知的：由否定旧社会、本阶级，到肯定新社会、无产阶级，最后在马克思主义这里寻求真理，自觉地把个人命运与党所领导的人民革命运动、与共产主义运动联系在一起。关于这条道路及其历史过程，已经有了许多研究；这里所要强调的是鲁迅的这条道路不仅在中国，而且在世界知识分子中都具有极大的典型性。20 世纪 30 年代，当世界资本主义陷入经济大危机时，许多优秀知识分子，如法国的罗曼·罗兰、巴比塞，智利的聂鲁达，美国的德莱赛等等，都把目光转向社会主义苏联与共产主义运动，接受了马克思主义，或者成为马克思主义的同路人。知识分子与马克思主义、共产主义运动的关系，是 20 世纪世界政治思想发展史上一个激动人心的重大课题。我们正应在这样的背景下，来考察鲁迅的道路，他的思考、选择的意义。

历史已经表明，以 30 年代为开端，纷纷到马克思主义及共产主义运动寻求真理的知识分子，以后发生了巨大分化。有的在共产主义运动进入低潮（这个低潮相当程度上是由共产主义运动自身所犯错误造成的）时，背弃了马克思主义；有的则不能区分共产主义运动中的正确路线与错误路线，自觉、不自觉地成为错误路线的执行者与盲从者，有的又同时成为错误路线的牺牲者；更有大量知识分子经受了错误、挫折及失败的考验，他们与共产主义运动中的错误路线进行了艰苦卓绝的斗争，并因此付出了巨大的代价，对马克思主义的信念却日益坚定，终于成为共产主义运动的中流砥柱，不断推动变革（包括马克思主义自身的变革与发展）的革新力量。鲁迅正是这一部分知识分子中最杰出的代表。

发生上述分化的原因是错综复杂的，不在本书讨论范围之内。我们想要探讨的是，鲁迅之成为“共产主义的伟人”与他对马克思主义、共产主义运动的认识与态度的关系。

许多知识分子都把到马克思主义队伍中找到真理作为自己思想发展的终点，恐怕至今仍有不少研究者及传记作者这样描绘知识分子的思想发展道路。鲁迅的独特处恰恰在于，在他看来，认定只有马克思主义可以救中国，这是包括他自己在内的广大知识分子与人民经过长期实践、探索得出的宝贵的历史结论，但它绝非知识分子探索真理道路的终点。这就是说，鲁迅接受了马克思主义，仅仅因为他经过历史的比较与检验，认定运用马克思主义的历史唯物主义、辩证唯物主义“有许多昧暧难解的问题，都可说明”[25]，但他从来不认为马克思主义是包医百病的灵药，是可以说明、解释一切问题的尽善尽美的理论，已经穷尽了真理。鲁迅到党所领导的革命运动中来寻求真理，仅仅因为他经过历史的比较、检验。认定无产阶级代表了历史前进方向，但他从来没有认为，无产阶级革命运动及其建立起来的新社会就是一个尽善尽美的理想天国。

对于鲁迅来说，一切都要经过自己的实地考察，独立思考。尽管他当时不处于革命的旋涡中心，行动失去了自由，限制了他考察的广度与深度，也因此有过局部的失误[26]，但他在接受了马克思主义，参加了革命队伍以后，仍然尽最大努力，通过各种途径，对苏联社会的实际，中国革命的实际作认真的考察[27]，并且得出了如下结论——

> 革命是痛苦，其中也必然混有污秽和血，决不是如诗人所想象的那般有趣，那般完美。[28]
>
> 倘如一切都四平八稳，势如破竹，便无所谓革命，无所谓战斗，大众先都成了革命人，于是振臂一呼，万众响应，不折一兵，不费一矢，而成革命天下，那是和古人的宣扬礼教，使兆民全化为正人君子，于是，自然而然地变了中华“文物之邦”的一样是

乌托邦思想。革命有血，有污秽，但有婴孩。……中国的革命文学家和批评家常在要求描写美满的革命，完全的革命人，意见固然是高超完善之极了。但他们也因此终于是乌托邦主义者。[29]

这无疑是鲁迅“黄金世界”观念的深化与发展。可以想见，鲁迅得出上述结论，是并不轻松的。面对着不可避免的革命阴暗面，鲁迅及一切到革命队伍中来寻找出路的知识分子，心灵所受到的冲击，由此引起的苦恼、迷惑、矛盾、斗争……具有极其丰富、复杂而又深刻的历史的心理的内容。我们没有任何理由回避如此生动活泼的心灵辩证法与历史辩证法，如果深恐因此玷污了所谓革命理想（实即鲁迅所说的“乌托邦思想”）的纯洁与完美，那更是幼稚可笑的。

鲁迅从不隐讳他的失望、灰心、焦烦、寂寞、悲哀与愤怒，但他也从来不曾彷徨，因为此时鲁迅已经掌握了马克思主义的历史辩证法，认识到这一切污秽和血都是革命途中应有之义，而在污秽和血中正有“婴儿”诞生与成长，他因此在精神上取得了主动权。当一些知识分子因为对马克思主义和共产主义运动的乌托邦幻想破灭，而捶胸跺足，扮演起忏悔者的角色时，鲁迅却在与污秽和血的搏斗中，更加坚定了对马克思主义、共产主义运动的信念，成为“共产主义的伟人”。哲学上的辩证思维与政治上的坚定性这两者之间的内在联系是发人深省的。

五

在考察知识分子与共产主义运动的关系时，鲁迅特别注目于在革命胜利之后，即“光明”到来之后的“黄金世界”里，知识分子的命运问题。

最初引发鲁迅思考的，是曾经“为革命尽力”的苏联诗人叶遂宁（叶赛宁）等人在十月革命后的自杀事件。从1927年底到1930年5月，鲁迅先后五次提及[30]，足见思想上所受震动之大，这构成了又一个鲁迅的思考命题。

叶遂宁之死，是20世纪世界知识分子与共产主义运动关系中第一个引人关注的典型事件。叶遂宁是十月革命前后和20年代苏联诗坛最有影响的诗人之一。他怀抱着建立“庄稼汉天堂”的幻想，向往与支持革命；十月革命后的现实很快使他坠入精神危机的深渊中，终于高喊“我是多余的人”而在三十岁时结束了风华正茂的生命。对于叶遂宁的自杀，人们作出了种种解释、评价。托洛茨基认为，“在革命时代的文学中一般地说是没有抒情诗的地位的；结果革命毁掉了抒情诗人，他似乎不可避免地要同革命决裂”，高尔基则把叶遂宁之死称作是“反映农民中产生的在转折时期的社会悲剧”[31]。我们感兴趣的是，这位古老的俄罗斯最后一名农民诗人之死，在同样是古老的中国最末一个知识分子鲁迅心灵上引起了什么反应，鲁迅从中得出什么结论呢？

鲁迅并没有如托洛茨基、高尔基那样，注重于产生叶遂宁悲剧的社会原因的剖析，而把他思考的重点放在叶遂宁即知识分子自身、而且是自身弱点的剖析上。鲁迅从来重视对民族及传统文化的自我批判，对民族传统文化的承担者知识分子，鲁迅的批判（也是对自我的批判）是格外严峻的。

因此，鲁迅把叶遂宁的悲剧称为“碰死在自己所讴歌希望的现实碑”上的悲剧。他指出：“对于革命抱着浪漫谛克的幻想的人，一和革命接近，一到革命进行，便容易失望。听说俄国的诗人叶遂宁，当初也是非常欢迎十月革命……然而一到革命后，实际上的情形，完全不是他所想象的那么一回事，终于失望，颓废。……听说这失望是他的自杀的原因之一。”[32]鲁迅显然认为，富于浪漫谛克的幻想，是知识分子自身的根本弱点。例如，把革命想象得“那般有趣，那般完美”[33]，“以为诗人或文学家高于一切人……现在为劳动大众革命，将来革命成功，劳动阶级一定从丰报酬……请他坐特等车，吃特等饭”[34]，以及叶遂宁似的把革命看作“传统的复旧”运动等等。这些幻想，究其实质，都是传统的鬼魂：“完美”即传统的“十景病”，“吃特等饭”即说了几千年的“唯有读书高”的老话，“复旧”更与儒家“复礼”同出一辙。真正的革命自然就不能不首先粉碎知识分子这一切幻想；叶遂宁这类知识分子因幻想破灭造成的悲剧，恰是从反面证明了：到来的是一场真正的彻底的革命。鲁迅说：“革命时代总要有许多文艺家萎黄，有许多文艺家向新的山崩地塌般的大波冲进去，乃仍被吞没，或者受伤。……待到这些逝去了，于是现出一个较新的新时代，产出更新的文艺来。”[35]在这个意义上，在革命胜利之后，叶遂宁式的知识分子遭遇“受伤”，以至“被吞没”的命运，不仅是必然的，甚至具有了历史的喜剧性。

但鲁迅在思考革命后知识分子命运时，并没有忘记问题的另一面；对这一侧面的探讨，需要更大的理论勇气与理论力量。

这就是知识分子（首先是文学家）与政治、政治家的关系。

鲁迅在1927年年底（这时候鲁迅正处在向马克思主义转变过程中），作了两篇演讲：《关于知识阶级》、《文艺与政治的歧途》。这两篇文章所提出的一些观点，由于过于敏感，至今还很少深入研究。

鲁迅是这样说的——

> 知识和强有力是冲突的，不能并立的；强有力不许人民有自由思想，因为这能使能力分散，……各个人思想发达了，各人的思想不一，民族的思想就不能统一，于是命令不行，团体的力量减小，而渐趋灭亡。……现在思想自由和生存还有冲突。[36]

中国人，凡是做文章，总说“有利然而又有弊”，这最足以代表知识阶级的思想。其实无论什么都是有弊的，……假使做事要面面顾到，那就什么事都不能做了。[37]

知识阶级对于别人的行动，往往以为这样也不好，那样也不好。先前俄国皇帝杀革命党，他们反对皇帝；后来革命党杀皇族，他们也起来反对。问他怎么才好呢？他们也没办法。所以在皇帝时代他们吃苦，在革命时代他们也吃苦，这实在是他们本身的缺点。[38]

他们对于社会永不会满意的，所感受的永远是痛苦，所看到的永远是缺点，他们预备着将来的牺牲，……心身方面总是苦痛的；因为这也是旧式社会传下来的遗物。[39]

文艺和革命原不是相反的，两者之间，倒有不安于现状的同一。惟政治是要维持现状，自然和不安于现状的文艺处在不同的方向。[40]

感觉灵敏的文学家，又感到现状的不满意，又要出来开口。从前文艺家的话，政治革命家原是赞同过；直到革命成功，政治家把从前所反对那些人用过的老法子重新采用起来，在文艺家仍不免于不满意，又非被排轧出去不可，或是割掉他的头。[41]

鲁迅显然并不着意写一篇全面讨论知识分子（首先是文艺家）与政治、政治家关系的煌煌大文，那是学者们的事；他自己对问题的探讨，从来都是有重点的，因而不免是偏颇的。鲁迅在这里就有意忽略了知识分子（首先是文艺家）与政治、政治家之间的共同、一致，而专门突出他们的“歧路”。他的表述也可能不尽准确，但这绝不妨碍他对问题作出深刻而独到的开掘。只要我们不抱挑剔字眼的态度，而是认真、严肃地独立思考，就能够从鲁迅的论述中得到很多启示。

按照我的理解与体会，鲁迅在讨论知识分子（含文艺家）与政治、政治家的“歧路”时，已经涉及一个十分重要、至今仍被忽视的问题：主要从事政治活动的政治家与主要从事精神产品创造的知识分子（含文艺家），社会分工的不同，使他们处于不同的社会地位，有着不同的劳动方式、生存方式，进而造成了他们不同的思维方式、心理素质，这是形成政治家与知识分子（含文艺家）“歧路”的一个重要原因。正像鲁迅所分析的，从事精神产品创造的知识分子，精神自由的要求对于他们具有首要的意义；但在政治家看来，自由仅仅是一种手段，为了某种更高利益，一定时候限制自由是必要的。在历史发展的要求与道德原则的二律背反中，知识分子经常在两者间犹豫、徘徊，而以人性作为自己主要研究、表现对象的文艺家则更看重道德原则，在文艺学中，道德评价构成了人的价值评价的重要方面；但政治家总是毫不犹豫地自觉地站在历史发展要求这一面，在政治学中，在历史的大是大非面前，个人道德品质并不是最重要的。政治家的思维中，更注重长远、整体、全局，知识分子，特别是文艺家的思维中，个别具有特殊的、甚至是决定性的意义。因此，当为了整体、全局、长远利益，需要牺牲局部、个别时，政治家是绝不留情的，但知识分子却如鲁迅所说，总是在利弊权衡中徘徊，而局部、个体的牺牲，更在文艺家的心灵上引起强烈的震撼，并因此而激发起创作的激情。鲁迅曾多次谈到自己“天生的不是革命家”[42]，“凡做领导的人，一须勇猛，而我看事情太仔细，一仔细，即多疑虑，不易勇往直前，二须不惜用牺牲，而我最不愿使别人做牺牲，……也就不能有大局面”[43]，“我疑心吃苦的人们中，或不免有看了我的文章，受了刺戟，于是挺身出而革命的青年，所以实在很苦痛。……倘是革命巨子，看这一点牺牲，是不算一回事的”[44]。鲁迅所强调的正是自己不具备政治家的心理素质与思维方式（这并不排斥鲁迅同时具有强烈的政治意识）。社会分工不同所形成的思维方式与心理素质的差异是一种客观存在；不仅在反动的政治家与革命知识分子（含文艺家）之间，而且在革命的政治家与革命知识分子（含文艺家）之间也会因此而产生各种矛盾。这些矛盾一般说并不存在是非问题，是应该在互相理解、尊重的基础上，通过调节来解决的。但如果处理不当，就会造成很大损害，以致发生对抗性的冲突[45]。

问题的复杂性在于，革命的政治家并不是生活在真空中；尤其是在中国，封建专断主义有着几千年的传统。生活在这样的空气与土壤之上的中国革命政治家，就难免受到封建专断主义的思想污染。鲁迅把当时一些犯了“左”的宗派主义错误的党的领导人称为“文坛皇帝”[46]、“奴隶总管”[47]，正是表明了鲁迅对于封建专断主义对于革命政治家腐蚀作用的高度敏感与警惕。如果以封建专断主义的态度来处理前述由于分工不同造成的、因而也就不可避免的知识分子与政治家的“歧途”，其后果是不难想象的；就在鲁迅时代，在党内的一些“左”倾错误中，已经显露了种种“不祥”的朕兆。

因此，敏感的、一贯正视现实的鲁迅，对自己（以及知识分子）在革命胜利后（即所谓“黄金世界”里）的命运，并不抱不切实际的幻想。至少说，他是作了多方面的、包括最坏的思想准备的。他一再地嘲笑海涅关于“上帝请他吃糖果”的“神话”[48]，正是要击碎知识分子对于“胜利后”、“黄金世界”的种种美梦。他自己早就作了相反的预言：“所怕的只是成仿吾们真像符拉特弥尔·伊力支一般，居然‘获得大众’；那么，他们大约更要飞跃又飞跃，连我也会升到贵族或皇帝阶级里，至少也总得充军到北极圈内去了。译著的书都禁止，自然不待言。”[49]直到 1934 年，他还这样谈到自己：“不幸又成文氓，或不免被杀。倘当崩溃之时，竟尚幸存，当乞红背心扫上海马路耳。”[50]自然，这都是极而言之，是对危害革命的“左”的错误的一种隐忧。鲁迅并不认为这就是唯一的前途与可能性，他当然更不会在当时就预见到以后的种种发展：无论是宿命论，还是先验论，都与鲁迅无缘。他只是实实在在地掌握了历史的革命辩证法，但却因此获得了历史的主动权。而另外一些革命知识分子，恰恰不能将马克思主义的革命辩证法运用于马克思主义自身，对于马克思主义及共产主义运动陷入了盲目性，这样，他们在历史的辩证运动中，老是处于被动的地位，扮演着十分尴尬的角色。

这里，又产生了一个问题：既然鲁迅对于可能发生的悲剧性结局已经有了充分的思想准备，为什么还要参加革命队伍呢？

这个问题，早在 20 世纪 30 年代初，鲁迅与创造社的论争中已经提出。鲁迅正是这样尖锐地批评创造社的“革命文学家”：“因为我描写黑暗，便吓得屁滚尿流，以为没有出路了，所以他们一定要讲最后的胜利，付多少钱终得多少利，像人寿保险公司一般”[51]，“那就不但不是革命者，简直连投机家都不如了。虽是投机，成败之数也不可能预卜的。”[52]他向他们提出了一个问题：“倘若难于‘保障最后的胜利’，你去不去呢？”[53]

这个问题是颇使那些抱着浪漫主义的幻想，到共产主义运动中找出路的“非革命的急进革命论者”[54]难堪的。他们以“革命最后胜利”、自己分享胜利果实为参加革命的前提，正如鲁迅所说，是“连投机家都不如”的。而鲁迅，才是真正的马克思主义者。他参加共产主义运动，仅仅是因为认识到这是一种历史的必然。他并不企望“最后的胜利”，或胜利后的好处；恰恰相反，他对选择马克思主义可能招致的损害和必须作出的牺牲，有着最充分的思想准备。

鲁迅对许广平说的这句话是值得玩味的：“你的反抗，是为了希望光明的到来罢？……但我的反抗，却不过是与黑暗捣乱。”[55]还有《过客》里的那位过客：明知前面的终点是“坟”，仍然坚定地向前走去，原因仅仅在于：“我不回转去。”[56]

这就是鲁迅。

注释

[1] 参看《呐喊·头发的故事》，《鲁迅全集》第1卷第465页；《坟·娜拉走后怎样》，《鲁迅全集》第1卷第160页；《1925年3月18日致许广平》，《鲁迅全集》第11卷第20页；《野草·影的告别》，《鲁迅全集》第2卷第165页；1928年至1930年间与冯雪峰的谈话，见《雪峰文集》第4卷第139页。

[2] 普列汉诺夫：《无政府主义和社会主义》。

[3]《呐喊·头发的故事》，《鲁迅全集》第1卷第465页。

[4] 鲁迅在《呐喊·自序》及《而已集·答有恒先生》中都反复说过这个问题。

[5]《南腔北调集·听说梦》，《鲁迅全集》第4卷第468页。

[6]《两地书·四》，《鲁迅全集》第11卷第20页。

[7]《华盖集·杂感》，《鲁迅全集》第3卷第49页。

[8] 冯雪峰：《回忆鲁迅》，《雪峰文集》第4卷第142页。

[9]《两地书·四》，《鲁迅全集》第11卷第20页。

[10]《二心集·小杂感》，《鲁迅全集》第3卷第531页。

[11]《野草·墓碣文》，《鲁迅全集》第2卷第202页。

[12]《二心集·黄花节的感想》，《鲁迅全集》第3卷第410页。

[13]《译文序跋集·〈思想·山水·人物〉题记》，《鲁迅全集》第10卷第273页。

[14] 增田涉：《鲁迅的印象》，湖南人民出版社1980年5月版，第40页。

[15]《且介亭杂文·题未定草（七）》，《鲁迅全集》第6卷第428页。

[16]《书信·350629·致唐英伟》，《鲁迅全集》第13卷第163页。

[17]《彷徨·伤逝》，《鲁迅全集》第2卷第115页。

[18][19][20] 恩格斯：《路德维希·费尔巴哈和德国古典哲学的终结》，《马克思恩格斯选集》第4卷，人民出版社1972年版（以下同），第212页，212页，213页。

［21］《两地书·六》,《鲁迅全集》第 11 卷第 25 页。

［22］《两地书·二》,《鲁迅全集》第 11 卷第 14–15 页。

［23］《华盖集续编·有趣的消息》,《鲁迅全集》第 3 卷第 201 页。

［24］《野草·秋夜》,《鲁迅全集》第 2 卷第 162–163 页。

［25］《书信·280722·致韦素园》,《鲁迅全集》第 11 卷第 629 页。

［26］ 这常常是由于过于信任而产生的失误。例如，他在《答文艺新闻社问》里强调日本发动“九一八”事变，占领东三省。是“进攻苏联的开头”(《鲁迅全集》第 4 卷第 310 页），就是接受了以王明为首的党中央对形势的错误估计。

［27］ 例如，鲁迅对苏联十月革命后的文艺政策就进行过认真研究。他翻译了《文艺政策》一书，对苏联内部围绕党的文艺政策而展开的争论中，所显示的不同倾向，极为关注。他说：“我觉得耐人寻味的，是在‘那巴斯图’派因怕主义变质而主严，托罗兹基因文艺不能孤立而主宽的问题”(《鲁迅全集》第 7 卷第 165 页）。

［28］《二心集·对于左翼作家联盟的意见》,《鲁迅全集》第 4 卷第 233 页。

［29］《译文序跋集·〈溃灭〉第一部一至三章译者附记》,《鲁迅全集》第 10 卷第 336 页。

［30］ 参看《而已集·革命文学》(《鲁迅全集》第 3 卷第 544 页),《集外集·文艺与政治的歧途》(《鲁迅全集》第 7 卷第 119 页),《三闲集·在钟楼上》(《鲁迅全集》第 4 卷第 36 页),《三闲集·现今的新文学的概观》(《鲁迅全集》第 4 卷第 135 页),《二心集·对于左翼作家联盟的意见》(《鲁迅全集》第 4 卷第 234 页）。

［31］ 以上材料引自《叶赛宁评介及诗选》，北京大学出版社 1983 年。

［32］［33］［34］《二心集·对于左翼作家联盟的意见》,《鲁迅全集》第 4 卷第 234 页，233 页，234 页。

［35］《华盖集续编·马上日记之二》,《鲁迅全集》第 3 卷第 343 页。

［36］［37］［38］［39］《集外集拾遗补编·关于知识阶级》,《鲁迅全集》第 8 卷第 189、191 页，189 页，189 页，191 页。

［40］［41］《集外集·文艺与政治的歧路》,《鲁迅全集》第 7 卷第 113 页，118 页。

［42］［44］《三闲集·通信》,《鲁迅全集》第 4 卷第 98 页。

［43］《两地书·八》,《鲁迅全集》第 11 卷第 32 页。

［45］ 在很长时间里，我们事实上不承认知识分子（含文艺家）有自己的、不同于政治家的思维方式与心理素质，而是简单地冠以“小资产阶级情调”的帽子，不加分析地一律排斥、否定。所谓“思想改造”，常常变成了用政治家的思维、心理取代知识分子的思维、心理，把知识分子一律“改造”成政治家。

［46］《书信集·360825·致欧阳山》,《鲁迅全集》第 13 卷第 411 页。

［47］《且介亭杂文末编·答徐懋庸并抗日民族统一战线问题》,《鲁迅全集》第 6 卷第

538 页。

[48] 参看《三闲集·现今的新文学的概观》(《鲁迅全集》第 4 卷第 135 页),《二心集·对于左翼作家联盟的意见》(《鲁迅全集》第 4 卷第 234 页),《集外集拾遗补编·〈勇敢的约翰〉校后记》(《鲁迅全集》第 8 卷第 315 页)。

[49] [53]《三闲集·“醉眼”中的朦胧》,《鲁迅全集》第 4 卷第 66 页,63 页。

[50]《书信集·340430·致曹聚仁》,《鲁迅全集》第 12 卷第 397 页。

[51]《三闲集·通信》,《鲁迅全集》第 4 卷第 99 页。

[52]《三闲集·铲共大观》,《鲁迅全集》第 4 卷第 106 页。

[54]《二心集·非革命的急进革命论者》,《鲁迅全集》第 4 卷第 226 页。

[55]《两地书·二四》,《鲁迅全集》第 11 卷第 79 页。

[56]《野草·过客》,《鲁迅全集》第 2 卷第 191 页。

第三章 “于无所希望中得救”

希望，希望，用这希望之盾，抗拒那空虚中的暗夜的袭来，虽然盾后面也依然是空虚中的暗夜。

——《野草·希望》

一

《野草》中的《希望》，从一个特定的角度——“希望”与“绝望”的交织、起伏，回顾了鲁迅自己（一定程度上也代表了中国的知识分子）从20世纪初以来心灵的历程。

“这以前，我的心也曾充满过血腥的歌声：血和铁，火焰和毒，恢复和报仇”[1]——这是20世纪初，“在一部分中国青年的心中，革命思潮正盛”，从异域与传统中寻来反抗的火种，“希望使忘却的旧恨复活，助革命成功”[2]；鲁迅筹办的《新生》杂志，选定的封面画题即是“希望”。

结果是失望：连参加筹办的三个人“也都为各自的运命所驱策，不能在一处纵谈将来的好梦了”[3]。

辛亥革命的胜利，再一次在年青的鲁迅心中点燃起希望的火：“说起民元的事来，那时确是光明得多，当时我也在南京教育部，觉得中国将来很有希望”[4]。

结果又是失望：“见过辛亥革命，见过二次革命，见过袁世凯称帝，张勋复辟，看来看去，就看得怀疑起来，于是，失望，颓唐得很了。”[5]

于是，到了《新青年》时期。鲁迅因不能证明希望之必无，“怀疑于自己的失望”，而获得了“提笔的力量”[6]；在“用这希望的盾，抗拒那空虚中的暗夜的袭来”的时候，内心却保持着“绝望”的清醒：清楚地看见“盾后面也依然是空虚中的暗夜”[7]。

“五四”以后的鲁迅，陷入了更加复杂的“希望”与“绝望”的交织中。

忽而“以为身外的青春固在，……虽然是悲凉缥缈的青春”[8]，然而究竟是青春，于是，寄希望于青年——在《北京通讯》里，他惊喜地听到“从有着很古的历史的中州，传来了青年的声音，仿佛在预告这古国将要复活”[9]；在《两地书》里，他因发现“正在准备破坏者目下也仿佛有人”，而产生了“冀于将来有万一之希望”[10]。

忽而又因为“连身外的青春也都逝去，世上的青年也多衰老”，而感到分外地寂寞与失望[11]——在《通信》里，不无痛苦地感叹“有些人们——甚至于竟是青年——的论调，简直和‘戊戌政变’时候的反对改革者的论调一模一样”[12]。

正是在这样的心绪下，鲁迅写下了《希望》，怀着历史的悲凉感，决心自己去“肉薄”那“昏暗的夜”。

此后，“希望”与“绝望”的交战仍在继续。

1925年以后的革命高潮——五卅运动、“三一八”惨案、北伐战争中，鲁迅从青年“在弹雨中互相救助，虽殒身不恤”的事实里看到了“微茫的希望”[13]，因革命战争的顺利发展而感到“极快人意”[14]。

但这希望之火终于为大革命的失败所压死，鲁迅痛苦地宣布：“我的一种妄想破灭了”[15]，“幻灭的悲哀，我以为不在假，而在以假为真。”[16]

鲁迅把希望的目光转向无产阶级，“以为惟新兴的无产者才有将来”[17]。他站到了历史的新生力量这一边，充满自信地宣告：“希望就正在这一面。”[18]

革命队伍内部出现的失误与曲折，却又使他感到某种失望：“敌人不足惧，最令人寒心而且灰心的，是友军中的从背后来的暗箭”[19]……

这希望与绝望的起伏、交战，是20世纪中国先觉的知识分子典型的心理状态。这是古老中国向现代中国的历史大转折、大变革、大阵痛时期，中华民族觉醒、蜕变过程中，必然产生的精神现象。正因为在转折、变革、觉醒，因此，不时地唤起希望，证明停滞不前、死水一般的社会古老的平静已经打破，并且不可逆转；而另一面，这历史的转折、变革又太困难，承受着过于沉重的负荷，经历了过多的、常出人意料的曲折，觉醒者又早已被弄敏了感觉，于是，人们不得不一次又一次地陷于绝望的冰水之中。

现代中国在20世纪内就在这希望之流与绝望之流的激荡、撞击中艰难地前进着。只要改革事业还在中国这块土地上继续进行，这“希望与绝望交战”的精神历程就不会结束。

二

重要的是，20世纪以来，我们古老而年青的民族在希望、绝望的煎熬与痛苦中，升华出新的观念，磨炼出新的民族精神。自始至终关注着、体验着、思考着、消化着这一重要精神现象，并作出理论概括的，正是鲁迅。

在《野草·希望》里，鲁迅回顾四分之一世纪的精神历程，把历史的经验浓缩在裴多菲的诗句中——

绝望之为虚妄，正与希望相同。

无论是绝对的“希望”，还是绝对的“绝望”，都是一种“虚妄”，是不存在的，或者仅仅存在于人的主观妄想之中。

这是对形而上学思维的一大突破，或者说是形而上学思维向辩证思维的重要转变。

形而上学思维公式是“非此即彼”：“希望”就是“希望”，“绝望”就是“绝望”，二者绝对对立、排斥。采取这样的思维路线，不是陷了盲目乐观，就是走向虚无主义。

辩证思维的公式是：在一定条件下，“亦此亦彼”。“希望”与“绝望”互相渗透、补充：“希望”中有“绝望”，“绝望”中有“希望”，并且可以在一定条件下互相转化：“希望”受到主客观条件的限制，不能完全实现，就会转化（或局部转化）成“绝望”；处于“绝望”境地中的人们，经过“绝望中的抗战”，闯出新局面，又会看见“希望”的曙光：“希望”之后是“绝望”，“绝望”之后是“希望”。采取这样的思维路线，就达到清醒的现实主义与历史乐观主义的辩证统一。

从形而上学思维向辩证思维的转变，精神辩证法的发展，实质上是历史辩证法在人们思维中的反映。20世纪以来，中国的改革运动，特别是在获得了马克思主义思想的自觉指导之后，就越来越显示出辩证发展的历史特点。正是在这样的客观物质运动辩证性质的基础上，产生了思维方式的革命性转变；而一旦实现了这种转变，人们就能够更自觉地参与历史改革运动。在一定的意义上可以说，中国人民在“希望”与“绝望”问题上思维方式的转变，是一个对客观历史变革运动精神上由被动向主动转变的过程。鲁迅正是一个杰出代表。

在20世纪初，鲁迅对中国社会改革运动的辩证性质的认识还处于幼稚阶段。他和当时大多数要求变革的青年一样，无论起初对于未来的希望，还是希望破灭以后的失望，都带有很大的形而上学的绝对性，也即盲目性。那时候他在精神上是处于被动地位的。

以后由于事实的教训，特别是汲取了辛亥革命的历史经验，鲁迅在“五四”时期就没有陷入盲目的乐观，比之同时代人，他远为清醒，因而在历史发生逆转时，也转为主动。这是“五四”以后，鲁迅没有落荒、退隐，在彷徨中仍然坚持前进的一个重要原因。这时期鲁迅思想中希望与绝望的激烈交战，正是在矛盾斗争中实现思维方式转变的必不可少的过程。而在他革命实践及马克思主义理论学习中，逐渐掌握了辩证思维之后，他的精神状态就发生了根本变化。

诚然，希望与绝望的起伏仍在继续：历史发展的不平衡，决定了历史飞跃时期与沉滞时期的交替出现，反映在人们的精神上，希望与绝望也处于不平衡地位：一个时期（如大革命高潮时期）希望占主导地位，一个时期（如大革命失败以后，国民党反革命围剿的低潮时期）绝望占主导地位。但由于鲁迅掌握了辩证思维方式，自觉地以对立物作自己的补充，互为表里，就产生了思想、情感的深厚度。希望以绝望作补充，在革命处于高潮，民族大有希望之时，鲁迅充分估计我们古老民族历史的惰性力量，及时提醒胜利中的人们警惕“革命的势力一扩大……革命的精神反而会从浮滑，稀薄，以至于消亡，再下去是复旧”[20]，表现出忧患人生的深沉，从而获得一种历史的悲壮感。绝望以希望作补充，当民族陷于危机时，鲁迅充分估计我们古老民族自救、自新、自存的内在力量，一再在处于低潮中的人们中唤起民族的“自信力”[21]，从而爆发出从容应对危难的坚定力量。这顺境（高潮）中的深沉与逆境（低潮）中的从容，是一种崇高的精神境界；它把中华民族传统文化心理结构中最具光彩的部分建立在现代辩证思维的基础上，使之获得科学的发展。它与中国传统中暴发户得意时的“沾沾自喜”，破落户失意时的“顾影自怜”[22]，形成鲜明对比，表现出真正的大家风度——这正是我们这个在历史变革中已经（或正在）获得新生的文明古国所应有的精神气质。

三

在《野草》的《墓碣文》里赫然写着几个大字——

于无所希望中得救

这是一个更具有历史深度的命题。

鲁迅《故乡》里的一段心理独白是大家所熟知的；但人们未必认真思索过其中深刻的含意。

……想到希望，忽然害怕起来了。闰土要香炉和烛台的时候，我还暗地里笑他，以为他总是崇拜偶像，什么时候都不忘却。现在我所谓希望，不也是我自己手制的偶像么？只是他的愿望切近，我的愿望茫远罢了。[23]

鲁迅在这里把中国知识分子的“希望”与中国农民的崇拜菩萨看作同一个东西——都是中国根深蒂固的偶像意识的表现形式，而且比起农民的“切近”来，中国知识分子的“希望”还要更为“茫远”。

为什么会作出如此严峻的判断？

农民崇拜菩萨偶像，不就是因为他们在现实生活中处于软弱的地位，无力实现自己对于生活的欲望，只能寄希望于菩萨保佑，把自己命运交给冥冥之中的异己力量主宰么？中国的知识分子又何尝不是如此。他们同样在现实生活中处于软弱地位，他们耽于精神世界的幻想、希望中，却缺乏把希望变为现实的物质手段和物质力量，幻想、希望变成了妄想，也成为一种异己的“偶像”，其实际作用只是用自我欺骗取得心灵的慰藉与平衡。这与菩萨对于农民心灵的麻痹、欺骗作用难道还有什么实质性的区别吗？

应该说，农民的崇拜偶像，知识分子的崇尚希望，都是一种精神追求；但他们都无力（或不屑）依靠自己的力量实现这种追求，因而只能把自己的命运交给别一种异己力量（或菩萨，或神仙，或皇帝，或圣贤，或领袖）支配，这就是落后民族、阶级、集团所特有的偶像意识。这种偶像意识与宿命论的僧侣主义是紧紧连在一起的。

这正是鲁迅最感痛心的。在他看来，这是最可悲的民族劣根性，是我们民族实现思想观念现代化，进行改革的最大障碍之一。因此，他大声疾呼，号召人们把一切“偶像”——菩萨、神仙、皇帝、圣贤，连同虚幻的“希望”，从自己的精神世界里统统驱逐出去。一切偶像、幻想都抛弃了，就卸去了历史的负担，获得了精神的解放；然后，才有可能把握真实的希望。

这就是鲁迅所说的：“将先前一切自欺欺人的希望之谈全部扫除，将无论是谁的自欺欺人的假面全都撕掉，将无论是谁的自欺欺人的手段全都排斥，总而言之，就是将华夏传统的所有小巧的玩意儿全都放掉，倒去屈尊学学枪击我们的洋鬼子，这才可望有新的希望的萌芽。”[24]

“于无所希望中得救”——这是生活的辩证法，历史的辩证法。

四

那么，真实的希望何在呢？

鲁迅回答说：“希望是附丽于存在的，有存在，便有希望。”[25]

鲁迅在《故乡》里的那句名言，是曾经给无数在黑暗中摸索的人们以鼓舞与力量的：“希望是本无所谓有，无所谓无的。这正如地上的路；其实地上本没有路，走的人多了，也便成了路。”[26]

不迷信过去与未来，而寄希望于现在——现实的存在；不沉湎于东方式的冥想、思辨，而依靠实践中的探索、行动——坚信“实践出希望”[27]，这是鲁迅充分地理解、把握了自己的时代，而提出的全新命题。

这是历史的转折时期、过渡时期。旧的规范、原则已经被否定，新的规范、原则还没有建立。在没有现成的规范可循，即“没有路”的情况下，人们只有一条出路：自己“选一条似乎可走的路”“姑且走走”[28]，一边摸索，一边不断校正方向，总结经验，最后走出一条路来，并创造出新的规范，新的原则。正是这几乎无所有的空白地上，给实践提供了最好的机会。这是“实践第一”的时代，是“实践创造一切”的时代。特别是对于我们这样一个古老的停滞不前的民族与国家，只要千千万万普通的人民行动起来，进行探索，创造，就有希望。在行动、探索、创造过程中，会出现曲折，会有失误与挫折，但绝不会改变大有希望的前途。对于离开了规范就不会走路的人（这是一种过去式思维与偶像意识的综合病患者）来说，没有现成规范可循是一种天大的灾难，他们惊呼，哀叹，怨气冲天，惶惶不可终日。对于革新者，这正是施展才能的大好时机，是进行新的开拓、创造的黄金时代。他们不唯信书，也不为人所束，充满了自信力，同时，脚踏实地，埋头苦干，在干中创造一切。诚然，没有规矩可循的情况，也会给浑水摸鱼的投机者提供某种机会；但历史毕竟是公允的：不但革新者将获得更大的发展天地，而且，时间会澄清一切，历史的大浪将淘尽泛起的沉滓，只有真正的弄潮儿的业绩将作为历史的积淀永存于后起者的创造中。一时的鱼龙混杂、泥沙俱下的混乱是不可避免的；鲁迅早就说过，混乱是“不足悲观的”，“只有配存在者终于存在”。[29]

缺乏实践、行动的机会与能力，曾经是中国知识分子最大的悲剧与致命弱点。历来知识分子都有报国无门的哀叹，就像卧藏隆中的诸葛亮一样，知识分子在思辨中，常常能够对历史事变的发展（或其局部）作出惊人准确的预见（猜测），并且怀有自己的安邦治国的韬略，但是，并不是所有的人都有诸葛亮那样的付诸实践的机会。于是，有高于一般的思想，在或一程度上预见到历史事变的发展，却不能参与历史的变革，对历史发展施加自己的影响，心灵高飞着，身体却陷在泥淖，思辨与实践脱节，只能清议、空谈，不能行动，就成为古往今来一切有抱负、有才能的知识分子最大的精神痛苦与不幸。更加可悲的是，在历史惰性力量的长期作用下，这种思辨、理论与实践、行动的脱节，由历史的反常、谬误，逐渐变成了生活的常态，在知识分子的心理上，也由愤懑，转为安之若素，最后转而成为追求的目标，仿佛知识分子生来就应该只清谈、发牢骚，而不行动的，进而以此自诩、自傲，那就更成了“万劫不复”的“奴才”了。鲁迅多次哀叹中国知识分子在长期封建关闭下，精神日益衰颓，失去行动能力，“只落得麻痹了翅子，即使放出笼外，早已不能奋飞”[30]，以为这是一种莫大的悲剧。

正因为如此，鲁迅对中国知识分子（以及整个民族）这类精神蜕化的理论形态，诸如“无为”、“隐逸”之说，总是持在有些人看来可能是过分严峻的批判态度。20世纪初，鲁迅初试锋芒，就历数老子“不撄”之说必使个人与社会退化“入于苓落”[31]之弊，在30年代中期战斗生涯结束之前，又向着“毫无动静的坐着，好像一段呆木头”的老子，掷去最后的投枪：终其一生，鲁迅都是逃避现实，脱离实践，无为而终的文人传统的不同戴天的敌人；对于“一事不做，徒作大言的空谈家”[32]们，鲁迅嗤之以鼻，他留给后代的最重要的遗言是：

“万不可去做空头文学家或美术家”[33]。

“我看中国书时，总觉得就沉静下去，与实人生离开；读外国书——但除了印度——时，往往就与人生接触，想做点事。……我以为要少——或者竟不——看中国书，多看外国书。少看中国书，其结果不过不能作文而已。但现在的青年最要紧的是‘行’，不是‘言’。”[34]鲁迅此言，是至今仍被人讥为偏激之论的；然而，在鲁迅却是极其严肃认真地宣布着：自己与“只言而不行”的文化传统的彻底决裂。另一方面，鲁迅从建立以实践为基础的新文化这一伟大历史工程的需要出发，反观历史，又重新发现与肯定了中国长期被湮没、否定的“埋头苦干”的传统。在著名的《中国人失掉自信力了吗？》里，他以少有的激情外露的语言热烈地歌颂着：“我们从古以来，就有埋头苦干的人，有拼命硬干的人，有为民请命的人，有舍身求法的人，……虽是等于为帝王将相作家谱的所谓‘正史’，也往往掩不住他们的光耀，这就是中国的脊梁。”[35]在写于同一时期的《理水》、《非攻》等小说中，又怀着深深的敬意塑造了不尚空言、体察实情的大禹，以及不弄玄虚、实地备战的墨子形象。鲁迅在《准风月谈·晨凉漫记》中还列举出“啮雪苦节的苏武，舍身求法的玄奘”，“‘鞠躬尽瘁，死而后已’的孔明”作为代表“中国人性质”中“好”的一面的人物[36]，表明了鲁迅与中国固有的注重实践、行动传统的内在深刻联系。

当然，对于鲁迅来说，也许更重要的是现实存在的正在为变革中国而埋头苦干的社会历史力量；因此，在《中国失掉自信力了吗？》一文里，在赞颂了历史上中国的脊梁之后，鲁迅笔锋一转，以更大的热情指出：“这一类的人们，就是现在也何尝少呢？他们有确信，不自欺；他们在前仆后继的战斗，不过一面总在被摧残，被抹杀，消灭于黑暗中，不能为大家所知道罢了。”[37]在一定意义上可以说，鲁迅的思想发展道路，就是鲁迅寻找变革中国现实的物质力量——那是中国社会真实的希望所在——的过程。早期鲁迅把希望寄托在中国的青年；他就一再地向青年发出行动的召唤："我以为人类为向上，即发展起见，应该活动，活动而有若干失错，也不要紧"[38]，"愿中国青年都摆脱冷气，只是向上走，不必听自暴自弃者流的话。能做事的做事，能发声的发声。"[39]鲁迅真正寄以希望的，也正是那些挺身于变革现实的实践第一线的行动型的青年：那"默默地"从事文化实践活动，"深深地在人海的底里寂寞地鸣动"的青年，使他在目睹"死"的袭来的同时，"深切地感着'生'的存在"[40]；那"从容地转辗"于枪林弹雨中，"虽殒身不恤"的青年，让他在"淡红的血色中""依稀看见微茫的希望"[41]；而他看到他的学生到了武装斗争的"前线"，掩饰不住内心的狂喜，以为那才是"有希望的青年"[42]。他最后接受了马克思主义，不仅仅因为马克思主义的理论力量的征服，共产主义理想的吸引；对于鲁迅，也许更为重要的是，他终于找到了能够引导中国的变革实践走向胜利的阶级力量。他从中国共产党人在马克思主义理论指导下的革命实践中看到了中国未来的希望。当他宣布："那切切实实，足踏在地上，为着现在中国人的生存而流血奋斗者，我得引为同志，是自以为光荣的。"[43]他感到的是真实的充实、欢乐与幸福。他终于获得了真正的知己：中国大地上，出现了行动起来的一代知识分子。如果说鲁迅这一代，还是"呼唤行动与实践"的启蒙的一代，那么，以毛泽东、周恩来为代表的中国马克思主义者，就是将先驱者的启蒙理想变为现实的实践的一代。北京大学的一位青年学生对此有相当独到的观察："无论如何，我们应该把（毛泽东、周恩来）这一代知识分子看作鲁迅之后的、努力克服知识分子弱点而最终成为政治家的一代而认真研究"，"对比这两代人的形象，前者是对后者的呼唤，后者则是对前者的继承。然而在这继承的过程中，肯定会抛弃其中许多丰富的东西，朝着更实际的方向发展。发展的过程中果然出现了前者曾思索过的潜在危机。然而，前进就不能既患得又患失。只是在危机终于爆发，反过来阻止前进的时候，重新的思索、选择又成为新一代人的使命。这也许就是我们今天的现实。而对我们来说，我们所继承的事业的先驱者的理想仍不失为值得回味的初衷。”这位年青人的结论是：鲁迅“在屈原以来中国知识分子愤世嫉俗的硬骨头传统中，注入行动的血液和希望的光明。这也正是在鲁迅之后的青年把鲁迅作为民族魂，作为旗帜，作为真正猛士的原因”[44]。应该说，这位年青人对于鲁迅思想的实践性品格及其影响、意义的认识是相当深刻的。它表明强烈的行动、实践欲望，是鲁迅与当代青年精神共鸣点之一：他们本来就共同生活在实践走在理论前面的巨大变革的时代。

五

在交织着希望与绝望的半个多世纪的革命实践中，形成了鲁迅式的人生哲学：“绝望的抗战。”

鲁迅在给许广平的信中首先提出了这种人生哲学：“我的作品，太黑暗了，因为我常觉得惟‘黑暗与虚无’乃是‘实有’，却偏要向这些作绝望的抗战，所以很多着偏激的声音。……我终于不能证实：惟黑暗与虚无乃是实有。所以我想，在青年，须是有不平而不悲观，常抗战而亦自卫。”[45]

许广平在回信中，这样谈到她对鲁迅人生态度的理解：“虽则先生自己所感觉的是黑暗居多，而对于青年，却处处给予一种不退走，不悲观，不绝望的诱导，自己也仍以悲观作不悲观，以无可为为可为，向前的走去。”[46]

以后，鲁迅在与一位读者谈到《野草》中《过客》的主旨时，又作了明确的概括：“《过客》的意思不过如来信所说那样，即是虽然明知前路是坟而偏要走，就是反抗绝望，因为我以为绝望而反抗者难，比因希望而战斗者更勇猛，更悲壮。”[47]

这“绝望而反抗”的“悲壮”[48]精神，是《野草》、也是鲁迅作品的基本精神。顺便说一句，一些西方作者对于鲁迅的研究，往往有意无意夸大了他的“绝望”，而忽视其“反抗”这一面；国内的一些研究则有意无意地回避“绝望”的鲁迅，只是夸大他的反抗形象。有趣的是，以上两种倾向虽各执一端，却共同地不愿从“绝望”与“反抗”二者的对立统一、渗透中来理解鲁迅的精神实质；也不愿辩证地分析“绝望”的丰富内涵，他们所理解的“绝望”只是绝对消极的“虚无主义”。

我们希望摆脱这类形而上学的思维；也许能够使我们的研究、分析更接近鲁迅思想的真实。

在我们看来，所谓“绝望”，实质上就是走出麻木境界，丢掉一切自欺欺人的假面，直面人生：一面正视现实的黑暗与人生的痛苦，一面正视自我主观能动作用的局限，在现实世界中支配自我命运的有限性。这就是我们通常所说的，把事情想到底，看透了，对人生的道路、事物的发展趋向，作最坏的估计，作最充分的思想准备。所谓看透，既是对人生缺陷的看透，又是对自我局限的看透，既破除对现实的种种迷信、幻想，又破除对自我的种种迷信、幻想：这既是对现实、自我的直面，又是对现实、自我的大彻大悟。

思想与心理的辩证法正是如此：对一切作了最坏的思想准备，抛掉了一切不切实际的幻想，去掉了盲目性，就不会陷入彻底的悲观主义与虚无主义；真正的悲观、虚无，倒反是希望过大，期待过切，在现实中碰壁以后陷入心灰意冷的结果。鲁迅在去世前写的《半夏小集》里有一段小对话，A 先生对 B 先生说：“三年不见了！你对我一定失望了罢？……我那时对你说过，要到西湖上去做二万行的长诗，直到现在，一个字也没有，哈哈哈！”B先生回答说：“唔，无所谓失不失望，因为我根本没有相信过你。”[49]这当然是一个讽刺小品，却也能给人以启示：不轻信于人，对于生活与社会历史运动不抱不切实际的希望，这就不会有失望。

当然，也应该承认，看透人生以后，是很容易滑入虚无、悲观、消极退隐那一路上去的。在某种意义上，甚至可以说，一切对社会的弊病、人生苦难与自我局限性有着最深刻、清醒的认识，看透了人生的大思想家，他们的思想或多或少带有某种虚无的色彩[50]。鲁迅一再说：“我的思想太黑暗。”[51]这恐怕并非谦词，而是客观地反映了他的思想实际。而且，鲁迅也不是没有过退隐的考虑：他在《野草》时期给许广平的信中反复谈到的“人道主义与个人的无治主义的矛盾”，“为别人”与“为自己玩玩”[52]的矛盾，在一定意义上，也可以说是为社会、国家、民族积极进取与为自己消极退隐的矛盾。正如冯雪峰所说：“在鲁迅先生的发展的途中，也遇到过几次危机，很可能使他退隐于‘艺术之宫’或‘学术的殿堂’里去，而且也已经有过这样的退隐的时候。……辛亥革命后的一个时期，他曾经沉入到学术的研究里去，……1927年和1928年之间，他也很可能回到学术的研究上去。”[53]在鲁迅身边，与他一起走上斗争道路，并长期并肩战斗的周作人，就最终遁入了这条退隐之路。

鲁迅成功地抵御了退隐的诱惑，鲁迅的可贵之处正在于此：他深知世故而不世故，他参透人生，又采取了积极进取的人生态度。可以说越清醒，越不肯超脱，越看透现实的黑暗与自我局限，越要以更大的精神力量去与黑暗捣乱，战胜自我，在“绝望的抗战”中获得人生的真实价值。所谓“绝望中的抗战”，这是一种不抱幻想的抗战，不计成败，“只求耕耘，不问收获”的抗战，即是许广平所说的“以悲观作不悲观，以无可为作可为，向前的走去”[54]。在这里，“绝望”

与“抗战”，既是对立，又是互相渗透、补充；“抗战”以“绝望”即清醒的现实主义人生估价为基础、前提，一扫浮躁之气，“绝望”以“抗战”为归宿，又一扫消极色彩，二者的辩证统一，最能反映鲁迅作为20世纪现代中国的民主主义斗士（以后又发展成为无产阶级战士）的战斗风貌与本质。

对于鲁迅为什么得以最后走上“绝望中抗战”的道路，冯雪峰解释说是因为“他自己的斗争意志和责任感”[55]。冯雪峰从鲁迅个人的气质、性格、心理特征，以及中国知识分子、中国文化传统来说明，这自然都是十分重要的。许广平说鲁迅“以无可为作可为”，这显然与儒家“知其不可为而为之”的精神存在着某种内在的联系。鲁迅一生对儒家思想始终持最严厉的批判态度，但在积极进取这一点上，确实继承、发展了儒家精神。在一定意义上，我们可以说，鲁迅的“绝望中的抗战”是佛、道对人生的参悟与儒家的入世精神二者经过根本改造以后的有机结合[56]。事实上，在中国，即使佛、道，也不是绝对消极的。周作人早就指出了这一点，他认为中国的隐士与西方的隐士的最大不同，在于后者是“宗教”的，前者则是“社会或政治”的，既是政治上失意后的退路，又是政治上新的进取的准备[57]。对于现世人生的积极干预，对于国家、民族、社会的历史责任感，构成了中国知识分子的历史传统；而这一传统，在鲁迅这里无疑是得到了继承与发展的。

如果我们的考察不局限于鲁迅，把它扩大到对20世纪中国知识分子历史动向的剖析，就会发现，绝大多数的中国现代知识分子的人生态度都是积极进取的。接受了马克思主义的革命学说，置身于人民革命旋涡中的鲁迅、郭沫若、茅盾这样的革命知识分子自不待言，就是那些与马克思主义相距甚远，与人民革命运动保持一定距离，深受儒、佛、道思想影响的作家，如许地山、丰子恺、夏丏尊等等，也都是关心国家与民族命运，苦干奋进，成为不争的斗士、柔弱的强者。在现代中国，真正的知识分子隐士是不多的。即使是苏曼殊、李叔同真的披上了袈裟，他们也不真正避世；口口声声要当隐士的周作人，实际上一天也没有退隐过，他始终是积极入世的，只是不同历史时期，起着不同的历史作用，他最后坠入汉奸的政治泥潭，也是一种介入，因其逆历史潮流而动为广大知识分子所唾弃。

鲁迅的“绝望中的抗战”代表着20世纪中国知识分子共同历史的选择与趋向，它显然有着更加深刻的社会历史的原因。一个严酷的事实是：在20世纪，我们古老的民族，以及民族中每一个觉醒的知识分子，都已经到了无路可退的地步。鲁迅在1918年写给许寿裳的信中，就已经指出：“若以人类为着眼点”，即以世界人类发展的眼光来看，中国若不改进，终有一天要到“欲为奴隶，而他人更不欲用奴隶；则虽渴想请安，亦是不得主顾”[58]的地步。鲁迅曾把中国传统的历史概括为“暂时做稳了奴隶的时代”与“想做奴隶而不得”的时代；到了20世纪，传统的封闭体系已经打破，古老的中国无可避免地被卷入了世界竞技场内，落后就要挨打这一无情的铁的法则使每一个民族都面临着不改革，就灭亡的抉择。中华民族及其精神代表中国的知识分子即使想按照历史的惰力，麻木地苟延残喘，已经不复可能。世界历史的进程，把处于落后地位的国家、民族、个人都逼到了死角与绝境。必死之而后生，正是这种强烈的民族危机感与个人危机感，把中国知识分子、中国人民逼上梁山，走上拼死一搏，绝望中求生的道路。这就是20世纪以来，中国的改革事业屡遭挫折，而改革的呼声始终压抑不住的最深刻的原因。

鲁迅的“绝望中抗战”最充分地反映了我们民族的这种郁怒、愤激的情绪和变革、反抗的历史要求。但鲁迅作为伟大的民族思想家，绝不会仅仅止于忠实地反映群众情绪，他站得更高，思虑更深远，头脑更清醒。在五卅运动中，正当民族反抗情绪高涨的关键时刻，他及时地向国人发出了如下警告与呼吁——

> 我觉得中国人所蕴蓄的怨愤已经够多了，自然是受强者的蹂躏所致的。但他们却不很向强者反抗，而反在弱者身上发泄。……
>
> 希望于点火的青年的，是对于群众，在引起他们公愤之余，还须设法注入深沉的勇气，当鼓舞他们的感情的时候，还须竭力启发明白的理性；而且还得偏重于勇气和理性，从此继续地训练许多年。……
>
> 否则，历史指示过我们，遭殃的不是什么敌手而是自己的同胞和子孙。那结果，是反为敌人先驱，……
>
> 总之，我以为国民倘没有智，没有勇，而单靠一种所谓“气”，实在是非常危险的。[59]

鲁迅可谓真正深知我们民族的思想家；在20世纪中，很少有人能够像他那样辩证地把握民族情绪的各个侧面。他敏锐地抓住了严重的民族危机与个人危机所造成的“怨愤”——这几乎是20世纪中国典型的民族情绪。有的人视这种“怨愤”情绪为洪水猛兽，满怀忧惧，鲁迅的兄弟周作人即是如此；有的人夸大其积极意义，简单地与“革命性”等同。鲁迅则独具慧眼，发现了民族怨愤情绪的二重性：在正确的引导下，它将成为要求变革的强大精神动力；但如果缺乏正确引导，不注入“明白的理性”即现代科学精神，不注入“深沉的勇气”即韧性战斗精神，就可能发生斗争目标的转移，发展为狂热的破坏，“遭殃的不是什么敌人，而是自己的同胞和子孙”。这是一个极其深刻，也极其重要的观察与发现。本来，类似宗教的狂热情绪与中国民族（特别是这个民族的知识阶层）的心理结构和仁学、中庸思想是大相径庭的；但20世纪以来的中国历史却一再表明，像中国这样的以小生产为基础的落后民族国家，在打破中华中心主义的幻梦，失去了保守性的自信心，又卷入了世界性竞争场以后，不断唤起的怨愤情绪，是很容易引向狂热的爆发的。中国的农民在变革运动的开始，往往囿于历史的惰性，趋于保守；而一旦发动起来，常又趋向狂热的极端。在一定意义上可以说，由不满于自己地位、迫切要求改变的怨愤情绪迅速转向宗教性的狂热，这是处于大动荡、大变革时代的20世纪中国新的民族病态之一。发生在20世纪六七十年代的“文化大革命”的历史，以惊心动魄的事实表明，民族群众中怨愤、狂热情绪如果被少数野心家利用，纳入反现代文明、反理性的轨道，就会形成怎样可怕的破坏力量。因此，鲁迅早在20年代发出的警告，绝非危言耸听，而具有重要的历史的、现实的意义。鲁迅式的“绝望中抗战”，是一种理性的、韧性的战斗精神，充分地反映了民族的成熟性，集中地代表了20世纪现代中华民族的新的民族精神；它必将作为历史的积淀，成为新的民族文化心理结构的有机组成部分。这是鲁迅留给后人的最重要的精神遗产之一。

注释

[1][7][8][11]《野草·希望》,《鲁迅全集》第2卷第177页，177页，177页，177页。

[2]《坟·杂忆》,《鲁迅全集》第1卷第220、221页。

[3]《呐喊·自序》,《鲁迅全集》第1卷第417页。

[4][10]《两地书·八》,《鲁迅全集》第11卷第31页，32页。

[5][6]《南腔北调集·〈自选集〉自序》,《鲁迅全集》第4卷第455页。

[9]《华盖集·北京通信》,《鲁迅全集》第3卷第51页。

［12］《华盖集·通讯》,《鲁迅全集》第3卷第21页。参看《两地书·三》(《鲁迅全集》第11卷第18页)、《两地书·七》(《鲁迅全集》第11卷第27–28页)。

［13］［41］《华盖集续编·记念刘和珍君》,《鲁迅全集》第3卷第277页，276页。

［14］《两地书·四一》,《鲁迅全集》第11卷第117页。

［15］《而已集·答有恒先生》,《鲁迅全集》第3卷第453页。

［16］《三闲集·怎么写》,《鲁迅全集》第4卷第23页。

［17］《二心集·序言》,《鲁迅全集》第4卷第191页。

［18］《二心集·一八艺社习作展览会小引》,《鲁迅全集》第4卷第308页。

［19］《书信·350423·致萧军、萧红》,《鲁迅全集》第13卷第116页。

［20］《集外集拾遗补编·庆祝沪宁克复的那一边》,《鲁迅全集》第8卷第162–163页。

［21］《且介亭杂文·中国人失掉自信力了吗？》,《鲁迅全集》第6卷第117页。

［22］《且介亭杂文二集·文坛三户》,《鲁迅全集》第6卷第341页。

［23］《呐喊·故乡》,《鲁迅全集》第1卷第485页。

［24］《华盖集·忽然想到·八》,《鲁迅全集》第3卷第96页。

［25］《华盖集续编·记谈话》,《鲁迅全集》第3卷第359页。

［26］《呐喊·故乡》,《鲁迅全集》第1卷第485页。

［27］鲁迅对“实践”、“行动”的理解，有一个过程：最初并没有完全冲破传统的格局，侧重于思想文化活动；接受了马克思主义以后才重视生产活动，以及包括军事斗争在内的阶级斗争实践活动。

［28］《两地书·二》,《鲁迅全集》第11卷第15页。

［29］《准风月谈·“中国文坛的悲观”》,《鲁迅全集》第5卷第247页。

［30］《彷徨·伤逝》,《鲁迅全集》第2卷第118页。

［31］《坟·摩罗诗力说》,《鲁迅全集》第1卷第67页。

［32］《且介亭杂文末编·〈出关〉的关》,《鲁迅全集》第6卷第521页。

［33］《且介亭杂文末编·死》,《鲁迅全集》第6卷第612页。

［34］《华盖集·“青年必读书”》,《鲁迅全集》第3卷第12页。

［35］［37］《且介亭杂文·中国人失掉自信力了吗？》,《鲁迅全集》第6卷第118页。

［36］《准风月谈·晨凉漫记》,《鲁迅全集》第5卷第235页。

［38］《华盖集·北京通信》,《鲁迅全集》第3卷第52页。

［39］《热风·随感录·四十一》,《鲁迅全集》第1卷第325页。

［40］《野草·一觉》,《鲁迅全集》第2卷第224、223页。

［42］《两地书·八五》,《鲁迅全集》第11卷第226页。

［43］《且介亭杂文末编·答托洛斯基派的信》,《鲁迅全集》第6卷第589页。

［44］ 娜日斯：《鲁迅：批判、继承与转折》（考试试卷）。

［45］《两地书·四》，《鲁迅全集》第 11 卷第 20—21 页。

［46］《两地书·五》，《鲁迅全集》第 11 卷第 23 页。

［47］《书信·250411·致赵其文》，《鲁迅全集》第 11 卷第 442 页。

［48］ 我个人觉得，在这“悲壮”里带有很大的“悲凉”成分。

［49］《且介亭杂文末编·半夏小集》，《鲁迅全集》第 6 卷第 596—597 页。

［50］ 增田涉在《鲁迅的印象》里，曾经谈到他与鲁迅之间的一场有趣的争论。增田涉曾对鲁迅说：“一切贤明的人，在他们心胸的深处藏着虚无的深渊。”鲁迅回答说：“怕不能那样说吧。”增田涉仍坚持自己的意见，以为“虚无主义者也许是值得轻蔑的，但虚无主义在人类复杂的精神里，一定是作为基础的一部分存在着”。在增田涉的坚持下，鲁迅“像放弃了似的说：‘也许是那样吧’”。增田涉说：“也许他是因为嫌麻烦而那样回答吧，总之，他‘屈服’了，消极地妥协了”（《鲁迅的印象》第 33—34 页）。

［51］［52］《两地书·二四》，《鲁迅全集》第 11 卷第 79 页。

［53］［55］ 冯雪峰：《回忆鲁迅·我对于他的思想方法和他的天才的特征的一二理解》，《雪峰文集》第 4 卷第 160—161 页。

［54］《两地书·五》，《鲁迅全集》第 11 卷第 23 页。

［56］ 许寿裳回忆，鲁迅曾对他说：“释迦牟尼真是大哲，我平常对人生有许多难以解决的问题，而他居然大部分早已明白启示了，真是大哲！”（《亡友鲁迅印象记》第 46 页）。

［57］ 周作人：《苦茶随笔·〈论语〉小记》，岳麓书社 1987 年 7 月第 1 版，第 18 页。

［58］《书信·180820·致许寿裳》，《鲁迅全集》第 11 卷第 354 页。

［59］《坟·杂忆》，《鲁迅全集》第 1 卷第 225—226 页。

第四章 “多疑”、“尖刻”中的现代智慧

叛逆的猛士出于人间；……他看透了造化的把戏。

——《野草·淡淡的血痕中》

一

对于鲁迅，有一种含有贬义的观察：说他多疑而尖刻。

面对着怀有恶意的攻击与并非怀有恶意的批评，我们的一些同志采取了回避态度，或者引用另外一些材料来证明这都是一些误解；据说这是为了维护鲁迅。

其实鲁迅无须维护。为尊者讳，本身就是鲁迅最痛恨的华夏传统之一。鲁迅的伟大正在于，他的一切都可以公之于众，让人们在光天化日之下予以评论，以至批判——他几乎是唯一可以不加删削、修改地出版全集，而绝不会损害他的形象的现代中国思想家、文学家。

科学研究无禁区。我们应该从事实出发——不是按照预定的观点，经过主观筛选的事实，而是与论题有关的全部事实。

是的，我们可以举出大量的事实证明鲁迅并不多疑、尖刻，相反却是过于天真，过于宽厚了。请读许广平的鲁迅回忆录，特别是《鲁迅和青年》那一篇。那著名的“儿子”的故事，是叫人哭笑不得的。许广平由此而发出的感慨，可谓深知鲁迅之言：“谁说先生老于‘世

故’，我只觉得他是‘其愚不可及’。世界上还竟有这样的呆子吗？可是这呆气，先生却十分珍贵着。他总是说：‘我不能因为一个人做了贼，就疑心一切的人。’”[1]

鲁迅不赞成“赤膊上阵”。他在与人相处时，也总有所保留，并不赤裸相见[2]。只有在少数比较亲近、信任的人面前，鲁迅才比较多地显露出自己的真相。读鲁迅给曹靖华、章川岛、胡风、萧军、萧红等的书信，会强烈地感到鲁迅对人的诚挚、直率、宽厚，无微不至的关怀，甚至天真。应该说，这都比较接近鲁迅的真性情。鲁迅摘译岛崎藤村《从浅草中来》中有一句话：“我希望常存单纯之心；并且要深味这复杂的人间世”，“当混杂的现在的时候，要存单纯的心实在难”。人们大多注意到鲁迅“深味这复杂的人间世”这一面，而往往忽视了也许是更为本质的一面，即“常存单纯的心”。一切站在历史的高峰，看透现实、因而超越现实的伟大人物，必定有“返璞归真”的一面。萧红曾经回忆说：“鲁迅先生的笑声是朗朗的，是从心里的欢喜。若有人说了什么可笑的话，鲁迅先生笑的连烟卷都拿不住了，常常是笑的咳嗽起来。”[3]我常想，能够这样放怀大笑的人，一定有一颗纯真的心。

但鲁迅确有多疑、尖刻的一面。

学术界已经多年不谈所谓“‘杨树达’君的袭来事件”，也许是有所忌讳。但这恰恰是最能显示鲁迅多疑、尖刻的真相的。

这是一个崇敬鲁迅而患了精神病的青年学生对鲁迅的突然袭击。鲁迅开始怀疑其疯，以后断定其装疯，感到受骗而生厌恶，以至认为受到损害，愤怒得不能自制，终于产生最严重的猜疑，作出一般人难以想象的最严峻的判断：以为这是在文界、学界的论敌特意派来加害于自己的，遂立即著文公开揭露与反击。但一旦明白真相，鲁迅毫不顾忌自己的地位，又立即连续作文公开“辩正”，表示歉意，万分痛苦地自责“太易于猜疑，太易于愤怒”[4]，并愿承担一切损失：“由我造出来的酸酒，当然应该由我自己来喝干。”[5]

从这事件中，我们看到了什么呢？

我们看到了鲁迅的多疑与尖刻，又看到了鲁迅的诚挚与坦荡。这构成了完整的鲁迅。我们更痛苦地发现鲁迅在事件发生过程中强烈的防范意识，由此而领悟到《狂人日记》里“狂人”过度敏感的精神病态，正是我们这个时代的先驱者（包括鲁迅在内）精神状态的一个侧面夸大的变形的反映。是这样的病态的社会环境：四面充溢着阴谋、流言和陷阱，人与人之间满怀敌意与猜疑，鲁迅精神上时时处于高度紧张状态，他不得不“横站”，提防八方来敌，鲁迅之“太易于猜疑，太易于愤怒”，正是病态社会、病态人际关系对鲁迅心理、性格的曲扭与损伤，也是鲁迅的一种自我保护性的反应与反抗。

鲁迅曾经说：“现在有几位批评家很说写实主义可厌了，不厌事实而厌写实，实在是一件万分古怪的事。”[6] 如今世人只知批评鲁迅多疑、尖刻，而不注意批判制造多疑、尖刻的病态社会，这同样是“万分古怪”的。对于我们民族最优秀的代表鲁迅心灵的这种损伤与曲扭，正是不合理的旧社会的最大罪恶之一。难道不应该这样提出并思考问题吗？

二

鲁迅在总结“三一八”惨案的历史收获时说：“这回死者的遗给后来的功德，是在撕去了许多东西的人相，露出那出于意料之外的阴毒的心，教给继续战斗者以别种方法的战斗。”[7] 我们由此而得到启示：鲁迅的多疑、尖刻是血的代价换来的，它绝不仅仅是消极的病态，还有其也许至今还没有得到应有评价的积极价值。它显示了从中国现代历史运动中升华出来的现代智慧：一种新的思维方法与战斗方法[8]。

在我们对以多疑、尖刻形态出现的鲁迅式的思维方式的丰富内涵作出分析、概括之前，对这种思维方式的产生基础，以及由此表现出的鲁迅思维的某些特点，作一番探讨，也许是必要的。

鲁迅曾经对同时代的一位年青的杂文作者作了如下评价：“‘此公’……看文章，虽若世故颇深，实则多从书本或推想而得，于实际上之各种困难，亲历者不多。”[9]这里确实存在两种思维方式：“从书本或推想”出发即从前人的实践经验或自我静观的抽象思辨中推导出观念的思维方式；重“实际”、“亲历”，即从实际生活经验的总结概括提炼出观念的思维方式。鲁迅显然更推崇后者，因为这是更符合他自己的思想风格的。冯雪峰在他的有很大影响的《鲁迅回忆》[10]中就曾反复强调：“现实战斗的意志、需要和目的，决定着和统一着鲁迅先生的全部思想”，“和一个平常所说的思想家或理论家比较，他确实更像一个战士或一个斥堠，一面战斗着一面探索着前进道路，而这个战斗和探索的经验与教训就是结成他的可珍贵的思想果实的基本东西。”[11]这是一个对理解鲁迅思维特点有重要启示的论断。鲁迅正是恩格斯所说的“处于时代运动中，在实际斗争中生活着和活动着”的时代巨人型的思想家，而非唯恐时代烈火“烧着自己手指头”的书斋里的庸人学者[12]。最平凡的、也是最生气勃勃的人生形态对于鲁迅思维的发展具有极端重要的意义。鲁迅最善于选择人们习以为常的生活现象、心理习惯，作为他思想探索的开发口，一直开掘到历史的底层，揭示出深广的社会、历史、民族的文化心理结构。你读读《坟》里的《看镜有感》、《说胡须》、《灯下漫笔》、《再论雷峰塔的倒掉》、《论“他妈的”》，每一篇都是开掘不尽的思想的深井，你会惊异于：几面古镜，几根胡须，饭后闲谈时的传闻，兑换钱币的心理变化，以至几乎人人挂在嘴边的“国骂”，竟然蕴含着如此丰富的社会学、历史学、民族学、心理学……的内涵，体现着历史发展的本质。最平凡的，最普遍的，也是最深刻的，鲁迅与其说是运用逻辑的力量推论出历史本质的理性认识，不如说是运用了自己对中国社会、历史、人生、民族的深切体察领悟到这一切，寓平凡与深刻为一体，表现了丰富而独到的人生智慧，这是鲁迅思维的一个重要特色。

作为一个思想战士，社会历史运动不仅是他思想的源泉，而且构成了一种强大的原动力，鲁迅也从不讳言他的思维实践的社会功利的目的性。在鲁迅生活的20世纪，这种社会功利的目的首先表现为政治的目的。鲁迅无疑具有强烈的政治意识，在鲁迅身上没有半点远离政治的自命清高的文人气息，他时刻处于时代政治旋涡的中心，公开站在反帝反封建的人民革命政治这一边，从不掩饰自己与帝国主义的、封建的反动政治的势不两立。在成为马克思主义者以后，鲁迅更自觉地把自己从事的文艺思想领域里的战斗视为“最高的政治斗争的一翼”[13]。关于文化思想斗争的战略、策略、方法问题的思考与探索，是鲁迅思想的中心问题之一。如果说政治学是20世纪中国意识形态的重心所在，那么，在鲁迅的思想中无疑是集中了20世纪丰富的政治斗争经验中提炼出来的政治智慧的。

鲁迅作为一个思想文化战线上的战略家、策略家，他具有类似于政治家、军事家的绝端冷静的头脑。但鲁迅同时又是一个具有诗人气质的艺术家，在他对于人生、社会和民族命运的思考中，注入了强烈的主观情感，鲁迅说“释愤抒情”是他思考、写作的基本冲动力之一[14]，增田涉指出鲁迅思维的“多疑”与情感的“善怒”这两者的“结合”，显示了“鲁迅的特征”[15]，都是在提醒人们注意思想家鲁迅的诗人气质。它与前述战略家、策略家的气质构成了矛盾对立的统一。

鲁迅多疑、尖刻的思维方式本身就是20世纪以来空前尖锐、复杂的政治斗争与思想斗争的产物。历史正经历着把陈旧的生活方式送进坟墓，新的婴儿诞生前漫长的阵痛，这是一个充满了污秽与血的时代，在生与死的最后搏斗中，一切温情脉脉的面纱全部剥落，露出本来面目的疯狂与卑劣；古、今、中、外——人类历史、现实中一切阴谋诡计，鬼蜮伎俩竟然集中于20世纪中国政治舞台上同时演出。鲁迅经常痛苦地谴责自己：“我向来是不惮以最坏的恶意，来揣测中国人的，然而我还不料，也不信竟会下劣凶残到这地步”[16]，“那么风云变幻的事，恐怕世界上是不多有的，我没有料到，未曾描写，可见我还不很有‘毒笔’，……我还欠刻毒”[17]。鲁迅更忧虑着“未经世故的青年，不知底细”，容易“上当”，“碰顶子还是小事，有时简直连性命也会送掉”[18]。现实就是如此严峻：在你死我活的拼杀中，人们的天真，思维方式的简单化、直线化，认识与现实的脱节，都要付出血的代价。鲁迅自己就多次亲历了这样的流血，而且多是最为宝贵的青年战士的血。鲁迅尤感痛心的是，在血的欺骗与屠杀中民族的健忘症：“无论怎样言行不符，名实不副，前后矛盾，撒诳造谣，蝇营狗苟，都不要紧，经过若干时候，自然被忘得干干净净”[19]，血的教训不能使人警醒，吃人的宴席又将排到几时呢。为了反抗这民族的健忘症，为了民族的生存，鲁迅不得不独自直面历史陈厂的全部罪恶，保持着高度的敏感和最鲜明的记忆，因而形成了以“多疑”、“尖刻”为主要特征的思维方式；在这样的思维方式中，集中了20世纪中华民族在血的浸泡中获得的人生智慧与政治智慧。

三

鲁迅谈到自己思想特点时，一再说：“我看事情太仔细，一仔细，即多疑虑”[20]，“我的习性不大好，每不肯相信表面上的事情”，常有“疑心”。[21]在谈到以他为主将的《语丝》时，也强调了“看得中国的内情太清楚”的特点[22]。鲁迅并且说：“中国的人民是多疑的。无论那一国人，都指这为可笑的缺点。然而怀疑并不是缺点。”[23]所谓“仔细”、“多疑”，首先表现了思维的周密性，不肯轻信主观、片面、表面的观察得出的简单化的结论，而努力追求对对象及其矛盾着的各个侧面的精细的观察与思考。不仅注意对象的正面，而且注意其反面；不仅注意对象一个侧面，而且注意其前后左右各个侧面，并且从这些不同方位的观察的综合中，得到对对象的全面认识。

《坟》里有两篇文章：《我之节烈观》与《论“费厄泼赖”应该缓行》，最能够体现鲁迅的这种“仔细”、“多疑”思维的特点与风格。

《我之节烈观》是一篇驳难文章。鲁迅用怀疑主义的否定眼光去考察在中国曾被认为是“天经地义”的“节烈观”，一口气提了十个“疑问”：“不节烈的女子如何害了国家？”“何以救世的责任，全在女子？”“表彰（节烈）之后，有何效果？”“节烈是否道德？”“多妻主义的男子，有无表彰节烈的资格？”“节烈这事，何以发生，何以通行，何以不生改革？”“节烈难么？”“节烈苦么？”“不节烈便不苦么？”“女子自己愿意节烈么？”“临了还有一层疑问：节烈这事，现代既然失了存在的生命和价值；节烈的女子，岂非白苦一番么？”[24]鲁迅是那样冷静地、仔细地，像医生解剖尸体一样，把传统节烈观这具历史的陈尸的里里外外，前前后后，正面反面，都作了透彻的探查、剖析；又是那样无情地、不厌其烦地，从不同侧面，不同角度，“疑”了又“疑”，“问”了又“问”，“像海里的波浪一样，一波接一波，一浪叠一浪，不息气地卷地而来，轰隆一声打上崖岸，成为粉碎，又回卷而逝”[25]，思考极其周密，驳诘十分雄辩，既是锋不可当，又具有铁的逻辑说服力。

《论“费厄泼赖”应该缓行》，既是反驳对方，更注重正面立论。先分出“落水狗”有三种，论其“大都在可打之列”，再从中分出叭儿狗，专论其“尤非打落水里，又从而打之不可”；正面立论之后，又从反面“论不‘打落水狗’是误人子弟的”，从“塌台人物不当与‘落水狗’相提并论”这一侧面进一步论“不打落水狗”之“大错”；然后，针对读者可能发生的“我们竟不要‘费厄泼赖’么”的疑问，“论现在还不能一味‘费厄’”；最后正面提出自己的原则：“论‘即以其人之道还治其人之身’”。全篇一论、二论、三论……以至于六论。也是从不同侧面仔细地条分缕析，反复论证，做到了颠扑不破，无懈可击。

鲁迅的“多疑”更表现了对事物表面价值、表面形态的不信任，这实质是对于事物现象与本质的差异、矛盾的一种直观把握。如上所述，在鲁迅生活的20世纪的中国，这种现象与本质的差异、矛盾达到了十分尖锐的程度，具有多样性与多变性的特点。鲁迅对于事物多层次、多侧面的考察，不得不集中于正与反两个侧面、表与里两个层次上，达到了对正反（表里）两极对立的极为深刻与广泛的认识与把握。

鲁迅在与现实生活中的“上等绅士”长期交战的结果，得出一个“做戏的虚无党”的概念：“中国的一些人，至少是上等人，他们的对于神、宗教、传统的权威……是什么也不信从的，但总要摆出和内心两样的架子来。……虽然这么想，却是那么说，在后台这么做，到前台又那么做……将这种特别人物，号称为‘做戏的虚无党’。”[26]——这里显现出来的是言论与行动，口头宣言与实际意图，前台与后台的正、反（表里）对立。

这是鲁迅在《狂人日记》里的重大发现：“我翻开历史一查，这历史没有年代，歪歪斜斜的每页上都写着‘仁义道德’几个字。……仔细看了半夜，才从字缝里看出字来，满本都写着两个字是‘吃人’。”[27]——这是表面形态与内在本质的正、反（表里）对立。

在《由中国女人的脚，推定中国人之非中庸，又由此推定孔夫子有胃病》这篇奇文里，他又有了新的发现，“人必有所缺，这才想起他所需”，并且举例说：“我们平时，是决不记得自己有一个头，或一个肚子，应该加以优待的，然而一旦头痛肚泻，这才记起了他们，并且大有休息要紧，饭食小心的议论。倘有谁听了这些议论之后，便贸贸然决定这议论者为卫生家，可就失之十丈，差以亿里了。倒相反，他是不卫生家，议论卫生，正是他向来的不卫生的结果的表现”[28]。由此，鲁迅引出一个结论：“圣人为什么大呼‘中庸’呢？曰：这正因为大家并不中庸的缘故。”[29]——这就是表面宣扬与实际欠缺之间的正反（表里）对立。

鲁迅在《魏晋风度及文章与药及酒之关系》中研究魏晋时代知识分子，作出了极为独到的心理分析：“嵇阮的罪名，一向说他们毁坏礼教。但据我个人的意见，这判断是错的。魏晋时代，崇奉礼教的看来似乎很不错，而实在是毁坏礼教，不信礼教的。表面上毁坏礼教者，实则倒是承认礼教，太相信礼教。因为魏晋时所谓崇奉礼教，是用以自利……于是老实人以为如此利用，亵渎了礼教，不平之极，无计可施，激而变成不谈礼教，不信礼教，甚至于反对礼教。”[30]——这里已经涉及意识与潜意识的正反对立。阮籍、嵇康等对于礼教，意识中是憎，潜意识却是爱；憎之烈正是爱之深。

正是出于对现实生活与社会心理中大量存在的正、反对立现象的深刻观察，鲁迅提出了“推背图”式的思考方法，即“从反面来推测未来的情形”[31]。用“正面文章反看法”，鲁迅对于他所生活时代里的纵横捭阖的现实政治与变幻莫测的险恶人心，常常作出了极为犀利的判断与剖析。

例如——

> 自称盗贼的无须防，得其反倒是好人；自称正人君子的必须防，得其反则是盗贼。[32]

一，自称“铁血”“侠魂”“古狂”“怪侠”“亚雄”之类的不看。二，自称“鲽栖”“鸳精”“芳侬”“花怜”“秋瘦”“春愁”之类的又不看。三，自命为“一分子”，自谦为“小百姓”，自鄙为“一笑”之类的又不看。四，自号为“愤世主”“厌世主人”“救世居士”之类的又不看。[33]

损着别人的牙眼，却反对报复，主张宽容的人，万勿和他接近。[34]

我们所认为在崇拜偶像者，其中的有一部分其实并不然，他本人原不信偶像，不过将这来做傀儡罢了。和尚喝酒养婆娘，他最不信天堂地狱。巫师对人见神见鬼，但神鬼是怎样的东西，他自己的心里是明白的。[35]

例如近几天报章上记载着的要闻罢：

一，××军在××血战，杀敌×××××人。

二，××谈话：决不与日本直接交涉，仍然不改初衷，抵抗到底。

……

倘使都当反面文章看，可就太骇人了。[36]

这样的观察、剖析确实深刻得可怕，简直令人毛骨悚然。这种以正反对立形态表现出来的矛盾辩证法，带有特定历史时代——矛盾空前尖锐、激烈，也空前明朗化、简化的时代特点。而它所具有的实践经验的直观性特点也是突出的。

我们当然不能对鲁迅“正面文章反面看”的命题作机械的绝对的

理解；它实质上是反映了鲁迅多疑思维的一个重要特点：特别善于窥探、洞察人们表面行为、言辞背后的隐秘心理，当事人或者不察，或者察而不便言，不愿言，不敢言，鲁迅却一语道破，就不免遭到嫉恨。鲁迅自己也说："'察见渊鱼者不祥'，……总没有好结果，这是我早经知道的。"[37]

鲁迅对人们日常生活中司空见惯的言谈，所隐藏着的时代心理、民族心理的挖掘，所达到的深度，是令人惊异的。最著名的例子，莫过于对"国骂"的心理剖析。诚如鲁迅所说："无论是谁，只要在中国过活，便总得常听到'他妈的'或其相类的口头禅"[38]，但又有谁能够一眼看透在这"国骂"的背后，却隐藏着封建等级、门第制度所造成的曲扭而不免"卑劣"的反抗心理呢？鲁迅说："中国人至今还有无数'等'，还是依赖门第，还是倚仗祖宗。倘不改造，即永远有无声的或有声的'国骂'。"[39]这论断至今仍有生命力，固然证明了鲁迅剖析的深刻，却不能不说是我们民族的大悲哀。鲁迅对中国人爱看"男人扮女人"的心理分析也是十分透辟的："男人看见'扮女人'"，"女人看见'男人扮'"，这似男非男、似女非女的艺术正是"中国的最伟大最永久，而且最普遍的艺术"[40]，它不仅表现了中庸之道下的中国民族病态心理，而且反映了在封建性压抑下的性病态。此种心理是人们不敢正视的，鲁迅一说，就成了"刻薄"。《晨凉漫记》中对张献忠杀人心理的分析也是使许多人惊叹不已的："他其实是别有目的的。他开初并不很杀人，他何尝不想做皇帝。后来知道李自成进了北京，接着是清兵入关，自己只剩了没落这一条路，于是就开手杀，杀……他分明的感到，天下已没有自己的东西，现在是在毁坏别人的东西了，这和有些末代的风雅皇帝，在死前烧掉了祖宗或自己所搜集的书籍古董宝贝之类的心情，完全一样。"[41]鲁迅所概括的实际上是人类历史上一切没落者（特别是没落的统治者）疯狂行为背后的共同的心理上的衰弱。即使是在心理的挖掘上，鲁迅也达到了历史具体性与历史概括性的高度统一。

由于鲁迅的观察、分析，往往超出常人，他的文章也就不免遭误解的厄运。《花边文学》中的《倒提》一文引起的历史公案即是一例。当时的上海公共租界工部局曾经作出不许倒提鸡鸭在路上走，违者即拘入捕房罚款的规定。“于是有几位华人便大鸣不平，以为西洋人优待动物，虐待华人，至于比不上鸡鸭。”[42]这类“不平”与抗议，乍一看似属民族自尊心的表现，应无可非议。但多疑的鲁迅却从表面的慷慨激昂中察觉到一种潜在的微妙心理：仍希望依靠洋人的“恩典”，获得鸡鸭一样的地位，即使“不妨变狗”，也不肯用自己的力量来为自己争取人应有的权利。鲁迅的这一观察已经深入到了人的心理更深层次的潜意识，自然为习惯于直线地、表面地观察问题的不成熟的革命者所不解，于是，发生了“林默”（即廖沫沙）的“攻击”与鲁迅的“反击”：鲁迅是因为“战友”的误解而感到分外痛苦的。它所反映的两种思维方式的深刻差异，是先驱者的鲁迅与同时代的幼稚的革命者之间的矛盾的一个重要方面。

四

这里有一个有趣的对比。

1923年，俄国盲诗人爱罗先珂来北京，曾写文章对北京大学学生演剧有所批评；当时的北大学生魏建功写了《不敢盲从》一文反驳，语多轻薄，甚至在“看”、“观”、“盲从”这类字眼上作人身攻击式的暗示。此文引起了周氏兄弟的强烈反应，先后写了文章。周作人的文章委婉地表示：“我希望大家对于爱罗君一方面不要崇拜他为超人的英雄，一方面也不要加以人身的攻击，即使当做敌人也未始不可，但必须把他当作人看，而且不可失了人间对待残疾人的礼仪。”[43]鲁迅则不同，他尖锐地抨击、嘲讽文章的作者，指其为“生长在旧的道德和新的不道德里，借了新艺术的名而发挥其本来的旧的不道德的少年”[44]。和周作人温和敦厚的批评比较起来，鲁迅的笔确实是尖刻的。鲁迅的尖刻正是表现在：他对魏建功文章所作出的判断出于常人想象之外的严峻，初初一看，甚至不尽合乎情理，仔细思量，却分明揭示出问题的本质，比周作人的温和判断，要深刻得多。显然，这里存在两种思考、分析问题的方式：就事论事的分析与更注重事物本质的分析。

鲁迅曾经说过：“我的坏处，……（是）砭锢弊常取类型”，“盖写类型者，于坏处，恰如病理学上的图，假如是疮疽，则这图便是一切某疮某疽的标本。”[45]这就是说，鲁迅的思维是从具体的人与事（“这一个”）出发的，但他的思考绝不停留于“这一个”，而是将其放在广阔的时代、社会、历史背景下进行剖析，竭力排除其个别性、具体性、特殊性，快刀斩乱麻地迅速切入本质，使其成为具有历史概括性、普遍性的“这一类”的“标本”。这种从个别现象立即切入本质的整体概括的思维方式，借用杜勃罗留波夫的话说，就是“在看到一件事物的一瞬间，就能够从许多偶然性中，区别出它的基本特征”[46]，或者如周作人所说，一下“抓住事件的核心，仿佛把指甲狠狠的掐进肉里去”[47]，具有刀锋一般锐利、明快的优点[48]，为鲁迅在论战中所常用。鲁迅批评“历举对手之语，从头至尾，逐一驳去”的论战方法，以为“虽然犀利，而不沉重”，并把自己的论战方法概括为“正对‘论敌’之要害，仅以一击给与致命的重伤”[49]，所说的也是不纠缠于具体现象上的细微末节（那是一种烦琐哲学），尽快地舍弃次要的、个人的东西，而采取直逼本质（突出而集中，迅速而明确地发现与抓住事物的要害所在）的简洁、明快的战术。鲁迅时代斗争的尖锐性，以及战士的可贵[50]，决定了论战必须重质而不重量，要“剧毒”而非“小毒”，一击而置之死命，这与毛泽东的“战略上的持久战、战术上的速决战”、“集中优势兵力，击其要害而全歼之”的军事辩证法思想确有异曲同工之妙。我们读鲁迅的论战文章，常常发现，面对对手洋洋洒洒的宏文伟论，鲁迅仅还以匕首般的短文，三言两语而击中要害，致使对手再无招架、还手的余地。而鲁迅的批判，例如在“庄子与文选”论争中将施蛰存斥为“洋场恶少”，两个口号论争中称周扬为“奴隶总管”，就具体的人与事而言，确有过苛之病；但如排除个别性与特殊性，跳出具体的人事关系，作为一种“社会典型”，却又是极其深刻的。读者每每不察，总以意气之争论之，鲁迅当年即已发出感慨：“足见读者的判断，亦幼稚者居多也。”[51]谁知今天又如何呢？！

鲁迅的“多疑”与“尖刻”两种思维方式，前者细密，注重多侧面、多角度、多层次地展现事物本质表现的多样性、多变性、复杂性，与个别特殊性，是一种小说艺术家的模糊型的思维，它的语言表达方式带有很大的曲折性；后者锐利，注重事物总体的、本质的直接揭示，常快刀斩乱麻式的排除偶然性、个别性，是一种战略、策略家的明快型的思维，它的语言表达方式具有明确性。两种思维方式互相补充：无前者，后者易流于独断；无后者，前者易流于烦琐。鲁迅曾经提醒人们要警惕“科学家似的专断”，“哲学家似的玄虚”与“一般文学论者的繁碎”[52]，这说明鲁迅在思维方式上是有自觉追求的；他并且指出：“怀疑并不是缺点。总是疑，而并不下断语，这才是缺点。”[53]他确实在追求着“疑”与“断”的结合，兼两种思维方式的长处而有之，多谋而善断，显示出时代的大智与大勇[54]。

五

增田涉在鲁迅后期与鲁迅有过较为切近的接触，他的观察每有独到之处。他在论及鲁迅的“多疑”时，提出了一个颇有启发性的意见：“所谓多疑，另一面也可说是想象力丰富。”[55]人们往往注目于艺术家的鲁迅丰富的想象力，却忽视了社会科学与自然科学的发展，同样需要想象力。鲁迅的许多判断（特别是推测性的判断），正是仰赖于以丰富的人生经验，包括以此为基础的想象力。——首先是一种极其广阔的联想力。

鲁迅一般不大谈论自己思想（或某个判断）的形成过程；偶有涉及，即弥足珍贵。例如，他在《在沪宁克复的那一边》中的一段叙述，就很有意思——

> ……动起笔来，总是离题有千里之远。即如现在，何尝不想写得切题一些呢，然而还是胡思乱想，像样点的好意思总像断线风筝似的收不回来。忽然想到昨天在黄埔……忽而想到十六年前……忽而又想到香港《循环日报》上所载……[56]

在另一篇著名杂文《说胡须》里，对于自己思路的发展也有类似的描述——

> 我一面剪，一面却忽而记起长安，记起我的青年时代，发出连绵不断的感慨来……[57]

值得注意的是，这种“连绵不断”的联想所具有的广阔性：既是“时间”的开拓（“昨天”——“十六年前”；现在——“青年时代”），又是“空间”的开拓（“黄埔”——“香港”；北京——“长安”），这是对处于不同时间与空间下的极不相同的事物的内在广泛联系的一种发现，是作家观照范围的空前拓广。更重要的是，它显示了一种新的时空观，显示了对人的本质，生活的本质的一种新的认识。在鲁迅这里，人与生活都打破了局限在狭小的时间与空间范围的封闭状态，而是既和过去，也与未来相联结的历史环节，用鲁迅自己的话来说，“人多是‘生命之川’之中的一滴，承着过去，向着未来”[58]，同时又是处于与无限广阔的世界、宇宙相联结的开放状态之中。鲁迅一再提醒人们注意“现在”（“现实”）与“过去”（“历史”）之间所存在的时间的交叉、渗透与转化：“历史上都写着中国的灵魂，指示着将来的命运”[59]，“祖母的模样，就预示着那娃儿的将来。所以倘有谁要预知令夫人后日的丰姿，也只要看丈母”[60]，“试将记五代、南宋、明末的事情的，和现今的状况一比较，就当惊心动魄于何其相似之甚，仿佛时间的流驶，独与我们中国无关”[61]；由此而形成了鲁迅极其深沉的历史感，以及“挖祖坟”、“翻老账”的历史比较的思考方式，即如冯雪峰所说，他对现实问题的思考、探索，常注意于“历史的、意识形态的根源的深远”[62]。鲁迅对处于不同空间（以至同一空间）里人的心灵的隔绝尤感痛苦，热烈地期待着空间（首先是人的生存空间与精神空间）的互相联结、渗透，而他自己的内心世界则无比开阔，不仅超越了时间，而且超越了空间，一位青年学生说得很好：鲁迅的“思维覆盖面是有着全人类的广度与历史的纵深的”[63]。几乎鲁迅的每一篇著作都是融古今中外为一炉，表现时间与空间的重叠，渗透与交融，是在无限开阔的全新的时空坐标上展示人与人间的种种：时间——从古代直至未来；空间——从所在的生存空间伸向世界任何角落，以至宇宙，与幻想的非现实的空间。你看鲁迅的《狗·猫·鼠》，忽而动物王国，忽而人世间；忽而“人禽之辨”不严的远古，忽而仇猫杀狗的现实；忽而日本传说中的“猫婆”，中国古代的“猫鬼”，忽而太平洋彼岸美国小说里的“黑猫”；忽而猫与老虎的斗智，忽而“老鼠成亲”的仪式[64]。你再看《无常》：阳间的“模范县”跳踉着鬼蜮，“公正的审判是在阴间”；活人脸上遍布“鬼气”，

“入冥作了鬼，倒会增加人气”[65]。在鲁迅的观察视野里，现实空间与非现实空间混沌无界。还有《故事新编》，更是超越了时空，历史与现实相互交叉，互相渗透、影响、结合，甚至在《随感录·三十五》这样的短章里，成汤、周文王、周武王、周公，春秋战国、五胡十六国的古人，以及清末爱国志士，“保存国粹”的民国复古家……也都相互重叠在一千五百字的文字空间里。鲁迅思想与艺术的野马无拘无束地驰骋在无始无终、无边无际的时空里，表现着思想的开阔与自由，更表现着心灵的开阔与自由。

这样的包容存在于一切空间与时间的万事万物的开阔与自由，更表现了对互相联系的世界整体性的把握：这是一种建立在现代科学进步基础之上的现代思维，鲁迅早在20世纪初，当现代科学的伟大变革初露锋芒时，即已敏锐地觉察到了现代科学发展必然引起的人类思维方式的变革。在发表于1903年的《说钼》里，鲁迅对于居里夫人刚刚宣布的镭的发现予以极高的评价，指出其最大意义在于“关于物质之观念，倏一震动，生大变象”[66]，即打破了“分割物质之达于究极”[67]、不可分的形而上学观念。在1907年发表的《人之历史》里，鲁迅更以极大的热情，介绍了达尔文进化论，施莱登、施照的细胞学说，康德关于太阳系起源的星云假说，以及海克尔（鲁迅译作黑格尔）《人类种族的起源和系统论》等现代科学最新成就，欢呼一种新的世界图景的诞生：“有生无生二界，且日益近接，终不能分，无生物之转有生，是成不易之真理。”[68]在1908年所写的《科学史教篇》里，鲁迅又对西方科学发展历史过程中思维方法（如培根的归纳法与笛卡尔的演绎法）予以特殊的关注，并且指出：“盖科学者，以其知识，历探自然见象之深微，久而得效，改革遂及于社会，维复流衍，来溅远东，浸及震旦，而洪流所向，则尚浩荡而未有止也。”[69]鲁迅显然已经预见到，现代科学对于处于封闭的生存空间与思维空间的中国思想界，必将发生巨大的冲击。20世纪世界整体性的形成，要求着整体性的思维方式；鲁迅所具有的广阔的联想力，以及打破时空界限，融古今中外为一炉，出入于现实世界与非现实世界的整体性思维，正是体现了20世纪人类思维发展的历史趋向。

六

法国启蒙学者伏尔泰把“想象”区分为“消极想象”与“积极想象”，前者只是“简单地保存对事物的印象”，后者则“把彼此不相干的事物联系在一起，把混合在一起的事物分离开”，“将这些意象千变万化地排列组合”[70]，这是形象改造的能力。鲁迅的思维当然是一种“积极想象”；作为一个富有创造性的喜剧艺术家，他的想象“个性”是在特别善于借荒诞的相似来比拟，造成一些最意想不到的最新颖的组合，以形象的变形，显示更本质的真实。鲁迅认为讽刺艺术的精髓在于“确切”地抓住事件或人物的“精神”而加以“廓大”[71]，从而达到“神情毕肖”的境界[72]。这同样也能说明鲁迅积极想象的思维的特点：他之所以能够把在外观形式上离异最远，似乎不可能有任何联系的人与事联结在一起，正是因为他敏锐地抓住了二者之间内在相通的神似。“形”的离心力与“神”的向心力，形成具有强烈反差的张力场，作家的想象力驰骋其间，显得优裕自如；鲁迅说，这需要“明确的判断力”[73]，在鲁迅则常常表现为以丰富的人生阅历为基础的思想与艺术的直觉、灵感，以至成为一种思维习惯。

1927年，鲁迅在《语丝》上发表《匪笔三篇》，有一个简短的前言，典型地说明了鲁迅这种思维的特点——

……七月末就收到了一封所谓“学者”的信，说我的文字得罪了他，“拟于九月中回粤后提出诉讼，听候法律解决”。且叫我“暂勿离粤，以俟开审”。命令被告枵腹恭候于异地，以俟自己雍容布置，慢慢开审，真是霸道得可观。第二天偶在报纸上看见飞天虎寄亚妙信，有一“提防剑仔”的话[74]，不知怎地忽而欣然独笑，还想到别的两篇东西，要执绍介之劳了。这种拉扯牵连，若即若离的思想，自己也觉得近乎刻薄。[75]

学者的书札，与土匪的撕票报告，骗子相命家的“致信女某书”，流氓的恫吓信之间，本不可能有任何牵涉，把它们连起来想本身就有辱没圣贤之嫌；现在却不但想，而且在文字上“拉扯牵连”在一起，可谓大逆不道且荒谬之至。但只要细细一想，就会发现：学者的杀机暗含的霸道与自以为得计的愚蠢，和土匪、骗子、流氓的行径，又何其神似。这外在身份、地位的“若离”与内在本质的“若即”，是不能不令人“欣然独笑”的。而且这样一来，原来学者们恩赐给鲁迅的“学匪”、“文氓”之类的恶谥，也可物归原主，正人君子者流“麒麟皮”下终于露出“马脚”，这又是何等痛快淋漓呢。这确实“近乎刻毒”：深刻揭示本质，而丝毫不留情面。

在鲁迅著作中这类“拉扯牵连，若即若离”的深刻的荒诞联想，几乎是俯拾皆是的。

例如，文人雅士的小品“遍满小报的摊子上”，与“烟花女子，已经不能在弄堂里拉扯她的生意，只好涂脂抹粉，在夜里躄到马路上来了”[76]；“‘民族主义文学’的发扬踔厉，或慷慨悲歌的文章”，与“落葬的行列里”，“用热闹来掩过了这‘死’”的“悲哀的哭声”和“壮大的军乐”[77]；高等华人的生意经与吃白相饭朋友的“揩油”[78]；文坛高士的“归隐”与官场俗子的“啖饭之道”[79]；孔圣人的中庸之道与中国女人的小脚[80]；“批评家”砍杀杂文的高论与孔雀翘尾巴露出的屁眼[81]；失势的党国元老与宫女泄欲余下的“药渣”[82]；庄严的“现代史”与骗人的变戏法[83]等等。在鲁迅的联想的两端，一端是高贵者及其神圣殿堂，一端全是地上“最不干净的地方”[84]，经鲁迅的妙笔“牵连”，后者越是为前者所不耻，越是要追摄其魂，直追至天涯海角：怎么也摆不脱。

这种联想，不但作者自身是极其严肃的，而且如实地揭示了事物的本质；但是，“说出来么，那就是‘刻毒’”[85]。

七

鲁迅的思想与艺术，诚然是“刻毒”的；这深刻、毒辣的思想、艺术风格的形成，有着社会历史的深远背景，也有着深厚的历史文化的渊源：它表现了鲁迅与中国传统文化内在联系的一个重要方面。

人们首先想起的自然是所谓“绍兴师爷笔法”。在著名的女师大风潮论战中，陈西滢曾经称鲁迅为“做了十几年官的刑名师爷”[86]，这显然含有大不敬之意。但我们如果排除论战中所特有的感情成分，作客观的考察，那么，应该承认，在思维方式与相应的文字表现上，鲁迅与绍兴师爷传统，确实存在着某种继承关系。

鲁迅自己似乎也并不否认这种联系；这是有文为证的。当年，为回答陈西滢的“刑名师爷”论，鲁迅说了这样一段话——

> 《一束通信》的主要部分中，似乎也承情没有将我“流”进去，不过在后屁股的《西滢致志摩》是附带的对我的专论，虽然并非一案，却因为亲属关系而灭族，或文字狱的株连一般。灭族呀，株连呀，又有点“刑名师爷”的口吻了，其实这是事实，法家不过给他起了一个名，所谓“正人君子”是不肯说的，

> 虽然不妨这样做。此外如甲对乙先用流言，后来却说乙制造流言这一类事，“刑名师爷”的笔下就简括到只有两个字：“反噬”。呜呼，这实在形容得痛快淋漓。然而古语说：“察见渊鱼者不祥”，所以“刑名师爷”总没有好结果，这是我早经知道的。[87]

“简括”而又“形容得痛快淋漓”，“察见渊鱼”：这都已经涉及刑名师爷作为一种特殊的社会职业所特具的思维方式与表现方式；而鲁迅对此显然是熟悉并且持肯定态度的。

事隔这场论战十年之后，鲁迅在总结包括他自己在内的论战经验时，再一次谈到了这种“简括”的思维方式与表现方式，他指出，“批评一个人，得到结论，加以简括的名称”，即“诨名”，“原是极利害，极致命的法术”：“这正如传神的写意画，并不细画须眉，并不写上名字，不过寥寥几笔，而神情毕肖”，“提挈这人的全般”，“名号一出，就是你跑到天涯海角，它也要跟着你走”[88]。鲁迅在总结这种“简括”的思维方式及相应表现手法的发展历史时指出，其起源是“从汉末到六朝之所谓‘品题’”，“直到后来的讼师，写状之际，还常常给被告加上一个诨名，以见他原是流氓地痞一类”；“五四时代的所谓‘桐城谬种’和‘选学妖孽’……形容惬当，所以这名目的流传也较为永久”，“到现在，和这八个字可以匹敌的，或者只好推‘洋场恶少’和‘革命小贩’了罢”[89]：这已经是鲁迅自己的创造了。

从鲁迅十年之中的一再论述，可以看出鲁迅创造性思维与绍兴刑名师爷传统的继承，当然不是简单的“取诨名”的手法，而是一种善于察视事物隐匿方面（“察见渊鱼”）的锐利观察力；善于透过纷纭复杂的现象，迅速切入本质，“简括”的提炼，敏捷而明确的判断力；以及从整体上把握事物，“提挈全般”的“写意”式的思维方式。这种思维的特点，是深刻与简明、锐利的统一，它同时表现为一种严峻的人生态度。周作人曾经说，“世人所通称的‘师爷气’”，即是指一种“法家的苛刻的态度”，它“并不限于职业，却弥漫及于乡间，仿佛成为一种潮流”；周作人并且自责说，虽“想溷迹于绅士淑女之林，更努力学为周慎”，“无如旧性难移，燕尾之服终不能掩羊脚，检阅旧作，满口柴胡，殊少敦厚温和之气；呜呼，我其终为‘师爷派’矣乎？”[90]鲁迅显然并无周作人这种动摇与忏悔；他是以“满口柴胡”，殊少儒家“敦厚温和之气”为荣的；“师爷气”云云，鲁迅根本无须、也不想回避。

周作人在《雨天的书·序二》里强调“师爷气”影响所及，在浙东一带形成“一种潮流”，这是值得注意的。周作人在《地方与文艺》一文里对此有更详细的申说。他认为“近来三百年”，浙江思想界与文艺界“有两种潮流”，一为“飘逸”，“如名士清谈，庄谐杂出，或清丽，或幽玄，或奔放，不必定含妙理而自觉可喜”；另一为“深刻”，“如老吏断狱，下笔辛辣，其特色不在词华，在其着眼的洞彻与措语的犀利”。周作人并且指出，前者以徐渭、王季重、张岱、袁枚、李慈铭、俞樾为代表，后者代表人物则有毛西河、章学诚、赵之谦与章太炎等[91]。鲁迅在自己的文章里，也曾谈及这两派人物如章学诚与袁枚，李慈铭与赵之谦之间的论争“如水火之不可调和”[92]。周作人与鲁迅分别继承与发展了近代浙江文人传统中的飘逸与深刻两派，也是明显的事实。

更值得注意的是，无论是鲁迅，还是周作人，在论及“师爷气”时，都把它与法家联系在一起。周作人在新中国成立后，写过一篇文章，把这层意思说得更清楚：“师爷虽是为世诟病，毕竟也是从人民中出来的。他本身传授了师爷事业，其从父祖遗下的土气息泥滋味还是存在，这也是可以注意的事。师爷笔法的成分从文的方面来的是法家秋霜烈日的判断，腐化成为舞文弄墨的把戏，从人民方面来的是人生苦辛的经验，这近于道家的世故（特别是老子），为二者之中的主要分子，可以称为人民的智慧。”[93]周作人在这里明确地把“法家秋霜烈日的判断”作为“师爷笔法”的来源之一，是很有见地的。我们由此而联想起鲁迅对自己的思想所作的说明：“就是思想上，也何尝不中些庄周韩非的毒，时而很随便，时而很峻急。”[94]鲁迅所说的中韩非“峻急”之毒，按照我的理解，所指的正是这种法家的人生态度、思维方式及其外在表现形式，直接地、间接地（通过“师爷气”、“师爷笔法”这一中间环节）对他的思想、文字所发生的深刻影响。

在中国思想史上，法家作为鼓吹仁爱的儒家的对立面，它的思想的一个重要特点，就是毫不留情地揭去笼罩在残酷现实之上的温情脉脉的爱的面纱，以“清醒冷静的理知态度”去看待人生。韩非的“人性恶”导致了他的极端冷酷无情的利己主义，但对于人情世故的观察，却常常达到相当深刻的程度，由此而形成了他的极端犀利的思想方法与文章风格。郭沫若对此有相当精彩的描述：“他的头脑异常犀利，有时犀利得令人可怕。我们读他的《说难》、《难言》那些文章吧，那对人情世故的心理分析是怎样的精密”[95]，“他能够以极普通的常识为根据，而道出人之所不能道，不敢道，不屑道。所以他的文章，你拿到手里，只感到他的犀利，真是其锋不可当。”[96]以上几个方面的特点，确实可以用“峻急”来概括；与前述“师爷气”（“师爷笔法”）中的人生态度、思想方法、文章风格，存在着明显的内在联系，对鲁迅思想、文风的影响也有迹可寻。

周作人在文章里把老子的“世故”列为“师爷笔法”的来源之一，如实地反映了老子与法家之间的深刻联系，韩非子承接老子，是顺理成章的。所谓老子的“世故”，即是指《老子》中所概括的充满政治辩证法因素的“君人南面术”。鲁迅在与他所面对的反动统治阶级及其御用文人的斗争中，十分清醒地看到，这些现代“阔人”、“聪明人”的统治术，“是孔二先生的先生老聃的大著作里就有的”[97]；因此，他对老子“将欲弱之，必固强之；将欲废之，必固兴之；将欲夺之，必固与之”之类阴柔术，以及《鬼谷子》这一类纵横家书里“可钳而从，可钳而横，……可引而反，可引而覆。虽覆能复，不失其度”的谋略、手段，都曾结合现实，认真的考察、指出，类似的手段，“我们在社会上是时常遇见的”，“各种小纵横，……就都是这‘覆’‘复’作用”[98]。无论是道家的“帝王南面术”，《鬼谷子》的“纵横术”，还是绍兴师爷舞文弄墨的谋略，都是中国尖锐的政治斗争的产物。鲁迅曾一再感叹：改革者（包括他自己）“将对手看得太好了”，因此，他给立志在中国进行改革的人们提出了一个任务：要了解自己的对手，“看透……造化的把戏”[99]。鲁迅通过对自古以来的统治术的研究，对于中国政治斗争的种种黑暗面，有着透彻的了解与充分的估计，因此，处在30年代那样复杂万端的政治旋涡中，鲁迅头脑比任何人都要清醒，行动也更为坚决，这都不是偶然的。

周作人在谈论“师爷笔法”的思想来源的同时，强调它也包含了人民“人生苦辛的经验”，是一种“人民的智慧”。这也是可以用来说明鲁迅思想的特征的。作为一个来自社会底层的思想家，一个与自己时代共同着命运的思想家，鲁迅的思想（包括他的以多疑与尖刻为特征的思维方式），归根结底，正是20世纪时代智慧的结晶，是人民智慧的集中体现；反过来，他又以自己富有个性特征的创造性的发挥，影响着现代中国人思维的发展，推动了我们民族思维现代化的历史进程。

注释

［1］ 许广平：《鲁迅和青年们》，《许广平忆鲁迅》第234、235页。

［2］ 殷夫第一次与鲁迅相见时，他的感觉是：鲁迅话很少，“又冷，好像受了一种威压似的”，以至于很“悔”与鲁迅相见，这表现了殷夫作为诗人的敏感与真挚。鲁迅连忙去信解释：“初次相会，说话不多，也是人之常情”（《为了忘却的记念》，《鲁迅全集》第4卷第480页）。

［3］ 萧红:《回忆鲁迅先生》,《萧红全集》(下),哈尔滨出版社 1991 年，第 1125 页。
［4］［5］《集外集· 关于杨君袭来事件的辩正》,《鲁迅全集》第 7 卷第 49–50 页，第 50 页。
［6］《译文序跋集 ·〈幸福〉译者附记》,《鲁迅全集》第 10 卷第 173 页。
［7］《华盖集续编 · 空谈》,《鲁迅全集》第 3 卷第 281 页。
［8］ 许寿裳回忆说，鲁迅“观察很锐敏而周到”，谈话常“一针见血，使听者感到痛快，有一种涩而甘，辣而腴的味道”，朋友当面评为“毒奇”，鲁迅也“笑笑首肯”(《亡友鲁迅印象记》第 16–17 页)，说的也是鲁迅的思维方式。
［9］《书信 · 340414 · 致黎烈文》,《鲁迅全集》第 12 卷第 388 页。
［10］ 学术界对于冯雪峰这部著作的重要性也许仍然认识不足。他在书中所提出的关于鲁迅思维方式、个性、气质的许多精辟见解至今仍是我们从事这方面研究的重要基础，本书的写作即从其中得到许多教益与启示。
［11］ 冯雪峰:《回忆鲁迅》,《雪峰文集》第 4 卷第 156 页。
［12］ 恩格斯:《自然辩证法 · 导言》,《马克思恩格斯选集》第 3 卷，人民出版社 1972 年，第 445−446 页。
［13］《三闲集 · 文坛的掌故》,《鲁迅全集》第 4 卷第 122 页。
［14］《华盖集续编 · 小引》,《鲁迅全集》第 3 卷第 183 页。
［15］ 增田涉:《鲁迅的印象》第 92 页。
［16］《华盖集续编 · 记念刘和珍君》,《鲁迅全集》第 3 卷第 275 页。
［17］《三闲集 · 通信》,《鲁迅全集》第 4 卷第 98 页。
［18］《书信 · 341210 · 致萧军、萧红》,《鲁迅全集》第 12 卷第 592 页。
［19］《华盖集 · 十四年的“读经”》,《鲁迅全集》第 3 卷第 129 页。
［20］［22］《两地书 · 八》,《鲁迅全集》第 11 卷第 32 页，33 页。
［21］《两地书 · 十》,《鲁迅全集》第 11 卷第 39 页。
［23］《且介亭杂文末编 · 我要骗人》,《鲁迅全集》第 6 卷第 486 页。
［24］《坟 · 我之节烈观》,《鲁迅全集》第 1 卷第 118−120 页，123−125 页。
［25］ 这是郭沫若论韩非文风特点的一段著名文字(见郭著《十批判书· 韩非子批判》),读鲁迅的文章也有类似的感受，绝非偶然。
［26］《华盖集续编 · 马上支日记》,《鲁迅全集》第 3 卷第 328 页。
［27］《呐喊 · 狂人日记》,《鲁迅全集》第 1 卷第 425 页。
［28］［29］《南腔北调集 · 由中国女人的脚，推定中国人之非中庸，又由此推定孔夫子有胃病》,《鲁迅全集》第 4 卷第 507 页。
［30］《而已集 · 魏晋风度及文章与药及酒之关系》,《鲁迅全集》第 3 卷第 513 页。
［31］［36］《伪自由书 · 推背图》,《鲁迅全集》第 5 卷第 91 页，第 91–92 页。

［32］《而已集・小杂感》,《鲁迅全集》第3卷第531页。
［33］《集外集拾遗补编・名字》,《鲁迅全集》第8卷第99页。
［34］《且介亭杂文末编・死》,《鲁迅全集》第6卷第612页。
［35］《集外集拾遗补编・通信》,《鲁迅全集》第8卷第224页。
［37］《华盖集续编・不是信》,《鲁迅全集》第3卷第222页。
［38］［39］《坟・论“他妈的”》,《鲁迅全集》第1卷第231页,234页。
［40］《坟・论照相之类》,《鲁迅全集》第1卷第187页。
［41］《准风月谈・晨凉漫记》,《鲁迅全集》第5卷第235—236页。
［42］《花边文学・倒提》,《鲁迅全集》第5卷第490页。
［43］周作人:《爱罗先珂君的失明》,《晨报副镌》1923年1月17日,收《周作人集外文》(上集),海南国际新闻出版中心,1995年9月第1版,第490页。
［44］《集外集拾遗补编・看了魏建功君的〈不敢盲从〉以后的几句声明》,《鲁迅全集》第8卷第116页。
［45］《伪自由书・前记》,《鲁迅全集》第5卷第4页。
［46］杜勃罗留波夫:《黑暗的王国》,《外国理论家、作家论形象思维》,中国社会科学出版社1979年1月第1版(以下同),第91页。
［47］周作人:《知堂回想录・一七九》,香港三育图书文具公司1979年,第580页。
［48］值得注意的是,鲁迅对马克思主义哲学的评价:“以为那是极直捷爽快的,有许多昧暧难解的问题,都可说明”(《鲁迅全集》第11卷第629页),这正说明,鲁迅式的“尖刻”的思维方式与马克思主义思维方式之间,存在着某种内在相通之处,鲁迅接受马克思主义也是有其内在的思维逻辑的。
［49］《两地书・一〇》,《鲁迅全集》第11卷第40页。
［50］鲁迅在《华盖集续编・空谈》里说:“战士的生命是宝贵的”,“在战士不多的地方,这生命就愈宝贵”(《鲁迅全集》第3卷第281页)。
［51］《书信・340522・致杨霁云》,《鲁迅全集》第12卷第423页。
［52］《译文序跋集・〈苦闷的象征〉引言》,《鲁迅全集》第10卷第232页。
［53］《且介亭杂文末编・我要骗人》,《鲁迅全集》第6卷第486页。
［54］无独有偶,毛泽东也很强调“多谋善断”,在这一点上,他们确有相通之处。
［55］《鲁迅的印象》第92页。
［56］《集外集拾遗补编・庆祝沪宁克复的那一边》,《鲁迅全集》第8卷第161页。
［57］《坟・说胡须》,《鲁迅全集》第1卷第174页。
［58］《集外集拾遗・〈十二个〉后记》,《鲁迅全集》第7卷第300页。
［59］［61］《华盖集・忽然想到・四》,《鲁迅全集》第3卷第17页。

［60］《华盖集・这个与那个》,《鲁迅全集》第 3 卷第 139 页。

［62］ 冯雪峰:《鲁迅和俄罗斯文学的关系及鲁迅创作的独立特色》,《雪峰文集》第 4 卷第 59 页。

［63］ 王晓蒙（北京大学学生）:《我心目中的鲁迅》(试卷)。

［64］《朝花夕拾・狗・猫・鼠》,《鲁迅全集》第 2 卷第 232—237 页。

［65］《朝花夕拾・无常》,《鲁迅全集》第 2 卷第 270、274 页。

［66］［67］《集外集・说钼》,《鲁迅全集》第 7 卷第 25 页。

［68］《坟・人之历史》,《鲁迅全集》第 1 卷第 17 页。

［69］《坟・科学史教篇》,《鲁迅全集》第 1 卷第 25 页。

［70］ 伏尔泰:《哲学词典・想象条》，转引自《外国理论家、作家论形象思维》第 30 页。

［71］《且介亭杂文二集・漫谈“漫画”》,《鲁迅全集》第 6 卷第 233、234 页。

［72］［73］《且介亭杂文二集・五论“文人相轻”——明术》,《鲁迅全集》第 6 卷第 382 页，383 页。

［74］《鲁迅全集》注：“剑仔”，广州话：匕首。

［75］《三闲集・匪笔三篇》,《鲁迅全集》第 4 卷第 42 页。

［76］《南腔北调集・小品文的危机》,《鲁迅全集》第 4 卷第 576 页。

［77］《二心集・“民族主义文学”的任务和运命》,《鲁迅全集》第 4 卷第 320、319 页。

［78］《准风月谈・“揩油”》,《鲁迅全集》第 5 卷第 254 页。

［79］《且介亭杂文二集・隐士》,《鲁迅全集》第 6 卷第 224 页。

［80］《南腔北调集・由中国女人的脚，推定中国人之非中庸，又由此推定孔夫子有胃病》,《鲁迅全集》第 4 卷第 504—508 页。

［81］《花边文学・商贾的批评》,《鲁迅全集》第 5 卷第 563 页。

［82］《伪自由书・新药》,《鲁迅全集》第 5 卷第 124 页。

［83］《伪自由书・现代史》,《鲁迅全集》第 5 卷第 89 页。

［84］《且介亭杂文末编・答托洛斯基派的信》,《鲁迅全集》第 6 卷第 588 页此处为借用。

［85］《伪自由书・从幽默到正经》,《鲁迅全集》第 5 卷第 45 页。

［86］ 陈西滢:《致志摩》,《六十年来鲁迅研究论文选〈上〉》，中国社会科学出版社 1982 年 9 月，第 43 页。又，据《鲁迅全集》注：清代官署中承办刑事判牍的幕僚，叫“刑名师爷”。一般善于舞文弄法，往往能左右人的祸福。

［87］《华盖集续编・不是信》,《鲁迅全集》第 3 卷第 222 页。

［88］［89］《且介亭杂文二集・五论“文人相轻”——明术》,《鲁迅全集》第 6 卷第 383、382 页，382—383、384 页。

［90］ 周作人:《雨天的书・序二》，岳麓书社 1987 年 7 月第 1 版，第 3 页。

[91]《谈龙集·地方与文艺》，岳麓书社 1989 年 1 月第 1 版，第 10 页。

[92]《准风月谈·“中国文坛的悲观”》，《鲁迅全集》第 5 卷第 247 页。

[93] 周作人:《目连戏的情景》，收《知堂集外文·〈亦报〉随笔》，岳麓书社 1988 年，第 443 页。

[94]《写在〈坟〉后面》，《鲁迅全集》第 1 卷第 285 页。

[95][96]《十批判书·韩非子的批判》，《郭沫若全集·历史编·二》，人民出版社 1982 年 9 月第 1 版，第 352 页，373 页。

[97]《华盖集·十四年的“读经”》，《鲁迅全集》第 3 卷第 128 页。

[98]《华盖集·补白二》，《鲁迅全集》第 3 卷第 104 页。

[99]《野草·在淡淡的血痕中》，《鲁迅全集》第 2 卷第 222 页。

心境篇

第五章　先觉者与群众之间

他不肯喝那用没药调和的酒，要分明地玩味以色列人怎样对付他们的神之子，而且较永久地悲悯他们的前途，然而仇视他们的现在。

四面都是敌意，可悲悯的，可咒诅的。

——《野草·复仇（其二）》

一

从本章开始，我们对鲁迅心灵辩证法的探讨进入第二个层次——鲁迅的心境：他的内心矛盾的各个侧面，以及由此决定他的心理状态。

要理解与把握鲁迅的内心矛盾，关键仍然是要充分地认识鲁迅的历史坐标，他的强烈的“历史中间物”意识：他的一切内心矛盾都是由此引起的。

他“从旧垒中来”[1]——这就产生了他与原有阶级、传统的关系：既要“反戈一击”，背叛旧阶级、旧传统，又不能完全摆脱在精神上与旧营垒千丝万缕的联系，“积习当然也不能顿然荡除”[2]。

他是首先觉醒者，他的历史使命是为新的一代开辟道路——由此形成了先觉者（长者）与群众（幼者）之间的复杂关系。

他是改革者、叛逆者，要“制强敌的死命”[3]——于是，改革者与对手之间出现了尖锐对立。

他只是一个历史的过渡，“应该和光阴偕逝，逐渐消亡”[4]——这样，关于“生”与“死”的思考，必然经常地、顽强地纠缠着他的灵魂。

正是在多样矛盾的交错中，形成了鲁迅特有的心境：他的躁动不安，他的孤独与寂寞，他的悲哀与痛苦……

二

鲁迅曾在给许广平的一封信中，对于他的思想及内在矛盾作了高度的概括——

> 其实，我的意见原也一时不容易了然，因为其中本含有许多矛盾，教我自己说，或者是人道主义与个人主义（按，据手稿，此处为“个人的无治主义”——引者注）这两种思想的消长起伏罢。所以我忽而爱人，忽而憎人；做事的时候，有时确为别人，有时却为自己玩玩，……[5]

在这里，鲁迅十分恳切地指明，自己思想中的两个基本要素：“人道主义”与“个人的无治主义”即我们通常所说的“个性主义”。这与同时代人对鲁迅思想的观察也是大体一致的。孙伏园回忆说，刘半农曾用“托尼思想魏晋文章”作联送给鲁迅，即是从思想来源上说明鲁迅是将托尔斯泰的人道主义与尼采的个性主义思想加以根本改造，统一为一体的；据说鲁迅自己对这种说法并无异议[6]。

以鲁迅为代表的中国知识分子在如潮水般同时涌入的外来思潮中，首先注目于托尔斯泰式的人道主义与尼采式的个性主义思潮，这是有深刻原因的。中国知识分子本身具有两重地位。作为东方封建大国的知识分子，他们强烈地感受着以封建社会为本位的封建专制主义思想体系对人的个性的压抑，思想自由的束缚，不仅感到个人与封建专制主义的国家、社会的对立，而且感到个人与封建专制思想影响下的民族大多数即“庸众”的对立，渴望从西方寻找个性解放与自由的道路。而经济的落后造成的物质力量的薄弱，使中国知识分子又不得不追求强有力的精神与意志力量来与强大的黑暗现实相对抗，这样，“惟发挥个性，为至高之道德”[7]，强调人的主观意志，“惟主观性，即为真理”[8]，具有浓烈的强者色彩的尼采这一派哲学，对鲁迅及其同时代知识分子产生巨大吸引力，就是可以理解的。另一方面，作为半殖民地落后民族的知识分子，鲁迅及其同代人又强烈地感受着西方政治、经济、文化侵略所造成的民族痛苦，感到个人命运与民族大多数（下层人民）的一致，从而产生了一种社会责任感，渴求从西方寻找争取民族独立、国家富强、人民幸福的道路。正是在这样的思想需求下，第一次带来了“民族独立，平等，人民当家作主”的新世纪曙光的十月革命受到了中国知识分子的热烈欢迎，以同情下层人民（特别是农民）为主要特色，具有更浓厚的民主主义色彩的俄罗斯人道主义思想，也自然地为中国知识分子所倾心。鲁迅曾经以十分明确的语言指出，他是从俄罗斯文学中“明白”了“压迫者和被压迫者”、“下层社会”与“上流社会”的对立的[9]，从而建立起了他的“下等人胜于上等人”[10]的信念，与在进化论思想影响下所形成的“将来必胜于过去，青年必胜于老年人”的信念一起，构成了鲁迅早期思想的另一个重要侧面。

这样，个人本位主义的个性主义思想与幼者、弱者、下者本位主义的人道主义思想的对立统一，构成了鲁迅早期思想最鲜明的特色；用鲁迅自己的通俗说法，他力图把“爱己”——充分发展自我个性，与“爱人”——为国家、民族、社会、人民、后代牺牲自己统一起来。

这二者的统一，首先建立在彻底地反对封建主义传统的基础上：不仅个人本位主义与封建社会本位主义根本对立，而且幼者、弱者、下者本位主义也与封建尊者、长者本位主义根本对立。二者更在进化论的哲学基础上统一起来。鲁迅从进化论的观点出发，强调人一要“生存”，要保存生命，就必须“爱己”[11]，保证个体生命精神与体质的健全，这是“继续生命的根基”[12]，也是社会健全的基础；二要“继续与发展生命”，“后起的生命，总比以前的更有意义，更近完全，因此也更有价值，更可贵”[13]，为了保证生命的延续、民族的发展，在前者、长者的生命应牺牲于在后者、幼者，这就是人的天性的“离绝了交换关系利害关系的爱”[14]。作为一个清醒的现实主义者，鲁迅自然懂得，“爱己”与“爱人”的统一，诚然是一个很好的理想，但现实生活中大多数人“中了旧习惯旧思想的毒太深了，决定悟不过来”，“没有法，便只能先从觉醒的人开手”[15]。在他的“立人”为中心的思想纲领中，主张一条“先觉者的个性解放→国人的个性解放→立人→立国”的道路。在这条道路中，先觉者（中国的知识分子）必须承担双重历史使命：一方面谋求自身个性的自由与发展，一方面启发国人的觉悟，“用无我的爱，自己牺牲于后起新人”[16]。

这样，鲁迅就提出了一个以进化论为基础的、“发展自我与牺牲自我互相制约与补充”的伦理模式。它于尼采的个性主义与托尔斯泰的人道主义都有所吸取，却摒弃了尼采的反人民的倾向与托尔斯泰的无抵抗主义；这是20世纪中国社会历史发展要求的产物，因而具有鲜明的现代中国的时代与民族特色。可以说，这样的思想追求是贯串了鲁迅一生的；它成为鲁迅后期接受马克思主义的思想基础之一。在鲁迅成为一个共产主义者以后，“牺牲自我”的路线在历史唯物主义基础上，得到了进一步的发展，这是谁都可以承认的；问题是，鲁迅直到后期也没有放弃“发展自我”的要求，坚持与保卫了个性的相对独立价值，这也是从根本上符合马克思主义的，这一点人们却长期不愿承认。其实，毛泽东早在《论联合政府》里就已经说过，在民主主义革命的现阶段，“民族压迫和封建压迫残酷地束缚着中国人民的个性发展，束缚着私人资本主义的发展和破坏着广大人民的财产。我们主张的新民主主义制度的任务，则正是解除这些束缚和停止这种破坏，保障广大人民能够自由发展其共同生活中的个性”[17]。而马克思主义所坚持的共产主义基本原则之一，就是保证人的个性的自由而全面的发展。在这一点上，鲁迅是比许多自称马克思主义保卫者的人更懂得马克思主义的。正是坚持了“发展自我与牺牲自我互相制约与补充”的路线，鲁迅避免了许多中国现代知识分子发展道路的偏颇：他没有因为片面强调自我个性的发展，而走向蔑视人民、拒绝个人对国家、民族、社会的责任的极端利己主义与贵族主义；也没有因为片面强调为国家、民族、社会及后代牺牲，而根本泯灭了自己的个性，走向变相的新奴隶主义。在现代中国的历史条件下，无论是极端利己主义、贵族主义，还是马克思主义旗号下的新奴隶主义，都最终必然地成为中国根深蒂固的封建主义的俘虏，并与之结成同盟，进而转化为中国现代化道路的历史对立物。鲁迅则始终如一地高举反对形形色色封建主义的旗帜，没有任何妥协的余地。在他的发展道路中，没有发生马克思所说的“走错了房间”的历史悲剧；在这个意义上，他比同代知识分子要幸运得多。

三

但“发展自我与牺牲自我”二者之间，不仅互相制约、补充，而且又是互相矛盾着的；在鲁迅身上，二者更始终处于不平衡状态中，鲁迅在给许广平的信里强调二者之间的“消长起伏”，说明即使是二者的统一，也是在矛盾运动过程中实现的。正是这消长起伏，冲撞激荡，形成了鲁迅极为复杂的心态：我们的主要研究兴趣就在于此。

当我们试图对鲁迅思想作出理论概括时，就在冒着一种风险：为了鲜明而突出地显示鲁迅思想的主导性特征，而有意无意地省略了非主导性的、却并非无意义的思想元素；这样的简化是理论概括所必须，但却因此会失去列宁在《哲学笔记》里所说的“比规律更丰富”的现象形态的丰富性与复杂性，而这种感性的丰富性、复杂性恰恰是对作为人的鲁迅的研究所不可忽略的。

现在我们所遇到的也是这样的问题：鲁迅的自我牺牲意识，从根本上说，是建筑在对人类社会发展客观规律的自觉认识与把握上，具有道德的崇高性，这是毫无疑义的；但是否就不存在其他的（用人们通常的说法是非本质的）因素呢？

请看鲁迅的下述自白：“我一生的失计，即在向来不为自己生活打算，一切听人安排，因为那时预料是活不久的。后来预料并不确中，仍能生活下去，遂至弊病百出，十分无聊。”[18]在前所引述的给许广平的信中，还有一句颇值得注意的话：“有时则竟因为希望生命从速消磨，所以故意拼命的做。”[19]据许广平回忆，这时期鲁迅确实“痛愤成疾”，“不眠不食之外，长时期在纵酒”[20]；在当年公开发表的《同行者》一文中，许广平对鲁迅的心理状态作了具体的描写与分析：“舞台上各种面孔装扮的那么可怕，她[21]不愿意再看了，凭着平素的勇气，自杀倒算干净。但是，于己何益，于人何补呢？废物是可以利用的，拿要死的躯壳，转过来利用它，仍旧走到人海里服务，许有可能性罢，这是她没有自杀，而情感的余烬，使她不时纵情于杯酒的一个目前活着的办法。”[22]这里笼罩着疾病与死亡的阴影；“废物利用”式的“希望生命从速消磨”而“故意拼命做”的心理，显然带着某种病态的自虐倾向，这是毋庸回避的。在那个时代，有着自虐倾向的，并不只鲁迅一人；郭沫若就说过，郁达夫“爱喝酒，爱吸香烟，生活没有秩序”，

“发展到自我作践的地步”[23]，就是郭沫若自己，又何尝没有过“自我作践”的时候呢。在现代中国，经常陷于苦闷（以至绝望）的荒漠大泽中的中国知识分子，偶尔出现自虐心理，是可以理解的；这构成了现代中国知识分子心理结构的一个因素，是值得作深入研究的。

在鲁迅为青年的牺牲里，存在某些偏颇，这是连鲁迅自己也不否认的。过去，我们常把过分的忍让、忠厚，以至忍辱负重，看作是进化论的消极影响；其实，与其归之于进化论，还不如说这背后仍然隐藏着传统的“鬼魂”。鲁迅自己就说过：“我正因为生在东方，而且生在中国，所以，‘中庸’‘稳妥’的余毒，还沦肌浃髓……使我自惭究竟不及白人之毒辣勇猛。”[24]鲁迅说柔石“无论从旧道德，从新道德，只要是损己利人的，他就挑选上，自己背起来”[25]，这实际上也是讲他自己；鲁迅的“自我牺牲”无疑是一种新道德，但仍然不能避免旧道德的阴影：这也许更切合鲁迅思想的实际，也更能显示鲁迅思想发展的辩证性质。北京大学一位青年学生对鲁迅的如下观察是能够给我们某些启示的：“比较而言，他的思想是主动出击型，他的行动则是被动反击型。他是吸取了东西方人类精神文化成长起来的巨人，他有强烈的自我意识，有独立不羁的判断力、批判力，但中国传统知识分子委曲求全、忍辱负重的意识使他总以忍让牺牲为行为的第一习惯，但他内心反传统的一面——他的反抗意识，他的自我独立意识，又使他受到打击之后最终定要予以回击，‘忍让’与‘回击’的内心冲突，使他心理上总是饱受创伤”，“鲁迅曾感慨自己见事太明，做事却失其勇，鲁迅发达的思维，使他实际上是承担着这一历史时期新的、旧的，合理的、不合理的一切，他是超负荷的前行者”[26]——他确实像那背着人我所加的沉重十字架，在茫茫旷野中艰难前进的“过客”；病态的阴影使鲁迅的自我牺牲常常伴随着心理上的沉重的压抑感，带有或一程度的痛苦的扭曲成分：这是那个低气压的时代在一个敏感的心灵上的折射。

四

鲁迅《野草》中的《复仇》、《复仇（二）》、《颓败线的颤动》里，以鲜明的艺术形象，集中体现了鲁迅"发展自我与牺牲自我"要求之间的矛盾。

三篇作品都尖锐地揭示了"先觉者"（也是作家本人主观精神、情感的外化物）与"群众"个性力量的悬殊。

这是《复仇》里"裸着全身，捏着利刃，对立于广漠的旷野之上"的一对男女："……鲜红的热血……（在）血管里奔流，散出温热。……拼命地希求偎倚，接吻，拥抱"——这是一种最热烈，最奔放，无所顾忌，无所束缚，毫无杂念的真正的爱，正是在爱的极致中感到了"生命的沉酣的大欢喜"[27]。

如果他们或由于憎，或由于其他原因，互相杀戮起来，又如何呢？

依然是"鲜红的热血激箭似的以所有温热直接灌溉杀戮者"[28]——直截了当，爽爽快快，充满了豪勇的热力，没有庸人死之前所惯有的乞求、哀告、挣扎、忏悔……无论是杀戮者，被杀者，都从这死亡中感到了生命的飞扬，而且又是"极致的大欢喜"。

而那位《颓败线的颤动》里的老母亲呢，当她回到荒野的中央，说出无声的言语时，她那颓败的身躯的颤动中竟然爆发出那样的力："如沸水在烈火上；……仿佛暴风雨中的荒海的波涛。……如遭飓风，汹涌奔腾于无边的荒野……"[29]

这是怎样自由无羁的、奔放的、不可抵御的生命力！这又是怎样强悍的、博大的、足以掀天动地的精神意志！

而那些"路人"们呢？和裸体男女生命的飞扬相反，他们的生命已经干枯，不仅失去了生命的活力，也失去了生命的意义、趣味，只剩下"无聊"。只有依赖外在的刺激来作无味生活中的"盐"——"赏鉴”别人的“爱”与“杀戮”，这恰恰又表现了人最低劣的本能；一旦失去了外在的刺激，就只有“干枯”到底：这是另一种“大戮”，“无血的大戮”，生命的自杀！

如果说生命的干枯、无聊构成了《复仇》里“路人”的主要特征，到了《复仇（二）》，就变成了疯狂，在《颓败线的颤动》里，就更等而下之，只剩下卑劣。

自然，这都是“诗”；然而却更深刻地反映了客观生活的真实与作家主观世界的真实。

裸体男女、人之子、老妇的强大的意志力量与个性力量正是鲁迅这一代先驱者们主观精神力量的外化，更确切地说，是20世纪中国现代化历程中产生的以鲁迅为代表的新的个性力量，构成了鲁迅作品中上述形象的客观历史内容。

如果说几千年中国封建统治所培育的传统性格是以无个性为其基本特征，那么，鲁迅这一代人都有着强烈的个人意识，对于维护个性的独立价值与自由发展，维护个人正当权益和个人的地位、尊严，有着高度的自觉；另一面，则对侵犯个性、个人自由、地位、利益、尊严的言论行为极其敏感，总是毫不犹豫地作出最猛烈的反击。鲁迅在这方面有很多十分引人注目的表现。例如，为维护自己战士的尊严，他向最高法院上诉，控告身居要职、炙手可热的当时的教育总监兼司法总监章士钊；为维护自己的经济利益，他与北新书局的稿费纠纷，也是诉诸法律解决；当《文学》杂志主编傅东华化名“伍实”在《文学》上发表文章，暗示鲁迅等“名流”“看不起黑种”，鲁迅的反应就极其强烈，立即作文揭露，要求宣布其真实姓名，公开道歉，同时与文学社断绝了关系。鲁迅这些行为曾为很多人所不理解；其实正是表现了我们这个民族所缺少的前所未有的个性自觉。与此同时，鲁迅及其同代人又都具有极强的个性，和超于常人的意志力量。正像冯雪峰所分析的，鲁迅“在青年时候就显示出自己是有天才的资质的人，并且个性是从来就很强的，但是，从青年时候起，他的天才和个性的发展，就都受着他自己的为民族解放和社会进步而斗争的意志所支配……他的意志，也使他的很强的个性发展为斗争的顽强性，对敌人永不屈服的‘硬骨头’，以及‘党同伐异’和‘爱憎分明’的毫不模糊的性格”[30]。——当鲁迅笔下，裸体男女给路人以“无动作”，“以致无聊人仍然无聊”[31]；耶稣“不肯喝那用没药调和的酒，要分明地玩味以色列人怎样对付他们的神之子”[32]；老女人“骨立的石像似的站起来”，“遗弃了背后一切的冷骂和毒笑”[33]：他都有意无意地将自己顽强的、不屈服的、毫不模糊的个性力量倾注于其间。

但这些艺术形象里的生命力与意志力都显然是大大强化了的；因此，它就更加表现为一种理想的追求、历史的呼唤，更确切地说，是历史必然要求的强有力的艺术表现。物理学本来有一条原理：反作用力与作用力成正比；中国人民的个性，民族生命活力被历史的巨岩压抑至数千年，一旦得到解脱释放，它所爆发出的冲击力是可以想见的，它理应显示出鲁迅所描写的“辐射若太阳光，使空中的波涛立即回旋，如遭飓风，汹涌奔腾于无边的荒野”[34]的力量。

然而，现实的实际生活中，民族大多数的精神状态却如路人、以色列人、老女人无出息后代那样干枯、无聊、疯狂、卑劣！

于是，出现了两个巨大的历史反差：先驱者已经实现了的现代人的强大个性，与民族大多数基本上尚未进入人的现代化历程的愚昧状态的反差；先驱者已经意识到的历史必然要求，与事实上没有实现，并且暂时看不到实现希望的反差。

这反差太大了。它所引起的不能不是：浸透骨髓的痛楚，难言的失望，以及置身于荒野之中的寂寞……

问题更在于反差所引起的逆反应：先驱者们体现了历史必然要

求的个性表现，竟然一再地遭到了歪曲与诋毁。在中国，抹杀人的个性，侵犯他人的权利，轻易干涉他人私事，不尊重人的尊严，等等，已经成为社会的习惯，生活的常规、常理；而一旦先驱者们宣布，要“把人应有的归还给人”，就成了大逆不道。鲁迅那些维护个人权益与尊严的正当反应，不是被讥为“过分”、“好发脾气”、“言行乖戾”，而受到有意无意的压力吗？新中国成立后，冯雪峰仅仅指出鲁迅“尊重和保护自己这个战士的力量和地位，也要尊重和保护自己这个战士的尊严与荣誉”这一事实，就被认为是对鲁迅的最大歪曲。据说这是把鲁迅描绘为一个“个人主义者”，“维护个人利益、地位、尊严”=“个人主义”（利己主义）：这就是在我们这里盛行多年的社会“常理”。正是这种反常的社会心理造成了反常的社会情势：你要“发展自我”吗？你就必须甘冒天下之大不韪！

鲁迅所面对的，就是这样的严峻现实。每一个愿意使自己成为现代人的中国人，都必须面对这样的严峻现实。

想想这会引起什么样的心理反应吧！

问题还有更复杂的一面。

鲁迅虽然有自觉的个人意识和发展自我的强烈要求，但他绝对不是尼采式的“超人”，他自愿把自己与群体的命运联系在一起。他清楚地意识到，自我的发展，个性的实现，要受到一定社会历史条件的制约；离开了民族、社会、阶级的解放，不可能有个性的解放。因此，他越来越自觉地把个性的发展服从于民族、社会、阶级解放的需要，这就是冯雪峰所说的，“从他决意要做一个爱国志士的青年时候起，他的意志就使他的天才向着做一个有力量的战士，或先驱者、启蒙主义者的方向发展，而不是向着个人得到更大荣誉，例如做一个伟大作家之类的方向发展”[35]。这种“服从”，以至“牺牲”，鲁迅是完全自觉的；但这并不意味着鲁迅内心没有矛盾与痛苦。诚然，鲁迅的个性、才能在他所献身的思想启蒙工作和人民解放事业中得到了发挥；但每一个熟知鲁迅才力潜能的人都有“千古文章未尽才”的遗憾。你且读读鲁迅的《野草》吧，那么奇特、大胆的想象力，那样浓烈的浪漫主义诗人气质，对形象、音响、色彩那惊人的敏感，那自由驾驭语言的惊人功力……你会同意冯雪峰的观察：当鲁迅说着“现在，不会再写那样的东西了”的时候，他是在“为自己不能再写（《野草》）那样作品而感到可惜”[36]。是的，鲁迅“他有深刻的苦闷”，“这显然由于他的艺术的大才在要求发展而又未能尽量发展的缘故”[37]。

这确是历史的遗憾；但我们也不必为此而惋惜，因为历史总是在某种遗憾中前进、发展的。世上永远不会有完美无缺的事：这是鲁迅的基本观念，我们不应该忘记。

五

鲁迅牺牲自我是有前提的，即相信“青年胜过老年”、“下等人胜过上等人”，因此，愿意为青年、下等人牺牲，促使其健全发展，进而达到国家、民族、人类的健全发展。但如果没有获得这种健全的发展，仅仅为少数人谋求了私利，鲁迅就必须认真考虑牺牲的价值问题。而一旦鲁迅察觉自己的忍让、牺牲被利用，他的反应就异乎寻常的强烈。另一面，作为一个战士，鲁迅对维护自己思想与行动的独立性有着高度的自觉[38]，一旦敏感到有人想利用他的自我牺牲对他进行控制，他的反应也异乎寻常的强烈。应该说，这种被利用、被控制感，是经常纠缠、折磨鲁迅的巨大魔魇。

首先给鲁迅的自我牺牲以沉重一击的，是发生在1923年8月的兄弟失和事件。鲁迅与他的兄弟，特别是二弟周作人，有着极为深厚的情谊；鲁迅的挚友许寿裳回忆说，“他对于作人的事，比自己的还要重要，不惜牺牲自己的名利统统来让给他”[39]。但周作人“心地胡涂，轻信妇人之言，不加体察”，致使鲁迅承受着种种诬蔑、委屈，被逐出家庭，从此“两人不和，成为参商”[40]。鲁迅以后对于此事几乎一字不提，保持着长久的沉默。唯其如此，更显出鲁迅内心所受创伤之深。而且仍然有明显的与不明显的征兆表明，兄弟失和长时间地折磨着鲁迅：不仅导致了1923年10月1日至11月18日鲁迅大病一场，而且从1923年直至1927年长达四年的时间里，鲁迅一些文章的字里行间都透露出鲁迅对失和一事刻刻不能忘怀，每有触及，即引起揪心的苦痛与难忍的愤怒[41]。其中最充分地揭示鲁迅内心情感的大波巨澜的，是《野草》里的《颓败线的颤动》。正是这一篇心灵的诗尖锐地提出了人为他的所爱者作出了最大限度的自我牺牲，在失去了利用价值之后，被所爱者无情放逐的问题。这位也是被家庭逐出的老女人，以及她被逐出后所涌起的两种感情的交战：“眷念与决绝，爱抚与复仇，养育与歼除，祝福与咒诅”，是很容易让人们联想起鲁迅与周作人的关系的，至少可以说，兄弟失和是触发鲁迅创作《颓败线的颤动》的最初动因之一，鲁迅的寄意自然是更为深广的。鲁迅并没有停留在所谓道德问题的思考上；有些人以为《颓败线的颤动》主旨是在反对以怨报德，这恐怕是对鲁迅本意的误解。对于鲁迅，“被利用”之所以激起几乎是掀天动地的感情波澜，是因为它触动了鲁迅前期思想中一个根本性问题：先觉者“自我牺牲”、“肩住了黑暗的闸门”，放年青一代“到宽阔光明的地方去”的理想，在现实中却被中国的利己主义的“伶俐人”利用，走到了主观愿望的反面。这美好的自我牺牲的理想被利用、变质的悲剧，激起了鲁迅神圣的愤怒，那老女人“无词的言语”宣布着对这些“伶俐人”的诅咒的复仇！

在写出了《颓败线的颤动》之后，不到一年，因着高长虹事件，鲁迅再一次感到了被人利用、控制自己的意向，陷入了感情的折磨与痛苦之中。他愤激地写道："我先前何尝不出于自愿，在生活的路上，将血一滴一滴地滴过去，以饲别人，虽自觉渐渐瘦弱，也以为快活。而现在呢，人们笑我瘦弱了，连饮过我的血的人，也来嘲笑我的瘦弱了。……这实在使我愤怒，怨恨了，有时简直想报复。我并没有略存求得称誉、报答之心，不过以为喝过血的人们，看见没有血喝了就应该走散，不要记着我是血的债主，临走时还要打杀我……他们的这种办法，是太过的。我近来的渐渐倾向个人主义，就是为此；……常常劝别人要一并顾及自己，也就是为此。"[42]这是一个受伤的灵魂的呻吟；可以看出，鲁迅的反击、报复，是一种忍无可忍的被动反应，他实在是过于轻信，过于忍让，以至表现出或一程度的软弱的。就是在想要报复，考虑"要一并顾及自己"时，他的内心竟是如此的痛苦，这恰恰表现了他本性的善良——鲁迅自己，是既珍惜又憎恨这善良的。

六

先觉者与群众的关系，实质上就是知识分子与人民的关系问题。这是20世纪时代中心问题之一，却在相当一个时期被弄得十分混乱。

在鲁迅的观念中，知识分子"是大众中的一个人"[43]，而非外在于大众的异己力量。通常所说的知识分子与人民的关系，确切地说，是大众中的一部分与其他部分的关系。他们之间在根本上是平等的；即如鲁迅所说，知识分子"他不看轻自己，以为是大家的戏子；也不看轻别人，当作自己的喽罗"[44]。鲁迅所提出的知识分子必须"发展自己，又牺牲自己"的要求也是以此为前提的。在鲁迅看来，知识分子作为大众中首先觉悟部分，应理直气壮地按照时代要求发展自己，而不必处处"迎合大众"，"以博大众的欢心"，否则就有成为"大众的新帮闲"的危险[45]——鲁迅反对将劳动大众神圣化、完美化，表现了他怀疑主义否定精神的彻底性。同时，鲁迅认为，知识分子的自我牺牲，也绝不是有“恩”于大众，他没有权利因此而要求“坐特等车，吃特等饭”。这样，鲁迅在考察、处理先觉者（知识分子）与群众（人民）关系问题时，获得了一个比较健全的心理角度——既无俯视的自傲，也无仰视的自卑，始终坚持着一个现代知识分子的独立与平等，自尊与自知，该爱则大爱，该憎则大憎，率直而真挚，绝无半点顾忌。对照同时代许多知识分子心理中自我位置的左右摇摆，不可避免的情感的矫揉造作，二者的境界是大相径庭的。

鲁迅主要是从思想文化的角度去考察知识分子与人民的关系的。知识分子作为先觉者，他既是旧的传统文化的反叛者（反叛过程中又需要不断地否定自我，克服自身所受传统文化的消极影响），又是现代新文化的开创者，同时肩负着传播新文化、启发人民觉悟的思想启蒙的历史重任。知识分子所承担的在思想文化领域破旧立新的改革事业无疑是反映了时代要求与人民的意志，代表着国家、民族、人民的长远的根本利益的。思想启蒙的前提就是相信大众“并不愚蠢”，“他们是要智识，要新的智识，要学习，能摄取的”[46]；启蒙的结果，必然是双向运动，即启蒙者与被启蒙者都从对方有所汲取，知识分子是既充当大众先生，同时又是大众的学生。从民族文化以至人类文化发展的方向与前景上看，作为先觉者的知识分子与占民族大多数的人民群众的利益与立场存在着根本的一致。但是，在现实的思想文化关系中，尚未觉醒的大多数人民却是站在旧的传统文化这一边，作为一种保守的思想力量，与已经觉醒的、代表现代新文化的知识分子，又处于严重对立的地位。这种对立的最尖锐的表现形态就是鲁迅一再指示的严峻现实：知识分子（先觉者）“要救群众，而反被群众所迫害”[47]。如此地挚爱人民，却又如此地不为人民所理解；投之以“牺牲”，报之以“杀戮”：这该是怎样令人战栗的残酷！

启示鲁迅正视这非人间的残酷的，仍是中国的现实。在鲁迅笔下，一次次地写到中国现代史上一再现的“示众”——群众鉴赏先驱者的流血——的场面[48]，这一篇篇，一字字，都是血写的文字。鲁迅引用南京歌谣：“叫人叫不着，自己顶石坟”，以为这包括了“许多革命者的传记和一部分中国革命的历史”[49]，话说得十分沉重；先驱者的陈尸广衢给鲁迅以心理上的双重压力：既痛惜于战士生命的宝贵，又震惊于“枭首陈尸，也只能博得民众暂时的鉴赏”[50]，至多“供无恶意的闲人以饭后的谈资，或者给有恶意的闲人作‘流言’的种子”[51]。无论是人性的残酷，还是愚民专制的恐怖，都超出了人的正常心理所能承受的限度。

而且，这绝非中国的例外（只要是例外，心理上就留下了逃遁的处所），乃是人类文明发展史上的普遍存在。鲁迅一再地记起耶稣被以色列人杀害的悲剧——从写于1908年的《文化偏至论》[52]，到写于1933年的《一个人的受难·序》[53]，前后三十年，可谓刻骨铭心。鲁迅在英国诗人拜伦、挪威剧作家易卜生身上都痛苦地发现类似耶稣的悲剧[54]，由此而忆及“中国汉晋以来，凡负人名者，多受谤毁”，结论是无情的：“顾窘戮天才，殆人群恒状”[55]。唯其成为普遍的常态，带有规律性，就更令人惶惑与悲哀。鲁迅早就说过，人类文明的发展，本是“血战前行”[56]的历史；现在，不但暴君们沾满了先驱的血污，自以为乐趣，连受压迫的愚民们个个脸上也有着血污，并自以为乐趣，这血的游戏的漫延是可怕的，这麻木心灵的竞赛更是可怕的：这才是真正的人类大惨剧。而且，只要人类存在，人类的文明还向前发展，这样的惨剧还将继续下去——昨天、今天、明天，都是如此！

然而，没有悲怆的惋叹，无用的眼泪，只有一腔悲愤化作抗争的烈焰：这才是鲁迅之为鲁迅。面对着不被人民理解的命运，历来的中国文人（从屈原开始）只是自怨自艾，痛苦不已，唯有鲁迅彻底摆脱了对人民的盲目崇拜，于是，有了鲁迅式的愤怒与复仇——《复仇》里，赤裸的男女停止了动作。你们想“赏鉴”流血么？偏不给！反过来倒要“赏鉴”你们的无聊与干枯，并以此为乐趣，从中感到“复仇”的快意！

《复仇（二）》里的“耶稣”，则于“大欢喜”中渗入了“大悲悯”：大悲悯其愚昧，大悲悯其不争。

《颓败线的颤动》里的老女人呢，她那“无词的言语”里，竟交织着“眷念与决绝，爱抚与复仇，养育与歼除，祝福与咒诅”……

这正是从不同层次揭示了鲁迅式的复仇里蕴含着的丰富而复杂的心理内涵。这是战士对于愿意为之献出生命的人民的复仇，因此，它的心理层次的最深处就不能不同时奔泻着爱的潜流。

这战士的复仇与战士的牺牲是一个统一体。

战士的牺牲是自觉的，也是有限度，有原则的。“我牺牲得不少了，而享受者还不够，必要我奉献全部的性命。我现在不肯了”[57]，牺牲绝不能以消灭战士的独立人格、独立意志为代价：这是战士的牺牲与奴隶的牺牲区别所在。有人一谈牺牲就鼓吹无条件地消灭个性、个人独立人格、意志，否定个人正当利益，这绝不是现代新道德，而是陈旧的封建“美德”。鲁迅《牺牲谟》里的那个无原则的牺牲论的鼓吹者恰恰是一个极端的利己主义者，他不过是借牺牲的美名来欺骗信以为真的“笨牛”，以谋取自己的私利。在生活中，如果有人一个劲儿地鼓动别人牺牲，自己却不肯做出半点牺牲，不管他打着什么漂亮的旗号，就得警惕：大概碰到鲁迅所描写的这位要剥去你的“最后一条裤子”的“正人君子”了[58]。

对人民愚昧、麻木、残酷……等弱点的复仇，也是有限度，有原则的。如果“对黑暗的主力，不置一辞，不发一矢”[59]，只一味地向有弱点的人民喷射“复仇”的怒焰，不过是表现着奴才的怯与乏，甚至于“其实乃是杀人者的帮凶而已”[60]，与战士毫不相干。

真正伟大的复仇者，必定是伟大的牺牲者——请看鲁迅。

注释

[1][2][3][4]《坟·写在〈坟〉后面》,《鲁迅全集》第1卷第286页。

[5]《两地书·二四》,《鲁迅全集》第11卷第79页。

[6] 孙伏园:《鲁迅先生二三事》。据冯雪峰回忆，鲁迅曾表示，托尔斯泰、高尔基“他们对我的影响是很小的，倒是安得烈夫有些影响”(《雪峰文集》第4卷第25页)。这是就安得烈夫与托尔斯泰影响的比较而言的。正如冯雪峰所说:“俄罗斯现实主义的古典作家们的综合影响是超过任何作家的”(《雪峰文集》第4卷第64页)。我们可以把这里所讲的托尔斯泰的影响理解为托尔斯泰所代表的俄罗斯文学中同情下层人民(首先是农民)的人道主义传统的影响。

[7][8]《坟·文化偏至论》,《鲁迅全集》第1卷第51页，54页。

[9]《南腔北调集·祝中俄文字之交》,《鲁迅全集》第4卷第460页;《集外集拾遗·英译本〈短篇小说选集〉自序》,《鲁迅全集》第7卷第389页。

[10]《三闲集·通信》,《鲁迅全集》第4卷第97页。

[11][12][13][14][15][16]《坟·我们现在怎样做父亲》,《鲁迅全集》第1卷第133页，133页，132页，133页，130页，135页。

[17]《论联合政府》,《毛泽东选集》第959页。

[18]《两地书·八三》,《鲁迅全集》第11卷第221页。

[19]《两地书·二四》,《鲁迅全集》第11卷第79页。

[20] 许广平:《鲁迅和青年们》,《许广平忆鲁迅》第226页。

[21] 在许广平的文章里，“她”指鲁迅，“他”指自己，这自然是有意的改变。

[22] 平林(许广平):《同行者》，1925年12月12日《国民新报副刊(乙刊)》，转载于《鲁迅研究动态》1985年第1期。

[23] 郭沫若:《论郁达夫》,《郁达夫研究资料》(上)天津人民出版社1982年12月第1版第96页。

[24]《华盖集·我还不能“带住”》,《鲁迅全集》第3卷第243页。

[25]《二心集·为了忘却的记念》,《鲁迅全集》第4卷第483页。

［26］王晓蒙（北京大学中文系学生）:《我心目中的鲁迅》（考试试卷）。

［27］［28］《野草·复仇》,《鲁迅全集》第2卷第172页。

［29］《野草·颓败线的颤动》,《鲁迅全集》第2卷第206页。

［30］《回忆鲁迅》,《雪峰文集》第4卷第159-160页。

［31］《书信·340516·致郑振铎》,《鲁迅全集》第12卷第415页。

［32］《野草·复仇（其二）》,《鲁迅全集》第2卷第174页。

［33］［34］《野草·颓败线的颤动》,《鲁迅全集》第2卷第205页，206页。

［35］《回忆鲁迅》,《雪峰文集》第4卷第159-160页。

［36］［37］《回忆鲁迅》,《雪峰文集》第4卷第144页，162页。

［38］卢梭曾经说过："我那落拓不羁的天性使我无法接受任何一个愿与人类相处的人所必须接受的屈从。……我一感到强我所愿，不管是来自必要性还是人为的，我马上会起来反抗，当我必须做的事是违心的时，无论如何，我都不会去干的，""我认为，人的自由并不仅仅在于做他愿意做的事，而在于永远不做他不愿意做的事，这样的自由才是我一贯追求和经常保留的"（《一个孤独的散步者的遐想》）。应该说，鲁迅比卢梭现实得多，他确有为了必要性而做违心的事的时候；但这总同时给他带来极大的痛苦。

［39］［40］许寿裳:《亡友鲁迅印象记》第61页。

［41］我们可以把有关材料排列如下：

1923年8月　兄弟失和，鲁迅搬出八道湾，迁居砖塔胡同61号。

1923年10月1日—11月18日　鲁迅大病。查鲁迅日记，1923年10月1日—4日、6日、8日、11日、15日、17日，均有"发大热"，去医院看病的记录，至11月8日才开始"废粥进饭"，"距始病时三十九日矣"。

1924年5月　鲁迅移居西兰条胡同新屋，因回八道湾取书，兄弟再次发生冲突。

1924年9月　鲁迅辑成《俟堂砖文杂集》一书，署名"宴之敖"，据鲁迅自己解释，含有"被家里的日本女人逐出"之意。

1925年3月16日　鲁迅《牺牲谟》发表，对专要别人牺牲的"利己主义者"予以热辣讽刺。

1925年6月29日　鲁迅作《颓败线的颤动》。

1925年11月3日　鲁迅以周作人1917年在北京患病的经历为素材，作小说《弟兄》，无情揭示了所谓"兄弟怡怡"的不可靠。

1927年4月3日　所作的《铸剑》中，用"宴之敖"命名复仇者"黑的人"。

［42］［43］［44］［45］［46］《两地书·九五》,《鲁迅全集》第11卷第249页，102页，102页，101页，101页。

［47］《两地书·四》,《鲁迅全集》第 11 卷第 20 页。

［48］ 参看《呐喊·药》(《鲁迅全集》第 1 卷第 440–442 页);《坟·娜拉走后怎样》(《鲁迅全集》第 1 卷第 163 页);《彷徨·示众》(《鲁迅全集》第 2 卷第 68–73 页);《南腔北调集·〈守常全集〉题记》(《鲁迅全集》第 4 卷第 524 页);《南腔北调集·偶成》(《鲁迅全集》第 4 卷第 584 页);《三闲集·铲共大观》(《鲁迅全集》第 4 卷第 105–106 页)。

［49］《三闲集·太平歌诀》,《鲁迅全集》第 4 卷第 103 页。

［50］《南腔北调集·偶成》,《鲁迅全集》第 4 卷第 584 页。

［51］［56］《华盖集续编·记念刘和珍君》,《鲁迅全集》第 3 卷第 276 页，277 页。

［52］《坟·文化偏至论》,《鲁迅全集》第 1 卷第 52 页。

［53］《南腔北调集·〈一个人的受难〉序》,《鲁迅全集》第 4 卷第 559 页。

［54］［55］《坟·摩罗诗力说》,《鲁迅全集》第 1 卷第 75、79、80 页，76 页。

［57］《两地书·一一二》,《鲁迅全集》第 11 卷第 274 页。

［58］《华盖集·牺牲谟》,《鲁迅全集》第 3 卷第 33–36 页。

［59］［60］《花边文学·论秦理斋夫人事》,《鲁迅全集》第 5 卷第 482 页。

第六章　改革者与对手之间

我的面前又竟至于并且没有真的暗夜。

——《野草·希望》

一

这是《希望》的结尾：当“身外的青春也都逝去，世上的青年也多衰老”，“我只得由我来肉薄这空虚中的暗夜了”；然而，“暗夜又在那里呢？”于是，产生了“我的面前又竟至于并且没有真的暗夜”[1]的悲哀。

在《这样的战士》里，战士“举起了投枪”：可是，他面临的是“无物之阵”。当他不顾一切地“偏侧一掷”，“一切都颓然倒地；——然而只有一件外套，其中无物。无物之物已经脱走”，战士“终于在无物之阵中老衰，寿终。他终于不是战士，但无物之物则是胜者”[2]。

这是对中国改革者悲剧命运令人震惊的揭示。

“无物之阵”是一个十分深刻的命题。鲁迅在他的杂文里作了更为形象的描述与明确分析：“中国各处是壁，然而无形，像‘鬼打墙’一般，使你随时能‘碰’”[3]；“如果‘叛徒’们造成战线而能遇到敌人，中国的情形早已不至于如此，因为现在所遇见的并无敌人，……想有战线，必须先有敌人，这事情恐怕还辽远得很，若现在，……大概连是友是仇也不大容易分辨清楚的”[4]。

分明有一种敌对势力包围，却找不到明确的敌人，当然就分不清友与仇，也形不成明确的战线；随时碰见各式各样的“壁”，却又“无形”——这就是“无物之阵”。

陷在“无物之阵”里，想改革而动弹不得，欲搏斗却无所用其力，真如“鬼打墙”，转来转去，也找不到应走的路。

这就是每一个中国的改革者所必须面对的现实。——岂止是改革，在中国，即使要办一件最普通的小事，也都要碰见这样的“无物之阵”。鲁迅曾发出愤激之言：“可惜中国太难改变了，即使搬动一张桌子，改装一个火炉，几乎也要血；而且即使有了血，也未必一定能搬动，能改装。”[5]——因为还有“无物之阵”。

该怎样理解这“无物之阵”呢？它是怎样形成的？在这个概念里，蕴含了什么样的内涵？

且看鲁迅的分析。

这首先是改革者的对手的一种武器、策略。鲁迅在《这样的战士》里作了生动的描述：战士走进无物之阵，“所遇见的都对他一式点头。他知道这点头就是敌人的武器，是杀人不见血的武器，许多战士都在此灭亡，正如炮弹一般，使猛士无所用其力”[6]。这真是血的经验的总结。

鲁迅一再提醒中国的改革者：反改革的旧势力“有它使新势力妥协的好办法，但它自己是决不妥协的”[7]。

第一步，当然是“压”：“用旧习惯和旧道德，或者凭官力”[8]。

“压不下时，则于是乎捧，以为抬之使高，餍之使足，便可以于己稍稍无害，得以安心”[9]。

“捧”之术中最厉害的一着，是摆出“无物之阵”，“变”得和你一样。仅仅一夜之间，昨天的反改革者，“都得了一种仙丹，忽然脱胎换骨”[10]，成了“改革者”了。浩浩荡荡，改革的旗帜插远去，插远去……一式地点头，点头……人们总喜欢说：“改革已经成为顺乎民心的历史潮流，势不可当”，此言诚然不错，但看不到预伏着危机的另一面：“革命的精神反而会从浮滑，稀薄，以至于消亡，再下去是复旧”[11]，那更危险。

鲁迅经常以佛教的命运来举例。

佛教的“小乘”，很大程度上保持着早期的佛教精神，主张“自我解脱”，要求苦行修炼，维护了佛教本身的纯正。以后，信徒越来越多，变成了“大乘”，主张“救度一切众生”，强调尽人皆能成佛，以至于饮酒食肉的阔人富翁，只要吃一餐素，便可以称为居士，算作信徒，这时候，佛教的传播也更广远，而佛教的精神已所剩无几了。鲁迅说：“待到居士也算佛子的时候，往往戒律荡然，不知道是佛教的弘通，还是佛教的败坏？”[12]

接着便是第三步：“同化”。不过不是旧事物，变得合于新事物，“乃是将新事物变得合于自己而已”[13]。于是，改革也就变质。

最后，抓住适当时机，进行反攻倒算。例如，在改革中出现了差错、问题——而这些差错、问题常常是打着改革旗号的反改革者自己制造的。

而且，反改革者特别善于利用民族心理中的一些弱点。鲁迅曾痛心疾首地说道：“我独不解中国人何以于旧状况那么心平气和，于较新的机运就这么疾首蹙额；于已成之局那么委曲求全，于初兴之事就这么求全责备？”“改革的事倘不是一下子就变成极乐世界，或者，至少能给我（！）有更多的好处，就万万不要动”[14]，“与其所得的不是出类拔萃的婴儿，不如断种”[15]，正是这种好走极端的思维与心理，为反改革者的反攻倒算提供最有利的气候与土壤。

中国的改革要取得成效，就必须首先破除这样的病态民族心理。

而中国的改革一旦失败，则必然是“改革一两，反动十斤”。

鲁迅对于自己的对手——反改革者的种种伎俩，无论是“压”、“捧”、“变”，还是“同化”、“反攻倒算”，无不明察秋毫，洞若观火。他不止一次地宣称：自己已经“觉悟”，“想用了串戏的方法来哄骗，那是不行的”[16]；无论敌人使用什么花招，他是绝不会停止自己的战斗的。

但在另一面，对手摆出“无物之阵”，确实造成了鲁迅精神上的巨大损伤。对于鲁迅这样的战士，敌人的正面压制是不足惧的，甚至是内心所欢迎、渴求的，“我所憎恶的太多了，应该自己也得到憎恶，这才还有点像活在人间”[17]。但“如果收得的乃是相反的布施”，例如“捧”之类，就会觉得无端地受到了冷嘲，“对于自己也要大加侮蔑”，产生自嘲心理，甚至“感到将要呕哕似的恶心”[18]。鲁迅说过，“捣鬼精义，在切忌发挥，亦即必须含蓄”，“混沦”一片，使人“怕得莫名其妙”，“不测的威棱使人萎伤”[19]；敌人的“无物之阵”正是以其“含胡”、“不测”，使鲁迅始终处于神经高度紧张状态，时时警戒着不知将从何而来的迫害，这种对于迫害的期待、预感、猜疑，刺激着鲁迅的想象力与情感，激起了他无休止的躁动不安与迎战冲动，他已经习惯于在想象与思考中，将来自对手的最微小的各种征候，联串起来，形成严重的结论，作出强烈的情感反应。这造成了鲁迅思想的特殊深刻性、预见性，却也给鲁迅的感情世界带来了急躁，易怒成分[20]，以至有时愤怒得失去控制。鲁迅说：“感情的高涨和收缩，也比平常的人迅速：这是受过迫害的人，大抵如此的。”[21]这都暗暗地伤害着鲁迅的身心，销蚀着他的生命：这正是“无物之阵”的最大罪恶所在。

从另一面看，唯其有时感情失控，才显出是一个真实的人的战士；时时控制着自己的感情，处处小心翼翼地掌握着分寸，丝毫不动声色，这样的修养功夫，对人的感情世界又何尝不是一种损伤与曲扭呢！

二

鲁迅及其同时代的改革者，尤其感到苦恼的是，所遇到的对手常常不是一个明确的敌对阶级力量，而是一种多数人的社会力量、社会心理，是几千年流传下来的旧习惯势力。正如鲁迅所说："社会上多数古人模模糊糊传下来的道理，实在无理可讲；能用历史和数目的力量，挤死不合意的人。这一类无主名无意识的杀人团里，古来不晓得死了多少人物"[22]。

这正是"无物之阵"更深一个层次的含义。

鲁迅对此有着十分深切的感受："死于敌手的锋刃，不足悲苦；死于不知何来的暗器，却是悲苦。但最悲苦的是死于慈母或爱人误进的毒药，战友乱发的流弹，病菌的并无恶意的侵入。"[23]

这样一种状况，所造成的改革者的困境，主要是心理的困境，心理的障碍。这是一个严重得多的考验的关口，不是任何人都能冲破的。

困难正在这里：阻力不是来自罪恶的个别人，而是一种多数的社会力量。这在鲁迅这样的改革者的心理上，常引起一种孤独感，一种堂·吉诃德与风车作战的自我嘲弄感。需要"独战多数"，甘当"国民公敌"的力量与勇气，才能战而胜之。

困难正在这里：不是心怀恶意，甚至出于完全善良的动机，是无意中的伤害。这在鲁迅这样的改革者的心理上也不免引起一种困惑：中国人传统的思考方式，将一切都归之于伦理、道德的原因；而在改革与反改革的斗争中，改革并不是出于抽象的善良的道德原则与目的（尽管改革者本人可以是一个道德极为高尚的人），反改革者也不是因为道德的不完善而反对改革。这是利益的冲突，首先是经济利益的冲突，是经济学、政治学、社会学从道德学中分化、独立出来，而不是相反。这里需要的是彻底的唯物主义的铁的手腕，而要抛却一切温情脉脉的、道德自我完善的唯心主义幻想。

困难正在这里：阻力来自阵营内部，自己最亲近的慈母、爱人、战友。鲁迅及同类改革者因此而产生强烈的“放逐”感（这是从屈原开始的有理想有追求的中国知识分子共同的心理感受），内心隐隐作痛，感到不被理解的委屈和“独战”的悲哀[24]；鲁迅说：“为了防后方，我就得横站，不能正对敌人，而且瞻前顾后，格外费力”，这境遇是“可怕”的[25]。如此有决断的鲁迅甚至陷入了手足无措的窘态；他对朋友诉苦说：“我不敢对别人说关于我们的话，对于外国人，我避而不谈，不得已时，就撒谎。你看这是怎样的苦境？”[26]“战友”之间鸡零狗碎的琐事纠缠，无休止的人事磨擦（在中国，这类纠缠、磨擦、内耗特别多，也算得上是个国粹），“酱”在里面，更是使鲁迅经常处于焦躁、烦恼中不能自拔，造成身心的极度疲劳，以至心灰意冷，在失望的刹那间对所选择的战斗生涯意义本身产生怀疑。难以言状的无聊之感咬啮着鲁迅的心；鲁迅为之忧心忡忡：“这样纠缠下去，一直弄到自己无聊，读者无聊，于是在无声无臭中完结”[27]。

这确实是一场漫漫无尽的精神磨耗战。因此，当鲁迅作为历史的胜者回顾一场又一场的战斗辉煌战果时，竟然产生了难言的苦闷。

请注意鲁迅给朋友的信中透露的内心深处的这一角——

> 我常常当冲，至今没有打倒，也可以说是每一战斗，在表面上大抵是胜利的。然而，老兄，老实说罢，我实在很吃力，笔和舌，没有停时，想休息一下也做不到，恐怕要算是很苦的了。[28]

我并不笑你的“懦怯和没出息”，想望休息之心，我亦时时有之，不过一近旋涡，自然愈卷愈紧，或者且能卷入中心，握笔十年，所得的是疲劳与可笑的胜利与无进步，而又下台不得，殊可慨也。[29]

这两年来，水战火战，日战夜战，敌手都消灭了，实在无聊，所以想再来闹他一下，顺便打几个无端咬我的家伙……[30]

人们往往神往于驰骋沙场、笔扫千军的鲁迅，而不注意胜利后的鲁迅内心的矛盾：他只感到胜利的“可笑”与“吃力”——非但没有因为胜利而将自我膨胀，却在“可笑”与“吃力”中进一步感到自我的渺小与局限；同时因身心的极度劳累而产生胜者的悲凉，渴望着休息，以便尽快从种种精神苦痛中解脱。另一面却又因为战斗的胜利，敌手的消灭，感到“无聊”，渴望着“再来闹他一下”，扑到生活的旋涡中心，重又开始仍然充满着精神折磨的新的战斗……鲁迅就是这样在内心两种欲念（解脱与迎战）的搏斗中，在心理的困境的挣扎中，艰难地前进，从而证明了——

你要战胜对手吗？先要战胜你自己！

注释

［1］《野草·希望》，《鲁迅全集》第2卷第178页。

［2］《野草·这样的战士》，《鲁迅全集》第2卷第214、215页。

［3］《华盖集·“碰壁”之后》，《鲁迅全集》第3卷第72页。据全集注释：“鬼打墙”是旧时的一种迷信，夜间走路，有时会在一个地方转来转去找不到应走的路，就认为是被鬼同无形的墙壁拦住，叫“鬼打墙”。

［4］《集外集·通信》，《鲁迅全集》第7卷第97页。

［5］《坟·娜拉走后怎样？》,《鲁迅全集》第1卷第164页。

［6］《野草·这样的战士》,《鲁迅全集》第2卷第214页。

［7］《二心集·对于左翼作家联盟的意见》,《鲁迅全集》第4卷第235页。

［8］［9］《华盖集·这个与那个》,《鲁迅全集》第3卷第140页。

［10］［11］《集外集拾遗补编·庆祝沪宁克复的那一边》,《鲁迅全集》第8卷第163页。

［12］《三闲集·在钟楼上》,《鲁迅全集》第4卷第33页。

［13］《华盖集·补白·二》,《鲁迅全集》第3卷第102页。

［14］［15］《华盖集·这个与那个》,《鲁迅全集》第3卷第143页，144页。

［16］《华盖集续编·我还不能"带住"》,《鲁迅全集》第3卷第244页。

［17］［18］《华盖集·我的"籍"和"系"》,《鲁迅全集》第3卷第83页。

［19］《南腔北调集·捣鬼心传》,《鲁迅全集》第4卷第616、617页。

［20］鲁迅在1934年5月4日给林语堂的信中说："即如不佞，每遭压迫时，辄更粗犷易怒"(《鲁迅全集》第12卷第400—401页)。

［21］《书信·360406·致曹白》,《鲁迅全集》第13卷第351页。

［22］《坟·我之节烈观》,《鲁迅全集》第1卷第124页。

［23］《华盖集·杂感》,《鲁迅全集》第3卷第48页。

［24］《书信·341206·致萧军、萧红》,《鲁迅全集》第12卷第586页。

［25］《书信·341218·致杨霁云》,《鲁迅全集》第12卷第606页。

［26］《书信·350912·致胡风》,《鲁迅全集》第13卷第211页。

［27］《书信·360525·致时玳》,《鲁迅全集》第13卷第384页。

［28］《书信·300321·致章廷谦》,《鲁迅全集》第12卷第7页。

［29］《书信·300327·致章廷谦》,《鲁迅全集》第12卷第9页。

［30］《书信·300222·致章廷谦》,《鲁迅全集》第12卷第5页。

第七章　叛逆的猛士与爱我者之间

倘使我得到了谁的布施，我就要像兀鹰看见死尸一样，在四近徘徊，祝愿她的灭亡，给我亲自看见；或者咒诅她以外的一切全都灭亡，连我自己……

——《野草·过客》

一

在上一章里提到的慈母、爱人、战友……都是“爱我者”。

爱我者对战士的不理解，以至误伤，固然足以令战士为之痛苦万状，形成巨大的心理障碍，但这毕竟是人们易于察识的表面层次的困境。本章所要讨论的是：爱我者的爱，也会成为叛逆的猛士心理上的沉重负担。

这就是说，爱我者——亲属与朋友的态度，无论是害，是爱，都会给中国的改革者造成心理压力。这个事实本身即是反映了中国社会文化心理结构的特点的。鲁迅早就说过：“家庭为中国之基本。”[1]亲属关系，以及与之密切相关的朋友等人伦关系，对于中国人的思想、性格、心理有着特殊的意义。中国的一切改革者，一切叛逆的猛士，都必须过家庭关、亲友关，这几乎是一个规律。鲁迅曾发感慨：“中国的家族制度，真是麻烦，就是一个人关系太多，许多时间都不是自己的"[2]——岂止时间而已！中国人总是不断地编织以血缘维系的"一荣俱荣，一损俱损"的关系网，每个人都处于具有明显保守性的网中，被上下左右，直接、间接的关系所牵制，每有动作即牵一发而动全身，各种各样的爱我者的压力不期而至，使得你动弹不得。因此，"叛逆的猛士与爱我者之间"，在一定意义上，也可以说是从一个侧面反映了叛逆的猛士与以孔孟儒学为中心的中国传统文化的关系。

问题是鲁迅在《野草·过客》里首先提出来的。"女孩"把象征着"同情"的布片送给"过客"裹伤，"过客"始而深受感动，欣然接受，继而拒绝，以为感激之情"于我没有什么好处"，并说了本章开头引用的那段话，表示对爱我者的"诅咒"，但最后几经踌躇之后仍是接受了"女孩"的布片。以后，鲁迅在给一位读者的信中，又作了如下解释——

> 无非说凡有富于感激的人，即容易受别人的牵连，不能超然独往。
>
> 我有时很想冒险，破坏，几乎忍不住，而我有一个母亲，还有些爱我，愿我平安，我因为感激她的爱，只能不照自己愿意做的做，而在北京寻一点糊口的小生计，度灰色的生涯。因为感激别人，就不能不慰安别人，也往往牺牲了自己，——至少是一部分。
>
> ……反抗，每容易蹉跌在"爱"——感激也在内——里，所以那过客得了小女孩的一片破布的布施也几乎不能前进了。[3]

在这里，鲁迅深刻地揭示了战士(改革者，叛逆者)内心的矛盾：战士的内心深处，渴望着、呼唤着爱、温暖与同情，特别是中国的战士，中国的改革者，他是那样的孤独，"从我还能记得的时候起，我就只一个人"，"向野地里跄踉地闯进去，夜色跟在他后面"[4]，即使血流尽了，也只能以水作为补充。在孤独的绝境里，得到了孩子的同情、支持，他怎能不感到由衷的欣慰呢，战士最后也终于接受了孩子的温情。

但战士却又警惕这温情：惊恐于过多的感激，抗拒着过于缠绵的儿女情长。这警惕、惊恐、抗拒……本身就包含着丰富的历史的、心理的内容。

本书第四章我们曾引述过鲁迅关于人的本质的论断："人多是'生命之川'之中的一滴，承着过去，向着未来"；接着，他又说了一句话："倘不是真的特出到异乎寻常的，便都不免并含着向前和反顾"[5]。这就是说，人在生命的流动中存在着倾向未来（"向前"）与倾向历史（"反顾"）两种对立而又统一的心理与情感因素。这两种倾向之间的矛盾斗争、消长起伏构成了人复杂而丰富的内心世界的一个重要方面。

一般说来，对于爱我者的眷恋，对以往生活（包括童年）的反顾，以及与之相联系的含情脉脉的爱与温情，都表现着人的返归历史（过去）的倾向，用鲁迅的话来说，"所谓回忆者"，就是"使精神的丝缕还牵着已逝的寂寞的时光"[6]，这就是我们通常所说的怀旧的心理与情感。因此，从心理到情感都倾向于未来的改革者，必然要自觉地压抑自己情感与心理中的过去因素，摆脱一切引缠与牵连，才能获得超然独往的内心与行动的自由。而一个叛逆的猛士，更需要采取更加决绝的态度，使过去的历史真正成为殷夫在《别了，哥哥》里所说的"噩梦一场"，才可能义无反顾地走上与旧阶级、传统决裂的道路。

鲁迅正是时时警戒着人们（以及自己）内心深处的怀旧心理与情感，并且总要无情地粉碎一切"过去"（童年、故乡、旧人……）的美梦。因此，在《野草·好的故事》里，他倾其全力写出了儿时故乡的美，也不掩饰自己"真爱这一篇好的故事"、"要追回他，完成他，留下他"的情感，但他更不回避无情的现实：自己生活在"昏沉的夜”里，梦毕竟是梦，回到现实中来，那“虹霓色”的“碎影”，连“一丝”也不曾留下[7]。在《雪》里，他确实写到故乡江南的雪的“滋润美艳之至”，但他更近乎冷酷地写出了：这“滋润”终于“消释”，“美艳”也最后“褪尽”的结局[8]。在《风筝》里，和人们在童年生活的美好回忆中寻求心灵的慰藉相反，鲁迅特地拣出了那最令人难堪的“精神的虐杀”的一幕——其实，谁的童年生活里没有类似的过失（有意的，无意的）呢！但一般人都希望忘却（至少是淡化）那些不愉快、不光彩的历史，而只留下（甚至夸大）光彩的、值得骄傲的过去，让自己（以至子孙）不断地咀嚼；鲁迅则不，他偏偏要与人之常情作对，让童年无意的罪恶永远留在记忆里，并且不留给补过、宽恕、忘却之类的退路。在这严峻得近乎残酷的思想、情感后面，我们可以强烈地感到，鲁迅是怎样地渴求着与自己身上的历史阴影决裂呵！

然而，鲁迅却又无法真正摆脱“旧时”回忆的“蛊惑”。《朝花夕拾》在报刊上发表时最初的题目就是“旧事重提”；在《小引》里，鲁迅写下了一段深情的文字——

> 我有一时，曾经屡次忆起儿时在故乡所吃的蔬果：菱角，罗汉豆，茭白，香瓜。凡这些，都是极其鲜美可口的；都曾是使我思乡的蛊惑。后来，我在久别之后尝到了，也不过如此；惟独在记忆上，还有旧来的意味留存。他们也许要哄骗我一生，使我时时反顾。[9]

明知是“哄骗”，却仍要“时时反顾”，这与鲁迅反对瞒与骗的思想相矛盾，也与《风筝》里竭力粉碎童年春梦的鲁迅相矛盾；然而，唯其存在这样的矛盾，才是真实的、生活于现实之中的鲁迅。鲁迅不止一次地对人们说明：“我自己早知道毕竟不是什么战士了，而且也不能算前驱，就有这么多的顾忌和回忆。”[10]这是真正的大实话，可是，人们总不愿意相信；人们只希望创造一个没有“顾忌”与“回忆”的“战士”高耸于云端，借以欺骗自己，却不愿看到一位一边前进，一边也在回忆的真实的战士生活在自己身边：这真是可悲得很。

如果作进一步的深入考察，可以发现，鲁迅一生中对于故乡、童年及爱我者的“反顾”，主要有两次，即写作《朝花夕拾》的1926年间，以及着手于《夜记》写作计划的1936年[11]。前者正是处于流离、逐放之中，“目前是这么离奇，心里是这么芜杂”，“只剩了回忆的时候”[12]；而后者又是处于敌人的围剿与战友的误解之中，特别是面临着疾病与死亡的暗暗威胁。据冯雪峰回忆，鲁迅当时的心绪极度的“不平衡”，有时“相当阴暗和颓唐”，有时“又非常晴朗”[13]。两个时期的具体情况不一，但存在着类似的心理与情绪需求，即“在纷扰中寻出一点闲静来”[14]。于是，鲁迅心灵深处趋向过去的“反顾”因素升浮起来，在对童年的回忆中，取得对现实“纷扰”心理与情感的抗衡力量。在生养自己的“母亲”（这是一个宽泛的概念，包括大自然、慈母、亲人与人民）怀里，用“母爱”（同样是宽泛的大自然之爱、慈母亲人之爱及人民之爱）来医治心灵的创伤，平息内心的痛苦。“仁厚黑暗的地母呵，愿在你怀里永安她的魂灵”[15]！——在对保姆长妈妈的这一声发自肺腑的祝福中，我们可以感受到鲁迅身上所爆发出来的强烈而深沉的爱的力量。

这呼唤着爱的、反顾过去的人之子、地之子的鲁迅，与抗拒着爱的、反叛过去、向着未来的魔之子的鲁迅，是一个统一体。因此，鲁迅在反顾过去时，也是努力发掘着在民间传统中所保留着的民族的复仇精神与生命活力（《女吊》、《无常》等），从中汲取继续前进的力量。鲁迅的反顾、怀旧，不是对现实斗争的厌倦与回避，而恰恰是新的战斗前的酝酿与准备。所以鲁迅要我们区分两种不同性质的怀旧："爱国者虽偶然怀旧，却专重在现世以及将来。爱亡国者便只是悲叹那过去，而且称赞着所以亡的病根。"[16]

二

鲁迅在与许广平讨论人生道路选择时，谈到了自己的"顾忌"，说了这样一番话——

> 这些顾忌，大部分自然是为生活，几分也为地位，所谓地位者，就是指我历来的一点小小工作而言，怕因我的行为的剧变而失去力量。这些瞻前顾后，其实也是很可笑的，这样下去，更将不能动弹。[17]

这里揭示了鲁迅内心矛盾的另一个侧面。作为一个真实的活生生的人，鲁迅对于已有的"地位"，即已成的生命及生存方式，也存在着两种矛盾的欲求：将其相对稳定化、凝固化的保守性欲求，将其破坏并创造出新的生命及相应的生存方式的变动性、开拓性的欲求。这样，就形成了心理与情感趋向的两极：渴求稳定、安宁、和谐与温情，期待剧变、躁动、粗暴与激情。

鲁迅作为一个改革者、叛逆的猛士，无疑是倾向后者的，或者说，他是有意压抑前者而发展后者的。他一再地宣称："魂灵被风沙打击得粗暴，因为这是人的魂灵，我爱这样的魂灵；我愿意在无形无色的鲜血淋漓的粗暴上接吻。"[18]鲁迅同时又是躁动不安的；他从小就已显示出活泼好动的个性，因此有"胡羊尾巴"之称，[19]这样的个性一旦汇入大转折、大动荡、大变革的历史潮流之中，和他意念中破坏与创造双重冲动结合起来，就必然形成了他的跃跃欲试、躁动不安的、不断探索、不断追求的心理态势。鲁迅对自我否定的高度自觉，更使他无时无刻不让内心世界处于反省、矛盾冲突之中，他绝不愿追求心理的平衡而回避、抹平内心的矛盾，他从不给自己留下心理的退路，而宁愿让它充分激化，一直达到痛苦的极致。这种内心世界的不安宁，构成了鲁迅心理特征的最主要、最显著部分。“不安宁的灵魂”也是整个20世纪中国知识分子共同的心理特征；在某种意义上，这是变革的大时代对中国民族心理、性格的一次再造。鲁迅曾经多次发出感慨，中国民族心理、性格本性中原就具有的“好动”的特质，“因了历朝的压抑”，只向“‘静’的一方面发展”，“驯良，拘谨”，“低眉顺眼，唯唯诺诺”，显出不死不活的“萎缩”相[20]。时代的一次次冲击，终于打破了古老的僵硬与沉滞，我们的民族“动”了起来，形成了鲁迅所代表的跃跃欲试、躁动不安、不断探索、不断追求的新的民族心理，尽管这探索、追求里有彷徨，有时也会出现感伤，但这却是我们古老的民族重又进入历史青春期的重要征兆。看不到上述历史性变化，是可悲的；看到了这种变化，不是热烈欢呼其产生，热情推动其发展（包括在发展过程中克服自身的偏颇），而以无穷的忧虑，无尽的指责对待之，那更是可悲的。

但是，如果夸大了鲁迅及同代知识分子心理与情绪的变动性方面，以至否认鲁迅同样存在着稳定、安宁、和谐、温情的保守性欲求，并且构成了他内心世界的矛盾，那么，我们仍然得不到真实的鲁迅。在我们前面引述的那句自白：“我常想在纷扰中寻出一点闲静来”[21]，实际上已经透露出鲁迅内心的矛盾。鲁迅曾一再谈到，人生、作文都要有“余裕”，以为在给人“压迫和窘促之感”的、“‘不留余地’空气的围绕里，人们的精神大抵要被挤小的”，“人们到了失去余裕心，或不自觉地满抱了不留余地心时，这民族的将来恐怕就可虑”[22]。他还认为中国文字与语言的一大弱点就是“急促”，因此难以表现“从容与美”[23]，而他自己的《狂人日记》的弱点也在“太逼促”[24]，缺乏从容的风致，因此，他对追求“低徊趣味”，创作“有余裕的文学”的夏目漱石以很高评价，以为他的作品“轻快洒脱，富于机智”，“当世无与匹者”[25]：这都说明着，鲁迅内心的一角，仍然保留着对于闲静，从容，余裕，洒脱的生活、心理、情绪的向往与追求。在鲁迅的作品中也不乏闲适；请读《社戏》里的这一段文字——

> 两岸的豆麦和河底的水草所发散出来的清香，夹杂在水气中扑面的吹来；月色便朦胧在这水气里。……那声音大概是横笛，宛转，悠扬，使我的心也沉静，然而又自失起来，觉得要和他弥散在含着豆麦蕴藻之香的夜气里。

这在大自然怀抱里的“沉静”与“自失”，在鲁迅战斗生涯中不占主导地位，没有成为他的支配性心理，正是在这一点上，有别于周作人；但周氏兄弟确实存在着这类似的心理因素，恐怕也是不容回避的事实。据鲁迅的青年友人徐诗荃回忆，他 30 年代曾去信劝鲁迅离开上海洋场，“在任何山水佳处，找一所房子定居，较接近大自然。花之朝，月之夕，剥一黄橙，暖半壶酒，则有山灵相访，古哲会神”。鲁迅回信说：“我感谢你替我计划了很好的田园。这些梦，我少年时也曾做过的，还请一位族人刻了一颗图章，取《诗品》句曰：‘绿杉野屋’……[26]鲁迅二十岁时写的诗句，“怅然回忆家乡乐，抱瓮何时共养花”[27]，引用《庄子·天地篇》的典故，是可以作为“这些梦，我少年时也曾做过的”的佐证的。这至少表明，憧憬大自然中的沉静、闲适田园生活的中国文人传统自小就在鲁迅心灵深处留有深刻的印记。尽管以后鲁迅从这种传统中挣扎出来，作出了另一种选择，但潜在影响的存在仍是有迹可寻的。

三

鲁迅那首著名的七律“惯于长夜过春时”是人所熟知的——

惯于长夜过春时，挈妇将雏鬓有丝。
梦里依稀慈母泪，城头变幻大王旗。
忍看朋辈成新鬼，怒向刀丛觅小诗。
吟罢低眉无写处，月光如水照缁衣。[28]

从这首诗里，人们看到了鲁迅对于慈母、爱妻、幼子及朋辈的真挚情感，更看到了“爱我者”怎样成为战士鲁迅沉重的精神负担[29]，又怎样化为推动鲁迅“怒向刀丛觅小诗”，作更勇猛战斗的内在动力。

确实，在鲁迅的家庭生活，鲁迅与母亲、妻儿的关系中，是更能显示鲁迅的内心世界的。

在中国的民族文化心理结构中，母性占据了一个特别重要的地位。中国神话传说中最早的女性女娲是一个人类的始祖神，她创造了人类，又努力给人类提供一个尽可能美好的生活环境；鲁迅的《补天》，就塑造了一个富有自我牺牲精神的人类母亲的形象。而西方神话传说中最早的女性夏娃却首先是一个妻子的形象。中国伦理观念的重心是父子、母女的血缘关系，鲁迅说，中国“女人的天性中有母性，有女儿性；无妻性”[30]，这是极为深刻的。从孟母开始，中国历代都有贤母的传统形象；在中国现代作家中，受母亲影响的，占了很大比例。郭沫若、茅盾、巴金、丁玲等等，我们可以开列出一大批名单，鲁迅亦在其中。据冯雪峰回忆，鲁迅生前有过“写母爱”的计划，并且说：“我以为母爱的伟大真可怕，差不多盲目的。”[31]在所写的《凯绥·珂勒惠支木刻〈牺牲〉说明》里又引用别人的评语表示了类似的意思："珂勒惠支之所以于我们这样接近的，是在她那强有力的，无不包罗的母性。"[32]但当别人因母爱的丧失而痛惜不止时，鲁迅又说过这样的话："倘有慈母，或是幸福，然若生而失母，却也并非完全的不幸，他也许倒成为更加勇猛，更无挂碍的男儿的。"[33]鲁迅真要写起母爱来，所要发挥的，大抵也是这两层意思罢？这里包含着鲁迅自身深切的体验，有着沉痛的隐情。

鲁迅一生，既深受母亲之爱，也深为母亲所累。对于鲁迅的心理、情感，以至性格产生深远影响的，是鲁迅从母亲那里接受的"遗产"——他的不幸的婚姻。正像鲁迅对许寿裳所说的那样，"这是母亲给我的一件礼物，我只能好好地供养他，爱情是我所不知道的"[34]。之所以接受这份"礼物"，是出于牺牲——由于爱，不得不为满足长辈的某一要求，而作出妥协，屈从于长辈的意志；实质上，这正是鲁迅对中国传统文化中的牺牲精神的一种继承。许广平曾对鲁迅说："这牺牲虽似自愿，实不啻旧社会留给你的遗产。"[35]这里所说的"遗产"应有更宽泛的意义，还包括封建宗法社会所留下的过分沉重的精神遗产，这是每一个受过中国传统教育的知识分子都强烈感受着的。在"五四"思想解放运动冲击下，"魔鬼手上"终于"漏"出了个性解放的曙光，"人之子醒了"，"知道了人类间应有爱情[36]"的时候，鲁迅这样的处于新旧过渡时代的知识分子，就陷入了道德、心理、情感的两难境地。一方面他们自觉到无爱情结婚违反人性的不合理性，从道德观念上予以了彻底否定，发出了"醒过来的人的真声音"[37]；另一方面，他们"又不敢舍弃这遗产，恐怕一旦摆脱，在旧社会里就难以存身"[38]。"五四"时期的叛逆的战士，即使是鲁迅这样的最勇猛者，在社会问题上可以持最彻底的不妥协的态度，但一旦涉及个人生活的选择，他们却不能不顾忌到传统道德力量所形成的舆论压力，而表现出某种犹豫。同时，人道主义的新道德观又使他们不能不设身处地地为无爱情结婚的另一方——同样不幸、又处于较弱地位的旧式女子着想。他们再一次作出了自我牺牲的选择：死守着旧社会留给自己的“遗产”，“陪着做一世牺牲，完结了四千年的旧账”[39]。这是以损己利人的方式来求得旧道德与新道德的表面统一。历史辩证法毕竟是严峻的：中庸传统最坚决的反对者鲁迅，在个人婚姻问题上，却也不得不作出了带有浓厚调和色彩的选择。这种选择的前提是：在自己这一代里不可能建立起真正合理的婚姻制度，自己不可能获得现代意义上的性爱，这背后正是强烈的中间物意识，潜意识中还藏着带有悲凉色彩的赎罪心理：“四千年来时时吃人的地方，今天才明白，我也在其中混了多年。”[40]鲁迅一再强调说，他是中国几千年吃人的封建制度最后一个知识分子[41]，他甘愿为承担这几千年吃人的罪恶付出自己沉重的代价。鲁迅当然知道，“做一世牺牲，是万分可怕的事”；但他却在“血液究竟干净”（没有继续“少的另去姘人宿娼，老的再来买妾”的传统罪恶），“声音究竟醒而且真”[42]（没有回避无爱情结婚的不幸）中，得到了某一程度的良心上的慰藉。但他哪里知道，无意中又落入了道德自我完善的传统罗网之中。这确实是中国现代思想史上最沉重、最艰难的一页：当先驱者们要挣脱几千年的封建传统罗网时，真是一步一血痕，常常在这个问题上挣脱了，在另一个问题上仍然陷在里面，甚至表面上挣脱之时，却又套上了更无形的精神枷锁。鲁迅是历史中人，他绝不可能超越这必有的历史过程。

鲁迅个人主观上的真诚却是无可怀疑的。他也确实因此在一个很长的时间内，一面维持着“实同离弃”的家庭形式，一面自己过着“寂寞如古寺僧人的生活”[43]。这样的建筑在个人克制、压抑的基础上的畸形的生活方式，对于鲁迅的思想、心理、情感的影响是巨大的，鲁迅精神上的某些病态与这种畸形的生活方式就不无关系。问题不仅在于这种生活方式本身是畸形的，而且在于鲁迅自身对其畸形性、荒诞性、不合理性有着极为清醒的认识；而鲁迅的性格，正如许广平所说，又“太敏感，太热情”，也太认真，“或爱或憎”，不肯苟且[44]。在中国，大多数畸形的家庭生活所引起的尖锐矛盾和心灵痛苦，是借助时间流逝，逐渐缓和、淡化，最后被遗忘（实质是埋藏在心灵最深处，如无巨大的外力冲击，绝不轻易触发），而产生新的适应。这就是鲁迅所说的，“造化又常常为庸人设计，以时间的流驶，来洗涤旧迹，仅使留下淡红的血色和微漠的悲哀。在这淡红的血色和微漠的悲哀中，又给人暂得偷生”[45]。但鲁迅却不能；他时时不能忘记，处处受着折磨，而且时间愈久，痛苦愈深。鲁迅终究与中庸主义不能相容，新旧调和的道德原则与生活方式是不可能长期维持下去的。一旦遇到了真正的现代性爱的挑战，就必然发生动摇，以至崩溃。

于是，许广平合理地、必然地出现在鲁迅的生活中。鲁迅第一次看到自己就可能获得真正的爱情，无须推到下一代：他爱情生活上的中间物意识与潜在的赎罪心理受到了根本性的冲击；同时也引起了他内心深处新旧道德之间更加激烈的矛盾和斗争。鲁迅一方面渴求着抛弃旧的不合理的两性生活，建立起新的生活，另一方面于新、旧生活两方面都不能不多所顾忌。他既为是否因此在旧社会难以存身而忧虑，又担心爱情的对方（许广平）为自己作出的牺牲太大，不断地用“我不（是）太将人当作牺牲么？”这类问题谴责自己。一贯果断的鲁迅突然显出优柔寡断的另一面，长时间地在爱情的门口徘徊，没有勇气跨出“那一步”，并且不止一次地有意折磨自己：北京时期，在“为爱我者的想要保存我而作”[46]的《腊叶》里，他自比为“病叶”，“黄蜡似的”躺着，“旧时的颜色”迟早要在“记忆中消去”[47]，潜在的台词是：忘掉我！于是，他长时间地“沉湎于杯中物”，视生命于“可有可无中”[48]。在厦门时期，他有意地“沉闷下去”，“自以为在孤岛中度寂寞生活，咀嚼着寂寞，即足以自慰自赎”[49]。我们又见到了鲁迅式的自我牺牲、赎罪意识，以及病态的自虐：这自有崇高的方面，但所表现出来的因袭的重担也是十分明显的。

因此，打破鲁迅在新旧两性道德原则间徘徊的僵局，给他们的爱情以决定性推动的，必然是思想更加“现代”的许广平[50]，而不是鲁迅。这是中国现代婚姻史上饶有兴味的佳话：1926 年 11 月 15 日，一向作为老师的鲁迅向“小鬼”许广平倾诉了自己选择上的苦闷，最后表示：我“实在难于下一决心”，请求许广平“给我一条光”[51]。1926 年 11 月 22 日，一向作为学生的许广平给鲁迅以下告诫——

> 我们是人，天没有叫我们专吃苦的权力，我们没有必受苦的义务，得一日尽人事求生活，即努力去做。我们是人。天没有硬派我们履险的权力，我们有坦途有正道为什么不走，我们何苦因了旧社会而为一个人牺牲几个，或牵连多数人，我们打破两面委曲忍苦的态度！[52]

这实实在在是真正摆脱了因袭重担的现代人、新女性的宣言书。如此自觉的人的独立意识，如此理直气壮地追求人应当有的快乐与幸福，如此痛快淋漓地把以“吃苦”为“权力”“义务”，“委曲忍苦”之类传统道德观一概推倒，这同时又是对鲁迅式的半新半旧的牺牲观的历史的否定。因此，它对于鲁迅思想的冲击力是可以想见的；鲁迅终于摆脱了因袭重担，坦然宣布：“我先前偶一想到爱，总立刻自己惭愧，怕不配，因而也不敢爱某一个人，但看清了他们的言行思想的内幕，便使我自信我决不是必须自己贬抑到那么样的人了，我可以爱！”[53]这是鲁迅自我的一次新的觉醒。在思想的突破中，是较为年青的一代推动了较为年长的一代，是学生推动了老师，而不是相反。这个事实本身是具有历史意义的。

由于新家庭的建立，特别是以后海婴的诞生，鲁迅有了正常的幸福的家庭生活，精神世界中遂显示出前期所难有的亮色，无论心理、情感上都出现了某种平衡：这是人们读《两地书》第三集“北平——上海”部分都能强烈感受到的。而鲁迅自己却对婚姻的利弊有着清醒的估计——在一切问题上他都不会陷入盲目的乐观。他曾经这样直率地告诉年轻朋友：结婚不过是“两害相权”取其轻，“结婚之后，也有大苦，有大累，怨天尤人，往往不免”[54]，两且会产生婚前不可能预计与理解的矛盾，“理想与现实，一定要冲突”[55]。这显然是一种经验之谈。鲁迅与许广平的结合，事实上是不可避免地蒙上了历史的阴影的。许广平最初的顾忌并非没有道理。他们的结合，是一种年龄、地位、智力……悬殊的结合，在夫妻关系中不免夹入了师生的关系与情感。问题在于，师生的关系与感情并没有随着时间的流逝逐渐淡化，却始终贯串于他们夫妻生活的全过程。直到鲁迅逝世以后，许广平还这样回忆说：“我自己之于他，与其说是夫妇的关系来的深切，倒不如说不自觉地还保持着一种师生之谊。……我自己不明白为什么如此。总时常提出来询问他：‘我为什么总觉得你还像是我的先生，你有没有这种感觉？’他总是笑笑地说：‘你这傻孩子！’现在我是明白了，因为他太伟大，他的崇高，时常引起我不期然的景仰。”[56]曾有研究者十分含蓄地指出：“学生对于老师，景仰是好的；但在爱情中景仰该是多余的吧？”[57]事实上，这里仍然残存着女子仰赖、依附男子的传统心理因素；现代性爱所要求的夫妻之间心理上的绝对平等与独立，显然有所缺欠。尽管鲁迅主观上不情愿对方为自己牺牲，并且作出种种努力避免这种情况出现，但实际上仍然是许广平作出了牺牲[58]。当然，在中国的具体历史条件下，夫妻之间常有一方总要作出某种牺牲；问题在于，由此无形中造成的许广平的附属地位，给他们的家庭关系蒙上了某种阴影。对此，许广平有过相当真切的回忆——

> 他对一切人可以不在意，但对爱人或者会更苛求。……（有时）我不加检点地不知什么时候说了话，使他听到不以为然了，或者恰巧他自己有什么不痛快，在白天，人事纷繁，和友朋来往，是毫不觉得，但到夜里，两人相对的时候，他就沉默，沉默到要死。最厉害的时候，会茶烟也不吃，像大病一样，一切不闻不应，那时候我真痛苦万状。为了我的过失吗？打我骂我都可以，为什么弄到无言！如果真是轻蔑之极了，那我们可以走开，不是谁都没有勉强过谁吗？……抑郁，怅惘，彷徨，真想痛哭一场，然而这是弱者的行径，不愿意。就这样，沉默对沉默，至多不过一天半天，慢慢雨散云消，阳光出来了，他会解释似地说："我这个人脾气真不好"，"因为你是先生，我多少让些你，如果是年龄相仿的对手，我不会这样的"，这是我的答话。但他马上会说："这我知道。"[59]

从许广平的自述中透露出来的家庭关系中的某种沉重感，在鲁迅那一边自然也是存在的。原因是复杂的，其中历史传统的重荷则不可忽视。

无论如何，朱安夫人的存在及其不幸，仍然是一个抹不掉的阴影。鲁迅与许广平结合以后，朱安夫人对同住一起的俞芳说过如下一段话："过去大先生和我不好，我想好好服侍他，一切顺着他，将来总会好的"，"我好比是一只蜗牛，从墙底一点一点往上爬，爬得虽慢，总有一天会爬到墙顶的。现在我没有办法了，我没有力量爬了……"[60]朱安夫人自然是值得同情的。应该说，她与鲁迅都是旧婚姻制度的受害者与牺牲品。不同之处在于鲁迅从受害地位挣脱出来了，而朱安夫人却无力挣脱，真正做了一世的牺牲。尽管鲁迅、许广平（特别是许广平）都尽到了最大努力，以减少她的痛苦，但她作为"痛苦的历史"

的象征物的存在，给予鲁迅、许广平的心理压力却是难以解除的。

鲁迅与爱我者——母亲、许广平，以及朱安夫人，他们之间命运、心理、情感的纠葛，都是特定的历史过渡时代的产物；从婚姻与家庭关系的特殊角度，十分深刻地显示了鲁迅这一代叛逆的猛士、历史的中间物与他们所要背叛的旧阶级、旧传统之间割不断、理还乱的精神联系。历史的决裂，必然是一个漫长的、艰难的过程。艰难之处不在于需要战胜外在的难以想象的迫害——鲁迅曾引述梅林的意见，说明旧社会及反动阶级对于本阶级的"贰臣逆了"是最为痛恨的，"他们以为这是最可恶的叛逆，比异阶级的奴隶造反还可恶，所以一定要除掉他"[61]；更在于需要战胜自己内心深处的妥协面——这是极其微妙，不易察觉，而又是十分顽强的。于是，叛逆的猛士总要在内外两面的殊死搏斗中，杀出一条血路……

注释

[1]《南腔北调集·家庭为中国之基本》,《鲁迅全集》第4卷第619页。

[2]《书信·350319·致萧军》,《鲁迅全集》第13卷第86页。

[3]《书信·250411·致赵其文》,《鲁迅全集》第11卷第442页。

[4]《野草·过客》,《鲁迅全集》第2卷第189、194页。

[5]《集外集拾遗·〈十二个〉后记》,《鲁迅全集》第7卷第300页。

[6]《〈呐喊〉自序》,《鲁迅全集》第1卷第415页。

[7]《野草·好的故事》,《鲁迅全集》第2卷第186页。

[8]《野草·雪》,《鲁迅全集》第2卷第180页。

[9]《鲁迅全集》第2卷第229—230页。

[10]《写在〈坟〉后面》,《鲁迅全集》第1卷第284—285页。

[11] 据冯雪峰、巴金、许广平回忆，鲁迅这本书是应巴金文化生活出版社所约而写，已经写出的有《我的第一个师父》、《女吊》、《死》、《这也是生活……》等，鲁迅的绝笔《章太炎先生二三事》及计划写的关于"母爱"的文章也在其中。

[12][14]《朝花夕拾·小引》,《鲁迅全集》第2卷第229—230页，229页。

［13］《回忆鲁迅》,《雪峰文集》第 4 卷第 232 页。

［15］《朝花夕拾・阿长与〈山海经〉》,《鲁迅全集》第 2 卷第 248 页。

［16］《集外集拾遗补编・随感录》,《鲁迅全集》第 8 卷第 80 页。

［17］《两地书・八三》,《鲁迅全集》第 11 卷第 221 页。

［18］《野草・一觉》,《鲁迅全集》第 2 卷第 223 页。

［19］ 许寿裳:《鲁迅先生年谱》,《我所认识的鲁迅》第 116 页。

［20］《且介亭杂文・从孩子的照相说起》,《鲁迅全集》第 6 卷第 81、82 页。

［21］《朝花夕拾・小引》,《鲁迅全集》第 2 卷第 229 页。

［22］《华盖集・忽然想到・二》,《鲁迅全集》第 3 卷第 15–16 页。

［23］《译文序跋集・池边・译者附记》,《鲁迅全集》第 10 卷第 202 页。

［24］《集外集拾遗・对〈新潮〉一部分的意见》,《鲁迅全集》第 7 卷第 226 页。

［25］《译文序跋集・〈现代日本小说集〉附录・关于作者的说明》,《鲁迅全集》第 10 卷第 217 页。

［26］ 徐梵澄（诗荃）:《星花旧影——对鲁迅先生的一些回忆》，收《鲁迅回忆录》（散篇，下册）第 1314 页，北京出版社 1999 年版。

［27］《集外集拾遗补编・诸弟三首（辛丑二月）》,《鲁迅全集》第 8 卷第 474 页。

［28］《南腔北调集・为了忘却的记念》,《鲁迅全集》第 4 卷第 486–487 页。

［29］ 鲁迅在给萧红的信中说：“现在孩子更捣乱了，本月内母亲又要到上海，一个担子，挑的是一老一小，怎么办呢？”（《书信・350313》,《鲁迅全集》第 13 卷第 80 页）。

［30］《而已集・小杂感》,《鲁迅全集》第 3 卷第 531 页。

［31］《鲁迅先生计划而未完成的著作》,《雪峰文集》第 4 卷第 17 页。

［32］《集外集拾遗补编・凯绥・珂勒惠支木刻〈牺牲〉说明》,《鲁迅全集》第 8 卷第 312 页。

［33］《伪自由书・前记》,《鲁迅全集》第 5 卷第 4 页。又据许寿裳回忆，在许寿裳夫人去世后，鲁迅来信慰唁，也说了类似的话，许寿裳说;“其言极有理致，但是也只有鲁迅能够写出这样措辞的唁信”（《我所认识的鲁迅》第 63 页）。

［34］ 许寿裳:《亡友鲁迅印象记》第 62 页。

［35］ 许广平 1926 年 11 月 22 日给鲁迅的信，收《两地书真迹（原信）》，上海古籍出版社 1996 年 1 月第 1 版，第 252 页。

［36］［37］［39］［42］《热风・随感录・四十》,《鲁迅全集》第 1 卷第 322 页。

［38］《两地书・八二》,《鲁迅全集》第 11 卷第 220 页。

［40］《呐喊・狂人日记》,《鲁迅全集》第 1 卷第 432 页。

［41］许广平：《元旦忆感》，《许广平忆鲁迅》第5页。

［43］许广平：《鲁迅和青年们》，《许广平忆鲁迅》第226页。

［44］《两地书·七八》，《鲁迅全集》第11卷第210页。

［45］《华盖集续编·记念刘和珍君》，《鲁迅全集》第3卷第274页。

［46］《二心集·〈野草〉英文译本序》，《鲁迅全集》第4卷第356页。

［47］《野草·腊叶》，《鲁迅全集》第2卷第219页。

［48］平林（许广平）：《同行者》，转载于《鲁迅研究动态》1985年第1期。

［49］《两地书·八八》，《鲁迅全集》第11卷第232页。

［50］发表在《鲁迅研究动态》1985年第1期上的许广平的遗稿《风子是我的爱……》（署名平林）表明：许广平在决定与鲁迅结合前也有自己的顾虑，如二人地位的悬殊，相结合是否“不自量”、“不相当”。但许广平很快就战胜了自身的犹豫，比鲁迅有决断得多。

［51］《两地书·七三》，《鲁迅全集》第11卷第200页。

［52］许广平1926年11月22日致鲁迅书，收《两地书真迹（原信）》第253页。

［53］《两地书·一一二》，《鲁迅全集》第11卷第275页。

［54］《书信·280409·致李秉中》，《鲁迅全集》第11卷第619页。

［55］《书信·300903·致李秉中》，《鲁迅全集》第12卷第21页。

［56］许广平：《鲁迅先生与海婴》，《许广平忆鲁迅》第446页。

［57］王得后：《〈两地书〉研究》，天津人民出版社1995年6月第1版（以下同），第336页。

［58］据许广平回忆：“初到上海的时候，我也曾希望有工作，并请许寿裳先生设法在教育界找事。已经有眉目了，鲁迅知道后，就很为难地说：‘这样，我的生活又要改变了，又要恢复到以前一个人干的生活中去了’。这话很打动了我，所以立即决定，不出去工作了，间接地对他尽一臂之力，忘了自己”（《许广平回忆鲁迅》第646页）。

［59］许广平：《鲁迅先生的日常生活》，《许广平回忆鲁迅》第472—473页。

［60］俞芳：《封建婚姻的牺牲者》，《我记忆中的鲁迅先生》第142页。

［61］《二心集·序言》，《鲁迅全集》第4卷第191页。

第八章　生与死之间

我总记得我活在人间。

——《野草·一觉》

为我自己，为友与仇，人与兽，爱者与不爱者，我希望这野草的死亡与朽腐，火速到来。

——《野草·题辞》

一

在中国现代作家中，很少有人像鲁迅这样严肃地，这样痛苦地，思考着，议论着：生与死。

人，特别是现代中国人的生——他们的生存权利，价值与方式；人，特别是现代中国人的死——他们的死亡方式，意义与死后的命运，构成了鲁迅思想的一个基本方面：生与死，是鲁迅作品的母题之一。

这是终生纠缠着鲁迅的人生课题[1]。但集中的思考却有两个时期：1924年至1926年的《野草》时期，以及1936年鲁迅战斗生涯的最后时刻。

生与死几乎是贯串《野草》的中心线索；全书二十四篇中有十八篇记录着：对“英雄”的“死”的“敬奠”（《秋夜》），“生命的飞扬的极致的大欢喜”（《复仇》）；“过客”向着“坟”大步走去（《过客》），

“战士”在“无物之阵”中“寿终”（《这样的战士》）；凛冽的天宇下有“死掉的雨”的精灵在“升腾”（《雪》），青白的冰谷中有“死火”在“燃烧”（《死火》）；“造物主”在“暗暗地使生物衰亡，却不敢长存一切尸体”（淡淡的血痕中）），而“死尸”“已在坟中坐起”（《墓碣文》），或“愤怒得几乎昏厥过去”（《死后》）……

同时期的《彷徨》里却写到了：祥林嫂的倒毙与“死后有没有灵魂”的疑问（《祝福》）；阿顺无端的死亡与吕纬甫“敷敷衍衍，模模糊糊”的苟“活”（《在酒楼上》）；首善之区犯人死的热闹与围观者生的麻木（《示众》）；魏连殳遗体含着“冰冷的微笑”的惨伤（《孤独者》）；子君“在严威和冷眼”中走向死亡的酷烈（《伤逝》）……

即使是《朝花夕拾》这样的“旧事重提”，也有一半篇目在回忆死亡[2]。

1936 年，大病中的鲁迅引人注目地写下了以《死》为题的文章，并引用了史沫特莱为珂勒维支版画集所作序言的一段话：“她早年的主题是反抗，而晚年的是母爱，母性的保障，救济，以及死[3]”；某种意义上，“死”也是鲁迅逝世前作品的主题之一。写于这一时期的《且介亭杂文末编》及《附录》五分之一的文章与死神有关[4]；《写于深夜里》中“略论暗暗的死”，《女吊》呼唤死后复仇的鬼魂，都是触目惊心的。

在鲁迅生命的行程中，1924 年至 1927 年与 1936 年都是不平凡的岁月，“生”与“死”必然地成为鲁迅思考中心之一。

这是血的屠杀的时代。五卅运动工人市民血流南京路上，“三一八”惨案青年学生横尸执政府前，“如此残虐险狠的行为，不但在禽兽中所未曾见，便是在人类中也极少有的”[5]。30 年代中期的白色恐怖里，“秘密的杀人”代替公开的屠戮，战士的牺牲竟至于“不知时日，不知地点，不知死法”[6]。20 世纪古老中国的历史变革是人类文明史上流血最多、代价沉重的一页。正是血的现实迫使人们思索战士生的价值，死的代价与意义。对于鲁迅来说，“生”与“死”的思考，绝非纯粹人生哲理的抽象思辨，它首先是一个实践问题，与改革事业的战略、战术选择密切相关。

这同时也是鲁迅自我寻找与总结的时期。他苦苦地上下求索个人在现代中国变革事业中的历史坐标，逐渐形成与发展了他的“中间物意识”，提出了“应该和光阴偕逝，逐渐消亡”的人生命题[7]；在这个意义上，“生”与“死”的思考，对于鲁迅，实质上是人生道路、人生哲学的选择。

不可忽视现实的疾病与死亡的威胁，对于鲁迅思想、心理、情绪的影响。1936年9月，鲁迅在大病之后写给母亲的信中，这样谈到自己的病——

> 男所生的病，报上虽说是神经衰弱，其实不是，而是肺病，且已经生了二三十年，被八道湾赶出后的一回[8]，和章士钊闹后的一回[9]，躺倒过的，就都是这病，但那时年富力强，不久医好了。……初到上海后，也发过一回[10]，今年是第四回，大约因为年纪大了之故罢，一直医了三个月，还没有能够停药……[11]

在轻描淡写之中却透露出一个严重的事实：鲁迅写作生活的大部分时间都受着疾病的暗暗折磨。正像冯雪峰所说，“没有任何强有力的敌人能够压服他，没有任何困难能够阻挠他的意志……但是，暗暗地他在感觉到只有一个敌人能够压服他，能够夺去他的工作，这就是病以及由病而来的死的预感。所以，对于这一个敌人……他实在是最受着威胁的，无论他自觉或不自觉”[12]。生理上的痛苦必然带来心理上的变异。许广平曾在给常玉书等的信中谈到1925年、1926年间大病中的鲁迅“面面受敌，心力交瘁，……病甚沉重，医生有最后警告，但他本抱厌世，置病不顾”[13]。冯雪峰也这样谈到他对1936年重病中的鲁迅的观察：鲁迅对于自己的病“采取了蔑视的或漠然不关心的态度”，“他努力使自己不受死的预感的威胁所影响”，“表现了最大的坚强”，“心平气和地对自然和死表示屈服之类的情形，在鲁迅先生是当然更没有的”[14]；但是，“无论怎样，病却总在威胁他。只有从这而来的一个阴影，总在向他窥视，乘他不备而侵袭他的心情。当他愉快地谈着，说他在计划着什么工作的时候，有时忽然脸色会阴沉起来，一会儿不说一句话。我以为这无疑就是他不提防而意识到那个阴影了”[15]。因此，鲁迅不断地思考、议论生与死，正是在与疾病和死亡的威胁搏斗，他要从生理的痛苦、心理的重负中解脱出来，转化为对民族、国家、个体在人类历史长河中的地位的理性思索。鲁迅对于“生”与“死”这个永恒的人生命题的探索，集中了20世纪现代中国民族的人生体验，也加入了他个人的独特体验。

二

尽管鲁迅在集中探索生死问题时，总是面临着外界中外杀人者与内在疾病的死之威胁，但“生”始终是他思考的重心所在。

因此，正是鲁迅，以他的瘦弱的生命之躯，发出了对于“生”——现代中国人应有的生存权利、生存方式的历史性呼唤——

> 我们目下的当务之急，是：一要生存，二要温饱，三要发展。苟有阻碍这前途者，无论是古是今，是人是鬼，是《三坟》《五典》，百宋千元，天球河图，金人玉佛，祖传丸散，秘制膏丹，全都踏倒他！[16]

鲁迅在这里讲的是两个东西，一是必须尊重人的生存权利与尊严，二是必须保证人的正当欲望——物质与精神的充分满足；质言之，要争取更加合理的人的生存方式，即所谓“幸福的度日，合理的做人”[17]。

于是，鲁迅就为20世纪中国的改革事业树起了一面旗帜，提出了一个基本的奋斗目标，为20世纪古老的旧中国向现代新中国的转变确定了一个基本的历史尺度。在一定意义上可以说，20世纪以来无数志士仁人艰苦奋斗，无数先烈流血牺牲，都是为了争取中国人民、中华民族的“生存，温饱与发展”；为争取更加合理的生存方式的斗争，贯穿了整个20世纪。

这首先是对封建传统的人的价值观念的大胆反叛与挑战，是对全新的现代人的价值观念的一种确认：它本身即是一场深刻的思想观念的革命。

鲁迅要人们正视一个事实：“中国人向来就没有争到过‘人’的价格。”[18]对于人的生命价值、尊严的蔑视与否定，对人的追求、欲望人为的压抑，这可以说是中国封建制度、封建伦理道德的本质。在为发表德国作家林道的小说《幸福的摆》所作的编后记里，鲁迅对东西方文化作了这样的比较：“作者究竟是德国人，所以也终于不脱日耳曼气，要……来发明‘幸福的摆’”，“我想，东洋思想的极致，是在不来发明这样的‘摆’，不但不来，并且不想；不但不想到‘幸福的摆’，并且连世间有所谓‘摆’这一种劳什子也不想到。这是令人长寿平安，使国古老拖延的秘法”[19]。中国封建传统文化的要害之一，即在对人追求自然本能的幸福的欲望的压抑与贬斥。鲁迅早就一语点破：“老子书五千语，要在不撄人心；以不撄人心故，则必先自致槁木之心，立无为之治；以无为之为化社会，而世即于太平。”[20]孔孟儒学也是强调个人道德的修养、意志的锻炼高于个人自然欲望的追求，即所谓“富与贵，是人之所欲也，不以其道得之，不处也”[21]，“不义而富且贵，于我如浮云”[22]；到宋明理学更鼓吹“存天理，灭人欲”。而在中国老百姓实际生活中几乎起着支配作用的，是所谓“死生有命，富贵在天”的宿命论，以及“安贫乐道”、“知足常乐”之类的庸人哲学。《增广贤文》这类儒学启蒙书公开宣扬“钱财如粪土，仁义值千金”，“千金不典，孝义为先”，在中国民间有着极为广泛、深入的影响。鲁迅曾经著文提醒人们注意这种影响，并且指出：“劝人安贫乐道是古今治国平天下的大经络”[23]。“安贫乐道”，实质上是中国只能维持简单再生产的小生产农业经济以及传统的重农抑商经济政策在人们价值观念上的一种反映，有着深厚的政治、经济基础，要除破这种观念，自然不易。

也正因为如此，“五四”时期的思想解放运动就不能不首先要求冲破这种“灭人欲”的、“安贫乐道”的封建伦理道德。鲁迅在他的“五四”时期最早的一批战斗檄文中，即从“保存、发展生命”的进化论观点出发，理直气壮地宣扬人的自然本能欲望的合道德性，指出：“食欲是保存自己，保存现在生命的事；性欲是保存后裔，保存永久生命的事。饮食并非罪恶，并非不净；性交也就并非罪恶，并非不净”，大声疾呼：“此后觉醒的人，应该先洗净了东方固有的不净思想”[24]。周作人在他的轰动一时的《人的文学》等文章里也有力地宣传着资产阶级自然人性论：“人类的身体和一切本能的欲求，无不美善洁净”，应“以满足为佳”[25]。郁达夫等作家在自己的作品里，更是大胆地直率地宣布了人对于“金钱，名誉，女人”的欲望与要求，“苍天呀苍天……你若能赐我一个伊甸国内的‘伊伏’，使她的肉体与心灵全归我有，我就心满意足了”[26]。这里所说的，几乎都是最起码的科学常识；但在“五四”时期，先驱者们确确实实都是极其严肃认真地当作一场大仗来对待的。而且以后的历史却十分不幸地证明了，中国人要真正接受并消化这些普通常识，还要经过无数次的折腾，付出意想不到的沉重代价。在中国这样的有着极其深厚的封建传统，文化极端落后的国家，人要认识自己，哪怕是承认自己的自然本性，都是要流血的；这是中国的特殊国情，人们不可掉以轻心。

历史正是这样写着的："中国近现代的自然人性论，除了在五四运动后的新文学中有所表现外，并没有充分的展开，这与近代反封建的启蒙任务并没完成有关。因之，后一方面（讲求个人的道德修养、意志锻炼和战斗精神）反而成为有实际影响的因素。……感性的自由和欢乐远远没有得到理论上的充分肯定和发挥，主体的伦理自觉和意志要求在艰苦的革命生活和军事斗争的漫长岁月中，反而取得了实际的效果和过分的强调。"[27]

在五四运动以后，革命阵营内部即已出现了将牺牲精神绝对化的倾向，以至发展到"轻死"——对人的生命价值的蔑视。于是，鲁迅不得不再一次进行思想启蒙，对象已不是麻木的国民，而是已经觉醒的革命青年，这真是历史的无情讽喻。在1926年"三一八"惨案中，鲁迅苦口婆心地讲着一个再明白不过了的道理："改革自然常不免于流血，但流血非即等于改革"，"以血的洪流淹死一个敌人，以同胞的尸体填满一个缺陷，已经是陈腐的话了。从最新的战术的眼光看起来，这是多么大的损失"；真正的改革者绝"不肯虚掷生命，因为战士的生命是宝贵的"[28]。鲁迅甚至把问题提到了这样的高度：只有"会觉得死尸的沉重"的民族，"先烈的'死'"才会转化为"后人的'生'"[29]；不觉得死尸的沉重，不重视人的生命价值，先烈的牺牲将会白费。话说到如此沉痛的地步，但一些年轻的革命者仍然充耳不闻。列宁早就指出："小私有者，即小业主，由于在资本主义制度下经常受到压迫，生活往往急剧地迅速地恶化，以至于破产，所以容易转向极端的革命性。"[30]鲁迅也说过：中国的小资产阶级革命者"时时寻求新刺戟，而这刺戟又须利害，这才感到畅快"，因此很容易走上"非革命的急进革命论者”那一路[31]。中国革命队伍中占着压倒优势的小资产阶级成分，不能不影响着中国革命战士的素质，以至于好走极端的非理性的狂热情绪和极其可贵的要求变革的革命热情与自我牺牲精神，常常混杂一起，并因后者掩饰了前者，使其长期得不到有力的克服，甚至有愈演愈烈的趋势。于是，到了30年代，“三一八”惨案五年之后，鲁迅又不得不进行思想启蒙，再一次讲解常识：“其实革命是并非教人死而是教人活的。”[32]这回的启蒙对象已经是自称接受了马克思主义的无产阶级革命战士。据增田涉回忆，鲁迅曾怀着极大的忧虑说道：“现在中国幼稚的青年们，一点都不怕死，而且好像还希望死，我说这是不好的。容易想到死的人，是不能搞真正的运动的。”[33]鲁迅似乎已经预感到“中国幼稚的青年们”的这种偏激思想有被利用的危险。他一再地提醒人们不要忘记革命的真正目的：“无产者的革命，乃是为了自己的解放和消灭阶级，并非因为要杀人”[34]，人“也不妨受苦，但为的是解除将来的一切苦”[35]。据冯雪峰回忆，鲁迅直到死亡威胁着自己的时候，还在计划写一篇文章，告诫后人：“穷并不是好，要改变一向以为穷是好的观念，因为穷就是弱。不如原始社会的共产主义，是因为穷，那样的共产主义，我们不要。”[36]鲁迅仿佛已经预见到在革命队伍中有可能发生将手段当作目的本身的历史悲剧。但悲剧仍然不以人的意志为转移地在中国多灾多难的土地上出现：极“左”思潮恶性发展的结果，在“史无前例”的年代，“死”、“苦”、“穷”竟然被绝对化、神圣化；正是这种没有宗教形式的宗教意识导致了“一怕不苦，二怕不死”的人间惨剧与荒诞剧。

血的教训应该使我们清醒：20世纪中国的改革事业离不开鲁迅这一代既已开创的艰苦奋斗、自我牺牲精神；但任何时候都不能将手段当作目的，不要忘记鲁迅在20世纪初即已明确提出的改革目标：“一要生存，二要温饱，三要发展”，今天也仍然是这样：“苟有阻碍这前途者，无论是古是今，是人是鬼，……全都踏倒他！”

三

鲁迅对于他所提出的“生存、温饱、发展”的奋斗目标有过一个更具体的说明：“我之所谓生存，并不是苟活；所谓温饱，并不是奢侈；所谓发展，也不是放纵。”[37]

这是一个必要的界说，同时也是对人的自我本质以及现代中国人的生存方式认识的一个深化。

强调人的“生存”并不是“苟活”，这就是承认：人不仅是生物存在，更是一种社会存在；人不能仅仅满足于生物性的保存生命的欲求，还必须有更高的，区别于一般生物的，作为社会的人所特有的精神要求，追求生命的意义、价值和生活的理想。简言之，人必须活着，但活着并不是一切。“苟活”即是一种活命哲学，是将人降低为动物，是人的堕落与退化。鲁迅的这一思想与中国传统文化中重视人的生命的道德责任与价值，是存在着某种联系的；它更是反映了时代的要求。在现代中国，争取国家、民族的生存与发展，占据着压倒一切的地位；人的个体的生存、发展必须与国家、民族的生存、发展的总体目标联系起来，才能实现其价值。离开了国家、民族的生存、发展，追求所谓个人的生存与发展，在现代中国的历史条件下，必然是一种“苟活”。鲁迅在30年代尖锐批判中国的现代隐士，他们完全放弃了个人对国家、民族、社会的义务与责任，“泰山崩，黄河溢，隐士们目无见，耳无闻，但苟有议及自己们或他的一伙的，则虽千里之外，半句之微，他便耳聪目明，奋袂而起，好像事件之大，远胜于宇宙之灭亡”[38]，不管如何自命清高，他们的生存方式实质上就是一种“苟活”[39]。而苟活的结果，在民族矛盾、阶级矛盾空前尖锐，面临抉择时，就必然坠入出卖民族（阶级）利益的罪恶深渊。这是已经为20世纪以来的历史一再证明了的；鲁迅的二弟周作人是一个典型。周氏兄弟对于人的生存方式的不同选择，由此决定了他们完全不同的生命价值，这个事实本身即具有重要的历史意义。

强调人的"生存"并不是"苟活"，在鲁迅是为了与传统的生存观彻底地划清界限。他解释说："中国古来，一向是最注重于生存的，什么'知命者不立于岩墙之下'咧，什么'千金之子坐不垂堂'咧，什么'身体发肤受之父母不敢毁伤'咧，竟有父母愿意儿子吸鸦片的，一吸，他就不至于到外面去，有倾家荡产之虞了。可是这一流人家，家业也决不能长保，因为这是苟活。"[40]这里所说的"苟活"，是一种固守已成的生命形态的保守性生存方式，所奉行的人生哲学仅是三个字："不要动。"[41]这是一个古老的民族生命力衰竭的表现，所以鲁迅说："苟活就是活不下去的初步。"[42]鲁迅内心始终怀着"大恐惧"，不求上进的中国人总有一天要"从'世界人'中挤出"[43]；于此我们完全可以理解，鲁迅何以对中国传统生存方式中的历史惰性与保守性，如此地不能相容，他简直是怒不可遏地指出，在传统的"训诲"下，中国人的生命力已经萎缩到了可怕的地步："屏息低头，毫不敢轻举妄动。两眼下视黄泉，看天就是傲慢，满脸装出死相，说笑就是放肆"[44]，这"死相"距离"死期"已经不远，中国传统的生存方式已经到了非变革不可的地步，鲁迅大声疾呼："世上如果还有真要活下去的人们，就先该敢说，敢笑，敢哭，敢怒，敢骂，敢打，在这可诅咒的地方击退了可诅咒的时代"[45]！

鲁迅强调"所谓温饱，并不是奢侈；所谓发展，也不是放纵"，同样是有明确的反封建的针对性的：封建纵欲主义是封建禁欲主义的必要补充形式。但鲁迅的命题也许还有更深刻的意义：它实际上提出了一种物质与精神，肉与灵协调、适当发展的比较合理的生存方式。

在鲁迅时代，这种协调而适当的发展的要求并不迫切，因此，鲁迅提出这一命题以后就没有再深入地展开；但我们仍然可以看出，鲁迅的命题于注重自然、和谐、协调的中国文化传统显然有所汲取，这对于今天在新的历史与时代高度上选择更文明、更合理的生存方式，是有启示作用的。

四

鲁迅如此重视人的生存、温饱与发展，表现了他对于生命的热爱与执著；可以毫不含糊地肯定这一基本事实：热爱生活，热爱生命，这是鲁迅思想、性格的本质与核心。鲁迅曾摘译岛崎藤村《从浅草中来》，“什么事都没有比那失去了生活的兴味的可怕”，这句话显然拨动了鲁迅的心弦。在他面临死亡威胁时，更表现出强烈的生的留恋。他这样描写大病中的心境：曾经有过“没有想到死，但也没有觉得生”的所谓“无欲望状态”，这是“死亡的第一步”。生命一旦出现转机，第一个欲望、冲动，就是“要看来看去的看一下”，“这也是生活呀”——

> 熟识的墙壁，壁端的棱线，熟识的书堆，堆边的未订的画集，外面的进行着的夜，无穷的远方，无数的人们，都和我有关。我存在着，我在生活，我将生活下去，我开始觉得自己更切实了，我有了动作的欲望——但不久我又坠入了睡眠。[46]

让我们永远记住：鲁迅生命之泉，最后一刻喷涌而出的，是对人的最普通、最平凡的生活的渴望，眷恋与珍惜。他的人生之曲最后一个音符是属于生的欢乐的。

然而，鲁迅确实提出过“人生苦”的命题。

问题是由年青一代许广平提起的。她在给鲁迅的信中倾诉了一大堆敏感的青年女性特有的“苦闷”之后，抱怨说：“苦闷则总比爱人还来得亲密，总是时刻地不招即来，挥之不去。”无意中却流露出将苦闷“挥之即去”的幻想。鲁迅的思想则更彻底，他直截了当地告诉许广平：“苦痛是总与人生联带的，但也有离开的时候，就是当熟睡之际。”[47]人只要脱离了原始的蒙昧的昏睡状态，落后民族既然已经由古老的自大梦中醒来，就必然无可逃遁地要面对现实、人生永无休止的痛苦。

鲁迅提出的“人生苦”的命题，显然打上了鲜明的时代烙印，有着具体的历史内容；鲁迅从不企望他所提出的人生命题能够涵盖一切，只要在现实的中国社会“有些真实”[48]，这就足够了。至于是否具有更普遍的意义，则不在鲁迅考虑之列。这可能有局限性，但鲁迅从来就不奢望超越局限。“人生苦”的命题所表现的，是对于人性、人生、社会……不健全和痛苦的一种敏感（这不仅是鲁迅个人的心理素质所致，更是近百年来中国民族多灾多难的历史造成的），更是毫不退让的彻底的现实主义：任何时候，任何情况下，都不在客观存在的民族的苦难、人民的不幸、人自身的痛苦面前闭上眼睛！

剩下的路只有一条：“专与袭来的苦痛捣乱。”即使是遇到“歧路”、“穷途”，也“还是跨进去，在刺丛里姑且走走”，“将无赖手段当作胜利，硬唱凯歌，算是乐趣”[49]。请注意这字里行间的幽默感；能够如此轻松、从容地谈论绝非轻松的与“苦痛”的搏斗，并从中发现“乐趣”，这该有怎样的精神境界！鲁迅从这搏斗的危险、紧张、艰难中感到活跃的生命的力，感到生活的充实，产生唯有斗士才能体验的幸福感。鲁迅甚至从敌人对自己的厌恶、仇恨中意识到自己的力量：“说话说到有人厌恶，比起毫无动静来，还是一种幸福。”[50]他宣称：“我的戒酒、吃鱼肝油，以望延长我的生命，倒不尽是为了我的爱人，大大半乃是为了我的敌人，——给他们说得体面一点，就是敌人罢——

要在他的好世界上多留一些缺陷。"[51]这思想、语言都是非常之鲁迅化的；它所显示的是庸人们绝难领悟的鲁迅式的人生哲学：自我的存在以对立面即异己力量的存在为前提；只有在与异己力量的搏斗中自我的价值才能够得到真实的实现。

1925年12月31日，即六十一年前的一年的尽头，深夜，鲁迅回顾自己的生命历程，写下了这样一段文字——

> 我的生命，至少是一部分的生命，已经耗费在写这些无聊的东西中，而我所获得的，乃是我自己的灵魂的荒凉和粗糙。但是我并不惧惮这些，也不想遮盖这些，而且实在有些爱他们了，因为这是我转辗而生活于风沙中的瘢痕。[52]

对于自己（也是时代）所选择的斗士的生存方式、人生价值，竟至充满了如许复杂的情感：既是自豪、自尊、自爱，又怀着难言的痛苦，又绝对地正视现实——"凡存在的都是合理的"——，不作抽象的所谓绝对合理的生存方式的无谓追求。鲁迅说："凡有自己也觉得在风沙中转辗而生活着的，会知道这意思"[53]；那么，今天已经生活在阳光下（阳光下也时有"风雨"）的年青一代，"会知道这意思"吗？

（本书作者在写下了这段文字不久，即读到了北京大学1982级两位青年学生所写的《我之鲁迅观》，对鲁迅所选择的生存方式的价值，作出了自己的评价。一位学生写道："在鲁迅的人生中我看到了人与社会，人与人，人与自我充分搏斗过程中人的素质的惊人潜力及无法避免的缺陷，他的生存可以概括我们民族的生存，可以概括我们人类的生存——一种永远带着悲剧色彩的生存，理想与现实的、对抗与反对抗的挣扎和毁灭。"[54]另一位学生则断言"比起其他任何一个现代作家，鲁迅在现实生活中的影响都强烈得多"，因为"鲁迅的独特而巨大的人格力量足以构成一面旗帜”。这位青年强调，“鲁迅个性因素中有一种因素，那就是鲁迅多次提到的‘粗糙’，在青年中，特别是知识青年中得到了广泛的接受”；他认为，鲁迅的“粗糙”的灵魂是“建立在中国社会历史基础上的一种对新型知识分子的呼唤。千百年来中国知识分子以闲适的隐士为高雅，以参与社会政治斗争的官僚为庸俗，要求超脱，这当然是封建专制的结果。但到了现在，知识分子已经义不容辞地承担了启蒙改革者的重担，要求过去那种超脱不争已构成了对历史的反动”，“既然在人间的沙漠中，就不能躲避风砂的打击，不要顾惜自己纯洁的皮肤而以‘瘢迹’为耻。既然现代中国以政治斗争为社会历史发展的中心环节，就不要惧怕在政治的污泥中打滚，不要为自己的清高令誉而放弃了知识分子的社会的良心和历史责任，这就是鲁迅的‘粗糙’的概念的核心部分”。他的结论是：“中国的社会现实需要有‘粗糙’的满身伤痕的青年以及知识分子，需要鲁迅式的人。”[55]我不知道这两位青年学生对鲁迅生存方式价值的认识、评价，及其现实意义的分析，在当代先进青年中有多大代表性；但所提供的信息仍然应该引起关心鲁迅在当代中国的命运以及当代中国青年的动向的人们的注意。

我们所想强调的是，恩格斯对老黑格尔的著名命题“凡现实的都是合理的”所作的绝妙发挥：“凡在人类历史领域中是现实的，随着时间的推移，都会成为不合理的。”[56]任何将自己在特定历史条件下选择的生存方式、人生价值绝对化，以至样板化的努力，都表现出一种实质上的愚昧。鲁迅所提出的“人生苦”的命题，也绝不意味着将痛苦美化，神圣化。鲁迅对陀思妥耶夫斯基“写灵魂的深”的“在高的意义上的写实主义”艺术的倾心[57]，这是近年来人们经常提到的；然而，人们却有意无意地忽略了鲁迅对陀思妥耶夫斯基人生哲学的拒绝。在鲁迅看来，陀思妥耶夫斯基式的以痛苦地折磨现世身心生存来换取灵魂的解救与精神超越，在本质上乃是“对于横逆之来的真正的忍从”[58]；鲁迅从这里看到了中国传统中节妇的可怕而又可诅咒的阴影，并且以为“陀思妥耶夫斯基式地掘下去”，深层的意识中，“恐怕也还是虚伪”[59]。这观察是犀利而深刻的；鲁迅的拒绝，表明他的“人生苦”的命题，所内含的是一种十分真诚的、抗争的、积极进取的人生态度，它与鲁迅对于人生的热爱、执著有着内在精神的一致。

鲁迅有一句戏言，大有深意，轻视不得：“我本来不大喜欢下地狱，因为不但是满眼只有刀山剑树，看得太单调，苦痛也怕很难当。现在可又有些怕上天堂。四时皆春，一年到头请你看桃花，你想够多乏味？”[60]一切“完美”即意味着模式化、单一化与凝固化，这恰恰扼杀了美的生机；完美者不美，美寓于不完美及其永无止尽的克服过程中。鲁迅的“人生乐”与“人生苦”的命题正是统一于这样的美学观之中，表现了生的热望与清醒两个不同侧面的辩证统一。

五

鲁迅一再宣称，他自己是“死”的“随便党”[61]。鲁迅认为，这是东西方文化重要区别之一；他说：中国人的“生死久已被人们随意处置，认为无足重轻，所以自己也看得随随便便，不像欧洲人那样的认真了。有些外国人说，中国人最怕死。这其实是不确的”[62]。在中国传统文化中，儒家以“死”为“息”，生则乐生，死则安死；道家更认为死生都是自然变化之迹，庄子因妻死鼓盆而歌，都绝无“死之恐怖”。鲁迅“死”之“随便”，似乎很接近道家；鲁迅自己也说过：他的思想“时而很随便”，就是中了庄周的毒[63]。但二者又存在原则的区别：道家主张“齐生死”，即以内心上的齐生死、齐存亡，调和外界生死存亡的矛盾，并借此否认生命的价值，这都是鲁迅所绝对不能接受的。

他的《起死》即是对"活就是死，死就是活"的相对主义的历史的否定[64]。鲁迅在《野草·复仇》里，把"死亡"描写为"生命的飞扬的极致的大欢喜"[65]，这思想与用语都是佛教的。佛教把"涅槃"看作"生命的飞扬"，即以"圆寂"（死）的形式来"寂（熄）灭"一切烦恼和"圆满"（具备）一切"清净功德"。对于鲁迅来说，这是"人间苦"观念的自然引申："死亡"是对"人间苦"的解脱。这确实在或一程度上反映了鲁迅思想深处的某些阴影；这也就是许广平说的，在1925年、1926年大病中，医生发出警告，"他本厌世，置死不顾"的意思。

在鲁迅"死之随便"里诚然包含着与中国传统文化千丝万缕的联系；但其理论基础，基本出发点，却是作为西方现代科学重要成就的进化论思想。因此，鲁迅不只是主张对于"死""随便"待之，他简直是主张"欢欢喜喜"地"死"的："进化的途中总须新陈代谢。所以新的应该欢天喜地的向前走去，这便是壮，旧的也应该欢天喜地的向前走去，这便是死；各各如此走去，便是进化的路。"[66]

这不仅表现了强烈的"中间物意识"——"旧"的、"老"的应该为"新"的、"少"的"让开道，催促着，奖励着，让他们走去。路上有深渊，便用那个死填平了，让他们走去"[67]；而且显示出一种全新的眼光：着眼于人类的发展与进步。"人类的灭亡是一件大寂寞大悲哀的事；然而若干人们的灭亡，却并非寂寞悲哀的事"[68]，个体的牺牲（死），换取了人类的发展（生），在人类的历史运动中，完成了"死"向"生"的转化，个体的"死之悲哀"，在人类的"生之欢乐"中，显得微不足道。从人类的进化、发展看，"生命"永远"是进步的，是乐天的"[69]，这正是一种人类的历史乐观主义。

在鲁迅成为一个马克思主义者以后，他把个人的生命价值与无产阶级和人民大众的群体价值联系在一起，就赋予人类的历史乐观主义以具体的阶级内容。他说："革命有血，有污秽，但有婴孩。……

即使前途终于是‘死亡’，但这‘死’究竟已经失了个人底的意义，和大众相融合了。所以只要有新生的婴孩，‘溃灭’便是‘新生’的一部分。”[70]在这里，个体的“死”换取了阶级群体的“新生”；个人的生命价值“和大众相融合”，即在大众的发展中得到延伸，同样实现了“死”向“生”的转化，达到了阶级的乐观主义。

建筑在进化论（前期）与历史唯物论（后期）基础上的“死之欢喜”是一种新的思想观念，与中国传统的道教生死观是尖锐对立的。鲁迅一再提醒人们注意道教对于中国老百姓思想的深广影响。在他看来，实际上支配中国民间思想的，不是儒教，而是道教；他说：中国人“往往憎和尚，憎尼姑，憎回教徒，憎耶教徒，而不憎道士。懂得此理者，懂得中国大半”[71]。道教是宣扬因果报应，死之恐怖，并狂热地追求所谓“长生不死”的。“羿请不死之药于西王母，嫦娥窃之以奔月”的神话传说就是这种道教观念的反映[72]。道教的“不死观”反映了既得利益者（集团）固守其已成地位与权益的保守心理，在现代中国必然地拥有众多的信徒，并且徒子徒孙绵绵不绝。鲁迅所痛斥的“有一种人”至今仍时时、处处可以见到，他们“从幼到壮，居然也毫不为奇的过去了；从壮到老，便有点古怪；从老到死，却更奇想天开，要占尽了少年的道路，吸尽了少年的空气”[73]。而这几乎已经是一个规律：“愈是无聊赖，没出息的脚色，愈想长寿，想不朽”[74]，这就必然出现了“生”与“死”的畸形渗透：“死”（已死或将死）的“生”着，“生”（已生与将生）的“死”了；于是，中国就成了“死”与“生”，“旧”与“新”，“过去”与“现在”拥挤在一起的大市场。死的、旧的、过去的压死了活的、新的、现在（与未来）的，形成了中国生存空间的空前拥挤，生命肌体的严重梗塞：这正是20世纪中国改革事业的历史性难题之一。鲁迅十分感慨地说：现在中国“社会上的状态，先是‘少年老成’；直待弯腰曲背时期，才更加‘逸兴遄飞’”[75]，这是怎样的“怪现象”[76]呢。历史的荒诞背后表现着一种垂死的挣扎，它只能延缓、却不能根本改变历史的进程：其可鄙与可悲均在于此。

鲁迅作为一个先驱者，心悦诚服地服从这新陈代谢的历史进化规律，真诚而热烈地期待着用自己的“速朽”来证明时代的终于前进。但这并不意味着他的心中毫无波澜。面对着历史前进中个体不可避免的消失，即使清醒、自觉如鲁迅者，也不免涌起某种悲凉之感。他在《写在〈坟〉后面》中这样写道：“不知怎地忽有淡淡的哀愁袭击我的心”[77]。一面理智上承认：“过去已经过去”，甘愿自己的文字与时弊“偕逝”[78]，一面感情上却“总不能那么决绝，还想将糟粕收敛起来”[79]，留下“逝去的生活的余痕”。既取名为《坟》[80]，冷静地“埋葬”，又在感情上“留恋”不已[81]。在“觉醒”的声音中“免不了带些眷恋凄怆的气息”[82]，这深刻地反映了鲁迅深层心理结构中趋向“未来”与“过去”两重因素的消长起伏，既充满了崇高感，又带着浓重的悲凉气息。

六

而且，鲁迅经常想到“死后”。

并且，因此对中国传统的“死后”，观，作了专门的研究。鲁迅指出：“中国人是相信有鬼（近时或谓之‘灵魂’）的，既有鬼，则死掉之后，虽然已不是人，却还不失为鬼，总还不算是一无所有。不过设想中的做鬼的久暂，却因其人的生前的贫富而不同”，“就大体而言，除极富贵者和冥律无关外，大抵穷人利于立即投胎，小康者利于长久做鬼”[83]。在中国传统文化中，也有过关于人的生命的延续问题的思考。鲁迅指出，孔子“生在巫鬼势力如此旺盛的时代，偏不肯随俗谈鬼神”，“只是不谈，而决不骂”[84]，采取的是折中主义的态度：既不说人死后“鬼”（灵魂）之无，也不肯定“鬼”（灵魂）之常存于地狱、天堂（与西方不同）；儒家强调的是，人死后留下了子孙后代，这就是自己生命与祖先生命的延续。“愚公移山”传说中所谓“虽我之死，有子存焉。子又生孙，孙又生子，子又生子，子又有孙，子子孙孙，无穷匮也”，所表达的正是儒家化了的原始思想。这是一种以家族主义为中心的“死后”观，强调个体生命的延续不是实现于个体之中，而是在血缘关系所维系的子孙后代的群体中得到实现，这与西方基督教“死后”观中着眼于个人（个人生前作为决定他自己或上天堂或下地狱的命运）是完全不同的。儒家“死后”观中更重视道德意义上生命的延续，《春秋》、《左传》中所谓“立德，立功，立言”三不朽说，强调的是人的道德、事业与言论的延续与长存。

鲁迅对佛教的“六道轮回”说，佛教与道教天堂、地狱说绝对不能相容，但于儒家的“死后”观却有所摒弃，也有所继承。鲁迅冲破了儒家家族主义的封建伦理观念，对子女继承事业之类从来持冷淡态度。他在给朋友的信中明确表示“我不信人死而魂存，亦无求于后嗣”[85]，对于文学才能可以遗传之类的神话，鲁迅一向嗤之以鼻。他在给自己儿子的遗言中干脆就嘱咐他“万不可去做空头文学家或美术家”[86]。但鲁迅却从进化论的观点出发，认为上一代的事业、道德、生命价值可以在下一代的发展中得到延伸。“死者倘不埋在活人的心中，那就真真死掉了”[87]，这样的观点与儒家的“君子疾没世而名不称焉”[88]是相通的。鲁迅尤其关注改革者、革命家事业的继承与发展。他以为革命者具有常人所不及的特殊影响：“一个爱人死掉了，只能给生存的那一个以悲哀”，“惟独革命家，无论他生或死，都能给大家以幸福”[89]。如前所论述，鲁迅是着眼于社会历史、人类文明的变革与发展，在永不停顿的历史运动中求得个体生命的延伸，这与儒家局限于家族的繁衍，种族生命的延续显然不同，表现了一种现代中国人才能具有的全新的眼光与胸襟。

然而，对于“死后”生命的延续，鲁迅自身也存在着深刻的矛盾。从人死而无鬼，死者不应该成为活着的人精神负担的科学唯物观出发，鲁迅认为“死”就是一切的结束。无论肉体与精神都不要留下任何痕迹。因此，他渴望自己“影一般死掉”，既不害亲人们伤心，也不给敌人以快意，更不供庸人饭后闲谈的材料[90]。他反复叮嘱：死后“赶快收敛，埋掉，拉倒”，“不要做任何关于纪念的事情”[91]。但作为一个有理想、有追求的改革者，一个自觉地为后来者开辟道路的“历史中间物”，他又不能不关心个人的事业在后来者中的发展。他一面嘱咐后人“忘记我”[92]，一面却不断地思考、议论“死后”的命运。

更重要的是，鲁迅是一个清醒的现实主义者；他愿意直面最严酷的事实：在现代中国，人不仅“没有任意生存的权利”，也“没有任意死掉的权利”[93]；对人的控制、利用与迫害，并不以人的死亡为结束。“死后被利用”的预感，像恶魔一样纠缠着鲁迅，使他不得安宁。以致在《野草·死后》里出现了追到棺材里做死人买卖的小伙计。这给人以可怖的压迫感：即使逃到棺材里也挣脱不了被利用的命运。而那些在死人身上占小便宜的“青蝇”们的卑劣行径，更令人“愤怒得几乎昏厥过去”[94]。

对于鲁迅，也许还有更深一层的悲哀。他一生不求闻达，渴望着像一个普通中国人那样生活，他拒绝别人为他做传，理由是“一生太平凡，倘使这样的也可以做传，那么，中国一下子可以有四万万部传记，真将塞破图书馆”[95]。在他看来，不幸成为“名人”，这是“世无英雄，遂使竖子成名”的历史误会[96]，他自己是随时准备“撕掉别人给我贴起来的名不副实”的“假招帖”[97]的。他愿意“既不安乐，也不灭亡地不上不下地生活下来”[98]，在平凡的生活中，获得普通人的真实的人生价值。他更渴望着人们的遗忘：像普通人一样无声无息地活着，又无声无息地离去。但是，在中国，传统观念上就把“名人”、“伟人”与“普通人”对立起来，鲁迅以为是“科举的余波”[99]。

对“名人”的崇拜、迷信，其实就是利用。这样，鲁迅就不可避免地被捧为被利用的偶像，这在鲁迅自己是极为悲哀的。更何况这样的利用还要一直延续到“死后”呢，这就更令人感到一种被蹂躏的屈辱。人们不难领会鲁迅在说着下面一番话时痛苦而愤怒的心情：“待到伟大的人物成为化石，人们都称他伟人时，他已经变了傀儡了”，“有一流人之所谓伟大与渺小，是指他可给自己利用的效果的大小而言”[100]，“文人的遭殃，不在生前的被攻击和被冷落，一瞑之后，言行两亡，于是无聊之徒，谬托知己，是非蜂起，既以自衒，又以卖钱，连死尸也成了他们的沽名获利之具，这倒是值得悲哀的”[101]。

这真是惊人的预见，可悲的预见！在鲁迅逝世后，围绕着他的遗体，真正是“是非蜂起”，有过多少次鞭尸戮尸，又有过多少回“谬托知己”呵。

此其为伟人、名流之悲剧耶？！

每思及鲁迅，不能不怀着非常复杂的感情。鲁迅留给我们的最后遗言是：“忘记我”[102]；我们爱他，却一再地违背他的遗愿，如此频繁地想着他，念着他，说着他，写着他！

我们不能忘记他。因为他所攻击的时弊并没有随他而同时灭亡，不但病菌尚在，且大有繁衍之势。鲁迅的攻击，今天仍有生命力，这是我们民族的悲剧。

但即使时弊真有一日灭亡，我们也仍然不能忘记他。因为在人类认识真理的历史长河中，鲁迅所揭示的相对真理必然包容、保存在后人对于真理的认识中。因此，鲁迅作为20世纪全人类的伟大思想家之一，他的思想遗产中的一部分确实不朽，我们不能也不会忘记。这是我们民族的幸运和骄傲。

鲁迅已不属于他自己——鲁迅倘若死而有知，他应该也必然会正视这一事实。

注释

［1］鲁迅第一篇小说《狂人日记》即发出了“他们想要吃我了”、充满死的恐怖的呼声；在他的第一部小说集《呐喊》里，即接连写到了夏瑜（《药》）、孔乙己（《孔乙己》）、宝儿（《明天》）、阿Q（《阿Q正传》）、陈士成（《白光》）等的死，以及兔（《兔和猫》）、小蝌蚪（《鸭的喜剧》）的死，全书十四篇，有七篇笼罩着“死”的阴影。

［2］参看《狗·猫·鼠》、《阿长与山海经》、《父亲的病》、《无常》、《范爱农》等篇。

［3］《且介亭杂文末编·死》，《鲁迅全集》第6卷第608页。

［4］参看《凯绥·珂勒惠支版画选集·序目》、《白莽作〈孩儿塔〉序、《写于深夜里》、《半夏小集·七》、《这也是生活……》、《死》、《女吊》等。

［5］《华盖集续编·无花的蔷薇之二·五》，《鲁迅全集》第3卷第262页。

［6］《且介亭杂文末编·写于深夜里》，《鲁迅全集》第6卷第502页。

［7］《写在〈坟〉后面》，《鲁迅全集》第1卷第286页。

［8］查鲁迅日记，这一回病的时间是1923年10月1日至11月8日。

［9］查鲁迅日记，这一回病的时间是1925年9月1日至1926年1月5日。

［10］查鲁迅日记，这一回病的时间是1928年5、6月。

［11］《书信·360903·致母亲》，《鲁迅全集》第13卷第418页。

［12］［14］［15］《回忆鲁迅》，《雪峰文集》第4卷第243–244页，247页。

［13］《许广平写给谢敦南、常玉书的信》，转引自王得后《〈两地书〉研究》第318页。

［16］《华盖集·忽然想到·六》，《鲁迅全集》第3卷第45页。

［17］《坟·我们怎样做父亲》，《鲁迅全集》第1卷第140页。

［18］《坟·灯下漫笔》，《鲁迅全集》第1卷第212页。

［19］《集外集·〈奔流〉编校后记》，《鲁迅全集》第7卷第160页。

［20］《坟·摩罗诗力说》，《鲁迅全集》第1卷第67页。

［21］《论语·里仁篇》。

［22］《论语·述而篇》。

［23］《花边文学·安贫乐道法》，《鲁迅全集》第5卷第539页。

［24］《坟·我们现在怎样做父亲》，《鲁迅全集》第1卷第131页。

［25］周作人：《谈龙集·〈爱的成年〉》，岳麓书社1989年1月第1版，第153页。

［26］郁达夫：《沉沦》，《郁达夫文集》第1卷，三联书店香港分店、花城出版社1982年1月第1版第53页。

［27］李泽厚：《宋明理学片论》，《中国古代思想史论》第251页。

［28］《华盖集续编·空谈》，《鲁迅全集》第3卷第281页。

［29］《华盖集续编·“死地”》,《鲁迅全集》第3卷第267页。

［30］列宁:《共产主义运动中的左派幼稚病》,《列宁选集》第4卷，人民出版社1960年4月第1版，第200页。

［31］《二心集·非革命的急进革命论者》,《鲁迅全集》第4卷第227、226页。

［32］《二心集·上海文艺之一瞥》,《鲁迅全集》第4卷第297页。

［33］增田涉:《鲁迅的印象》第63页。

［34］《南腔北调集·辱骂与恐吓决不是战斗》,《鲁迅全集》第4卷第452页。

［35］《花边文学·论秦理斋夫人事》,《鲁迅全集》第5卷第482页。

［36］《鲁迅先生计划而未完成的著作》,《雪峰文集》第4卷第17页。

［37］《华盖集·北京通信》,《鲁迅全集》第3卷第51-52页。

［38］《且介亭杂文二集·隐士》,《鲁迅全集》第6卷第224页。

［39］周作人并不隐讳这一点，他公开鼓吹“闭门读书”，以“苟全性命于乱世”(《闭门读书论》)。

［40］［41］［42］《华盖集·北京通信》,《鲁迅全集》第3卷第52页。

［43］［45］《热风·随感录三十六》,《鲁迅全集》第1卷第307页。

［44］《华盖集·忽然想到》,《鲁迅全集》第3卷第42页，43页。

［46］《且介亭杂文末编·“这也是生活”……》,《鲁迅全集》第6卷第599-601页。

［47］《两地书·二》,《鲁迅全集》第11卷第15页。

［48］《且介亭杂文二集·〈中国新文学大系〉小说二集·序》,《鲁迅全集》第6卷第245页。

［49］《两地书·二》,《鲁迅全集》第11卷第15-16页。

［50］［51］《坟·题记》,《鲁迅全集》第1卷第3页，4页。

［52］［53］《华盖集·题记》,《鲁迅全集》第3卷第4-5页。

［54］王晓蒙:《我心目中的鲁迅》(试卷)。

［55］孙国勇:《我之鲁迅观》(试卷)。

［56］恩格斯:《路德维希·费尔巴哈和德国古典哲学的终结》,《马克思恩格斯选集》第4卷第212页。

［57］《集外集·〈穷人〉小引》,《鲁迅全集》第7卷第104页。

［58］［59］《且介亭杂文二集·陀思妥也夫斯基的事》,《鲁迅全集》第6卷第412页。

［60］《而已集·厦门通信(二)》,《鲁迅全集》第3卷第374页。

［61］［62］《且介亭杂文末编·死》,《鲁迅全集》第6卷第610页，608-609页。

［63］《写在〈坟〉后面》·《鲁迅全集》第1卷第285页。

［64］《故事新编·起死》,《鲁迅全集》第2卷第469-479页。

［65］《野草・复仇》,《鲁迅全集》第 2 卷第 172 页。

［66］［67］《热风・随感录・四十九》,《鲁迅全集》第 1 卷第 339 页。

［68］［69］《热风・随感录・六十六，生命的路》,《鲁迅全集》第 1 卷第 368 页。

［70］《译文序跋集・〈溃灭〉第二部一至三章译者附记》,《鲁迅全集》第 10 卷第 336 页。

［71］《而已集・小杂感》,《鲁迅全集》第 3 卷第 532 页。

［72］参看《故事新编・奔月》,《鲁迅全集》第 2 卷第 357–368 页。

［73］《热风・随感录・四十九》,《鲁迅全集》第 1 卷第 338 页。

［74］《华盖集续编・古书与白话》,《鲁迅全集》第 3 卷第 214 页。

［75］［76］《热风・随感录・四十九》・《鲁迅全集》第 1 卷第 338 页。

［77］［78］［80］《写在〈坟〉后面》,《鲁迅全集》第 1 卷第 282 页，286 页，287 页。

［79］［81］《坟・题记》,《鲁迅全集》第 1 卷第 4 页。

［82］这是鲁迅对日本白桦派作家有岛武郎的评价，借用来说明鲁迅。见《热风・随感录・六十三・"与幼者"》(《鲁迅全集》第 1 卷第 363 页)。

［83］《且介亭杂文末编・死》,《鲁迅全集》第 6 卷第 609、610 页。

［84］《坟・再论雷峰塔的倒掉》,《鲁迅全集》第 1 卷第 192 页。

［85］《书信・310306・致李秉中》,《鲁迅全集》第 12 卷第 41–42 页。

［86］《且介亭杂文末编・死》,《鲁迅全集》第 6 卷第 612 页。

［87］《华盖集续编・空谈》,《鲁迅全集》第 3 卷第 280 页。

［88］《论语・卫灵公》。

［89］《而已集・黄花节的杂感》,《鲁迅全集》第 3 卷第 410 页。

［90］［93］［94］［98］《野草・死后》,《鲁迅全集》第 2 卷第 212、210 页，211 页，212 页。

［91］［92］《且介亭杂文末编・死》,《鲁迅全集》第 6 卷第 612 页。

［95］《书信・360508・致李霁野》,《鲁迅全集》第 13 卷第 376 页。

［96］《准风月谈・后记》,《鲁迅全集》第 5 卷第 411 页。

［97］《集外集拾遗补编・通信》,《鲁迅全集》第 8 卷第 341 页。

［99］《且介亭杂文二集・名人和名言》,《鲁迅全集》第 6 卷第 363 页。

［100］《华盖集续编・无花的蔷薇》,《鲁迅全集》第 3 卷第 256–257 页。

［101］《且介亭杂文・忆韦素园》,《鲁迅全集》第 6 卷第 68 页。

［102］《且介亭杂文末编・死》,《鲁迅全集》第 6 卷第 612 页。

第九章　先驱者的寂寞感

我独自远行，不但没有你，并且再没有别的影在黑暗里。只有我被黑暗沉没，那世界全属于我自己。

——《野草·影的告别》

在无边的旷野上，在凛冽的天宇下，闪闪地旋转升腾着的是雨的精魂……

是的，那是孤独的雪，是死掉的雨，是雨的精魂。

——《野草·雪》

一

《野草·过客》中的那位黑须、乱发、黑色短衣裤皆破碎、“状态困顿倔强”的“过客”说：“从我还能记得的时候起，我就只一个人”[1]。

鲁迅在20世纪初，战斗生涯开始之时，即引用了尼采《扎拉图斯特拉如是说》中的一段话：“吾行太远，孑然失其侣，……吾见放于父母之邦矣！”[2]

这是一个不祥的预感。鲁迅终生将面对“吾行太远”的历史脱节：先驱者已经自觉意识到的历史变革的要求，与实现这一要求的历史条件不成熟之间的脱节；先驱者的思想所达到的历史高度与国民思想平均数之间的脱节。并因此而承受惩罚：不断地被放逐——是精神的逐放，又是被“父母之邦”，自己的祖国、人民，以至战友所逐放。“寄意寒星荃不察，我以我血荐轩辕”，在写下他的战斗宣言时，二十二岁的鲁迅即已准备迎接这样的命运——从屈原开始的中国先觉的知识分子的历史命运。

是的，古往今来一切先驱者都面临着历史的脱节与放逐；但在鲁迅所生活的20世纪的中国，却达到了极端尖锐的程度，由此而产生的精神痛苦不但具有更鲜明的时代特色，而且有着更加丰富的历史内容。

所发生的具有根本意义的历史变化，是20世纪中国结束了自我封闭的状态，无可避免地卷入了政治、经济、文化……的世界市场，并成为发展得充分成熟而又面临各自的矛盾、危机的东西方文化进行历史大碰撞、大交汇的世界试验场。这就使得鲁迅这样的中国知识分子先驱者，有可能在极短的时间内，走完东西方数千年、数百年走过的精神历程，同时站在历史上的东方与西方文化巨人的肩膀上，进行新的创造，达到空前的世界性的高度。但对于中国民族的大多数却没有这样的历史幸运：由于东西方文化交汇的浮光掠影的性质，由于现代中国普及文化教育的超低级水平形成的文化的极端落后，由于在急剧的政治变革中对思想启蒙的长期忽视，作为文盲与半文盲的大多数中国人几乎谈不上对于东西方文化精华的认真汲取，却仍然长时期地在封建意识形态的思想统治之下继续处于蒙昧、半蒙昧状态之中。这种情况又不能不反过来影响及于中国为数本来已经很少的改革者（革命者），他们长期处于蒙昧的封建思想包围之中，更长期处于落后的小生产经济，封建、半封建政治制度的包围中，又长期缺乏必要的思想警觉，封建的、小生产的蒙昧思想的侵袭，几乎不可避免。这种情况就把鲁迅这样的极少数的已经达到20世纪世界文化最高水平的先驱者置于这样的境地：他们不仅与民族大多数的思想存在巨大差距，而且与民族中相当部分的觉醒者的思想，也拉开了距离。他们所感受到的孤独、寂寞，他们的精神苦痛，就具有了几乎是空前绝后的尖锐性与深刻性。要战胜这样的精神苦痛，不仅需要具有加倍的强度与深广度的历史精神力量，而且要求与推动着历史前进的变革现实的强大的物质力量在更大的深广度上的结合。鲁迅找到了这样的精神力量，实现了这样的结合，于是，他成了真正的历史的强者。

二

让我们作历史的追踪与回顾。

鲁迅于1903、1907、1908年间出现于中国思想文化界，即显示了将东西方文化融为一炉的全新眼光，强调“明哲之士，必洞达世界之大势，权衡较量……外之既不后于世界之思潮，内之仍弗失固有之血脉，取今复古，别立新宗”[3]。而他对于东西方文化的观察视野又是极其开阔，并且极富创造性的。在纵向上，他既注目于罗马统一欧洲以来西方文明发展的历史的深入考察，更重视与19世纪文明异趣的20世纪之新精神[4]的把握。在横向上，他不局限于对西欧文化的探究，于印度等东方古国兴衰的历史[5]，俄国、波兰、匈牙利等被压迫民族文学的演变[6]，也作了认真的探索。他虽然更关心精神文明的发展，但对西方物质文明发展的历史也有广泛的了解[7]。他尤其对自然科学的发展（包括人类思维的发展）给予特殊的关注，悉心研究了西方自然科学发展的历史[8]，对于当代自然科学最新发现及其深远影响，有着极高的评价与期待[9]。而他对人自身发展历史的追寻更是独具特色[10]。同时，他于本民族思想文化，从老庄孔孟哲学直至19世纪末洋务派、维新派思想，无不一一作过独立的审视与思考[11]。这不平凡的开端，预告着：将要出现的是一个世界型的思想文化巨人；

可以说，鲁迅一出现就占据了人类文化发展的制高点，时代思想的制高点，开拓了一个极其开阔、深厚的思想基地，树立了一个实现人类文明大综合的极高目标——他已经远远地超前了。

这样，当鲁迅既从中国现实出发，又立足于世界文明发展的全局，提出了他的“立人”为中心的思想纲领，他却遇见了沉默的坚壁，几乎是一种历史的必然。鲁迅所提出的“立人”思想纲领，表现了他对西方文明的一种总体理解与把握，即以为“欧美之强……根柢在人”，同时也表明了他对中国国情的深刻理解：在有几千年封建专制主义传统的东方大国中国，对于人的价值的贬抑，个性的压抑，思想的束缚，远比欧洲历史上封建国家为甚。因此，鲁迅从中国现代思想文化发展的战略着眼，强调人的个性价值与精神自由，是反映了思想文化战线上反对封建专制主义的客观历史要求的，不失为一种远见卓识。但是，在 20 世纪初，却不但不能为仍处于封建专制统治下的大多数“沉默的国民”所接受，甚至连当时最激进的革命者也不能理解其重要性与迫切性。孙中山和他的战友们在一个很长的时间内，都集中精力于推翻满清政府的具体政治斗争，而对人的思想启蒙缺乏足够的重视；同时，在他们的观念中，国家、民族的总体发展必须以牺牲个人的个性与自由为代价，即所谓“吾侪求总体之自由者也，非求个人之自由者也”[12]。这样，鲁迅的思想就不可避免地与同时代大多数人（包括大多数革命者）发生了脱节，鲁迅第一次尝到了“吾行太远”的苦果。

在写于 1907 年的《摩罗诗力说》里，开始出现了“寂寞”一词[13]，到 1908 年所作《破恶声论》前半部，即反复出现，如“日月逝矣，而寂寞犹未央也”[14]，“而今之中国则正一寂寞境哉”[15]，“举天下无违言，寂寞为政，天地闭矣”[16]，等等。以后，鲁迅在回顾这段历史时，曾这样描述自己当时的心境：“我感到未尝经验的无聊。……凡有一人的主张，得了赞和，是促其前进的，得了反对，是促其奋斗的，独有叫喊于生人中，而生人并无反应，既非赞同，也无反对，如置身无边际的荒原，无可措手的了，这是怎样的悲哀呵，我于是以我所感到者为寂寞。”[17]对于鲁迅，这寂寞仅是一个开端；但作为20世纪初那特定历史时代的寂寞，仍然有着不同于以后时代的特色。这时候，鲁迅强烈感到的是个人与外界——个人与传统，个人与社会，个人与庸众——的隔膜，分离到对立，这构成了鲁迅这一时期寂寞、孤独感的特定内涵。从这种隔膜、分离与对立中，鲁迅所达到的是对个人、自我的更进一步的肯定。也就是说，对于作为先觉者的个人与时代、民族大多数之间的脱节、距离，鲁迅的解决方式，不是“夷隆实陷”，“使天下人人归于一致”，“全体以沦于凡庸”[18]而是相反：“重个人”，把个性的自觉，自我的自觉强调到极端：“入于自识，趣于我执，刚愎主己，于庸俗无所顾忌。”[19]这样，自我与外界的隔膜、分离与对立，所引起的鲁迅的心理反应，就有两个侧面：既由孤独、寂寞产生悲凉感，又由自我肯定产生崇高感，以及“尊己而好战”的迎战激情，独战多数的豪勇与激昂。他向往的是那样境界的人生与文学：“动吭一呼，闻者兴起，争天拒俗，而精神复深感后世人心，绵延至于无已。”[20]因此，这一时期鲁迅崇拜的是拜伦式的英雄，崇信易卜生的名言：“地球上至强之人，至独立者也”[21]。鲁迅后来回忆易卜生的影响时，也说：“何以大家偏要选出易卜生来呢？……也还因为易卜生敢于攻击社会，敢于独战多数，那时的绍介者，恐怕是颇有以孤军包围于旧垒中之感的罢，现在细看墓碣，还可以觉到悲凉，然而意气是壮盛的。”[22]这种基于自我肯定的既“悲凉”又“意气壮盛”的精神，带有某种浪漫主义、英雄主义色彩[23]：鲁迅思想、心理发展的第一个“墓碣”上所记录的正是这样的时代精神与文学精神。

三

鲁迅浪漫主义、英雄主义激情很快就跌入现实主义冰水之中。“这寂寞又一天一天的长大起来，如大毒蛇，缠住了我的灵魂了”[24]；于是开始了“反省”，即对自我的反思。鲁迅在《呐喊·自序》里告诉我们，反省的第一个结论是：“我决不是一个振臂一呼应者云集的英雄。”[25]比之前引《摩罗诗力说》里鲁迅对“动吭一呼，闻者兴起”的英雄主义精神的向往，这无疑是一个重要的历史否定[26]：对自我局限性的“反省”是鲁迅从自我肯定向自我否定转变的第一个信号。

于是，在鲁迅“五四”时期的第一声呐喊中我们听到了这样的声音——

> 四千年来时时吃人的地方，今天才明白，我也在其中混了多年……
>
> 我未必无意之中，不吃了我妹子的几片肉，现在也轮到我自己……
>
> 有了四千年吃人履历的我，当初虽然不知道，现在明白，难见真的人！[27]

这确实是一个惊心动魄的“明白”：首先接受现代意识起来反叛传统的先觉者，在自我与传统（鲁迅用“吃人”二字来概括）的对立中，终于发现了二者之间的联系与渗透，在对传统的历史否定中，发现了自己的历史责任。结论是：否定传统，首先要否定自我。开始是自我从历史的链条中游离出来，现在又回到了历史发展的链条中去。自我身上的崇高感丧失了，英雄主义光圈开始失色。于是，终于懂得：自己并不能成为新时代的英雄与主人，因为“将来容不得吃人的人，活在世上”[28]，当然容不得“有了四千年吃人履历的我”[29]存在。

于是，发出了“没有吃过人的孩子，或者还有？救救孩子！”[30]的历史呼唤。请注意，并没有呼唤“救救自己”，因为已经把自己排除在“将来”的世界之外；自己的责任仅仅在于“陪着做一世的牺牲，完结了四千年的旧账”[31]：为历史、传统、后代而牺牲。

从20世纪初的“重个人”，到“五四”时期及“五四”以后的“中间物意识”，由自我绝对肯定到对自我绝对性的怀疑与否定，夸大自我力量与价值的自信的动摇，对自我绝对性的清醒认识，自我历史过渡地位的确认，应该说，这都是人的自我觉醒的一个新发展，或者说，达到一个新的时代高度，体现了一种新的时代精神。

这涉及对“五四”精神的理解。我们通常说，“五四”是个性觉醒的时代，人的自我发现、文学的自我发现的时代；但如果作更具体的分析，就必须承认，“五四”时期的自我觉醒，是既包括19世纪西方人文主义思潮的自我肯定，又包括20世纪西方现代思潮的自我绝对性的怀疑与否定的；这种历史发展的浓缩，时代的浓缩，正是20世纪中国社会历史发展的一个基本特点。于是，我们在郭沫若的《女神》里，同时听到了“我……崇拜我”[32]与“我剥我的皮，我食我的肉……我的我要爆了”[33]两种声音。甚至在同一个作品中都同时响彻着两种音调：一面宣称“我创造尊严的山岳，宏伟的海洋，我创造日月星辰，我驰骋风云雷雨”，一面又哀叹：“我……感觉着无限的孤独之苦，……哦，破灭！破灭！我欢迎你！”[34]自我肯定与否定，自我价值的夸大与幻灭感，互相交织着同时存在。这决定了整个五四文学的基本面貌：一面是个性的充分确认，昂扬向上的时代最强音，一面却又是感伤情绪的笼罩。感伤背后，就是自我绝对性的怀疑、否定、失落与寻找，彷徨中的求索。

鲁迅在“五四”时期及“五四”以后对自我绝对性的怀疑、否定，既反映了时代的共同倾向，同时又是超前的。鲁迅思想的超越常人的深刻性在于它的彻底性。正像本书以上各章所反复论证的那样，鲁迅抓住了20世纪时代精神的根本——怀疑主义的否定精神，进行了彻底的发挥，从而在一切问题上都达到了革命的结论。不仅粉碎了现存制度“尽善尽美”的神话，在政治层次上达到了彻底地反帝、反封建的历史高度；而且无情否定了对于历史、传统、未来世界、人性，以及自我的“尽善尽美”性质的追求；他从根本上否定了人的思维中一切有关“尽善尽美”的形而上学观念，从而把人从漂浮的天国还原到现实中来，在面对现实的基础上，开始对于人性、社会、历史的彻底改造。这是一个从哲学层面开始的全面的观念改造，也是人从必然王国走向自由王国的伟大开端。20世纪怀疑主义的否定精神的时代本质，是随着20世纪历史的发展，作为一个过程逐步展开，并逐步为人们所认识的；但在20世纪二三十年代，鲁迅即以其思维罕见的深刻与敏锐，达到了如此彻底的把握与发挥，他也就在或一程度上超前。

正因为鲁迅思想的这种超前的特殊深刻性，尽管他的作品在当时即引起强烈反响，但是，人们主要是按照现实的最迫切的需要和时代的平均水平去理解鲁迅作品的，作品中更深层次的内容则往往被忽略。一个最明显的例证是《狂人日记》，引起广泛共鸣的是作品对封建制度吃人本质的尖锐揭露，而作品中对自我至善至美性的怀疑与否定，那痛心疾首的“有了四千年吃人履历的我……难见真的人”的自我批判，却没有得到足够的重视与评价。在《野草》中所提出的“于一切眼中看见无所有”、“于天上看见深渊”、“于无所希望中得救”这样一些更深层次的人生哲学更是长时间内被人们误认为虚无主义而加以彻底否定[35]。这些隔膜、不理解，以至误会，自然会引起鲁迅缺少知音这类的遗憾感与寂寞感。鲁迅在写给章廷谦的信里这样说：“别人猜测我，都与我的心思背驰，因此我觉得我在中国人中，的确有点特别，非彼辈所能知也”[36]。据冯雪峰回忆，谈起这类隔膜、误会，鲁迅常常“略带苦笑”，以至作出“愤怒”的强烈反应[37]：鲁迅不得不继续咀嚼着“吾行太远”的苦果。

四

中国大革命前后的历史已经证明：“五四”以后一部分中国知识分子的彷徨——自我的怀疑、否定、失落与寻找，是他们最后接受马克思主义，在无产阶级战斗集体中找到自我归宿的一个起点。以郭沫若为代表的创造社作家戏剧性转变的历史必然性与历史合理性正是应该从这里得到科学的说明。

鲁迅思想的发展也沿着类似的历史轨迹：鲁迅是通过对20世纪怀疑主义的否定精神的深刻把握这一中间环节，而走向马克思主义的。具体地说，存在着两条思想发展线索。首先是20世纪初带有浓厚英雄主义色彩的对于自我力量，特别是个人主观精神力量的夸大，在怀疑主义的历史审判台前，受到了历史的否定，由此引起鲁迅早期“立人”思想中企图通过思想的启蒙力量来根本改变现实的唯心主义理论框架的轰毁，而把目光转向对变革现实的物质力量的探寻，终于在无产阶级及其领导的人民革命运动实践中看到了改造中国的现实希望，得出了“唯新兴的无产者才有将来”[38]的历史结论，从而与马克思主义的历史唯物主义相接近。同时，如上所述，由于鲁迅怀疑主义的否定精神的彻底性，他在一系列根本问题上都得出了革命结论，这就使得他的思想与马克思主义的辩证唯物主义的核心——革命辩证法产生了内在的相通。在这样的思想基础上，经过了对马克思主义经典理论的独立钻研，而信服于马克思主义，乃是一个瓜熟蒂落的必然结果。

从现象上看，鲁迅接受马克思主义的时间比一些更急进的知识分子晚，似乎不存在思想的超前。但由于鲁迅是通过自己的独立探讨而走向马克思主义的，因此，他在对马克思主义理论本质的把握，对马克思主义所采取的科学态度，以及与中国思想文化运动实践的结合上，一开始即达到了相当的高度，其成熟性与深刻性，都为同时代的大多数中国马克思主义者所不可企及。当中国马克思主义队伍内部，出现了反马克思主义的“左”倾思潮，并且迷惑、裹挟了相当一部分的幼稚的马克思主义者时，在思想文化战线首先作出清醒的判断、最强烈的反应的，正是鲁迅；而且从一开始，鲁迅对中国的极“左”思潮就有自己的独到的观察和判断：他敏锐地从无产阶级政党的某些领导人（主要是文艺界领导人）所执行的极“左”政策中，看到了封建专制主义或一程度上的复活（尽管执行者本人并不自觉），从而产生了个性丧失、重新沦为奴隶的严重危机感。他一再地诉说着自己的这种痛苦的感受：“以我自己而论，总觉得缚了一条铁索，有一个工头在背后用鞭子打我，无论我怎样起劲的做，也是打”[39]，“有些手执皮鞭，乱打苦工的背脊，自以为在革命的大人物，我深恶之，他其（实）是取了工头的立场而已”[40]。这是一个极其重要的发现，它使我们想起了增田涉的如下观察：“鲁迅的著作和他的日常谈话里，常常出现‘奴隶’这个词。”对于鲁迅，这不是抽象的概念，而是“直接触到内心”的现实，“这一现实是经常在他的生存中，经常在鼓动他的热情，缠住他的一切思考”[41]；增田涉认为，鲁迅对于“自己和自己民族的奴隶地位的自觉，就是跟他的‘人’的自觉相联结的”[42]。具有重大意义的是，鲁迅在成为一个马克思主义者以后，仍然保持着这种民族的自觉与人的自觉，这首先表现了鲁迅对于中国的国情、中国革命的任务以及中国的马克思主义的历史责任有着深刻的理解，因此，他始终高举着“彻底地反封建专制主义”的旗帜，有着极高的自觉性与警觉性。这同时表现了鲁迅对于马克思主义的深刻理解：马克思主义是对人类一切优秀文化遗产的批判继承与发展，它也把人类文明发展史上具有重要价值的“人的自觉”发展到一个新的高度。这样，在中国的革命者及一部分人民群众已经具备了从帝国主义及封建主义制度的奴役下解放出来的自觉以后，鲁迅又提出了一个新的历史课题：警惕封建专制主义对革命队伍内部的侵袭，警惕新的“革命工头”（“奴隶总管”[43]）的出现。这是20世纪“人的自觉”的又一次飞跃，同时又是一次新的思想的超越，而且具有特殊的严重性，因为所要警惕的“革命工头”（“奴隶总管”）是自己同一战壕里的战友，是“真的革命者”[44]，而不是敌人；这就是说，鲁迅是在与同时代的一部分先觉者——不成熟的马克思主义者的关系之间，发现了自己的奴隶地位，这不仅是令人战栗的，而且似乎是不可思议的。与“革命工头”进行斗争的任务提出本身就难以为人们（特别是那些对革命抱有十分美好的幻想的幼稚的革命者）所理解与接受。且不说不自觉地扮演了“革命工头”角色的“真的革命者”自身不能接受这些对他们个人来说也许是过于严厉了的论断，看不到鲁迅所提出的任务对于他们自己为之献身的革命事业的重大而深远的意义，连鲁迅立场的同情者也一时不能承认这场斗争的必要性。以致鲁迅不得不自己出来辩解：“倘只我们彼此个人间事，无关大局，则何必在刊物上喋喋哉。先生虑此事‘徒费精力’，实不尽然，投一光辉，可使伏在大纛荫下的群魔嘴脸毕现。”[45]不仅流露出不被理解的寂寞感，更表示着一种坚定和信念，他坚信“中国文艺的前途”将因此而“庶几有救”[46]。以为与“革命工头”（新的“奴隶总管”）的斗争，关系文艺界（及思想文化界）前途的生死存亡，这本身即是一种远见，中国的革命者和中国人民的大多数要达到鲁迅这一认识高度，还要经过几十年血的教训。

也许更应该注意的是，鲁迅在这一次思想的巨大超前中，精神上始终处于主动地位；冯雪峰的如下观察是可信的：鲁迅这一时期的心情，尽管有时“相当阴暗和颓唐”，但“更多的时候，心情又非常晴朗，简直像没有一丝云的太阳很大的天空一样，有时甚至精神非常高昂，好像任何敌人的困难都不在话下似的”[47]。鲁迅在写给朋友的信中，在倾诉了自己的苦闷之后，总是接着表示：“没有什么灰心，大抵休息一会，就仍然站起来。”[48]不曾显出任何彷徨之意。这是因为此时的鲁迅，与中国人民革命的实践运动保持着空前密切的联系及一致，他在精神上有了强大的依靠。鲁迅正是安泰式的思想文化巨人，他需要不断从坚实的大地——中国人民变革现实的实践运动中汲取力量。鲁迅当然不会忘记自己作为“历史中间物”必然被否定的命运，但这种否定是与代表历史方向的前进运动的肯定联系在一起；鲁迅的寂寞与牺牲也就获得了一种崇高——但已不是世纪初纯粹主观逻辑上的崇高，而是主客观逻辑相统一的崇高。

五

鲁迅曾经试图赋予他的寂寞命运以普遍的意义。他指出，文艺家与知识分子的特点是“感觉灵敏”，许多观念他们“早感到了，社会还没有感到”，而“在思想上的感觉就得相差到三四十年”；“他说得太早，连社会也反对他，也排挤他”，到了后来，社会终于变动了，他们“先时讲的话，渐渐大家都记起来了，大家都赞成他，恭维他是先知先觉。虽是他活的时候，怎样受过社会的奚落”[49]。古今中外一切先觉的知识分子大概都不能避免生前的寂寞与死后的热闹。——尽管这是普遍的历史命运，但身历其境者，静夜长思，是不免感到透骨的悲凉的。而作为人中之强者，却又要从悲凉中挣扎出来，作愤激的战斗。这其间的人生甘苦，除了自己之外，别人是难以体味的。

但人的好奇本能驱使我们仍然提出这样一个饶有兴味的问题：这难以避免的寂寞命运，在先驱者的心灵深处，引起了什么样的心理的、情感的反应呢？

幸而鲁迅自己为我们揭开了这心灵的一角：他在给自己的学生李秉中的一封信中说："我喜欢寂寞，又憎恶寂寞。"[50]

说得多好呵。

"憎恶寂寞"，确实如此。1926年鲁迅来到厦门，很快就"憎恶"于那里枯寂的生活，一再地表示他内心的不习惯与苦闷。

这里"太静了，倒是什么也不想写"[51]。"一句也写不出，连'野草'也没有一茎半叶"[52]。

这时"我竟什么也做不出。一者这学校孤立海滨，和社会隔离，一点刺激也没有；二者我因为编讲义，天天看中国旧书，弄得什么思想都没有了……"[53]

此外"又无刺戟，思想都停滞了，毫无做文章之意。这样下去，是不行的。所以我现在心思颇活动，想走到别处去"[54]。

所谓"刺戟"，指的是从处于变革运动中的现实不断获取思想的源泉与动力，以及有着丰富的思想信息交流、撞击的活跃的思想、学术环境，这种"生命的活水"是发展思想的必要条件。鲁迅常说应该做"好事之徒"[55]，说他"爱对头"[56]，都反映了这种思想发展的客观要求。这使我们想起恩格斯关于费尔巴哈所说的一段极为沉重的话。恩格斯认为，费尔巴哈之所以未能超越自己在1840年或1844年的观点，达到历史唯物主义的高度，很大程度上是由于德国的状况使费尔巴哈"不得不在穷乡僻壤中过着农民式的孤陋寡闻的生活"，"这种生活迫使这位比其他任何哲学家都更好社交的哲学家，从他孤寂的头脑中，而不是从他的才智相当的人们的友好或敌对的接触中得出自己的思想"[57]。在这个意义上，一直处于时代旋涡中心，置于敌人的围剿和战友“友好或敌对的接触中”的鲁迅毕竟是幸运的，没有来自敌人与朋友的不断“刺戟”，绝不会产生鲁迅如此光辉的思想，这是可以断言的。但另一方面，由于现代中国普遍的思想文化水平的低下，与鲁迅才智相当的敌人与战友都太缺少，这对鲁迅这样的天才的发展不能不造成了某些损害，这是很可悲的。

鲁迅之“憎恶”寂寞，还因为他不能容忍寂寞所显示的人与人之间的隔膜。“楼下一个男人病得要死，那间壁的一家唱着留声机；对面是弄孩子。楼上有两人狂笑；还有打牌声。河中的船上有女人哭着她死去的母亲。人类的悲欢并不相通”[58]，鲁迅以为这是极其可怕的。他期待着冲破这寂寞的空气和隔绝的坚壁，他渴求着人与人热情交往中的理解与关怀。这不仅表现了鲁迅的个性，更是20世纪人类的一种普遍的心理要求。20世纪既是一个信息的时代，又是人与人生活方式与精神上互相隔离的时代，这正反两个方面，都驱使着人们心理上“憎恶寂寞”。

然而，鲁迅又喜欢“寂寞”。

于是，我们又听到了鲁迅的怨言：“上海……非读书之地。我居此五年，亦自觉心粗气浮，颇难救药”[59]，“上海真是是非蜂起之乡，混迹其间，如在洪炉上面，能躁而不能静，颇欲易地，静养若干时……”[60]。

他是怎样地渴望着寂寞与宁静！因为，“人感到寂寞时，会创作”[61]，“没有思索和悲哀的地方，不会有文学”[62]。

鲁迅把寂寞与思索联系起来，把寂寞、悲哀这一类情感、心绪与文学联系起来，都是发人深省的。

钱锺书先生在《诗可以怨》一文中曾旁征博引，以证明从孔子始，中国的古代文论就有一条原则：“苦痛比欢乐更能产生诗歌，好诗主要是不愉快、苦恼或‘穷愁’的表现和发泄。”在西方也有类似的名言：

"真正的诗歌只出于深切苦恼所炽燃着的人心。"[63]鲁迅自己也一再引用匈牙利诗人裴多菲的诗句："听说你使你的男人很幸福，我希望不至于此，因为他是苦恼的夜鹰，而今沉默在幸福里了。苛待他罢，使他因此常常唱出甜美的歌来。"鲁迅以为，这在"五四"以后的中国，是"有些真实的"[64]。

鲁迅之爱寂寞，同样也反映了20世纪的时代特点。生产力的高度发展、社会的密集化、知识的密集化、人的密集化、精神的过分紧张，常常造成现代人的疲倦感。期待在寂寞的田园生活里获得精神的休息，身心的调节，从而达到新的心理平衡，这几乎是20世纪人的共同心理要求。

鲁迅是真正属于20世纪的时代巨人：他对寂寞的憎恶与喜爱，都与同世纪人相通。

注释

[1]《野草·过客》,《鲁迅全集》第2卷第188–189页。

[2]《坟·文化偏至论》,《鲁迅全集》第1卷第49页。

[3][4]《坟·文化偏至论》,《鲁迅全集》第1卷第56、47–57页。

[5]《集外集拾遗补编·破恶声论》,《鲁迅全集》第8卷第33–34页。

[6]《坟·摩罗诗力说》,《鲁迅全集》第1卷第87–100页。

[7]《坟·文化偏至论》,《鲁迅全集》第1卷第47–49页。

[8]《坟·科学史教篇》,《鲁迅全集》第1卷第25–35页。

[9]《集外集·说钼》,《鲁迅全集》第7卷第20–25页。

[10]《坟·人之历史》,《鲁迅全集》第1卷第8–17页。

[11]《坟·文化偏至论》,《鲁迅全集》第1卷第44–46页;《坟·摩罗诗力说》,《鲁迅全集》第1卷第67–69页。

[12] 陈天华:《论中国宜改创民主政体》，收《辛亥革命前十年间时论选集》第2卷上册，三联书店1977年12月第1版，第124页。

[13] 参看《坟·摩罗诗力说》,《鲁迅全集》第1卷第65页。在此之前，作于1903年

的《月界旅行·辨言》里曾用过一次“寂寞”，但不是描述自己心情用的。

［14］［15］［16］《集外集拾遗补编·破恶声论》，《鲁迅全集》第8卷第24页，24页，23页。

［17］《呐喊·自序》，《鲁迅全集》第1卷第417页。

［18］［19］《坟·文化偏至论》，《鲁迅全集》第1卷第50—51页，50页。

［20］［21］《坟·摩罗诗力说》，《鲁迅全集》第1卷第66页，79页。

［22］《集外集补遗·奔流编后校记（三）》，《鲁迅全集》第7卷第163页。

［23］ 据冯雪峰回忆，鲁迅曾说：“那时候（指1907年前后）相信精神革命，主张解放个性，简直是浪漫主义”（《雪峰文集》第4卷第151页）。

［24］［25］《呐喊·自序》，《鲁迅全集》第1卷第417页，417—418页。

［26］ 事实上，从拜伦临终时对“自意振臂一呼，人必将靡然向之”的梦幻的否定中（《摩罗诗力说》，《鲁迅全集》第1卷第81页），鲁迅已经感受到拜伦式的英雄主义深层意识里的悲观主义，但要真正化为自己的经验，则要到辛亥革命以后。

［27］［28］［29］［30］《呐喊·狂人日记》，《鲁迅全集》第1卷第432页，430—431页，432页，432页。

［31］《热风·随感录·四十》，《鲁迅全集》第1卷第322页。

［32］《女神·我是个偶像的崇拜者》，《郭沫若全集·文学编》第1卷人民文学出版社1982年（下同）第99页。

［33］《女神·天狗》，《郭沫若全集·文学编》第1卷第55页。

［34］《女神·湘累》，《郭沫若全集·文学编》第1卷第22、20页。

［35］ 我们一些同志很喜欢用“虚无主义”、“悲观主义”这类概念去否定与自己所习惯的所谓“乐观主义”思维模式不相同的思想，把一些超出了我们目前认识水平的更深刻的思想（或其萌芽）轻易地扼杀或拒绝，这是应该引起警惕的。

［36］《书信·270612·致章廷谦》，《鲁迅全集》第11卷第548页。

［37］《回忆鲁迅》，《雪峰文集》第4卷第139、137页。

［38］《二心集·序言》，《鲁迅全集》第4卷第191页。

［39］《书信·350912·致胡风》，《鲁迅全集》第13卷第211页。

［40］《书信·360515·致曹靖华》，《鲁迅全集》第13卷第379页。在这里，鲁迅仍然是“对事不对人”的，他批判的对象里是作为社会典型的“革命的大人物”，而非具体的个人。参看本书第4章第4节有关论述。

［41］［42］ 增田涉：《鲁迅的印象》第52—53页。

［43］［44］《且介亭杂文末编·答徐懋庸并关于抗日统一战线问题》，《鲁迅全集》第6卷第538、535页。

［45］《书信·360828·致杨霁云》,《鲁迅全集》第13卷第416页。

［46］《书信·360915·致王冶秋》,《鲁迅全集》第13卷第426页。

［47］《回忆鲁迅》,《雪峰文集》第4卷第232页。

［48］《书信·350423·致萧军萧红》,《鲁迅全集》第13卷第116页。

［49］《集外集·文艺与政治的歧路》,《鲁迅全集》第7卷第117页。

［50］《书信·240924·致李秉中》,《鲁迅全集》第11卷第430页。

［51］《华盖集续编·厦门通信》,《鲁迅全集》第3卷第371页。

［52］《华盖集续编·厦门通信（二）》,《鲁迅全集》第3卷第373页。

［53］《书信·261004·致韦素园、韦丛芜、李霁野》,《鲁迅全集》第11卷第483–484页。

［54］《书信·261107·致韦素园》,《鲁迅全集》第11卷第496页。

［55］《两地书·五六》,《鲁迅全集》第11卷第158页。

［56］《两地书·一一二》,《鲁迅全集》第11卷第274页。

［57］恩格斯:《路德维希费尔巴哈和德国古典哲学的终结》，收《马克思恩格斯选集》第4卷第227页。

［58］《而已集·小杂感》,《鲁迅全集》第3卷第531页。

［59］《书信·331021·致郑振铎》,《鲁迅全集》第12卷第247页。

［60］《书信·340409·致姚克》,《鲁迅全集》第12卷第379页。

［61］《而已集·小杂感》,《鲁迅全集》第3卷第532页。

［62］转引自唐弢:《友谊的选择》，收《唐弢文集》第7卷，社会科学文献出版社1995年，第572页。

［63］钱锺书:《诗可以怨》，收《钱锺书散文》浙江文艺出版社1997年7月1版，第313页，325页。

［64］《且介亭杂文二集·〈中国新文学大系小说〉二集·序》,《鲁迅全集》第6卷第245页。鲁迅在《集外集拾遗·诗歌之敌》里也引用过裴多菲的这句诗（《鲁迅全集》第7卷第239页）。

情感篇

第十章　冷与热

上下四旁无不冰冷，青白。而一切青白冰上，却有红影无数，纠结如珊瑚网。我俯看脚下，有火焰在。

——《野草·死火》

……于浩歌狂热之际中寒……

——《野草·墓碣文》

一

在鲁迅所有著作中，最能显示鲁迅自己的，莫过于《死火》（收《野草》）与《铸剑》（收《故事新编》）。那是真正的鲁迅的“诗”。

在《死火》里，我们看到：在最冰冷处，“有火焰在”；即使“死”了，也依然是“火”：这就是鲁迅。

在《铸剑》里，我们又看到了如下惊心动魄的描写——

（古代名匠莫邪日日夜夜地锻炼，费了整整三年的精神，炼成两把剑）当最末次开炉的那一日，是怎样地骇人的景象呵！哗拉拉地腾上一道白气的时候，地面也觉得动摇。那白气到天半便变成白云，罩住了这处所，渐渐现出绯红颜色，映得一切都如桃花。我家的漆黑的炉子里，是躺着通红的两把剑。你父亲用井华水慢慢地滴下去，那剑嘶嘶地吼着，慢慢转成青色了。这样地七日七夜，就看不见了剑，仔细看时，却还在炉底里，纯青的，透明的，正像两条冰。

这冰也似的剑，恰恰是几千度高温烈火锻炼而成；它本体“通红”，经过冷水的浇淋，才转成“纯青，透明”；触着它，尽管“指尖一冷，有如触着冰雪”，却又分明感受着灼人的热力。——这剑，即是鲁迅的化身。

“冰”与“火”，两个最极端的，最不能相容的意象，统一在鲁迅笔下[1]；“冷”与“热”，两种最极端、最不能相容的情感，交织于鲁迅一身。

这意味着什么呢？

曾经有人说鲁迅“第一个，冷静，第二个，还是冷静，第三个，还是冷静”，鲁迅并不为然；他说：“我自己觉得并无如此‘冷静’”[2]。

这使我们想起了闻一多的牢骚：“我只觉得自己是座没有爆发的火山，火烧得我痛……说郭沫若有火，而不说我有火，……这样的颠倒黑白，……那就让你们说去，我插什么嘴呢？”[3]

巴金也有过类似的自白：“我自己这个人就像一座雪下的火山。在平静的表面下，我隐藏了那么强烈的火焰。别人只看见雪，只有我自己才知道火。那火快要把我的内部烧尽了。我害怕，我害怕将来有一天它会爆发。”[4]

这确实耐人寻味：中国的现代作家，他们内心深处都有着一团火——对于理想的炽烈追求，对于祖国、人民热烈的爱，对于现实人生社会积极介入的热情，促使他们拿起了笔，并且因此永远不得安宁；他们每一个人，都是巴金最喜欢的高尔基童话里的主人公，用自己“燃烧的心”点燃亿万人民的心。

鲁迅说：“地火在地下运行，奔突；熔岩一旦喷出，将烧尽一切野草，以及乔木，于是并且无可朽腐。”[5]这也可以借用来描述他内心的感情世界。

鲁迅时时刻刻感到一种内在的激情喷发的冲动：这冲动的原动力不仅来自他自身的激烈易怒的个性，更是表示着一种深广的历史要求：沉默了几千年，终于开始觉醒的东方巨人要通过自己民族的代言人，爆发出郁积已久的怨愤、哀痛、希冀与怒吼！

同时，鲁迅内心深处又时时升腾起克制感情喷发的强烈欲求。这是真正的历史的强者所独有的情感选择：他不愿意在仇敌面前显示痛苦，使他们感到快意；他更不乐意在庸人面前表现愤怒，徒然地提供饭后闲谈的谈资；他也羞于在亲者面前流露热情，暴露内心深处的柔弱，给他们增添烦恼；他尤其不能原谅自己借着情感的宣泄来取得内心的平衡，在“可以哭，可以歌，也如醒，也如醉，若有知，若无知，也欲死，也欲生”的状态中偷生[6]，不能容忍这人所难免的平庸与怯弱。鲁迅控制着自己奔放的情感，保持着异乎寻常的冷静和自制力，他只愿独饮人生之酒，无论酸、甜、苦、辣，自己一人承受，他渴望着摆脱一切情感的“债务”，“拒绝一切为他的哭泣和灭亡”[7]。鲁迅以他感情的自觉克制，维护了个性的独立和内心的自由，表现了极其可贵的自尊自重的人格力量：这正是鲁迅“硬骨头”精神的一个重要方面。

鲁迅内心对情感的克制要求，也是真正的艺术家的选择。他宣称：“我以为感情正烈的时候，不宜做诗，否则锋铓太露，能将‘诗美’杀掉。”[8]对于处于炽烈状态的情感进行冷处理，实质上就是情感的升华、深化与净化，达到一种情感的“超越”，由此而产生真正的“诗美”。

这样，激情喷发的冲动和克制、冷化、超越情感的欲求同时并存于鲁迅内心深处，二者互相撞击、激荡，又互相制约、补充，形成了鲁迅内心情感的辩证运动，其外观形态即是外“冷”内“热”的情感表现。

鲁迅很少谈到内心情感的这种辩证运动，但仍然可以从他对自己情感的真切描述中略窥一二。

这是著名的《记念刘和珍君》的抒情独白——

> 我实在无话可说。我只觉得所住的并非人间。四十多个青年的血，洋溢在我的周围，使我艰于呼吸视听，那里还能有什么言语？长歌当哭，是必须在痛定之后的。而此后几个所谓学者文人的阴险的论调，尤使我觉得悲哀。我已经出离愤怒了。我将深味这非人间的浓黑的悲凉；以我的最大哀痛显示于非人间，使他快意于我的苦痛，就将这作为后死者的菲薄的祭品，奉献于逝者的灵前。[9]

这是《为了忘却的记念》里感情的自白——

> 我早已想写一点文字，来记念几个青年的作家。这并非为了别的，只因为两年以来，悲愤总时时来袭击我的心，至今没有停止，我很想借此算是竦身一摇，将悲哀摆脱，给自己轻松一下，照直说，就是我倒要将他们忘却了。[10]

每一回感情的喷发，都是抑郁已久——短则数星期，长则几年，总是到了无以克制、不得不发的关口——或“出离愤怒”，达到情感超越、升华的境界，或“时时袭击”、“没有停止”，心灵已达超负荷的临界线。喷发的目的，或为了抵御“忘却的救主”的“降临”——让心灵的“最大哀痛”永驻，或相反，为了“忘却”——让悲哀之情在“摆脱”之后，积淀在记忆也达不到的心灵最深处。而喷发的通路竟是如此的九曲回肠：将欲发，又觉“无话可说”；仿佛已是“痛定之后”，却因学者文人的阴险论调平添阵阵“悲凉”；决心显示“最大哀痛”，又顾忌于“非人间”的“快意”；直至无可逃遁，才拼将一腔悲痛，全数掷出，化作灵前至哀至烈的声声哭诉！既是火山的爆发，又是冷气的灌注，情感的热流与冷流交错对流，汇合成了心灵的大颤动。

二

然而，鲁迅内心深处，不仅有“火”，又有“冰”。

鲁迅说：“我的心至今还没有热”[11]，“我自己也要疑心自己的心里真藏着可怕的冰块”[12]。

稍加留心，就不难发现，在鲁迅的小说里，凡较多地倾注了鲁迅个性的人物，大都具有“冷”的特征。

这是《孤独者》里的魏连殳：说话神色是“冷冷的”，“那词气的冷峭，实在又使我悚然”，笑声也是“冷冷的”，直到“合了眼，闭着嘴”，口角间也“仿佛含着冰冷的微笑，冷笑着这可笑的死尸”。

这是《铸剑》里的宴之敖者：眼睛发出有如“磷火一般”的冷光，声音鸱鸮似的“严冷”，“冷冷地尖利地笑”……

这是《伤逝》里的涓生对生活的感受：“天气的冷和神情的冷，逼迫我不能在家庭中安身。但是往那里去呢？大道上，公园里，虽然没有冰冷的神情，冷风究竟也刺得皮肤欲裂”，“我知道我近年来的超过她的冷漠，已经引起她的忧疑来，只得也勉力谈笑……然而我的笑貌一上脸……却即刻变为空虚，……给我一个难堪的恶毒的冷嘲”，

“冰的针刺着我的灵魂，使我永远苦于麻木的疼痛”，“负着虚空的重担，在严威和冷眼中走着所谓人生的路，这是怎么可怕的事呵”！[13]

呵，这“冷漠”、“冷嘲”、“冷眼”，又怎样“冰的针刺着”鲁迅的灵魂！

在鲁迅逝世不久，日本作家佐藤春夫曾经指出，鲁迅喜欢写“月”[14]。而鲁迅笔下的月亮也是透着一股寒气——

> 月亮对着陈士成注下寒冷的光波来，当初也不过像一面新磨的铁镜罢了，而这镜却诡秘的照透了陈士成的全身，就在他身上映出铁的月亮的影。[15]

> 潮湿的路极其分明，仰看太空，浓云已经散去，挂着一轮圆月，散出冷静的光辉。[16]

> 那一边，却是一个生铁一般的冷而且白的月亮。[17]

在被称为“鲁迅的哲学”的《野草》里，更是处处显现着“冷”——

> 闪闪地映着几十个星星的眼，冷眼。
>
> （小红花）在冷的夜气中，瑟缩地做梦，……颜色冻得红惨惨地……[18]

> ……给以冰冷的呼吸，示以淡白的嘴唇，使之人性茫然，得到生命的飞扬的极致的大欢喜。[19]

> ……星，月光，僵卧的蝴蝶……悲凉漂渺的青春。[20]

孩子们呵着冻得通红，像紫芽姜一般的小手，……
在凛冽的天宇下，闪闪地旋转升腾着的是雨的精魂……[21]

这是高大的冰山，上接冰天，天上冻云弥漫……
……我也被冰冻冻得要死[22]。

我倒不如躲到肃杀的严冬去罢，——但是，四面又明明是严冬，正给我非常的寒威和冷气[23]。

鬼魂们在冷油温火里醒来，从魔鬼的光辉中看见地狱小花，惨白可怜。[24]

她冷静地，骨立的石像似的站起来了。……遗弃了背后一切的冷骂和毒笑。[25]

这在鲁迅著作中几乎无所不在的“冷”的意象，既是外部世界在鲁迅心灵上的投影，又是鲁迅内心世界的外射，是对象的自我化与自我的对象化的辩证统一。

鲁迅说：“对于周围的感受与反应，又大概是所谓‘如鱼饮水冷暖自知’的；我却觉得周围的空气太寒冽了。”[26]生活在已经走到了历史尽头的严冬季节的旧中国，敏感的鲁迅处处感受着“冷”的威逼。几乎是永不休止的时代的冷风时时使他感到渗入骨髓的寒气。世纪初，他读中国这类文明古国的文化史，“循代而下，至于卷末，必凄以有所觉，如脱春温而入于秋肃”[27]；辛亥革命后的军阀混战里，他看见“狐狸方去穴，桃偶已登场”，产生了炎夏也成严冬的幻觉："故里寒云恶，炎天凛夜长"[28]；大革命失败后的现实更在他内心唤起历史的苍凉感与悲壮感："血沃中原肥劲草，寒凝大地发春华。"[29]

作为一个人道主义的思想家与艺术家，他更敏感着人世间人与人关系的冷酷与冷漠，引起心灵的阵阵颤栗。

在他的情绪记忆中，永远抹不掉的是：由家道中落，"从小康人家而坠入困顿"[30]，体验到的世态炎凉；国人咀嚼鉴赏同胞痛苦的"笑影"，引起的"又冷又尖"的感觉[31]；意识到与童年的农民友人"隔了一层可悲的厚障壁"，"似乎打了一个寒噤"[32]；回想起先驱者在社会的冷笑恶骂迫害倾陷里过了一生"，"终日如坐在冰窖子里"[33]；猛察到路人的笑容隐藏着"吃人"的心思，"从头直冷到脚跟"[34]……正是这牵着冰冻了的"记忆"的"精神的丝缕"[35]，带来了鲁迅作品中固有的"阴冷"的色彩。[36]

作为对冷酷的现实的反应，产生了鲁迅特有的冷峻的个性，人生态度，思维方式与情感表达方式。

鲁迅有一首《报载患脑炎戏作》是回答那些幻想鲁迅也会"发热昏，说胡话"的无聊文人的。诗云："诅咒而今翻异样，无如臣脑故如冰。"[37]尽管鲁迅的同胞经常表现出惊人的冷漠，又容易陷入热狂；而鲁迅自己却在任何时候都保持着最冷静、最清醒的头脑，——他总是"于浩歌狂热之际中寒"[38]。

当人们热烈鼓掌，许多讲演者也被掌声震得昏昏然时，他发出警告："那拍手是很危险的东西，拍了手或者使我自以为伟大不再向前了，所以还是不拍手的好"。[39]

当人们游行示威欢呼胜利的时候，他大讲扫兴的话："庆祝，讴歌，陶醉着革命的人们多，好自然是好的，但有时也会使革命精神转成浮滑"，"以至于消亡，再下去是复旧"[40]。

当人们家庭中有了喜事（比如，生了孩子）人们前往祝贺，讲着既不要本钱，也无价值，但却是习俗所必须的“吉庆”的祝辞，纷纷预言孩子将来“要发财”、“做官”时，他主张要直言人生之路的“必然”：“这孩子将来是要死的。”[41]

当人们安心于舒适的环境，“在平静的空气中，度着探求学术的生活”时，他敲起警钟：没有压力，也就“没有革命”，容易“成为懒人享福的地方”[42]。

在具有“欢迎喜鹊，憎厌枭鸣，只检一点吉祥之兆来陶醉自己”[43]的传统的中国，鲁迅的言论确如枭鸣，尖利而冷酸。他要用他锋利的笔无情地扫荡一切自欺欺人的迷雾，堵住人们的精神退路，逼得人们直面人生——不管这人生多么冷酷，直面真理——无论真理如何严峻。

《铸剑》里的黑的人曾经对年轻的眉间尺说——

> 仗义，同情，那些东西，先前曾经干净过，现在却都成了放鬼债的资本。我的心里全没有你所谓的那些。我只不过要给你报仇！[44]

> 聪明的孩子，告诉你罢。你还不知道么，我怎么地善于报仇。你的就是我的；他也就是我。我的魂灵上是有这么多的，人我所加的伤，我已经憎恶了我自己！[45]

这也正是鲁迅。

他忍受着过重的创伤，承担着过多的苦痛，流了无尽的眼泪和血，才抛却一切幻想，把一切于斗争无用的情感（如仗义、同情之类）全部排除，只剩下一个神圣的情感——复仇，冷静地，无情地复仇。

因此，尽管在鲁迅的感情世界中，存在着“热”与“冷”的矛盾对立；但是，鲁迅的主观选择、归趋，则无疑是“冷”。

请读鲁迅的《风筝》。文章一开始就提出了故乡“春日的温和”与现实“严冬的肃杀”二者的对立，实际上是揭开了鲁迅自我情感的两个侧面的矛盾[46]。鲁迅的处理方式是：在故乡“春日的温和”里发掘出“严冬的肃杀”：“小时候对于精神的虐杀的这一幕”。而且绝不肯宽恕自己，让自己的心永远“沉重着”，永远咀嚼着“无可把握的悲哀”。这是双重的“冷酷”：“精神的虐杀这一幕”固然显示了人与人之间（即使是亲兄弟之间）的冷酷，而以后的自我惩罚方式则显示了对于自我的无情。最后的选择是：“我倒不如躲到肃杀的严冬中去罢”，宁可要感情世界的“冬肃”，也不要“春温”。因为前者显示了正视现实的生命的充实，后者尽管充满理想主义色彩，却有逃避人生痛苦之嫌；而鲁迅是宁可直面人生的[47]。

有人回忆说，鲁迅“在大庭广众之中，有时会凝然冷坐，不言不笑”[48]——这“凝然冷坐”的形象是更能表现鲁迅的内心世界的。鲁迅一再痛苦地宣布：“我的思想太黑暗”，“我为自己和别人的设想，是两样的”，“我所说的话，常与所想的不同”[49]，偶尔把内心所想“发表一点，酷爱温暖的人物已经觉得冷酷了，如果全露出我的血肉来，末路正不知要到怎样。我有时也想就此驱除旁人，到那时还不唾弃我的，即使是枭蛇鬼怪，也是我的朋友，这才真是我的朋友。倘使并这个也没有，则就是我一个人也行”[50]。

一切自以为热爱鲁迅的人们不妨扪心自问：你有足够的胆识，正视、理解并且体验鲁迅灵魂的黑暗与冷酷，作鲁迅真的朋友么？

……答我。否则，离开！……[51]

注释

［1］ 鲁迅在《自言自语·二，火的冰》里，还提出了“火的冰的人”的概念（见《鲁迅全集》第8卷第92页）。

［2］《两地书·一五》，《鲁迅全集》第11卷第54页。

［3］《给臧克家先生》（1942年11月25日）。收《闻一多全集》第12卷381页，湖北人民出版社1993年。

［4］ 巴金：《爱情的三部曲·总序》，收《巴金全集》第6卷，人民文学出版社1988年第1版，第43页。

［5］《野草·题辞》，《鲁迅全集》第2卷第159页。

［6］《野草·在淡淡的血痕中》，《鲁迅全集》第2卷第221页。

［7］《华盖集·杂感》，《鲁迅全集》第3卷第48页。

［8］《两地书·三二》，《鲁迅全集》第11卷第97页。

［9］《鲁迅全集》第3卷第273–274页。

［10］《鲁迅全集》第4卷第479页。

［11］《书信·350428·致萧军》，《鲁迅全集》第13卷第120页。

［12］《集外集·俄文译本〈阿Q正传〉及著者自叙传略》，《鲁迅全集》第7卷第82页。

［13］《彷徨·伤逝》，《鲁迅全集》第2卷第120–121页，122页，124页，126页。

［14］ 佐藤春夫：《月光与少年》，《鲁迅先生记念集》，收《鲁迅研究学术论著资料汇编》第2卷，中国文联出版公司1986年8月第1版，第170页。

［15］《呐喊·白光》，《鲁迅全集》第1卷第544页。

［16］《彷徨·孤独者》，《鲁迅全集》第2卷第107页。

［17］《故事新编·补天》，《鲁迅全集》第2卷第345页。

［18］《野草·秋夜》，《鲁迅全集》第2卷第162页。

［19］《野草·复仇》，《鲁迅全集》第2卷第172页。

［20］《野草·希望》，《鲁迅全集》第2卷第177页。

［21］《野草·雪》，《鲁迅全集》第2卷第180、181页。

［22］《野草·死火》，《鲁迅全集》第2卷第195、196页。

［23］《野草·风筝》，《鲁迅全集》第2卷第184页。

［24］《野草·失掉的好地狱》，《鲁迅全集》第2卷第199页。

［25］《野草·颓败线的颤动》，《鲁迅全集》第2卷第205页。

［26］《热风·题记》，《鲁迅全集》第1卷第292页。

［27］《坟·摩罗诗力说》，《鲁迅全集》第1卷第63页。

［28］《集外集拾遗·哀范君三章》,《鲁迅全集》第7卷第425页。
［29］《集外集拾遗·无题（血沃中原肥劲草）》,《鲁迅全集》第7卷第431页。
［30］［35］《呐喊·自序》,《鲁迅全集》第1卷第415页。
［31］《彷徨·祝福》,《鲁迅全集》第2卷第18页。
［32］《呐喊·故乡》,《鲁迅全集》第1卷第482页。
［33］《呐喊·头发的故事》,《鲁迅全集》第1卷第464页。
［34］《呐喊·狂人日记》,《鲁迅全集》第1卷第423页。
［36］鲁迅说他的《药》的收束，分明留着安特莱夫式的“阴冷”，实际他的整个作品都有阴冷之气。
［37］《集外集拾遗·报载患脑炎戏作》,《鲁迅全集》第7卷第447页。
［38］《野草·墓碣文》,《鲁迅全集》第2卷第202页。
［39］《集外集·文艺与政治的歧途》,《鲁迅全集》第7卷第117页。
［40］《集外集拾遗补编·庆祝沪宁克复的那一边》,《鲁迅全集》第8卷第162、163页。
［41］《野草·立论》,《鲁迅全集》第2卷第207页。
［42］《集外集拾遗补编·中山大学开学致语》,《鲁迅全集》第8卷第159页。
［43］《三闲集·太平歌诀》,《鲁迅全集》第4卷第104页。
［44］［45］《故事新编·铸剑》,《鲁迅全集》第2卷第425页，426页
［46］在世纪初写的《摩罗诗力说》中，鲁迅即提出：“人有读古国文化史者，循代而下，至于卷末，必凄以有所觉，如脱春温而入于秋肃”（《鲁迅全集》第1卷第63页）;《风筝》是第二次将“春温”与“冬肃”对立；1935年在《亥年残秋偶作》又写下了“曾惊秋肃临天下，敢遣春温上笔端”的诗句（《鲁迅全集》第7卷第451页）。
［47］很多人都把《风筝》的主旨归结为对封建教育思想、伦理观念的批判，甚至把《风筝》与当时恢复礼教运动拉扯在一起。这实际涉及对《野草》的总体理解：不是把《野草》看作鲁迅“内部精神史”，仍然如读鲁迅同期杂文一样，注目于对外部世界的迅速反应。
［48］沈尹默:《鲁迅生活之一节》，收《鲁迅回忆录》（散篇，上册），248页，北京出版社，1999年。
［49］《两地书·二四》,《鲁迅全集》第11卷第80、79页。
［50］《写在〈坟〉后面》,《鲁迅全集》第1卷第284页。
［51］《野草·墓碣文》,《鲁迅全集》第2卷第202页。

第十一章　爱与憎

我自爱我的野草，但我憎恶这以野草作装饰的地面。

——《野草·题辞》

……一刹那间将一切并合：眷念与决绝，爱抚与复仇，养育与歼除，祝福与咒诅……

——《野草·颓败线的颤动》

一

这个人，有着最多的爱。

20世纪初，他和许寿裳开始着手于中国国民性的探讨时，他们一致认为，“我们民族最缺乏的东西是诚和爱”[1]。

“五四”时期，他用“生物学的真理”对抗抹杀、歪曲人性的封建伦理道德，坦然宣称“我现在心以为然的，便只是‘爱’”[2]，号召觉醒的人“将这天性的爱，更加扩张，更加醇化；用无我的爱，自己牺牲于后起新人”[3]。

在1927年的腥风血雨之中，他再一次肯定：“创作总根于爱。”[4]

在成为一个马克思主义者以后，他又明确地提出了“革命的爱在大众”的思想[5]。

对于爱的思考、追求，贯串了鲁迅一生。

“无情未必真豪杰，怜子如何不丈夫”[6]，鲁迅的《答客诮》里，充满了鲁迅式的幽默，但也暗含着一种隐忧：有人企图把革命战士与爱对立起来，把革命，尤其是无产阶级革命描绘得十分无情，从而把爱的专利奉送给资产阶级或小资产阶级。鲁迅的诗句正是对这些“左”得可爱的理论的调侃；同时也表明了：爱是构成鲁迅战士品格的基本要素之一。鲁迅实在是如沙漠中人般地渴望着爱的喷泉的。熟悉鲁迅著作中的人，大概都不会忘记鲁迅那声痛苦的呐喊：“我们还要叫出没有爱的悲哀，叫出无所可爱的悲哀。”[7]鲁迅多次谈到了这种“无爱的悲哀”，以为是我们民族不幸中之大不幸。鲁迅在读了陀思妥耶夫斯基的《穷人》以后，这样写道：“世界竟是这么广大，而又这么狭窄；穷人是这么相爱，而又不得相爱；暮年是这么孤寂，而又不安于孤寂。……爱是何等地纯洁，而又何其有搅扰咒诅之心呵。”[8]这都是他自己心曲的真实流露，这因爱而引起的感情的“搅扰”是动人的。

在上一章里，我们曾经引述鲁迅的自白，说明鲁迅在文字上写出来的，常与他内心深处所想的不同——后者要冷酷得多；而在与鲁迅交往甚深的朋友则往往回忆，日常生活中的鲁迅，与文字中显现出来的鲁迅亦有不同。增田涉在他的《鲁迅的印象》里，曾引述“开始和鲁迅一道办《莽原》，后来和鲁迅分手，并且攻击鲁迅的青年作家高长虹”的回忆：“我初次同他谈话的印象，不但和人们传说中的鲁迅不相同，也不像《呐喊》作者鲁迅，……写文章的时候，态度倔强，同朋友谈起话来，却很和蔼谦逊。”[9]增田涉接着说：“我的印象也完全是这样。文章中看到的鲁迅和直接谈对的鲁迅情况不一样。没有严厉的脸色或说话，常常发出轻松的幽默，笑嘻嘻的，胸无城府的人，和他一道相对着，我没有感到过紧张。在文章中看到的俏皮和挖苦连影子都没有，倒像个孩子式的天真的人”[10]，“显得是个惯于得到人的信任”，“什么都可以说，而又什么都肯听的人。”[11]在徐梵澄、冯雪峰诸人的回忆中亦有类似的印象[12]。应该说，友人回忆中审视内心、凛然独坐的鲁迅，促膝谈心，欣然、蔼然的鲁迅，与文章中披甲上阵，横刀跃马的鲁迅，都同样具有真实性，是鲁迅思想、性格的不同层次、不同侧面的显现，夸大任何一面，失去任何一面，都会肢解鲁迅的形象。而日常生活中的这一个和蔼的、平易的、胸无城府、近于孩子式的天真的鲁迅，这一个使人愿意把心交给他的鲁迅，是更充分地显现了鲁迅性情中“纯爱”的这一面的。

当然，更重要的是，鲁迅对于爱的理解，他赋予爱的深刻内容，以及由此构成的鲁迅式爱的特色。

鲁迅以为，爱必须以尊重彼此人格的独立为前提，并在此基础上产生理解与宽容。

鲁迅曾经不无感慨地说道：“现在的许多论客，多说我会发脾气，其实我觉得自己倒是从来没有因为一点小事情，就成友或成仇的人，我还不少几十年的老朋友，要点就在彼此略小节而取其大。”[13]鲁迅与许寿裳就是这样无异昆弟的朋友；他们思想、性格极不相同，却保持了三十五年的深厚友谊，以至于许寿裳最后为友情而殉身。一个基本原因就是彼此的尊重与理解，既充分地肯定对方的优点与价值，又充分地了解人我的弱点，不将自己的思想、生活方式强加于对方，尽管经常发生意见分歧，以至辩驳（在这一点上，鲁迅是从不含糊的），却能够彼此“略小节而取其大”，求同存异。他们是亲密的朋友，但又保持彼此的独立，不追求虚假的绝对一致，不作亲密到无间地步的幻梦，但也恰恰因此而成为了终生不渝的密友。

有意义的是，鲁迅把这种朋友关系推广到了父子之间。许广平回忆说，鲁迅是“把人家兄弟之爱易作父子之爱”[14]的；鲁迅与其爱子海婴关系中，最引人注目，也是最感人之处，正是这种朋友、兄弟式的平等、尊重与理解：承认他们作为社会平等人，有自己独立的人格，独立意志，独立的思考，年长者无权抹杀他们的存在，更没有理由拒绝倾听他们的声音——有时是合理的，有时是不合理的、幼稚的，甚至在年长者看来是荒谬的声音。请看看鲁迅在给他朋友的信中是怎样谈到儿子的吧——

> 海婴这家伙却非常顽皮，两三日前竟发表了颇为反动的宣言，说："这种爸爸，什么爸爸！"真难办。[15]

> 他对于我，确是一个小棒喝团员。他去年还问："爸爸可以吃么？"我的答复是："吃也可以吃，不过还是不吃罢。"今年就不再问，大约决定不吃了[16]。

> 男孩子大都是欺负妈妈的，我们的孩子也是这样；非但不听妈妈的话，还常常反抗。及至我也跟着一道说他，他反倒觉得奇怪："为什么爸爸这样支持妈妈呢？"[17]

> 我们的孩子也很淘气，也是要吃的时候就来了，达到目的以后就出去玩，还发牢骚，说没有弟弟，太寂寞了，是个颇伟大的不平家。[18]

中国的年老的、年青的父母们，你们在这位父亲的描述里，看到了什么呢？儿子是这样自由地毫无拘束地表达他对年长一代的不满、不理解、牢骚、反抗，以至有意"欺侮"年长者而表现出儿童的狡狯；父亲却怀着年长者的宽容、理解，调侃着年幼者的奇思怪想，却又无可奈何于年幼者的越轨行为：这里所显示的，是父与子两代人相同又相异的赤子之心，这是一个更接近自然状态的纯真的心灵世界。因为主宰着这个世界的，仅仅是爱——未受封建等级观念、资本主义金钱关系污染的爱。人们正是可以从这里去接近鲁迅式的幽默感的奥秘。为种种传统观念束缚着的不自由的心灵，是不可能有这样的幽默感的。我们年老的、年青的父母们，又有几个能在儿子认真的、不认真的“反动宣言”面前，发出这样宽容的微笑呢？

鲁迅对于年幼者的这种平等、理解与宽容是建筑在高度自觉的理性认识基础上的。鲁迅在“五四”时期写过一篇《我们现在怎样做父亲》，时隔半个多世纪，今天读起来依然那样新鲜而亲切，年长的、年青的父母们都不妨拿来读一读。鲁迅以为，年长者对于年幼者，“开宗第一，便是理解。往昔的欧人对于孩子的误解，是以为成人的预备；中国人的误解，是以为缩小的成人。直到近来，经过许多学者的研究，才知道孩子的世界，与成人截然不同；倘不先行理解，一味蛮做，便大碍于孩子的发达。所以一切设施，都应该以孩子为本位”；“第二，便是指导。时势既有改变，生活也必须进化；所以后起的人物，一定尤异于前，决不能用同一模型，无理嵌定。长者须是指导者协商者，却不该是命令者”；“第三，便是解放。子女是即我非我的人，但既已分立，也便是人类中人。因为即我，所以更应该尽教育的义务，教给他们自立的能力；因为非我，所以也应同时解放，全部为他们自己所有，成一个独立的人”[19]。鲁迅所坚持的理解、指导与解放的原则，实际上是将现代科学与民主精神贯注于人的天性的“爱”之中；他所追求的是人与人关系的现代化与合理化。这显然带有浓重的理想主义色彩：这是鲁迅这一代先驱者的一个鲜明特色。

在鲁迅的观念中，平等、理解、宽容，必然是双方的。即不仅年长者对于年幼者，而且年幼者对于年长者，也应该坚持这一原则。于是，鲁迅这样谈到了他的“师道观”：“古之师道，实在也太尊，我对此颇有反感。我以为师如荒谬，不妨叛之，但师如非罪而遭冤，却不可乘机下石，以图快敌人之意而自救。"[20]鲁迅举他与章太炎的关系为例："太炎先生曾教我小学，后来因为我主张白话，不敢再去见他了，后来他主张投壶，心窃非之，但当国民党要没收他的几间破屋，我实不能向当局作媚笑。以后如相见，仍尚执礼甚恭（而太炎先生对于弟子，向来也绝无傲态，和蔼若朋友然），自以为师弟之道，如此已可矣"[21]。

师生之间，有地位、有学问的年长者与无名的，正在求学中的年幼者之间，依然"若朋友然"，这始终是鲁迅心目中人际关系的理想境界。"凡有高等动物，倘没有遇着意外的变故，总是从幼到壮，从壮到老，从老到死"，[22]，在人类进化的链条上，各代人都处于平等的地位：他们都是按照历史对他们的要求，在历史提供的范围内，作出自己这一代人生存方式的历史选择，从而获得自己应有的历史位置与价值；因此，各代人的既具有历史合理性，又具有历史局限性的选择，都应当受到尊重。年长一代固然没有权利与理由把自己选择的生存方式凝固化，强制年青一代就范；年青一代同样没有权利与理由用自己这一代人的生存方式作为历史的尺度去衡量、要求上一代人，轻易地否定他们的历史选择。唯有建筑在这种心理上的绝对平等基础上的相互理解与尊重，两代人之间才可能建立起健全的爱的关系。鲁迅曾为后人将"辛亥革命马前卒"邹容排入"落伍者"的行列，而感憾万端："后烈实在前进得快，二十五年前的事，就已经茫然了"[23]。他于是忍不住要"想赞美几句一些过去的人，这恐怕并不是'骸骨的迷恋'"：光绪末年的"新党"都是"三四十岁的中年人"，"还要学英文，学日文，硬着舌头，怪声怪气的朗诵着，对人毫无愧色"；鲁迅肯定说："'老新党'们的见识虽然浅陋，但是有一个目的：图富强。所以他们坚决，切实"，理应受到后人的尊重[24]。历史是不断进步的，不但刚刚学步的年青一代在处于成熟时期的年长者眼里是"幼稚"的，而且先驱者在后来者眼里也是“浅陋”的；无论年青一代的“幼稚”，与年老一代的“浅陋”，都应该得到宽容与谅解，因为它们都是一定历史时代的难于避免的局限，而且没有这样的局限，各代人都将会同时失去自己存在的价值。鲁迅正是基于这样的认识，不断地提醒老一代，谨防有意无意地扼杀了年青一代；同时，又不断地告诫年青一代，“不要只用力于抹杀别个，使他和自己一样的空无，而必须跨过那站着的前人，比前人更加高大”[25]。既“不要抹杀”，又要“跨过”，后者以前者为前提，前者以后者为必然结果；关键在于理解：只有对前人的历史成就、贡献，以及历史局限性都充分理解了，才能找到超过的突破口。如不首先着力于理解，只一味宣布“打倒”，结果只能如鲁迅所说，“言太夸则实难副，志极高而心不专，就永远只能得传扬一个可惊可喜的消息”[26]。

二

鲁迅式的爱里，不仅有理解与宽容，更有原则。鲁迅绝不是无条件的博爱论者，他始终坚持：“一定得有明确的是非，有热烈的好恶。”[27]

于是，在鲁迅的社会交往中，无论是与师与友，与年长者，与年幼者，都出现了大量的论战，而且从来不讲情面。鲁迅也因此引起人们的种种误解与非议。

鲁迅说：“我自己也知道，在中国，我的笔要算较为尖刻的，说话有时也不留情面。”[28]他同时又反问道：“如果已经开始笔战了，为什么要留情面？”[29]鲁迅以为，“留情面是中国文人最大的毛病”[30]，他就是要向“情面”开战。在一次谈话里，鲁迅尖锐指出，中国人讲的“面子”，就是“所自己的过错加以隐瞒，而勉强作出一派正经的面孔”，“不以坏事为坏，不省悟，不认罪，而摆出道理来掩饰过错”，这其实就是一种“伪善”[31]。鲁迅任何时候都是真诚坦荡的，他必须说出他所见到的一切——包括朋友及自己的过错。

因此，他不但直率地无所顾忌地把自己与战友（包括最亲密的战友）的分歧公之于众，进行公开的论战，而且只要对方不承认、不改正错误，他就决不住手，一有机会，总要顺便刺几句，即使对方十分难堪，他也在所不计；因为他所关注的不是个人，而是把个人“认作社会上某种典型”，他所采取的是“经过私人问题去照耀社会思想和社会现象”的战术[32]。鲁迅的尖刻、无情全都对事不对人。只要对方承认了错误，“真知道了自己身上也有鬼”，“露出真价值来”，他就绝不“轻薄半句”[33]，并且继续以诚、爱待之，宽容而大度，不存半点芥蒂。

鲁迅与林语堂的关系就是如此。他们虽为“语丝”社的同人，林语堂主张“费厄泼赖”，鲁迅立即写了《论“费厄泼赖”应该缓行》，公开予以驳斥，不曾留半点情面。但后来，林语堂承认了错误，甚至画了一幅“鲁迅打狗图”，鲁迅立刻欣然接受了林语堂的邀请，到厦门大学任教。以后发现林语堂创办《论语》，倾向日益变坏，鲁迅仍“以朋友待之”，竭尽“诚意”，写信劝诫，鲁迅后来回忆说：“我至今还自信是良言，要他于中国有益，要他在中国存留，并非要他消灭。”[34]直到林语堂一意孤行，越滑越远，才最后与之绝交。

类似的例子还有成仿吾。鲁迅与成仿吾在“革命文学”论争中，是激战的对手。对于成仿吾的许多极左言辞，鲁迅一直“咬住不放”，偶有涉及，必加无情嘲讽。直到1930年加印《呐喊》十三版时，还特意抽去成仿吾称赞过的《不周山》一篇，以示对成仿吾的深恶痛绝。但一旦得知成仿吾改正了错误，成为踏实的革命者，鲁迅立即抛弃前嫌，在成仿吾最困难时，给予了及时帮助。

鲁迅就是这样在与论敌的关系中，也显示出了他的诚、爱，他的无私；正如他自己所说，所有论争均“实为公仇，决非私怨”[35]，因此，鲁迅可以坦荡宣称：他的怨敌虽多，却没有一个私敌。

没有私敌的战士，必定是纯真的。

三

然而，鲁迅还有“憎”。

20世纪初，鲁迅刚出现在中国历史舞台上，就于呼唤诚与爱的同时，呼唤着复仇与憎。

他热情介绍“摩罗诗人”密茨凯维支《先人祭》中反抗沙皇侵略者的复仇之歌——

> 吾神已寂，歌在坟墓中矣。惟吾灵神，已嗅血腥，一啾而起，有如血蝠，欲人血也。渴血渴血，复仇复仇！仇吾屠伯！天意如是，固报矣；即不如是，亦报尔！报复诗华，盖萃于是，使神不之直，则彼且自报之耳。[36]

后来鲁迅在《杂忆》中回忆说：“时当清的末年，在一部分中国青年的心中，革命思潮正盛，凡有叫喊复仇和反抗的，便容易惹起感应。”[37]这是很能够说明鲁迅的神圣的憎的情感所由产生的社会历史背景的。作为一个已经觉醒了的东方落后民族的知识分子，鲁迅和他的同时代的中国青年，强烈地感受着帝国主义侵略势力与封建专制势力的双重压迫，这种无时不在，并且不断加剧的压迫感，形成了他们激烈的“仇敌”意识，任何时候都不会、也不可能忘记异己的敌对力量的存在，并从中产生一种敏感、警惕，一种仇恨与反抗的本能要求。因此，鲁迅说：“人在天性上不能没有憎。”[38]实际上是反映了半封建半殖民地的中国的觉醒了的知识分子彻底地反帝反封建的革命要求的。

鲁迅之所以一再地呼吁“复仇”，鼓动憎的感情，是针对着中国国民性的弱点的。几千年来，我们的祖辈总是这样教导子孙后代："即使敌手用了卑劣的流言和阴谋，也应该正襟危坐，毫无愤怒，默默的吃苦"[39]，此即所谓中庸之道。鲁迅说得十分深刻：中国人的讲"中庸"，"其实乃是卑怯"："遇见强者，不敢反抗，便以'中庸'这些话来粉饰，聊以自慰。"[40]西方帝国主义者为了侵略的需要，也在千方百计地向中国人民灌输扼杀人的反抗意识的所谓"西方文明"观念，即"勿报复"、"勿以恶抗恶"的基督教精神。鲁迅十分沉重地指出，正是误服了东、西方"假文明"的药，在辛亥革命后，革命者"复仇思想"减退，"将纵恶当作宽容，一味姑息下去"[41]，结果"中国又一天一天沉入黑暗里"[42]。"见了我的同辈和比我年幼的青年们的血"[43]，鲁迅觉悟到，必须对中国柔弱的国民性格进行一番根本改造，灌注"以眼还眼，以牙还牙"的复仇精神，与反改革势力进行殊死的斗争；这是保证中国改革事业取得胜利的必要精神条件之一。

由此，鲁迅进一步提出了中国人民的情感世界的深化、发展的问题。他以为，在中国的改革事业中，不仅需要进一步发挥追求理想世界的爱的情感力量，同时，也要注入从严酷现实中升华出来的憎的情感力量。在他看来，至少要把憎的情感置于与爱同等的重要地位，"不能只说爱是伟大的，憎也是伟大的"[44]，生命的意义、价值与事业的成功，常常体现于这种憎恨之中，所谓"憎恶之久，憎恶者之多，就是效力之大的证据"[45]。他强调：必须"像热烈地主张着所爱一样，更热烈地拥抱着所憎——恰如赫尔库来斯的紧抱了巨人安太乌斯一样，因为要折断他的肋骨"[46]。

鲁迅对憎的伟大与热烈的推崇，实质上是对"恶"在历史上的作用的推崇。恩格斯在《费尔巴哈及德国古典哲学的终结》里，曾经指出："在黑格尔那里，恶是历史发展的动力借以表现出来的形式。这里有双重的意思，一方面，每一种新的进步都必然表现为对某一种神圣事物的亵渎，表现为对陈旧的、日渐衰亡的，但为习惯所崇奉的秩序的叛逆，另一方面，自从阶级对立产生以来，正是人的恶劣之情欲——贪欲和权势欲成了历史发展的杠杆。关于这方面，例如封建制度和资本主义的历史就是一个独一无二的持续不断的证明。”鲁迅正是从“对陈旧的、日渐衰亡的，但为习惯所崇奉的秩序的叛逆”中，感受到自身与“恶”的力量的共鸣；他在20世纪初，即自觉地引“超脱古范”、“函刚健抗拒破坏挑战之声”、“人群共弃，艰于置身”的“摩罗”诗人为同调，对他们“强怒善战、豁达能思”的感情世界无限神往[47]，都表现了鲁迅与历史的“恶”的力量深刻的精神联系。即如本书第一章所说，鲁迅作为一个肩负着“在否定旧世界中发现新世界”的历史使命，具有怀疑主义否定精神的思想家与文学家，他的情感世界中，憎恨占据着特殊重要的地位，乃是必然的。

四

鲁迅在充分地肯定了憎的感情力量的历史作用的同时，又努力地发掘人的感情世界中爱与憎的内在联系，提出了“这憎，又或根于更广大的爱”[48]，“爱憎不相离，不但不离而且相争”[49]的命题。这就是说，爱与憎之间不仅互相依存（“不相离”），而且互相斗争（“相争”），是一个矛盾对立的统一体。鲁迅在《〈医生〉·译者附记》里又提出，阿尔志跋绥夫式的憎的反抗对托尔斯泰爱的不抵抗主义是一种“调剂”[50]；这也就是说，鲁迅所追求的，是爱与憎这两种极端情感的相互“调剂”、渗透与补充，或者说是俄罗斯的“异常的残忍性和异常的慈悲性”的结合[51]。

于是，有了真正是鲁迅式的格言：“横眉冷对千夫指，俯首甘为孺子牛。”

毛泽东曾经指出，这里的“千夫”，指的是“敌人”[52]。对敌人的憎与对人民的爱，这两者的矛盾对立统一，确实构成了鲁迅感情世界的一个方面，一个层次。这同时也是20世纪以来中国的一切改革者共有的感情世界。

然而，鲁迅心目中的“千夫”，不仅限于“敌人”，还有更为复杂的内涵：它同时指向不觉悟的、处于蒙昧状态中的人民，他们构成了多数的历史惰性力量。

于是，鲁迅对于人民的情感，就具有了双重性：既是“俯首甘为孺子牛”的最深沉的爱，又是“横眉冷对”的最强烈的憎：“爱”与“憎”矛盾对立，互相渗透、补充。

这样的对立统一，显示了鲁迅情感世界的个性。自古以来，我们只有从屈原开始的“哀民生之多艰”，对人民“哀其不幸”的传统；“怒其不争”的传统，却是自鲁迅开始的。鲁迅的憎正是“根于更广大的爱”：渴望（并相信）人民迅速挣脱几千年封建统治的思想枷锁，走上精神解放的大道。爱之愈深，期待之愈切，憎恨之愈烈。

鲁迅的晚年，随着历史运动的深入发展，“千夫”又有了新的内涵：暗箭来自“同一营垒的战友”；鲁迅说他“遇见文豪们的笔尖的围剿”，其中就包括创造社、太阳社从“左”的方面对他的攻击[53]。对于战友的错误，鲁迅同样“横眉冷对”，报之以雷霆般的神圣愤怒与憎恨。鲁迅的这一态度，受之者至今仍耿耿于怀，忿忿不平。冯雪峰却别有见解，他进一步发挥说，鲁迅是把“自己阵营里的恶劣的现象”“作为本质的仇敌”来看待的，因此，鲁迅对战友的错误“是和对敌人一样憎恨的”。[54]这判断看似惊人，却是真正的知人之论。鲁迅当然不会幼稚到敌我不分，就像他自己所说，犯有错误的同志“也许别有他的优点，也许后来不复如此，仍将成为一个真的革命者”；[55]但是，鲁迅更愿意正视无情的现实：革命者的错误对于人民变革事业的损害，往往远在敌人的破坏之上。把革命者的错误提到“本质的仇敌”的高度，不过是如实地反映了这一人们不愿正视的事实而已；鲁迅对战友（包括领导者）错误的愤怒与憎恨所具有的历史必要性与正义性，是毫无疑义的。但在现实生活中，人们可以承认“对于敌人的姑息，就是犯罪”，但对革命者错误的宽容、谅解、姑息却往往被视为有修养的表现，这样的修养的结果，使我们的民族终于付出了血的代价。但时至今日，我们仍可以看见这样的怪现象：一些人在敌人面前，在外人面前，“敢说，敢笑，敢怒，敢骂”，不失战士本色；但在革命者（特别是领导者）的错误面前，在自己人的不正之风面前，却拘于种种禁令，种种清规戒律，小心翼翼，顾虑重重，说也吞吞吐吐，岂敢哭笑怒骂？这又是怎样一种精神状态呢？鲁迅说，该爱不爱，该憎不憎，“无论遇见谁”，无不“赶紧打拱作揖，让坐献茶”，“做文人做到这地步，不是很有些近乎婊子了么？”[56]这话诚然“刻薄”，却说出了真实。鲁迅对一切有形无形的禁令都置之不顾，他只愿意“站在沙漠上，看看飞沙走石，乐则大笑，悲则大叫，愤则大骂”[57]这样的战士风貌与小市民的庸俗气迥然相反，才是真正令人神往的。

鲁迅更把憎恨之火无情地喷向自己；冯雪峰初读《野草》，觉得在鲁迅的眼中，“就是他自己也是他的敌人似的”[58]，应该说，冯雪峰的直觉，是有相当的真实性的。鲁迅自己就是这样说的——

> 我很憎恶我自己，因为有若干人，或则愿意我有钱，有名，有势，或者愿我陨灭，死亡，而我偏偏无钱无名无势，又不灭不亡，对于各方面，都无以报答盛意，年纪已经如此，恐将遂以如此终。我也常常想到自杀，也常想杀人，然而都不实行，我大约不是一个勇士。……我不大愿意使人失望，所以对于爱人和仇人，都愿意有以骗之，亦即所以慰之，然而仍然各处都弄不好。

> 我自己总觉得我的灵魂里有毒气和鬼气，我极憎恶他，想除去他，而不能。[59]

对自我的失望、不满，以至达到憎恶的地步：这是怎样深沉的痛苦！而这失望、不满，以至憎恶又是多重的：憎恶历史投射于自我灵魂的、抹不掉的阴影；憎恶自己的怯弱，无力摆脱情感的羁绊，获取自我行动与心灵的自由；更憎恶自己的不坦白，不能“披沥真实的心”[60]……

在这自我憎恶的深处，正隐藏着对于真诚的、自由的心灵世界的渴望。

这憎恶与渴望，表现了一种挚爱，令人感动，又给人以难以言状的压抑感。

在鲁迅这里，爱与憎的统一，绝不是二者的中和、钝化，恰恰是以保持各自的强烈性为前提。鲁迅追求的是“泉涌似的壮大的爱憎之念”[61]；他曾摘引他人的话表示：“如果爱也不足，憎也不足”，“于事物太淡泊，生活怎么能丰富？”[62]他向往着在爱与憎的互相渗透、补充中，获得情感的深度与厚度；他渴望着在爱与憎的自主选择中，获得精神上的独立与自由。

他获得并保持了这一切，他的人格，以及他的著作，终于成为20世纪中华民族“爱的大纛”与“憎的丰碑”[63]。

注释

[1] 许寿裳:《我所认识的鲁迅》第59页。

[2][3]《坟·我们现在怎样做父亲》,《鲁迅全集》第1卷第133页，135页。

[4]《而已集·小杂感》,《鲁迅全集》第3卷第532页。

［5］《书信·290407·致韦素园》,《鲁迅全集》第11卷第664页。

［6］《集外集拾遗·答客诮》,《鲁迅全集》第7卷第439页。

［7］《热风·随感录四十》,《鲁迅全集》第1卷第323页。

［8］《集外集拾遗·穷人·小引》,《鲁迅全集》第7卷第105页。

［9］［10］［11］ 增田涉:《鲁迅的印象》第1页，2页，12页。

［12］ 参看徐梵澄:《星花旧影——对鲁迅先生的一些回忆》收《鲁迅回忆录》(散篇，下册)，1324页；冯雪峰在《鲁迅回忆》中曾谈到柔石心目中的鲁迅“简直就是他的一个慈爱的塾师，或甚至一个慈爱的父亲”；而在冯雪蜂的印象中，“鲁迅先生对一切好的青年都不自觉地流露着‘父爱’的感情的”(《雪峰文集》第4卷第134页)。

［13］《书信·360221·致曹聚仁》,《鲁迅全集》第13卷第317页。

［14］ 许广平:《鲁迅先生与海婴》,《许广平忆鲁迅》第463页。

［15］《书信·340807·致增田涉》,《鲁迅全集》第13卷第592页。

［16］《书信·341220·致萧军、萧红》,《鲁迅全集》第12卷第613页。

［17］《书信·340723·致山本初枝》,《鲁迅全集》第13卷第587—588页。

［18］《书信·340730·致山本初枝》,《鲁迅全集》第13卷第590页。

［19］《坟·我们怎样做父亲》,《鲁迅全集》第1卷第135—136页。

［20］［21］《书信·330618·致曹聚仁》,《鲁迅全集》第12卷第185页。

［22］《热风·随感录·四十九》,《鲁迅全集》第1卷第338页。

［23］《三闲集·“革命军马前卒”和“落伍者”》,《鲁迅全集》第4卷第129页。

［24］《准风月谈·重三感旧》,《鲁迅全集》第5卷第324、325页。

［25］［26］《三闲集·鲁迅译著书目》,《鲁迅全集》第4卷第185页，184页。

［27］《且介亭杂文二集·“文人相轻”》,《鲁迅全集》第6卷第299页。

［28］《华盖集·我还不能“带住”》,《鲁迅全集》第3卷第244页。

［29］［30］《书信·350104·致萧军、萧红》,《鲁迅全集》第13卷第3页。

［31］《“面子”和“门钱”》，原为日文，载于1923年6月3日《北京周报》第68期，转引自《鲁迅研究资料》第3辑(内部发行)，文物出版社1979年2月版。

［32］ 瞿秋白:《鲁迅杂感选集·序言》，收《六十年来鲁迅研究论文选》第114、121页。

［33］《华盖集续编·我还不能“带住”》,《鲁迅全集》第3卷第244页。

［34］《书信·340813·致曹聚仁》,《鲁迅全集》第12卷第505—506页。

［35］《书信·340522·致杨霁云》,《鲁迅全集》第12卷第423页。

［36］《坟·摩罗诗力说》,《鲁迅全集》第1卷第95页。

［37］《坟·杂忆》,《鲁迅全集》第1卷第220—221页。

［38］《译文序跋集·〈医生〉译者附记》,《鲁迅全集》第10卷第176页。
［39］《华盖集·"碰壁"之余》,《鲁迅全集》第3卷第119页。
［40］《华盖集·通讯》,《鲁迅全集》第3卷第26页。
［41］［42］《坟·论"费厄泼赖"应该缓行》,《鲁迅全集》第1卷第276页，272页。
［43］《写在〈坟〉后面》,《鲁迅全集》第1卷第283页。
［44］《回忆鲁迅》,《雪峰文集》第4卷第239页。
［45］《南腔北调集·〈论语〉一年》,《鲁迅全集》第4卷第568页。
［46］《且介亭杂文二集·再论"文人相轻"》,《鲁迅全集》第6卷第336页。
［47］《坟·摩罗诗力说》,《鲁迅全集》第1卷第73页。
［48］《译文序跋集·〈医生〉译者附记》,《鲁迅全集》第10卷第176页。
［49］《译文序跋集·〈幸福〉译者附记》,《鲁迅全集》第10卷第173页。
［50］［51］《译文序跋集·〈医生〉译者附记》,《鲁迅全集》第10卷第176、177页，177页。
［52］毛泽东:《在延安文艺座谈会上的讲话》,《毛泽东选集》第834页。
［53］《三闲集·序言》,《鲁迅全集》第4卷第4页。
［54］《关于知识分子的谈话》,《雪峰文集》第4卷第312页。
［55］《且介亭杂文末编·答徐懋庸并关于抗日统一战线问题》,《鲁迅全集》第6卷第535页。
［56］《且介亭杂文二集·再论"文人相轻"》,《鲁迅全集》第6卷第336页。
［57］《华盖集·题记》,《鲁迅全集》第3卷第4页。
［58］《回忆鲁迅》,《雪峰文集》第4卷第133页。
［59］《书信·240924·致李秉中》,《鲁迅全集》第11卷第430—431页。
［60］《且介亭杂文末编·我要骗人》,《鲁迅全集》第6卷第488页。
［61］［62］岛崎藤村:《从浅草来》(鲁迅摘译)，收《壁下译丛》。
［63］《且介亭杂文末编·白莽作〈孩儿塔〉序》,《鲁迅全集》第6卷第494页。

第十二章　沉默与开口

当我沉默着的时候，我觉得充实；我将开口，同时感到空虚。

——《野草·题辞》

我将用无所为和沉默求乞……

我至少将得到虚无。

——《野草·求乞者》

一

当他用博大的心灵感受着外部世界时，他为中国，以及生活在这块土地上的中国人的沉默而感到震惊。

而且，这沉默竟是持续了几十年；鲁迅时时都感到它的存在，以及它给予心灵的沉重压力。

这是20世纪初——

顾瞻人间，新声争起，无不以殊特雄丽之言，自振其精神而绍介其伟美于世界；若渊默而无动者，独前举天竺以下数古国而已。[1]

中国独何依然寂漠而无声也？……朊朊华土，凄如荒原，黄神啸吟，种性放失，心声内曜，两不可期已。[2]

在“顾瞻人间，新声争起”的世界性的比较中，看见了民族可悲的沉默，由此而产生强烈的民族危机感。

“五四”时期，鲁迅把目光转向下层人民，又碰到了普通农民的沉默之壁。这是他笔下的闰土——

他只是摇头；脸上虽然刻着许多皱纹，却全然不动，仿佛石像一般。他大约只是觉得苦，却又形容不出，沉默了片时，便拿起烟管来默默的吸烟了。

他出去了；母亲和我都叹息他的景况：多子，饥荒，苛税，兵，匪，官，绅，都苦得他像一个木偶人了。[3]

这民族多数的沉默有如沉沉黑幕包围着、吞噬着战士孤寂的灵魂。

直到经过一场大革命的呼号、冲击、流血、搏战……鲁迅恐怖地发现：中国，依然是“无声的中国”：“人是有的，没有声音，寂寞得很——人会没有声音的么？没有，可以说：是死了”[4]。

中国几千年的沉默，原不是几次冲击所能冲破。

而且，在鲁迅活着的时候，这可怕的沉默还有漫延的趋势——

万家墨面没蒿莱，敢有歌吟动地哀。[5]

鲁迅死后呢？

……

呵，中国，中国，你这沉默的民族！在你的沉默里，蕴含、郁积着什么？

鲁迅深思着，挖掘着……

他发现：正是几千年封建专制统治，使中国人民“屏息低头，毫不敢轻举妄动”，“两眼下视黄泉，看天就是傲慢，满脸装出死相，说笑就是放肆”[6]。人们不仅失去了行动的自由，也失去了思想的自由，任意表达自己情感的自由，以至造成了民族性格的曲扭：“我们大多数的国民实在特别沉静，真是喜怒哀乐不形于色，而况吐露他们的热力和热情”[7]：在这国民沉默的“死相”里，鲁迅嗅到了封建专制主义的血腥味。

鲁迅发现，是几千年封建等级制度使人与人之间互相隔膜；他说：“在我自己，总仿佛觉得我们人人之间各有一道高墙，将各个分离，使大家的心无从相印”，“我们的圣人和圣人之徒却又补了造化之缺，并且使人们不再会感到别人的精神上的痛苦”[8]。中国民族的沉默，正是表现着一种自我孤独，对周围世界惊人的冷漠，以至对于人（民族）的生存价值的冷漠，这是民族生命衰竭的朕兆。

鲁迅发现，中国人民正在承受长期自我封闭的历史惩罚。他在一篇题为“由聋而哑”的文章里，引用丹麦批评家勃兰克斯的观点，指出：对于国外精神生活的隔绝，必然造成“精神上的‘聋’，那结果，就也招致了‘哑’来”[9]。国民的沉默正是精神上“聋”的苦果，呵，这是一个连精神也“哑”了的民族！

鲁迅以为，民族精神的“哑”的另一个罪魁是繁难的汉字所加强了的文化专制主义，由此而造成全民族文化水平的极端低下。他说：“我们古人又造出了一种难到可怕的一块一块的文字”，“许多人却不能借此说话了”，“现在我们所能听到的不过是几个圣人之徒的意见和道理”，“至于百姓，却就默默的生长，萎黄，枯死了，像压在大石底下的草一样，已经有四千年”[10]！

民族的沉默，人民的沉默，都是一个历史的关口。存在着两种发展趋向。或者由沉默而导致民族精神的萎缩，以至民族的灭亡。人类文明史上并不乏这样的历史先例：“有些民族因为叫苦无用，连苦也不叫了，他们便成为沉默的民族，渐渐更加衰颓下去，埃及，阿拉伯，波斯，印度就都没有什么声音了”[11]：这是消极的向下滑行的趋向。同时，还存在积极向上发展的趋向：由沉默而走向新的觉醒：“因为叫苦没用，他便觉悟起来，由哀音而变为怒吼。”[12]

鲁迅正是这样尖锐地提出问题：“沉默呵，沉默呵！不在沉默中爆发，就在沉默中灭亡。”[13]他渴望着：“在将来，围在高墙里面的一切人众，该会自己觉醒，走出，都来开口。”[14]他以为，这就是中国民族希望之所在。

二

当向内窥视自己的感情世界时，发现的依然是沉默。

对这样一个沉默的内心世界，鲁迅自己有过一个十分深切的描绘——

> ……我的头里是如此地荒芜，浅陋，空虚。
>
> ……夜九时后，一切星散，一所很大的洋楼里，除我以外，没有别人。我沉静下去了。寂静浓到如酒，令人微醺。望后窗外骨立的乱山中许多白点，是丛冢；一粒深黄色火，是南普陀寺的琉璃灯。前面则海天微茫，黑絮一般的夜色简直似乎要扑到心坎里。我靠了石栏远眺，听得自己的心音，四远还仿佛有无量悲哀，苦恼，零落，死灭，都杂入这寂静中，使它变成药酒，加色，加味，加香。这时，我曾经想要写，但是不能写，无从写。这就是我所谓

“我沉默着的时候，我觉得充实，我将开口，同时感到空虚。”

> 莫非这就是一点“世界苦恼”么？我有时想。然而大约又不是的，这不过是淡淡的哀愁，中间还带些愉快。我想接近它，但我愈想，它却愈渺茫了，几乎就要发见仅只我独自倚着石栏，此外一无所有。必须待到我忘了努力，才又感到淡淡的哀愁。[15]

鲁迅提出了一个“沉默”中的“充实”的命题；在沉默中，有着一个十分丰富、博大的精神世界，感情世界。

“四远还仿佛有无量悲哀，苦恼，零落，死灭，都杂入这寂静中”，这使人想起鲁迅的著名诗句：“心事浩茫连广宇。”[16]还有鲁迅大病初愈的顿悟：“无穷的远方，无数的人们，都和我有关。”[17]鲁迅内心世界远远超越了自我的狭窄范围；在他看来，“咀嚼着身边的小小的悲欢，而且就看这小悲欢为全世界”，是一种“病的神经过敏”[18]。鲁迅的心灵与祖国、民族、人民的心灵息息相通；普通人——哪怕是不相识的普通人最微细的悲欢，都会在鲁迅敏感的心弦上引起强烈的震颤。鲁迅在《小约翰·引言》里曾谈到他的一次感情体验：坐在书房里，面对“满天炎热的阳光，时而如蝇的暴雨；前面的小港中是十几只蜑户的船，一船一家，一家一世界”——这本是一个毫不相涉的陌生世界；鲁迅却不由自主地对之投射自己的关注和情感，设身处地体察，推己而及人，仿佛听到了每一个家庭世界日常生活中的“谈笑哭骂”，并且从中感受着一种深刻的“大都市中的悲欢”，并且由此引起更广阔的联想：“仿佛觉得不知那里有青春的生命沦亡，或者正被杀戮，或者正在呻吟，或者正在‘经营腐烂事业’和做这事业的材料……”鲁迅运用他的想象力，使自我心灵和都市里每一个心灵并合为一，而终于感到自我生命的充实与意义：“这虽然沉默的城市中，还有我的生命存在，……我实未尝沦亡。”[19]

鲁迅博大的感情世界不仅超越了自我的狭窄范围，甚至超越了国家、民族的狭窄范围，升华到了自我心灵与宇宙万物（生物，非生物）的契合。这样的境界是儿童所有的，于是鲁迅一再地为儿童的心灵世界辩护——

孩子是可以敬服的，他常常想到星月以上的境界，想到地面下的情形，想到花卉的用处，想到昆虫的言语；他想飞上天空，他想潜入蚁穴……[20]

凡一个人，即使到了中年以至暮年，倘一和孩子接近，便会踏进久经忘却了的孩子世界的边疆去，想到月亮怎么会跟着人走，星星究竟是怎么嵌在天空中。但孩子在他的世界里，是好像鱼之在水，游泳自如，忘其所以的，成人却有如人的凫水一样，虽然也觉到水的柔滑和清凉，不过总不免吃力，为难，非上陆不可了。[21]

鲁迅尽管也有“上陆”的欲望，但他在物我冥合的心灵世界里，同样如“鱼之在水，游泳自如，忘其所以”：他的心灵永远能够与普天下的赤子之心相拥抱。

请读这一段充满赤子真情的文字——

（院子里的两只小白兔被黑猫吃了）自此之后，我总觉得凄凉。夜半在灯下坐着想，那两条小性命，竟是人不知鬼不觉的早在不知什么时候丧失了，生物史上不着一些痕迹，并S（小狗名——引者注）也不叫一声。我于是记起旧事来，先前我住在会馆里，清早起身，只见大槐树下一片散乱的鸽子毛，这明明是膏于鹰吻的了，上午长班来一打扫，便什么都不见，谁知道曾有一个生命断送在这里呢？我又曾路过西四牌楼，看见一匹小狗被马车轧得快死，待回来时，什么也不见了，搬掉了罢，过往行人憧憧的走着，谁知道曾有一个生命断送在这里呢？夏夜，窗外面，常听到苍蝇的悠长的吱吱的叫声，这一定是给蝇虎咬住了，然而我向来无所容心于其间，而别人并且不听到……

假使造物也可以责备，那么，我以为他实在将生命造得太滥，毁得太滥了。[22]

每次读到这段文字，总要受到一种灵魂的冲击，以至于流泪。不只是感动，更是痛苦的自责。我常常感到自己的感情世界太为日常生活的琐细的烦恼所纠缠左右，显得过分的敏感，而沉湎于鲁迅所说的个人"有限哀愁"里；与此同时，却是人类同情心的减弱，对人世间人（不要说生物界）的普遍痛苦的麻木，这是一种精神世界平庸化的倾向。我常想，能够听见苍蝇的"悠长的吱吱的叫声"，并"容心"动情于其生命的挣扎的人，才是真正的战士。我觉得，只有在这里才算是懂得了鲁迅为什么至死不饶恕他的仇敌——因为这些任意践踏、毁灭生命的人间丑类，绝不是他的私敌，而是民族的公敌、人民的公敌、人类的公敌，而且也是文学之敌，即鲁迅所说的"诗歌之敌"[23]。是的，"博大的诗人"必定"感得全人间世，而同时又领会天国之极乐和地狱之大苦恼的精神"[24]，诗人的想象力常常加强了他的感觉，甚至比当事人感受到更大的痛苦（或欢乐）。鲁迅在《〈鱼的悲哀〉译者附记》里，引述爱罗先珂的话"看见别个捉去被杀的事，在我，是比自己被杀更苦恼"，以为这是表现了俄罗斯文学中常见的"伟大的精神"[25]。鲁迅自己也正是有着这种"伟大的精神"的诗人与战士。

因此，鲁迅在自身的感情世界里，总是追求着"大痛楚"、"大欢喜"、"大悲悯"[26]、"大苦恼"[27]、"大侮蔑"[28]之中的"沉酣"[29]

状态。这确实是一个博大的感情世界。一般的哭、叫、喊、笑等等感情表达方式都显得无用。古人说："情动于中而形于言，言之不足，故嗟叹之；嗟叹之不足，故永歌之；永歌之不足，不知手之舞之足之蹈之也。"[30]这是讲人的感情表达方式，但仍然没有说透彻："永歌之不足"，"手之舞之，足之蹈之"也不足呢？……就变作沉默、无言。

沉默可以说是一种最强烈、最有力、最能表现情感之极致的感情世界。悲极，苦极，到了麻木的境地，出现了心灵的空白的时候，就无言。鲁迅说："人们有泪，比动物进化，但即此有泪，也就是不进化"[31]，因为这不仅表现着人的感情的软弱，而且表现着感情的贫乏与虚空：除泪之外，"一无所有"[32]。要有"无泪的人"[33]：他感受着最广大，也最深刻的情感，他是最大的哀痛者，也是最大的幸福者，他只有血而无泪，因此他沉默。欢乐也是如此："忽报人间曾伏虎，泪飞顿作倾盆雨"，化喜为悲，固然比一般的欢喜进了一个层次，但仍然可以悲，也就是意味着还可以找到一种外在的感情宣泄形式，说明还没有进入喜的极致。喜极，必然要达到忘情的地步；忘记喜之为喜，也就无言。

鲁迅在他的著作里一再地提醒人们注意沉默中所内含的人的感情的这种辩证性质：

> 我们听到呻吟，叹息，哭泣，哀求，无须吃惊。见了酷烈的沉默，就应该留心了；见有什么像毒蛇似的在尸林中蜿蜒，怨鬼似的在黑暗中奔驰，就更应该留心了：这在豫告"真的愤怒"将要到来。[34]

> 我实在无话可说。我只觉得所住的并非人间。四十多个青年的血，洋溢在我的周围，使我艰于呼吸视听，那里还能有什么言语？长歌当哭，是必须在痛定之后的。……我已经出离愤怒了。[35]

琪罗编辑圣·蒲孚的遗稿，名其一部为《我的毒》；我从日译本上，看见了这样的一条：

“明言着轻蔑什么人，并不是十足的轻蔑。惟有沉默是最高的轻蔑。——我在这里说，也是多余的”。

诚然，“无毒不丈夫”，形诸笔墨，却还不过是小毒。最高的轻蔑是无言，而且连眼珠也不转过去。[36]

这无言大怒，无言之悲，无言之轻蔑……因为表现的是博大的情怀，因此，常具有一种非凡的内在的力的美。而把这种力的美表现得最为充分的，莫过于《颓败线的颤动》与《药》的结束：这两段文字也是最鲁迅式的。

当她说出无词的言语时，她那伟大如石像，然而已经荒废的，颓败的身躯的全面都颤动了。这颤动点点如鱼鳞，每一鳞都起伏如沸水在烈火上；空中也即刻一同振颤，仿佛暴风雨中的荒海的波涛。

她于是抬起眼睛向着天空，并无词的言语也沉默尽绝，惟有颤动，辐射若太阳光，使空中的波涛立刻回旋，如遭飓风，汹涌奔腾于无边的荒野。[37]

微风早经停息了；枯草支支直立，有如铜丝。一丝发抖的声音，在空气中愈颤愈细，细到没有，周围便都是死一般静。两人站在枯草丛里，仰面看那乌鸦；那乌鸦也在笔直的树枝间，缩着头，铁铸一般站着。[38]

这里，有着鲁迅式的阴冷与憎恨，表现着鲁迅情感的深刻；这里，更是鲁迅式的沉默，表现着鲁迅情感的博大。这是一个天马行空的精神世界，天马行空的艺术世界——鲁迅所特有的世界。

三

让我们再回到本章第二节开头所引《怎么写》里鲁迅自己提供给我们的、他的沉默的内心世界上来。——在鲁迅著作中，这是少有的提示；然而我们过去长期不予重视。

鲁迅告诉我们，这沉默的内心是这样一个境界："我想接近它，但我愈想，它却愈渺茫了"，"必须待到我忘了努力"[39]，才又得以接近与进入。

必得先"忘了努力"——排除所有有意识、有目的的刻意追求，放弃对任何语言、逻辑的执著，摆脱得失、利害、荣辱……一切物欲、私欲的束缚，达到心灵的净化；于是，就进入了自然的、放松的状态——心灵的自由状态。

鲁迅告诉我们，这又是"浓到如酒，令人微醺"[40]的状态。就在这恍兮惚兮的陶醉中，人们的感官外射，感受着远处的山、灯、海、天，又逼视内心，"听得自己的心音"，并且达到二者的交融："黑絮一般的夜色简直似乎要扑到心坎里"[41]，在大自然与自我的合一中，进入忘我（失我）入神的境界——这与鲁迅所说"静观默察"、"凝神结想"[42]的艺术创造过程十分接近，这既是人生的境界，又是审美的境界。在鲁迅友人的回忆中，偶尔可见的"凝然冷坐"[43]、"神寒气静"[44]，也都是这样的人生境界与审美境界。

因为忘我、失我，以至忘怀一切，这人生、审美境界里，"一无所有"，是一个"空"、"虚"、"沉默"的世界。然而，鲁迅却"觉得充实"；

因为他分明感到了“四远还仿佛有无量悲哀，苦恼，零落，死灭，都杂入这寂静中，使它变成药酒，加色，加味，加香”[45]。这就是我们在上文所反复论证的，惟其忘我、失我，就达到超越，超越了物、我的狭隘性，在沉默、空虚中，万象冥合，进入真正博大的世界，并且取得巨大的潜能，即庄子所谓“尸居而龙见，渊默而雷声”。[46]“尸居”、“渊默”的静态，都蕴蓄着一种势能，一旦释放出来，转化为动能，则雷鸣、龙见（现），足以惊天动地。鲁迅的“于无声处听惊雷”[47]，即是此意。

这类似老庄“大音希声”[48]、“大美而不言”[49]的“沉默”的审美境界，它究竟蕴含着一种什么样的文化心理与情感呢？鲁迅问：“莫非这就是一点‘世界苦恼’么？”他自己作了否定性的回答：“大约又不是的。这不过是淡淡的哀愁，中间还带些愉快”。[50]这确实与西方世纪末的“世界苦恼”不同，而类似于周作人所说的“东洋人的悲哀”[51]。在周作人看来，所谓“东洋人的悲哀”，“含着两个侧面：闲适，诙谐与忧患。前者是一种‘淡淡的喜悦，可以说是寂寞的不寂寞之感’[52]，后者则充满了忧郁的苦味”；两者“互为表里”：“闲适、诙谐以忧患为根，就取得了历史的深度、厚度与深沉的感情力量，忧患以闲适、诙谐作底，就表现出洒脱、从容的气度与清明的理性力量”，“东方文化中这种‘情’与‘理’互相依存、制约”，从根本上反映了“生活于绵绵无尽的历史与现实苦难中的东方人‘悲天悯人’的忧患意识，以及在‘无常，无望，无告’中执著追求的现世精神与韧性力量”[53]。这与本书第三章所详细论证的鲁迅的“绝望中抗战”精神确有某些相通之处；鲁迅能够进入这种“带些愉快的”“淡淡的哀愁”的境界，当然也不是偶然的。

但是，鲁迅沉默的内心与老庄的“大音希声”、“大美而不言”，以及周作人的“东洋人的悲哀”，也仅仅是相类似，存在着某些内在联系，却并不可等同，有着实质性的区别。其中最重要的是，无论是老庄的净化、超越，还是周作人的闲适，都包含着逃避现实与苟安的消极因素，这是鲁迅所绝对不能相容的。以至于鲁迅尽管十分珍视那沉默中物我冥合的审美境界，却不愿长久地沉浸于其间，总是迅速地让自己回到现实社会中来。于是，在满怀深情地揭示了“沉静”的“内心”之后，紧接着鲁迅又写道——

腿上钢针似的一刺，我便不假思索地用手掌向痛处直拍下去，同时只知道蚊子在咬我。什么哀愁，什么夜色，都飞到九霄云外去了……仍是不假思索地走进屋里去，坐在一把唯一的半躺椅——躺不直的藤椅子——上，抚摩着蚊喙的伤，……直到它由痒转痛，比较地能够打熬。

此后的结果就更不高明了，往往是坐在电灯下吃柚子。[54]

鲁迅显然是有意地要用电灯下“搔痒”、“大嚼”的俗态来打破夜色中心的净化、超越的雅兴。鲁迅早就宣布过：“现在是多么切迫的时候，作者的任务，是在对于有害的事物，立刻给以反响或抗争”[55]；因此，他宁愿“站在沙漠上，看看飞沙走石”，而不愿进入“艺术之宫”去[56]。

因此，鲁迅对公开鼓吹逃避现实的“静观默想”持严峻的批判、拒绝态度，就是十分自然的。他表示：“我知道伟大的人物能洞见三世，观照一切，历大苦恼，尝大欢喜，发大慈悲，但我又知道这必须深入山林，坐古树下，静观默想，得天眼通，离人间愈远遥，而知人间也愈深，愈广；于是凡有言说，也愈高，愈大；于是而为天人师”[57]，但此道于他格格不入。他更指出：以“超一切忧喜”、“泯化一切忧喜”的“静穆”作为“诗的极境”，不过是“抚慰劳人的圣药”[58]。

鲁迅并不一般地排斥“静穆”，他时时陷于沉默之中。但他所期待的，仍然是“开口”——并不是处于“不能写，无从写”的文网下的“开口”，那将“同时感到空虚”[59]，鲁迅向往着那一天：“中国变成一个有声的中国”，人民将“大胆地说话，勇敢地进行，忘掉了一切利害，推开了古人”[60]，发出“自己的声音”，“现代的声音”[61]，“真的声音”[62]。

那时候，鲁迅也将“开口”，同时“沉默”——真正地进入那最高的审美境界，自由的境界。

注释

［1］《坟·摩罗诗力说》，《鲁迅全集》第1卷第64—65页。

［2］《集外集拾遗补编·破恶声论》，《鲁迅全集》第8卷第25—26页。

［3］《呐喊·故乡》，《鲁迅全集》第1卷第483页。

［4］《三闲集·无声的中国》，《鲁迅全集》第4卷第12页。

［5］［47］《集外集拾遗·无题（万家墨面没蒿莱）》，《鲁迅全集》第7卷第448页。

［6］《华盖集·忽然想到（五）》，《鲁迅全集》第3卷第42页。

［7］《集外集拾遗·中山先生逝世后一周年》，《鲁迅全集》第7卷第293页。

［8］《集外集·俄文译本〈阿Q正传〉序及著者自叙传略》，《鲁迅全集》第7卷第81页。

［9］《准风月谈·由聋而哑》，《鲁迅全集》第5卷第277页。

［10］《集外集·俄文译本〈阿Q正传〉序及著者自叙传略》，《鲁迅全集》第7卷第81—82页。

［11］［12］《而已集·革命时代的文学》，《鲁迅全集》第3卷第419页，419页。

［13］［35］《华盖集续编·记念刘和珍君》，《鲁迅全集》第3卷第275页，273页。

［14］《集外集·俄文译本〈阿Q正传〉序及著者自叙传略》，《鲁迅全集》第7卷第82页。

［15］［50］《三闲集·怎么写》，《鲁迅全集》第4卷第18—19页，19页。

［16］《集外集拾遗·无题（万家墨面没蒿莱）》，《鲁迅全集》第7卷第448页。

［17］《且介亭杂文末编·“这也是生活……”》，《鲁迅全集》第6卷第601页。

［18］《且介亭杂文二集·中国新文学大系小说二集·序》，《鲁迅全集》第6卷第242页。

［19］《译文序跋集·小约翰·序言》，《鲁迅全集》第10卷第257页。

［20］［21］《且介亭杂文·看图识字》，《鲁迅全集》第6卷第36页，35页。

［22］《呐喊·兔和猫》，《鲁迅全集》第1卷第552—553页。许寿裳曾多次引用鲁迅这段话，以为鲁迅从兔的两条小生命的丧失而引起的“推论”，是鲁迅“仁爱为核心的人格的表现”（《我所认识的鲁迅》第60、76页）。可惜此后《兔和猫》这篇充分显示了鲁迅心灵的美文长期以来得不到应有的评价。这与我们讳谈鲁迅

的人道主义精神，显然有关。

［23］［24］［27］《集外集拾遗 · 诗歌之敌》,《鲁迅全集》第7卷第236页。

［25］《译文序跋集 ·〈鱼的悲哀〉译者附记》,《鲁迅全集》第10卷第205页。

［26］［29］《野草 · 复仇（其二）》,《鲁迅全集》第2卷第175页，172页。

［28］《热风 · 随感录四十一》,《鲁迅全集》第1卷第326页。

［30］《诗 · 大序》。

［31］［32］［33］《华盖集 · 杂感》,《鲁迅全集》第3卷第48页。

［34］《华盖集 · 杂忆》,《鲁迅全集》第3卷第50页。

［36］《且介亭杂文末编 · 半夏小集》,《鲁迅全集》第6卷第597页。

［37］《野草 · 颓败线的颤动》,《鲁迅全集》第2卷第206页。

［38］《呐喊 · 药》,《鲁迅全集》第1卷第498页。

［39］［40］［41］［45］《三闲集 · 怎么写》,《鲁迅全集》第4卷第18页，18页，18页，18页。

［42］《且介亭杂文末编 ·〈出关〉的“关”》,《鲁迅全集》第6卷第519页。

［43］沈尹默:《鲁迅生活中的一节》，收《鲁迅回忆录》（散篇，上册），第248页。

［44］徐梵澄:《星花旧影——对鲁迅先生的一些回忆》,《鲁迅回忆录》（散篇，下册），第1329页。

［46］《庄子 · 在宥》。

［48］《老子 · 三十五章》。

［49］《庄子 · 知北游》。

［51］周作人:《知堂回想录》第703页，三育图书文具公司，1974年。

［52］周作人:《文载道文钞 · 序》收《知堂序跋》，岳麓书社1987年第461页。

［53］引自拙作《周作人传》，上海人民出版社1991年，第88、87页。

［54］《三闲集 · 怎么写》,《鲁迅全集》第4卷第19页。

［55］《且介亭杂文 · 序言》,《鲁迅全集》第6卷第3页。

［56］［57］《华盖集 · 题记》,《鲁迅全集》第3卷第4页，3页。

［58］《且介亭杂文二集 ·“题未定”草 · 七》,《鲁迅全集》第6卷第427、426页。

［59］《三闲集 · 怎么写》,《鲁迅全集》第4卷第18–19页。

［60］［61］［62］《三闲集 · 无声的中国》,《鲁迅全集》第4卷第15页，12页，15页。

艺术篇

第十三章 人·神·鬼

钉杀了“人之子”的人们的身上，比钉杀了“神之子”的尤其血污，血腥。

——《野草·复仇（其二)》

是的，你是人！我且去寻野兽和恶鬼……

——《野草·失掉的好地狱》

一

在鲁迅的艺术里——无论诗歌、小说、散文、杂文，都是人、神、鬼交融的世界。

昔闻湘水碧如染，今闻湘水胭脂痕。
湘灵妆成照湘水，皎如皓月窥彤云。[1]

在《湘灵歌》的美的想象里，远古传说中的湘灵女神已与现实中创造新生活的战斗者融为一体。

鲁迅的小说《故事新编》，更是打破了生活原始状态的自然逻辑，创造出一个古与今，人、神、鬼在变形中交融的世界。于是，人类始母女娲胯下出现了猥琐的人间“伟丈夫”，传说中的英雄神后羿有了凡人一样的苦恼。《理水》里的文化山上，奇肱国的飞车簌簌发响声中掺入了洋味十足的“OK”声。《采薇》里几千年前的古板老头儿叔齐、伯夷路遇自称“文明人”的、油腔滑调的现代强盗小穷奇。《起死》里的汉子死而复活，由鬼变人，又与古代的庄周、现代的巡士之间合演了一出大打出手的闹剧……

即使是鲁迅以写实为主的《呐喊》、《彷徨》里，仍然充满了有关人、神、鬼的形而上的描写与讨论，在逼真的现实图画上涂抹了或明或显、或多或少的神秘、阴沉的色彩。《狂人日记》实际上是对“从盘古开辟天地”以来的中国民族历史的哲学概括；其中传说中的神，历史的鬼，现实的人，全露出“白厉厉排着”的牙齿，闪烁着恐怖的光。《药》的结尾，善良的母亲对儿子的冤魂“显灵”的期待，于“死一般”的沉静里透出阵阵阴冷的鬼气。无知的单四嫂子徒劳地企盼在梦中会她死去了的宝儿（《明天》），木偶人似的闰土对于神灵的偶像崇拜的麻木（《故乡》），阿Q“过了二十年又是一个”无师自通的“豪言”，以及人群中“豺狼一般的嗥叫”（《阿Q正传》），惊心动魄地宣示着鬼神世界对人的精神世界的主宰与渗透。普通农妇祥林嫂“人死后有没有灵魂”的疑问则打开了封建神权的一个缺口（《祝福》）。曾勇敢地拔掉神像的知识分子吕纬甫又含含糊糊、半真半假地与鬼神世界妥协，证明了在古老的旧中国，人要摆脱鬼的纠缠之艰难。

《野草》丛生中，自然是神、鬼、人出没的好去处。奇怪而高的天空“闪闪地鬼䀹眼”（《秋夜》）；一切青白的冰谷中卧着死之火（《死火》）；“神之子”被钉杀，沉酣于大欢喜和大悲悯中〔《复仇（其二）》〕；天神、魔鬼、人类厮杀声“遍满三界，远过雷霆”，“鬼众一样呻吟，一样宛转”（《失掉的好地狱》）；游魂化为长蛇，“口有毒牙”，“自啮其身”，死尸胸腹俱破，突地坐起，“口唇不动”，然而开口（《墓碣文》）……

在鲁迅的杂文天地里，神、鬼、人任意驰骋。鲁迅一支“金不换”随意招来了：活无常，死有分，羊面猪头，“油豆滑跌小地狱”[2]，鬼妻[3]，鬼卒[4]，阎罗大王[5]，怨鬼[6]，故鬼，新鬼，游魂，牛首阿旁，畜生，化生，大叫唤，无叫唤[7]，狐鬼[8]，拿着软刀子的妖魔[9]，山中厉鬼[10]……又唤出了：鬼话[11]，鬼哭[12]，鬼胎[13]，鬼泪[14]，鬼气[15]，鬼画符[16]，鬼打墙[17]，鬼道主义[18]，鬼祟[19]，鬼蜮[20]……还请出了：灶君，三尸神[21]，火神[22]，五通神[23]，东岳大帝[24]，等等。

这是幽深、诡奇的艺术世界，这是真实的人生世界。这里有文学，有历史，这里有哲学，有文化学，民俗学。这里表现了鲁迅思维与情感的自由状态，这是鲁迅独有的世界。

二

人、神、鬼在鲁迅的艺术世界里共存，这个事实本身即表明了鲁迅对于人生、社会的一种独特理解与把握。——绝非单纯的艺术技巧、艺术形式的选择。

鲁迅经常谈到他的一种幻觉：“我只觉得所住的并非人间”[25]，“华夏大概并非地狱，然而‘境由心造’，我眼前总充塞着重迭的黑云其中有故鬼，新鬼，游鬼，牛首阿旁，畜生，化生，大叫唤，无叫唤，使我不堪闻见”[26]。

鲁迅说得很清楚：“境由心造”，幻觉境界反映了人的主观心灵对于客观现实生活的感受，以及由此而产生的追求。

本来，地狱之类就是一种心造之境。鲁迅曾经说过，小乘教立下地狱之说，无非是宣扬对于未来的一种恐怖，以此“恐吓异端，使心志不坚定者害怕”[27]。这就是说，由众鬼组成的地狱是人的心灵对于自身不能把握的异己世界（命运，未来……）的一种恐惧感的产物。人们由此而心造出来的在鬼的世界里活动的一些祟物，他们所奉行的鬼的哲学，采取的鬼蜮手段，都与人的本性相背离，不但人所共弃，而且构成了对人的健全发展的一种心理上的潜在威胁。

但这毕竟是一种未来的威胁，至少是人死后，脱离了现实生活才会出现的威胁，即所谓“报应并非眼前，却在将来百年之后”[28]。这既能使人产生“死之恐怖”，又会让人觉得“现世胜于地狱”，“苟活也比死好”，因而产生苟安心理，屈服于现实。

因此，感觉到“所住的并非人间”，本质上乃是对于现实黑暗的一种痛苦而清醒的认识：对于人的本性的背离，对于人的健全发展的威胁，不只是存在于“百年之后”的地狱，更存在于自己所生活的现实社会——现实的黑暗甚至胜过了地狱，也就是说，超过了人的想象力所能达到的黑暗的极致。鲁迅说：“我先前读但丁的《神曲》，到《地狱》篇，就惊异于这作者设想的残酷，但到现在，阅历加多，才知道他还是仁厚的了：他还没有想出一个现在已极平常的惨苦到谁也看不见的地狱来”[29]。这里仍然存在着对于自己不能掌握的异己力量的恐怖，但已不是死后的恐怖，而是现实的生的恐怖。意识到现实黑暗的极致，人被逼到了生存的死角，由此所唤起的，决不是竭力“从地狱中出离”，“装作无所闻见模样，以图欺骗自己”[30]的苟安愿望，而是深入地狱中，以求掀翻这地狱的战斗激情。在鲁迅的观察与描写中，现实世界与非现实鬼蜮世界的混同，首先表现了鲁迅所特有的清醒的、战斗的现实主义人生态度。

鬼的世界的幻想，既是人对于未知的恐怖的期待与想象，同时也是人由于现实人生不能实现的欲望而产生的精神追求。鲁迅在《无常》中对此有相当精辟的分析。他说：“他们——敝同乡‘下等人’——的许多，活着，苦着，被流言，被反噬，因了积久的经验，知道阳间维持‘公理’的只有一个会，而且这会本身就是‘遥遥茫茫’，于是乎势不得不发生对于阴间的神往。”[31]这愤激之言里自然含有鲁迅惯有的现实战斗的锋芒，但更表现着鲁迅对下层人民的心理、欲求的一种深刻理解。早在20世纪初，鲁迅就曾为人的迷信神灵辩护：“夫人在两间，……倘其不安物质之生活，则自必有形上之需求。……希伯来之民，大观天然，怀不思议，则神来之事与接神之术兴，后之宗教，即以萌蘖。虽中国志士谓之迷，而吾则谓此乃向上之民，欲离是有限相对之现世，以趣无限绝对之至上者也。”[32]鲁迅进而为农民的赛会求神拜鬼活动辩护：“朴素之民，厥心纯白，则劳作终岁，必求一扬其精神。故农则年答大戬于天，自亦蒙庥而大酺，稍息心体，备更服劳。今并此而止之，是使学轭下之牛马也，人不能堪，必别有所以发泄者矣。”[33]鲁迅的辩护是十分有力的；因为他显示了对人之为人的本质——人的超越“有限相对之现世”，追求“无限绝对之至上”的趋向的一种极为敏锐、深刻的把握。在鲁迅看来，处于繁重的体力劳动重轭之下的农民，承受着“流言”、“反噬”等等精神迫害，活得十分苦的下层人民及其知识分子，对于这种人所特有的形而上的精神追求，是愈加迫切的。鲁迅由此而说明了：诗歌、神话、传说中所创造的鬼神世界对于提高人的自觉所具有的特殊重要意义[34]。鲁迅在20世纪初即已达到这样的认识高度，实在是令人惊异的；因为时至今日，仍然有人把人对“有限相对的现世”的超越，对“无限绝对的至上者”的追求，以及相应的艺术表现，看作逃避现实而大加讨伐。人的确是需要面对现实的：人一刻也不能脱离改造现实的实践活动，而改造现实的前提，就是对现实黑暗的正视；但人同时需要有超越现实的精神追求，没有这种超越的目标，同样不可能有真实的改造现实的实践。人之为人，既要足踏在现实的大地，又要飞翔于理想的幻空——鲁迅既提醒人们：现实就是地狱，又神往于鬼神的幻象，追求超越苦难的精神力量，正是体现了对人的精神本质的全面把握。把人的两种欲求对立起来，所得到的绝不会是健全的人生。

鬼的世界对于处在现实社会关系中的人，还是一个历史的存在。当鲁迅说着“谈鬼物正像人间，用新典一如古典”，“在死的鬼画符和鬼打墙中，展示了活的人间相”，“将活的人间相，都看作了死的鬼画符和鬼打墙”[35]时，同时也在说着历史与现实的关系，即“古典”与“新典”的关系。鲁迅的认识自然也是十分清醒的；他早就说过：“历史上都写着中国的灵魂，指示着将来的命运。”[36]在人的精神领域，尤其明显地表现出历史的鬼魂对现实的人的渗透、制约与影响。“五四”时期鲁迅在《随感录·三十八》[37]里曾转述过法国社会心理学家勒朋《民族进化的心理》（今译《民族进化的心理定律》）中的意见：“我们一举一动，虽似自主，其实多受死鬼的牵制”[38]；在《我们现在怎样做父亲》里，又进一步借用了风行一时的易卜生《群鬼》的故事，指出了遗传的可怕：“并不只是梅毒，另外许多精神上体质上的缺点，也可以传之子孙，而且久而久之，连社会都蒙着影响”[39]。应该说，对于封建传统鬼魂对后来的改革者的束缚，“故鬼重来”的高度警惕，是“五四”时期的思想家所共有的，这反映了“五四”彻底反封建的思想革命的要求与特定的时代气氛与时代心理[40]。如前所述，这一时期鲁迅作品中神鬼世界与人的世界的融合，正是突出地反映了封建性的鬼魂对现实中国人精神的渗透与主宰这样的特定的思想文化关系。但鲁迅并没有因为这种强调，而导致无所作为的宿命论与虚无主义；他表示不能同意勒朋对“死人之力”的夸大，“以为它已经铸定了我们的运命”[41]。鲁迅更注重从人类进化论的观点去看待死鬼与活人，历史与现实的关系，现实的活人不可能为历史的鬼魂所困死，现实的变革力量在历史的既成事实面前，绝不是无能为力的，活人跨过死鬼的陈尸，创造出新的未来，这是历史发展的必然趋势。这历史的进取精神与乐观主义精神，也是属于“五四”时代的。

对于古老鬼魂的警惕，在鲁迅这里更表现为一种无情的自我批判与否定：“自己却正苦于背了这些古老的鬼魂，摆脱不开，时常感到一种使人气闷的沉重”[42]。鲁迅真诚地期望，古老鬼魂对于新的现实人生的消极性影响，将因自己这一代的自觉牺牲而结束。历史却证明着，鲁迅仍然是过于乐观了。无论消极性的影响，还是积极性的影响，大概都将长期继续下去；于是，鬼神世界与人的世界的互相渗透，也将获得长久的思想艺术生命力。

三

请注意鲁迅的如下论述——

> 夫神话之作，本于古民，睹天物之奇觚，则逞神思而施以人化，想出古异，諔诡可观，虽信之失当，而嘲之则大惑也。太古之民，神思如是，为后人者，当若何惊异瑰大之；矧欧西艺文，多蒙其泽，思想文术，赖是而庄严美妙者，不知几何。倘欲究西国人文，治此则其首事，盖不知神话，即莫由解其艺文，暗艺文者，于内部文明何获焉。[43]

这里，不仅从古代人的思维特点说明了神话的产生，而且强调了神话研究对于了解西方文学艺术，以至西方文化的特殊意义。实际上，神话的文学史、文化史意义是不限于西方文学与文化的，具有更大的普遍性。我们可以从鲁迅的学术研究与文学创作中对于神话、传说中的鬼、神形象的评价、处理的这一特殊角度，来把握鲁迅与中国传统文化的关系。

鲁迅在考察中国神话时，发现了一个重要现象："中国古时天神，地祇，人，鬼，往往殽杂。"[44]有趣的是，鲁迅自己在创作中运用中国神话题材时，自觉地继承与发展中国神话的传统，将神话英雄充分地人化，而且是充分地个性化了。鲁迅《故事新编》中取材于古代英雄神话的《补天》、《奔月》、《铸剑》，都是《野草》时期的作品，二者之间，存在着思想、艺术追求上内在的相通，应该把它们作为一个思想艺术的整体来加以考察[45]。它们在某种意义上，都是心灵的象征的诗，不同之处仅仅在于《野草》是鲁迅主观心灵的直接剖析、外化，而《故事新编》、《彷徨》中的诸篇是通过对现实人生的刻画（《彷徨》）、传统神话的再造（《故事新编》）折射鲁迅的内心世界。这样，就决定了鲁迅笔下的神话世界，不仅由惊心动魄的创世的英雄业绩所构成、更充满了惊心动魄的内心矛盾与冲突，其中正灌注了鲁迅自身的精神历程。在表面层次上，是古与今在语言表达方式、生活细节上的重叠、交错；内面层次上，却凝聚着民族传统的神话英雄与鲁迅自我的认同与辨异。

在鲁迅独特的神话世界里，一端展开的是鲁迅内心的某些侧面，一端又展现着经过鲁迅主观心灵筛选的传统。因此，在《补天》里，突出于作品前景位置的，不是女娲这位人类与民族始母创人、补天的英雄行为本身，而是创造过程中的精神面貌、心理状态："弥漫在宇宙里"的创造精力得不到发挥时的"懊恼"，创造时的"从未曾有的勇往与愉快"，创造后的"疲乏"，发现创造的产物竟是卑琐的人间丑物时，"倒抽了一口冷气"，时时袭上心头的"无聊"：这一切，不仅渗入了鲁迅自身的内心体验，而且具有更广泛的意义：它几乎是概括了一切创造性事业的开拓者、先驱者的共同心境的。而女娲胯间出现的"古衣冠的伟丈夫"，更是一切创造过程都不能避免的"插曲"，它所蕴含的“一面是伟大的创造，一面是无耻的破坏”的生活真理，大大深化了《补天》神话世界的象征意义。鲁迅显然是要充分地肯定女娲所代表的民族的创造力与创世精神，并从中有所汲取；但他却着力强调与创世精神必然相伴随的种种精神苦闷。这是一个将在神话传说中被神化了的民族创世精神还原为现实生活本来面目的过程；唯有经过这样的还原（即人化），鲁迅的继承才建立在现实的基础上。

在《补天》的结尾，鲁迅对传统神话作了一点改造，而这改造更是意味深长的。据《山海经·大荒西经》的原始记载，女娲死后，“有神十人，名曰女娲之肠……处栗广之野”，郭璞注：女娲“一日中七十变，其肠化为此神”，这与“鲧化为禹”的神话传说一样，都是象征上一代的事业与生命在下一代中得到延伸。但鲁迅在《补天》里却对之加以改造：“女娲氏之肠”成了伶俐的小人，一面“在死尸的肚皮上扎了寨，因为这一处最膏腴”，一面却打着“女娲的嫡派”的旗帜：这里所象征的，显然是“开创事业的先驱者为后代牺牲，死后连尸体也被利用”的悲剧命运。创世的先驱者的命运问题，正是《野草》时期，鲁迅的思考及其内心矛盾的焦点之一。

《奔月》所要展开的也是这一现实生活中提出的主题。因此，《奔月》的选材是不寻常的，也是深刻的：不写创世英雄羿当年射日的显赫战功，却着力铺写在完成了历史功业之后羿的遭遇与心境。遗忘、废弃、背叛、逃离：这遭遇是残酷的；而尤其可怕的是，在琐屑的生活纠缠下，英雄自身精神的平庸化，以及由遗弃、背叛而引起的心境的寂寞与悲凉。这些都饱含着鲁迅自身的隐痛；而从精神危机中挣扎出来的渴求与努力，自然也是鲁迅的。于是，终于唤来了那神来之笔——

他一手拈弓，一手捏着三枝箭，都搭上去，拉了一个满弓，

> 正对着月亮。身子是岩石一般挺立着，眼光直射，闪闪如岩下电，须发开张飘动，像黑色火，这一瞬息，使人仿佛想见他当年射日的雄姿。[46]

看呵，不管怎样造谣、诬蔑、背叛、离异、不论如何冷落、迫害、歪曲、霸占，羿还是羿，战士依然是战士——战士的本色不会变，战士的精神不曾磨灭，战士的事业永生，战士的雄姿常存。至于那些过去自称“学生”，如今用“偷去的拳头”向战士进攻的逢蒙们，羿有最充分的理由表示最大的蔑视。羿哈哈“大笑”，这样教训他们：“又是引经据典。但这些话你只可以哄哄老婆子，本人面前捣什么鬼？俺向来就只是打猎，没有弄过你们的剪径的玩意儿……”何等的痛快淋漓，何等的发人深省！这里，不仅神与人，羿与鲁迅之间，已经混然无界，而且可以涵盖一切学说、事业的开创者与背离者、剽窃者的关系；神话人物羿、逢蒙都取得了一定象征的意义。鲁迅在小说中寄寓的题旨：“在外界的离弃与内在精神危机夹击下，唤回当年的战斗精神”，也超越了时空，具有某种普遍性。

《理水》里的禹，是鲁迅创造的第三个创世英雄；但已经不具有任何神话的色彩，而是一个充分历史化了的人物。值得注意的是，小说着意创造了两个世界：以文化山为中心的，由考察大员、官场学者以及小民奴才组成的光怪陆离的世界，不仅古今杂糅，而且保留了某些神话传说中的非现实情节与细节，例如文化山上有奇肱国的飞车，官场学者用蝌蚪文写字之类。但夏禹和他的同事，以及乡下人组成的世界，则完全是一个现实的人间社会。尽管也采用了某些神话传说中的素材（例如禹化为熊，捉拿无支祁的传说等），但也都明确处理为人民由于关注夏禹的事业而自发创造的传言，不带有任何神秘的性质。相反，夏禹的外貌、举止、言谈：“面目黧黑，衣服破旧”，“不穿袜子，满脚底都是栗子一般的老茧”，“大模大样”地“一径跨到席上，在上面坐下”，开口就是“我查了山泽的情形，征了百姓的意见，已经看透实情，打定主意，非‘导’不可”，都充分地显示了平民化的特色，鲁迅着意赋予他将革新精神与求实态度统一于一身的平民实干家的品格，并且在基本上完成了禹的形象以后，把笔落在禹的同事身上：“一排黑瘦的乞丐似的东西，不动，不言，不笑，像铁铸一样”，用笔简练、浓重、含义深刻：禹只是一个代表了他的背后是“乞丐似的”穷困、艰苦，而又“铁铸”般坚定，“不动，不言”，默默支持着这个世界的人民。这夏禹的形象，就不仅彻底的人化，而且与普通人民结合为一体，内心充满着沉稳与自信；同作为创世者的女娲、羿的形象却多少保留着神与人对立的成分，表现着内心的孤独与荒凉：这其间的变化，显然是折射了鲁迅自身思想及内心世界的变化。

因此，我们在《非攻》里的墨子身上发现夏禹的身影，就丝毫也不足怪了。《非攻》里的素材——墨子与公输盘斗智勇的传说，按近人袁珂的研究，本是“神话化了的历史”，收在袁著《中国神话传说》一书中。但鲁迅笔下墨子形象本身却是充分地历史化的，是一个地地道道的平民哲学家。也许在墨子身上具有更多的农民的气质，不仅他的穿戴与普通农民一样，而且他的吃食，以至生活习惯也与农民相似。他的为“贱人”说话的立场，以实际效用来判断好坏的真理观，以及反对故弄玄虚的空谈，重视增强实力的实际准备的思想作风，沉稳坚毅的个性，特别是他所获得的普通人民的支持，都与鲁迅笔下的夏禹相通。这是反映了历史的真实的。据古书记载，夏禹与墨子之间存在着深刻的师承关系；《庄子杂篇·天下》云：“禹大圣也，而形劳天下也如此，使后世之墨子，多以裘褐为衣，以跂跻为服，日昼不休，以自苦为极。曰，不能如此，非禹之道也，不足为墨”。从夏禹到墨子，构成了中国传统中注重实情、实践、实际效果，埋头苦干，拼命硬干，为民请命的平民化的文化精神，以及相应的沉稳、坚毅、刻苦的文化性格。鲁迅是自觉地继承了这一传统的。鲁迅在他的童年和青少年时期，经常探访的故乡名胜古迹中就有禹陵；1912 年，鲁迅在《〈越铎〉出世辞》中，热烈赞颂故乡人民“复存大禹卓苦勤劳之风”[47]，1917 年，又作《〈会稽郡故书杂集〉序》，为“禹、勾践之遗迹”，“士女敖嬉，睥睨而过，殆将无所眷念”深感痛心[48]。以后，又专门写了《会稽禹石窆石考》[49]，对窆石的由来，文字刻凿的年代以及后人种种说法作了严谨的考证。大禹精神，既作为民族传统，又作为地方先贤遗泽，对鲁迅潜移默化的影响，是显然的。而对墨家的推崇，更是 19 世纪末以来的时代文化风尚。鲁迅对墨子精神的继承，既为时代思潮所推动，也是自身农民气质[50]与墨子有相通之处所致。因此，鲁迅提笔为夏禹、墨子造像时，将“自己的面影”和性格反映于其中[51]，是十分自然的。

四

在《故事新编》中，倾注了鲁迅鲜明个性的，还有《铸剑》。《铸剑》里的“英雄”宴之敖者实际上就是古代的游侠者。正像鲁迅所说，“墨子之徒为侠”[52]；“禹——墨——侠”是一脉相承的。《铸剑》的重心，是宣扬复仇精神，这是更接近民间文化传统的。小说原题《眉间尺》，收入《故事新编》时改题为《铸剑》，是为了突出小说的中心意象：“剑”。这把无情的复仇的雄剑，既是小说主人公“黑的人”宴之敖者的精神象征，又是鲁迅思想、人格、情感的化身。

在 30 年代，鲁迅曾经一再地与人辩驳，反复强调：“混身静穆”、“中庸”决不是中华民族的传统，“古人并不纯厚”，热烈的复仇精神才是中华民族精神的精粹所在。鲁迅打了一个形象的比方：象征着中国传统的“周鼎”，“在当时，一定是干干净净，金光灿烂的，换了术语来说，就是它并不‘静穆’，倒有些‘热烈’”，这才是“近于真相的周鼎”，只是后来，“曾埋土中，或久经风雨，失去了锋棱和光泽”，才变得“土花斑驳，古色古香”[53]。后来者的任务，应该是擦尽历史的尘垢，恢复本来的锋芒与光泽。鲁迅在辩驳中，所举出的最有力的论据，就是中国古代神话，以及以后中国文学中不断出现的复仇之神的形象。他说：陶渊明的诗歌里，“除论客所佩服的‘悠然见南山’之外，也还有‘精卫衔微木，将以填沧海，刑天舞干戚，猛志固常在’之类的‘金刚怒目’式，在证明着并非整天整夜的飘飘然”[54]。“精卫衔微木，将以填沧海”，正象征着我们的民族，以坚韧的毅力，不断地与大自然搏斗的历史；“刑天舞干戚，猛志固常在”则表示着我们民族“死也不肯安分”的战斗精神。鲁迅早在20年代就作出预言：“无头也会仍有猛志。”假使我们的国民都能这样，“阔人的天下一时总怕难得太平的了”[55]。鲁迅呼唤着“精卫”、“刑天”精神在现代中国的复活；他自己也这样身体力行，以至我们读着鲁迅作品，常常会感到：鲁迅自身已经和传统神话中的“精卫”、“刑天”合一了。

对于鲁迅来说，复仇反抗精神的发扬更具有一种特殊的意义：这正是哺育了他的故乡的土地——浙东地理历史文化传统的精髓所在。鲁迅曾亲自辑录、整理、出版了《会稽郡故书杂集》一书，其中夏侯曾先撰《会稽地志》有会稽“南面连山万里，北带沧海千里”之言，鲁迅自己也对友人说过：“浙东多山，民性有山岳气，与湖南山岳地带之民气相同。”[56]鲁迅还不无自豪地引用明末王思任的话来说明浙东文化的历史传统：“会稽乃报仇雪耻之乡，非藏垢纳污之地。”[57]正是在这块土地上，越王勾践带领越国父老百姓卧薪尝胆，“十年生聚，十年教训”，留下了蠡城、种山、西施山、吼山等遗迹，报仇雪耻的精神从此在这里的人民中代代相传。鲁迅对他家乡的先贤心向往之，一再表示：“自为越人，未忘斯义。”[58]在20世纪初所写的《〈越铎〉出世辞》中，列举越土传统时，首先指出的就是“其民复存大禹卓苦勤劳之风，同勾践坚确慷慨之志”[59]。以后在整理《会稽郡故书杂集》时，又特别引用了吴虞翻（仲翔）所说，会稽“海岳精液，善生俊异”，而会稽之“俊异”中就颇多反抗复仇之士；汉董黯“怨亲之辱，白日报仇”的故事，即“海内闻名，昭然光著”[60]。诚如王冶秋所说：“这种‘以牙还牙’、‘睚眦必报’的精神，对这地方的人性，是有着部分的影响。所以在明末也曾有过王思任、张煌言的辅佐鲁王监国，王是亡后隐居山林，张则被清军虏捕，宁愿牺牲生命，也未向敌寇低头的；此后在辛亥革命前有徐锡麟的刺杀安徽巡抚恩铭，秋瑾的反满死义，都为着越地谱写光荣的史篇。”[61]

冯雪峰说得很好，浙东“带着血迹和地方传统色彩的爱国主义精神，就在浙东文人中有节气分子的作品里表现出来，在浙东的民间文学里也有流露着”[62]；其中最突出的表现，就是浙东人民所创造的“带复仇性的，比别的一切鬼魂更美，更强的鬼魂”——女吊。这位女吊又叫作“吊神”，正如鲁迅所说，“横死的鬼魂而得到‘神’的尊号的，我还没有发现过第二位，则其受民众之爱戴也可想”。据鲁迅介绍，“女吊”是在民众戏剧目连戏中出现的；目连戏的开头要“起殇”，召回横死的怨鬼。鲁迅说：“《九歌》中的《国殇》云：‘身既死兮神以灵，魂魄毅兮为鬼雄’……明社垂绝，越人起义而死者不少，至清被称为叛贼，我们就这样的一同招待他们的英灵。”[63]越人历史上一切因反抗而致死的满怀冤屈的“孤魂厉鬼”，和现实生活中同样受尽迫害，满怀冤屈的老百姓“一同看戏”，仿佛是几千年的历史凝聚于同一时空之中，其间充溢着一种“紧张严肃”，一种复仇的渴望。“女吊”正是在这样的历史气氛中出现，并受到人们由衷的欢迎。因此，“女吊”的演出，无论是出场前“悲凉的喇叭”，无论是“大红裙子，黑色长背心，长发蓬松，颈挂两条纸锭”的形象，或者是“两肩微耸，四顾，倾听，似惊，似喜，似怒”的动作、表情，或者是“奴奴本是杨家女，呵呀，苦呀，天哪……”缓缓歌唱里“悲哀的声音”，都表现出一种衔冤悲泣，渴欲复仇，却又分明感到复仇的渺茫、终不免忘记复仇的历史悲凉精神。[64]年复一年的演出，把这种悲凉精神潜移默化地渗入这块土地上每一个人心灵深处，代代流传下去。鲁迅自小浸染着这种渗透着历史悲凉感的反抗精神，在成为一个自觉的革命者以后，承受着上海“前进的作家”所制造的“憎恶报复”的舆论压力，对于存在于故乡普通人民中的文化传统，无限留恋，他热烈地赞颂：“被压迫者即使没有报复的毒心，也决无被报复的恐惧，只有明明暗暗，吸血吃肉的凶手或其帮闲们，这才赠人‘犯而勿校’或‘勿念旧恶’的格言”[65]，他给后人留下了如下遗言：“损着别人的牙眼，却反对报复，主张宽容的人，万勿和他接近”[66]，显然希望由自己所继承与发展的，我们民族的浙东地方的人民复仇精神，在新的一代中得到新的发扬[67]。

五

鲁迅说：“绍兴有两种特色的鬼。”[68]女吊之外，别一种即是《朝花夕拾》里专章描写的“无常”。据鲁迅介绍，“一切鬼众中，就是他有点人情”[69]，人民“独与他最为稔熟，也最为亲密”[70]。其实，鬼的“人情化”，早已是中国传统中鬼的形象演变的一个重要趋向；鲁迅在《中国小说的历史变迁》中就已经指出，像《聊斋志异》这类小说，最显著的特点就是“说妖鬼多具人情，通世故，使人觉得可亲，并不觉得很可怕”[71]。绍兴人民所创造的“无常”形象则更多地反映了下层人民的愿望、志趣，是一种更为“平民化”的鬼。他的形象——“身上穿的是斩衰凶服，腰间束的是草绳，脚穿草鞋，项挂纸锭”[72]，他的动作、表情——“蹙紧双眉，捏定破芭蕉扇，脸向着地，鸭子浮水似的跳舞起来”[73]，他的行为——因为同情一个鬼魂，暂时放阳半日，不料被阎罗责罚，从此不再宽纵，构成了“鬼而人，理而情，可怖而可爱”[74]的，既是现实的，又是非现实的别一个世界。无常形象中最令人神往的，还是他的“活泼而诙谐”[75]——不仅是“口头的硬语与谐谈”[76]，不仅是“鸭子浮水似的”动作里的谐趣，而且表现为一种思想、性格的力量。鲁迅说“无常”是表示人“对于死的无可奈何，而且随随便便的”[77]，这是一种“理而情”的人生态度，是在充分认识与把握人的自我局限性以后，对于现实人生的一种豁达；而他对人格（不，鬼格）遭到误解所作出的强烈反应：那给人以不可磨灭的印象的“冤苦”之情，以及因之而爆发出的“那怕你，铜墙铁壁！那怕你，皇亲国戚”[78]的充满堂堂正气的反抗，都显示出个性中的自尊与坚毅。豁达与坚毅的结合，更准确地说，以坚毅为内核的豁达，正是“无常”式的“诙谐”的性格本质。这也是由吴越文化培育出来的鲁迅家乡地方性格的核心，这种地方性格在鲁迅个性上打下了深深的烙印，至少说，构成了他个性的一个重要侧面。

自然，“诙谐”还包含有一种“民众的滑稽趣味”[79]。这是建筑在高度发展的人生智慧基础上的美学追求。它在吴越民间文化中是特别丰富的。据周作人在《谈“目连戏”》中介绍：鲁迅故乡的“目连戏”，是一种“民众戏剧”，“所用言语系道地土话，所着服装皆极简陋陈旧”，“演戏的人皆非职业的优伶，大抵系水村的农夫，也有木工匠舟子轿夫之流混杂其中”，每年夏天演出，“自傍晚做起，直到次日天明”，“所演只一出戏，即‘目连救母’”，但“除首尾以外，其中十分七八，都是演一场场的滑稽事情，算是目连一路的所见，看众所最感兴味者恐怕也是这一部分”[80]。鲁迅在《门外文谈》里曾举出目连戏中《武松打虎》一剧，以为“比起希腊的伊索，俄国的梭罗古勃的寓言来，这是毫无逊色的”[81]。正像周作人所说，“这些滑稽当然不很‘高雅’然而多是壮健的，与士流之扭捏的不同，这可以说是民众的滑稽趣味的特色”[82]。鲁迅也以为其中自有一种“刚健，清新”的思想、艺术力量[83]；在一封通信里，他对目连戏“用目连巡行为线索，来描写世故人情，用语极奇警”十分赞赏，并为目连戏中《小尼姑下凡》、《张蛮打爹》被绍兴的正人君子禁止感到十分愤慨，表示“我想在夏天回去抄录，已有多年”，流露出不胜留恋之意[84]。

应该说，故乡民间文化中所蕴藏的人民智慧与滑稽趣味对于鲁迅的影响是深刻的，它是鲁迅思想、性格与创作中的幽默感的重要来源之一。鲁迅在好几篇文章中，都谈到“中国人的对付鬼神，凶恶的是奉承，如瘟神和火神之类，老实一点的就要欺侮，例如对于土地或灶君”，“待遇皇帝也有类似的意思”，“皇帝和大臣有‘愚民政策’，百姓们也自有其‘愚君政策’”。他举出的例子就是故乡的“一个老仆妇”讲的故事——

> 皇帝是很可怕的。他坐在龙位上，一不高兴，就要杀人；不容易对付的。所以吃的东西也不能随便给他吃，倘是不容易办到的，他吃了又要，一时办不到；——譬如他冬天想到瓜，秋天要吃桃子，办不到，他就生气，杀人了。现在是一年到头给他吃菠菜，一要就有，毫不为难。但是倘说是菠菜，他又要生气的，因为这是便宜货，所以大家对他就不称为菠菜，另外起一个名字，叫作“红嘴绿鹦哥”[85]。

这“红嘴绿鹦哥”的故事是充满了普通的乡间愚夫愚妇的幽默感的。

还有唐弢先生曾给予很高评价的《偶成》，构成杂文的中心形象的，是家乡乡民为不高明的戏班子编的歌：“台上群玉班，台下都走散。连忙关庙门，两边墙壁都爬塌。连忙扯得牢，只剩下一担馄饨担”；结论是：“看客的取舍，是没法强制的，他若不要看，连拖也无益”[86]。在乡民的幽默里，褒贬鲜明，是非明确，正像鲁迅在另一篇文章里所说，“决非清高通达的士大夫所可几及”[87]。这也恰恰是鲁迅杂文里幽默感的一个鲜明特色。

鲁迅与故乡民间文化的血肉联系，从一个特定侧面再一次证明：这位20世纪的中国先驱者，他是把自己思想、艺术的根深扎在中国民族的生活与艺术土壤之上的；这正是鲁迅的思想、艺术的力量所在。

注释

[1]《集外集·湘灵歌》,《鲁迅全集》第7卷第146页。

[2]《热风·知识即罪恶》,《鲁迅全集》第1卷第372页。

[3]《坟·我之节烈观》,《鲁迅全集》第1卷第120页。

[4]《呐喊·社戏》,《鲁迅全集》第1卷第560页。

[5]《华盖集·忽然想到·九》,《鲁迅全集》第3卷第63页。

[6]《华盖集·杂感》,《鲁迅全集》第3卷第49页。

[7][26][30]《华盖集·“碰壁”之后》,《鲁迅全集》第3卷第68页。

[8]《华盖集·忽然想到·八》,《鲁迅全集》第3卷第96页。

[9]《坟·题记》,《鲁迅全集》第1卷第4页。

[10]《南腔北调集·捣鬼心传》,《鲁迅全集》第4卷第616–617页。

[11]《热风·随感录·三十三》,《鲁迅全集》第1卷第298页。

[12]《坟·春末闲谈》,《鲁迅全集》第1卷第206页。

[13]《华盖集·并非闲话》,《鲁迅全集》第3卷第78页。

[14]《华盖集续编·有趣的消息》,《鲁迅全集》第3卷第201页。

[15]《坟·我之节烈观》,《鲁迅全集》第1卷第123页。

[16]《华盖集·论辩的魂灵》,《鲁迅全集》第3卷第29页。

[17]《华盖集·“碰壁”之后》,《鲁迅全集》第3卷第72页。

[18]《集外集拾遗·拳术与拳匪》,《鲁迅全集》第8卷第81页。

[19]《集外集拾遗·“寸铁”》,《鲁迅全集》第8卷第89页。

[20]《书信·340531·致杨霁云》,《鲁迅全集》第12卷第438页。

［21］《华盖集续编·送灶日漫笔》,《鲁迅全集》第 3 卷第 249 页。

［22］《南腔北调集·火》,《鲁迅全集》第 4 卷第 600 页。

［23］《朝花夕拾·五猖会》,《鲁迅全集》第 2 卷第 263 页。

［24］《朝花夕拾·无常》,《鲁迅全集》第 2 卷第 267 页。

［25］《华盖集续编·记念刘和珍君》,《鲁迅全集》第 3 卷第 273 页。

［27］［28］《华盖集续编·有趣的消息》,《鲁迅全集》第 3 卷第 201 页。

［29］《且介亭杂文末编·写于深夜里》,《鲁迅全集》第 6 卷第 502 页。

［31］《朝花夕拾·无常》,《鲁迅全集》第 2 卷第 269–270 页。

［32］《集外集拾遗·破恶声论》,《鲁迅全集》第 8 卷第 27 页。

［33］［43］《集外集拾遗·破恶声论》,《鲁迅全集》第 8 卷第 30 页

［34］鲁迅直到逝世前所写的《女吊》里，还尖锐地批评了那些指责"鬼"魂报仇更不合于科学"的"前进"的文学家和"战斗"的勇士们："我真怕你们要变呆鸟。"(《鲁迅全集》第 6 卷第 617 页)。

［35］《集外集拾遗·〈何典〉题记》,《鲁迅全集》第 7 卷第 296 页。

［36］《华盖集·忽然想到·四》,《鲁迅全集》第 3 卷第 17 页。

［37］周作人曾一再声称，此文为他所作，姑录以备考。

［38］《热风·随感录·三十八》,《鲁迅全集》第 1 卷第 313 页。

［39］《坟·我们现在怎样做父亲》,《鲁迅全集》第 1 卷第 134 页。

［40］鲁迅直到晚年仍在《答徐懋庸并关于抗日统一战线问题》里，提出"覆车之鬼，至死不悟"，附着于幼稚的革命者的"肉身"而出现的警告(《鲁迅全集》第 6 卷第 537 页)。

［41］《华盖集·这个与那个》,《鲁迅全集》第 3 卷第 139 页。

［42］《坟·写在〈坟〉后面》,《鲁迅全集》第 1 卷第 285 页。

［44］《中国小说的历史的变迁·从神话到神仙传》,《鲁迅全集》第 9 卷第 303–304 页。

［45］这个"整体"，还应该包括《彷徨》中的一部分作品，如《伤逝》、《孤独者》、《在酒楼上》等，以及《朝花夕拾》。

［46］《故事新编·奔月》,《鲁迅全集》第 2 卷第 367 页。

［47］《集外集拾遗补编·〈越铎〉出世辞》,《鲁迅全集》第 8 卷第 39 页。

［48］《古籍序跋集·〈会稽郡故书杂集〉序》,《鲁迅全集》第 10 卷第 32 页。

［49］《鲁迅全集》第 8 卷第 55–56 页。

［50］许广平回忆说：鲁迅即使是在日常生活中也是非常"平民化"的，"他爱那爽脆夹些泥土气味的农民食物"(《鲁迅的生活之一》,《许广平忆鲁迅》第 439 页)。

［51］许寿裳：《鲁迅的精神》,《我所认识的鲁迅》第 76 页。

[52]《三闲集·流氓的变迁》,《鲁迅全集》第4卷第155页。

[53]《且介亭杂文二集·"题未定"草(七)》,《鲁迅全集》第6卷第428页。

[54]《且介亭杂文二集·"题未定"草(六)》,《鲁迅全集》第6卷第422页。

[55]《坟·春末闲谈》,《鲁迅全集》第1卷第207页。

[56] 徐梵澄:《星花旧影——对鲁迅先生的一些回忆》,《鲁迅回忆录》(散篇,下册),1317页。

[57]《且介亭杂文末编·女吊》,《鲁迅全集》第6卷第614页。

[58]《书信·360210·致黄苹荪》,《鲁迅全集》第13卷第306页。

[59]《集外集拾遗补编·〈越铎〉出世辞》,《鲁迅全集》第8卷第39页。

[60] 鲁迅所辑《会稽郡故书杂集》录虞预撰《会稽典录》卷下,"朱育"条,又据《会稽典录》上"董黯"条:"董黯,字孝治,句辛人。家贫,采薪供养。得甘果,奔走以献母,母甚肥悦。邻人家富,有子不孝,母甚瘦小。不孝子疾黯母肥,常苦辱之。黯不极。及母终,负土成坟,鸟兽助其悲号。丧竟,杀不孝子置冢前以祭,诣狱自系,会赦得免。"

[61] 王冶秋:《民元前的鲁迅先生》,收1913—1983《鲁迅研究学术论著资料汇编》第3卷1225页。

[62]《鲁迅和俄罗斯文学的关系及鲁迅创作的独立特色》,《雪峰文集》第4卷第54页。

[63]《且介亭杂文末编·女吊》,《鲁迅全集》第6卷第615-616页。

[64] 鲁迅在任何时候,任何问题上,都是一个清醒的现实主义者,即使对故乡人民的反抗传统,他也毫无美化之意。而是清醒地看到,人民的反抗也是有限度的。比如,他在引用了"会稽乃报仇雪耻之乡,非藏垢纳污之地"之后,紧接着就说:"但其实,是并不的确的。"即是说,会稽还有另外一面。在他最热烈地歌颂了女吊"准备作厉鬼以复仇"的斗争精神之后,也指出了另一面,即"习俗相沿,虽女吊不免",她有时也单是"讨替代,忘记了复仇"。因此,在鲁迅所描写的"女吊"形象中,渗透着一种历史的悲凉感。一些同志夸大了女吊形象的复仇、反抗面,将女吊精神概括为一种历史悲壮精神,恐不尽符合鲁迅对女吊形象的认识,以及我们在欣赏这一形象的审美感受。

[65]《且介亭杂文末编·女吊》,《鲁迅全集》第6卷第618、619页。

[66]《且介亭杂文末编·死》,《鲁迅全集》第6卷第612页。

[67] 鲁迅对于地方文化性格也并非一味赞扬,也是有尖锐批评的。例如,"近读史数册,见会稽往往出奇士,今何不然?甚可悼叹!上自士大夫,下至台隶,居心卑险,不可施救,神赫斯怒,湮以洪水可也"(致许寿裳,《鲁迅全集》第11卷第331页),"中国士大夫之好行小巧,真应'大发感慨',明即以此亡。而江浙

尤为此种小巧渊薮（致江绍原,《鲁迅全集》第 11 卷第 567 页），“江浙是不能容人才的，三国孙氏即如此”（致章廷谦,《鲁迅全集》第 11 卷第 570 页），鲁迅甚至表示：“不复有越人安越之想”（致许寿裳,《鲁迅全集》第 11 卷第 358 页）。

[68] [77]《且介亭杂文末编 · 女吊》,《鲁迅全集》第 6 卷第 614 页。

[69] [70]《朝花夕拾 · 无常》,《鲁迅全集》第 2 卷第 272 页，268 页。

[71]《中国小说的历史的变迁》,《鲁迅全集》第 9 卷第 333 页。

[72] [73] [74] [75] [76] [78]《朝花夕拾 · 无常》,《鲁迅全集》第 2 卷第 268 页，272 页，272 页，267 页，272 页，272 页。

[79] [82]《谈“目连戏”》，收《谈龙集》，岳麓书社 1989 年 1 月第 1 版第 81 页，第 80–81 页。

[80]《谈“目连戏”》,《谈龙集》第 79 页,80–81 页。又明张岱在《陶庵梦忆· 目连戏》记载当时演出情况说：“选徽州旌阳戏子，剽轻精悍，能相扑打者三四十人，搬运《目连》，凡三日三夜。”

[81] [83]《且介亭杂文 · 门外文谈》,《鲁迅全集》第 6 卷第 100 页。

[84]《书信 · 351204 · 致徐讦》,《鲁迅全集》第 13 卷第 265、266 页。

[85]《华盖集续编 · 谈皇帝》,《鲁迅全集》第 3 卷第 252 页。在许多回忆录中，都谈到鲁迅最喜欢与来客讲故乡人民中流传的幽默故事。夏衍在《懒寻旧梦录》中回忆，在一次谈话中，鲁迅“讲了个农民想象皇帝怎样生活的笑话。他说两个农民，一个说，皇帝这么有钱，这么舒服，不知怎样过日子的。另一个农民很有把握地回答：皇帝的生活么，一只手元宝 nian nian（捏捏），一只手人参 jia jia（嚼嚼）。这两句话完全是用绍兴话讲的，讲完后，他自己禁不住大笑起来”（《懒寻旧梦录》，第 149 页）。冯乃超在《左联成立前后的一些情况》载《鲁迅研究资料》第 6 辑》中，也回忆说，在一次商议左联的事宜的谈话中，鲁迅讲了流传于故乡的“金扁担”的故事与“柿饼”的故事。

[86]《准风月谈 · 偶成》,《鲁迅全集》第 5 卷第 199–200 页。

[87]《且介亭杂文二集 · “题未定”草 · 九》,《鲁迅全集》第 6 卷第 435 页。

第十四章　人与兽

> 她于是举两手尽量向天，口唇间漏出人与兽的，非人间所有，所以无词的言语。
>
> ——《野草·颓败线的颤动》

一

1925年，在写作《野草》的同时，鲁迅翻译了厨川白村的《东西之自然观》[1]。且不论厨川白村观点的是非，它至少说明鲁迅较早地关注、思考了人与自然的关系为中心的“自然观”问题。

在20世纪的中国，“人与自然（兽）”的命题提出本身，即是标志着人对自身认识的一种深化。

早在20世纪初，鲁迅就已经在《人之历史》里，从“人类种族发生学”的角度，研究了“人类发生及其系统”。这是第一次运用西方自然科学的最新成就，“生物分支之最新者”人类学的知识来研究人，无疑是“五四”“人的发现”的先声。鲁迅在文章里，用大量科学事实反复论证：人与自然（动植物）内在的一致性，人是自然的一部分。不仅人与自然（动植物）有着共同的“本原”，人是由原生动物长期历史演变的结果，而且人的个体在受孕胚胎成长的过程都与动物进化的历史过程中相应阶段相适应，前者为后者“发生之反复”，由此得出了人与动物、生物与非生物之间并没有不可逾越的界限的结论[2]。这样，在20世纪初，鲁迅就已经科学地认识与把握了人的自然本质、人的动物学本质，这是对人的本质认识的一个重要阶段。“五四”时期，人的自然本质再一次被启蒙思想家们所重视。周作人在他的有很大影响的《人的文学》里，反复强调人是“进化的动物”，“兽性与神性，合起来便只是人性”[3]。这样，鲁迅及同代知识分子都充分肯定了：作为有生命的自然存在物，人与自然之间，人与兽之间，存在着本性上的相通与一致。这就是说，人在本性上就具有原始的自然力、生命力，存在着原始的兽欲（食欲、情欲等）。原始人、原始民族以自然物作为图腾，传统神话传说中人兽不分，出现大量龙身人面、人首蛇面或人面狮身，以及原始诗歌之“接天然之閟宫，冥契万有，与之灵会”[4]，等等，都反映了人与兽（自然）之间的这种契合与认同。

当鲁迅及同代知识分子把眼光从原始的本性的人转向现实的中国人时，他们就痛苦地发现，在中国，发生了人的天性（自然本性）在封建名教斧钺底下丧失的悲剧：原始生命活力的丧失，形成了柔弱的中国国民性；失去了爱的本性，则使中国人“缺乏相爱相助的心思”[5]。中国人人的本性的这种丧失，在与西洋人的比较下，显得格外触目惊心；因为相对来说，西洋人身上保持着更多原始的兽性的东西。鲁迅在一篇题为“略论中国人的脸”的文章中，曾经用隐含沉痛的幽默，把“西洋人的脸”（民族性格）与“中国人的脸”（民族性格）概括为如下两个公式：“人+兽性=西洋人”，“人+家畜性=某一种人”[6]；鲁迅以为，“野牛成为家牛，野猪成为猪，狼成为狗，野性是消失了，但只是使牧人喜欢，于本身并无好处”，而人的兽性的消失，表示着人“渐渐成了驯顺”[7]。鲁迅一再地提出人的“驯化”问题[8]，以为这是人的本性的一种“萎缩”与“奴化”倾向[9]。鲁迅同时又提醒人们注意人的“返祖”现象。他指出，素称“四千年声明文物之邦”的中国正摆着“吃人”的宴席，“坦然地放火杀人，奸淫掳掠，做着虽蛮人对于同族也还不肯做的事”，这种“茹毛饮血”的复归，“并非将由蛮野进向文明，乃是已由文明落向蛮野”[10]。这本质上也是一种人的退化。于是，鲁迅在考察中国国民性时，既忧虑于中国人之“对于羊显凶兽相”——人向动物的退化，又愤慨于中国人之“对于凶兽则显羊相”——人的自然本性的丧失[11]：这是从人种学的角度强烈感受到的民族危机感，这忧虑与愤激都凝聚着一种深沉的爱国主义的情感。

二

于此，我们就可以理解：在鲁迅的艺术世界里，人的世界与兽的世界，人性与兽性的互相渗透，以至于《野草·狗的驳诘》里那样的“人”被“狗”追逐的幻梦[12]，《野草·颓败线的颤动》里人的返归自然，“赤身露体地，石像似的站在荒野的中央”，“口唇间漏出人与兽的，非人间所有，所以无词的言语”[13]，这都不仅仅是一种单纯的艺术想象或表现手法，而是表示着作家对于人的本质的一种认识，对于现实的中国国民性的一种观察，同时寄寓着作家对于人的改造、国民性改造的理想与追求。它构成了作家对客观世界与人的一种把握方式。

于是，在鲁迅笔下，出现了三组“兽”的形象系列。

鲁迅以最大的热情，抒写着猛兽恶鸟的自由、奔放、原始的野性的力，表示着他的全部的爱与倾慕——

> 君不见夫野猪乎？它以两个牙，使老猎人也不免于退避。这牙，只要猪脱出了牧豕奴所造的猪圈，走入山野，不久就会长出来。[14]

猛兽是单独的，牛羊则结队；野牛的大队，就会排角成城以御强敌了……[15]

我生长农村中，爱听狗子叫，深夜远吠，闻之神怡，古人之所谓“犬声如豹”者就是。倘或偶经生疏的村外，一声狂嗥，巨獒跃出，也给人一种紧张，如临战斗，非常有趣的。

危险？危险令人紧张，紧张令人觉到自己生命的力，在危险中漫游，是很好的。[16]

……假使我的血肉该喂动物，我情愿喂狮虎鹰隼，……养肥了狮虎鹰隼，它们在天空，岩角，大漠，丛莽里是伟美的壮观，捕来放在动物园里，打死制成标本，也令人看了神旺，消去鄙吝的心。[17]

只要一叫而人们大抵震悚的怪鸱的真的恶声在那里？！[18]

在鲁迅对猛兽、恶鸟的赞颂里，我们听到了：野性的呼唤。

鲁迅的出发点与归宿，都是对人的思考。与其说他在赞美猛兽、恶鸟，不如说他在肯定与猛兽、恶鸟相契合的人的原始生命力与野性。这是自然的壮阔伟美的发现，更是人的本性的壮阔伟美的发现与召唤。他要借野性的呼唤，唤回现实中人（特别是中国人）已经失去了的原始生命力，要求返归人的自然本质。在这呼唤里，有一种摆脱一切羁绊的自由感、开阔感，一种由衷的喜悦，同时，又充满了历史的焦虑。

在每一个令人神往的野性形象里，都倾注着鲁迅的情感、个性、哲学观、审美观，显示着鲁迅自己的更加令人神往的人格的美与力量。因此，这不仅是自然的发现、人的发现，更是鲁迅的自我发现。

于是，鲁迅笔下引人注目地出现了“狼”的形象。

这是自然的狼与人化的狼的统一。而人又是处于一定的历史、地理文化之中的；因此，不同地域、不同时代、不同民族的神话、传说、民间故事、文学作品中狼的形象常具有不同的特征，而这些不同特征又是能够从其特定的角度反映不同地域、时代，不同民族的不同文化心理结构的。

对于中国传统神话、传说、民间故事和文学作品中狼的形象，我们缺乏深入的研究；仅就美国学者丁乃道《中国民间故事类型索引》里所提供的类型分析，我们发现，中国传统民间故事里有关狼的故事共有二十二种类型，其中狼的形象有着大体相同的特征，即是凶残的、忘恩负义的、愚蠢的，与自食其果的。这就是说，都是从道德与智力两方面对“狼”作出否定性的价值与审美判断。这与西方文学传统中的“狼”迥然有异。在西方，无论是北欧神话中的芬利斯狼，还是杰克·伦敦《热爱生命》中的荒原的狼，都是充满了原始野性、勇力、反叛精神的肯定性形象。概言之，这道德化了的否定性的“狼”与具有原始生命力的肯定性的“狼”，确实从一个侧面反映了东、西方文化心理的差异。有趣的是，在鲁迅的作品里，虽然也有凶恶的狼，但其主要特征是更接近西方的野性的反叛的狼的：这显然有西方文化的影响。

但鲁迅仍然在受西方文化影响而产生的野性的反叛的狼的形象里，加入了自己的色彩：他创造了“受伤的反叛的狼”的形象。

这个形象在鲁迅最具个人特色的小说《孤独者》里一再出现——

> 我快步走着，仿佛要从一种沉重的东西中冲出，但是不能够。耳朵中有什么挣扎着，久之，久之，终于挣扎出来了，隐约像是长嗥，像一匹受伤的狼，当深夜在旷野中嗥叫，惨伤里夹杂着愤怒和悲哀。[19]

这“旷野”的意象[20]唤起的历史的荒原感，这压抑已久的沉重感，这苦苦的“挣扎”，这无可忍耐中的“嗥叫”，以及“惨伤”里夹杂着的“愤怒和悲哀”，都是属于鲁迅自己的。

鲁迅就是一只受伤的狼。

最早指出鲁迅与“狼”的内在精神联系的是瞿秋白。他在《鲁迅杂感集·序》里称鲁迅为“野兽的奶汁所喂养大的”“莱漠斯”：“他从他自己的道路回到了狼的怀抱。”[21]瞿秋白显然是把“狼”作为具有原始野性的“人民”的象征；他所强调的是鲁迅与人民大众的天然的血肉联系。

明确把鲁迅的形象与“受伤的狼”联系在一起的，是日本友人增田涉。他在《鲁迅的印象》里，这样回忆他对处于生命途中最后阶段的鲁迅的观察：“风貌变得非常险峻，神气是凛然的，尽管是非常战斗的却显得很可怜，像‘受伤的狼’的样子了。”[22]

鲁迅自己也提到在遇到不能忍受的痛苦时，就“索性躺在荒山里”[23]，“总如野兽一样，受了伤，就回头钻入草莽，舐掉血迹，至多也不呻吟几声的”[24]。

而许广平又有了这样真切的回忆——

> 他不高兴时，会半夜喝许多酒，在我看不到的时候，更会像野兽的奶汁所喂养大的莱漠斯一样，跑到空地去躺下，至少或者正如他自己所说，像受伤的狼，跑到草地去舔干自己的伤口，走到没有人的空地方蹲着或者睡倒。……有一次夜饭之后，睡到黑黑的凉台地上，给三四岁的海婴看到了，也一声不响的并排睡下……[25]

悄悄地躲开人群，径直回到大地母亲的怀里，以求平息内心的痛苦，独自医治心灵的创伤，这样的心理平衡方式，这样的情感排泄方式，非鲁迅所不能有。

同样表示着鲁迅与大自然的心灵契合的，还有“猫头鹰”（鸱鸮）的形象。在我们民族传统心理中，这是一个不祥之物。鲁迅恰恰在这里找到了一种深刻的共鸣。鲁迅的自我——从心理气质到情感上的强烈的否定性的反传统精神，鲁迅被社会（包括民众大多数）视为“不祥物”所引起的心理压力，以及由此激起的加倍激烈的反叛情绪，都凝聚、外化于“猫头鹰”的形象之中，以至于达到了二者神、形的相通。鲁迅不仅热烈地呼唤着怪鸱的“真的恶声”[26]，甚至在游戏文字里也宣布要赠爱人以“猫头鹰”[27]。据沈尹默回忆，鲁迅“在大庭广众中，有时会凝然冷坐，不言不笑，衣冠又一向不甚修饰，毛发蓬蓬然，有人替他起了个绰号，叫猫头鹰”[28]。这真是“神情毕肖”、“切贴之至”，可以称之为鲁迅所说的“颠扑不破的诨名”了[29]。

我们的民族在远古时代曾经以“龙”与“凤”为自己民族的图腾，寄寓着民族的理性精神与浪漫精神；现在，作为20世纪中国“民族魂”的鲁迅，又在“受伤的狼”与“猫头鹰”身上找到了自我形象，寄寓着现代民族的怀疑主义的否定、反叛精神，以及现代民族形成过程中的精神痛苦，这自然都是具有一种历史的深刻性的。

三

然而，在鲁迅灵魂粗暴、荒凉的硬壳下面，还隐伏着一个深情、温柔的心灵——这一面即外射于鲁迅对于幼小动物的挚爱之中。

请看看鲁迅笔下的那些小兔、小鸭、小老鼠吧，那是一个多么可爱、神妙的世界呵。

看那“离娘不久”的一对小白兔，“竖直了小小的通红的长耳朵，动着鼻子，眼睛里颇现出惊疑的神色，大约究竟觉得人地生疏，没有在老家时候的安心了”[30]。

这“小鸭也诚然是可爱，遍身松花黄，放在地上，便蹒跚地走，互相招呼，总是在一处”[31]。

哦，这只小隐鼠，居然跑到人面前，像是见到了老朋友似的，“缘腿而上，一直爬到膝髁”，“放在我的书桌上，则从容地游行，看见砚台便舐吃了研着的墨汁”[32]。

还有北平阜内大街住宅后园里的偶尔发现的那只小刺猬呢，那细手细脚，圆滚滚的可怜相，竟逗引得鲁迅情不自禁地画了一幅撑着洋伞的小刺猬，送给许广平。从此，在这对情人中间，许广平就叫作“小刺猬”了[33]。

与许广平的通信中代替署名随手画下的那一只只小象，长鼻子忽而高耸，忽而低垂，那是鲁迅或得意地大笑，或哀哀的饮泣呢。

在这充满生机的爱的王国里，鲁迅的心灵与天真烂漫的幼雏们拥抱，交融为一体。鲁迅早就说过：“动物界中除了生子数目太多——爱不周到的如鱼类之外，总是挚爱他的幼子，不但绝无利益心情，甚或至于牺牲了自己，让他的将来的生命，走上那发展的长途”[34]，而人中之先觉如鲁迅者，不过是“将这天性的爱，更加扩张，更加醇化；用无我的爱，自己牺牲于后起新人”[35]；在爱的天性上鲁迅与动物界息息相通。对于幼雏的由衷喜爱，正是这天性的自然流露。这与呼唤野性的战士的鲁迅是相反相成的。

然而，当鲁迅写到处于猛兽与幼雏之间的，带有折中色彩的，更具有人（某一种人）味的中间型动物，诸如猫、狗、蚊子、苍蝇之类时，他就止不住内心的愤怒与蔑视之情了。

鲁迅毫不讳言，他是“仇猫党”，是“狗”的死敌，“蚊子”、“苍蝇”的天仇；他理直气壮地在历史审判台前陈述他的仇与恨的理由，——

列举动物犯的“罪状”。

这是“猫”：“一，它的性情就和别的猛兽不同，凡捕食雀鼠，总不肯一口咬死，定要尽情玩弄，放走，又捉住，捉住，又放走，直待自己玩厌了，这才吃下去，颇与人们的幸灾乐祸，慢慢地折磨弱者的坏脾气相同。二，它不是与狮虎同族的么？可是有这么一副媚态！”[36]

这是狗的特种——“叭儿狗”：它“虽然是狗，又很像猫，折中，公允，调和，平正之状可掬，悠悠然摆出别个无不偏激，惟独自己得了‘中庸之道’似的脸来”[37]。这正是其不可宽恕之处；它已经彻底地丧失了狗的野性，又如此“骑墙”，是狗的堕落、退化的极致。另一面，其伤害人的狗性又根本不变，“偶而落水”，“他日复来，仍旧先咬老实人开手，‘投石下井’，无所不为”[38]。对叭儿狗，唯有“先行打它落水，又从而打之”，如“一味姑息下去，则现在的混沌状态，是可以无穷无尽的”[39]。

而且“叭儿狗”还有种种变幻：“每一个破衣服人走过……就叫起来，其实并非都是狗主人的意旨或使嗾”，“比它的主人更严厉”的势利狗[40]；“即使无人豢养，饿的精瘦，变成野狗了，但还是遇见所有的阔人都驯良，遇见所有的穷人都狂吠”的“丧家犬”[41]；曾经是激烈的狼，现已“被人驯服”，失去了“野性”的“转向”的“狗”[42]；“地位虽在主人之下，但总在别的被统治者之上的”，“殖民地上的洋大人”的“宠犬”[43]；“岌岌不可终日”，“一有变化，它们就另换一副面目”，别求主子的“不忠实”的狗[44]，等等。人们如不随时提高警惕，不断跟踪追击，就有被骗过的危险[45]。

这是“蚊子”：“跳蚤的来吮血，虽然可恶，而一声不响地就是一口。何等直截爽快”，蚊子却“当未叮之前，要哼哼地发一大篇议论，却使人觉得讨厌。如果所哼的是在说明人血应该给它充饥的理由，那可更其讨厌了……”[46]

这是“苍蝇”：“无论怎么好的，美的，干净的东西，又总喜欢一律拉上一点蝇矢。”[47]而一旦“战士战死了的时候，苍蝇们所首先发见的是他的缺点和伤痕，嘬着，营营地叫着，以为得意，以为比死了的战士更英雄”[48]。

“猫”、“狗”、“蚊子”、“苍蝇”们的罪状集中到一点：他们失去了动物的本性，而得到了某一种人性，他们是人（某一种）化了的动物。显然，真正被置于历史审判台前的是人——某一种人。

鲁迅所痛心的，正是这样的人的堕落。他在《狗·猫·鼠》里，发表了如下一番感慨：“人禽之辨，本不必这样严。在动物界，虽然并不如古人们所幻想的那样舒适自由，可是噜苏做作的事总比人间少。它们适性任情，对就对，错就错，不说一句分辨话。虫蛆也许是不干净的，但它们并没有自鸣清高；鸷禽猛兽以较弱的动物为饵，不妨说是凶残的罢，但它们从来没有竖过‘公理’‘正义’的旗子，使牺牲者直到被吃的时候为止，还是一味佩服赞叹它们。人呢，能直立了，自然是一大进步，能说话了，自然又是一大进步；能写字作文了，自然又是一大进步。然而也就堕落，因为那时也开始了说空话……说着违心之论……”[49]这真是一番沉痛之言，这是一个自觉的人的自审，而非一般的嘲讽技巧的玩弄。鲁迅是极其严肃地在生物发展的历史链条中审视作为高等动物的人的进步和堕落；他说：“假如真有一位一视同仁的造物主，高高在上，那么，对于人类的这些小聪明，也许倒以为多事……虽然往往破颜一笑，但同时也觉得不舒服，甚至感到悲哀。”[50]确实，人类中的“伶俐人”自以为聪明的种种把戏，在“历史”这位“造物主”的眼里，都是人的堕落的悲喜剧；而作为人类中的清醒者，鲁迅在蔑视、嘲笑同类中的丑物时，却不能不感到一种悲哀。

四

以上我们所讨论的仅仅是鲁迅自然观中的一个侧面：人是有生命的自然存在物，人与自然（兽）之间有着本性上的相通、契合与认同，共同尊奉着“生物学的真理”[51]。但鲁迅作为一个执著于现实的启蒙战士，几乎是从一开始，就十分重视人不同于一般生物的社会性本质。他在20世纪初所写的《摩罗诗力说》中，在谈到拜伦的反抗精神时特意指出：“索诗人一生之内闳，则所遇常抗，所向必动，贵力而尚强，尊己而好战，其战不复如野兽，为独立自由人道也。”[52]这就是说，人在长期社会实践中形成了自觉意识，从而在根本上脱离了野兽的本能与盲目性。在鲁迅接受了马克思主义以后，更明确地站在“唯物史观的立场”，强调“须‘从生物学到社会学去’，须从达尔文的领域的那将人类作为‘物种’的研究，到这物种的历史底运命的研究去”[53]。这样，鲁迅就从理论上明确了：人与自然（兽）之间不仅存在本性的相通，而且有着本质的区别，不仅有契合、和谐，同时又有矛盾、斗争。鲁迅在画家司徒乔的笔下，看到了“人们对于天然并不降服，还在争斗”，禁不住由衷地赞颂“人”在与“天然”苦斗中“倔强的魂灵”[54]；在人与自然的关系中，他显然更重视“争斗”这一面。他在这里看到了改造自然的努力，他认为20世纪“世界的时代思潮”已经是“对于自然反叛，将自然割裂，改造”，不能固守于人与自然的和谐[55]。

因此，鲁迅虽然一再地呼唤原始野性，公开承认“文明之朕，固孕于蛮荒”[56]，但他从来不把原始自然状态美化；他尖锐地批评“中国爱智之士，独不与西方同，心神所注，辽远在于唐虞，或径入古初，游于人兽杂居之世”[57]。他无情地粉碎了人们所谓“其时万祸不作，人安其天”的幻想，指出：“照之人类进化史实，事正背驰”：“其为争抗劬劳，纵不厉于今，而视今必无所减；特历时既永，史乘无存，汗迹血腥，泯灭都尽，则追而思之，似其时为至足乐耳”[58]。这是一个极其重要的提醒：时间往往洗涤污秽，把血战前行的历史净化；而不敢正视现实痛苦的人们却偏爱历史的假象。鲁迅认为他的任务正是要恢复历史的真实，“星气既凝，人类既出而后，无时无物，不禀杀机，进化或可停，而生物不能返本”[59]。这样，鲁迅就与企图用原始的自然来否定现代人间社会的复古主义者划清了界限。鲁迅所坚持的是“人间本位主义”，这是他考察人与自然（兽）关系的出发点与归宿。他之所以要呼唤自然本性的野性与爱，正是为了给人间的现实战斗注入生命的活力。因此，他一再地表示，他所强调的是“用自力克服一切困难，并非真劝人都到山里去”[60]；他自己更是绝不愿意躲到“鹤唳一声，白云郁然而起”的田园诗中去，他要“活在人间”，即使是遭到人们的孤立、排挤，也仍然不离开“人海”，让生命的“沉钟”永远“深深地在人海的底里寂寞地鸣动”[61]。正是在这个意义上，鲁迅宣称，他“对于自然美，自恨并无敏感，所以即使躬逢良辰美景，也不甚感动”，却念念不忘记载着人间奋斗历史的“遗迹”[62]。鲁迅本质上是一个社会感与历史感都极强的思想斗士，离开了社会人生的自然及自然美，对于他是没有意义的。他赞赏自然和自然美，完全着眼于从中发现社会和发现自己。

从这样的审美观点出发，鲁迅最喜爱的自然美是“人们和天然苦斗而成的景物”[63]，即从中可以发现社会和人生斗争精神的深沉雄大、壮阔古拙的力的美。在《野草》里，鲁迅也曾描绘过江南明丽的风光，如《好的故事》，他所着重的依然是从“永是生动，永是展开”的“美的人和美的事”中去捕捉“飞动”的美，从而感到一种生命力的存在[64]。但总的说来，他对秀丽的江南风景，“并无敏感”，他直截了当地表示：“我不爱江南。秀气是秀气的，但小气”[65]。他批评杭州的风景“显得小家子气，气派不大”[66]，以为“北方风景，是伟大的，倘不至于日见其荒凉，实较适于居住”[67]。在《野草·雪》里，与“滋润美艳之至”的“江南的雪”相比较，他显然更醉心于“朔方的雪花”——

在纷飞之后，却永远如粉，如沙，他们决不粘连，撒在屋上，地上，枯草上……，在晴天之下，旋风忽来，便蓬勃地奋飞，在日光中灿灿的生光，如包藏火焰的大雾，旋转而且升腾，弥漫太空，使太空旋转而且升腾地闪烁。

在无边的旷野上，在凛冽的天宇下，闪闪地旋转升腾着的是雨的精魂[68]。

这闪闪地旋转升腾着的，也是人的精魂，鲁迅的精魂——奋斗的、向上的、闪光的。

鲁迅终于在博大的、运动着的“自然”中，发现与肯定了人与自己。

注释

[1] 译文收《壁下译丛》。

[2]《坟·人之历史》,《鲁迅全集》第1卷第14-17页。

[3] 周作人:《人的文学》，收《艺术与生活》，岳麓书社1989年6月第1版，第10页。

[4]《坟·摩罗诗力说》,《鲁迅全集》第1卷第63页。

[5]《坟·我们现在怎样做父亲》,《鲁迅全集》第1卷第137页。

[6][7]《而已集·略论中国人的脸》·《鲁迅全集》第3卷第414页。

[8] 除《略论中国人的脸》外，参看《华盖集·忽然想到（七）》(《鲁迅全集》第3卷第61页),《华盖集续编·一点比喻》(《鲁迅全集》第3卷第217-219页),《二心集·上海文艺之一瞥》(《鲁迅全集》第4卷第298页),《南腔北调集·论“赴难”和“逃难”》(《鲁迅全集》第4卷第474页),《南腔北调集·谈金圣叹》(《鲁迅全集》第4卷第528页)。

[9]《且介亭杂文·从孩子的照相说起》,《鲁迅全集》第6卷第82页。

［10］《华盖集续编·马上支日记》,《鲁迅全集》第3卷第332页。

［11］《华盖集·忽然想到（七）》,《鲁迅全集》第3卷第61页。

［12］《野草·狗的驳诘》,《鲁迅全集》第2卷第198页。

［13］《野草·颓败线的颤动》,《鲁迅全集》第2卷第205、206页。

［14］《华盖集续编·一点比喻》,《鲁迅全集》第3卷第218页。

［15］《坟·春末闲谈》,《鲁迅全集》第1卷第205页。

［16］《准风月谈·秋夜纪游》,《鲁迅全集》第5卷第251页。

［17］《且介亭杂文末编·半夏小集》,《鲁迅全集》第6卷第597页。

［18］《集外集·“音乐？”》,《鲁迅全集》第7卷第54页。

［19］《彷徨·孤独者》,《鲁迅全集》第2卷第107 108页，着重号为引者加。

［20］在鲁迅的著作里，经常出现“荒原”、“旷野”的意象，如，“置身毫无边际的荒原”（《呐喊·自序》,《鲁迅全集》第1卷第417页）;“俄国式的大旷野的精神”（《狭的笼·译者附记》,《鲁迅全集》第10卷第199页），“空中的波涛立刻回旋，如遭飓风，汹涌奔腾于无边的荒野”（《颓败线的颤动》,《鲁迅全集》第2卷第206页）等等。鲁迅笔下也时时涌出“挣扎”的意象，如“死于无爱的人们的眼前的黑暗，我仿佛一一看见，还听得一切苦闷和绝望的挣扎的声音”（《彷徨·伤逝》,《鲁迅全集》第2卷第128页），“万分沉重，动弹不得；他的意思是要我死。我觉得他的沉重是假的，便挣扎出来”（《呐喊·狂人日记》,《鲁迅全集》第1卷第431页）等等。

［21］瞿秋白:《鲁迅杂感集·序》，收《六十年来鲁迅研究论文选》（上）中国科学出版社1982年9月，第106页。

［22］增田涉:《鲁迅的印象》第32页。

［23］《华盖集续编·〈阿Q正传〉的成因》,《鲁迅全集》第3卷第377页。

［24］《书信·330618·致曹聚仁》,《鲁迅全集》第12卷第185页。

［25］许广平:《鲁迅先生的日常生活》,《许广平忆鲁迅》第472−473页。

［26］《集外集·“音乐？”》,《鲁迅全集》第7卷第54页。

［27］《野草·我的失恋》,《鲁迅全集》第2卷第169页。最早指出“猫头鹰本是他自己所钟爱”的是许寿裳（《我所认识的鲁迅》第111页），近人姜德明写有专门的考证文章。

［28］沈尹默:《鲁迅生活中的一节》，收《鲁迅回忆录》（散篇，上册），248页。沈尹默在《忆鲁迅》（收同书245页）一文中，说是钱玄同起的绰号。

［29］《且介亭杂文二集·五论“文人相轻”——明术》,《鲁迅全集》第6卷第382−384页。

［30］《呐喊·兔和猫》,《鲁迅全集》第1卷第549页。

[31]《呐喊·鸭的喜剧》,《鲁迅全集》第1卷第557页。
[32]《朝花夕拾·狗·猫·鼠》,《鲁迅全集》第2卷第238页。
[33] 许广平:《青年人与鲁迅》,《许广平回忆鲁迅》第257—258页。
[34][35]《坟·我们现在怎样做父亲》,《鲁迅全集》第1卷第133页,135页。
[36]《朝花夕拾·狗·猫·鼠》,《鲁迅全集》第2卷第234页。
[37][38][39]《坟·论"费厄泼赖"应该缓行》,《鲁迅全集》第1卷第271、274、276页。
[40]《而已集·小杂感》,《鲁迅全集》第3卷第531—532页。
[41]《二心集·"丧家的""资本家的乏走狗"》,《鲁迅全集》第4卷第246页。
[42]《二心集·上海文艺之一瞥》,《鲁迅全集》第4卷第298页。
[43]《二心集·"民族主义文学"的任务和运命》,《鲁迅全集》第4卷第311页。
[44]《书信·340603·致杨霁云》,《鲁迅全集》第12卷第445页。参看《书信·340602·致曹聚仁》,《鲁迅全集》第12卷第440页。
[45] 鲁迅笔下的"叭儿狗"形象系列,不仅具有横的丰富性,而且有纵的历史发展过程。鲁迅杂文里的"叭儿狗"与鲁迅小说里的"阿Q",都是中国现代文学史上的不朽典型,尽管它们采用了不同塑造方法。
[46][47]《华盖集·夏三虫》,《鲁迅全集》第3卷第40页,40—41页。
[48]《华盖集·战士和苍蝇》,《鲁迅全集》第3卷第38页。
[49][50]《朝花夕拾·狗·猫·鼠》,《鲁迅全集》第2卷第233页,233—234页。
[51]《坟·我们现在怎样做父亲》,《鲁迅全集》第1卷第136页。
[52][56]《坟·摩罗诗力说》,《鲁迅全集》第1卷第81页,64页。
[53]《二心集·〈艺术论〉译本序》,《鲁迅全集》第4卷第262页。
[54][63]《三闲集·看司徒乔君的画》,《鲁迅全集》第4卷第72页。
[55]《而已集·当陶元庆君的绘画展览时》,《鲁迅全集》第3卷第549页。
[57][58][59]《坟·摩罗诗力说》,《鲁迅全集》第1卷第67页。
[60]《集外集·田园思想》,《鲁迅全集》第7卷第88页。
[61]《野草·一觉》,《鲁迅全集》第2卷第223—224页。
[62]《华盖集续编的续编·厦门通信》,《鲁迅全集》第3卷第369页。
[64]《野草·好的故事》,《鲁迅全集》第2卷第185页。
[65]《书信·350901·致萧军》,《鲁迅全集》第13卷第200页。
[66] 川岛:《忆鲁迅先生1928年杭州之游》,收《鲁迅回忆录》(一集),上海文艺出版社1978年,第255页。
[67]《书信·300327·致章廷谦》,《鲁迅全集》第12卷第9页。
[68]《野草·雪》,《鲁迅全集》第2卷第181页。

第十五章　梦

我在曚昽中，看见一个好的故事。

——《野草·好的故事》

我梦见自己在冰山间奔驰。……忽然坠在冰谷中。

——《野草·死火》

我梦魇了，……梦中还用尽平生之力，要将这十分沉重的手移开。

——《野草·颓败线的颤动》

一

人们仿佛以为，清醒现实主义者的鲁迅与梦势不两立，至少也是无缘。

然而，这却是历史的误会。

鲁迅经常做梦——真实的，虚构的；美丽的，可怖的[1]。

鲁迅喜欢谈梦，写梦——在他的著作中，梦与幻觉的出现不下几十次[2]。

鲁迅更神往于“人间的疆界也不能限制他的梦幻”的“大旷野的

精神”[3]。

这“大旷野的精神”，也就是鲁迅在《苦闷的象征·引言》里竭力推崇的“天马行空似的大精神”[4]：这正是鲁迅与《苦闷的象征》发生共鸣之处。

日本文艺批评家厨川白村在《苦闷的象征》里，赋予这种“精神”（厨川白村称之为“生命力”）以如下内涵：它“永是不愿意凝固和停滞，避去妥协和降伏，只寻求着自由和解放的生命的力”[5]；它“反抗因袭和权威”[6]，强烈地显现着“个性表现的欲望”和“人类的创造性”倾向[7]。无论厨川白村的“生命力”，还是鲁迅的“天马行空精神”，抽象的语言里都蕴含着具体的历史的内容，响彻着思想与个性解放的时代召唤。厨川白村认为，这是对“前世纪以来的”机械的“唯物观”与“科学万能时代的思想”的“反动”，表现了“20世纪”“贵重自我和个性的近代底精神”[8]。

然而，这历史的，社会的，也是人的本性的内在要求，在现实生活中却受到压抑——不仅是社会制度、法律、军备、警察的压制[9]，不仅是因袭传统的“拘囚”[10]，而且也是人类自身的另一种“抑制管束自己的欲求[11]”的遏制。于是，“理想和现实之间，有着不绝的不调和，不断的冲击和纠葛”[12]；苦闷，烦恼，在压抑与反压抑的撞击中，形成巨大的“精神底伤害”[13]。

只有在“梦”中，才真正挣脱了人世的物质的、精神的“狭的笼”，进入“天马行空”、无拘无牵的自由境界。这是对现实“人生苦”的一种超越，也是人所可能具有的自由的生命力量的实现。梦越深，越是表现了对思想、个性解放理想真诚与大胆的追求。鲁迅因此在梦的追求中看见了“幼稚的然而纯洁”的“赤子之心”[14]，进而表示不愿“出离了这童心的美的梦，而且还要招呼人们进向这梦中，看定了真实的虹”[15]。

事实上，从19世纪末，20世纪初开始，当中国人从闭关自守的自大梦中醒来。自觉追求民族的变革、更新时，先驱者们就不断地做着新世纪、新中国的梦。梁启超的第一篇小说就叫《新中国未来记》。鲁迅在“五四”时期有诗曰：“很多的梦，趁黄昏起哄。前梦才挤却大前梦时，后梦又赶走了前梦。去的前梦黑如墨，在的后梦墨一般黑；去的在的仿佛都说，‘看我真好颜色’。颜色许好，暗里不知；而且不知道，说话的是谁？暗里不知，身热头痛。你来你来！明白的梦。”[16]这里，既表现着对于一个又一个理想的追求、寻找的炽烈，执著，又流露出寻找、追求过程中的苦闷，焦灼，最后仍然对新的理想的梦充满憧憬，迫不及待地呼唤：“你来你来！明白的梦”：这呼唤是动人的，典型地表现了鲁迅为代表的先驱者的理想主义。尽管20世纪以来，一次次地经历着“梦”的破灭，以及“梦醒了无路可以走”的人生最大“苦痛”[17]，但总在不断地追求“明白的梦”；追求，失望，再追求，再失望，又追求……构成了这一代人不屈不挠的精神历程。

应该说，正是这种“你来你来，明白的梦”的执著追求，成为鲁迅及其同代知识分子接受马克思主义的内在动力。在找到了“明白的梦”，成为一个共产主义者以后，鲁迅更注重于“实现这梦境”的现实努力，实现理想的梦以前的“阶级斗争，白色恐怖……”，以为“倘不梦见这些，好社会是不会来的，无论怎么写得光明，终究是一个梦，空头的梦，说了出来，也无非教人都进这空头的梦境里面去”[18]。这见解诚然是深刻的；但这绝不意味着，鲁迅此时已经放弃了对理想的梦境的追求。在同一篇文章中，他所充分肯定的，是“梦着将来，而致力于达到这一种将来的现在”[19]的人生态度，也就是说，他所要强调的，仅仅是把对于将来的梦建筑在更加可靠的现实实践的基础上而已。因此，也正是共产主义者的鲁迅，写下了更加热情的理想主义诗篇：“风生白下千林暗，雾塞苍天百卉殚。愿乞画家新意匠，只研朱墨作春山”[20]，在“百卉殚”的寒冬，他做着满目“春山”的梦。直到他写下的最后一首诗，一面正视着“梦坠空云齿发寒”的理想与现实的矛盾，一面依然“竦听荒鸡偏阒寂，起看星斗正阑干”[21]，作着未来新中国的梦。

“梦”，是一个永远写不尽的人类永恒主题。在这个题目下，鲁迅这一代人写下了他们“天马行空”般的自由创造的个性力量和理想主义。后代人又将如何继续写下去呢?

二

“梦”更与鲁迅的创作有着密不可分的关系。

鲁迅在《〈呐喊〉自序》里，说过这样一段话——

> 我在年青时候也曾做过许多梦，后来大半忘却了，但自己也并不以为可惜。所谓回忆者，虽说可以使人欢欣，有时也不免使人寂寞，使精神的丝缕还牵着已逝的寂寞的时光，又有什么意味呢，而我又偏苦于不能全忘却，这不能全忘的一部分，到现在便成了《呐喊》的来由。[22]

这段话，颇值得玩味；可惜人们往往视而不见，或者见而不思，不愿意抓住鲁迅自己交给我们的把握他的创作的这条线索。

但鲁迅的意思是明白无误的：对于年青时候曾经做过的“梦”的“不能全忘”的一部分的“回忆”，以及由这种回忆所引起的“寂寞”的心绪——尽管鲁迅“苦于”这一切，仍然构成了“《呐喊》的来由”。

这里分明说明着：构成鲁迅《呐喊》的来由的，不仅是以往的外在的生活积累、经验——在这方面，人们已经给予了充分的注意，并且有了周遐寿的《鲁迅〈呐喊〉里的人物》这样的详尽考证；而且还包含着鲁迅年青时的“梦”——主观的精神发展、内心体验的历史。正是那些“梦”的隐意构成了鲁迅小说内在的心理内容。

而这些方面，正是我们以往有意无意地忽略了的[23]。

鲁迅年青时代作过什么样的梦？经历了怎样的精神的、心理的历程？这一切又是如何体现在他的小说创作中的？——要真正理解鲁迅的小说，不能不弄清这些问题。

其实，鲁迅在《〈呐喊〉自序》里，早已说得很清楚；只是我们过去不愿意从这一角度去理解而已。

“从小康人家而坠入困顿”——封建大家庭子弟代代相传的“读书应试”的古老的梦破灭了；于是，“到N进K学堂去”——又开始了新的梦的追求，一个毫无把握的朦胧的梦，只有一点是明确的：这是与古老传统的梦“别样”的梦。直到接触到了与传统文化异质的西方文化，才形成一个“美满”的梦：用西方现代科学知识“救治像我父亲似的被误的病人的疾苦，战争时候便去当军医，一面又促进了国人对于维新的信仰”——这“科学救国”的梦，几乎是中国现代知识分子历史道路的起点。但很快就在异国强烈感受着的落后民族的屈辱感中破灭了这梦：“凡是愚弱的国民，即使体格如何健全，如何茁壮，也只能做毫无意义的示众的材料”，“第一要著，是在改变他们的精神，而善于改变精神的……当然要推文艺”——于是，又开始了“文学启蒙”的梦的追求。这个梦做得很长，十分热情，执著，但因此也就成为鲁迅精神的重负。

先觉者“振臂一呼”，却无所反应，“既非赞同，也无反对，如置身毫无边际的荒原，无可措手的了，这是怎样的悲哀呵，我于是以我所感到者为寂寞”——这是一个希望的梦破灭以后产生的噩梦，这“置身毫无边际的荒原”的意象，它所象征的隐意：“先驱者与群众的隔膜，以及由此而唤起的悲哀与寂寞的情感，成为一种潜在的痛苦记忆深藏在鲁迅心灵深处。

五四运动的先驱者再度起来试图打破“昏睡”的铁屋的行动唤起了鲁迅深埋的噩梦的记忆；他从对“五四”先驱者的寂寞的共鸣中，发现自己“也还未能忘怀于当日自己的寂寞的悲哀”，但“却也并不愿将自以为苦的寂寞，再来传染给也如我那年青时候似的正在做着好梦的青年”[24]——正是被唤起了的噩梦的记忆，以及从噩梦中挣扎出来的欲求，促使鲁迅拿起了笔，构成了《呐喊》的“来由”。

于是，噩梦中的荒原——不只是荒原的意象，而且包含着荒原隐意中的先驱者的荒原感，以及冲破荒原（荒原感）的希望，这两者之间的撞击、交汇，构成了《呐喊》（以及《彷徨》）内在的潜流。

细细品味《呐喊》与《彷徨》，几乎处处都可以感受到这先驱者的历史的荒凉感。有时它冲决而出，让读者强烈地体验到这隐意的种种变形。如《狂人日记》里那被吃掉的恐怖，《药》里夏瑜为群众牺牲的寂寞，《头发的故事》里S先生“在社会的冷笑恶骂迫害倾陷里过了一生”，“坟墓也早在忘却里渐渐平塌下去”的愤激，《故乡》里“我”四面有看不见的高墙，将我隔成孤身”的“悲哀”，以及《端午节》里方玄绰为自己精神的平庸、怯弱而作出的自我嘲解。有时候梦的隐意则比较隐蔽，从作者对下层人民冷漠的人生的客观描绘里，让读者模模糊糊地感受着作者内心荒原的存在：《孔乙己》中孔乙己在酒客的嘲笑中生的无聊，《明天》里单四嫂子失去儿子的空虚，《阿Q正传》中阿Q“精神胜利”的愚昧和未庄舆论的冷酷，《白光》里陈士成葬身于“白光的影踪”的追寻，《兔和猫》里兔子生命的无端毁灭……

同时，在《呐喊》里也时时从历史的荒原感中透露出历史的亮色：于是，狂人终于发出了“将来容不得吃人的人活在世上”的预言（《狂人日记》），单四嫂子竟没有做到看见儿子的梦（《明天》），夏瑜的坟上出现了花圈（《药》），《故乡》的结尾也有了“走的人多了，也便有了路”的希望……

而在《彷徨》里，潜梦中的历史的亮色逐渐减少，历史的荒原感越发浓重。《在酒楼上》、《孤独者》、《伤逝》诸篇中，不仅从知识分子与外界关系中，更从知识分子自身精神弱点的解剖中，表现荒凉感，寻求荒原感产生的缘由，显示出了新的深度。而另一些作品，或表现部分知识分子人生的荒谬（《幸福的家庭》、《肥皂》、《高老夫子》），或表现下层人民人生的悲凉（《祝福》、《离婚》）；但都可以感到，站在更高的历史制高点上观察、描写这荒谬、悲凉的一切的作者，内心世界的孤独与寂寞……

整部《呐喊》与《彷徨》就是一个梦——先驱者在历史的荒原（荒原感）中挣扎的梦。

三

到了写《朝花夕拾》与《野草》的时候，《呐喊》、《彷徨》里作为潜流存在的梦的记忆，就升浮到表层，成为鲁迅直接描写的对象。《朝花夕拾》自不待说，鲁迅自己就明明白白地告诉读者，那“是从记忆中抄出来的”[25]。童年的梦经过时间的冲刷，现在正是成熟的时代，反顾过去，挖掘出来的，必定是积淀在心灵深处的不能忘怀的记忆。鲁迅说：“带露折花，色香自然要好得多，但是我不能够。便是现在心目中的离奇和芜杂，我也还不能使他即刻幻化，转成离奇和芜杂的文章。”[26]

然而，“离奇和芜杂”的内心幻化出来的“离奇和芜杂的文章”仍然是有的，那就是《野草》。鲁迅曾经说：“世间本没有别的言说，能比诗人的语言文字画出自己的心和梦，更为明白晓畅的了”[27]；这同样适用于《野草》。这就是说,《野草》的创作，是作家感觉到内心世界的“离奇和芜杂”已经无法如《呐喊》、《彷徨》那样，外化为人物，用小说的叙述语言表现；只能幻化为梦境，用诗的朦胧、跳跃语言来直接表现，达到一种心理的真实，并折射着特定的外在现实。

因此,《野草》用散文诗写梦境，恐怕不能简单地视为纯粹表现形式的选择，它同样构成了作家把握、表现世界的一种特殊方式。读着《野草》里的那些“梦”，特别是《死火》、《颓败线的颤动》、《好的故事》这样的超出了一般想象力之外的幻境，你会觉得，这恐非作家虚构的产物，而是直接反映作家潜意识的真实的梦的复述与整理。——自然，这只是艺术欣赏中的直觉，难以旁征博引地论证，只能姑妄说之。但有一点是可以肯定的:《野草》里的梦境所提供的，是另一个独特的世界，有着另一种思想与艺术的逻辑。

这是一个形象的世界，一切抽象的观念、情感都用具体的形象暗示。《墓碣文》中长蛇“自啮其身”,《影的告别》里“影”“彷徨于明暗之间”,“姑且举灰黑的手装作喝干一杯酒”,“在不知道的时候独自远行”;《失掉的好地狱》里魔、神、人的争夺“主宰地狱的大威权”的厮杀，鬼众永远“一样”的呻吟;《死火》里“火”的“冻灭”、“跃起”与“烧完”……，在每一个形象的深处，都隐现着一个哲学的，历史的……理性思考的世界。《颓败线的颤动》里“辐射如太阳光”,回旋“如遭飓风”的“颤动”,《墓碣文》中死尸的“微笑”,《好的故事》里我对“虹霓色的碎影”的追寻，这些可感知的形象，都暗示着一种难以具体把握的情感。

暗示必然是不确定的；这形象深处隐现的理性思考、追求的世界与情感世界，必定是开放的、多层次的，它所引起的联想与情感反应的范围既受着形象本身所可能具有的象征意义的限制，同时又具有向多方面延伸的弹性和与之相适应的模糊性。在不同读者的领悟中产生歧义，多种理解，不仅是必然的，而且是必要的。对每一个形象背后的隐意（例如“死火”的隐意，“影”的隐意）只能作多指向的总体把握，如果一定要追求明确的特指，那无异于刻舟求剑。支配着这个梦的世界的，是近乎人类原始思维的具有某些辩证特质的思维方式与情感方式。

在这个形象的世界里，最重要的是视觉形象。在《野草》里视觉形象的丰富与奇特，是令人惊异的。你看《好的故事》：“两岸边的乌桕，新禾，野花，鸡，狗，丛树和枯树，茅屋，塔，伽蓝，农夫和村妇，村女，晒着的衣裳，和尚，蓑笠，天，云，竹……”，这古人所说的“使人应接不暇”[28]的形象互相叠印、融和，产生了极其强烈、鲜明的形象记忆。再看那“死火”的形象：“有炎炎的形，但毫不摇动，全体冰结，像珊瑚枝；尖端还有凝固的黑烟，疑这才从火宅中出，所以枯焦。这样，映在冰的四壁，而且互相反映，化为无量数影，使这冰谷，成红珊瑚色”，如此的奇妙，为日常生活经验难以企及，足以使人瞠目结舌。《墓碣文》里，死尸“胸腹俱破，中无心肝。而脸上却绝不置哀乐之状，但蒙蒙如烟然”，以至死尸“在坟中坐起，口唇不动，然而说……，”都给人一种神秘，一点恐怖。在《狗的驳诘》里，甚至出现了生活情境的倒置：不是人追着狗打，而是狗追逐着人驳诘，在狗的“大声挽留”与人的“一径逃走”中，你仿佛置身于一个人畜颠倒的混乱世界。《死后》里勃古斋旧书铺的跑外的小伙计追赶到棺材里向死人兜售明版古书，更达到了荒诞的境界，为一般客观写实的艺术世界的艺术逻辑所不允许。

《死火》里的这段生活与艺术体验应该格外注意：“当我幼小的时候，本就爱看快舰激起的浪花，洪炉喷出的烈焰。不但爱看，还想看清。可惜他们都息息变幻，永无定形。虽然凝视又凝视，总不留下怎样一定的迹象。”在《野草》的梦的世界里，一切视觉形象都是“息息变幻，永无定形”，处于流动之中。“许多美的人和美的事……万颗奔星似的飞动着，同时又展开去，以至于无穷”；“诸影诸物，无不解散，而且摇动，扩大，互相融和；刚一融和，却又退缩，复近于原形”，一切“都在水里面浮动，忽而碎散，拉长”，“织入”：这是《好的故事》。“自己在冰山上奔驰……忽然坠在冰谷中”；死火“忽而跃起”；“大石车突然驰来……坠入冰谷中”：突如其来的“奔驰”、“坠落”与“跃起”，构成了《死火》里梦的节奏。而《颓败线的颤动》更是一个不断地颤动，不断地旋转的世界。这“息息变幻，永无定形”的形象要译成语言文字，使其具有某种定形，几乎是不可能的，这本是梦的复述的困难所在。难怪人们常常说，梦是讲不出，也写不出的；然而，鲁迅却克服了这困难，用语言将流动的梦记录下来；既似凝固，又非凝固，既似流动，又非流动，《野草》的语言因此而获得了某种魔力。

在《野草》梦的世界的视觉形象中，鲁迅赋予色彩以特殊的意义与地位。而要把握鲁迅笔下梦境里的色彩，必须对鲁迅作品总体上的用色特点作一番考察。了解鲁迅的人都知道，鲁迅具有很高的美术修养，他对于色彩不仅有特殊的敏感，而且有过专门的研究。在萧红的回忆中曾真切地记录了鲁迅关于色彩及其配合的精辟见解[29]。在鲁迅的作品中，色彩感是十分强烈的，这构成了鲁迅艺术的一个重要特色。据我们的统计，在鲁迅《呐喊》、《彷徨》、《故事新编》与《野草》这四部作品中，用得最多的色彩是白色、红色与黑色，分别占所用色彩的百分之二十五点九、百分之十八点九与百分之十八点三，其次是黄色、青色与绿色。白、红、黑都是基本色；其最大特点是“它们基本上是互不关联的”，“它们所表示的基本品质是相互排斥的”，“在一幅构图上，这些单纯的色相决不能当作过渡色来用”，“它们可以彼此区别，但它们在一起就引起一些紧张”[30]。这样的色彩选择，这样的独特的配色方法，与我们在前面几章反复强调的，鲁迅不调和的性格，以及他将

“冷”与“热”，“憎”与“爱”两种极端感情统一于一身的情感表达方式，显然存在着内在的联系。同时，这也表示着鲁迅的一种美学追求。鲁迅在晚年曾以极大的热情提倡“精力弥满”，“放笔直干”，充满了“力之美”的木刻艺术[31]；称赞英国木刻家杰平“意味深长而独创”的“黑白的观念”，以及作品所显示的“在有意味的形式里黑白对照的气质”，对他的“在光耀的黑白相对中有东方的艳丽和精巧的白线底律动”的木刻艺术给予极高评价[32]。鲁迅显然在这些注重黑白对照的木刻艺术家中找到了自己的知音。对于“红”、“白”、“黑”的倾向性选择里更有着故乡民间艺术对鲁迅潜移默化的影响。鲁迅晚年对故乡人民在戏剧上创造的“比别的一切鬼魂更美、更强的鬼魂”——女吊的回忆，唤起了他幼年时代就留下的色彩记忆：女吊穿“大红衫子”，着“黑色长背心”，有着“石灰一样白的圆脸，漆黑的浓眉，乌黑的眼眶，猩红的嘴唇”。鲁迅说：“看王充的《论衡》，知道汉朝的鬼的颜色是红的，但再看后来的文字和图画，却又并无一定颜色，而在戏文里，穿红的则只有这‘吊神’。意思是很容易了然的；因为她投缳之际，准备作厉鬼的复仇，红色较有阳气，易于和生人相接近，……绍兴的妇女，至今还偶有搽粉穿红之后，这才上吊的”[33]。鲁迅从老百姓所喜爱的红色这“有意味的形式”里，所吸取的显然包括了其内含的“阳气”：人民的反抗传统与民间艺术的刚健风格。

如果对鲁迅作品中色彩的具体运用作进一步考察，可以发现，鲁迅常常在较多地注入了他自己个性的人物形象身上涂以深深的“黑色”[34]。魏连殳“蓬松的头发和浓黑的须眉占了一脸的小半，只见两眼在黑气里发光”[35]；“过客”“眼光阴沉，黑须，乱发，黑色短衣裤皆破碎”[36]；宴之敖“黑须黑眼睛，瘦得如铁”[37]；后羿“须发开张飘动，像黑色火”[38]；大禹分明一条“粗手粗脚的大汉，黑脸黄须，腿弯微曲，双手捧着一片乌黑的尖顶的大石头——舜爷所赐的

‘玄圭’”，他的同伴呢，更是“一排黑瘦的乞丐似的东西，不动，不言，不笑，像铁铸的一样”[39]。墨翟在公输般门丁的眼里，也是“像一个乞丐。三十来岁。高个子，乌黑的脸……”[40]这俨然构成了一个“黑色人”的家族。黑色给人沉稳坚实感，已经成为埋头苦干、拼命硬干的坚毅性格的象征；而这沉毅无言与冷峻的性格连在一起，这黑色又常常给人以严冷的威压。

在鲁迅作品中，“白色”则具有较多的表情作用。“街上黑沉沉的，一无所有，只有一条灰白的路，看得分明”(《药》)，“天色已是黄昏，和屋宇和街道都织在密雪的纯白而不定的罗网里”(《在酒楼上》)，“凉风虽然拂拂的吹动他斑白的短发……脸色越变成灰白”(《白光》)：这里的“白色”渲染着一种悲凉的气氛、心绪，是能够使人联想起“一无所有”的寂寞，生命衰老的悲哀，感到冰雪冷光般的寒意的。

鲁迅作品中的“红色”，常在“黑”、“白”、“灰”、“黄”的底色中陡然出现，起着警醒、对比、反衬的作用。在《药》里，“红色”出现两次：一是着玄衣的刽子手康大叔手中“撮着”的“鲜红的馒头”，一是夏瑜的坟顶出现“一圈红白的花”，触目惊心地点明了小说的题旨。在《故乡》里，“紫色的圆脸”，“红活圆实的手”，以及“红的绿的”贝壳，都暗示着一个健康的理想中的故乡，与现实中“灰黄”“萧索”的故乡形成鲜明对比。《在酒楼上》废园的山茶树“从暗绿的密叶里显出十几朵红花来，赫赫的在雪中明得如火”，它唤起了当年充满生命力的生活的回忆，更显出灰色的现实中灰色主人公生活的倦怠、平庸与无聊。饶有兴味的是，在鲁迅写梦境、幻境的作品里，色彩的选择与配色方法，都发生了重要变化，另有一番天地。试以《野草》里《好的故事》、《死火》，《故事新编》里的《补天》，以及《呐喊·故乡》中儿童时代故乡的“神异的图画”为例。统计表明，红色上升为第一位，约占总用色的三分之一，其次是白、青、绿、金、黄、蓝；《好的故事》、《故乡》

的梦中的家乡都没有黑色，《死火》里出现了一次黑色，《补天》则全部用以描摹插入的现实生活中的“伟丈夫”。黑色的摒弃，自然光谱色的选用，使这梦的世界别具特色。或用疏体笔法涂抹大色块，如《故乡》里“海边碧绿的沙地”，“上面深蓝的天空中挂着一轮金黄的圆月”，《死火》里“上下四旁无不冰冷，青白。而一切青白冰上，布有红影无数，纠结如珊瑚网”，用色单纯而浓重，造成强烈的整体印象。或注重多种色彩的不同层次的渲染，如《补天》里“血红的云彩”，“粉红的天空”，“肉红色的天地”，“淡玫瑰色的光海”，“桃红……的杂花”；“浓绿”的大地，“石绿色的浮云”，“嫩绿”的松柏；以及“流动的金球”似的太阳，“冷而且白的月亮”，“青白色的斗大的杂花”，“纯白”的身影，“一房一房刚开着大不可言的紫花”的紫藤[41]……色彩如此鲜艳，层次如此丰富，给人以强烈的感官刺激。或精心捕捉阳光照耀下大自然的光色变化，如《好的故事》里山阴道两岸边的景物“都倒影在澄碧的小河中，随着每一打桨，各各夹带了闪烁的日光，并水里的萍藻游鱼，一同荡漾。……边缘都参差如夏云头，镶着日光，发出水银色焰”[42]，对稍纵即逝的光、色、影的敏锐把握与表现，使鲁迅笔下的“梦境”充满了动感，灌注着生命的元气。

在鲁迅所创造的梦的世界里，视觉形象固然占据着主导地位，听觉、触觉形象也是丰富的。《失掉的好地狱》的梦境一开始就响彻着繁复的音响：“鬼魂们的叫唤无不低微，然有秩序，与火焰的怒吼，油的沸腾，钢叉的震颤相和鸣，造成醉心的大乐。”[43]《死后》因为“运动神经的废灭”，“知觉”就更为灵敏，“一辆独轮车从我的头边推过，大约是重载的，轧轧地叫得人心烦，还有些牙齿龊”，“大约是一个蚂蚁，在我的脊梁上爬着，痒痒的”，“还有几个则聚在眉毛上，跨一步，我的毛根就一摇”[44]，由触觉而引起的心理反应，写得如此真切：确实是现实与梦的巧妙结合。

注释

［1］许广平在《最后的一天》里回忆：1936年夏天，“正是鲁迅先生被病缠绕得透不过气来的时光，……他说出一个梦：他走出去，看见两旁埋伏着两个人，打算给他攻击。他想：你们要当着我生病的时候攻击我吗？不要紧！我身边还有匕首呢。投出去掷在敌人身上”，直到逝世前——17日晚上鲁迅还做着“噩梦”。（《许广平忆鲁迅》第421、422页）。

［2］参看《呐喊·自序》（《鲁迅全集》以下同）第1卷第415、416页；《狂人日记》（第1卷第431页）；《明天》（第1卷第454、456页）；《阿Q正传》（第1卷第515页）；《在酒楼上》（第2卷第31页）；《伤逝》（第2卷第121页）；《弟兄》（第2卷第140页），《好的故事》（第2卷第185—186页）；《死火》（第2卷第195—196页）；《狗的驳诘》（第2卷第198页）；《失掉的好地狱》（第2卷第197—200页）；《墓碣文》（第2卷第202—203页）；《颓败线的颤动》（第2卷第204—206页）；《死后》（第2卷第209—213页）；《立论》（第2卷第207页）；《娜拉走后怎样》（第1卷第160页）；《春末闲谈》（第1卷第204页）；《论睁了眼看》（第1卷第238页）；《论“费厄泼赖”应该缓行》（第1卷第277页）；《华盖集·题记》（第3卷第3页）；《书信·230612·致孙伏园》（第11卷第416页），《梦》（第7卷第29页）；《“音乐”？》（第7卷第54页）；《淑姿的信·序》（第7卷第133页）；《中国地质略论》（第8卷第17页）；《在钟楼上》（第4卷第33页）；《“醉眼”中的朦胧》（第4卷第65页）；《听说梦》（第4卷第467—469页）；《〈春夜的梦〉译者附记》（第10卷第203页）；《桃色的云·序》（第10卷第209页）；《小约翰·引言》（第10卷第255页）；《爱罗先珂童话集·序》（第10卷第197页）；《狭的笼·译者附记》（第10卷第199页），等等。

［3］《译文序跋集·〈狭的笼〉译者附记》，《鲁迅全集》第10卷第199页。

［4］［5］［6］［7］《苦闷的象征》，《鲁迅全集》人民文学出版社1973年版，第13卷第19页，23页，43页，43页。

［8］［9］［10］［11］［12］［13］《苦闷的象征》，《鲁迅全集》人民文学出版社1973年版，第13卷第43页，25页，29页，30页，30页，49页。

［14］《译文序跋集·〈狭的笼〉译者附记》，《鲁迅全集》第10卷第200页。

［15］《译文序跋集·〈爱罗先珂童话集〉序》，《鲁迅全集》第10卷第197页。

［16］《集外集·梦》，《鲁迅全集》第7卷第29页。

［17］《坟·娜拉走后怎样》，《鲁迅全集》第1卷第159页。

［18］［19］《南腔北调集·听说梦》，《鲁迅全集》第4卷第468页。

［20］《集外集拾遗·赠画师》，《鲁迅全集》第7卷第441页。

［21］《集外集拾遗·亥年残秋偶作》，《鲁迅全集》第7卷第451页。

［22］《〈呐喊〉自序》，《鲁迅全集》第1卷第415页。

［23］汪晖的《历史的‘中间物’与鲁迅小说的精神特征》一文对《呐喊》内在的心理内容作了较深刻的论述。本文作者曾与汪晖讨论过这些问题，从他那里得到不少启发。

［24］《呐喊·自序》，《鲁迅全集》第1卷第415–420页。

［25］［26］《朝花夕拾·小引》，《鲁迅全集》第2卷第230页，229页

［27］《译文序跋集·桃色的云·序》，《鲁迅全集》第10卷第209页。

［28］《世说新语·言语》："王子敬云：从山阴道上行，山川自相映发，使人应接不暇。"

［29］据萧红回忆，鲁迅曾就衣服的"配色"发表过如下意见："你的裙子配的颜色不对，并不是红上衣不好看。各种颜色都是好看的，红上衣要配红裙子，不然就是黑裙子。咖啡色就不行了；这两种颜色放在一起很混浊。……你没看到外国人在街上走吗？绝没有下边穿一件绿裙子，上边穿一件紫上衣，绝没有穿一件红裙子，而后穿一件白上衣的"。鲁迅还告诉萧红，他在日本读书时，曾读过论及色彩学的美学书籍。(《萧红选集·回忆鲁迅先生》)。

［30］R.阿恩海姆：《色彩论》第28页。

［31］《集外集拾遗·近代木刻选集·小引》，《鲁迅全集》第7卷第333页。

［32］《集外集拾遗·近代木刻选集·附记》，《鲁迅全集》第7卷第335页。

［33］《且介亭杂文末编·女吊》，《鲁迅全集》第6卷第617、618页。

［34］有趣的是，据许广平的回忆，鲁迅自己的形象给人们的最初印象就是"一团的黑"(《鲁迅和青年们》，《许广平忆鲁迅》第223页)。

［35］《彷徨·孤独者》，《鲁迅全集》第2卷第88页。

［36］《野草·过客》，《鲁迅全集》第2卷第188页。

［37］《故事新编·铸剑》，《鲁迅全集》第2卷第424页。

［38］《故事新编·奔月》，《鲁迅全集》第2卷第367页。

［39］《故事新编·理水》，《鲁迅全集》第2卷第384、385页。

［40］《故事新编·非攻》，《鲁迅全集》第2卷第459页。

［41］《故事新编·补天》，《鲁迅全集》第2卷第345、346，347页。

［42］《野草·好的故事》，《鲁迅全集》第2卷第185页。

［43］《野草·失掉的好地方说》，《鲁迅全集》第2卷第199页。

［44］《野草·死后》，《鲁迅全集》第2卷第209、210页。

第十六章　变革时代的悲剧意识与喜剧意识

叛逆的猛士出于人间；他屹立着，……记得一切深广和久远的苦痛，正视一切重叠淤积的凝血，……他看透了造物的把戏……

——《野草·淡淡的血痕中》

一

鲁迅在20世纪初所写的《摩罗诗力说》里，对于中国传统诗学作了如下概括："中国之诗，舜云言志；而后贤立说，乃云持人性情，三百之旨，无邪所蔽。……许自繇于鞭策羁縻之下，殆此事乎？"[1]以后，在《汉文学史纲》里，又这样总结了中国传统审美情感："虽直抒胸臆，犹能止于礼义，忿而不戾，怨而不怒，哀而不伤，乐而不淫"[2]。二者都指出了同一个事实：在中国传统中，盛行的是"中和之美"，所谓"持"、"止"，即是强调节制，反对"淫"（过度），在"羁縻"中求"自繇"。这样，在中国，既有悲（或"忿"，或"怨"，或"哀"），也有喜（"乐"），却无大悲，也无大喜，即"无邪"。标准呢？"礼义"而已。

在鲁迅看来，这都是"造物主"的"把戏"，是专为"人类中的怯弱者"——"造物主的良民"所设计："日日斟出一杯微甘的苦酒，不太少，不太多，以能微醉为度，递给人间，使饮者可以哭，可以歌，也如醒，也如醉，若有知，若无知，也欲死，也欲生。"[3]要

“日日斟出一杯微甘的苦酒”，这是因为心理、情感上的一定发泄是必需的，过分的压抑只会适得其反，“可以哭，可以歌”，这是社会稳定的必要条件；但又必须以“微醉为度”，情感的过分激烈，大哭与大笑都会导致暴烈的行为：中国怯弱的良民几千年来就是这样在欲哭不哭，欲歌不歌的混沌状态中，取得心理与情感的某种平衡，借此“暂得偷生，维持着这似人非人的世界”[4]。

然而，这却是与变革的时代要求绝对对立的。

因此，当五四思想解放运动向中庸主义的中国传统文化宣战的时候，也必须打破“中和之美”的传统诗学的统治地位。

先驱者们用西方现代美学观念审视中国传统诗学，发现了种种不足。胡适首先指出：“中国文学最缺乏的是悲剧的观念，无论是小说，是戏剧，总是一个美满的团圆”，“这团圆的迷信，乃是中国人思想薄弱的铁证”，“他闭着眼睛不曾看天下的悲剧惨剧，不肯老老实实写天天的颠倒惨酷，他只图说一个纸上的大快人心，这便是说谎的文学”[5]。鲁迅继之进行了更为猛烈与彻底的批判，他一针见血地指出，团圆主义文学就是“瞒与骗”的文学，它根源于“传统思想”——鼓吹“非礼勿视”的封建旧礼教，要害是抹平与否认客观存在的社会矛盾[6]。鲁迅把问题归结为一点：要“冲破一切传统思想和手法”，“取下假面，真诚地，深入地，大胆地看取人生并且写出他的血和肉来”[7]。

这正是实质所在：打破一切“瞒与骗”的自欺欺人的迷梦，“睁了眼看”，一切按本来面目去感受、体验，认识与反映。

按本来面目去反映人生，在鲁迅的时代，就是正视民族的落后（并非“宇宙的中心”），社会的腐朽（并非“太平盛世”），历史的黑暗（并非“一片光明”），现实的丑恶（没有“世外桃源”），未来的渺茫（没有“黄金世界”），人生的苦难（绝无“无忧无虑”的人生），国民性的衰颓（绝无“天之圣子”），人性的缺陷（不存在“完美”的人性）……，由此而不能不产生深刻的悲剧感。

按本来面目去反映人生，在鲁迅的时代，就不能不看透现实中“峨冠博带的礼堂上的阳面的大文”背后阴面的“五花八门”[8]，“敷衍，偷生，献媚，弄权，自私”，“假借大义，窃取美名”，“言行不符，名实不副，前后矛盾，撒诳造谣，蝇营狗苟”[9]等等等等，由此而不能不产生深刻的喜剧感。

鲁迅期望在新文学中注入的悲剧意识与喜剧意识，就其本质，乃是一种清醒的现实主义精神的发扬。它昭示着我们民族终于脱离了传统的麻木状态，结束了千年自大梦，也结束了孩童般不知世事的天真状态，发出了“醒过来的人的真声音”。

在终于觉醒的最初阶段，一方面，激发起了变革现实的强烈欲求，这是压抑已久的突然爆发，因此，愤激中常显得过分的急切与焦躁，由此而产生鲁迅所说的“有情的讽刺”[10]；另一方面，人们对变革中国的空前艰巨性，却缺乏必要的思想准备。因此，当变革的理想在强大的黑暗现实面前碰壁以后，人们突然发现自己在变革现实中并非无所不能，就急剧地转化为失望、苦闷与感伤。这类悲剧感诚然带有病态色彩，却不是绝对消极的；它在实质上仍然表现着一种执著与真诚，必然与对变革命运的焦虑与思索紧紧地联系在一起。因此，鲁迅才如此理直气壮地为“感伤情调”辩护：“多伤感情调，乃知识分子之常，我亦大有此病，或此生终不能改；杨村人却无之，此公实是一无赖子，无真情，亦无真相也。”[11]

人们在苦苦思索与挣扎中，逐渐学会不仅正视现实的黑暗，而且正视变革现实的特殊艰难以及自我的局限性，在巨大的变革热情中渗入了理性精神，站在更高的制点上看待现实生活中的悲喜剧，就发现了它们之间的渗透与融合，于是，产生了鲁迅式的带着苦涩的幽默，产生了鲁迅式的裹着冷峻的嬉笑怒骂，以喜剧的方式处理悲剧的内容，“用幽默的笔法写阴惨的事迹”[12]，“有情的讽刺”转化为“无情的冷嘲”[13]，既是对现实痛苦的超越，又是更深刻意义上的执著：这充分复杂化了的心理、情感与审美意识，正是我们民族趋向成熟的重要标志。

二

鲁迅在写于1925年的《再论雷峰塔的倒掉》里，为现代喜剧与悲剧概念下了一个经典式的定义：“悲剧将人生有价值的东西毁灭给人看，喜剧将那无价值的撕破给人看。”[14]

引人注目的是，鲁迅在悲剧与喜剧的定义中，突出了“价值”的观念，而且强调了价值的“毁灭”与“撕毁”。

这显然反映了“五四”时期“重新估量一切价值”的怀疑主义的时代精神与时代特点。封建主义的旧中国向现代化的社会主义新中国的转变，在观念形态上必然首先表现为价值观念的根本转变：旧的传统价值观念的破除，与新的价值观念的诞生。而新的悲剧意识与喜剧意识止产生于这样的历史变革与转折之中。

在几千年的封建统治下，“中国人向来就没有争到过‘人’的价格”[15]，在中国，人的生命如同蝼蚁，没有任何价值，妇女与小儿的生命更不值一文，轻易地作为人肉宴席的牺牲。在五四思想解放运动中，用现代人道主义的观念去“重新估量”；人的价值，妇女、儿童的价值得到了充分的肯定，人们也就同时在人的生命轻易毁灭，妇女、儿童任受宰割中，发现了“悲剧”——“悲剧将人生的有价值的东西毁灭给人看”。

鲁迅的《我之节烈观》正是这样的悲剧的发现。“节烈”在中国传统观念中，向来是所谓“美德”，自古以来，封建礼教的维护者都竭力把妇女守节当作历史的正剧来大吹大擂。现在，鲁迅用“略带二十世纪气息”[16]的新的眼光重新提出疑问，传统节烈观念“失了存在的生命和价值”[17]。妇女的生命价值得到重新肯定后，妇女守节就显出了其全部酷烈与可悲，实现了由“正剧”向“悲剧”的转化。

几千年的封建统治下，封建统治者及其思想观念，从来被置于不可动摇、不容置疑的神圣地位，赋予至高无上的价值。在五四思想解放运动中，用怀疑主义的眼光重新审视，剥落了神圣外衣，还原了“无价值”的本来面目。“粪土当年万户侯”，虚假的绝对价值与真实的无价值之间的巨大反差，就产生了强烈的喜剧感——“喜剧将那无价值的撕破给人看”。

鲁迅的《随感录·三十九》也有过这样的“喜剧”的发现。在传统的观念中，“从来如此，便是宝贝”[18]；现在，用怀疑主义的观点问一问：“从来如此，便对么？”被称为“国粹”的“宝贝”，就露出了本相：不过是中国社会、民族肌体上的“无名肿毒”而已。于是，那些维护传统观念的国粹派的理论就变成了：“即使无名肿毒，倘若生在中国人身上，也便‘红肿之处，艳若桃花；溃烂之时，美如乳酪’，国粹所在，妙不可言”[19]了。这里所发生的正是“正剧”向“喜剧”的转化。

“中学为体，西学为用”的理论，也是一种冠冕堂皇的理论，但在鲁迅怀疑主义思想烛照下，也显出了可笑的本相。鲁迅在《随感录·四十八》里将这种“严肃”的理论化为一幅一点也不严肃的漫画：“早上打拱，晚上握手；上午‘声光化电’，下午‘子曰诗云’”[20]——可笑不可笑呢？

有时候，甚至不需要漫画的夸张，就按原样拿出来示众，由于价值观念不同，就会产生不同效果。鲁迅的《随感录·三十八》就是这样不加评论地客观地列举了五种“爱国”的自大家的言论——

> 甲云："中国地大物博，开化最早，道德天下第一"。……
>
> 乙云："外国物质文明虽高，中国精神文明更好"。
>
> 丙云："外国的东西，中国都已有过；某种科学，即某子所说的云云"……
>
> 丁云："外国也有叫花子，——（或云）也有草舍，——娼妓，——臭虫"……
>
> 戊云："中国便是野蛮的好"。又云："你说中国思想昏乱，那正是我民族所造成的事业的结晶……"[21]

从肯定其价值，崇信的心理出发，"爱国"的自大家的高论都是至理名言，毫无可笑之处；然而，从否定其价值，怀疑的心理出发，只要将"爱国"的自大家们的高论稍加思索，就不禁哑然失笑：从其中嗅出了阿Q气与牛二气。

于是，我们看到，怀疑主义的否定可以产生两个层次的心理、情感反应与审美意识：在对"神圣"的传统观念的迷信被冲垮的最初时刻，会产生一种悲剧式的幻灭的悲哀；当人的心理从幻灭走向超越的第二层次，就会发现曾作为迷信对象的传统观念以及迷信本身：那虔诚、执迷，以及与之相联系的严肃、认真的气氛，都是荒谬、幼稚、可笑的，都具有辛辣的喜剧性。越是虔诚、执迷，觉醒过来，越是要笑自己，尽管笑声中带着几分苦涩。最彻底的否定方式，必然是喜剧的：人们常常是用笑声与沉重的过去最后告别的。

在"五四"时期，对旧的价值观念的否定与对新的价值观念的肯定，是同一个历史过程。往往在同一对象中，既表现出旧价值的被否定的喜剧性，又表现出被肯定的新价值的毁灭中所蕴藏的悲剧性，从而出现了喜剧与悲剧的相互渗透。这里有两种情况。一种是鲁迅笔下的下层人民与下层知识分子，往往具有两重性。作为在传统中被损害、抹杀的“下等人”，五四运动发现与肯定了他们作为人的真正价值，他们的被损害、被抹杀，就具有了强烈的悲剧性。但鲁迅在具体表现他们被侮辱、被损害的历史命运时，主要着眼于揭示他们所受的精神毒害；这样，在鲁迅的笔下，这些下层人民和下层知识分子在精神上又都是被五四运动所否定了的旧道德、旧观念的承担者，他们的精神面貌就不能不具有强烈的喜剧因素。一般说来，鲁迅笔下下层人民、下层知识分子身上的喜剧因素——他们的精神弱点是所受外来影响，是属于表面层次的东西，首先为读者所注目；但随着小说的发展，读者就逐渐把握人物的内在本质：他们受侮辱、被损害的地位，进而产生强烈的悲剧感。喜剧意识向悲剧意识的转化，是一个由表及里的体验、认识过程。鲁迅笔下的否定形象——官僚地主以及附属于他们的知识分子则是另一种情况。作为被五四运动历史地否定了的人物，他们身上的喜剧因素是十分明显的。但另一方面，站在一个更高的层次，从人类发展的历史来看，这些反动人物的种种丑恶表演，无一不是以人的本性被扭曲的形态表现着人的另一种意义上的毁灭，同样具有一定程度的悲剧性。

三

鲁迅曾经赞扬果戈理的“讽刺本领”在于“用平常事，平常话，深刻的显出当时地主的无聊生活”；“这些极平常的，或者简直近于没有事情的悲剧，正如无声的言语一样，非由诗人画出它的形象来，是很不容易觉察的。然而人们灭亡于英雄的特别的悲剧者少，消磨于极平常的，或者简直近于没有事情的悲剧者却多”[22]。这里实际上也是宣布了鲁迅自己的悲、喜剧观：他更着重“几乎无事”的悲剧与喜剧。

如果说在传统的悲喜剧中比较注重越出正常生活轨道，有着特殊经历的人物和所谓奇闻、怪现状等生活的变态；那么，现在鲁迅所关注的则是生活轨道正常运行中的常态——那些最平常、最普遍的事实。更明确地说，鲁迅所强烈感受着的，并且企图着力开掘的，是生活本身的悲、喜剧性。

这首先表现了鲁迅对于中国现实生活深刻而独到的见解。鲁迅发现，几千年的封建统治的结果，封建意识形态及其对于价值观念的颠倒，经过长期的潜移默化，已经渗透到民族意识与心理中，成为历史的力量，多数的力量，成为生活的常态。这就是说，有价值的毁灭的悲剧与无价值的撕破的喜剧，已经由个别的、超出常规的怪状，转化为普通的日常生活；正像鲁迅评价叶紫小说时所说，作者所描写的，本来“都是太平世界的奇闻，而现在却是极平常的事情”[23]。这样，悲喜剧的制造者，也由少数的坏人、小人，转变为鲁四老爷那样的一直在法律许可范围内活动的统治者，以及由多数善良的老百姓的习惯势力和社会舆论力量组成的“无主名无意识的杀人团”[24]。而且，在现实生活中，直接死于统治者屠刀下的人毕竟是少数，更多地却死于这“无主名无意识的杀人团”不见血的谋杀中。结论只能是这样：不但中国人的普通生活本身已经悲剧化与喜剧化，而且人们自己就是这些悲剧与喜剧的自觉的、不自觉的制造者。于是，鲁迅终于发现，他所面对的是社会、生活整体性的溃烂，而不是个别人的堕落、局部生活的腐败，由此而产生的悲剧感与喜剧感，是格外深广，并且伴随着几乎是莫可名状的压抑感。

鲁迅时时刻刻提醒人们注意自己周围的日常生活本身所具有的悲、喜剧性质。他说：“中国现在的事，即使如实描写，在别国的人们，或将来的好中国的人们看来，也都会觉得 grotesk（德语：古怪，荒诞）”[25]。“在中国要寻求滑稽，不可看所谓滑稽文，倒要看所谓正经事，但必须想一想”[26]。在鲁迅的杂文中（尤其是后期的杂文），有大量的“立此存照”，即将报纸的消息、广告、文章实录示众，不加评论，让生活自身亮相[27]。这也是一种当面提醒：笑（哭）你周围的生活吧！

这里有一份1930年10月10日上海各种大报、小报的标题摘录：“举国欢腾庆祝双十”；“叛逆削平，全国欢祝国庆，蒋主席昨凯旋参与盛典”；“津浦线暂仍分段通车”；“首都枪决共犯九名”；“林埭被匪洗劫”；“老陈圩匪祸惨酷”；“海盗骚扰丰利”；“程砚秋庆祝国庆”；“蒋丽霞不忘双十”；“南昌市取缔赤足”；“伤兵怒斥孙祖基”；“今年之双十节：可欣可贺，尤甚从前”[28]。

这是30年代中国的普通一日，所发生的一切人们已经司空见惯，但仔细品味，却不难从“叛逆削平”与“匪祸惨酷”的矛盾中，在“南昌取缔赤足”、“程砚秋庆祝国庆”里发现喜剧因素而发出会心的一笑；再握卷深思，那“枪决共犯”、“海盗骚扰”、“伤兵怒斥”背后，不知道演出了多少酷烈的人间惨剧；同一时刻，同一块土地上，所谓“举国欢腾”下正有人哀哀饮泣：人与人之间的悲、欢，竟至于如此地不相通，你难道不会感到一丝悲凉袭上心头？鲁迅完全无意于在对生活的漫画化中去寻找悲剧感与喜剧感，而只是把生活的原样保留下来，这中间就蕴含着悲剧与喜剧的默默渗透，它已经融入生活中，淡化到了不加注意就会忽略过去的地步，然而，也正是在这淡化与消失中包含着一些惊心动魄的东西。

鲁迅所关注的，不仅是封建传统观念的普遍渗透，成为生活常态，其悲剧性与喜剧性尚有迹可寻；还有无迹可寻，也是更深层次的“几乎无事”的悲喜剧：人们精神与生活的平庸化。鲁迅在《几乎无事的悲剧》里所极力推崇的果戈理笔下活得“无聊”的人“圆滑的应酬”，人们在毫无意义的琐事上“嚷闹”，“夸示”，“算是忙人和诚实人，在过了他的整一世”，就是这类平庸化的悲喜剧；鲁迅以为，其悲剧性（喜剧性）就在人的生命的无谓“消磨”[29]。在鲁迅的小说中，《伤逝》里涓生、子君的悲喜剧,《在酒楼上》吕纬甫的悲喜剧，其令人战栗处，恰恰在于它深刻地揭示了先觉的知识分子的平庸化的倾向。所发生的一切，都是在不知不觉之间，而且似乎是无可非议，必然如此的：新婚之后，不能永远生活在热恋的“温习”中，必然要回到现实中来，人要生活，首先得吃，而在中国，吃食也不易，于是，完全合乎逻辑地出现了四只小油鸡；人不可能生活于真空中，必要有交往，而中国的生存空间又如此狭小，于是不可避免地出现与邻居的种种小摩擦；人追求生活的安定，在中国的现实条件下，必定是生活的刻板化，于是，涓生与子君生活方式逐渐被“铸定”：一个“由家到局，又由局到家”，另一个由做饭菜到饲油鸡……生活就这样过下去，过下去；其实，世世代代，直到今日，哪一家中国人不是这样打发日子的呢？一旦真的打击到来，人们才发现，人的生命意志与活力已经在这样不可避免的，却又是极端琐碎的日常生活中“消磨”掉了。“人们真是可笑的动物，一点极微末的小事情，便会受着很深的影响”[30]：一点不错，人的精神竟是被日常生活中“极微末的小事情”压垮的。正是在这里，你会强烈地感到，人是多么脆弱，多么容易失去对于生活意义、生命价值的追求，还原为活着就是一切的动物呵。在日常生活中表现出来的这种人的毁灭，人的堕落，是可怕的。但人们却偏偏容易满足，甚至为自己的苟活而沾沾自喜。鲁迅这样的先觉者从这里更看到了一种不可救药的奴性，这是既令人悲凉，又使人愤激不已的。在中国，人活着就十分艰难，这是很容易把人逼上苟活这一路的；只要经济落后，人的生存条件的缺乏，十亿人为温饱奋斗这样的现状得不到根本改变，吕纬甫式的“敷敷衍衍，模模糊糊的活着”的人的平庸化的堕落，就几乎不可避免。因此，迅速改变中国经济落后状况的迫切性，从根本上来说，正是出于要实现人的真正本质，使人成为人的历史要求。

于是，鲁迅一再地向麻木的人们大声怒喝：“笑(哭)你们自己”！

他宣布，“我的方法是在使读者摸不着在写自己以外的谁，一下子就推诿掉，变成旁观者，而疑心倒像是写自己，又像是写一切人，由此开出反省的道路”[31]。鲁迅之所以注目于极普遍的日常生活中的悲喜剧，正是出于启蒙的目的，使人们无法推诿自己的历史责任，从而引出自我反省、自我批判的自觉。

人们不难感到鲁迅那冷冷逼视的眼光：他比他的读者——普通老百姓们站得高，精神上处于优势的地位。鲁迅说，讽刺“所写的事情是公然的，也是常见的，平时是谁都不以为奇的，而且自然是谁都毫不注意的。不过这事情在那时却已经是不合理，可笑，可鄙，甚至于可恶。但这么行下来了，习惯了，虽在大庭广众之间，谁也不觉得奇怪；现在给它特别一提，就动人”[32]。这就是说，日常生活中本身蕴含着悲、喜剧因素，只是提供了现实基础与根据，要真正化为能够打动人的艺术上的悲喜剧，还必须有一个条件：大多数读者与作家之间思想境界、认识上的差距；作家只有站在时代思想发展的高水平线上，具有超于读者的喜剧意识与悲剧意识，才有可能敏锐地发现并揭示隐藏在日常生活背后的可笑、可鄙、可恶，从而对处于相对麻木状态的读者发生警醒作用，产生发现的快感。

鲁迅同时又说：“如果貌似讽刺的作品，而毫无善意，也毫无热情，只使读者觉得一切世事，一无足取，也一无可为，那就并非讽刺了，这便是所谓‘冷嘲’。”[33]这里讨论的是在悲剧与喜剧艺术中作家与读者的关系：作家不仅应该比读者站得更高，拉开距离，同时又要缩短距离，置身于读者之中，对生活在几乎无事的悲喜剧里的普通老百姓抱有极大的善意与热情。鲁迅正是如此，他对普通人的最平凡的日常生活，怀有不可言说的热爱；他曾多次为普通人的日常生活辩护。正是出于爱，他对于中国人民日常生活中悲喜剧，才如此敏感，如此不可忍耐。他渴望着普通人的平凡生活既克服封建意识形态造成的愚昧与畸形，又脱离屈从于琐事的压力而形成的平庸状态，日益健全与崇高起来。普通人日常生活的这种改造，是最能显示社会改造的历史深度的。鲁迅期待着这样的深度。

四

鲁迅在思考着中国普通人民的悲喜剧命运时，无疑也在思考着自己。

鲁迅在对中国普通人民说着“笑（哭）你们自己”时，无疑也在嘲笑着、哀悯着自己。

鲁迅的悲剧意识与喜剧意识，最后必然归结为对自我的审视与历史否定。

鲁迅的“中间物意识”，最基本的历史特征，即是将自我置于社会发展、人类进化的广阔的时空中来考察。一方面，在社会、人类、宇宙的无限空间里，在历史发展的永恒时间中，充分地显示出自我的有限性与短暂性；另一方面，自我却又承担着无限空间、永恒时间里形成的历史重负。前者是一种客观存在，后者是鲁迅这一代人的自觉选择；鲁迅既清醒于前者，又执著于后者，就陷入了既无可避免、又无以解脱的巨大矛盾与精神困境之中。所谓“心高于天”（强烈的历史使命感），“命薄于纸”（充分认识自我局限而产生命运的悲凉感）即是这一代人的共同命运，由此而引发的悲剧感，是分外浓重的；换一个角度看，就会产生自嘲意识。但在另一个层面上，将自我置于无限的空间与永恒的时间中，同时也就是使自我参与到永恒的历史创造运动中，从而获得一种新的价值与意义；这又构成了与前述悲剧意识和自嘲意识相抗衡的精神力量。

把鲁迅的自我放在具体的历史时空中来考察，也同样如此。

在20世纪所发生的由黑暗的旧中国向光明的现代中国的历史大

转折中，鲁迅是“由黑暗自己制造出来的、专与黑暗捣乱，因黑暗而存在而有意义的、黑暗自身的‘抗体’”[34]。

鲁迅是“黑暗自己制造出来的”，与黑暗的旧中国有着割不断、理还乱的联系。他的自我自动地承担起了几千年黑暗历史的全部罪恶与荒谬，痛苦与不幸。这使他成为超负荷的历史前行者，既由历史的沉重中产生悲剧意识，又从历史的荒谬中引发出自嘲意识。

鲁迅的历史使命仅在于与黑暗专门捣乱，这在中国的特定国情下，实际上意味着向整个社会宣战；他理应作为“国民公敌”而得到全社会的诅咒，并陷于“无物之阵”中不能自拔：他不可能有其他命运。这样的处境，不仅会产生孤军奋战的悲哀，更会时时产生“运交华盖欲何求”的“自嘲”[35]。

历史的作用，决定着存在的价值；鲁迅的自我价值是在与黑暗旧中国短兵相接的搏斗中实现的，随着黑暗的消失，也必然失去了继续存在的理由：注定着要与黑暗同归于尽，并且用自己的消失证明到来的是真实的光明。“我不过一个影……然而黑暗又会吞并我，然而光明又会使我消失”[36]：面对着这历史的必然，自我牺牲使命的强烈意识与自我消亡命运的清醒观照，使鲁迅深深地陷入了历史的悲凉感之中。但他以更大的精神力量从中挣扎出来，坦然迎接自己的死亡，欢呼着历史辩证法的胜利。

> 地火在地下运行，奔突；熔岩一旦喷出，将烧尽一切野草，以及乔木，于是并且无可朽腐。
>
> 但我坦然，欣然。我将大笑，我将歌唱。[37]

在个体必然灭亡的历史悲观主义中蕴含着人类进化、发展的历史乐观主义。

这正是鲁迅的悲剧意识与喜剧意识的本质。

注释

［1］《坟·摩罗诗力说》,《鲁迅全集》第1卷第68页。

［2］《汉文学史纲》,《鲁迅全集》第9卷第356页。

［3］《野草·淡淡的血痕中》,《鲁迅全集》第2卷第221页。

［4］《华盖集续编·记念刘和珍君》,《鲁迅全集》第3卷第274页。

［5］胡适:《文学进化观念与戏剧改良》,收《胡适学术文集(新文学运动)》,中华书局1993年9月第1版,第80、81页。

［6］［7］《坟·论睁了眼看》,《鲁迅全集》第1卷第237—238页,241页。

［8］《三闲集·序言》,《鲁迅全集》第4卷第4—5页。

［9］《华盖集·十四年的"读经"》,《鲁迅全集》第3卷第129页。

［10］［13］《热风·题记》,《鲁迅全集》第1卷第292页。

［11］《书信·340430·致曹聚仁》,《鲁迅全集》第12卷第397页。

［12］周作人:《关于鲁迅之二》,收《瓜豆集》,岳麓书社1989年10月第1版,第170页。

［14］《坟·再论雷峰塔的倒掉》,《鲁迅全集》第1卷第192—193页。

［15］《坟·灯下漫笔》,《鲁迅全集》第1卷第212页。

［16］［17］《坟·我之节烈观》,《鲁迅全集》第1卷第119页,125页。

［18］［19］《热风·随感录·三十九》,《鲁迅全集》第1卷第318页。

［20］《热风·随感录·四十八》,《鲁迅全集》第1卷第337页。

［21］《热风·随感录·三十八》,《鲁迅全集》第1卷第312页。

［22］《且介亭杂文二集·几乎无事的悲剧》,《鲁迅全集》第6卷第370—371页。

［23］《且介亭杂文二集·叶紫作〈丰收〉序》第6卷第220页。

［24］《坟·我之节烈观》,《鲁迅全集》第1卷第124页。

［25］《华盖集续编·〈阿Q正传〉的成因》,《鲁迅全集》第3卷第380页。

［26］《准风月谈·"滑稽"例解》,《鲁迅全集》第5卷第342页。

［27］参看《三闲集·匪笔三篇》(第4卷第42页);《三闲集·某笔两篇》(第4卷第48页);《三闲集·述香港恭祝圣诞》(第4卷第50页);《集外集·一个"罪犯"的自述》(第7卷第277页);《集外集拾遗补编·补救世道文件四种》(第8卷第196页);《集外集拾遗补编·〈某报剪注〉按语》(第8卷第203页);《且介亭杂文附集立此存照(一)——(七)》(第6卷第604、606、622—626、627—

628、630—631、632—633、634—636 页)。

[28]《准风月谈·双十怀古》,《鲁迅全集》第 5 卷第 323 页。

[29]《且介亭杂文二集·几乎无事的悲剧》,《鲁迅全集》第 6 卷第 371 页。

[30]《彷徨·伤逝》,《鲁迅全集》第 2 卷第 117 页。

[31]《且介亭杂文·答〈戏〉周刊编者信》,《鲁迅全集》第 6 卷第 146 页。

[32][33]《且介亭杂文二集·什么是“讽刺”?》,《鲁迅全集》第 6 卷第 328 页,329—330 页。

[34] 引自北京大学文学专业 1982 级学生王川的试卷。

[35] 增田涉回忆,鲁迅逝世前曾抄录郑所南《锦钱余笑》中一首诗给日本友人,中有“而今吾老矣,无力收鼻涕。非憔不成文,抑见写错字”等句。增田涉以为,这是一种“自嘲的心理阴影”(《鲁迅的印象》第 96—97 页)。

[36]《野草·影的告别》,《鲁迅全集》第 2 卷第 165 页。

[37]《野草·题辞》,《鲁迅全集》第 2 卷第 159 页。

后记

一

这里，要谈的是“我自己”。更确切地说，是“我与鲁迅”。这本是“我之鲁迅观”题中应有之义。而且，“我”并不是孤立的存在，同样是一种“社会关系的总和”。透过“我与鲁迅”，可以从一个特定侧面，看到中国的成长于五六十年代的知识分子，他们与20世纪中国变革的先驱者鲁迅的认同与辨异，理解与误解，感应与隔膜……

就从50年代谈起。

少年时代的我，自然没有自己独立的鲁迅观，但奇妙的是，我对鲁迅的认识竟然受到了一首诗与一个诗题的影响。这首诗是臧克家的《有的人》，我至今还能背得——

有的人活着
他已经死了；
有的人死了
他还活着

有的人
把名字刻入石头想“不朽”；

有的人
情愿作野草，等着地上的火烧

把名字刻入石头的
名字比尸首烂得更早；
只要春风吹到的地方
到处是青青的野草

“一个诗题”——真的，只剩下诗题，诗的内容早已毫无印象了——是郭沫若的《鲁迅笑了》。

现在回想起来，“鲁迅笑了”，正是应和着50年代的时代与个人的欢乐情绪；鲁迅在我们这一代心目中，第一个印象不是“横眉冷对”，而是“笑”，这是很有意思的。——不是么？

而臧克家的《有的人》则引起了一个纯真的少年对不朽的生命的无尽遐想与朦胧追求。这时鲁迅离自己是比较遥远的。

认真地读鲁迅的书，是在大学读书期间。今天的大学生已经很难理解，当年的大学生“拼命读书”是要被认为走“白专道路”而受到严厉批判的。而我偏偏是个不可救药的读书癖，一面接受批判，不无虔诚地检讨自己，一面却忍不住要悄悄读书。记得1959年有一段时间，空气有点松动，甚至号召“认真读书”，于是，我就趁机公开、半公开地啃起出版不久的《鲁迅全集》来。“啃”得非常吃力，因为我当时几乎毫无人生阅历，知识又极端贫乏，连字面的意思都弄不懂；但毕竟通读了一遍，而且不知不觉间，“微笑”的鲁迅变成了“眉头紧皱”的鲁迅：这大概与我自己的心境变化有关吧。

真正开始“研究”鲁迅，是在60年代初，我的生活发生了巨大转折：大学毕业以后，由北京发配到了贵州一个偏僻、落后的小城，又面临着那个饥饿的年代。物质的饥饿，特别是精神的饥饿，使我又捧起了鲁迅的书。1962年第一个早晨，我空着肚子，在一间又小又冷的屋子里，拿起笔，开始写我的《鲁迅研究札记》。我的第一个研究题目是：《鲁迅与毛泽东》，以为他们之间存在着内在的相通；这大概是受了冯雪峰的影响，因为我的最有力的论据就是冯雪峰《鲁迅回忆》里的几段话。我在文章开头引用了叶剑英的诗句："东方风格千秋在，举世嚣嚣亦枉然"，把鲁迅与毛泽东同样看作是"东方风格"即"为无产阶级思想所照耀的我们民族性格"的伟大代表，并且把这种"东方风格"、"民族性格"概括为"硬骨头精神与韧性精神的结合"——这是我的第一个"鲁迅观"；它直接地反映了60年代初由于苏联对中国的封锁而激发起来的强烈的民族主义情绪。20世纪五六十年代，中国大陆先后经历了两次外来的封锁——50年代以美国为首的西方社会的封锁，60年代以苏联为首的国际共产主义运动的封锁，这对于恰恰在这二十年内在中国大陆成长起来的这一代知识分子的思想、性格、文化心理结构的形成与发展，产生了极其深刻的影响；对这一影响，人们至今仍然估计不足。正是在这两次封锁中，毛泽东高举起了"维护民族独立、统一与尊严"的大旗，因而为这一代知识分子所普遍接受，并逐渐成为他们心目中的英雄与导师。我至今仍清楚地记得，我在第一篇论文里，引述了毛泽东50年代所写的《别了，司徒雷登》里的一段话："封锁吧，封锁十年八年，中国的一切问题都解决了。中国人死都不怕，还怕困难么？老子说过：'民不畏死，奈何以死惧之'……没有美国，就不能活命么？"我当时是一边写一边流泪的；因为这时候我们又面临着苏联的封锁。这一代知识分子因此而自愿地接受了毛泽东"自力更生，发奋图强"的理论，以及他的"大跃进"政策和"反修防修"的思想。尽管"大跃进"给包括这一代知识分子在内的全民族带来了巨大的灾难，但人们仍然认为，它是以一种曲扭的形式反映了处于封锁下的中国人民迫切要求迅速改变自己国家“一穷二白”面貌，从“落后挨打”的被动局面中解脱出来的民族情绪与愿望的。也正是在这样的民族情绪与社会心理下，鲁迅“没有丝毫奴颜与媚骨”的“硬骨头”精神，在这一代知识分子中产生了巨大影响，鲁迅本人也与毛泽东一样，成为他们心目中的民族英雄。我自己也就是在这样的社会文化心理背景下，选择了鲁迅与毛泽东作为精神的支柱。这一选择，对我的实际意义是，尽管处在个人生活的逆境——由文化中心北京发放到文化沙漠贵州——中，却始终保持了发奋图强、昂扬向上、积极进取的精神状态；我按照毛泽东的教导，自觉地把自己的本职工作——在一所小小的中等专业学校作语文教员——与整个国家、民族的振兴事业联系在一起，劲头十足地、兢兢业业地教育着学生，同时，几乎是废寝忘食地读书，研究鲁迅，一遍又一遍地通读《鲁迅全集》，写下了大量笔记，为我今天的研究工作打下了较为坚实的基础。而我这样的精神状态，在我的同代人中是有代表性的。

但这同时也存在着可悲的误解与曲解，出现了可怕的历史倒退。中国这一代知识分子对于毛泽东的英雄、领袖地位的确认，对于他的许多理论的接受，开始确实是一种理智的选择——由于他代表了民族的利益，由于他领导中国革命与建设的成功。但在发展过程中，却逐渐变成了盲从。人们开始是出于信任，以后则出于盲目的惯性作用，逐渐接受了这样的理论与事实：探索中国发展道路这类“大事”是毛泽东这样的领袖的特权，而我们普通老百姓（包括知识分子）只需要按毛泽东的指示行事，踏踏实实地做好本职工作。包括我自己在内的中国五六十年代成长起来的这一代知识分子中的大多数，就这样作出了关键性的错误选择：他们半是被迫、半是自动地放弃了探索真理的权利，放弃了独立思考的权利；这不仅从根本上背离了鲁迅所开创的中国现代知识分子的历史传统，而且也是知识分子历史品格的丧失：

在社会分工中，以思考作为本职的知识分子居然停止了思考，甘心做驯服工具，这真是历史的大倒退、大悲剧，也是历史的大嘲讽。但我们却长期以来对此麻木不仁，安之若素，甚至沾沾自喜。在本书写作过程中，当我重读到鲁迅这段话："自己明知道是奴隶，打熬着，并且不平着，挣扎着，一面'意图'挣脱以至实行挣脱的，即使暂时失败，还是套上了镣铐罢，他却不过是单单的奴隶。如果从奴隶生活中寻出'美'来，赞叹，抚摩，陶醉，那可简直是万劫不复的奴才了。"[1]回想起我也曾长时间地"陶醉"于自己的驯服中，我觉得鲁迅是在用鞭子抽打我的灵魂，我无地自容！

尽管痛苦、难堪，但我们必须正视这一严峻事实：在我们这一代知识分子身上曾经出现过驯化、奴化的倾向。鲁迅其实早已提出警告：在强调"一致对外"时，要防止对国人正当权利的剥夺[2]；但20世纪中国却一再出现这样的误解：知识分子对民族、社会责任感的强调，总是要以知识分子个性的丧失为代价。这其实是根本上反映了儒家文化传统特点的；而中国的知识分子作为传统文化的承担者，也就自觉、不自觉地继承了这一传统。鲁迅这一代曾经勇猛地反叛过，并且企望由他们这一代开始，中国人民（包括中国知识分子）从此结束精神奴化状态；但不料想五六十年代成长起来的这一代知识分子却又走了回头路。这里所发生的，正是鲁迅所预言的悲剧：人们只注意了"一致对外，反帝反霸"，却因此而放松了对国内封建主义的警惕。

五六十年代的外来封锁还造成了这一代知识分子文化构成上的严重缺陷。我们除了大量接受中国传统文化及"五四"以来的左翼文化[3]外，主要的精神汲取是俄罗斯文化，60年代以前的苏联文化，以及西方文艺复兴以来的人文主义文化传统；对于20世纪，特别是第二次世界大战以后的西方文化，以及60年代以后苏联文化的新发展，则基本上是隔绝的。而且我们还有一套理论，这就是日丹诺夫所谓18、

19世纪“资本主义繁荣时期”曾创造出“伟大作品”，无产阶级可以批判接受；而“资本主义没落时期”的20世纪西方文化已经“衰颓与腐朽”，无产阶级应断然拒绝[4]。绝不能低估日丹诺夫的理论及其实践对这一代知识分子精神素质的深刻影响，恐怕至今还有许多人没有从其阴影中彻底摆脱出来。这种情况造成了我们对于鲁迅思想理解的极大片面性：我们只注意，或者说只能理解鲁迅思想中与19世纪人文主义思潮相通的部分，例如他的人道主义，他的理想主义，浪漫精神；而我们对鲁迅思想中与20世纪现代主义相通的部分，例如本书反复强调的鲁迅怀疑主义精神，他的个性主义思想中的绝望、孤独，强烈的荒谬感和自嘲意识……我们则根本不能理解。但我们偏偏又有一种现成理论，即把我们所不能理解的东西，一律叫做“历史局限性”。这种思想逻辑固然简单明快，但却造成了我们这些自称的鲁迅信徒对于鲁迅的可怕隔膜。

如果我们敢于像鲁迅那样直面事实，我们还得进一步承认：在一定程度上，可以说，这是开放的一代与封闭的一代之间的隔膜，是具有怀疑主义的否定精神的一代与在形而上学独断论、绝对主义的时代文化气氛中成长起来的一代之间的隔膜。研究了几十年的鲁迅，现在终于发现，自己在一些基本方面（当然不是全部）与鲁迅是隔膜的，这自会引起一种难言的、挖心掏肺的痛苦。呵，历史对于我们这一代竟是如此的残酷！但又有什么办法呢？时代酿成的苦果，我们也只得吞下去，而且如鲁迅那样，独自躲进丛林，舐净心灵创伤的血迹；然后，我们才会有新的希望、新的开始。

二

我和我的同代知识分子在已经被驯化的情况下，迎来了史无前例的时代——这对中国现代知识分子确实是一次史无前例的严峻考验。

我个人的命运再一次发生急剧的变化；运动一开始，一夜之间，我成了“修正主义苗子”、“反革命”。我被隔离起来，关在自己的单身宿舍里。除了无休止地写检查，接受批判之外，居然还允许我读书。我的大批藏书都被没收，却留下了《毛泽东选集》与《鲁迅全集》。

于是，我就在这样一个荒诞的疯狂的时代，处于一种屈辱的地位，以一个混乱、迷惑的、曲扭的心灵，与我的两个“精神之父”——毛泽东与鲁迅进行“精神对话”了。这自然已不再是学术研究，而是要求灵魂的超度：要给突然强加于我的屈辱地位找到一个合理的、自己所能够接受的解释。课题的选择从一开始就是错误的；但当时我的思想既然已经被驯化、半驯化，而这场革命又是打着我所崇拜的毛泽东、鲁迅的旗号，因此，命运注定我及我同代知识分子中的大多数，在革命风暴初起时，不可能对这场革命本身产生怀疑，而只能在自己灵魂深处去“爆发革命”，何况我们中国知识分子历来就有孔孟儒学提倡的自省传统，在新中国成立以后，又一直鼓励这种自省式的修养呢。这样，在这史无前例的历史大考验的一开始，我和我的同代知识分子的大多数自我精神状态及所作出的历史反应，就走入了歧路，具有了极大的悲剧性与荒诞性。

但我居然在毛泽东与鲁迅那里，找到了合理的解释。这就是毛泽东与鲁迅都对中国知识分子的弱点采取了严峻的批判态度。鲁迅早在《关于知识阶级》中就指出过：“知识和强有力是冲突的”[5]。而鲁迅本人，则是由于对中国传统文化所持的特别严峻的态度，进而对传统文化的主要承担者中国知识分子的弱点格外敏感，并一贯给予无情的批判。但在1966年开始的混乱中，我是不可能作出这样的区分的。当时，引起我的思想震动的是，毛泽东与鲁迅都从知识分子与普通人民的关系这一角度，严厉谴责知识分子的弱点。

这正是要害所在。

正像屈原反复吟诵“长太息以掩涕兮，哀民生之多艰”那样，生活在中国这块多灾多难土地上的人民的苦难，始终在折磨着中国知识分子的灵魂。在中国知识分子心目中，“祖国”始终是与“人民”连在一起的，“爱国”必然“忧民”；与人民共命运，成为中国知识分子最重要的传统。但鲁迅这一代，作为中国20世纪伟大变革的先驱者，他们最初强烈感受到的是，现代意识与变革要求和人民不觉悟状态的尖锐矛盾，因此，他们对于人民既“哀其不幸”，更“怒其不争”，鲁迅并且有“现在没奈何，也只好从智识阶级——其实中国并没有俄国之所谓智识阶级，此事说起话太长，姑且从众这样说——一面先行设法，民众俟将来再谈”[6]的设想。但是，无情的现实很快就使鲁迅强烈地感到只掌握精神批判武器的知识分子，在占有了强大的国家机器的反动阶级面前的软弱无力；在他得出了“一首诗吓不走孙传芳，一炮就把孙传芳轰走了”[7]这一结论时，他就自然地产生了向“物质的批判”的承担者工农兵大众吸取力量的强烈要求。鲁迅身上所发生的这种由强调知识分子对人民的启蒙作用，到强调知识分子从人民中汲取力量的转变，在20世纪知识分子的精神历程中，是具有典型性的。因此，毛泽东在著名的题为《五四运动》的讲演中，作出“知识分子如果不和工农民众相结合，则将一事无成”的论断时，是既反映了客观实际，又科学地总结了“五四”以来知识分子发展道路的历史经验，表达了包括鲁迅在内的广大觉悟的知识分子的自觉要求，同时又得到了前述“知识分子与人民共命运”的历史传统的强有力的支持。因此，毛泽东的“知识分子与工农大众相结合”的号召得到中国广大知识分子的自觉响应，成为他们的行动路线，并不是偶然的。但是，毛泽东的这一正确历史命题在执行中却产生了谬误。40年代强调“大众化”即是“彻头彻尾彻里彻外”地“化”[8]时就已显偏颇，50年代提出“知识分子工农化”的要求，更在实际上根本否定了知识分子对工农为主体的人民的思想启蒙任务，进而预伏着否定现代科学文化知识，美化人民愚昧状态的危险。我们这一代五六十年代成长起来的知识分子在继承上一代传下来的“知识分子与工农相结合”的正确传统时，同时就接受了“知识分子工农化”的理论。在越来越明确地把与普通工农等同(画等号)作为奋斗目标时，知识分子与工农的关系发生了扭曲：他们不再是互相支持，互相吸取、补充的平等的社会变革力量，而人为地划分成了改造者与被改造者，知识分子成了不“脱胎换骨”，就不允许存在的异己力量。先是对知识分子确实存在的弱点的夸大——具有“反省”传统的中国知识分子很容易就接受了这种夸大，纷纷自觉地谴责自己；然后打出了“兴无灭资，反对修正主义”的旗号——对西方及苏联的封锁极端反感，被激起了民族主义、爱国主义热情的中国知识分子，也很容易地从“保卫中国意识形态的纯洁性、独立性”的角度接受了这些口号；然后在“兴无灭资，反对修正主义”的神圣旗帜下，把以科学与民主为中心的现代意识统统划到“资产阶级、修正主义思想”的范围，而予以根本否定与彻底践踏，这样，中国现代知识分子赖以存在的基础与代表历史前进方向的现代科学文化的密切联系，就从根本上遭到否定与摧毁，以至发展到最后，“书读得越多越蠢”，知识本身变成了罪恶。这是一个可怕的“逻辑的迷宫”：不但前提（“知识分子与工农相结合”）具有历史的合理性，而且每一步推理，都有可以被接受的理由，似乎合乎逻辑。喜欢作抽象推理、逻辑游戏的中国知识分子——这正是知识分子致命弱点之一——就这样一步一步地，不知不觉地自己出卖了自己：终于相信了自己有罪，相信自己不经彻头彻尾、彻里彻外的根本改造，就失去了存在的价值。

这是一种渗入这一代知识分子灵魂深处的精神迷误，它甚至支配着这一代知识分子的专业研究。我与同代人对于鲁迅的观察就是如此。鲁迅被塑造成脱胎换骨的改造的典型，鲁迅前后期思想被人为地割裂与对立起来，贯穿鲁迅一生的启蒙意识被视为局限性，鲁迅对知识分子弱点的批判则被任意强化与夸大，后期鲁迅的另一些重要思想，例如知识分子是“大众中的一个人”，应“不看轻自己”也“不看轻别人”，反对“成为大众的新帮闲”[9]，也都消失在观察视野之外。鲁迅再一次地被我们这些“信徒”肢解，反过来又影响着我们在新的历史命运面前自我道路的思考与选择。

我就是这样地接受了文化大革命初期对我的种种批判：我否认自己是“反革命”，却真诚地承认自己是“修正主义苗子”，承认自己“有罪”。当时，和我处于同样命运中的同代知识分子中的大多数，都作出了类似的历史选择。我们这一代知识分子的悲剧命运就此达到了顶点。

这里，需要说一说鲁迅的“中间物意识”对我的深刻影响。在我大学毕业以后走上人生之途的开始，也即我的独立的鲁迅研究的开始，我就确定了以鲁迅为榜样，自觉地充当“历史的中间物”的人生道路，把自己的历史使命归结为“自己肩负因袭的重担”，为年青一代开辟道路。我至今仍然认为，这是一个符合历史要求的正确选择。由于古老中国向现代中国历史转折的特殊艰巨性，决定了20世纪中国“历史的中间物”必然包括了好几代人；五六十年代成长起来的我们这一代知识分子又正处于新中国的开创者的老一代，与新时期中华腾飞的主力军年青一代之间，是20世纪中国几代知识分子中精神重负最为沉重的一代，历史限制了我们自身更充分的发挥，在我们身上，“历史中间物”的特色显然是更为鲜明的。正是“中间物”意识使我找到了自我心灵与鲁迅心灵的通道。在鲁迅的启示下，我比较早地清醒地看到了自我的局限性，自觉地接受了鲁迅“绝望中抗战”的人生哲学，因而几十年来，无论身处逆境或顺境，都始终保持了“永远进击”的奋斗精神。但同时，我也比较早地接受了鲁迅的赎罪意识与牺牲意识的影响。特别是毛泽东把现代知识分子与工农的差异赋予阶级论的色彩，断定我们这一代知识分子都是“资产阶级知识分子”，剥削阶级家庭出身变成我的极为沉重思想包袱时，赎罪意识与牺牲意识就是一种极好的精神解脱：不但受压抑的地位被解释为“历史的必要牺牲”，而且也从这种自觉的赎罪与牺牲中找到“我不入地狱谁入地狱”的崇高感与悲壮感。本来鲁迅的赎罪意识与牺牲意识里，就含有某些病态成分，现在，经过我们这些“信徒”的发挥，竟然有了如此浓重的鲁迅所深恶痛绝的“阿Q气”，而且最终导致了我们对现实愚昧、反动势力的怯懦的屈服：这大概是鲁迅所绝对不曾料及的吧。这确实是20世纪以来中国知识分子精神历程中最悲凉的记录。

三

因此，可以想见，当北京“批判资产阶级反动路线”、“批判驯服工具论”时，在我这样的内地小城里的，被囚禁的知识分子内心世界里会引起什么样的反应。不可能了解斗争全局，特别是上层斗争情况的普通人民（包括我这样的知识分子）只能按照自己的实际处境来理解：当时我感到是一次从未有过的思想大解放，被赎罪意识、改造意识强压下去的反抗意识终于引发出来，我几乎是第一次恢复了知识分子思考的本能；然而，它又不免是畸形的，因为同时大大加强了的对毛泽东的个人崇拜使这种思考不可能是真正独立的，冲破了局部范围的思想束缚，却在更大范围内受着更根本性的束缚；而且反抗意识从一开始就被引入了错误（全局性的）方向。我们正是在这样的情况下，以一种扭曲的形式进行着自己的思考，得出自己的结论的。鲁迅的怀疑主义否定精神就是在这种情况下引起了我的强烈共鸣。鲁迅《狂人日记》里的历史性质问：“从来如此，便对么？”，以及他引述的屈原的诗句“路漫漫其修远兮，吾将上下而求索”，在以后漫长的精神困惑里，成了我和我的一些年青朋友的座右铭。特别是“林彪事件”之后，我们在一阵思想阵痛之后，很快转入了对“中华民族的历史命运与历史道路”的思考与探索。我与比我年青的一代——当今中国改革事业的主力军深刻的精神联系，就是在这一时期建立起来的，这对于我以后的思想发展起着决定性的作用。我至今仍不能忘怀，在“四人帮”制造的“红色恐怖”之下，我们怎样躲开一切监视，秘密地聚集在一起，如饥似渴地学习马克思、恩格斯、列宁的原著，以及我们所能搜集到的古今中外的哲学、历史、政治经济学……著作，热烈地讨论着中国与世界的过去、现在与未来。在这种场合，我常常给青年朋友讲我所理解的鲁迅；鲁迅对中国社会历史的深刻剖析引起了年青一代的极大兴趣。事实上，我们正在经历着与当年的鲁迅类似的精神探索的历程；有意义的是，我们所得出的结论，与鲁迅也是类似的：我们经过自己的独立思考与选择，接受了马克思主义的辩证唯物主义与历史唯物主义哲学；而我们最感兴趣，讨论得最为热烈的，也是如何从中国的国情出发，在实践中发展马克思主义。鲁迅就是这样在这非常的年代开始与六七十年代成长起来的年青一代发生了心灵的感应。据我所了解，在当时的中国，全国各地都出现了不同形式的类似学习、思考与讨论；在60年代末、70年代初，以年青一代为主力的中国知识分子所进行的这一次自发的探索，实际上成为1976年以后的中国思想解放运动的先声，中国今天正在进行的改革事业的许多思想萌芽都是在那个时候开始孕育的。而我自己，正是在这一次探索中，随着对中国国情日益深入的思考与理解，逐步地接近与理解了鲁迅。

但我的思想解放远比年青一代要艰难得多。可以这样说，直到粉碎“四人帮”之前，我都未能从对长期形成的个人迷信的束缚中彻底解脱出来；这是自然的：我是在毛泽东的时代成长起来的一代，毛泽东作为我的精神支柱，已经构成了我的生命的一个组成部分。文化大革命中我又接受了毛泽东“无产阶级专政下继续革命”的理论。这反过来严重地束缚着我的思考，使我对“中国向何处去”问题的探讨没有达到本来可以达到的更大的高度与深度；我的思想认识的这种局限性，甚至影响了我周围的青年朋友，这是我至今仍然感到负疚的。

对毛泽东“无产阶级专政下继续革命”的理论的真诚接受，一个重要原因是我们心中郁积着一种怨愤情绪。这是长期受压抑的地位所形成的；也由于我们几乎是处于社会的最底层，对于党内不正之风引起的一部分当权的干部与群众之间尖锐矛盾有着十分具体、强烈的感受，以至于产生了相当严重的对立。在满腔怨愤亟待喷发的心理和情绪支配下，自然很容易地就接受了毛泽东将矛盾、对立绝对化的“斗争哲学”；而我则更进一步把鲁迅的斗争精神绝对化，把鲁迅对于中国中庸主义的传统文化的批判绝对化，从另一个极端曲解了鲁迅。这种曲解是在艰苦的探索中，我的心日益贴近鲁迅的时候发生的，就显得特别可悲。前几年重读《鲁迅全集》，看到鲁迅早在1925年就已发出警告：“我觉得中国人所蕴蓄的怨愤已经够多了”，“当鼓舞他们的感情的时候，还须竭力启发明白的理性”，否则“是非常危险的”[10]，我受到了极大震动，由此而想到，20世纪以来，中国已经多次发生全民族非理性的狂热，我自己亲历的就有1958年的大跃进和十年大动乱，每一次狂热都是在一种受压抑的怨愤情绪的冲动下开始的，最后却走到了反面。这样的悲剧经常发生在迫切要求改变自己地位的落后国家，受压抑的阶层中。具有局部合理性的历史要求的被利用，就特别令人感到悲哀与沮丧。这是历史对不成熟的民族、阶层及其知识分子的惩罚。无论是对于我们民族，还是我自己，这都是一个沉痛的历史教训。

四

我正是怀着探求的渴望，又负着精神的重担，步入了1978年以后开始的中国历史发展的新时期。在思想解放运动中，尖锐地提出了毛泽东的历史评价问题；由于毛泽东一再宣称他的心与鲁迅“相通”，因而对于鲁迅的评价，事实上也成为几代知识分子及学术界公开、不公开的争议问题之一。毛泽东与鲁迅长期以来都是我的精神支柱，这场争论对我所具有的极端重要的意义，几乎是不言自明的。由于多次历史经验教训，我已经趋于成熟，不再愿意盲目地听从任何一种意见，而坚持一切要经过自己的独立思考与判断。这既是充满痛苦与困惑的历史的反思与自我剖析，又是思想的解放，心灵的开放，艰难而愉快的新探索的开始。在将近七八年的时间里，我很少写有关鲁迅的文章，我害怕思考的不成熟再次歪曲了鲁迅。但我内心深处却一直有一个声音在呼唤着我：我的命运既然与鲁迅有着如此不平凡的联系，我应该把我们这一代人对鲁迅的认识写出来，在鲁迅研究中尽到“中间物”的历史责任。我仍然坚信，真正与鲁迅思想相通的，将是当代中国的先进青年。因为他们与鲁迅同样处在历史的大开放、大变革、大转折的时代，有着类似的探讨与思考。更重要的是，正是当代的中国先进青年，他们有可能以更加科学的态度对待鲁迅，既不如我似的把鲁迅当作崇拜对象，又不会像某些人那样轻率地否定鲁迅；在鲁迅面前，他们是平等、独立的，却因此而真正接近了鲁迅。在他们中间，将会产生出远比我们这一代更有出息的鲁迅研究工作者，会有比我们更加深刻的认识与发现。我曾有幸在北京大学和华侨大学给数百名青年学生讲过本书的内容，出乎意料地得到了异乎寻常的热烈反应；无论在课堂的交流，课后的倾心交谈，还是书面作业、试卷，学生们所表现出来的对鲁迅的由衷热爱，对鲁迅内在矛盾及其独特价值的深刻理解[11]，不但使我多次感动得不能自已，而且越来越确信：鲁迅是属于中国当代青年的。我由此而把自己研究工作的目标归结为一点：尽可能如实地把我所认识到的鲁迅的本来面目介绍给当代青年，使他们冲破种种曲解、误解而造成的迷雾，直接接触鲁迅作品，与鲁迅进行心的交流[12]。我自知由于时代造成的缺陷，自身知识结构的限制，不可能有成熟的研究成果贡献给年青一代。所能提供的，仅是不完整、不成熟的半成品，一些可供进一步研究、探讨的信息、线索。我期待着我的研究成果的最佳效果是：年青一代的朋友从中得到某些启发，感到某种满足，又发现许多缺陷，感到不满足，进而激发起创造的欲望，自己来修正、补充、发展，以至在否定中开始新的探索。我不追求永久的学术价值，只希望自己的研究多少能够起着沟通鲁迅与当代中国青年心灵的桥梁作用。这是一个极高的标准与要求；因此，我仍不免于惶恐而紧张。其实这也是不必要的；我已经尽可能真诚地把我要说的话，都说出来了；我已经尽可能坦白地解剖了我心中的鲁迅，更坦白地把自己暴露于世人面前。几十年来一直纠缠我的灵魂，使我坐寝不安的感情重担已经卸下，我还要再期待什么呢？难道我们这一代人就应该这样永远地惶恐而紧张下去么？

不，是鲁迅所说的，“竦身一摇”，将一切“摆脱”，“给自己轻松一下”[13]的时候了。

1986年4月27日晚12时

写于泉州华侨大学招待所

注释

[1]《南腔北调集·漫与》，《鲁迅全集》第4卷第588页。

[2]《华盖集·忽然想到》，《鲁迅全集》第3卷第92页。

［3］ 对“五四”以来的非左翼文化，我们实质上是拒绝的。

［4］ 日丹诺夫：《在第一次全苏作家代表大会上的讲话》，《日丹诺夫论文学与艺术》，人民出版社 1959 年 6 月，第 7 页。

［5］《集外集拾遗补编 · 关于知识阶级》，《鲁迅全集》第 8 卷第 189 页。

［6］《华盖集 · 通信》，《鲁迅全集》第 3 卷第 24—25 页。

［7］《而已集 · 革命时代的文学》，《鲁迅全集》第 3 卷第 423 页。

［8］ 毛泽东：《反对党八股》，《毛泽东选集》第 798 页。

［9］《且介亭杂文 · 门外文谈》，《鲁迅全集》第 6 卷第 101、102 页。

［10］《坟 · 杂忆》，《鲁迅全集》第 1 卷第 225 页。

［11］ 我在本书的成稿过程中，吸取了不少学生的意见，有的引录了原文，有的则融入了我的分析中，在此向所有听过我的课的学生及有关作者表示衷心感谢。

［12］ 本书大量引述鲁迅原文，不惜因此造成行文的板滞，目的正为此。

［13］《南腔北调集 · 为了忘却的记念》，《鲁迅全集》第 4 卷第 479 页。

附　录

写在前面

感谢北大出版社将我这十多年来关于鲁迅研究的论著汇集成册，十年前出版的《心灵的探寻》一书也得以再版：这样，对我自己，对关心我的鲁迅研究的读者，也都可以有个交代了。

此刻想起来，我的鲁迅研究著作最后成为北大出版物，是一个再好不过的“归宿”，仿佛是命中注定的。正是在北大，圆了我“和青年学生谈谈我的鲁迅观”这一前半生的梦，从而有了《心灵的探寻》这第一本书，我因此永远感怀我的第一批北大学生（81级—84级）。而在以后的风风雨雨中，我仍然与北大从85级到96级的学生保持着不同程度的精神联系，其联系通道就是鲁迅。这是铭刻在心的记忆：每一次课堂讲授，每一回公开演讲，每一次私下交谈，年轻人全神贯注的、探索、渴求的目光，掏心窝的热情的话语，以及无忌无拘的质疑、诘难……都让我感动得不能自已。这是连续十五年的，虽有起伏，却从未间断过的心灵的交流，精神的对话。这十五年外部世界发生了多么巨大的变化啊，而在北大这里，却奇迹般地坚持了心的追求与精神的传递，贯通其间的正是鲁迅等先驱者开创的“北大传统”。我由此而坚信了鲁迅的力量：他活生生地存在于“当代（中国与世界）”；坚信了北大的力量：不管经历怎样的挫折，它永远是中国的精神圣地；坚信了精神的力量，人性的力量：人之为人，总是要有超越物质的精神的追求——可以遮蔽于一时，这人的变动的生命中的永恒却不可能消解，并迟早要显示出自己的力量——我正是怀着北大学生启示我的这样的信念，度过了生命中最艰难的岁月。

明年是北大百周年校庆，我十分幸运，有这样的平凡而不平凡的生命的结晶，奉献给“北大”——我心中的“上帝”！

1997 年 9 月 20 日，写于燕北园

再版后记

这是我的第一部鲁迅研究著作，也是我的第一部独立完成、出版的学术著作。因此，我永远感激本书的责任编辑：上海文艺出版社的高国平先生，是他第一个在关键时刻支持了我，把我引向了社会。

就是昨天，一位年轻的韩国学生问我：在你迄今为止的著作中，你自己最钟爱哪一部？

我毫不犹豫地回答说：《心灵的探寻》。

它是我对鲁迅的第一次独立发现，我也第一次发现了我自己——开始挣脱外在的束缚，揭开种种伪饰，显露出（恢复）一个真实的赤裸裸的自我。这是我的《狂人日记》：第一次发现“以前的三十多年，全是发昏”，第一次明白：数十年“时时吃人的地方”，“我也在其中混了多年”，我也未必无意之中没有吃过人！于是有了我的第一次“反戈一击”：面对几十年形成的，几乎渗入灵魂、血肉的观念、准则、理想、信仰，第一次发问：“从来如此，便对么？”同时有了我的第一次“挣扎”，第一次灵魂的呼号：“没有吃过人的孩子，或者还有？救救孩子……”

从此，义无反顾地走上了用怀疑的批判的眼光重新审视历史、社会、现实，重新审视既成观念中的先验的前提的道路；这同时也是自我灵魂的煎熬与升华之路——时时都可以感到鲁迅的同在：这是又一次在世纪末“与鲁迅同行”。

这自然是幼稚的，免不了旧的痕迹，摇摆与混乱，以及突围时的困惑与焦躁……

但正因为有了这些，所发生的觉醒才是真实的，并且才会有以后的不断的质疑与探索，并因此享有了其中的“丰富的痛苦”……

我因此而珍惜它，不愿对它作任何的改动，只作了些技术处理（重新查对引文，调整标点，补充注释等）。

就这样告诉后来的读者：曾经有这样一个人，在那样一个时代，有过如此的思索……

1997年9月10日写毕于燕北园

钱理群作品精编

钱理群

我的精神自传

生活·讀書·新知 三联书店

Copyright © 2016 by SDX Joint Publishing Company.
All Rights Reserved.
本作品版权由生活 · 读书 · 新知三联书店所有。
未经许可，不得翻印。

图书在版编目（CIP）数据

我的精神自传 / 钱理群著. —北京：生活 · 读书 · 新知三联书店，2016.9（2024.9 重印）
（钱理群作品精编）
ISBN 978-7-108-05446-3

Ⅰ. ①我…　Ⅱ. ①钱…　Ⅲ. ①钱理群 – 自传　Ⅳ. ① K825.46

中国版本图书馆 CIP 数据核字（2015）第 188190 号

责任编辑　卫　纯
装帧设计　蔡立国
责任印制　董　欢
出版发行　生活·讀書·新知 三联书店
（北京市东城区美术馆东街 22 号　100010）
网　　址　www.sdxjpc.com
经　　销　新华书店
印　　刷　河北鹏润印刷有限公司
版　　次　2016 年 9 月北京第 1 版
2024 年 9 月北京第 4 次印刷
开　　本　880 毫米 × 1230 毫米　1/32　印张 13.25
字　　数　330 千字
印　　数　10, 001 – 13,000 册
定　　价　58.00 元
（印装查询：01064002715；邮购查询：01084010542）

大学生活：高唱革命歌曲（前排左二）

1956 年上大学时与在北京读书的中学同学在天安门前合影（前排左二）

大学生活：
在密云大炼钢铁，担任炉前工（二排蹲立者）

《年青的一代》剧照
（1964 年）

年轻的奔跑者（1964 年）

和红卫兵小将在一起（第二排左三）

“文革”战友（1969 年）（前排右一）

“文革”时“民间思想村落”的朋友（1974年）（后排左三）

和“文革”时“民间思想村落”的朋友重逢（2002年）

告别安顺，在黄果树瀑布前留影（1978 年）

在中学讲鲁迅 (2004 年)

心平气和：退休心态

《我的精神自传》已刊版本

目　录

上篇　我的回顾与反思

下篇　我的精神自传

总序：大时代里的个体生命史

感谢北京三联书店的朋友，要为我编选“作品系列”，这就给了我一个机会，对自己的研究与著述，作一番回顾与总结。

尽管我从1962年第一个早晨写《鲁迅研究札记》，就开始了业余研究，但将学术研究作为专业，却是以1978年考入北京大学研究生班，师从王瑶和严家炎先生为起端的。记得第一篇公开发表的学术论文，是刊载于《中国现代文学研究丛刊》1980年第2期的《鲁迅与进化论》；从那时算起，我已经笔耕三十三年了。粗略统计，出版了六十四本书，编了五十一本（套）书，写的字数大概有一千三四百万。写的内容也很广，我自己曾经归为十个系列，即“周氏兄弟研究”、“中国现代文学史研究”、“20世纪中国知识分子精神史研究”、“毛泽东及毛泽东时代研究”、“中国当代民间思想史研究”、“中国教育问题研究”、“志愿者文化与地方文化研究”、“思想、文化、教育、学术随笔”、“时事、政治评论”、“学术叙录及删余文”。我曾经说过，我这个人只有一个优点，就是勤奋，整天关在书房里写东西，写作的速度超过了读者阅读的速度，以至于我都不好意思给朋友赠书，怕他们没有时间看。在这个意义上，我是为自己写作的，我整个的生命都融入其中，并因此收获丰富的痛苦与欢乐。

这一次将一大堆著作归在一起，却意外地发现了它们之间的内在联系。我的文学史研究、历史研究，关注、研究的中心，始终是人，人的心灵与精神，是大时代里的人的存在，具体的个体生命的存在，感性的存在，我所要处理的，始终是人的生存世界本身，存在的复杂性与丰富性，追问背后的存在意义与人性的困惑。而且我的写作，也始终追求历史细节的感性呈现，具有生命体温的文字表达。这些关注与追求，其实都是文学观照世界的方式。我因此把自己的研究，概括为“用文学的方法研究、书写历史”。

多年来，特别是退休以后，我更是自觉地走出书斋，关注中小学教育、农村教育，地方文化与民间运动，关注的也依然是一个个具体的，有血有肉的生命个体，我和他们的交往也是具体的、琐细的，本身就构成了我的日常生活。同时，我又以一个历史研究者的眼光、思维和方法，去观察、思考、研究他们，在我的笔下，这些普通的乡人、教师、青年……都被历史化、文学化、典型化了。因此，也可以说，我是“用历史与文学的方法研究、书写现实”的。

现在，他们——这些留存于历史长河中的生命，这些挣扎于现实生活里的生命，都通过我的系列著作，奔涌而来。他们中间，有历史大人物，也有民间底层社会的普通人，都具有同样的地位与分量，一起构成了大时代里的个体生命史，一部20世纪的中国精神史，中国“人史”。我所有的研究，所写的上千万的文字，因此构成了一个有机整体，并且都渗透了我自己的个体生命史。

为了能展现这样的属于我自己的研究图景，本系列作品的编选，分为两个部分。第一部分是我的五部代表性研究专著：《心灵的探寻》、《周作人论》、《丰富的痛苦——堂·吉诃德和哈姆雷特的东移》、《1948：天地玄黄》、《我的精神自传》，以展示我的学术研究的基本风貌。第二部分是重新编选的文集，计有：《世纪心路——现代作家篇》、《爝火不息——民间思想者篇》、《大地风雷——历史事件篇》、《精神梦乡——北大与学者篇》、《漂泊的家园——家人与乡人篇》、《情系教育——教师与青年篇》。这本身也形成了一个结构：从五四新文化运动的开创者陈独秀开始，到曾经的精神流浪汉、某当代大学博士生王翔结束，我大概写了将近一百位“大时代里的个体生命史”。为便于读者理解我的研究与书写背景，每一卷的开头都有“前言”，主要讲述我和本卷书写对象的关系，借此呈现研究者与研究对象的生命纠结，同时召唤读者的生命投入，以形成所描述的历史、现实人物与作者、读者的新的生命共同体。——这设计本身，就相当的诱人，但却有待读者的检验。

2013年3月

上篇

我的回顾与反思

“我的回顾与反思”，副题“北大演讲录之三”，系作者2002年3—6月在北大讲“最后一门课”的讲稿［其中引言部分讲于2002年3月12日，第一部分讲于2002年3月12日、21日，第二部分讲于2002年3月21日，第三部分讲于2002年3月28日，第四部分讲于2002年4月8日，第五部分讲于2002年4月15日，第六部分讲于2002年4月22日、29日，第七部分讲于2002年5月9日，第八部分讲于2002年5月16日、23日，第九部分讲于2002年5月30日、6月6日，第十部分讲于2002年6月13日、20日、27日］，由学生录音、整理。2006年、2007年作者根据录音整理稿，作了一些补充与发挥，补写了几篇文章，最后成书。

引言 “以不切题为宗旨”

这学期我要给大家讲的是“我的回顾与反思”，但同学们在课表上看到的这门课的题目却是：“现代文学研究的前沿课题”，这是怎么回事呢？这背后有一个故事，简单说，是我和我们教研室的主任陈平原教授合谋的一个结果。

大家知道，这些年学校教育一直在进行“制度化、体制化”的努力：开什么课，课程的题目都是规定好的，并且是输入电脑的。老师开的课，符合计划要求的才算数，才算老师的工作量，给听课的学生学分；不符合的，就不予承认。应该说，这样的规定，并非毫无道理，教学的随意性太大，也会乱套。但对我这样的自由惯了的、喜欢奇思异想、不怎么守规矩的教授，就有点麻烦不便。理想的教育应该是既有规范，又给不规范的课程提供一定的空间。

应该说陈平原先生是颇懂此道的。因此，当上学期末，他问我这学期准备上什么课时，我答以要讲“我的回顾与反思”，他犯了难，却马上想出一个办法，对我说：教学计划中有“现代文学研究的前沿课题”这门课，你就报这个题目，至于上了课堂，你讲什么，怎么讲，我不管。

这真是一个好主意！我马上想起了周作人对付命题作文的办法，就是“以不切题为宗旨”。——对于一个追求自由的教师、学者、作家，任何规范都是难不住他的，这也是有传统的。

因此，我今天的课，也是“以不切题为宗旨”：题目是“现代文学研究的前沿课题”，讲的是“我的回顾与反思”。

记得我在北大开的第一个独立课程，题目是“我之鲁迅观”。——在此之前，我上过一次“现代文学史”，是接着严家炎老师上的，当时老师有事，让我接着上课。正式独立的开课，是讲“我之鲁迅观”，是 1985 年上的。今天这个课是我在北大讲坛的最后一课，时间是 2002 年。第一课和最后一课相距十七年，始于“我之鲁迅观”，终于“我的回顾与反思”：这本身或许有某种象征性，或者说显示了我的做人与治学风格的某些侧面。

这使我想起了“我之鲁迅观”这门课的某些命运。

我是给 1981 级的学生讲的。——顺便说一句：从 1981 级讲到你们 2001 级，也就是说有二十一届的北大学生听了我的有关鲁迅的课，我觉得挺高兴的，也觉得很有意思：向连续二十一届的学生讲“我之鲁迅观”，我也不知道自己怎么会有这样大的劲头。

而且讲“鲁迅”这样的历史巨人，却要突出“我”，强调研究者、讲课者的主体性，这在今天恐怕都有些出格，1981 级学生听起来自然觉得从未听过这样的讲法。但北大毕竟是一个眼界开阔的学校，学生虽然觉得奇怪，但基本上是接受的。一传到社会上，特别是鲁迅研究界，就引起了出乎我意外的反响。

当时在武汉召开了一个学术讨论会，讨论在高校如何开鲁迅研究课。本来我还只是个助教，尽管年纪也够大了，但还没有资格参加，我的导师王瑶下命令要让我去，我只好去会上作了一个发言。没想到引起强烈反响，当然有一部分人赞同，但更多的是愤怒与嘲笑：钱理群这人太狂妄了，什么“我之鲁迅观”？！他竟敢把自己跟鲁迅并提，居然宣称“既不能仰视鲁迅，也不能俯视鲁迅，要平视鲁迅”！——这个观点在现在看来是常识，但是当时就被认为是对鲁迅研究的“仰视”的既定格局的一个严重挑战，这就难免被视为“狂妄”了。顺便提一句，我这个观点同时又受到一些年轻人的指责：钱理群平视鲁迅不对，就应该俯视鲁迅。这大概也很有象征性：我这个人一辈子就处在年长者与年轻人的质疑中，受到两方面的夹击，这也是我的命运吧。

我的发言既然引起轩然大波，就要导师来收场。王先生处理得非常高明。他先声色俱厉地把我批评一通，老师要找学生的碴儿太容易了。譬如我当时强调上课要跟学生交流，要重视学生的作用；他说：这哪儿行啊，教师讲课当然要以教师为主，不可片面强调学生的作用。王先生这一说，那些人高兴了：你看，他的老师批评他了。但最后王先生又轻轻说一句：不过话说回来，我也在北大上过鲁迅课，钱理群讲课比我好。我当时还没领会老师的意思，觉得挺别扭的，后来有朋友告诉我：王先生说你上课比他好，这是极高的评价，就是对你的课的充分肯定，最大支持。我这才恍然大悟，并且非常感动。

当时我已经四十五六岁了，但在学术界还是初出茅庐，有点“初生牛犊不怕虎”的劲头。刚刚闯了祸，过几天我又发表一个言论惹来了新的麻烦。我也搞不清是在一篇文章还是在一个公开场合，发表了这样一个观点：学术研究应该有想象力，掌握了一定材料后，就必须产生一个飞跃，提出一个假设性命题。你不可能掌握全部材料，因为历史已经过去，你不可能重现历史，你总是在有限材料的基础上，或者通过理论推理，或者通过想象，提出假设——不仅科学研究，文学研究也需要假设。有了假设，再去发掘材料，新的材料可能否定或者修正你的假设，如果新材料证明你的假设，那么假设就可能成立。如果我的话只说到这里，大概不会捅太大的娄子，但我又多说了一句，批评有些研究者是“爬行现实主义者”，他永远在材料上爬来爬去，不能产生飞跃。这就惹了大祸了。有些人就对号入座，说钱理群太狂妄了，竟然说我们都是爬行现实主义者！

我这个思考其实是作为一名北大学生，对老师的研究方法的一种领悟与理解。我非常欣赏林庚先生的研究，大家知道林先生有一个突出贡献就是提出了“盛唐气象”的概念。他这个概括在我看来是有材料有根据的，在材料基础上又有他诗人特有的感悟力，特有的敏感与想象，从材料的积累到概念的提出，有一个飞跃与提升，是对研究对象（盛唐文学）的一个整体把握，是将个别现象排斥在外的。因此，总是可以找到好多材料来反驳，当时好多学者也是这样提出种种质疑。但是经过历史淘洗，他的这个概括今天看起来就特别有道理，非常有启发性。

还有另外一个例子，是80年代李泽厚的《美的历程》，他也是在掌握材料基础上提出一些飞跃性的概括，这些概括对我们很有影响。当然你也不难挑出它的许多毛病。但是这样的研究会打开新思路，启发新思考，抓住一些最大的问题，可能忽略某些细节。我把这种研究称为“浪漫主义研究”。当然任何研究都有它的弊病，没有任何一种完美的研究方法。我当时提出有现实主义的研究，也要有浪漫主义的研究，以浪漫主义反对爬行现实主义，不过是想寻求研究的多种途径，打破既定的、在我看来多少有些僵化的研究格局，这在一个初入学界又不想墨守成规的“年轻人”，是非常自然的。

但我又闯了祸，惹恼了当时的一群人，又惊动了老师。王瑶先生私下里找我谈话，他说了两个意思。第一他说，钱理群你是对的，学术研究就是要有假设，我理解你的意思——后来我在看王先生的著作时发现他也有类似意思，不过我当时没看到，所以算是我自己的心得，不是从先生那里偷来的。但紧接着王先生又劝我说：你在学术界还没有站住脚，你不要那么冲；学术研究既要显出你自己的东西，又要讲策略，你得要存在，要不别人掀倒你太容易了。后来在写王瑶先生的回忆文章里，我对他的教诲有这样的概括：研究者本身不得不考虑保全自己的问题——鲁迅说过一要生存，二要温饱，三要发展，研究者也不得不考虑自己的生存问题；“如何做中国的学者”，这实在是一门大学问。王先生在这方面有丰富经验。他一再告诫我，在学术研究中，既要有“求真”精神，绝不可做违心之论，但也要注意掌握分寸，掌握“什么时候，可说，不可说，说到什么程度之类的分寸”。后来我看到王先生在一篇纪念朱自清先生的文章中，引用朱先生《论气节》一文中所说：“‘气’是积极的有所为，‘节’是消极的有所不为。”先生自己于有所为，有所不为的分寸掌握得恰到好处。这使我想起人们常说鲁迅是思想文化界的战略家、策略家，其实一切希望在中国生存下去的文人学者都是不能不考虑战略、策略、方法这类问题，王瑶师不过是这方面更为自觉而已。他一贯主张的“打太极拳”、“擦边球”以及“外圆内方”之类，一定意义上都是自我保全的手段。对一个一意求真的学者，这样的考虑是不得不然的；如果能够不，最好不。但是在中国条件下，你就不得不然，并且伴随巨大痛苦。而且“外圆内方”、“务实与求真”的要求是相辅相成的，甚至可以说“内方”、“求真”的要求是更为根本的。出卖原则的策略家仍然是鲁迅和先生嗤之以鼻的做戏的虚无党，坚持真理、爱憎分明才是先生的本色。这是很复杂的问题。今天回顾我自己的道路，大体上是遵照王先生的教诲，但不完全，我这人性格太烈，常常就不是外圆内方，而是外也很方，就要出很多麻烦。当然根据自己的个性，每个人的情况不一样，很难说哪一种就是最好的。但有一点是具有普遍意义的，就是我们每一个人既然生存在这样的学术环境里，就得认真地考虑“如何做中国的学者”，而无论如何，也得坚持为人为学的基本原则。

在以上的聊天中讲了自己学术起点的情况，这大体上就决定着我的研究的特色、道路和命运。我在《六十劫语》有一篇文章有这样的概括：钱理群在学术上有许多自己独立的追求，但是在坚持以上方面的追求的同时，又不断地进行自我质疑，对他的研究的得和失，学术界一直持有不同的评价和争议。他的学术著作很少得奖，这本身就构成了钱理群学术风格的一个特点。这是确实的，我的研究工作在学术界从来是有争议的，或者说是爱憎分明：喜欢就非常喜欢，讨厌就非常讨厌。我自己很满意于这样一个命运。因为一个学者，不能要求大家都说他好，有争议就说明有特色，有特色就会有问题。这是一个钱币的两面。鲁迅有一篇文章，题目就叫《文化偏至论》，我就希望自己做一个“偏至的学者”，而不愿做一个四平八稳、面面俱到、人人说好的学者。

我在很多场合都说到我的研究是一个“野路子”，这是我和一个朋友王乾坤在通信中讨论到的一个问题。我是这样说的：“这又有什么办法呢？鲁迅绝非书斋里的学者，他往往直接影响人的灵魂，进而影响整个民族的发展进程。因此他永远是现实生活中活生生的存在，我读鲁迅的书从出发点上就不是把它当作古董，或者作纯学术的考究，而是带着人生种种困惑、苦恼、渴求，到他那里去寻求心灵的启示，学习如何做人，在学习中慢慢知道其人其事，积累的多了，因为种种机缘，就倾诉而为书。我研究他，不是在学院中把他当作研究对象，而是把他当作引导者，首先学会怎样做人，然后有体会，写成书就是《心灵的探寻》。至于人们承认与否是无所谓的。”所以乾坤说：“学院里的正宗理论家怎样看待我的作品，远不是我所关心的，但是如果引不起人们心灵的对话，这却是我所害怕的。就是说我的书是否得到理论家重视，在我看来不重要；即使成了废纸，得不到感应，我也并不遗憾。因为我没有阉割自己，而是抒写了自己的思考，这也是人生一大乐事，一种基于生命的精神享受，这才是我的最高目的。”这也许被认为大逆不道，但书既然出来了，就成为一种社会存在，再也抹杀不了。于是就会引起人们心灵的震动，也会引起一部分人不舒服，甚至骂娘、跳脚，不管怎么样，一些人心目中的一统天下就这样被打破了。

这就是说我的学术道路，开始是野路子，不被学术界承认，但后来当你强大到一定程度，就不得不承认，好像我现在也被鲁迅研究界承认了，而且好像还不大容易绕过。但我得承认在有些人眼里，我又成为权威。当我被学术界承认，甚至某种程度上被认为是权威时，我又面临新的问题。首先，在承认的同时，就是把你规范化。鲁迅先生讲梅兰芳，说他也是来自民间，有一点猥下、肮脏，但是泼辣、有生气，后来把梅兰芳请进宫廷，所谓被承认了，也就是把他罩进玻璃罩子里去，待他化为天女，高贵了，然而从此死板板，矜持得可怜。鲁迅的这一分析，是被许多人视为“偏激”之论的，但我每回读到这里，都有心惊肉跳之感。因为我自己在被承认的同时，也面临着被规范化的命运，因此就有了新的苦恼。而且你还要警惕：当你成为一个权威，你会自觉不自觉地使用你的话语霸权，成为新的压迫者。

这里我想说说我的一个隐痛：未曾公开的反省与忏悔。大概是前几年的一次博士生面试，我是考官，当然掌有决定学生命运的生杀大权。有一个学生来参加考试，这个学生说了一些不恰当的大话，没有什么材料依据，也不加论证，就得出一个很可怕的大结论。而且这个学生在我看来十分狂妄，觉得自己的就是最好最对，其实从学术上看毛病很多。我这人脾气很好，但有时也会发脾气，我也搞不清楚为什么，突然愤怒起来，我就利用我的知识优势，连续向他问四五个问题，并非常严厉地训斥他。最初我很得意，但他惊恐又不以为然的神态使我一震。——应该说，指出学生的错误，提出质问，这本身并无问题，这也是教师的责任与权利；问题是我的权威心态，我的训斥中的不平等态度与霸气，这就形成了利用知识权力对学生的压抑。现在我又想起这件事儿，就觉得脸红与不安，而我已没有机会再向这个学生道歉。我这样做很可能使学生的自信心受到很大伤害，有可能影响他未来发展，在某种程度上这也可以称为鲁迅所说的“精神虐杀”。

这对我来说，是一个终身难忘的教训：无论如何，不能以势压人，一定要与学生保持平等的关系。这还涉及另一个大问题，即对自己的讲课和学术著作的基本定位和评价。我在给1997级、1998级上“话说周氏兄弟”这门课时，说了这么一段话，我是很诚恳的，可是大家不太注意，这里再重申一遍：无论是我的著作，还是我的讲课，无非表示这样一个意思，就是在这样一个世纪末，有这样一个人，这么一个钱理群，他对鲁迅、周作人或者对现代文学有这么一种看法，有这么一种思考，如此而已。然后大家听了我的课或看了我的文章，自己去做自己时代的独立思考。每一代人、每一代个体生命，他们都有自己思考的题目、方式和结论，是他人所不能代替的。但同时各代人之间、各代个体生命之间，又有某种历史连续性：我们既在继续前人的思考，又在进行自己的独立思考。“我讲这门课的最终目的是希望大家去独立地、自由地思考。当然会有同学拒绝思考，我也不要求大家都来思考，或者不要求大家都来做思想者。因为在现实中国，思想者既是艰难又是不合时宜的。但是即使你不做思想者，我对于你也有个小小的请求：请理解别人的思考。”

今天我重复这一点，是要强调，我们这门课主要意义在于我自己：这是一门为我自己而讲的课，借此机会做一点自我回顾、自我总结。对于同学们，一不是经验介绍，更不是树立样板、建立规范；相反，我要强调的是自己的研究的时代性与个人性，以及某种意义上的不可重复性。当然，人生与学术问题也会有某种共同性，因此，讲我自己的研究、思考与反省，特别是反省，可能在某一点上对于准备或开始走上人生之路与学术之路的年轻朋友起一点启示作用：仅此而已。总而言之，我姑妄讲之，诸位姑妄听之就是了。

另一方面，我还要强调一点：任何特点都意味着某种局限与缺憾。我对我的《周作人传》有一个评价，其实是对我的所有的学术著作的自我评价，就是这是一本“具有有缺憾的价值的书”。在这个意义上，我是一个有明显缺憾的学者。因此，我前面说过，对我的学术与讲课存有争议是正常的现象。我上这门课，给同学们讲“我的回顾与反思”，还有一个目的，就是希望引发同学们对我的研究、思考，进行争议，提出质疑，和我一起来反省反思。鲁迅曾经说过：“凡有一人的主张，得了赞和，是促其前进的，得了反对，是促其奋斗的，独有叫喊于生人中，而生人并无反应，既非赞同，也无反对，如置身毫无边际的荒原，无可措手的了，这是怎样的悲哀呵。”做教师的，最害怕的也是学生毫无反应。

我想讲到这里，大家可能知道我这个课的性质了。我这个课要自述、回顾、反省，是相当个人化的课程。我在北大教了二十多年的书，快要退休了，就想给自己这一段生命历程做个小结。因此，对我这个人和学术无兴趣的同学，完全没有必要来听这门课。而有兴趣的只能是少数。所以我觉得今天来这么多人是不正常的，现在把这门课的性质讲清楚，同学们就可以有一个自由的选择。最后留下来的，我希望能够进行无拘无束的对话，亲切的聊天。近年来，我经常感到自己和年轻人交流的机会越来越少，同学们也很难见到我。倒不是我有什么架子，实在是太忙了，年纪也大了，精力有限。大家知道，我这个人要是离开跟年轻人的交流，我的思考、学问都没有了，我是需要在和年轻人的撞击中产生思想火花的。离开北大，对我最大的损失，就是失去一个固定的、经常和年轻人交流的机会，尤其是北大这群年轻人。所以我把这门课看作是和北大学生做一次比较系统的、长时间的、全面交谈的最后一个机会。

大家上这门课，要看我的书的话，最主要的是以下几本：关于鲁迅的是《心灵的探寻》、《走进当代的鲁迅》、《话说周氏兄弟》，以后还会出一本《与鲁迅相遇》；关于周作人有《周作人传》、《周作人论》，最近天津古籍出版社新出的有《读周作人》。另外学术著作，还有研究知识分子心灵历程的《丰富的痛苦——堂吉诃德与哈姆雷特的东移》、《大小舞台之间——曹禺戏剧新论》、《1948：天地玄黄》。还有一本书可能会频频提到，就是《返观与重构——文学史的研究与写作》。另外几本随笔集：《压在心上的坟》、《世纪末的沉思》、《六十劫语》等，大家随便翻翻就可以了。

一　我的人生之路与治学之路（上）

现在开始讲我的人生之路和治学之路。六十多岁讲传记材料似乎有点早，按照中国传统应该到七十、八十岁。但是我又一想，万一死掉怎么办？所以现在先来讲一点，其实这些材料以前都在书里写过，今天不过是系统化一点，再补充一些细节。

我曾经说过，我的研究有两个目的，一个是“还债”，一个是“圆梦”。

那么，我有什么“债”？简单说起来，是三笔债：欠家庭的债，欠年轻人的债，欠自己的债。

我的家庭

先谈家庭。我出身于世家。外祖父项兰生，他一生经历很丰富，从晚清到辛亥革命，到 1959 年去世。我昨晚还在看他的年谱，看得津津有味。外祖父出生于 1873 年，是晚清著名的维新派思想家王韬的学生。他的年谱里有一段对王韬的回忆很有意思：“韬师住四马路十路……韬师谈论甚豪，论天下大势，历两时许，滔滔不绝。”第二天他又请外祖父吃饭，“并赠著述十数种，以后往见数次，几曾嘉许，颇得教益，并尝曰通书后，对于八股文不必看的太重，务必多读史书，认识世界大势，为立身行己基础。功名问题，可以坚决放弃。”

这里记述了我外祖父受王韬那一代的影响，老师强调的是：八股不要看得太重，要多读史书，认识世界大势。这是一个非常开阔的眼光。后来我外祖父成为维新派人士，他最早在杭州办白话报，开办安定学堂；然后又担任浙路公司公务科长。办学堂，办报纸，修公路，这都是开时代风气之先的。以后他做了大清银行的秘书官，他的日记记载了辛亥革命时大清银行界对革命的反应，我看了觉得很有史料价值。以后他又创办浙江兴业银行，担任董事长，到五十岁时就退休了，五十六岁（1928 年）时完全退休。可以看出他是早期维新派人士，而且又较早参与中国银行界，应该是江浙实业界的一个代表人物。

我的父亲天鹤先生是安定学堂第五届毕业生，外祖父就把长女嫁给自己的得意门生。我的母亲从小受西式教育，请英语老师教英文。父亲后来大概是 1906 年或 1908 年去美国留学。他先是考取了清华学堂预科，然后从清华毕业后到美国康奈尔大学学农科。胡适也在那里学农科，他应该是胡适的同学。我曾谈过 20 世纪初有两次留学高潮：第一次是包括鲁迅在内的留日学生，主要学习人文科学，学军事，学政治；第二次高潮是我父亲这一拨留美学生，主要学习自然科学。那时著名自然科学家竺可桢、语言学家赵元任等都是我父亲的朋友。他们发起组织自然科学家团体，办《科学》杂志，我父亲是最早发起人之一。我曾经研究过他们的《科学》杂志。当时在中国比较早提倡民主科学，一个是《新青年》，另一个就是《科学》杂志。我们过去对自然科学这一块不够重视，其实真要研究“五四”，自然科学家是不能忽略的。我父亲基本主张农业治国，是农业方面的专家。后来“好政府主义”成为这批知识分子的共同追求，强调要改变中国面貌必须进入体制内，这与我们今天某些知识分子的思考非常接近。所以蒋介石 1928 年统一中国后，国民党也试图走专家治国的道路，有一批专家进入国民党政府机构内，我父亲就是在这个背景下参加国民党政府，在抗战时担任国民党政府农业部的常务司长，相当于今天主持业务工作的副部长。我父亲主持全国农业有十五年之久，在抗战时期对大后方农业的发展起了很大作用。我研究了他的农业思想，觉得非常有意思。他提出一个观点：发展农业最根本的目的是要提高农民经济收入和生活水平，为达到这个目的要综合发展，强调农业的商品性，发展商品农业，而且从金融、信贷、生产、流通、科技、教育——各个环节发展农业经济，这些农业经济思想与今天非常接近。但当时在国民党政府的腐败统治下不可能实现，实际上没起多大作用。在我看来这也是个悲剧。总的说来，我父亲属于胡适这个体系。1948 年胡适准备组阁，我父亲是他组阁名单中的农林部长。我另外一个哥哥，三哥，抗战时从沦陷区逃到重庆，后来跟穆旦他们一样作为大学生当美军翻译，以后进入外交界，1949 年从大陆到台湾，以后又到美国，做国民党驻旧金山“领事”。他和父亲都属于国民党系统。

我另外一个哥哥一个姐姐属于共产党系统。我们家庭有两次大分离，一次是抗战初期，父亲随国民党迁重庆，就把几个较大的哥姐留在上海外祖父和舅舅家，我生于重庆，当时哥姐还在上海沦陷区，我们没见过面。我二姐抗战时参加共产党地下工作，在上海参加新四军，成为一个文工团员。她的丈夫丁毅，就是《白毛女》的作者之一，是一个忠实的老共产党员。我和二姐解放后才见面。还有一个在沦陷区的哥哥也参加地下党，成了南京学生运动的一个领导人。在《1948：天地玄黄》有两个地方提到我的哥哥姐姐，别人不知道，这里告诉大家一个秘密。里面有两章比较特别，别的文学史家不会写，这与我的家庭遭遇有关。其中一章写学生运动中的文艺活动，可以说这一章是为我的哥哥写的。还有一章写解放区的文工团活动，为的是纪念我姐姐，而且还引用了一段她的文字，是有关知识青年与战士结合的感受，写得非常生动。我用这种方式默默纪念我的哥哥姐姐，我之所以这样做，是因为大家后来不提这些老共产党员，我觉得不大公平，所以我尽可能地写到他们当年的贡献。

我们家第二次大分离是1949年前后。1948年我父亲把我们从南京带到上海，当时准备从上海逃到广州，再逃到台湾去。结果到上海后我母亲不肯走，因为他们兄弟姐妹一家人都在上海，我外祖父的好朋友陈叔通和张元济当时都是进步人士，跟共产党有联系，所以我母亲不肯走。于是就让我父亲到台湾看一看，一看就回不来了。所以这也带有很大的偶然性，我曾经跟李欧梵先生开玩笑说（我们两个同年），如果当年到了台湾，就是跟他在一起了，所以历史是说不清楚的。这就是我们家第二次分离：我父亲去了台湾，我当外交官的哥哥去了台湾，后来我大哥去美国留学。我们家后来再也没团圆过，我曾用一句话来概括我们家的悲剧：生不团圆，死各一方。我父亲葬于台湾，三哥葬于旧金山，母亲葬于南京。[1]

我讲这一段历史有什么意思呢？大家可以看到，我是研究现代文学、现代思想史，特别是研究现代中国知识分子的命运的，而我们家庭就是中国现代知识分子命运的一个高度缩影，中国知识分子的各种类型在我们家都有体现。我父亲可以看作进入体制内的知识分子，而

[1] 北京大学的年轻教师贺桂梅对我这一段回忆，作了如下评点："这个家庭故事包含的极其丰富复杂的意味，使我想起台湾学者陈光兴的文章《为什么大和解/可能》。那篇文章从80至90年代之交中国大陆和台湾许多家庭团圆的场面说起，他说在那些团圆的场面，人们所流的是'现代性的眼泪'。事实上，在20世纪中国的历史中，造就种种甚至能分裂家庭亲人的政治区隔，几乎是现代中国历史的全部。当这一切以高度'浓缩'的形式聚集在一个家庭时，它给人以极大的震撼。而这种'现代性的眼泪'的历史复杂性，在今天中国研究界，并没有得到应有的深入而有效的讨论。从这样的角度，钱老师的这篇学术自传对我，不仅是一个优秀学者和知识分子的自我回顾，同时也是阅读一份从独特角度展示20世纪中国的现代经验史。"

我留学美国的哥哥则可以看作自由主义知识分子，其实我父亲也多少带有自由主义知识分子的色彩，是代表自由主义知识分子进入体制的类型，我的参加共产党的哥哥、姐姐和姐夫是典型的忠诚的共产党员，而我们最小的三个则是新中国以后培养出的人才。我们新中国成立后都受到比较完整的教育，我的小哥哥在清华大学学工科，姐姐读北师大，我是在北大，但我们三个都因为家庭问题发送到边远的地方，我姐姐到新疆，哥哥到福建，我到贵州，这都很典型地体现了我们这种家庭出身在新中国成立后的命运。改革开放后我们各自命运又发生巨大变化，变化最大的是我们最小的几个，我哥哥成了福州大学校长，我姐姐是乌鲁木齐市特级教师，我成了北大教授。我们整个家庭就是各类知识分子的浓缩，也就是说我的研究面对的不是与己无关的对象，某种程度上我是在研究我的家族、我的家庭，或者说研究我自己。[1]

---

[1] 贺桂梅的评点："历史和个人发生关联的方式——对于钱老师及那一代或几代人而言，历史是与个人血肉相连的。也就是说，历史变动的后果直接作用于个人的身体、情感和心灵。'小'的个人很难和'大'的历史剥离开来。这或许正是我们这些后革命时代成长起来的人相比最大的一个差别。我们常常困居于个人小小的悲欢之中，如此容易忘记历史或感知不到历史。也就是说，历史是一个需要我们有意识地去理解的对象，无论对正在发生的当代史还是已经过去的现代史而言，都是如此。不知道这是幸还是不幸？""在阅读老钱的这份自传时，我也始终能感到一份被历史困缚、彼此纠缠不清的紧张。事实上应该说，在这里，历史与个人是完全一体的，个人被历史左右，而历史呈现为个人的喜怒哀乐。这里的困惑不在于个人能否进入历史，相反在于个人能否从历史中挣脱出来。当我使用'挣脱'一词时，其透露的含义或许是一种历史与个人的两分法，而这里的紧张却是历史与个人互为血肉，因此是根本无法分的"，"不过，这里还是应该略略区分社会生活中私人空间的大小和大历史事件直接作用于个人这两个层面的内涵。或许在有些老师那里关心的是前一个层面的内涵，而有趣的是，老钱的整篇自传很少透露前者的焦虑，而主要表现为个人情感与大历史的紧张呼应、交融与角力。因此应当说，他的生命故事是相当精英化的，是始终作为时代'弄潮儿'的生命体验。在某种程度上，这就是钱老师的'情感结构'"。

我有一篇文章这样讲：政治家们、历史家们常常出于不同的目的和需要在多个场合谈论20世纪国共两党分分合合的历史，却很少人去关注、理会这种分分合合的历史对由于种种原因参与其中或者受到牵连的个人和家庭的命运的影响，以及更为深远的心灵的影响。这其实反映了我们历史观和历史叙述的问题。在我们的历史视野中，只有历史事件而无人，或者只有历史伟人而无普通人，只有群体政治而无个体心灵世界。对我而言，这段历史是血肉的历史，个体命运和家族命运连在一起的历史，我更关注的是历史事件对个体及家族心灵世界的影响，关心的是人而非事件，这也包含了我个人的痛苦经历与体验。我从出生就面临家庭的一次次分离，尤其是1949年后的第二次分离，对我们家庭每个人的心灵和命运有巨大影响。对我来说，首先面对的就是要和我的父亲、哥哥划清界限，这对我来说是最大的痛苦。我曾在一篇文章中叙述过这种痛苦，那就是必须把我的父亲哥哥看作妖魔，看作丑恶的敌人，要和他们无情地划清界限。这就形成了我内心最惨烈的记忆。我一直保留着父亲的相片，先是在家里挂父亲像，后来不能挂了就取下来，我当年从北京到贵州时就带着这张照片。“文革”抄家时把照片抄出，我被批为典型的“肖子肖孙”，于是就把父亲的照片烧掉，而且当时毫无痛苦，但是后来想起来非常可怕，这是我最恐惧的记忆：父亲的照片被儿子亲手烧掉。

所以当我作为一个学者重新面对这段历史时，我首先要面对这样一个问题：这一切是怎么发生的？为什么会导致这样一个结果？我苦苦探索中国这一段分离的历史是怎么造成的，它留下什么教训，我常常为“它会不会重演”这样的问题所缠绕，惊恐不安。这是我的研究的一个强大的内在动力，是我还不清的债。我如果解释不清楚，就无法去见地下的父兄。[1]

这同时也决定了我的研究的基本立场：因为我的家庭成员中，既有国民党员，也有共产党员，而且我的感觉中，他们都是好人，甚至我敢说他们都是中国最优秀的知识分子。历史就是这样：在20年代初中期最优秀的知识分子站到国民党那边，三四十年代最优秀的到共产党这边来。我父亲为了救国，加入国民党，我哥哥姐姐为了争取民主自由加入共产党。我要写出历史的复杂性。我们必须对他们有同情的理解，尽管他们有自己深刻的历史教训。[2]

我和青年

我的第二个“债”，就是欠年轻人的债。

---

[1] 贺桂梅的评点：“作为一个学者，强大的情感动力是至为宝贵的，尽管学术活动始终以理性自称。知识和情感之间可以怎样发生关联？这也是我常常困惑的问题。那种‘书成每为稻粱谋’的现象自然不值一提，对我们这一代来说，越来越糟糕的一种状况是从知识到知识的‘纯学术’操作，研究者成了冷漠的‘剖尸员’和知识生产的程序管理员。我们缺少的恰恰是钱老师所说的‘血肉’。自然，这并非因为我们缺乏钱老师们作为漫长而酷烈的20世纪历史的亲历者的经验，我想更重要的是一种反观、思考并提升个人经验的习惯和能力。如果说钱老师的学术动力之一来自他特殊的家庭遭遇，那么更重要的是他那种背负历史债务的自觉意识。钱老师很有意味地使用了‘债’一词，而事实上，与其说钱老师欠下的历史债，不如说他主动地承担了这份债务，他也因此成为了20世纪中国痛苦遗产的继承人。从这样的角度看，重要的不是债务，而是承担债务的勇气。”

[2] 贺桂梅评点：“20世纪中国历史好像从来就不是完整的，而被切分为断裂的时段，大至国共彼此对立的意识形态和历史解释，小至现当代学科的切分。如果80年代曾有过用‘现代化’来整合现代、当代学科的努力，而人们今天已经发现这种整合方式所隐含的意识形态意味，那么在今天，面对20世纪史，寻找更有效的整合首先意味着我们从自己曾经深陷的意识形态当中摆脱出来。”

我这个人一辈子爱和年轻人在一起，也就惹出了许许多多的麻烦。我曾经写过一篇文章，叫作《压在心上的坟》，也许有些同学看过。讲的是文化大革命初期发生的一件让我终身难忘的事：有一个女学生，和我关系并不密切，在“文革”开始我被打成反革命的时候，出于良知，站出来为我说了几句公正话，就被打成“为反革命分子钱理群辩护的现行反革命”，再加上她出生在一个地主家庭，按当时的观点，就天生地有罪，在压力之下，这个女孩最后就投湖自杀了。这件事给了我很大的刺激：一个年轻人，竟然因为我而自杀！我就反复地审问我自己：即使我真的罪孽深重，与生俱来，也应由我一个人默默承受，为什么偏不甘寂寞要用青年的热情来慰藉一颗孤寂的心，结果却让他们付出如此巨大的代价，这岂不是用青年人生命之重来换取自己苟活之轻？我终于发现自己的责任：在无辜的青年面前我有罪！在贵州大地上的这样一个坟就永远地压在我的心上。后来我离开了贵州，在更大的范围内与年轻人、学生交往，我总觉得有一具沉重的死尸横埋在我和青年之间，向我警示着历史重新发生。

我确实经常在年轻人面前，有一种愧疚之感。永远摆脱不掉的梦魇，构成了我90年代以后的研究、写作与讲学的一个内在动力与心理背景。最近我刚写过一篇文章，从另一个角度讨论了成年人的责任问题。大家知道，最近几年出现了一批少年作者，也有人称他们是“天才少年”，我读他们的作品，发现了他们对学校教育、对社会、对人生都充满了调侃，从中透露出看透了一切的冷漠。我猛然警悟到在我们的大学生、中学生，甚至小学生中是不是出现了调侃的一代？太早地看透一切，太早地冷漠地对待一切，这是很可怕的。现在我们要追问，这调侃的一代是怎样产生的呢？当然有很多原因，其中一个重要原因就是因为我们大人们都在演戏，老师、家长，我们这些知识分子都在演戏，孩子是敏感的，他作为观众，看你演戏，看来看去，就把什么都看透了，觉得一切都是假的，都可以一笑了之，于是自然要调侃，而且自己也来演戏。所以我说，这是我们大人犯浑、犯罪，在孩子身上得到了报应。这是很残酷的。我始终有这样一个负债情结，一种罪恶感：如果我们这个国家没搞好，出了很多问题，那是成年人的责任，是我们自己的责任。我们没有搞好，让青年人承担，在青年人身上得到报应，是不公平的。[1]

这样的欠债感、罪恶感，就构成了我的教学与写作的内在驱动力。我的写作是有比较明确的对象的，就是年轻人。所以我的第一本著作《心灵的探寻》前面有一个献词，就是“献给正在致力于中国人和中国社会改造的青年人”。记得鲁迅说过，他的写作有三个对象：第一个对象是那些孤独的改革者；第二个对象是正在做着好梦的青年；第三个对象就是敌人。我还大概没有像鲁迅那样的“为敌人写作”的意

［1］贺桂梅的评点：“或许因为年龄，也或许因为性别的原因，我很少能体会到老钱这种对于青年的欠债感、罪恶感。自然，有人可能会因此简单地将这种心态看作是一种精英主义或文化英雄情结，因为这其中更多地包含的是一种知识分子的自我想象。不过，在我看来，这种意识却是20世纪现代中国历史造就的一种最具‘想象的共同体’色彩的文化性格，它几乎可以在那些曾经深刻地影响过20世纪中国人的精神领袖身上或多或少地看到。在20世纪中国，不相信或没有内在化民族—国家（也包括阶级—国家）作为想象共同体的人，事实上是很难进入历史的。从这一角度来说，老钱对‘青年’的关切与重视，正是这样的意识的呈现。相信青年，既是通达想象的共同体的方式，也是对‘人性’的信任。这种情怀在后民族—国家，乃至后现代的今天，确实是越来越稀少了。显然，在青年—成年的年龄序列中，有着十分明显的启蒙结构在。在某种意义上说，‘青年’本身就是被20世纪初期启蒙文化创造出来的一个社会群体。从这一点来看，老钱身上的启蒙主义烙印是极其深刻的。但是，反省启蒙文化并不意味着简单地全盘否定这其中知识分子发挥社会功用的方式。正如老钱后面写到的，对青年的责任感与其说更多地因为青年的‘纯洁’，不如说主要因为一种创造‘希望’的动力。这样看来，‘青年’就成为希望的动力学，正如它可以被置换为‘未来’‘希望’一样，‘青年’在这里只是一种创造理想社会的‘媒介’。”

念，但确实是在为正在做着好梦的青年写作，因为我所欠他们的债。

当然，这也可能构成我的一个弱点。就有人批评我，说我有“青年崇拜”的倾向。可能是这样吧。我的心灵最软弱的一面，就是容易被青年人利用，我不想回避这一点。我当然清楚，青年人是多种多样的，有人会利用我。我不是不知道，但是我觉得与其被那些浑蛋利用，不如被青年利用。我知道我的缺点，就是轻信。但我又记得马克思说过：一个人最容易原谅的弱点就是轻信。我就是这样，只要是年轻人，对我提出什么要求，我就觉得很难拒绝，看到年轻人受难，我就受不了。这就免不了要上当受骗。但又是鲁迅说的，我不能因为上过一次、若干次当，就把一切前来求助的年轻人都看作是骗子。当然，发现自己上当受骗以后，是非常痛苦的，有一种美好的感情被玷污的感觉。但独自舔干受伤的血迹以后，又忘了，遇到什么事，又免不了继续上当受骗，这几乎成了宿命，大概也是知其不可为而为之吧。知道青年人不完全可靠，但是，你反过来想，青年人不可靠那你靠什么呢？大家都知道，这些年我在关注中学语文教育，为什么呢？我说得很清楚，就是到了世纪末，到了该退休的年龄，对一切都绝望了，一切都看透了，唯一没有看透，更准确地说，唯一不敢看透的是年轻人，是孩子们。如果孩子也看透了，那该怎么办呢？就什么希望都没有了，绝望到底了。我知道我把希望寄托在孩子身上，其实是给自己又造了一个梦，但是不造梦又怎么办呢？这是不得已而为之的，在不得已而为之中建立的一个信念，不得已而为之的一种选择。说到底，不过是还债而已。这个观念，在这个现代、后现代时代，可能显得很陈腐，但我们这一代人就是如此，只能如此。[1]

---

[1] 贺桂梅评点：“‘清醒的造梦者。’几乎所有能够成功地创造梦想的人，都知道这是‘梦’。这种梦与现实的张力，才能够成就一个成熟的前行者。”

我一生中不堪回首的记忆和隐痛

第三个债是自己的债，是我欠自己的债。我回顾自己的一生，这是一种充满苦难与屈辱的记忆，最不堪的记忆还不在外在的压力，而在于自己内心的动摇、屈服，以至叛变，自我人性的扭曲、丑恶，以至变态。这样一些惨不忍睹的记录，我的一生太多了，特别是前半生。太多的动摇、屈辱、背叛、扭曲、变态……我无法抹去这一切，它梦魇般地压在我的心头，像一座座坟……

最近我刚做了一次贵州之行——大家知道我从二十一岁到三十九岁在贵州生活了十八年。这次我又回到当年生活过的地方，面对当年的很多老朋友，其中有些我对不起他们的老朋友，见面时心里有一股说不出的滋味。这些年大家都在谈“文革”，谈忏悔，我没有发言。其实我自己时刻在进行着“文革”的忏悔。我一生犯的最大的错误，或者说罪过，有两个，都是“文革”中发生的。一个是我在前面已经讲过的，也写了文章，就是烧毁了父亲的照片。另一个我从来没有谈过，今天我要把它说出来。

“文革”一开始我就被打成反革命，人们就给我加上许许多多你想象不到的莫须有的罪名，有一些是非常奇特的，在今天看来是非常荒诞的联想。我举个例子。“文革”最可怕的地方是发动你最亲近的人来揭发你。有一个和我关系最亲密的学生揭发说，钱某人喜欢蓝色，特别是天蓝色，这是真的，因为我喜欢天空，但下面一句就是编造的了：说我不喜欢红色。这就麻烦了。于是一位美术老师就站出来分析，说钱理群为什么喜欢蓝色，因为国民党的旗子是青天白日，他不喜欢红色，因为他仇恨五星红旗，你看他多反动，是个死心塌地的国民党反动派的孝子贤孙！这位美术老师还从专业的角度给我加上一条罪名，说蓝色是冷色，红色是热色，这暴露了他内心的阴冷，他对人民冷酷，对我们人民共和国没有热情。[1]同学们今天听起来可能觉得好笑，但是当时却形成了巨大的压力。天天逼你检讨，逼你挖掘阶级根源、社会根源、思想根源，没完没了。我看透了他们是要逼我说谎，不说谎过不了关。我就横下心来，既然你们的分析、批判如此荒诞，我也可以胡编乱造。我当时还有个天真的想法，以为编得越离奇，将来就越好翻案。于是，我就把教材拿来，一篇篇地从反面想，说自己怎么怎么在课堂上放毒。我也特别能写，一天一大摞检讨书。弄得那些“左派”都很惊奇：怎么钱理群有那么多反动思想呀。他们就觉得这个钱理群很有挖头了。[2]我原来想用这个办法来解脱自己，没想到却引来了更加频繁的更加严厉的逼供。开始是逼我交代自己的反动思想，后来就追问我：你这么放毒，别人，特别是你的朋友是怎么反应的？他们说了什么？你这么反动，他们怎么就不反动呢？我原以为把自己骂够了，骂臭了，就可以过关，现在却要牵连到他人了。开始我还想做一点反抗，坚持说就是自己在放毒，别人没有反应。这显然不合逻辑，说不过去。在压力之下，我就犯了一个终身不能原谅的错误：我开始编造关于他人的谎言，连累了自己的朋友。为了摆脱自己的困境，连累朋友，这就越过了做人的底线。因此，这一次见到受到我的伤害的

---

[1] 贺桂梅评点：“记得似乎是戴锦华老师说过，‘文革’时期的中国人都是优秀的‘符号学家’。这里关于蓝色／红色的分析，实在太是符号学的分析方法了，而且非常‘专业’。”

[2] 贺桂梅评点：“其实就马克思主义的‘现象’／‘本质’两分法来说，所有的‘现象’大概都是‘符号’，它仅仅是更深的‘本质’的症状。这样看来，所谓‘挖思想根源’的说法就是这种理论的呈现。不过，从解构主义的理论来看，恰恰是这种透过‘现象’寻找‘本质’的思路和行为本身，在‘创造’着许多‘本质’。看来，当时的大批判运动其实也是深谙这种‘解构主义’的妙处。”

朋友，面对他们老态龙钟的样子，真是悔恨交加。当然，大家都不会提这些往事，也许有些朋友已经忘记了，但我心里永远不能原谅自己，这是我心中又一座搬不走的“坟”。

这正是“文革”最大的罪恶：它把人性中的恶诱发出来，让其恶性膨胀，使人不成为人，由此而造成整个社会的恶。前一段，我说过一段话，引起许多争议，其中也有误会。我说，在现实生活中，人有时不得不说违心的话，但必须有几个底线：第一，必须分清是非，必须明白说违心的话，是个错误，不能把说谎当作光荣；第二，必须是被迫的，不能主动去说谎，不能为了个人目的主动去说谎；第三条，不能伤害他人，说话的后果你自己承担，绝对不能连累别人。大家不难看出，这其实是包含着我在“文革”中的最惨重的人生教训的。我这么说，是有着非常深的隐痛的。[1]

前面说过，我一生中犯过两个大错误、大罪过，现在，我要趁退休前最后的上课机会，公开说出来，而且是向我的学生——在座的诸

---

[1] 贺桂梅评点：“这段话及其引起的争议，颇像1994年萧乾所谓‘说真话’引起的争论。年轻一辈或许认为这其中包含着某种不那么清高的妥协，不过那是因为他们几乎完全无法了解‘文革’当时的社会环境。所谓‘文化革命’，就其初衷而言，是一个改造‘主体’的革命，因此必然会对每一个个体，尤其是具有相对自觉而独立意识的知识分子个体的自我和精神造成极大的冲击。在今天看来，这种文化革命的后果显然是弊大于利的。它造成的最大混乱是，这场文化革命并没有创造更丰富的‘新人’，相反由于操作方式的简单化，它仅仅是把所有人的思想都强制地纳入既定的框架中，而成为一种思想／身体的暴力。对于置身这种情境的知识分子来说，可能最大的恐怖在于林庚先生曾说的那种情形：你身边所有的人都说你错了，于是你也怀疑和动摇自己是否真的错了，乃至最后相信你自己确实错了。——必须‘说’和说自己‘错’了，大概是当时不可抗拒的形势，因此可能的选择就只能在于如何‘说’和怎么‘错’了。这也就是老钱所谓的三点前提。”

位说。说出来，长期郁结的内心的紧张就舒缓了，可以相对轻松地去安度晚年了。

学术动力：精神自省、自赎与自救

可以说，正是这样的人生教训、隐痛，这样一些压在心上的坟，成了我的研究、写作的内在动力。前面说到的《压在心上的坟》这本书，就分为三辑，有三个标题，其实就是思想的三个层面。首先是“我的悔恨”。懂不懂得“悔恨”，有没有“知耻”之心，这是思考的基础与前提。看起来很简单，现实中却很难做到。鲁迅早就说过，中国人都是阿Q的子孙，最没有记性，十分健忘。更可怕的是强迫遗忘。于是，就有些知识分子写文章作报告，从血泊中寻出美好来。鲁迅说：“如果从奴隶生活中寻出‘美’来，赞叹，抚摩，陶醉，那可简直是万劫不复的奴才了。”可见，能否悔恨，其实是为人为奴的一条界线。第二是“我的自剖”。知耻、知罪不够，还要解剖自己，要追问为什么会这样，必须对自己有一个清醒的认识，要自剖、自醒。作为一般的人，做到这两点，能够自悔自醒就行了。但是作为知识分子、作为学者，特别是研究这段历史的学者，就不能停留在自悔和自醒当中，还要有第三层面的“我的反思”，要从历史上追问这一切是怎么发生的，作理论的思考，提高到理性的层面，总结历史的经验、教训。我们不能仅仅咀嚼苦难，更不能去美化苦难，而是要从苦难中提炼出精神、学理。不是经历了苦难人就必然变得聪明，很多人经历了苦难，不知反思，结果照样做蠢事。这是知识分子、学者的责任：把苦难转化为精神资源。我写过一篇文章，作为《压在心上的坟》这本书的“代序”，明确提出，我的研究的根本出发点与归宿，就是“把苦难转化成精神资源”。[1]

而且，不仅是历史的苦难，更是现实的苦难。我在现实中遇到挫折，遇到精神危机的时候，我就去读书，做研究，所以学术研究对我来说，具有一种精神自赎、自救的作用。我就是通过《心灵的探寻》这本书的写作走出“文革”的阴影，通过《大小舞台之间——曹禺戏剧新论》、《丰富的痛苦——堂吉诃德与哈姆雷特的东移》这两本书的研究，克服了后来的精神危机。

最近的一次，在我遭到一些人批判的时候，我的感觉仿佛又经历了一次文化大革命。当你面对铺天盖地的批判，刹那间你会自己产生一种迷惑：我到底有必要这样做吗？这个时候你就需要寻求外在精神资源的支持，以唤起内心的光明来抵御。我的办法就是读书，研究，压力越大，越要拼命读书写作。“文革”的时候，开完批判大会，第一件事情是去大吃一顿，一是慰劳自己的身体，一是示威：你批我，我照样活着，活得更痛快。然后照张相，现在还留着，叫“立此存照”。然后就回到房间里，那时候是单人房，拼命地读书，拼命地写，实在写不出就抄书，抄鲁迅的著作。我有大量的鲁迅研究札记，就是这么在压力下抄出来的。这一

[1] 贺桂梅评点：“在我看来，这段话中所表现的思维方式和精神状态，仍有许多是最能标志出老钱他们‘一代人’特征的东西。首先是个人与历史的关系，我们恐怕很难体会这种‘知耻知罪’的心态了。这或许应该说是拜历史所‘赐’，因为我们有幸没有遭遇老钱所遭遇的残酷历史，因此不必有个人与历史之间的深刻纠缠。不过我们这个年龄的人的问题，或许是英国学者特里·伊格尔顿所说的那种‘历史失忆症’，不是遗忘了罪恶和耻辱，而是无法感觉历史曾经如何存在。其次是，有意味的是，历史的问题如何转化成了‘个人’的问题。在老钱这里，真正撬起整个历史的，是他的自我和自我承担，他从不把问题归咎于历史环境，而总是将思考指向自己的精神构成。这个强大的精英主义自我，是他追问所有问题的起点。不过，我有时也想，从某种意义上来说，再没有比老钱这样的知识分子更为强大而执着的个人主义者了，因为他使历史成为了创造自我的‘资源’。”

次，也是如法炮制，去编书，就是这些年很有点影响的《新语文读本》。那段时间，我早晨 7 点起床，晚上 12 点休息，整天泡在古今中外的经典著作的阅读与编选里。我后来写了篇文章，这样描述在那非常时期非常奇特的生命的体验：“仿佛超越了时空，突然和荷马、苏格拉底、但丁，和莎士比亚、塞万提斯、雨果、托尔斯泰、泰戈尔，和居里夫人、爱因斯坦，和孔子、庄子、屈原、司马迁、陶渊明、曹雪芹，和鲁迅、老舍、沈从文、巴金相遇，和这些民族与人类文明史上灿烂的群星交谈着，争辩着。忽而畅怀大笑，忽而默默沉思。然后我牵着中学生的手，把他们引导到这些巨匠身边，互作介绍之后，就悄然离开，让他们，这些代表着辉煌过去的老人和将创造未来的孩子在一起心贴心地交流。我只躲在一旁，静静地想，时而发出会心的微笑。就为了这个瞬间，我无论付出什么样的代价，都是无怨无悔的啊”，“一面是咒骂声不绝于耳，一面却在进行着这些美妙无比的精神对话；内心充盈着对孩子、对民族与人类未来的爱；自然时节正当酷暑，内心却吹拂着阵阵温馨的春风。冷与热，善与恶，美与丑，真与假，爱与恨，光明与黑暗，就在同一时刻如此猛烈地加诸一身，这是难遇的人生体验”。后来，我写出了《与鲁迅相遇》这本书，某种程度上就是这样的体验的产物。研究与写作，对于我来说，是一个自我证明：不管外在环境如何，人仍然可以创造并坚守着自己的诗意而神圣的精神生活。[1]这是巨大的精神对抗，因此，无可否认，这同时是对人的身心的巨大伤害。在两者对抗稍有缓解时，我就被击倒

[1] 贺桂梅评点：“或许这里可以区分出两个层面：一个是用学术研究来阐释自己和阐释历史，一个是通过全神贯注地投入于学术研究来度过艰难的压力时期。但这两者很大程度上又是难以分开的，因为和那种将‘生活’与‘学术’分开的学者不同，老钱显然使两者水乳交融在一起了。因此，在他承受压力的时期，所做的也都不是与生活无关的学术工作，而是将现实生活中的问题和精神体验转移于学术研究中了。”

了：前年十月生了一场病。学术研究就这样和我的生命纠缠为一体，有巨大的收获，也有巨大的付出。

这里顺便说一点，这也是我的学术研究的一个追求，就是期待与读者心灵的沟通。我十分地重视读者，在我看来，学术著作的生命是在读者那里得到延伸的。我的第一本著作《心灵的探寻》里就说过这样一句话：我期待我的研究成果的最佳效果，是年青一代朋友从中得到某些启发，感到满足，同时又发现了许多缺陷，感到不满足，然后激起自己的创造欲，自己来修正、来补充、来发展。这种修正、补充就是我的学术生命的延伸。这也包括评论家的诘难、批评、阐释与发挥。也就是说，一部学术著作是在读者与评论者的参与和再创造中，得到价值的实现的，这与文学创作是一样的。因此，我曾经把我的学术著作出版以后的反应，包括批评、讨论，都汇集起来，以显示学术生命的延伸。我觉得这是很有意思的。

而且，由于前面提到的我与年轻人的特殊关系，我特别重视跟年轻读者心灵的沟通，所以用很大的精力来写信。我可以自豪地说，除了台湾、西藏以外，几乎所有的省都有我的通过通信而结交的朋友，后来有的见过面，更多的是始终没有见过面。而这样的通信对我的精神的支撑是难以言说的。因此我从来不认为给年轻人回信是增加我的负担，这其实是双向的：我既给青年以帮助，同时青年也支持帮助我。

这里举一个例子。就在我遭遇批判，最困难的时候，我收到一个浙江的年轻的中学教师的来信。这位老师当年是北师大的毕业生，前几年就写信给我，说他感到中学语文教育有很多问题，想离开中学。我写信鼓励他，说你得坚持住。这回他来信说，钱老师，我实在无法再忍受下去，我已经考上某学校的研究生。他说，中学教育留不住优秀的人，他们来了也走了，我终于要走了，我很幸运，也很失落：我就这样离开了我热爱的教育事业，离开了恰恰需要我这样的老师的学生。信的最后他突然说了一句："钱老师，我不知该说什么，我只是想告诉您，我希望您能快活地生活，因为您是好人。我无力去阻止那些对您的伤害，我只能说更尊敬您，爱您。"这封信深深打动了我，我有一种说不出的幸福感。我在回信中也说了一段很动情的话："你说我是好人，就如同我的学生说我很可爱一样，都让我开心，并感到一种温暖。我们都是普通的人，自己面对压力时只能默默忍受，看着他人受难，也只能以无言表示声援。如你信里所说：不知该说什么，也许正是这个'不知该说什么'，让我深深感动。是的，我快活地活着，真的快乐。我的老伴就说我这几天的心情特别好，原因就是我在给你这样的朋友写信，写着写着，心就变暖了，变软了，以至什么也说不出来……"这里有一种心灵的感应，正是在和这位中学教师、普通读者的沟通中，我感到了自己的学术与生命的价值。

在我看来，我们大陆学者一个最大的幸运，就在于我们拥有了超出专业范围之外的很多的读者。我和许多海外学者交谈，他们说他们的学术著作就在自己的圈子里。而我们的学术著作，我的学术著作，却能走出专业圈子，得到普通的读者的回应，我觉得这是中国学者独有的优势，是应该格外珍惜的。[1]

---

[1] 贺桂梅评点："这也是我最近一直在考虑的问题。和老钱他们不一样，我们这个年龄层的人却是越来越学院化，这也意味着我们将越来越局限于学院和专业影响当中。从这个意义上，老钱的社会影响几乎是不可复制的，尽管老钱始终在用'学术研究'这个语汇，不过在我看来，他的'学术'并不是'纯学术'之学术，而始终包含了强烈的社会关注和问题意识在其中，这其实是他产生广泛社会影响的重要原因之一。不过，对于今天这种越来越专业化的处境来说，老钱的启示性还在于，他从来没有把自己局限于学院，他对读者和批评者的重视，正因为他研究的着眼点从来都是社会化的，到底是老钱的社会影响大所以他的学术超越了学院，还是因为他的学术超越了学院而产生大的社会影响，这两者几乎是难分难舍的。不过，对我来说，最重要的或许是那种从不把自己局限于学院的意识本身吧。"

在一次颁奖会上，我曾经引用了庄子的“相濡相沫”来说明我和读者与学术界朋友的关系，最后说了这么几句话：“我存在着，我努力着，我们又这样互相搀扶着：这就够了。但我又怎样向往于那相忘于江湖的境界，那将是一个永远的梦。”这大概就是我对自我价值的一个体认：我是用我的学术著作来证明我的存在，这是一种存在之美，存在着，这本身就是一种美。我又努力着，没有荒废，没有懈怠，从中体味着生命的奋进之美。更重要的是我们在互相搀扶着，不是一个孤独的人，有一群朋友，有自己的读者，在搀扶中获得生命的共同价值。

另一个动力：圆梦、好奇心和发现的冲动

这段话里，还说到更向往于“相忘于江湖”的梦，这就说到我的另一个写作的动力，就是为了“圆梦”。

我这个人经常做梦，很喜欢做梦。而且我的第一篇公开发表的文章就是写梦。也是在当研究生的时候，查旧报刊，发现了民国三十七年，就是1948年9月25日《中央日报》的《儿童周刊》上发表了一篇文章，题目是《假若我生了两只翅膀》，作者是中大附小钱理群。这就是我的第一次见诸铅字的作品。我今天朗读一下——

“假如我生了两只翅膀，一定要飞到喜马拉雅山的最高峰，去眺望全中国的美景：那带子般的河流，世界上最长的长城，北平各种的古迹和古代的建筑，烦嚣的上海，风景优雅的青岛，那时我是多么快乐呀。假如我生了两只翅膀，一定飞到空中，去和小鸟、蝴蝶舞蹈，和白云赛跑，数一数天空中亮晶晶的星儿，去拜访月宫中的嫦娥，和白雪般的玉兔玩耍。可惜我没有翅膀。假如我有了翅膀，是多么有趣呀。”

这是我的处女作，当时大概是小学五年级的学生。说老实话，在“文革”的时候如果被发现我可就完了。单凭“《中央日报》”、“民国

三十七年”这几个字就能给我戴上“反动文人”的帽子，尽管我还是个孩子！

大家看，我的生命起点就是做梦，其实现在还是做梦。我有一篇文章回忆我的中学时代，题目也是《曾经有过自由做梦的年代》。这一点可能和诸位不一样，你们的中学回忆肯定是沉重的。而我是在1950—1956年间在南京师大附中读书，这是什么意思呢？1950—1956年是中华人民共和国蓬勃向上的时期，因为新中国刚建立起来，有一种欣欣向荣的气象，因此我有一个金色的童年，这一点可能和在座的各位不一样。我曾经说过，中学时代奠定一个什么样的生命底色，是非常重要而关键的。我的童年生活的底色是充满光明的。大家也许很难相信，那个时候没有高考压力，我1956年高中毕业，当年大学招生的人数比高中毕业生要多，就不存在考不上大学的问题，只是考什么大学的问题。所以我学习非常之轻松，有许多时间，有很大的空间，自由地做梦。没有多少作业，上课基本就全部掌握了，下课时间都是自己的，想怎么玩就怎么玩。我于是就读书，读闲书，各种各样的书，漫无边际，抓过来就读，没有目的，完全是兴趣所至。像过瘾一样，翻下去，翻下去，翻累了就放下书来，任自己的思想随意驰骋，想想作者可能往下写什么，书里的人物活到今天是什么样子，怎么说话，怎么行动。想着想着就信手写下，不管写的是诗还是小说，反正是自己写的，经常是自己一个人看，从不给别人看，往往陶醉好几天，过几天再偷偷地读，然后就厌倦了，不满意了，甚至害羞了。结果呢，就把它撕了，一点也不觉得可惜，甚至慢慢忘记了曾经写过这样的作品。——今天来看，这就是真正的自由写作。

那时候我每到星期六都干什么呢？和我一个好朋友，两人在南京玄武湖上划船，划到荷花的深处，躺在船上仰望天空，像白云飘浮一样，任凭自己的想象，编故事，编童话。我记得我写过一个童话，叫

《神剑》。我编，那个同学会画画，帮我画插图。就这样过着很诗意的、梦幻般的自由的生活。不知不觉地，学会了无拘无束地思考想象，可以说，一个自由写作者、思考者的种子，就这样播下了。

而且我还形成了一种理念，当时叫学习经验。我在学校里是品学兼优的好学生，高中毕业的时候，语文老师劝我考中文，数学老师劝我考数学，老师、同学都觉得我很可爱，喊我叫“钱大头”，因为我头特别大，目标显著，大家都记得我，特别是我高中毕业的时候，在学习经验会上有个发言，我自己也至今不忘，因为它是照亮了我的一生的。当时我说：学习最重要的是要有兴趣，要把上每一门功课都当作精神的享受，学习就是探险的过程，每一次上课都会发现新大陆，要带着好奇心，怀着一种期待感，甚至神秘感走进课堂。——这可以说是我的第一个独立的学习观、读书观，以后就发展成为我的研究观，我对学术工作的一个基本理解与信念。

这就是我这些年经常说的，读书，学习，研究，在本质上就是对未知世界的“发现”。这里有一个我和世界的认知关系问题。世界是无限丰富的，我作为一个生命个体所掌握的世界知识是有限的，还有许多未知的世界等着我去认识，我的认识能力是有限的同时又是无限的，这就充满着对未知世界的期待和好奇。学术研究所面对的就是一个未知世界，你对它充满期待与好奇。正是这种期待、好奇产生学习、探索的热情和冲动，这是一切创造性的学习、研究、劳动的原动力。

学习和研究就是一个不断地发现的过程。我的第一本研究鲁迅的专著《心灵的探寻》一开头就讲了这样一个认识论的问题：“人类越来越认识到鲁迅其人其作品本身即是充满着深刻矛盾的、多层次、多侧面的有机体。不同时代、不同层次的读者、研究工作者，都按照各自所处的时代与各人的历史哲学、思想情感、人生体验、心理气质、审美要求，从不同角度、侧面去接近鲁迅本体，有着自己的发现、阐释、发挥、再创造，由此而构成不断接近鲁迅本体，又不断丰富鲁迅本体的，永远的也没有终结的运动过程。”其实我们所有的研究，都是这样一个对研究对象的永远没有完结的不断发现、不断接近的过程。而且每一个研究者都应该对研究对象有自己的独立的新的发现。这样你就永远处于一种发现的冲动之中，并由此而产生无尽无限的兴趣与乐趣。大家知道我有一个口头禅是“好玩”，这种好玩的感觉就是来自于不断地发现带来的难以言说的愉悦、满足感与充实感。所以在我的感受里，学术研究是一种快乐的劳动。我看现在同学们愁眉苦脸地做学问，就觉得挺奇怪。当然，在研究过程中也会有苦恼，那是在探索中的苦恼，是苦中有甜的。

我还想强调一点，我们说的学术研究中的发现，不仅是对研究对象的发现，更是一种自我发现，因此就会产生自我生命的升华：学术研究的美妙之处就在这里。

问题是怎样使自己始终如一地处在探讨、发现的状态，由此获得永恒的快乐？这是我的人生道路、研究生涯中必须面对的问题。在这里我想介绍林庚先生的一个观点以及对我的影响。那是1984年左右，我刚留校做助教，严家炎老师是系主任，他提出要举办学术讲座，请中文系已经退休的老师，来做最后的公开演讲，让我来做具体组织工作。于是就请来了吴组缃、林庚、王瑶、朱德熙这样一些一流的北大中文系教授，那真是一次辉煌的“演出”，同学们未能赶上，是很可惜的。我记得林先生做了非常认真的准备，几易其稿。那一天，他的穿着看似朴素，但是很美，很有风度，说不出的那种风度，一站在讲台上，就把大家给镇住了。讲完以后，走出教室，他就几乎倒下了，我把他扶到家里去，回去就病了一场。他是拼着命来讲这一课，讲完了人就倒了：这真是“生命的绝唱”。正是在这次课上，他提出：“诗的本质就是发现，诗人要永远像婴儿一样，睁大了好奇的眼睛去看周围的世界，去发现世界的新的美。”——我当时听了，心里为之一震：这正是说出了学术研究，以至人生的真谛啊。所谓“永远处于婴儿的状态”，就是要以第一次看世界的好奇心，用初次的眼光和心态去观察，去倾听，去阅读，去思考，这样才能有不断的新的发现。这是非常重要的，问题是怎么使自己永远处在一种婴儿状态。

后来我们的《新语文读本》选了梭罗《瓦尔登湖》里面的一篇文章，提出了一个概念，叫作“黎明的感觉”。“黎明的感觉”就是每天睡了一夜醒来，这就意味着一段生命已经过去，一切重新开始。每天早上睁开眼睛，就意味着你获得一次新生，你的生命开始新的一天，就有了黎明的感觉：一切对你来说都是新鲜的，你用新奇的眼光与心态去重新发现。这就是古人说的：“苟日新，日日新，又日新。”这样一种新生状态，就是真正的学术状态，或者说是一种最理想的学术境界、人生境界。我们讲“赤子之心”，就是指这样的状态与境界。北大大在哪里？就是有一批大学者，他们都是汪曾祺所说的“星斗其文，赤子其心”。人要一辈子保持赤子状态，是非常非常困难的，特别是经过苦难以后。面对苦难的折磨，人会有两种情况，一种是被苦难压倒，另一种是历经磨难以后还保持赤子之心，这就难上加难。[1]

---

[1] 贺桂梅评点：“或许换一种说法，这里所说的‘婴儿状态’、‘黎明感觉’，事实上都是在讨论我们如何才能始终处在一种保持‘新鲜感’的状态当中，如何才能不陷入一种‘厌倦’情绪。在我与现在学生的交往中，常常会发现许多人在最初从事研究的阶段或许是很有发现的能力，也有研究和读书的热情，不过这种状态很难持久，所以有许多学生在博士生甚至研究生阶段之后，就放弃了‘做学问’。这其中有许多原因，我想最重要的或许是无法建立起学术研究与个人生活之间的关联形式。老钱的优秀品质不仅在于他乐于发现和创造的天性，我想更重要的是他具有通过语言或学术研究来反观、创造自己生命意义的能力，还有他对学术研究的‘爱’。其实，说到底，这是一个优秀的知识分子必须具备的品质，所谓‘赤子之心’大约就是指这一点。”

这里我想谈谈自己的经验。我很同意梭罗说的另一句话，他说人无疑是有力量来提高自己的生命质量的。外界的环境我们管不了，因为我们都是普通老百姓，但你可以有意识地去提高自己生命的质量，通过自己主观努力去创造一个有利于自己发展的小环境。

这讲起来可能有点抽象，就说说我在大学毕业以后的经历吧。我当时被分配到贵州安顺的一所卫生学校去教语文。从北京到了一个偏僻的山区，而且在中专教书，对我来说，外部条件是够恶劣的了。怎么办呢？我就想，不管怎样，现在我在教书、上课。上课有两种上法，一种是当作任务被动地上，一种是主动地写一首“教育诗”，把教学工作变成富有创造性的、有诗意的劳动。当然，客观条件并不具有诗意，记得我第一次上课，讲台上就放着一个骷髅头，吓了我一跳，同学们因为是学医的，普遍不重视语文课。因此，诗意是要自己去创造的。我很快就发现班上还是有几个学生喜欢文学，我就为这几个学生上课，后来成了终身的好朋友。我干脆搬到学生宿舍，和他们同吃同住同劳动，一起踢足球，当“教练”。其实我不会踢球，但我能和学生一起踢，大风大雨还在烂泥中打滚，踢得很投入。就在和青年学生的亲密接触中我获得了写诗的感觉。这还不够，我要到大自然中去寻找诗意。贵州的大自然是很美的，我一大早，就跑到学校对面的山上去，等待太阳出来那一瞬间，把它画下来；天下雨了我就冲到雨地里去画画，雨水流淌在画面上，彩色浸润开来，真有象征派绘画的味道。学校附近有一个水库，我半夜跑到水库边，看月光下的山是什么样子，月光下的水是什么样子，就画一幅“月下的山和水”，还配一首诗，叫“诗与画”；这是真的在写诗了。[1]

---

[1] 贺桂梅评点：“人们常常不缺少需要发现的事物，缺少的是发现的眼睛和发现的热情，在这种纯粹的‘婴儿状态’中，‘人’才能与‘世界’诗意地相遇。”

但在“文革”时就成了我的一大罪状，说钱理群半夜三更跑出去干什么，他肯定是特务。当时我还真编了一本诗画集，送给我的中学时代的好朋友。“文革”时为了收集我的罪状，还派人外调，跑到南京把画和诗取回来，一看，都是“儿童画”，充满童趣的画，弄得那些“左派”也哭笑不得。[1]可惜这本诗画集后来销毁了，不然留到今天，那是多好的一个纪念。

直到今天我还形成了一个习惯，我周围的人都知道，我总是给自己设置大大小小的目标，或者读一本书，或者写一篇文章，或者编一套书，甚至是旅游，我都把它诗意化，带着一种期待、想象，怀着一种激情，兴致勃勃地投入进去，以获得写诗的感觉。我强调生命的投入，全身心投入，我跟前几届的北大学生都说过：“要读书你就拼命地读，要玩你就拼命地玩”，这样，你就可以使自己的生命达到一种酣畅淋漓的状态。我追求这种生命的强度和力度，酣畅淋漓的状态，这同时是一种生命的自由状态。我的全部研究，最终的目的，就是追求精神的自由，生命的自由。[2]

话说回来，这种状态的付出太大，连玩都全身心投入，那太累了，所以我的经验只是我个人的，绝对不是向大家推销。每个人都有自己的活法。

---

［1］贺桂梅评点：“这是‘政治学’和‘诗学’的滑稽遭遇。”

［2］贺桂梅评点：“许多时候我们并非不愿意投入，而是偏执于使我们投入的动力学原因。这也正如我们并非不热爱游戏，而是因过分关注游戏的意义而因此不能全神贯注地投入游戏之中。从这样的角度来说，所有那些有着坚韧信念的人，事实上也是最相信游戏和最认真地投入游戏的人，而游戏和信念的意义事实上正是由这样的人显示出来。也许可以说，真正赋予生存以意义的，是我们的精神状态；而投入的程度越深，事实上越能摆脱物质处境的限制而感觉到精神的深入，也就是‘自由’的状态。”

二　我的人生之路与治学之路（中）

像我这样一代的学者，还有一个非常重要的背景，就是文化大革命的背景。

要了解我们这样一代的学者，对我们成长的大的社会环境要有所了解。我是在贵州经历文化大革命的，我于1960年到贵州，1978年考研究生回到北大，前后在贵州生活了十八年，也就是说，从二十一岁到三十九岁，正是一生最具有活力的岁月，我是在贵州度过的。而其中最重要的经历就是参加了文化大革命的全过程。这同时就意味着，我是在中国的社会的底层，在边远地区来参与、体验“文革”的，这跟很多人在京城、在大城市里的体验是不一样的。这里不妨说说我的“文革”体验，但也不可能全部展开，因为时间有限，只能零星地讲一点，讲一些故事，可能同学们会有兴趣，因为你们都没有经历过。

我对“文革”的预感

我是“文革”的积极参加者，而且从头参加到尾，没有当过一天逍遥派，知识界恐怕很少有人像我这样的。我之所以积极投入，一个重要原因是，“文革”对我来说并不突然，“文革”前，懵懵懂懂中，我就有一种预感。

这是由我当时的经历与处境决定的。我那时在安顺卫生学校教书，可以说多是非常认真地在教书，因此在学生中有很高的威信，但就是和领导搞不好关系。有一天，我们的一个校长到我们教研室来，为一件事我们有不同意见，就争论起来。那个校长是个很老的干部，因为党内斗争与省委书记发生冲突被贬到我们学校，当然就不把我这样的小小语文教员看在眼里，还要摆出马列主义者、老革命的架子，引经据典把我训了一顿。偏偏我年轻气盛，也读了很多马克思、恩格斯的书，自然不服气。不服气不说，还跑到寝室拿来一大堆马克思主义经典原著，和这位校长据理力争。他当然辩不过我，下不了台，就利用权势来整我。当时我们教工团支部正在评选五好团员，本来我的呼声很高，校长一干预，自然就没有选上。这还不说，他还布置同教研室的另一位语文老师来监视我，说钱理群家庭出身反动，你们要注意他的一言一行。这位老师为人非常正直，就把这件事向我透露了。所以我直到现在都和这位老师保持良好的关系，在那样的环境中他能这样做，是很不容易的。

这是我第一次和权力者、权势发生冲突。我当然不服气，而且因为我是学新闻的，政治上很敏感，那时已是“文革”前夕了，我就觉得形势要发生变化了，可能有我这样的平民老百姓说话的机会。于是，我决定和这位当权者斗争，既然你布置人监视我，我就准备整你的“黑材料”，这位校长每次讲话，只要我觉得有问题我就记下来，我认定这样的校长尽管自认老革命，却利用权势整群众，其实是反马克思主义的。

就在我和这位校长暗中斗争的时候，学校来了一位新的党支部书记，来了没多久，就和这位校长发生了矛盾，听说我反对校长，就找我谈话，说党是理解你、支持你的。当时我真是激动万分：终于得到党的支持了！但很快我又和这个支部书记发生了冲突。我这个人的性格大概有点毛病，一辈子总是不断地与领导和权势者发生冲突。我和领导的关系一般有三部曲：第一部，总是得到领导赏识，因为我确实能力比较强，做事也认真。第二部，因为我什么事都有自己的想法，而且喜欢提意见，动不动就顶撞领导。把领导得罪了，于是必然有第三部：被领导整。我几乎逃脱不了这样一个命运。当时校党支部准备发展一位“学习毛主席著作积极分子”入党，这位老师有点假，比如他在一次学雷锋的讲用会上说，他像雷锋那样学习毛主席著作，眼睛亮了，在黑暗中都能看得很远了，其实他是个近视眼，这完全是文学的夸张，老师们都在背后当笑话说。但党支部却要发展这样的人入党，还要开会征求群众意见，谁都明白这不过是走过场。就我不知天高地厚，发言反对。我一开炮，所有的老师，包括党员都支持我，弄得支部书记很狼狈，暗地里把我恨死了，我还蒙在鼓里，以为他是支持我的。

就在这时候，文化大革命爆发了。也是凑巧，当时我因为到农村劳动，得了传染病，住在医院里，正发着高烧。我在报上看见毛主席肯定了北大聂元梓他们的大字报，号召群众起来反对“走资本主义道路的当权派”，我立刻准备写那位校长的大字报。结果我的大字报还没有贴出来，那位校长就先组织写大字报，公布我的档案材料，把我这个“国民党反动派的孝子贤孙”（因为我的家庭出身）、“漏网右派”（反右运动时我被内定为“中右”）揪了出来。而且很快发生了我在前一讲提到的那位女学生因为同情我而被迫自杀的事情。而在我被揪出来没多久，校长又被揪出来了，因为他当年得罪的省委书记也趁文化大革命之机下令再度把他打下去，和他本来有矛盾的支部书记自然也借机对他下手了。

文化大革命前和一开始发生在贵州小城的这些与我有关的事情，今天回过头来看，其实还是有某种典型意义的。它至少说明，“文革”的发生，是与当时的社会问题和党内关系的紧张相关的。我曾经说过，在讨论“文革”的时候，有一个事实是不能回避的，就是“文革”

是一场全民参加的运动，所有的人，亿万人，都卷入了，这到底是怎么回事，是必须做出解释的。在我看来，各种人从不同动机、不同目的、不同原因卷入文化大革命情况非常复杂，要做具体研究、具体分析。就我的体验，处于底层的知识分子、普通工人、农民、青年学生，卷入“文革”，是因为他们感受到当时的一些问题，触及他们的切身利益，这与上层的卷入，是不一样的。

就我所感受到的，或者说我看到的，有三大问题。一个是以家庭出身来决定一个人的社会地位、价值所造成的不平等。这一点我可以说是深有体会。你们看，无论是那位校长在“文革”前整我，还是“文革”一开始把我揪出来，都是抓住我出身不好这一条。其实在日常工作中，我也是受歧视的。举一个例子：因为我跟学生关系太好了，所以学生都要求我当班主任，我自己也很想当班主任，但就不让我当。后来我提出申请也不予理睬。到“文革”时这就成了我的一大罪状，说钱理群处心积虑要和党争夺青年，不让你当班主任你抢着当。这些事情今天都很难理解：现在是没有人愿意当班主任，而那时当班主任也是组织对你的信任，是一种权利，我这样的所谓家庭出身不好的人，是没有资格当班主任的。连谈恋爱都很困难。因为家庭出身是要连累到后代的，当时什么事情都要查三代，这种情况下，有谁愿意和我这样的父亲是国民党的高官，又跑到台湾去了的人结婚呢？一般出身不好的人都是夹着尾巴过日子，我却偏偏不安分守己，还爱闹事，人们都认为钱理群是很危险的，是一个不可接触的人。所以像我这样的人卷入文化大革命，一个重要原因，就是要反抗这样的由出身造成的社会不平等。

前面说过，我曾经和学生实行“三同”，即同吃同睡同劳动，我那个班当时有个很奇怪的名字，叫“社来社去班”。他们都是从人民公社招来的，毕业后再回到人民公社去。这些学生全部是贫下中农子女，出身都比较好，但他们却感受到另一种不平等，就是我们今天所说的城乡二元结构造成的对农民、农村人口的歧视：一个人的价值与社会地位、经济待遇，取决于你出生在什么地方：城市还是农村？所以我的这些学生，尽管家庭出身很好，但他们也卷入文化大革命，因为他们感受到另一种形态的不平等：城乡二元结构造成的差别。

还有一类人，他们喜欢独立思考，不是领导怎么讲他就相信什么，还要自己想一想。而且这样的人，能力都比较强，或许还有点狂妄，不大瞧得起基层领导，常常和领导发生冲突。而在1957年反右运动划右派就有一条标准，就是：凡反对党的基层领导，就是反对基层党组织，就是反对党，就是右派。因此，这些顶撞基层领导的人，都被看作是右派，或者有右派倾向的人。我与校长发生争论，校长敢于派人监视我，就是根据这样的逻辑。而我当时和校长辩论，还犯了一个大忌，就是我也来引经据典谈马克思主义。因为那时马克思主义也是被垄断的，解释权只属于党员领导，像我这样的小小教员怎么可以随意乱谈自己对马克思主义的理解，何况我还要引用马克思的话来反驳领导的意见？这本身就是“打着红旗反红旗”。当时类似我这样的有点独立性，因而被基层领导视为异端或不好管教的人，是很多的，几乎各单位都有，他们平时受到不同程度的压抑，经常被领导“穿小鞋”，“文革”一来，他们的卷入，几乎是必然的。当然，更多的是被“逼上梁山”的：“文革”开始，被领导揪了出来，打成“反革命”，就只能铤而走险，也起来“造反”。

第一次当“右派”，以及第一次获得“解放”

因此，我们这些人在“文革”一开始，是作为领导眼中的“右派”被揪斗的。而这正是文化大革命初期某些人的思想：他们试图将文化大革命理解成一场新的“反右运动”。毛泽东却认为这是“干扰了运动的大方向”，因为毛泽东发动文化大革命的目标是要整“各级党组织的走资本主义道路的当权派”，要解决“大大小小的赫鲁晓夫”的问题。于是，就有了毛泽东的那张著名的大字报：“在五十多天里，从中央到地方的某些领导同志，却反其道而行之，站在反动的资产阶级立场上，实行资产阶级专政，将无产阶级轰轰烈烈的文化大革命运动打下去，颠倒是非，混淆黑白，围剿革命派，压制不同意见，实行白色恐怖，自以为得意，长资产阶级威风，灭无产阶级的志气，又何其毒也！”今天看来，毛泽东写这张大字报的目的，显然是要发动群众，特别是受压制的多少有些反抗思想的基层群众，即他命名的“革命派”，来冲击他所认为的“资产阶级司令部”。但传达到并不知道斗争背景的基层，就有了完全不同的理解。因此，我对毛泽东的大字报的第一个直觉反应是，我获得了一次解放！后来，我也果真获得了“平反”，从“反革命”变成了“革命群众”，获得了参加“革命群众组织”的权利。随后开展的对“资产阶级反动路线”的批判，特别是对“驯服工具论”的批判，“造反有理”及“真理有时掌握在少数人手里”等理念的强调，对我来说，是对自己长期以来心存疑惑的许多问题的一个解答。大概是 1966 年 11 月、12 月，由于对“资产阶级反动路线”的批判，地方各级党组织全面瘫痪。

这都是历史当场的感觉与感受。今天回过头来看，自然会有新的反省与反思。

第二次被逐出“革命队伍”，第二次“解放”

到 1967 年 1 月，毛泽东以上海的所谓“一月革命”为样板，在全国发动了全面的“夺权”斗争，到了贵州安顺这样的基层，就变成了“夺公章”的闹剧。而实际上，是将文化大革命引入“全面内战”。我在《话说周氏兄弟——北大演讲录之一》里，有过这样的描述：“群众中分裂成各种派别，各派打得你死我活，目的就是夺权，就是争夺那个公章。每一个人的利益都跟权力联系在一起，这是文化大革命的一个特点。你这一派掌权了，你就是‘主人’的一分子，可以享受各种权利；你这一派的对立面掌了权，你就是‘奴隶’，随时都有可能被‘专政’的铁拳剥夺一切权利。这是非常具体、非常现实的，关系着每一个人的切身利益，无法保持中立的立场，每一个人的眼睛都红了，全盯着这个‘权’。这样，就形成了一个根深蒂固的观念：有权就有一切，没有权就没有一切。这种权力崇拜经过文化大革命这样一种全国范围的夺权斗争，可以说已经渗入到不同程度卷入文化大革命潮流中的中国人灵魂深处，并且遗传到了后代。‘文革’在思想上对中国人民毒害最深，而且至今还在影响着人们思想与行动的，有两个观念。一个是这个‘有权就有一切’，还有一个是‘只要目的是崇高的，就可以无所不为’，不择手段，什么都可以做。这已经成为中国国民根深蒂固的‘集体无意识’。”

正是在这样的全面“夺权”的背景下，北京发生了众多老革命家“大闹怀仁堂”，当时称作“二月逆流”事件。按今天的说法，这是党的高层围绕文化大革命的合法性展开的一场斗争。在一些基层则是继“文革”初期之后，第二次在群众中抓“反革命”，搞新一轮的“反右运动”，对前一段起来批判“资产阶级反动路线”的造反派进行报复。我所参加的群众组织就这样被宣布为“反革命组织”，头头被抓，而且很快影响到我自己：对立面的群众组织突然宣布对我的“平反”无效，他们抛出了一直保留着的我的“反革命罪证”，主要是我写的一些所谓“黑诗”，其中一首是写我的一个奇思异想：如果能够“一筋斗翻到西雅图”，到地球那一边的美国去玩玩，多有趣！批判者则说，这是我的“企图投靠美帝国主义”的“狼子野心”的大暴露。这样的批判，在当时是很有说服力的：因为在“文革”中美国是被视为“天字第一号敌人”的，我居然想（哪怕仅是想象）到美国去，这自然是反动透顶，我自己都觉得难以辩解。——其实在60年代，我还有一个到欧洲旅行的“梦想”，幸亏我没有公开宣扬，否则就更是“反动透顶”了。我的欧洲梦直到退休后，也就是四十年后才得以实现；而在当时，我却要为自己的美国旅游梦付出代价：第二次被逐出“革命队伍”，被剥夺了刚刚得到的一切权利，重新成为“专政”的对象。

随着当时对所谓“二月逆流”的批判与反击，117号文件发布，为第二次被打成“反革命”的平反。这样我就第二次获得了“解放”。

第三次成为“反革命”，并再也不被“解放”

在所谓“一月革命”的夺权斗争中，有过一个新的权力机构的名称之争，最初准备称作“公社”，毛泽东认为夺权后的机构还是叫革命委员会，由“革命领导干部”、“部队代表”与“群众组织代表”三结合组成。而在我们这样的刚刚获得某种解放的人的感觉中，这就是要恢复旧秩序、旧体制，当然要反抗。于是，我们就成了革命委员会的反对派。而贵州是全国最早成立革命委员会的省份之一。我们还要继续反抗，就被视为“反对红色政权”的“新生反革命”，就要对我们行使“无产阶级专政”。于是，我也就第三次饱受专政之苦，而且不再被“解放”了。除了运用专政机构对我们实行监控之外，还组织所谓“文攻武卫”的“群众专政部”：利用拥护“红色政权”的知识分子，用“批判的武器”对我们进行“文攻”；又发动工人农民实行“武卫”（“武装保卫红色政权”），对我们这些反对派进行“武器的批判”，行使镇压之权。

终生难忘的“逃亡”

而且我自己也终于没有逃脱。大概是1968年，学校搞清查运动，这时候工人宣传队与军人宣传队都已经进驻学校，主掌大权——这也是毛泽东利用军队和工人来控制被他放出来，却已经不再驯服的学生的一个手段。清查运动一开始，工宣队和军宣队就宣布，学校有两股反动势力，一股是反红色政权，另一股就是前面说的“社来社去”班学生的造反，而这两股潮流都跟钱理群有关，他是总后台。这两拨学生确实得到了我的支持，这回我就在劫难逃了。按当时的形势分析，我很可能要被捕，于是我决定铤而走险，逃到南京的家里，去看看老母亲，哪怕是看了一眼再被抓也好。

这是我终生难忘的“逃亡”经历：那是极其可怕的，是超乎一般人的想象的。

我先是坐火车逃到贵阳，本来准备坐飞机直接去北京，这样就可以最快地逃脱追捕。但当时买飞机票、住宿都要有单位证明。我预先准备了一份假证明，这也是一个学生帮我制作的。但我这样的知识分子，第一次用假证件，就紧张得不得了，那位售票员只看了我一眼，我就吓坏了，以为被他看出破绽，连忙逃跑。旅馆也不敢住了，贵阳火车站也不敢上，就跑到贵阳南站，在旁边的石头山上去露宿了一晚。那真是难熬的一夜，真没想到自己这样一个有理想有抱负的年轻人（当时我只有二十九岁），竟然成了一个逃亡者，在这个社会无容身之地，实在是活不下去了，但一想到我一切都还没有开始，连恋爱都没有经历过，就这么死了，实在于心不甘，我不能自杀，就决定到北京去告状，当时还是寄希望于毛主席的。

问题是如何尽快离开贵阳：我估计学校已经发现了我的逃亡，一定要派人到贵阳来抓我。而当时贵阳要上火车的人太多，根本挤不上去。情急之中，我决定学习《铁道游击队》里的游击队员，在火车开动的瞬间，跳了上去，紧扒着车门外的手把，整个身子都贴在上面。当时有很多人都这样扒火车，所以车站上的人也不管。但这是非常危险的，特别是过山洞时，空间突然变得非常狭窄，而且浓烟倒流，憋气得很，过一回山洞，全身都熏黑了。而贵州的山洞又特别多。而且长久地挂在车厢门外，稍有不慎，或支持不住，一松手就完了。后来车厢里的人看我实在太可怜了，就把门打开让我挤进去。坐下来，问身边的人：你干什么的？他说：我是省公安厅的干部，又把我吓了一大跳：会不会是来抓我的？真的成了一个惊弓之鸟了。车到了桂林，不敢再坐下去了，就跳出来。和在车上认识的一个流浪儿童混在一起。当时社会秩序十分混乱，车上、车站上什么人都有，我认识的这个流浪儿童，其父母好像也是广州军区的什么干部，文化大革命被关了起来，他就到处流浪，自然比我有经验，反过来照顾我。

后来我还是设法买了上北京的火车票。但没想到火车到了郑州，突然停下来，上来了一群戴着钢盔的“文攻武卫”队员，说是要检查证件。这又把我吓坏了，我什么证件也没有哇，检查到我身上就完了，单是铁棍一阵乱打，我就受不了了。但我又不能有任何动作，只能听天由命了。但是奇怪，他们在离我还有一两个位置的地方，突然不查了，下车走了。我当时心里想：真是天助我也！——人处于完全无助的情况下，真的只有相信命运了。

我好不容易逃到我大哥那里，却把他吓了一跳，因为他当时是“反动学术权威”，也在被审查，家里还住着一个监视他的人。我这一去正是自投罗网，马上就被关起来，然后打电话给学校，学校就派来了两个学生，把我押送回去。押送的是一个“要犯”，在武汉要换火车，找旅馆，都不肯收留，只能蹲在火车站里。今天提到武汉，我就想起当年做被押解的犯人的滋味，有一种莫名的恐惧感，这是很难形容的。

后来车到了柳州，正赶上广西两派武斗，上面子弹飞舞，我们就扒在车厢的地板上，随时都有流弹穿窗打进来的危险，那又是一番恐惧。

一路押着，押到贵州。一下车，全校“革命师生”都在那里等着，不由分说，戴上“117黑参谋”的大牌子，走遍安顺大街小巷，一路游斗。然后万人大会批斗。批斗完了就把我关在地下室里，半夜里忽然被叫起来，电筒光一阵猛照，真把我吓死了，以为要枪毙了。后来才知道这是神经战，就是要制造恐惧。最后由于形势变了（“文革”中的“形势”是瞬息万变的），大概是强调要“落实政策”吧，于是又把我放了。

那样一种恐惧感，真正是刻骨铭心，成为我最重要的生命体验。或许正是这样生命的体验，决定了我今天的基本价值立场。但这样的“红色恐怖”并没有压倒我，反而更坚定了我的反抗意志。尽管一直处在严密的监控下，几乎成了一个“不可接触的人”，但我仍然参加了许多“地下活动”，这里又有很多“故事”，因为时间关系，就不多说了。就说说我的又一次“死里逃生”吧。

死里逃生

当时“红色政权”对我们这些反对派，实行“围剿”政策。最后把我们逼到了一个工厂，这个厂的周围都是山，山上由全副武装的“群众专政队”控制着——现在，他们所有的已经不是原先的铁棍，而是由军分区发放的机关枪。当时我参加了宣传队，要到被包围的车间去演出，经过一片开阔地，只见子弹横飞，我们那时也不知道害怕，一阵猛跑，就冲过去了。又有一次，我亲眼看见一个路过工厂的人，要从封锁线过，我劝他不要走，他说有急事，非从那里过，结果就中弹倒下了，我冲过去把他救回来，他因为流血过多，终于死在我的怀里，我全身的衣服以至内衣全都被他的鲜血浸透了。

这是我第一次闻到血腥味，第一次面对无辜者的死亡。这也给我留下了刻骨铭心的记忆。我在许多文章中，都反复谈到“血的历史教训”，就是和这样的“血的记忆”连在一起的。我之所以不能容忍对无辜者生命的剥夺，不管用了什么名义，就是因为我曾经直接面对无辜者的死亡，任何为杀害无辜者的行径辩解的说辞，我都从中嗅到了血腥味。

而当时我们这些“红色政权”的反对派的处境却十分险恶：封锁圈越来越紧，有消息说，很快就要全面清剿我们困居其中的工厂，我们只得连夜逃跑。

那夜，正下着暴雨。我们就在夜色和风雨声的掩护下，从严密把守的两山之间，悄然无声地偷越而过。这是非常惊险的一幕。——我一生经历了不少险情，这恐怕是最危险的一次。同学们听起来可能会觉得像是看惊险电影或电视，但我们当时都有命悬一线的感觉，而且非常地狼狈。一出门我的鞋就掉了，而且完全不习惯于走泥泞路，走一步滑一步，还是一位青年工人把他的鞋脱下，让我穿上，我至今还感激这位似乎是姓沈的师傅，当时我们都在一个宣传队里。在患难中我结识了不少工人朋友，以及其他阶层的朋友，和下层社会的三教九流都有接触，这或许对我以后的价值立场也有些影响。

我们逃到哪里去呢？正好当时部队换防，来了一支原来驻云南的野战部队，或许是党内、军内斗争的缘故，他们到贵州来，就支持我们这些反对派。我们当晚就撤退到部队的营地里，得到了保护。后来听说曾有满满一车“文攻武卫”队员到我所在的学校捉拿我，幸亏我躲在兵营，才幸免于难。

我到了兵营不久，就写了一首诗。诗云：“千炮轰，万弹穿，水泡血浸烈火炼，一个个比钢硬，比铁坚，顶天立地堂堂英雄汉。一身单衣，一本宝书，无牵无挂，任围追堵截，任血腥屠杀，老子只有一句话：为保卫毛主席，献出这一百多斤又算个啥？”这里讲“千炮”、“万弹”自然是文学的夸张，而“老子”云云，则是典型的“文革”语言，但弹穿、水泡、血浸、烈火炼却是真实的。而经过这样一些磨炼，得出的结论却是用生命“保卫毛主席”，尽管这也是真诚的，却包含了应该吸取的某些教训。

精神的迷误

像我这样的人，参加造反派，有“逼上梁山”的成分，因为在保守派的眼里，我永远是“反革命”，只有造反派才同情、支持我，为我平反；同时，在参加造反的过程中，我获得了精神的“解放”。但这样的“解放”却是极其有限的，而且从一开始就是扭曲的。

这就说到了文化大革命中的“造反”的另一个方面的问题：这样的底层反抗感情里有很强的狂热和盲目的成分，是一种非理性的本能的反抗，因而很容易被利用、被误导，走向歧途。

坦白地说，我是到文化大革命结束以后，才觉悟到这一点的。我当时读鲁迅的著作，看到他在一篇题为《杂忆》的文章里，提到“中国人所蕴蓄的怨愤已经够多了，自然是受强者的蹂躏所致。但他们却不很向强者反抗，而反在弱者身上发泄，兵和匪不相争，无枪的百姓却并受兵匪之苦，就是最近便的证据。再露骨地说，怕还可以证明这些人的卑怯。卑怯的人，即使有万丈的愤火，除弱草之外，又能烧掉什么呢？”读到这里，我真的出了一身冷汗：“文革”中的造反，在某种意义上，不就是这样的“卑怯”的“反抗”么？我们曾受到压抑，心中郁积着“怨愤”，“文革”给我们提供了一个发泄的机会，但我们这“万丈怒火”，“除弱草之外”，又真的“烧掉了什么呢”？问题在于，在底层百姓和知识分子受到“强者的蹂躏”而产生的“怨愤”里，除了“愤怒”，还蕴含着“怨毒”，前者可以引发出正大光明的反抗，而后者却是一股邪气，很容易被利用，引发出疯狂的破坏。因此，鲁迅提醒“点火的青年”：“对于群众，在引起他们的公愤之余，还须设法注入深沉的勇气，当鼓励他们的感情的时候，还许竭力启发明白的理性。”

“文革”中有一个盛行的口号：“把颠倒的历史颠倒过来。”这也是文化大革命发动者的一个追求与目标。他的理论根据是“卑贱者最聪明，高贵者最愚蠢”。本来，强调“卑贱者聪明”，对打破鄙视卑贱者的传统观念，破除迷信，增强底层民众的自信，是有合理性的，并且很容易在身受等级体制压抑的底层社会引起共鸣，在“文革”中自然就起到了动员他们起来造反的作用。但“高贵者最愚蠢”的命题的同时提出，就意味着将“卑贱者”与“高贵者”绝对对立起来，并引申出一系列的对抗：“学问多的人”和“文化缺少者”，“社会地位高的”和“社会地位低的”，“大知识分子”和“小知识分子”，“大人物”和“小人物”，“老古董”和“年轻人”，等等（以上引语均见毛泽东著作，在“文革”中广泛流传），将二者绝对对立，而且赋予阶级对抗的意义，不但在价值取向上绝对倾向后者，贬抑前者，而且号召后者起来打倒前者，“将颠倒的历史颠倒过来”。这样，就将底层因受压抑的不满引向反知识、反文化、反知识分子的歧途，文化大革命中的许多暴行，就是在“把颠倒的历史再颠倒过来”的旗帜下发生的。

从另一个角度看，“文革”只是一个“罢官运动”，也没有进行任何制度建设。因此，建立起来的“红色政权”，必然是一个新的官僚机构，造反派进入这个体制，成为掌权者，其自身的官僚化与腐败，蜕变为“新贵”，几乎是必然的。而且在普通老百姓的眼中，这样的靠“文革”造反爬上去的“新贵”更坏，因为他们是从底层陡然进入上层的“暴发户”，所谓“得志便猖狂”，是更加残暴、更加贪婪、更加不得人心的。

在这个意义上，像我这样的始终处于被压制的、边缘地位的造反者，是幸运的：我可以始终保持底层的、民间的独立观察与思考。

“民间思想村落”困惑中的艰难探索

这样的独立观察、思考与探索，发生在“文革”的后期，特别是林彪事件之后。林彪是毛泽东的接班人，而且是载入了党章的，突然之间“接班人”成了“叛徒”，于是，“文革”中制造的许多神话，都轰毁了，我们不能不产生怀疑，重新思考一切。正像有些学者指出的，我自己也写文章说过，在全国范围内就出现了许多“民间思想村落”，以青年学生为主体的小团体，用今天的话来说，就是各种“沙龙”散布各地。在我的周围，也慢慢地聚集了一批年轻人。最近其中一位成员，写了文章，有这样的回忆——“在我们这个小城的西面，在距市区不远的滇黔公路边，有一条小路。小路穿过一片采石场，在一条狭长山洼的田野里蜿蜒。路的尽头，是所学校：安顺地区师范学校。学校位于一片隆起的坡地上，旁边有座水库，依山傍水，是个读书的好环境。”

当时我就在这所师范学校里教书。前不久我回到小城，故地重游，确实感慨万分。当年的种种情景，都一一重现。正像回忆中所说——“有段时间，我们这一小群人——工人、职员、代课教师，以及没有找到工作的零工，男男女女十来个，几乎每周一次，要到那小屋里去聚会。我们常常沿着山洼里的那条小路，翻上几道高而陡的土埂，带着自备的干粮或采办的蔬菜，在那小屋里待上整整一天。由于小屋的主人不擅烹调，我们必须为他（当然主要是为自己）帮办伙食。有时为了省事，就有自告奋勇的朋友，骑着车，专门跑到火车站的站台上，去买上一大包不要粮票的烧饼，然后就着一大锅烧好的菜汤，一屋子人一边嚷嚷着，争论着什么，一边就啃着手中的干饼。以致后来为这小屋的主人送别时，我还在一首不伦不类的诗里写下这样的句子：'更难忘，娄山湖畔，登吟《井冈》（指一个雪天的早晨，我们一伙人爬上附近的山冈，齐声朗诵毛泽东的《井冈山》）；陋室聚首，鲁迅文章；朝来暮往，笑语喧堂。遥望共产主义理想，眼前烧饼与清汤……'

"是的，我们在这里，谈马克思，谈巴黎公社，谈那些在传抄中见到的手稿；当然我们也谈文学，谈鲁迅。有段时间，小屋的主人还接连数次给我们讲《野草》，讲《故事新编》。还讲过一次莫里哀的喜剧。（因为莫里哀的喜剧是'资产阶级的'，不能公开讲，就只好秘密地讲，找个隐蔽的地方，大家分散地偷偷溜去听讲，就像电影里的地下工作者。）有时，为了不太招人耳目，我们干脆到外面，沿着傍湖小路，找个清静的地方席地而坐；或者干脆爬上临近的小山，在那远避尘俗的地方，讨论一些敏感的政治问题。除此之外，我们也有轻松活泼的时候，猜谜、打鸟、野游、朗诵，以至什么'碰灯笼'之类的游戏等等。至今我仍记得的，是在毛泽东去世以后，有那么一个夜晚，在依次朗诵了郭小川的诗、卢森堡的《狱中书简》等等之后，主人余兴未尽，竟找出一封朋友的来信中抄录的文章片断，当众朗诵起来。那苍劲浑重的男中音，从那厚实的胸膛里发出来，伴着信中慷慨激昂的情绪，极富感染力地落在我们心上，悄悄地拨动着每个人的心弦，翻涌起阵阵难以平静的心潮……"

在回忆中还谈到了我在这些青年朋友中的印象——"那时的钱师（这是年轻朋友对我的共同称谓），正处在政治和文艺的纠缠与彷徨中。一方面，他无法脱离现实，无法不被生活中那些与政治、与思想关联度极大的问题所吸引；另一方面，他又不能忘情于他的文学研究，尤其是他的鲁迅研究。因此，常陷入一种‘两条战线作战’的困惑和苦恼。谈政治的朋友来了，他与他们谈政治；搞文艺的朋友来了，他又与他们谈文学，谈创作；若遇有两种朋友在场，那话题就相当缤纷了。好在他精力充沛，目光敏锐，一只眼睛总是将文学盯得好好的。但凡文艺界有什么动向，出现了哪些新人新作，总逃不过他的眼睛，并经常向我们推荐他的发现。记得刚刚显露头角的几个作家，如克非、陈忠实、蒋子龙等，都曾受到他的推重。有意思的是，钱师当年的这种双边演串，过后竟也给他的治学留下烙印，形成他独以思想分析见长的学术风格，足见当年经历的影响。”（以上回忆见篮子：《剪不断的思恋》、《奔突的地火——一个思想漂流者的精神历程》）

这一群人，聚集起来干什么呢？从前面引述的回忆可以看出，这一群人中，只有我一个人是大学生，其余都只受过中学、小学的教育，但都喜欢读书，有极强的求知欲；就其身份而言，只有我一个人是中专教师，其余都是工人、代课老师、待业的零工，是真正的底层的边缘人，“身无分文”，却“心忧天下”，有极强的社会关怀和承担意识，这是典型的“文革”时代所培育出来的一代理想主义者，也可以依稀看见“青年毛泽东”的影响（“身无分文，心忧天下”一语即来自青年毛泽东）。尽管面临着林彪事件引发的思想困惑和混乱，却依然坚持“共产主义理想”，以更大的激情与责任感，来讨论“中国向何处去，世界向何处去”，并且有了这样的自觉：这是保留下来的当时的一封通信里的一段话——“中国人民无疑等待着一个巨大而翻天覆地的变革。他们都对那些曾经是非常‘神圣’的油彩已经感到失望，进而……我想这样的变革，是需要我们来推动的。领导亿万人民群众来创造他们自己的历史，而掀起一个波澜壮阔的运动，这需要一个指导思想的理论，我们做的还不够，我们所拥有的还远远赶不上这种革命的需要。我们要学习，学习，再学习！学习所有人的经验，学习马恩列斯毛的经典著作，我们要吸取新的知识！新的力量！给马克思主义以活的灵魂。这是我们的任务，这个任务太重大了！它需要我们——若干有着远大抱负的人去合力完成！”（《野崖致箭飞书》）

这段话表明，当时已经到了“文革”的后期，我们这些人已经意识到中国将发生“巨大而翻天覆地的变革”。尽管当时谁也无法预计将会发生什么，但“对那些曾经是非常‘神圣’的油彩已经感到失望”，已经不能再按“文革”的路走下去，必定要有一个新的思想与社会运动，寻找新的出路，却是大家的一个共识。不但敏感到将要发生的巨大的变革，而且觉得我们这些人有责任推动这个变革，首先要做的就是为变革做思想准备，铸造新的理论武器。这就需要重新学习，“吸取新的知识，新的力量”。“民间思想村落”就这样应运而生。

问题是到哪里去“吸取新的知识，新的力量”？

就在这个问题上，我们这座小城的“民间思想者”里，出现了两种不同的选择，并且引发了不同的争论。一些朋友把他们的目光转向“启蒙时代以来形成的西方自由、民主、人权思潮”，而我们这批人则“沿着马克思、列宁的思想踪迹，追溯从巴黎公社到十月革命的历史，由此进入国际共产主义运动的视域”，“进而深入下去，进一步接触到伯恩斯坦、考茨基，以及托洛茨基、布哈林、卢森堡……”这些所谓“修正主义思潮”。——正像一位朋友在他的回忆录里所说，这其实是预伏着以后中国知识界的不同路向的：前者逐步“通向现代西方宪政民主的自由之路”，后者则走向了“社会民主主义”之路（参看篮子：《奔突的地火——一个思想漂流者的精神历程》）。不过这已经是后话。

而我们这些到马克思、列宁那里去寻找思想资源的民间思想者，当时所面临的首要问题是，要打破对马克思主义的垄断，获得独立研究、思考，重新检验、判断一切的权利，发展马克思主义，创造新的思想理论的权利。于是，就有了前引回忆中提到的毛泽东去世以后的一封通信里的这段话——“我们这一代革命青年将遇到许多问题，是马克思、列宁所没有实践过的。可以肯定，这一代革命者，不但负有进行革命实践的任务，也有发展马克思主义理论的光荣任务。这不是狂妄，每一个青年，只要他愿意自己成为无产阶级革命事业的战士，就要敢于想，应该想，这是唯一的科学态度。

“要用自己的眼光来检验一切。只能肯定正确的、合符今天阶级斗争情况的经验和理论，而一定要否定那些已经被发展着的历史抛到后面去的东西。

“我们要一面清除那些废墟上的破砖烂瓦，把前人留下来的东西一一加以审查，一面把那些能够为我们所用的武器、工具收集起来，加以改造。有人会说我们对废墟清除得太厉害了，对前人留下来的成果改革得太多了，他们是现状的既得利益者；另一些人从一开始就会指责不应该对继承下来的现状有所保留，他们要全盘否定前辈流血流汗留下来的所有成果，他们想在这块土地上建设的原来是更加守旧、更加落后的丑陋建筑。无论如何，我们新的战斗生活就是在这种种人的叫骂的喧嚣声中开始的。”

这篇通信还理直气壮地为“非正统”与“不满现状”辩护——“能够继承事业的，历来不能百分之百的‘正统’。历史一再证明，号称‘正统派’的，又吓人，又可怜，拉大旗，作虎皮，其实马克思主义活的灵魂早就丢得精光，只剩下词句。

“不满有两种：一种是希望回到过去，一种是希望创造更好的未来。如果对一切都满足了，那么，还搞什么革命呢？查一查人类历史，‘不满现状’不也是一种伟大的动力吗？”（晓明：《我们这一代的历史使命》）

那一夜，或许正是这样的公开宣示对现状的不满，敢于向“正统”挑战的气势，让我们这群人怦然心动。

这其实也是一个很好的自我命名：永远“不满足现状”的批判者，非正统的民间的马克思主义者。

这样的民间马克思主义者是出现在这样的背景下的：一方面，马克思主义成了国家意识形态，一切非马克思主义的思想，都被宣布为“封（建主义）、资（本主义）、修（正主义）”而予以取缔，而对马克思主义的理解又是极其狭窄的，马克思主义的其他流派则一律被视为“修正主义”而予以根本否定，马克思主义的创始人马克思、恩格斯的原著事实上被束之高阁。更重要的是，由于马克思主义成了国家意识形态，对它的解释与发展就成了一种权力，而且为一部分人所垄断。我与校长在对马克思著作理解上发生分歧，竟被安上“打着红旗反红旗”的罪名，原因即在我对解释权的僭越；而发展马克思主义更是少数领袖的特权，任何人都不能问津。在这样的情势下，我们这批无权无势的民间思想者，要读马克思主义原著，要研究马克思主义的其他流派的思想，宣布要“重新审视”已有的一切，并要自觉担当发展马克思主义的历史使命：这都必然被视为叛逆，是反马克思主义、反党，甚至是反革命的行为。后来我们才知道，我们这群人一开始聚集在一起，就处于当地公安部门的严密监控下，事实上当时在全国其他地方的类似组织有的就被宣布为“反革命小集团”，其骨干甚至被处以极刑，这样的结果我们是清楚的，也可以说，我们是冒着生命的危险作出“民间马克思主义者”的选择的。

另一方面，由于“文革”的失败，在民间思想者中日益增长着对现状与理论的怀疑，在这样的情况下，我们仍然坚持对马克思主义的信念，坚持毛泽东的“无产阶级专政条件下的继续革命理论”，又显得比较保守，不合时宜。所以，如前引通信中所说，我们当时即意识到必须两面作战：既要反对垄断马克思主义者，又要警惕对马克思主义和革命历史的全盘否定。

这就说到了我们和小城里的另外一些民间思想者的分歧。这主要集中在对文化大革命的认识上。那些深受西方自由、民主、人道主义思想影响的朋友，自然着重于对“文革”的非人道、反人权方面的批判，他们因此对“文革”持全盘否定的态度。而我们对“文革”的态度则比较复杂，我们也是“文革”中被压抑、迫害的对象，对“文革”中的反人道行为，我们自己就深有体会，但我们却把它视为“过分行为”，是“革命过程中必须付出的代价”。对此，我后来有过一个反省，在一篇文章里，这样写道：自己直到80年代才对“文革反人道、反文化”的本质，“有了更深切的认识，所谓‘代价论’就发生了根本的动摇，并因为自己曾以‘代价论’容忍了文革中的许多暴行而陷入深深的自责中”（《关于文革记忆与研究的通信》）。这样的自责，不仅是为我自己认识上的局限，更是为这样的局限，还影响了我周围的年轻人，这是我一直深感内疚的。

这也就决定了我们对当时中国现实政治的态度：一方面，我们对以“四人帮”为代表的“文革新贵”极度反感，在前引通信中，就有这样一段话：“在（革命）发展中，免不了鱼目混珠，泥沙俱下。除非革命不再发展，才可能使野心家和阴谋家长久地占据领导地位。运动越深入，革命越发展，就越没有他们的地位。正如毛主席曾经指出的那样，在中国，这类人不可能长久，也不得安宁。”但另一方面，我们对被打倒的也心存警戒。

因此，我们认为，要解决中国的问题，关键是要建立“无产阶级民主制”。我们当时主要的思想资源是列宁的后期思想。为此，通读了列宁1916年末至1923年几乎全部著作，作了详尽的摘录，准备系统地进行“过渡时期的政治与经济问题”的研究，而首先讨论的是过渡时期的国家形式——无产阶级专政的“科学含义”问题。在《过渡时期无产阶级革命的几个理论问题——列宁后期思想探讨之一》一文里，我们反复强调一个意思："人们常常喜欢把专政和民主对立起来，以为专政与民主是互相排斥的，专政的确立就是对于民主的否定。这是大错特错了。其实，专政与民主，这是对立的统一，专政本身就包含着民主"，"所谓无产阶级专政，就是对于无产阶级的最充分的民主。人们说的无产阶级专政，就是说的无产阶级民主。专政是相对于敌对阶级而言。如果无产阶级专政不同时就是无产阶级民主，那么，这个专政就不是（属于）无产阶级的，而只是（属于）一小部分人的。民主也只是一小部分人的民主"。

而我们当时所理解、所追求与向往的民主，是马克思、恩格斯、列宁所总结的巴黎公社民主三原则："废除常备军"、"实行全面普选"、"废除高薪制"。在一篇题为《马列主义国家原理学习——兼评苏联社会主义》的文章里，这样强调："国家力量的加强，并不意味着官僚机构的重叠繁复，专政不是专制，民主集中也不等于民主集权。"因此，我们对列宁后期以"改造国家机器的职能，促成官僚机构逐渐消亡"为核心的国家学说，感到极大的兴趣，在文章里一再引述：要"使所有的政权机构，从驾于社会之上的主人变成为社会服务的公仆"，"在社会主义社会里，由工人代表组成的'某种类似议会的东西'，当然会制订条例和监督'机构'的'行政'，可是这机构绝不是'官僚的'机构"，"为了防止这些人变成官僚，就会采取马克思和恩格斯详细分析过的办法：1. 不但实行选举制度，而且随时可以撤换；2. 薪金不得高于工人的工资；3. 立刻转到使所有的人都来执行监督和检察职能，使所有的人暂时都变成'官僚'，因而使任何人都不可能成为'官僚'"。

我们当时心目中的"无产阶级民主"，是高于所谓"资产阶级民主"的，这样的几乎是先天的优越感或许妨碍了我们以更开阔的视野、更开放的心态去吸取、接受人类文明发展的一切成果，形成了某种局限。

更重要的是，我们依然没有从“无产阶级专政”的思维中跳出来，我们所期待的只是“无产阶级专政”前提与条件下的“民主”。正像我在为当年的年轻朋友写的一篇书序里所说的：“那时候，不用说突破，连思想上任何一点小小的推进，都要经过痛苦的思想斗争与激烈的争论。这种半是奴隶、半是挣扎的思考，是今天的年轻的读者所难以理解的。他们看到我们当年的手稿，定会觉得陈旧而新意无多；作为当事人，只能报以苦笑：路就是这样一步一步走过来的，最初哪怕很小的一步，也是艰难的。”

我对“文革”后期的“民间思想村落”还作了这样的评价：“从根底上说，这是一群‘非知识分子’（或谓‘明天的知识分子’）（像我们小组的成员，除我一人之外，都是才读过小学与中学的‘半大孩子’），在肩负时代已经提出的先进知识分子应当承担的‘为社会大变动熔铸理论武器’的任务。在知识分子被迫整体性缺席的情况下，这些文化水平不高的年轻人毅然挑起重任，以体制外的民间独立思考开启了思想解放运动的先河，这无论如何是具有思想史的意义的。但提出的理论任务本身与担当者的实际理论能力的巨大反差，也同时决定了文革后期的这一次‘民间思想村落’的思考，‘只能是一种不足月的精神分娩，一次走不到头的思想漂流’，‘他们思考的精神价值远远超过价值意义’。”（《篮子著〈山崖上的守望〉序》）——这样的评价自然也是适用于我们那个小集体的。

对我个人来说，这一段经历也是非常重要的。如果说我有什么理论的根底的话，那就是我在“文革”中在马克思主义经典原著的阅读、研究上下过一点工夫，而且我们当时是为了寻找批判现实的理论武器去研究马克思主义的，因此，马克思主义在我心目中，永远是一种批判性、革命性的学说。我至今还记得，我在读恩格斯的《路德维希·费尔巴哈和德国古典哲学的终结》时，所受到的灵魂的震撼。恩格斯是这样说的："辩证哲学推翻了一切关于最终绝对真理和与之相应的人类最终绝对状态的想法。在它面前不存在任何最终的、绝对的、神圣的东西；它指出所有一切事物的暂时性；在它面前，除了发生和消灭，无止境地由低级上升到高级的不断的过程，什么都不存在。它本身也不过是这一过程在思维着的头脑中的反映而已。诚然，它也有保守的方面：它承认认识和社会的每一个阶段对自己的时间和条件来说都有存在的理由，但也不过如此而已。这种看法的保守性是相对的，它的革命性是绝对的——这就是辩证哲学所承认的唯一绝对的东西。"这样的彻底的批判精神，在我看来，是与鲁迅精神相通的：如前所说，"文革"期间，鲁迅著作正是我阅读与研究的另一个重点，鲁迅对"精神界战士"和"永远的革命者"的召唤，对于我，也同样是刻骨铭心的。这几乎注定了我后半生的人生选择与学术道路。在我的第一部学术著作《心灵的探寻》里即引述了恩格斯的这段话，作为我对鲁迅思想的一种理解，这当然不是偶然的。

"文革"后期的这段"民间思想村落"的批判性思考，对我的精神气质的影响，也许是更为深刻而重要的。记得当时我曾确定了自己的"三个座右铭"：一是鲁迅引用的屈原的话："路漫漫其修远兮，吾将上下而求索"；二是鲁迅在《庆祝沪宁克复的那一边》（这是"文革"期间发现的鲁迅的佚文）里的话："永远进击"；三是"文革"中盛传的毛泽东的话："在命运面前碰得头破血流也在所不惜。"这同样也决定了我后半生的生命选择与生命存在方式。

终于走上了学者的道路

"文革"终于结束了，改革开放的"新时期"开始了。它既是我们所预感的社会大变动，却又与我们的设想、期待不完全相同——我们毕竟只是底层的民间思想者，对于历史发展的大局，始终是无能为力的。但我们这批民间思想村落的朋友仍决定投身进去。但在用什么方式参与问题上，却发生了分歧。一部分人主张进入体制内推动自上而下的改革；有的则坚持在体制外的民间立场，推动自下而上的改革。这其实是反映了我们对中国改革运动的一个设想的：它应该有自上而下与自下而上的双重推动，以形成国家与民间的相互支持又相互制约的良性互动。但具体到我们这批人的选择，即我们应当将自己的主要精力投身到哪里，就发生了激烈的争论，最后争到我这里，叫我表态。那时我已经考上了北大研究生，自己也处于极度矛盾中。我这个人，由于“文革”的教训，对当权者始终心怀疑虑，我认为中国的希望，仍然是而且只能在民间，在人民之中，在真正站在人民立场上，无私地、勇敢地探索中国未来道路的战士身上。当然，我也深知，这些“战士”是复杂的，难免泥沙俱下，鱼目混珠：这也是“文革”的经验告诉我们的。但我强调，不能因为预见到他们未来的分化而对他们采取指手画脚的态度，唯一的正确态度是与他们并肩战斗，在斗争中结识真正的战友。也就是说，在我看来，我们这样的人，如果将自己的立场坚持到底的话，必然要走支持民间社会这条路。

但是，“文革”的另一方面的教训，却使我对政治本身产生疑惧，在这方面，鲁迅的《文艺和政治的歧途》给了我很深的影响；后来我在《心灵的探寻》里，大谈政治家与思想者的不同逻辑，正是我在“文革”后期与“文革”后一直思考的问题。就我个人气质而言，既有“堂吉诃德气”，因而有强烈的参与社会运动，充当战士的冲动，又有“哈姆雷特气”，对实际社会运动多有怀疑，因而犹豫不决。更重要的是，文学与学术，对我有一种永远的近乎神秘的诱惑，如前面所引述的朋友的回忆，即使在“文革”时期，我也是脚踩政治与文学两只船的。于是，终于有了这样一封信——“这一年，我一直在‘当学者’与‘当战士’这两条道路中徘徊，矛盾，斗争，苦闷。一条‘学者’的大道正在面前展开，我周围的同学都在奋力地走着这条路，周围的人也希望我走这条路。然而我不能忘却过去，我无法安下心来，周围的一切政治事变都在我思想上引起强烈反应。我不能不忧国忧民，忧自己。而且我研究鲁迅，如果安心于做一个不问世俗的学者，我就根本背叛了鲁迅，我的业务不能与政治分开。但另一方面，你完全说对了：我是一个怯懦的知识分子，我本来是一个再‘正统’不过的、厌倦政治的中国传统知识分子，是文化大革命把我改造成现在这个样子，但我的劣根——不习惯于、厌倦甚至害怕政治——未除。过去十年，我之所以一直卷在政治斗争的第一线，一方面是客观形势把我推到了这个地位；另一方面，在很大程度上，也是你们这些学生，年轻人推动着我走的。我离开了你们，成了孤独的一个人，就失去了勇气。我曾多次想，我如果不离开你们，或者你们都来到了北京，我也许就会在你们的推动下，不由自主地走上斗争之路。然而，现在没有这个条件，而我却不习惯于或者害怕去结识我所不熟悉的人、去寻找新的战友，这样我就只有深深地陷入苦闷之中了。我这样概括了我的矛盾：当学者，不肯；当战士，不敢；混日子，不愿。我承认并且自责我的自私与怯懦，我毕竟不是一个真正的革命者，不过是一个知识分子中的理想主义者。我看到了我的前途：在矛盾、苦闷、彷徨中，牢骚满腔地度过了我的一生。可是我不愿如此，不甘于如此，我要挣扎，却缺乏必要的勇气。我过去不愿在你们面前把我心灵深处最阴暗的东西暴露出来，因为我不愿使你们失望，同时也不愿增加你们心灵的负担。但有时我常常自责，我是不是在欺骗你们呢？特别是这一年中，我心灵深处的阴暗面占了上风的时候，我更是常常这样问我自己，我不愿再扮演一个‘老师’的角色了，我已经不配再当你们的‘老师’了。即使说我的某些见解在你们看来仍然不无‘深刻’之处，但我言与行不能一致，这些‘深刻’见解又有多少价值呢？”

“我觉得，我是一个过渡性的人，我应该退出你们生活的舞台了，我不希望我的思想成为你们继续前进的一个阻力或者负担。因此当我知道，你独立作出了‘走自己的路’的决定时，我是多么的高兴，可我又是多么的惭愧啊！因此我不想对你说更多的鼓励的话，因为我无权说这样的话，我只想对你说一句话：坚定地走自己的路！在寻找战友中，注意保持自己的独立性！此外我还要说的是，在你的前进中，无论什么方面需要我的帮助的话，我仍然愿意为你助一臂之力。我即使不能当一名战士，当一名赞助者、支持者、同情者总可以吧？——写到这里，我不禁有些心酸：生活是多么无情，它为我安排了怎样一个角色呵！！！……”

这封信在当年年轻朋友中，引起了强烈的震撼。但这封信也标志着我和“文革”时代的生活告别了。

从此我在充满了矛盾与苦闷之中，走上了学者之路。

三　我的人生之路与治学之路（下）

80年代北大校园风景：两代人的相遇

我可以说是带着“学术和政治”、“学者和战士”的矛盾，走上学术研究道路的。

我属于“文革”结束后的第一代研究生，而当时我又有一个很特殊的身份：我成长于五六十年代，1960年大学就毕业了，但70年代末又来读研究生。我的同学比我年龄要小七八岁、十多岁，而我的老师，例如谢冕、孙玉石，比我只高一班，更有意思的是，教文艺理论的，竟是我大学的同班同学李思孝。考试时，他来监考，我立刻想起了中学读过的一篇课文：《永不掉队》，讲苏联卫国战争时期，大学教授当了战士，战争结束后，他当年的团长又来做了他的学生，都是社会的激烈动荡时期造成人的身份的激烈变化。我出现在学术界是80年代，所以人们都把我看作是80年代的学者，而且因为和黄子平、陈平原一起发表《论二十世纪中国文学》，沾了他们的光，很长时期都被称作“青年学者”，后来突然发现我老了，又把我叫作“老教授”。因此我常常说自己没有中年，从“青年学者”一下子就跳为“老教授”。更重要的是，由此决定了我的思考，我的学术研究，就带有跨代的特点，它的世界观、人生观，以至文学观、学术观的基础是五六十年代的大学教育所奠定的，而又受到80年代的学术训练，在学术眼光、观念与方法上都有鲜明的80年代的时代烙印，这就构成一个比较复杂的学术背景。我也因此受到了两个方面的批评：从五六十年代的眼光看，我过于激进，是所谓“新潮学者”；从80年代（更不用说90年代，以及新世纪了）眼光看，我历史包袱过重，不能与时俱进，过于保守了。我自己却经常感到历史的尴尬，不过也无可奈何，只能在夹缝中求生存吧。

但我有幸遇到了王瑶先生。

我在给研究生同学赵园的《艰难的选择》这本书写再版导言时，这样谈到“80年代的学人”：“这一代人在80年代的思想解放运动中，通过痛苦的反思获得一次真正的觉醒；同时又在历史提供的特殊机遇中，与直接承续了‘五四’精神的老一辈学者相遇，不仅接受了严格的学术训练，而且在精神谱系上，与新文化传统相联结，并进而把自我的新觉醒转化为新的学术。”

更为重要的是，我是在北大度过我的80年代的学术生涯的，我常说这是历史对我的特殊照顾，或者说是补偿吧。那时的北大，正是聚集了一大批劫后余生的继承了“五四”传统的知识分子。于是，就有了80年代的北京大学的特殊风景——

清晨，你起来跑步，会在北大图书馆前碰见坚持晨练的朱光潜先生。

傍晚，你漫步未名湖畔，会看见宗白华先生迎面走来，立刻联想起他的《美学散步》。

还有一位拄着拐杖，凝视着湖面的老人，那是吴组缃先生。你从旁轻轻走过，不敢打搅他的沉思。

你来到燕南园。三松堂的白皮松树下，有美髯飘飞的冯友兰；竹林掩映中，林庚先生的歌声竟是那样清纯……

当然，还有口衔烟斗，骑着单车，在校园中横冲直撞的王瑶先生……

从“五四”的“学灯”（宗白华先生是“五四”四大副刊之一的《学灯》的编辑，是他最早发现了郭沫若；还有杨晦先生，是“火烧赵家楼”的英雄），到30年代的清华大学院（吴组缃、林庚这一代），到西南联大的火把（从老师辈的冯友兰，到学生辈的王瑶）：这是一批“五四”传统最后的见证人、继承人和幸存者。

这是一次奇遇：先生们长期被视为“资产阶级代表人物”，现在第一次恢复了他们应有的历史地位，而给他们的时间已经不多，因此急切地希望将自己的学术传下去；而我们这一批学生，在“批判封资修”的环境下长大，在一片精神废墟上成长，现在终于有了学习的机会，内心充满对知识和精神的渴求，迫切希望登上学术的殿堂。当时我们读书的劲头，用“发疯”来形容绝不过分，我们真像野牛闯进了菜园，吃不尽，嚼不够。老师忘我地教，学生疯狂地学，一方面想培养传人，一方面渴望接班，两代人的生命就这样相遇、相交、相融，这是一个历史的际遇，是我们这一代人的最大幸运，而且不会重复，是后代人难以想象的。

我理解的王瑶传统

“师朱法鲁”的学术渊源

而王瑶先生，因为他是研究现代文学的，他身上就有了更为强烈的“五四”传统意识，以及将这一传统传下去的自觉性。

记得王瑶先生去世的时候，我们这些弟子曾经送了一副挽联，是陈平原起草的：“魏晋风度为人但有真性情，五四精神传世岂无好文章。”“魏晋风度”和“‘五四’精神”正是对先生人格、精神、气质的一个高度概括。

王瑶先生对于“五四”可以说是情有独钟的，可以说他有一种永远摆脱不掉的“五四”情结。当我和陈平原、黄子平提出“20世纪中国文学”这个概念时，先生对我们最尖锐的批评，就是不管你们主观动机如何，你们把现代文学的起点上移到晚清，客观上会导致对“五四”意义的贬低和否定。所以他后来写了一篇文章，专门讨论现代文学的起点和终结，很大程度上就是针对我们来的。这样的师生之间的争论，是很有意思的。

而王先生对“五四”传统的继承，主要通过两个中介：一是他的研究生导师朱自清，一是鲁迅。他的研究生同班同学季镇淮先生曾说王瑶先生是“师朱法鲁”，就思想与学术的传承来说，这是很有道理的。后来，新加坡有一个学者叫郑子瑜，曾经描述过一个他以为的精神谱系，说“从周作人到俞平伯，到朱自清，再到王瑶”，有一条发展线索。将朱自清、王瑶的思想、学术上溯到周作人，这可能不大准确，这涉及对朱自清、王瑶的理解，有讨论的必要。

我们先来看王瑶先生对朱自清先生的看法。这里我想向大家介绍孙玉石先生的一个回忆。孙玉石先生是王瑶先生的大弟子，是个有心人，有时把王瑶先生的话记在日记里，所以他的回忆就比较可靠，比较有根据。这是他记录的王瑶先生的话：“研究历史最重要的就是实事求是。闻一多先生受罗隆基的影响走上进步道路。罗隆基是搞政治的，皖南事变后他到昆明，同闻一多来往很多，拉闻一多加入民盟。当时陈果夫到云南，来劝高级知识分子入国民党。冯友兰、雷海宗等人都加入了，闻先生也为之心动。他为此找朱自清先生，朱先生不同意，闻一多也就作罢了。闻一多牺牲后，许多文章都说朱自清先生受闻一多影响，朱自清先生看了以后很生气。朱先生一直是支持进步的，‘一二·九’时曾多次冒生命危险掩护进步学生。”王先生由此得出一个结论：“闻一多热情外露，他是诗人、学者、民主斗士，几个阶段很分明。朱自清先生不同，他更内向一些。他一生皆是诗人，一生皆是学者，一生皆是战士。”孙玉石先生回忆说：“说这段话时，王瑶先生是很激动的。这番藏在心底的声音，说明王先生不是为朱自清先生而辩护，而是在为历史的真实作辩护，在为一种实事求是的科学精神辩护。”[1]我看孙先生这段回忆，更感兴趣的是王先生对朱自清的评价，说他“一生皆是诗人，一生皆是学者，一生皆是战士”。这个看法和通常看法不一样。我们说闻一多是“诗人、学者、战士”，好像朱自清和“战士”是不沾边的，因为在一般人心目中朱自清是一个纯粹的学者，是学院派学者的一个典型代表。但是王瑶师作为学生，对朱自清自有更深的观察与了解，他认为朱自清将“诗人、学者、战士”统一为一身，贯彻于一生，这当然有他的道理与根据，在我看来，这是一个很独到的见解，对我们理解朱自清先生，以及王瑶先生对朱自清传统的继承，都非常重要。

王瑶先生晚年写过两篇文章悼念他的老师：《念朱自清先生》和《念闻一多先生》，可以说是姐妹篇，对两位恩师的为人与学问，都独有会心，很值得注意。其中有一个判断，就非常重要：他强调朱自清先生的新诗理论的核心是新诗的“现代化”问题。后来王瑶先生又主持他生前最后一个学术项目“中国文学研究的现代化进程”，并坚持要把朱自清先生加入进去，也就是说，在王瑶先生的心目中，朱自清先生是对中国学术的现代化及中国诗歌的现代化做出了杰出贡献的这样一个学者和诗人。从现代化这个角度来肯定朱自清，这显然跟王先生自己的学术思想与学术追求有密切关系。我们知道，朱自清先生是最早在大学里面开设新文学课程的，他30年代在燕京大学的讲稿《中

[1] 孙玉石：《他拥有绿色的永恒》，《王瑶和他的世界》，133页，河北教育出版社，2000年。

国新文学研究纲要》，对王瑶先生后来写《新文学史稿》，在体例、结构与方法上都有直接的影响。

但是已经有研究者注意到一个很有意思的现象：王瑶先生在学术问题上经常提到朱自清和鲁迅，但“他提起鲁迅的次数大大超过朱自清；谈到前者时所用的词汇和语气的分量，也要明显重于后者。——比如一再指出鲁迅的著述及其方法，为我们研究工作提供了‘典范’、‘范例’等，谈到朱自清时，从未使用过这类词语”，结论是：在王瑶先生“自身的学术工作中，鲁迅也要比朱自清留下更多更深的印记”。[1]这也是一个很值得重视的分析。

王瑶先生对鲁迅的特别重视，最集中地表现在他的一个基本观点，他始终坚持鲁迅的“方向”意义。也就是说，他理解的“五四”传统，主要是鲁迅的传统。鲁迅对王瑶先生的意义，我在一篇文章里有过这样的概括——

“作为思想家、文学家的鲁迅是作为文学史家的王瑶的研究对象。王瑶先生尽管不是鲁迅研究的开创者，但却是1949年以来大陆鲁迅研究的一个重要代表。他在极‘左’思潮的严重干扰下，为维护鲁迅研究的科学性，促进鲁迅研究的学术化，作出了巨大的努力。

“作为学者的鲁迅对于王瑶先生更具有典范的意义。王瑶先生自己就多次指出，他是‘由于十分钦佩鲁迅关于魏晋文学的许多精辟的见解’才‘决定从汉魏六朝一段来开始对中国文学史的研究工作’；‘在现代文学研究方面’也‘仍然是以鲁迅的有关文章和言论作为自己的工作指针’。

“作为人的鲁迅，现代知识分子的代表、精神界的战士的鲁迅，对于王瑶先生的影响可能是更为深远，也更为重要的。王瑶先生正是

[1]　樊骏：《论文学史家王瑶》，《王瑶和他的世界》，441—442页。

通过鲁迅的中介，与中国传统文化中的‘魏晋风骨’，以及作为中国现代文化的集中代表‘五四精神’，取得了内在的精神联系，或者说将鲁迅的精神化为自己的血肉，从而成为‘鲁迅式的知识分子’，在自己的学术工作中，实现了‘做人与作文（研究）的统一’，形成了一种精神的力量。”[1]

“五四”精神、魏晋风骨：和鲁迅的深度精神感应

这里所说的“魏晋风骨”和“五四”精神正好是构成王瑶先生的精神气质的两个侧面。大家知道，鲁迅曾经用“清峻”和“通脱”来概括魏晋风度，并且说他自己“有时很峻急，有时又很随便”，其实“峻急”就是“清峻”，“随便”就是“通脱”。而王瑶先生正是在这两方面都有所继承，而且形成了自己的特点。作为王瑶的学生，我们永远不能忘怀的，是他那极有特色的“王瑶之笑”，以及锐利的、给人以威压的目光，把他内在的通脱与清峻，表现得淋漓尽致。在朋友、弟子圈里传诵一时的先生的名文：《自我介绍》，让我们最为倾心的，也是这一点：“……迩来垂垂老矣，华发满颠，齿转黄黑，颇符‘颠倒黑白之讥’；而浓茗时啜，烟斗常衔，亦谙‘水深火热’之味。唯乡音未改，出语多谐，时乘单车横冲直撞，似犹未失故态耳。”这里，幽默和通达之中，暗含着辛酸和倔强，包含着多么丰厚的人生体验！此言此语，在当今学者中非王瑶莫为，却很容易使我们想起鲁迅。这就是说，王瑶之于鲁迅，不仅是精神上的契合，更有一种生命的遇合，这样一种深度的精神感应，这样的魏晋风度与“五四”精神的胶合，正是我们这些学生所达不到的，我们无法进入那样一种境界。

---

[1] 钱理群：《史家的风范——王瑶先生的研究个性、学术贡献与历史地位》，《返观与重构——文学史的研究与写作》，59—60页，上海教育出版社，2000年。

但也正是这样的境界，深深地吸引了我，给了我极其深刻的影响。前面说过，我在“文革”前与“文革”中都在阅读鲁迅著作上下过很大的功夫；我也在很多场合都谈过正是在“文革”中所经历的绝望体验，使我接近了鲁迅，也就是说，在遇到王瑶先生以前，我已经有了自己的准备，但只有成为王瑶先生的学生以后，我才感悟到了鲁迅的精神气质，或者说，发现了那样一个我所达不到的境界：这样的发现，无论对我的鲁迅研究，还是我的精神发展，都是至关重要，可以说是决定性的。

无可弥补的知识与精神差距

于是，我在研究观察、接近王瑶先生的时候，在研究鲁迅的过程中，经常反省自己：我为什么进入不了那样的境界？差距在哪里？首先发现的是自己知识结构上的缺陷。在某种程度上，我真正是“五四”所培养出来的一代，我没有读过私塾，从一开始接受的就是“五四”开创的“国语教育”，读的是现代白话文的新课本，我就是这样成长起来的，先天地缺少传统文化的熏陶，“五四”新文化、新文学成了我的知识结构中的主体。我在中学阶段就已经把“五四”新文学的主要代表作，鲁迅的《呐喊》、《彷徨》，茅盾的《子夜》，巴金的《家》，曹禺的《雷雨》、《日出》，等等，都读过了。中学时期的另一个兴趣，是如饥似渴地阅读了大量的苏联作品，无论是经典的，还是流行的苏联作品差不多都读过。到了大学期间，再来读中国古典名著，读外国文学作品，主要是文艺复兴以来的西方文学，特别迷恋俄国的文学，后来我写《丰富的痛苦》，谈莎士比亚、歌德、海涅、屠格涅夫，就是依据大学里的那点底子。大学毕业到了贵州，利用当地的图书馆，猛读了一批北欧、东欧，以及东方被压迫国家、民族的作品，同时也读了一点古典诗词，特别是读了《庄子》。这个时期的阅读，其实是以鲁迅为中心的，读被压迫民族的文学，是因为鲁迅的提倡，读《庄子》，也是因为鲁迅说他深受其影响。当时我雄心勃勃地制订了一个很庞大的阅读计划，就是鲁迅作品中提到的书，我都要读，当时还真的根据《鲁迅全集》开列了一个长长的书单。也就是说，很自觉地要补课，以缩小自己跟鲁迅之间的知识差距。但也只能说，其志向与勇气均可嘉，而实际是做不到的。在那样一个边远的小城，要读的这些书根本找不到，只能从《庄子》这样的基本经典读起。但随着文化大革命的爆发，我的阅读兴趣，如前所说，转向了马克思主义经典著作的阅读。“文革”结束后，回到北京，才有了可能接触到广大的世界。当时很多同学，都在猛补外语，而我却考虑到自己年龄已大，学习外语有相当的困难，而当务之急，是专业的补课。于是，放弃了外语的学习，集中于现代文学的研读。而且和其他朋友、同学在80年代热衷于西方哲学、文学理论，90年代又转向中国传统的补课不同，二十多年以来，我一直坚守于现代文学的研读与写作。而且我的写作欲望越来越强烈，到后来几乎没有时间来系统地读书。这固然造成了我在现代文学专业上的某些优势，但同时也形成了巨大的缺陷与不足。

从以上的阅读史的简单回顾，不难看出，我的所有的知识储备，完全是以五四新文学为中心的：不仅我始终以主要精力研读中国现代文学作品，自觉接受以鲁迅为中心的五四新文化传统、左翼文学传统，而且我对中国古典文学、外国文学的阅读学习，也主要是在五四新文学所接纳的范围内，接受的是中国文化中的所谓“人民性”传统，西方文艺复兴以来的人文主义文化传统，俄国及东方被压迫民族文化传统，苏联革命文化传统。这里显然存在着两个盲点，两大隔膜，即对中国传统文化的隔膜，及对西方现代文化的隔膜。这都是致命的：一方面，虽然由于我对“五四”新文化，特别是对鲁迅的迷恋与熟悉，使我能够与王瑶先生有精神的相通，但，作为他的学生，我却无法继承他的“学通古今”的学术传统，他所达到的高度是我不能企及的。也就是说，“学贯古今、中西”，这本是从鲁迅到朱自清到王瑶的现代学术的重要传统，但却是我这样的“学者”所望而止步的：非不愿也，乃不能也。更重要的是，我的知识结构上的两大缺陷，也使得我在根本上与我的研究对象，例如鲁迅与周作人也是隔膜的，因为他们于中国传统、西方现代文化都有很高的造诣与很深切的理解。也就是说，我对他们的研究，在达到一定的层次以后，就受到知识结构的限制，很难再深入下去。我经常说自己即使在学术上也只是“历史的中间物”，就是看清了这样的根本性的缺陷，而且这是无法弥补的，只能是永远的遗憾；而且这是时代与命运造成的，非我个人所能把握，因此在我的内心深处常有悲凉与无奈之感：人只能在历史允许的范围内做自己能做的有限的事情。

问题还在于，这不仅是知识结构上的缺陷，而且更是精神层面的。特别是对中国传统与现代西方文化的隔膜，造成了我们精神世界，我们的视野、修养、情趣的狭窄、单一、浅薄、枯寂与粗糙。问题是这是无法弥补的。内在气质是不能假装的，不如老老实实地承认自己的底气不足。我常自嘲：这是历史造成的没有文化的一代学者，无趣无味的一代文人。这自嘲里隐含着辛酸，还是不说了吧。

“战士兼学者”的学术道路

仍然回到王瑶先生这里来。我在一篇文章里已经说过，“‘王瑶的意义’已经成为现代思想、文化、学术史上的一个课题，引发了后来者的不断追念、思考与论说”[1]。

---

[1]《编后记》,《王瑶和他的世界》，537页。

而且，在学术界有了不同的认识，引发了不同意见的争论。

有研究者认为王瑶先生是“学院派的一员”，[1]强调王瑶先生的鲁迅研究体现了“对事实和价值，对学术和意识形态的清晰区分与界定”，对“意识形态要求”的“自觉的疏离”，[2]并且认为这是王瑶先生对鲁迅研究的主要贡献。

但樊骏先生在《论文学史家王瑶——兼及他对中国现代文学学科建设的贡献》这篇文章里，提出了不同的看法。他提醒人们注意以下事实：王瑶先生在清华大学读书时，是“一二·九”运动的一个骨干，他是个左翼的文艺批评家，同时也是一个共产党员，几次被关进国民党监狱，到抗战时期，他脱党走上了学术的道路。王瑶先生和其他学者不一样，有很多学者都是从学术走向政治，他是从政治走向学术，他走的是一条逆向的道路。但是，王瑶成为学者以后，他的学术和早年“左翼理论家”之间，仍然存在着内在的联系，因此，“无法回避他的治学态度、学术风格，和学院派之间原则的区别”。

樊骏先生作了如下论证：第一，王瑶先生强调无论是研究作家作品或是其他问题，都应该注意，它既然是历史的现象，就必然需要一种历史感。与此同时，对于历史的研究也必然与现实生活保持密切联系。也就是他从认识论的角度提出了“历史感”和“现实感”的结合，一方面，强调历史研究的客观性，同时又强调研究的主体性。第二，王瑶还从史学的社会功能的角度，“强调历史研究对于现实的积极作用”，他因此赞赏这样的命题：“让历史告诉未来。”这就“超越了纯粹学术的界限，很注意它们为现实提供历史经验的社会作用”。第三，王瑶先生的文学观念，竭力推举“为人生的文学”，强调人民本位的

---

[1] 王富仁：《中国鲁迅研究的历史和现状》，《鲁迅研究月刊》1994 年 8 期。

[2] 高远东：《某种启示：鲁迅研究史过程中的王瑶先生》，《王瑶和他的世界》，497 页。

价值标准，在他看来，这都是中国现代文学的本质特征，因此，他强调历史研究中“知人论世”的原则，重视文学和时代的关系。“他最善于联系时代抓住问题和说明问题；在这种场合特别显示出他过人的才能和智慧，还常常提出发人深思的见解。这几乎形成了他的普遍的思维定式和常见的论证模式。”第四，王瑶先生“不仅在青年时代活跃于政治斗争的第一线，而且终生都对于政治保持着浓厚的兴趣”，“他的志趣不限于学术，不是一位单纯的学者、不问世事的学院派”，“为人的这一特点，不可能不渗透在他的学术成果中，那就表现为相当浓厚的政治内涵和相当鲜明的政治倾向”。在时代和文学的关系当中，王瑶先生更关注的是政治对文学的影响，“他更多地从政治的角度（包括当时的政治形势、政治事件、政治社会心理等），直接或间接地切入问题”。——孙玉石先生有一个回忆，也证实了樊骏先生的这一论断。那是王瑶先生在他客厅的一次讨论会上的即席讲话，我也参加了讨论，孙先生在他的日记里有如下记录：“我们搞现代文学的，不能离开政治谈文化，不能一味地淡化政治”，这其实是对包括我在内的他的学生的一个批评。因为当时我们提出“20世纪中国文学”，就是想摆脱文学史研究依附于革命政治史的研究格局，因而有意地淡化政治，突出文化与文学因素。王瑶先生理解我们的这一意图，同时提醒我们不要走到否认政治的极端：“淡化政治，淡到了零的程度是不行的。政治这个东西是客观存在的，你不找它，它还要找你。现代文学离不开政治，生活里的人谁也离不开政治。这政治过去看得太狭窄了，要把它看作是一个广泛的范畴。但是怎么广也不能广到没有。”

樊骏先生根据以上四个方面的分析：王瑶先生对文学研究现实感的强调，对文学研究对于现实作用的强调，对文学和时代关系的强调，对文学和政治关系的强调，论证了王瑶先生不是为学术而学术的学院派的学者，并将其放在“五四”以后的学术史的视野里，就作出了一个我认为极重要的概括。他说："以五四新文化运动为起点，于二三十年代逐步出现一个新型的文化学术群体"，"有的接受实证主义的理论与方法，有的进而以马克思主义学说为指针，以此来重新估价历史遗产，探索发展文化学术的新路；把自己在文化学术领域的专业工作，视为推动社会进步、民族解放的组成部分——不仅没有把前者游离于后者之外，而且自觉地以此作为自己服务于国家民族的主要手段；在学术观点和政治倾向上，是进步的，革命的，往往兼有学者与战士的双重身份，在他们的观念和工作实践中，也是把文化学术与意识形态密切地联系在一起的"，"这个群体和学院派的区别，主要在于更多的政治色彩和意识形态方面的自觉性"。樊骏先生认为，鲁迅、郭沫若就是其中的代表，而王瑶先生也应该属于这样一个群体，而且中国现代文学研究这门学科的主要开拓者，如李何林、唐弢、田仲济等先生，也都是这样的"学者兼战士"型的知识分子。[1]

我是同意樊骏先生的这一分析和论断的。而且如果我们联系前面提及的，王瑶先生把他的研究生导师朱自清也视为"一生皆是诗人，一生皆是学者，一生皆是战士"的知识分子，而鲁迅无疑更是"学者兼战士"型的知识分子，那么，王瑶先生走上这样的学术道路，固然是他的经历、个人精神气质所决定，也是自有学术渊源的。

特殊的价值、魅力和可能存在的陷阱

但是，即使是承认王瑶先生所走的是一条"学者兼战士"的学术道路，紧接着产生的问题就是价值判断：怎么看待这样一条学术道路，这样一类学者的学术成就？应该说，在这个问题上，学术界是有

[1] 以上所引樊骏先生的意见，均见《论文学史家王瑶——兼及他对中国现代文学学科建设的贡献》，《王瑶和他的世界》，430、432、435、445—447页。

不同意见的。

比如，有的研究者把王瑶先生对现实的关怀，特别是对政治的关怀，即所谓"关怀世务"，简单地概括为"政治至上"、"革命崇拜"，并将其价值观概括为："族国本位＝经世致用＝政治至上＝'元价值'"；"个性本位＝不事王侯＝为隐而隐（为学术而学术）＝无价值"。——这显然是一个过于简单化的概括，王瑶先生对学术和政治、现实关系的认识要复杂得多。但也必须承认，"政治至上"、"革命崇拜"对王瑶先生这一代中的革命知识分子的影响：这一点我们在下面再作详细讨论。问题是这样的概括背后隐含着另一种价值判断，即将"政治"狭隘化为一种"官本位"的"权力政治"，"革命"即是通向"王廷"之途，从政，或政治关怀、现实关怀，最多也是一个"时段性角色行为规范"，而不具有"终极性普世价值"。而唯有学术才具有终极性，"学术乃天下之公器，有比现实政治更长久的独立价值"，唯有为学术而学术的纯粹的学者才能真正实现"个人本位"的普世价值，"以学为本"才是真正的"传道"。[1]这实际上是一种价值观的颠倒，即以"为隐而隐，为学术而学术"为"元价值"，以"经世致用"、政治关怀、现实关怀为"无价值"。这样的颠倒的价值观（"学术至上"）与所要颠倒的价值观（"政治至上"），其内在思维方式却是惊人的一致：都是将"政治"与"学术"决然对立，并将某一种选择绝对化。

当然，我理解为"为学术而学术"的学院派所作的辩护，对其价值的着意强调，因为我们确实有简单地排斥学院派的问题，而且直到今天，学院派在中国也没有得到真正的发展：标榜者多，而认真实践者少。因此，我认为真正的学院派在当今的中国仍然有它的特殊价值

[1]　夏中义：《九谒先哲书》，348、349、345、405、408页，上海文化出版社，2000年。

和意义，至少说在坚持学术独立，坚持学术传承，坚持精神自由，抗拒御用学术和商业学术上，是有着积极意义的。但反过来也不能把学院派的价值绝对化了，好像与学院派不同的选择，另一条学术道路，比如说“战士兼学者”的道路，就是背离了学术，就要将其逐出“学术殿堂”，至少认为其学术价值不高，这样就实际上是要把学术的判断权垄断在自己手里，这是不利于学术自由和多元化发展的。

而且一个学者选择什么样的学术道路，不是完全决定于主观意志，是和他的客观条件，例如个人精神气质有关系的。假如这个人对政治毫无兴趣，你非要他去走战士兼学者的道路那当然不行；反过来这个人他就是对政治有兴趣，对现实有强烈关怀，他就不可能“为学术而学术”。我们之所以要强调学术道路的多元化，强调不同类型的学者的并存，就是为了充分发挥每一个学者不同的潜能，以达到合理、健全的学术生态平衡，而绝不能把任何一种价值绝对化。

从另一面说，任何一种选择，在具有其独特的价值的同时，都会存在着自己的盲点、局限，甚至会有某种危险的陷阱。因此，无论是“为学术而学术”，还是“学者兼战士”，都应看到它的正面和负面，做比较复杂的分析。对王瑶先生的学术选择与道路，也应该做更细致、更具体的客观分析。

我自己在一篇文章里曾谈到我在研究王瑶先生时注意到的一个现象：“王瑶先生从青年时代起，就与中国现代爱国学生运动和革命运动发生密切的联系。”这不仅是指王瑶先生在清华大学学习期间即成为“一二·九”运动的骨干，而且也包括王瑶先生晚年的出色表现。王瑶先生和时代思潮的密切的关系，使得他的研究始终具有鲜明的时代性和现实感，他不断从生机勃勃的现实生活中吸取生命的活力，所以读王瑶先生的学术著作，你可以感觉到其背后的鲜活的生活本身所具有的生命感，以及严谨的论述中时时溢出的丰厚而锐利的思想带来的冲击力，同时焕发着一种人格、精神的力量，把你引入一个开阔而高远的学术的、人生的、生命的境界：这都是王瑶先生的学术的特殊魅力所在。而作为中国现代知识分子的精神良心和情操的代表之一，王瑶先生的影响已经超出了学术范围。王瑶先生“长期执教于中国现代思想、文化、学术中心的北京大学，他的具有鲜明个性的出色的教学活动和学术研究，使他成为北京大学最有影响的教授之一，并在一定程度上成为‘北大精神’的象征和代表之一：并不是所有的学者都能达到这样的境界，产生这样的影响，在这个意义上，王瑶先生的学术生命是具有一种特殊的光彩和意义的”，[1]这显然和他的“战士兼学者”的这样一种选择有关，同时也有力地证明这样一条学术道路的特殊意义和价值。

但另一方面复杂和变化万端的中国现代政治运动对王瑶先生的影响也是明显的，这种影响不仅表现在政治干扰使王瑶先生长期以来不能从事正常的学术活动，先生多次对我说他50年代一年一本书，但是现在写不出来了，以至有“千古文章未竟才”的永远的遗憾。这是外在的影响。更重要的是，内在精神的伤害造成了王瑶先生学术研究的某些局限和矛盾，这是我们不必回避的。

根据我在身边近十年的观察，先生对政治已经超出一般意义上的关注：这实在是他施展才华的场所。王瑶先生早年是一个左翼批评家，特别是他担任《清华周报》主编期间，他的这种善于对复杂多变的政治形势做出准确的判断和预测的能力，已经得到了淋漓尽致的发挥。比如西安事变刚刚发生，一切处于混沌之中时，王瑶先生就作出了明确的论断，并且为以后的事态发展所证实。尽管他后来成为学

---

[1]《史家的风范——王瑶先生的研究个性、学术贡献与历史地位》，《返观与重构——文学史的研究与写作》，52、54页。

者，但是这样的“政治分析家”的气质、才能和兴趣仍然对他产生潜在的影响和蛊惑。我们当年定期到先生家里去听他神聊，其中一个重要内容就是作各种各样的政治与社会分析，那真是精彩极了。而且我们分明感到，这对王瑶先生是一种享受。我因此有时候想，如果在一个正常社会里面，王瑶先生当一个专栏评论家真是再好不过了，他的政治、社会分析的才能或许能够得到充分的发挥。而且我觉得有一个学者兼政治、社会评论家的王瑶对他自己也未必是坏事，这是符合他的“学者兼战士”的气质的。据我的观察，王瑶先生并不具备政治实践家的气质（包括心理素质），他介入政治的最好方式就是写政治、社会评论。但中国的现实却使他的政治、社会分析只能变成清谈，就是对学生或来访者神聊。王瑶先生是严格把握好分寸的，他的政治分析绝对不写进他的文章里去，跟学术著作是完全分开的。所以王先生有两套语言，一套是学术著作的语言，严谨、简约，有时读着有些枯燥；另一套是客厅里的政治、时事、人事分析，那真是妙趣横生，入木三分。我和平原曾私下商量，要把这些妙语录下来，但还没有来得及做，先生就撒手而去，留下了永远的遗憾。这样的没有留下的清谈，在某种意义上就成了才华的浪费。

更重要的是，这样的时时处处作政治分析的习惯，形成了先生对政治的极度敏感。他一天几个小时读报纸，从报纸的字里行间去分析政治形势、动向，有的分析极其独特，有的就不免是过分敏感。对瞬息万变的政治形势的种种准确、不准确的分析、猜测，又总伴随着对自己及周围的人的实际命运的种种担忧，这都大大加重了先生“战战兢兢，如履薄冰”的感觉，形成了无休止的、不堪承受的心理压力，这不仅妨碍了先生进入单纯而明净的学者状态，而且从根本上挫伤了他的学术积极性，看得太透，就什么也不想做了。王瑶先生在生命的最后时刻，反复叮咛我们这些学生：不要再分析了，不要再瞻前顾后，沉下来做自己的事，实在是他自己的沉重的经验之谈。

寻找“政治”与“学术”、“战士”与“学者”的契合点

这里还提出了一个非常重要的问题，作为学者，他是应该有现实关怀和政治关怀的，但是学者的现实关怀和政治关怀应该表现在哪里，也就是政治和学术、战士和学者在哪里找到契合点，是战士兼学者型的学者所要考虑的。

这就涉及我们在前面已经谈到的“政治至上”、“革命崇拜”对王瑶这一代人的影响，而这样的观念更是深刻地影响着生活在政治挂帅年代的我们这一代知识分子。在很长一段时间里，在我们心目中，“战士”的价值是高于“学者”的。研究者注意到，在1942—1948年，王瑶先生“虽已经当了学者，但心仍有所不安，魂仍有所不宁”，[1]正是这样的价值观所致。以此反观我在上一讲中所提到的给贵州朋友的信，就不难看出，信中所表达的痛苦和自责，背后隐含的也是这样的价值观。不过当时我所说的“战士”是指民间的体制外的战士，之所以会对“学者”的选择形成压力，一是因为选择学者之路，就意味着进入体制，而我的内心深处，始终存在着一种反对的情结。其二，这里还包含着“行动的价值高于思想的价值”的价值观，这又和我这样的知识分子身上的堂吉诃德气质有关，后来我研究堂吉诃德的“东移”也不是偶然的。其三，选择战士是一条充满风险的危途，而学者则意味着平静、安宁的书斋生活，尽管为我所向往，但在前者的映照下，却难免引起道德上的自责与心灵的不安，这里根深蒂固的道德主义是直接影响我们的价值判断的。

这里有两个可以讨论的问题，一是所谓“行动高于思想的价值”，

[1]《九谒先哲书》，354页。

而同时又把“行动”理解得很狭窄，限制在直接的社会运动和革命运动。第二个问题，就是所谓“国师情结”。中国知识分子有一个传统的苦闷，即所谓“报国无门”，就像卧藏隆中的诸葛亮一样，知识分子在思辨中，常常能对历史事变的发展，或其局部，作出惊人准确的预见、猜测，并且怀有自己的安邦治国的韬略，但是，并不是所有的人都有诸葛亮那样的付诸实践的机会。这就是“三顾茅庐”的故事在中国传统及现代知识分子中都特别有影响的原因。希望找到一个“明君”，自己来当“国师”，这是很多知识分子的理想。在现代知识分子中冯友兰先生就是一个典型，他先找蒋介石，再找毛泽东，最后找的是江青（他大概是把江青视为毛泽东的代表的）。这背后隐藏着深刻的历史教训。胡适其实也是想当“国师”的，不过他还是保持了自己的独立性的：这正是他的难得之处。

这里又有两个问题：一是我们自己真有这样的安邦治国的良策吗？可能有的知识分子有，而像鲁迅、王瑶这样的怀疑的批判的知识分子，却是没有的，他们常常只是说“不应该这样”，对“应该怎样”，他们自然也有自己的理想，但不是策略家，无法提出可操作的实践方案：那是幕僚、师爷们的事。其次，思想难道只有直接变成实践，才有价值吗？其实，我们以后还会讲到，思想和实践是有不同的逻辑的，比如思想是超前的，而实践是现实的；思想是彻底的，而实践是讲妥协的，没有妥协就没有政治。因此，有的知识分子可以把思想和行动结合起来，既思想又实践，这也不失为一种很好的选择。但恐怕对许多知识分子，至少是我这样的知识分子，是不合适的。因为我们的精神气质是不适于行动的，特别不适合政治，因为我们太天真了，太理想化了，太不懂得、也不愿意妥协搞政治谋略。因此，应该“还思想于思想者”，强调思想的独立价值，做一个有思想的学者，不是政治家，不是社会活动家，也不是国师、幕僚。而且也要同时看到自己的限度。即你的思想是理想化的，是超前的、彻底的，思想家的思想是要通过实践家把它转化成行动的，在转化过程中就必然有妥协，有通变，如果不经过这样的转换，直接付诸实践，会产生许多副作用，弄不好是要天下大乱的。这也是我们反对当"国师"的一个原因：思想的合理性并不等于实践的合理性，这是一条必须划清的界限。这就说到了我的一个"北大梦"，就是希望北大能够成为一个"思想特区"。扯得也太远了，我们还是打住吧。

一个小结：走"学者"和"精神界战士"相结合之路

不过，以上所说，对我们所讨论的"学者兼战士"的问题，并非完全无关，因为至少明确了一点：这里所说的"战士"，不是"政治运动实践者"、"政治活动家"意义上的战士，更不是用国师、幕僚的方式参与政治，而是精神层面的战士，即鲁迅呼唤与身体力行的"精神界战士"。他对现实的关怀，对政治的关怀，最后都转化为精神：学术的探讨，思想的批判与创造。这样的"学者兼战士"的知识分子，他在现实中的作用有两个方面，一方面是学术的继承与创造，阐释、传播民族文化、人类文明积淀下来的普世性的价值理想，又根据现实所提出的问题，进行创造性的转化，并进行新的探讨，提出一些新的价值理念，这是一项建设性的工作，并且在当下中国是有一种迫切性的，因为我们正处在一个信仰缺失的时代，面临文化重建的任务。另一方面是思想的批判，精神的坚守，用在学术研究中确立的价值理念与理想，去考量历史与现实，作出了严峻的批判。这样的批判功能，正是精神界战士的特殊意义所在。他的批判是全面而彻底的，只要是不符合价值理想的都要批判，而且是不讲妥协的，超越现实利益、利害关系，超功利的。这样的精神界战士与现实的国家政治、政党政治自然会发生种种复杂的关系，但都严格保持距离，任何时候都拒绝充当国师、幕僚；他们对民间尽管有相当的亲和力，但也绝不充当民间代言人，而同样有一定距离。如鲁迅所说，真正的精神界战士，他关怀现实、关怀政治，必须时刻警戒，不要落入“官的帮忙帮闲，商的帮忙帮闲，大众的帮忙帮闲”的三大陷阱。既要介入政治，又要在任何时候、任何情况下，都保持政治、思想上的独立性，不看别人脸色说话，只说自己的话。这样的“学者兼精神界战士”的知识分子，必然是边缘化的，或者用我的话来说，是“站在边缘思考与言说时代的中心话题”。其价值就在这里。而如前所说，这同时也意味着一种限度。——这就是我在成为王瑶先生的学生以后，在先生的学术传统熏陶、影响下，特别是在研究鲁迅的过程中，逐渐找到的自己的学术道路。这也是对我在“文革”后所面临的“学术”与“政治”的关系，“学者”与“战士”的关系的矛盾的一种解决方式。但在实践的过程中，这样的矛盾也依然存在，依然摆脱不了内心的骚动与不安。我们只能在不断挣扎中寻找自己的人生之路与治学之路，而且是冷暖自知。

四 知识分子自我独立性与主体性问题

八九十年代中国思想学术的一个个案

在这门课的“开场白”里，我就说明了这是一次对我自己的思想学术的一个回顾和反思、反省。但我个人的这种反顾究竟有什么意义，或者说为什么要在新世纪初，来进行这样的反省，老实说我自己思想上也不是太明确。最近读了两篇比我年轻的朋友的文章，受到了一些触动，这门课应该怎么上，它的任务是什么，也就逐渐明确了。今天就先讲这个，算是对“开场白”的一个补充吧。

先向大家推荐这两篇文章。第一篇是贺照田发表在《开放时代》2002年1期上的《制约中国学术思想界的几个问题》。文章涉及的问题很多，也都很重要。和我们的讨论有关的，是他说：“要提出内在于我们历史和现实的真问题”，强调要“回到原历史脉络和情境中去体会和理解”，以“重新获得某些具体感”，使“对原有问题的理解更加复杂化”。他并且引述了艾略特的话：“一个问题的解决，将会旷日持久，而且需要几代人都予以重视。”——这是很有启发性的：作为中国学者，尤其是研究中国历史的学者，处在“历史与现实”中，他面对哪一些“内在于我们历史和现实的真问题”，他是如何思考的，在这样的思考中，可能有什么遮蔽，以至失误，又会产生知识者自身的什么问题：这都需要我们进行反思。

我还想向同学们推荐一篇文章：发表在《中国现代文学研究丛刊》2002年2期上的解志熙《深刻的历史反思与矛盾的反思思维》。他提醒我们注意：对反思思维也应该进行反思。因为"反思"容易站在一个理想主义的立场上，追求一个毫无弊端的选择。而所有的选择都必然是有偏差的，同时也容易以"事后诸葛亮"的姿态，把所存在的偏差夸大：这不仅容易缺乏历史感，而且也容易使自己走向另一种偏差。在这个意义上，我很赞同贺照田的看法：一定要"回到原历史脉络和情境"中去注意揭示历史的"具体性"，并且使我们的理解和判断更加复杂化。

这样，我们这门课，就有了一种意义：可不可以以我自己的研究，作为一个个案——既然是个案，也就必然具有历史的具体性——来对八九十年代的思想学术，作一次历史的反思。我们要讨论：在怎样一种"历史与现实"的具体情境下，提出了怎样一些"问题"？而随着历史的发展，这些问题怎样逐渐呈现出不同的层面？我作为一个现代文学的研究者，一个知识分子，由这些问题，激发出对历史和现实怎样的观照与思考，并且怎样随着问题侧面的不断展示，而调整、发展自己的观照与思考？在这些观照和思考的过程中，发现了什么，同时可能又遮蔽了什么？将这些发现与遮蔽放到整个中国政治、经济、文化的历史实践这样一个大背景下来看，又暴露出怎样的问题？置于当下的现实中，又有怎样的意义？——这就是我这门课所要讨论的问题。在这个意义上，这门课命名为"学科前沿问题"，也是可以的。

我现在初步拟定的在我的思考范围内的八九十年代中国思想、学术界面临的问题，大约有五六个题目。这些问题可能都属于"将会旷日持久，而且需要几代人都予以重视"的问题。因此我希望这些问题能引起讨论，特别是我现在对问题的思考，我的认识，可能存在什么问题，或可能隐蔽着什么问题，都希望听取同学们的意见。

现在，我开始讲第一个问题：知识分子自我独立性与主体性问题。对这一问题的思考，是我80年代与90年代初的著作的主体，以后对此又有了许多新的思考。

“知识分子的独立性与主体性”问题

《心灵的探寻》无论从什么意义上都是我的第一部著作，是真正属于我自己的研究的开始。其关键是我有了自己的问题意识，并且开始寻找自己的研究方法，以形成自己的研究风格。

在书的一开始，我就提出了这样一个带有历史观与方法论的命题——“人们越来越认识到，‘鲁迅’（鲁迅其人，他的作品）本身即是一个充满着深刻矛盾的、多层次、多侧面的有机体。不同时代、不同层次的读者、研究工作者，都按照各自所处的时代与个人的历史哲学、思想情感、人生体验、心理气质、审美要求，从不同的角度、侧面去接近‘鲁迅’本体，有着自己的发现、阐释、发挥、再创造，由此而构成了一个不断接近‘鲁迅’本体，又不断丰富‘鲁迅’本体的，永远也没有终结的运动过程。也正是在各代人广泛参与的过程中，‘鲁迅’逐渐成为民族共同的精神财富。”

这里，包含了几个观点：首先是承认有一个研究对象客体的存在，承认人们有可能“不断接近”这个客体，但又不能“终结”，这就是人的认识、描述历史的可能性与局限性；同时强调与重视研究者主体的作用，研究的过程是一个主客体相互接近、发现（用胡风的说法，就是“相生相克”）的过程、参与的过程。问题是研究者自己怎样才能有自己的发现、阐释、发挥、再创造呢？其实就是带着自己的历史与现实的经验和体验，带着自己的历史与现实的问题，去激发对象，强化对象的某一侧面。形象地说，就是用历史与现实的问题、经验、体验，去“照亮”对象。

今天，回过头来认识这一文学史研究的观念与方法，我依然坚持其基本点，但要补充一点，就是我们在带着历史与当下现实的问题、经验、体验去“照亮”对象时，在发现、强化的同时，也有可能“遮蔽”了某些方面。尽管这样的“照亮”与“遮蔽”在学术研究的历史过程中几乎是不可避免的，但对此有无自觉意识，对研究者来说，还是不一样的。而今天我们来总结研究的经验教训，则应该承认，我们在80年代对可能产生的遮蔽是缺乏认识、缺乏警觉的。

那么，在写作《心灵的探寻》及80年代这些著作时，我要突出、强化什么，其背后又隐藏着什么样的历史与现实问题呢？

在《心灵的探寻》的一开始，就明确地指出——

“如果说四五六十年代，人们对鲁迅的观察视野集中在‘民族英雄’的鲁迅这一个层面上，带有单向思维的性质；那么，今天，人们尽管仍然高度重视鲁迅作为‘我们民族的伟大代表’、‘我们民族的优秀精神的大集合体’这一面，同时又把观察视野缩小到作为‘个人’的鲁迅，对鲁迅的‘自我’——他的独特的思维方式、心理素质、性格、情感……感到了浓厚的兴趣，又扩大到作为人类探索真理的伟大代表的鲁迅，从世界范围内，从人类思想发展史的广大时间、空间来探讨鲁迅及其思想、艺术的价值。”

这里说的是从突出“民族”的鲁迅，向强化“个人”的鲁迅、“人类”的鲁迅的转化，而且强调“这两种观察视野都是自己时代的产物：在民族遭受异族侵略及外国势力封锁的四五六十年代，人们自然不能不把目标集中于民族的独立、解放与民族精神的发扬上；而在中华民族再次觉醒、崛起的七八十年代，我们的民族不仅需要再度发扬民族精神，而且需要补历史的一课：重新认识、评价、发扬自我的价值——于是，年青一代把目光转向鲁迅的自我；我们民族再一次走出了闭关自守的绝境，开始面对世界，以人类大家庭的一员的姿态积极参加世界文化的创造——于是，鲁迅对人类文化发展的潜在价值被发掘了出来，成为人们关注的中心之一”。

这里，强调的是历史的补课：要“重新认识、评价、发扬自我的价值”；而我们当时关注的中心，是重新认识、评价、确立知识分子的自我价值。

这自然与当时整个中国“文革刚刚结束，人们从噩梦中醒来，改革开放的大潮初起”这样一个特定的现实情境有关，更是和我自己的痛苦的历史记忆紧密联系在一起的。

我当时正处在对“文革”的痛苦反思中。我对“文革”的反思，首先就是要从对毛泽东的个人崇拜的迷误中挣脱出来。于是，在《心灵的探寻》的《后记》里就有了如下思考——

“中国这一代知识分子对于毛泽东的英雄、领袖地位的确认，对于他的许多理论的接受，开始确实是一种理智的选择——由于他代表了民族的利益，由于他领导的中国革命和建设的成功。但在发展的过程中，却逐渐变成了盲从。人们开始是出于信任，以后则出于盲目的‘惯性作用’，逐渐接受了这样的‘理论’与事实：探索中国发展道路的这些‘大事’是毛泽东这样的领袖的特权，而我们普通老百姓（包括知识分子）只需要按毛泽东的指示办事，踏踏实实地做好本职工作。包括我自己在内的中国五六十年代成长起来的这一代知识分子中的大多数，就这样作出了关键性的错误选择：他们半是被迫、半是自动地放弃了探索真理的权利，放弃了独立思考的权利；这不仅是从根本上背离了鲁迅所开创的中国现代知识分子的历史传统，而且也是知识分子历史品格的丧失：在社会分工中，以思考作为本职的知识分子居然停止了独立思考，甘心做驯服工具，这真是历史的大倒退、大悲剧，也是历史的大嘲讽。但我们却长期以来对此麻木不仁，安之若素，甚至沾沾自喜。在本书写作过程中，当我重读到鲁迅的这段话：‘……从奴隶生活中寻出“美”来，赞叹，抚摩，陶醉，那可简直是万劫不复的奴才了。’回想起我也曾长时间地‘陶醉’于自己的驯服中，我觉得鲁迅是在用鞭子抽打我的灵魂，我无地自容！”[1]

这是一个刻骨铭心的记忆：曾经有过的对独立思考、探索真理的权利的放弃，知识分子独立人格的丧失，自我的奴化。

另一个痛苦记忆是：我自己，以及我们这一代人是这样接受并被“改造”的——“我们这一代五六十年代成长起来的知识分子在继承上一代传下来的‘知识分子与工农相结合’的正确传统时，同时就接受了‘知识分子工农化’的理论。在越来越明确地把与普通工农等同（画等号）作为奋斗目标时，知识分子与工农关系发生了扭曲：他们不再是互相支持，互相吸取、补充的平等的社会变革力量，而人为地划分成了改造者与被改造者，知识分子成了不‘脱胎换骨’，就不允许存在的异己力量。先是对知识分子确实存在的弱点的夸大——具有‘反省’传统的中国知识分子很容易就接受了这种夸大，纷纷自觉地谴责自己；然后打出了‘兴无灭资，反对修正主义’的旗号——对西方及苏联的封锁极端反感，被激起了民族主义、爱国主义热情的中国知识分子，也很容易地从‘保卫中国意识形态的纯洁性、独立性’的角度接受了这些口号；然后在‘兴无灭资，反对修正主义’的神圣旗帜下，把以科学与民主为中心的现代意识统统划到‘资产阶级、修正主义思想’的范围，而予以根本否定与彻底践踏。这样，中国现代知识分子赖以存在的基础与代表历史前进方向的现代科学文化的密切

[1]　钱理群：《心灵的探寻》，307—308页，北京大学出版社，1999年。

联系，就从根本上遭到了否定与摧残，以至发展到最后，‘书读得越多越蠢’，‘知识’本身变成了罪恶”：知识分子就是这样“一步一步地，不知不觉地自己‘出卖’了自己：终于‘相信’了自己‘有罪’，‘相信’自己不经‘彻头彻尾、彻里彻外’的根本改造，就失去了存在的价值”。[1]

这里，关于对知识与知识分子的根本否定——由外在强力的否定到内在的自我否定，同样刻骨铭心。

以上两个方面：自我奴化与自我践踏，正是70年代末、80年代初，我通过对“文革”的反思，所发现的自己的真实的生命存在状态：这发现，是惊心动魄的。而且构成了我的永恒的生存记忆，成了我的思想的一个底线，一个敏感点：在任何时候，都对试图奴役与否定知识分子的倾向保持高度的警惕。而作为一个历史的研究者，我更要追问：这一切是怎么发生的？其中包含着怎样的历史经验教训？我更要思考：怎样才能重新确立知识分子的独立性，恢复原属于知识分子的独立思考的权利，重新肯定知识、文化的价值，以及知识分子自身的价值，防止历史的重演？——这些，都是70年代末、80年代历史与现实提出的“真问题”，对这些问题的探讨，就构成了我的80年代、90年代初学术研究的内在动力与主要方向。

鲁迅、周作人、曹禺：我的三大知识分子研究

这一时期我主要研究了三个知识分子的典型：鲁迅、周作人和曹禺，主要研究成果是四本书：《心灵的探寻》、《周作人论》、《周作人传》、《大小舞台之间——曹禺戏剧新论》。

---

[1]《心灵的探寻》，311—312页。

从表面上看，鲁迅一直被捧得很高，但实际上，新中国成立以后，鲁迅一直处在被“利用、限制、改造”的地位，面临着不断被意识形态化的命运。“文革”中，鲁迅更成了毛泽东的“小兵”，鲁迅研究的任务，也变成了用鲁迅来证明某种现成理论的正确性。这就是说，无论是鲁迅，还是鲁迅研究，都在事实上失去了独立性。因此，恢复鲁迅及鲁迅研究的独立性，就成了我的鲁迅研究的问题，也是我写作《心灵的探寻》的主要追求——“首先是‘回到鲁迅那里去’。这就必须承认，‘鲁迅’是一个独立的‘世界’：它有着自己独特的思想及思维方式，独特的心理素质及内在矛盾，独特的情感和情感表达方式，独特的艺术追求、艺术思维及艺术表现方式；研究的任务是从鲁迅自我‘这一个’特殊个体出发，既挖掘个体中所蕴含、积淀的普遍的社会、历史、民族……的内容，又充分注意个体‘特殊’的，为‘普遍’、‘一般’、‘共性’所不能包容的丰富性。如果把鲁迅独特的思想、艺术纳入某一现成理论框架，研究的任务变成用鲁迅的材料来阐发、论证某一现成理论的正确性，那就实际上否定了鲁迅的独立价值，也否定了鲁迅研究自身的独立价值。”[1]

于是就有了这样的研究方法：用鲁迅自己的“话语”，他的“单位观念”与“单位意象”来描绘鲁迅的独特“思维”、“心境”、“情感”与“艺术”，正是要强调和恢复鲁迅的“独特个性”，在总体上突出了“个人的鲁迅”。

而我的《周作人论》与《周作人传》，所要处理的是一个由于历史的复杂性而完全被否定的知识分子。我的研究任务也就变得复杂起来：一方面，我要努力开掘作为“五四”传统开创者之一的周作人思想中的积极因素，主要是建立在自然人性论基础上的人道主义

[1]《心灵的探寻》，10页。

思想，对个性独立、自由的追求，以恢复他应有的历史地位，并为新时期的思想发展提供精神资源，同时这也是我自己的一个自我发现的过程，但另一方面，我也不能回避周作人最后“堕入深渊”的事实，并作出我的批判。而我的批判立场既是“民族”的，又是“个人”的，因此，我认为，周作人的堕落是双重的：“从民族的立场，他与入侵者合作，必然逃不脱‘背叛祖国’的历史罪责。即使从个人的立场，（当他成为日本傀儡政权的官僚，）他也是异化为国家机器的‘部件’，彻底地工具化了”，他“走到自我一切追求的反面”，“周作人参与开创的‘五四’传统，一是爱国救亡，一是个体自由，现在周作人于这两者都彻底背离，说他‘堕入深渊’就是由此而来。有人以为周作人虽有罪于民族，却换取了自我的自主与自由，这是大悖于事实的”。[1]可见，当时我关心的重心还是知识分子自我独立性的丧失，不过是由外在社会、体制原因的探讨转向了对知识分子自身弱点的追问。

《大小舞台之间——曹禺戏剧新论》，是把曹禺作为“知识者与文学被‘改造’的标本”来研究的；讨论的中心是知识分子“话语方式的改造”，所关注的是“文学家、知识者的个人话语方式与和一定的权力关系联系在一起的主流意识形态、话语规范之间的复杂关系”。

我所要描述的是，“一位20世纪中国的软弱的天才”，怎样被一种更强大的意志与力量支配，一步一步地放弃自己的个人的话语方式，丧失独立思考、独立创造的能力，以至“对于不必恐惧的事物恐惧，对于不必忧虑的事情忧虑”，“在不得不讲的情况下讲溢美之词”、违心之言，“用虚伪的方式表达他的真诚”，到最后“明白”的时候，

---

［1］钱理群：《周作人传》，478—479页，北京十月文艺出版社，2001年第2版。

“人也废了”，不仅是身体的老残，更是心灵的残废。

我们遮蔽了什么

以上这些研究，都有一个中心，都是强调作为“个人”的知识分子的独立意义和价值，知识分子个性化的思维、情感、话语方式，等等，这自然是包含了曾经有过的将“个人”消失在“群体”中的惨痛的历史经验教训在内的。这都是80年代的思想成果，其积极方面是应该肯定与珍惜的。但它同时也自觉、不自觉地遮蔽了一些东西。

最初让我意识到这种遮蔽的严重性的，是我到上海去参加一位博士生的关于鲁迅研究的论文答辩。作者特地引用了鲁迅在《今春的两种感想》的演讲里，对一种思维方式，一种思想、文化、文学现象的批评：“我们常将眼光收得极近，只在自身，或者放得极远，到北极，或到天外，而这两者之间的一圈可是绝不注意的。”鲁迅说：“在中国做人，真非这样不成，不然就活不下去。例如倘使你讲个人主义，或者远而至于宇宙哲学，灵魂灭否，那是不要紧的。但一讲社会问题，可就要出毛病了”，“文学上也是如此。倘写所谓身边小说，说苦痛呵，穷呵，我爱女人而女人不爱我呵，那是很妥当的，不会出什么乱子。如要一谈及中国社会，谈及压迫与被压迫，那就不成。不过你如果再远一点，说什么巴黎伦敦，再远些，月界，天边，可又没有危险了”[1]。重读鲁迅这句话，我是很受震动的。我立刻就想起了前面引述过的对《心灵的探寻》一书的设计：我不是正要谈“极近”的“个人的鲁迅”、“极远”的“人类的鲁迅”，而恰恰不谈或少谈“社会的鲁迅”吗？而恰恰是鲁迅自己反复强调，他最看重，也最着力的是“社会批

[1] 鲁迅：《今春的两种感想》，《鲁迅全集》卷7，409页，人民文学出版社，2005年。

评”与“文明批评”，他的任务就是要揭示中国社会的“压迫与被压迫”；离开了鲁迅对社会问题的关注与批判，就从根本上失去了鲁迅。尽管我在80年代强调“个人的鲁迅”有它的现实针对性，也自有其价值，但对“社会批判的鲁迅”的淡化，就从更根本的方面，遮蔽了鲁迅，降低了鲁迅的意义和价值。想到这一点，我又出了一身冷汗。

问题是，这样的只谈个人主义，身边琐事，高谈玄学，海外天边，而淡漠现实社会问题的倾向，在80年代末以后已经成为中国思想、文化、文学、学术的主要潮流。知识分子缩回了象牙塔。我因此想起了90年代初，关于“人文精神”的讨论。当然，不能否认这样的讨论的意义和价值，但其中一个明显的问题是，知识分子只是关心自身的边缘化，而同时发生的中国社会严重的两极分化现象却根本没有进入知识分子的视野。我们的思考和研究与整个社会脱了节！这难道不应该引起警戒和反思吗？

中国改革道路的历史反思

如果把我们的反思视野扩大一点，考虑到我们上述言说的更大背景，即我们在八九十年代如此这般言说时，中国政治、经济、文化的历史实践发生了什么变化，出现了一些什么问题，对我们这里所讨论的问题，可能会看得更清楚一些。——这里必然要引发出对这个改革的反思。

我曾经在一篇文章里说过，中国的改革是在“文革”后期孕育的。当时，有几种力量都在思考中国的变革。一是以邓小平为代表的党内改革派，当时，邓小平在江西农场散步中的思考，几乎是决定了以后中国的未来的；一是以顾准为代表的中国知识分子，他的思考对以后中国的改革也产生了很大影响；一是后来被称为“民间思想村落”里的，以知识青年为主体的民间思想者。这三种力量都意识到中国必须也必然发生变革，成为以后中国变革的推动力。但他们对中国的变革有不同的诉求，对中国未来的发展也有不同的想象。

在“文革”结束后，中国迅速出现了两条线路的改革运动，一是重新掌握了权力的党内改革派所发动的自上而下的改革运动，一是由一部分民间思想者所发动的自下而上的改革。他们在反对“四人帮”以及保守派上是相互配合的。中国的改革因此成了由执政党主导的自上而下的现代化运动。在这样的历史关头，中国主流知识分子作出了与改革派合作的选择。因此，在某种意义上，80年代，中国改革运动是在中国主流知识分子支持下由党内改革派所主导的。

知识分子精英集团的形成，自身的分化：90年代的新问题

这里，有两个关口。“以经济发展为中心”的改革道路，对知识分子的政策，与极“左”时代相比，就发生了根本的变化。极“左”时代对知识分了实行的是“利用、限制与改造”的政策，表现了对知识分子根本上的不信任，因此，总是关上大门，不发给“入场券”，无论知识分子如何向其靠拢，如何改造，最后还是戴着“资产阶级知识分子”、“反动学术权威”的帽子，成为“文革”“全面专政”的对象。而现在，既要以经济建设为中心，就必然要向“知识精英”和“技术精英”敞开大门；在政治领域也向知识分子开放，培养知识分子“政治精英”。而在80年代末以后，知识分子中的活跃分子一部分纷纷转而经商，又出现了一批“经济精英”。——这样一个新的知识分子精英群体的形成与崛起，是90年代最引人注目的现象。

从知识分子这方面来说，有两个方面的原因，促使他们事实上接受了这样的“以经济为中心”的改革路线。首先，他们认为随着经

济的改革、市场经济的发展，就会培育出其他方面改革的基础与基本动力；在他们看来，在培育市场经济与中产阶层过程中所出现的种种弊端（社会不公、腐败等），都是此时期必须付出的代价。另一方面，知识分子广泛参政，充当“国师”，即所谓“专家治国”，本来就是相当一部分知识分子的幻想。胡适在20年代就提出过“好人政府”的政治设计，30年代更是倡导“英杰政治”、“研究院的政治”，即“不但要有高等的智囊团来做神经中枢，还需要整百万的专门人才来做手足、耳目”。

在“经济建设为中心”的改革路线下，知识分子在国家生活中地位的变化，知识分子精英集团的形成，以及体制化的知识分子自身的变化，由此而发生了知识分子的分化：这就是90年代所面临的新问题。

思考中心的转移：对知识分子自身问题的拷问

应该说，我对这一问题的认识，是有一个过程的。最早发现或提出了这样一个问题的，是80年代末，1989年1月1日所写的《由历史引出的隐忧》。文章一开头就说——“提高知识分子的地位，充分发挥知识分子在治理国家中的作用，这是当前的热门话题，也是人们近期的斗争目标。我作为知识分子，当然赞同，愿意为之奋斗，自是不在话下。但我却在想一个也许会有些超前的问题：知识分子真的掌了权，实现了专家治国，又怎样呢？会‘一切都好起来’么？我看（不如说担心）未必。”

这是第一次对“专家治国”路线所提出的质疑。我说我的这一隐忧与质疑“来自历史”。这就意味着我的知识分子研究、历史研究重心的一个转移：如果说，80年代我的知识分子研究，面对极“左”时期对知识分子的外在与内在的压抑与奴役，着重于对知识分子历史地位的肯定，其独立价值的确立；现在，就开始转向对知识分子灵魂的拷打与追问：知识分子到底出了什么问题？为什么会出现这些问题？

我首先谈的是我在考察“五四”以后的历史时的一个发现：在“五四”之后，中国要走什么路，知识分子有各种各样的设想，有的主张走俄国的路，有的主张走欧美的路，有的主张科学救国，有的主张革命救国，枪杆子决定一切，有的主张实业救国。具体到文化上来说，有的主张“中学为体，西学为用”，有的主张“全盘西化”，有的号称“拿来主义”，对传统文化当时有新儒学派，有儒释道合流派，对外来文化有亲英美派，有亲日派、亲俄派，等等。“五四”时期打破了一个偶像，“上帝死了”，那么，怎么办？产生了意见分歧，本来这是一个很正常的现象。问题是后来这种意见的分歧变成了什么呢？很快就打起来了：每一方都宣布自己的这种选择是绝对的、唯一的、百分之百正确的，要争正统地位，要争做新权威新偶像，同时迫不及待地宣布其他异己的选择都是错误的，甚至是反动的、反革命的。最典型的是郭沫若，郭沫若本来是浪漫主义者，但他在“五四”之后突然选择了现实主义，选择现实主义也没关系，但他接着宣布浪漫主义就是反革命。他轻易地把和自己不同的选择判作“反革命”。争论最后就发展为“实际解决”。当年徐懋庸们就是这样对鲁迅说的：你的观点跟我不一样，你要另提口号，我们就要“实际解决”。鲁迅勃然大怒：“什么叫实际解决，充军还是杀头？”

我在那时提出这样的历史的隐忧，有了这样的历史的反思——“被‘实际解决’的，自然首先是知识分子，而且是他们中间的杰出者；而‘实际解决’的始作俑者，或作伥者，也大半是知识分子，而且其中也不乏声名显赫的大知识分子。（国民党）清党运动发难者之一即是‘五四’运动的一位著名的先驱。”“真正的知识分子应有勇气正视……结果如何呢？一大批民族的精英被‘消灭’了，劫后幸存者也都大丧元气。（这才是真正的‘自毁长城’！）结果出现了‘罢黜百家，独尊一家’的局面，这就从根本上杜绝了历史发展的多种选择，思想文化多元发展、互为补充的可能性。”

这就是说，在历史的罪恶中，知识分子不仅是受害者，同时又是参与者。——这自然是一个相当严峻的论断，面对这样的历史，我内心的沉重，是可以想见的。

在我看来，知识分子的问题不仅仅在有的人在罪恶中为虎作伥，而且作为历史的叙述者和研究者，也同样欠了债。揭示历史的真相，这本应是知识分子的职责，但在有的知识分子的笔下，却有意无意地将历史的血腥气抹杀，洗涤干净。我们读众多的历史著作，常常发现近百年发生的无数杀人的事实都在历史的叙述中消逝。在北大百年校庆的时候，我就提出过这样的质疑：难道北大百年只有光荣，没有耻辱吗？知识分子作为历史的叙述者，他常常有意突出前者而抹杀后者，这样的对历史的遮蔽，就是知识分子的失职。[1]

80年代末的批判：知识分子的专制

也就是在这段时间同时写的第二篇文章：1989年3月10日写的《反思三题》里，我又提出了“知识分子的专制”的命题。我关注的是“知识分子掌权之后”的问题。在我看来，知识分子掌握了权力，虽然不是必然，却有可能产生“知识分子专制”，这是必须有所警戒的。我说：“有时在默默地观察当今活跃于文坛与思想界的‘名流’时，——无论是比我长一辈的，与我同辈的，以及比我年轻一辈的，

[1] 以上引文见《由历史引出的隐忧》，《压在心上的坟》，135、136—138页，四川人民出版社，1997年。

我都在他们身上发现了或多或少，或明或暗，或是自觉或不自觉的知识分子的专制。”而且我将知识分子专制和愚民专制作了一个对比：“人们说愚民专制的可怕，在其‘不受任何约束’的群体的‘疯狂性’；知识分子专制的可憎就在其精细、严密的‘合法化’与‘科学化’。但在崇尚独尊、大一统，排斥个性、自由、少数、异己、分离、多元……上，则与帝王专制、愚民专制毫无二致。”[1]——我这样说，在1989年年初，多少有些耸人听闻。

在80年代末，我所提出的第三个问题，是“在中国，要‘启蒙’，先得‘启’知识分子之蒙’；要‘改造国民性’，先要改造知识分子的‘劣根性’”。对我个人来说，这是我的思想的一个发展，就是说，在80年代早期和中期强调启蒙是对民众的启蒙，但到了80年代末，就开始意识到知识分子自身的素质问题的重要性与严重性。

我当时提出知识分子有三大劣根性。“一曰‘酋长思想’。”唯我独尊、独革，不容忍异己、异端，以滥用权力、锻炼人罪为乐。表面上看去喜欢多样化，其实知识分子，特别是掌握了权力之后，他们最喜欢同一，不习惯多元。你可以发现一个规律：知识分子在野的时候谈多元，在朝就谈一元，绝对是一元，多元化是不符合中国知识分子的思维习惯的。“二曰‘二元论思维定势’。”就是非此即彼，非白即黑，不是百分之百的正确就是百分之百的错误，不是革命就是反革命，喜欢搞你死我活。不懂得对立面可以互相渗透互相补充，老是强调一种绝对的对立，知识分子一旦发生争论，争论的结果不是说大家互补，达到一个更合理的认识，而是讲究一个吃一个，绝对不允许对方的存在，非得争个你死我活。三曰不尊重人的生命，尽量地满足自己的残贪的本性。这话不是我说的，是周作人说的，他说在中国这是一个根

[1]《反思三题》,《压在心上的坟》，132页。

深蒂固的遗传病，帝王将相，学者流氓，无一不是这样。他把学者和帝王联系在一起，有的学者还能接受，但和流氓联系在一起，就不能接受了。但这却是事实。鲁迅对知识分子也有一个非常精彩的概括，就是“才子加流氓”。必须是才子，没有一点才华是不行的，但同时又必须是流氓。才子气加流氓气，再加上帝王气，有了这三气，就可以横行文坛、学界，无往而不胜了。[1]

知识分子的三重状态

如像前面所说的那样，我在很多场合与文章里，都反复谈到鲁迅的一个重要的判断：中国知识分子在历史上从来是官的帮忙和帮闲的。

上次我们说过，中国知识分子历来都有个“诸葛亮情结”，总是希望获得统治者的眷顾与赏识，即所谓“三顾茅庐”。鲁迅说，皇帝老子只有在两种情况下才会想到知识分子，一是在开国的时候，他气势旺盛，需要你来给他唱赞歌，让你当他的清客、帮闲。譬如，汉代皇帝用了司马相如，就是看上了司马相如的才气，让他当帮闲。另一个情况，是统治出现了危机，衰败了，没辙了，于是“病急乱投医”，不是说你知识分子有本事吗？那我就听听你的意见，你这个时候能不能给我出点主意，知识分子自以为可以大显身手，其实是“帮忙”而已。不是充当“帮闲文人”，就是充当“帮忙文人”：这就是中国传统知识分子的历史命运，任何时候都没有独立过。问题是在某种程度上，这是知识分子自己的选择，即所谓“愿者上钩”：其可悲、可叹就在这里。

[1]《由历史引出的隐忧》,《压在心上的坟》，140页。

问题是到了现代社会，统治者依然这样要求知识分子，知识分子也依然这样主动迎合。鲁迅写过两篇很深刻的文章，题目就很有意思：《同意和解释》（文收《准风月谈》）、《宣传与做戏》（文收《二心集》）。他说当官的对知识分子就四个要求：一是“同意”。他说什么话，做出什么决策，提出什么口号、理论，你都坚决拥护，百分之百赞同，理解也支持，不理解也支持。二是“解释”。就是把他的口号、他的政策加以理论化、合法化、学术化。引经据典，论证掌权者的决策、口号，怎么怎么深刻，怎么怎么伟大。三是“宣传”。你知识分子不是善于制造舆论吗？那就用你的三寸不烂之舌，为我抬轿子，做宣传。四是“做戏”。鲁迅说，宣传“究竟还有一点影子”，做戏就几乎是无中生有；“真的做戏，是只有一时；戏子做完戏，也就恢复为平常状态的”，而现在却要大家无时无刻不做戏：一到了做戏，就真走到末路了。问题是，统治者对他自己的话，尽管要你“同意”、“解释”、“宣传”，其实他自己也是不相信的，他讲那些话，提出那些口号，也是在“做戏”，不过是要你知识分子也陪着做戏而已。——这四大要求，看起来好像很滑稽，其实是不可小看的，因为这背后有权力的运作。所谓“重赏之下，必有勇夫”，不能否认，相当多的知识分子都在不同程度上接受了这四大要求，尽管他们在内心并不认同，从而陷入思想与人格的分裂，开始时还有些不自然，久而久之，就习惯成自然了。这同时意味着中国现代知识分子仍然逃脱不了中国传统知识分子的“官的帮忙、帮闲”的可悲命运。

但现代知识分子又多了两个危险，首先是成为商的帮忙帮闲，这是现代社会产生的新问题。鲁迅早在20年代就说过：“自由固然不是钱所能买到的，但能够为钱而卖掉。”[1]我们回顾这一百年的历史，我

---

[1]《娜拉走后怎样》，《鲁迅全集》卷1，168页。

们曾经因为没有钱而失去自由，但是到了90年代现在我们又面临一切为了卖钱而失去自由。随着90年代以来中国经济的迅速发展，以及前述国家知识分子政策的改变，中国知识分子经济地位的改变是有目共睹的：如果说在80年代曾有过“搞导弹的不如卖鸡蛋的”这样的现象，到90年代，“搞导弹的”与“卖鸡蛋的”的生活就已经不可同日而语了。知识分子生活水平的提高，这本身应是历史的进步，但也同时带来了新的问题。我在1994年写过一篇题为《“帮忙”与“帮闲”的陷阱》的文章，第一次提出：“20世纪末的中国，一改走了大半个世纪的老路，走上了‘经济兴国’的新轨道，由此而引起了社会、经济、政治、文化、心理……结构的大变动”，造成“新的陷阱和新的危机”，“增加了成为（鲁迅所说的）‘商人’的‘帮闲’、‘帮忙’的危险”。——当时，因为这样的趋势才刚刚显露，因此，我只是提出了这样的命题，却并没有展开。而到了今天，这个问题的严重性，也就看得更清楚了，这里就不再多说了吧。在此之后，我对“商的帮忙、帮闲”的命题，还有进一步的展开，也不再引述了。

我在1994年写的这篇文章里，同时还谈到了成为“‘大众’的‘帮闲’、‘帮忙’的危险”的问题。[1]这也是鲁迅早在30年代就提出的命题，[2]但到了90年代，却又有了一种现实的意义。因为我们又面临着流行文化和大众文化的挑战，这是一个新提出的问题，非常值得注意和警惕。毫无疑问，我们不能对大众文化、流行文化采取简单的否认和拒绝的态度。我们不能当鸵鸟，必须面对现实。而且大众文化确实有它的特点与优势，有它的群众基础，对其采取贵族式的歧视、否认

[1] 以上引文见《“帮忙”、“帮闲”的陷阱——读鲁迅作品札记之二》，《压在心上的坟》，187页。

[2] 参看鲁迅《门外文谈》，文收《且介亭杂文》。

态度是不足取的。但是，同时也要看到，即使是最好的大众文化、流行文化，也是显示一个时代文化的平均数。如果完全沉迷于其中，拜倒于它，迎合它，进而为它所控制，那必然导致思想和文化的平庸化。它是一种消解力量，所谓休闲是有消解力的，会导致知识分子思想的批判锋芒的丧失，思想的创造力的丧失。这就是大众文化、流行文化的危险性所在，如果缺乏警惕，弄不好是会成为大众的新帮闲的。

在1997年所写的《鲁迅与20世纪中国》一文里，我对上述有关鲁迅思想的新发现、新阐释作了这样的总结："鲁迅在考察本世纪中国知识分子的现实处境和命运时，发现他们非但没有走出封建中国的奴隶困境，而且陷入了'三重奴隶'的更大困境：既是'官（自然又有了新名目）的帮忙、帮闲'，又是'商的帮忙与帮闲'，还是'大众（以及各种"大众代言人"）的帮忙与帮闲'。而且鲁迅的这一惊心动魄的发现，又一次超前了。"[1]

"我们还能做什么？"

我意识、发现了这一点，就产生了极强的危机感。在1997年，我写了一篇文章，题目就叫《我们的危机在哪里？》，这是看了秦晖先生在《读书》上发的一篇文章而引发的感想。秦晖先生对俄国知识分子在俄国1905年革命前后到1917年革命表现出来的危机，有一个概括，说他们"在应当保守时激进，应当激进时保守"。这一概括引起了我的很大震动，我立刻就想到中国的知识分子。知识分子本来应该起一个社会清醒剂的作用，1980年代整个中国社会非常地热，整个思想界非

---

[1] 钱理群：《鲁迅与20世纪中国》，《走进当代的鲁迅》，122页，北京大学出版社，1999年。

常地激进，这个时候知识分子应该保守一点，但是1980年代的知识分子比谁都激进。到1990年代，中国明显有一个保守主义的倾向，这个时候知识分子应该更加激进一点，但是这个时候他们却更加保守。知识分子总是在赶潮流，喜欢“哗众取宠”。我说：“或许问题正出在这‘哗众取宠’上”，“过去有‘得风气之先’的说法。所谓‘风气’，即是一个时代、时期大多数人的选择和趋向，知识分子不但敏感于此，而且喜欢‘为先’，即充当‘风气’中的风云人物。这一方面是‘趋时’，‘从众’，既可以在‘共享’的名义下最大限度地获取利益，又可以逃避责任以至罪罚：这正是表现了人性的软弱方面。从另一个角度看，这又像是俄国与中国这样的有着长期的封建专制传统的国家的知识分子，缺乏独立思考（特别是不能进行逆向思考）、屈从个人和群体的专制意志的劣根性和奴性的表现”。本来，一个知识分子，按照自己的独立思考，做出某种选择，或者激进，或者保守，这都是正常的，是其自身的权利，而且既然是自主的选择，也必然是要不顾利害和时尚地坚持下去，尽管一时不合时宜，但从长远看，总是有意义的。而且从总结历史经验的角度看，“保守”与“激进”的互相对立和制约，也许是更有利于社会发展的。问题是，“中国知识分子的选择，并不总是按生命的内在要求，作独立选择，而更多包含了自身利益的种种考虑，他们的选择就不能不带有不同程度的投机性。其结果必然是独立批判意识自觉、不自觉地减弱”。[1]在我看来，这是构成了根本性的危机的。

知识分子就一直这么投机下来。我常常想，无数次地反省自己：作为知识分子，我们能做什么？对中国社会的发展，能起到什么作用？每想到这些问题，我都非常悲观。

知识分子应该而且可以凭借自己的思想创造力和想象力，为社会

---

［1］ 以上引文见《读文有感》，《压在心上的坟》，190—191页。

提供新的思想、新的理念、新的价值理想，特别是在信仰缺失的当代中国，重建文化，重建价值理想，是一个历史的迫切要求，也是知识分子的基本职责所在。但是我们现在思想的创造力与想象力都已经衰退了，根本提不出新的思想、理论与理想，至少我提不出。退其次，你就坚守一个你自己的信念，哪怕它不是新的先进思想，仅仅是常识，你坚守常识，对社会的反常现象（真正是比比皆是！）提出你的批判与质疑，尽管无济于事，至少可以起一点制约作用，表示还有不同的声音的存在。但如前所说，我们的知识分子太喜欢趋时、趋势、从众了，我们的批判意识与功能已经彻底丧失了。第三，或许还可以参加实际操作，做一点实事吧，但知识分子又不或者不屑干。最后，做一点知识的传授、传播工作，总可以吧？但现在“假冒伪劣”的知识产品满天飞，又有多少知识分子在认真教书、写书？剩下的就是自恋、自怜：我多聪明，活得多滋润啊；我多可怜，多痛苦啊。最后就自娱，我玩自己的，一切不过是玩玩而已。落到这样一个自恋、自怜、自娱的地步，就真是堕落了，自己把自己毁了。

我今天在《开放时代》杂志读到上海一位年轻学者倪伟的文章，题目就叫《我们还能做什么》，文章中有这么一段话：“书斋中的知识生产永远是苍白无力的。在你直接面对现实时，这种感觉会变得尤其强烈，那么是否可以在知识之外寻找到另一种结合方式呢？”确实在现实面前，知识分子会异常地感觉到自身的限度，以我个人的体验来说，当我面对民工子弟的那些天真可爱的孩子时，我首先想到的问题是自己究竟能为他们做些什么。给他们上课，传授点知识，这能从根本上改变他们的处境吗？所以当真正面对民众时，你简直会茫然不知所措，甚至还会感到一丝绝望：我究竟能做什么呢？这种困惑和焦虑至少对我自己来说是异常真实的。我想可能我们大家都有这样一种困惑和焦虑。我们现在还能做什么？倪伟提出要“到知识之外寻找另一种结合方式”，这或许是一条出路，但也有问题：在社会分工中，从事知识生产，是知识分子的本职，作为其中的个体，我们当然有权另找出路，但作为知识分子整体，我们能放弃这样的基本职能吗？这一期《开放时代》还登了一篇另一位年轻作者贺照田的文章，主张“对自己倡导的信念、价值”，“身体力行”，从中获得“反身而诚的乐趣”。其实这几年我自己就是这样做的，我提出“坚守”，提出“想大问题，做小事情”，也就是强调“反身而诚”。但我自己也时时警诫自己：要防止陷入“小事情”，而忘记了对“大问题”的思考与追求。对我来说，这是一个底线，再也不能退了。有一点，却是可以感到欣慰的，就是我自己，以及有越来越多的朋友，特别是年轻朋友，都在思考：“我们还能做什么”，并且努力在实践中寻找出路。尽管还在彷徨，但寻找本身就多少有些希望，而且大家都在寻找，即我说的：“我存在着，我努力着，我们又彼此搀扶着。”

警惕“否定知识分子”思潮的再度泛起

这样说来，就把对知识分子的反省推到了极致，一个相当悲观和绝望的境地，在这个时候还得警惕会出现一个新的问题，会重新出现对知识分子甚至对知识本身的否定。历史是非常曲折的，就是你在强调知识分子作用的时候，推到极端，就会导致知识分子本身的异化和分化，而当你自我审视与批判到极端的时候，又会反过来回到原来的那一点上去，又形成对知识的否定或对知识分子的否定。

这些年来好像又在出现类似的这样一种思潮。这种思潮常常来自于更年轻的一代，我就曾经和一位年轻朋友发生过争论。我不同意他的一些说法。比如说知识分子在“文革”中“罪不可赦”，“沉默也是有罪”，批评学院派知识分子的选择是“表现了人格和精神的资源的稀薄”等等。当然知识分子是有其弱点的，如上所说，我自己就对知识分子（某种程度上就是对自己）很失望，甚至是绝望，但这样的批判应是有分寸、有分析的，不能走向极端。特别是反省在一些历史事件中知识分子所应负责任的时候，我们得注意过分地强调参与者的责任是有问题的。其次，我一再强调，对知识分子的批判，是把自己放在内的，也就是说，不能把自己置于道德的审判者的地位，居高临下地去审判别人，尤其是不能用“不是圣人就是罪人”的圣人道德去审判别人。道德是有高线和底线的，应该有一个弹性。譬如说在“文革”的时候，道德的高线就是反抗，像张志新像林昭那样的反抗，这是我们民族的英雄，我们应该发扬她们的精神，但是英雄毕竟是少数，大部分人不能做到，如果都用高线，“文革”所有的人都该枪毙了。沉默者当然有他的责任，但绝不能说“沉默就是罪恶”。这绝不是说，没有道德评价的底线，如果你是个出卖者，是个帮凶，那是另一个问题。我们可以提倡圣人道德，但是不能将圣人道德作为一个标准来判断人，特别是不能用这个来审判人。审判和批评不是一个概念，不能用不是圣人就是罪人这个逻辑对人横加罪责。最后，一定要警惕：在对知识分子进行批判的时候，不能引向对知识分子和知识本身的否定。

这个问题还是一个现在没有解决的问题，我现在的思考也只能到这样一个水平。“知识分子的独立性和主体性”还是一个需要继续面对和思考的理论和实践问题。

五　知识分子和民众的关系问题

80年代初的问题：
精神的迷乱是怎样产生的

80年代初，在“文革”刚刚结束的时候，“知识分子和民众的关系问题”，是一个包括我在内的许多知识分子所面对的历史和现实的真问题。

就我个人而言，这个问题是和我的痛苦的“文革”回忆连接在一起的。如前面几讲所介绍的，“文革”开始时，我在一所中等卫生学校教书，因为当时像我这样的从北京去的大学生还很少，就凭这一点我就成了“反动学术权威”、“修正主义的苗子”，再加上我出生在一个旧官僚家庭里，我的父亲又在台湾，就被判定为“反革命孝子贤孙”。问题是，我自己对这样一些“罪名”的态度：我不承认自己是“反革命”，却接受了“修正主义的苗子”的指责；而且我没有任何的怀疑和反抗，而是努力地在自己“灵魂深处”去“爆发革命”。——中国知识分子历来就有孔孟儒学提倡的自省传统，在共和国成立以后又一直在鼓励这种自省式的“修养”。在那样的教育下，我们是不可能怀疑那个把自己打成“反革命”的，只能在自己身上找原因。

为了给突然强加给自己的屈辱地位找一个合理的解释，一个自己能接受的解释，我就去读马恩列斯的著作，同时读鲁迅的著作，抄了四大本语录，至今还保留着：《马克思列宁主义经典作家论革命》、《鲁迅对小资产阶级文学革命家的批判》、《鲁迅的战斗精神——严肃地解剖自己》、《对革命历史经验的总结——鲁迅思想改造的历程》。抄的目的就是想从中找出一个解释。我发现马克思主义经典作家，毛泽东和鲁迅都从知识分子与普通人民的关系的角度，严厉地批评了知识分子的弱点。这样的批判使我受到了极大的震撼。

我终于从中找到了一个能够说服自己的逻辑：人民是大多数，知识分子是少数，尤其我是剥削阶级家庭出身的知识分子，就更是少数中的少数；而自己这个少数接受了大多数人民的哺育，却又一心想着个人的发展，脱离了大多数人民：这本身就是违背了道义，自然是"有罪"的。现在的"革命"就是代表大多数人民来惩罚自己，这是"罪有应得"，自己也因此得以从"原罪"中解脱出来：这本身就是一种挽救。即使在惩罚中受到一些委屈，这不仅是革命中所难免的，而且也是为了大多数人的利益必然要牺牲少数人的利益，要心甘情愿——我甚至从这样的自我牺牲中获得了某种神圣感。

就这样，一步一步地，不知不觉间，我相信了自己"有罪"，相信自己不经彻头彻尾的根本改造，就失去了存在的价值，"心悦诚服"地接受了"无产阶级专政"。

到"文革"结束，才猛然省悟：这不过是一种精神的迷乱。

我们必须追问：这一切是怎样发生的？这样的逻辑是怎么形成的？这就必须对逻辑的前提进行根本的追问：应该怎样看待知识分子和人民的关系？——这就是80年代的学术研究：20世纪知识分子精神史研究，现代思想史、文化史、文学史研究，所面对的问题。

知识分子和人民关系历史的清理

在80年代我有一篇比较重要的论文，题目是《胡风："五四"传统的历史承担》,[1]从总结胡风切入，对于“五四”以来中国思想文化界关于知识分子与人民关系问题的思考与认识过程，作了一个历史的考察和梳理。

文章首先指出，在20世纪初，列宁提出20世纪是“亚洲的觉醒”的时代，同时指出：“只有革命人民群众的真实的英雄主义，才能‘复兴中国’”，因此，中国的“战斗的、真实的民主主义”，必然是“热烈地同情劳动者和被剥削者”[2]的，这样，“以‘振兴民族精神，改造民族灵魂’为己任的新文学，它与人民（特别是以工农为主体的下层人民）的血肉联系，是由其自身的性质所决定的”。我们通常说“五四”是人的发现的时代。其实这是一种笼统的说法，具体地说，“五四”人的发现有三大发现：妇女的发现、儿童的发现，以及以农民为主体的下层劳动人民的发现。鲁迅后来回忆说，他从小受的传统教育是把农民看成是花鸟一样，到“五四”才懂得了农民也是人，有人的独立价值和意义。[3]因此，他说他的写作是“采自病态社会的不幸的人们中，意思是在揭出病苦，引起疗救的注意”。[4]这里所包含的对下层人民的“不幸”的真诚的同情，对启发人民觉悟的重视是十分明显的。但鲁迅又强调改造国民性，也就是说，在知识分子和人民的关系问题上，他是更注重知识分子对国民的引导和启蒙的作用的，所以他又有“现在没奈何，也只好从智识阶级……一面先行设法，民众俟将来再谈”的说法。[5]

[1] 文收《精神的炼狱——中国现代文学从“五四”到抗战的历程》，广西教育出版社，1996年。

[2] 列宁：《中国的民主主义和民粹主义》，《列宁选集》卷2，362、358页，人民出版社，1965年。

[3]《英译本〈短篇小说选集〉自序》，《鲁迅全集》卷7，411页。

[4]《我怎么做起小说来》，《鲁迅全集》卷4，526页。

[5]《通信》，《鲁迅全集》卷3，26页。

这样一个问题在30年代就开始发生变化。左联成立以后，提出“文艺的大众化”问题，并且展开了热烈的讨论。开始时还是强调知识分子是民众的导师，知识分子有提高民众意识的责任，基本沿着“五四”的启蒙主义思路，后来就遭到瞿秋白的尖锐批评，他说你们这些知识分子还没有决心走进工人阶级的队伍，你自己以为是大众的老师，你们有资格去引导大众吗？你们不配去引导大众！[1]一方面他批评知识分子脱离群众、蔑视群众的倾向，他的这种批评在今天看来还是有一定的合理性的。但问题是他在批评知识分子的同时，又自觉不自觉地表现出一种贬低知识分子的倾向。他使用了“不配”的概念，这就把知识分子排除在民众之外了。这种倾向，尽管还处于萌芽状态，却是一个危险的开端。当时鲁迅就看出来了，他在《门外文谈》里指出：“凡有改革，最初，总是觉悟的知识者的任务”，这就坚持了“五四”启蒙主义的原则。他同时强调，知识分子“只是大众中的一个人”，他不比大众高，也不比大众低，也不在大众之外，“他不看轻自己，以为是大家的戏子，也不看轻别人，当作自己的喽罗”。[2]

但是鲁迅的观点在当时并没有被普遍接受，倒是越来越倾向于瞿秋白的观点，逐渐把知识分子从大众当中排除出来了。到了40年代，就发生了急剧的变化。40年代是一个战争的年代，而中国的战争是一个以农民为主体的战争，在战争中知识分子的作用就很有限了，拿枪杆子的人在40年代中国的政治经济文化生活中地位越来越重要，而拿枪杆子的主要是农民，所以40年代的时代思潮就主要向农民倾斜。知识分子的软弱无力，鲁迅早就感觉到了，他曾说过北洋军阀孙传芳我们写一万首诗也赶不走，一炮把他打走了。在严峻的历史现实面前，

---

[1] 参看瞿秋白《“我们”是谁？》，《普罗大众文艺的现实问题》。

[2]《门外文谈》，《鲁迅全集》卷6，104—105页。

在国家生死存亡的关头，启蒙主义往往显得很软弱无力。在这样一种背景下，毛泽东就提出一个命题："知识分子如果不和工农民众相结合，则将一事无成"，[1]这个命题在当时是深得人心的。知识分子在战争中特别感受到作为知识个体的无力与无用，迫切希望和有力量的人结合起来，融入一个战斗的集体，因此，毛泽东发出"知识分子和工农相结合"的号召是能够得到知识分子自身经验和反省的支持的。

毛泽东又把这个命题再往前推一步，提出"知识分子工农化"的要求。而所谓"化"，毛泽东解释说："化者，彻头彻尾彻里彻外之谓也。"[2]这就把知识分子视为必须进行"脱胎换骨"的改造的对象，不仅外表要工农化，内在的心理、思维、情感，生活习惯、生活方式都得"工农化"，"化"的结果就是知识分子的消失。延安时期的文艺作品，知识分子的形象就真的没有了，有也被当作改造对象，是非常可笑的人物。你看丁玲的《太阳照在桑干河上》的文采多可笑，一出现就是丑的。赵树理的作品里是没有知识分子的。这就是"彻里彻外"的"化"。工农和知识分子"相结合"这一具有历史合理性的命题，就变成了单一的改造知识分子的命题，工农民众和知识分子的关系，也蜕变为改造与被改造，一方"化"掉一方的关系。

当时对这种思潮提出质疑的是胡风。他仍然坚持鲁迅的立场，强调"知识分子也是人民"，不能否定知识分子的作用，现代知识分子是和现代思想联系在一起的。否定知识分子就等于否定现代思想；也不能把人民美化、理想化，特别不能把农民美化，把小农经济、小农意识美化，这实际上是一种民粹主义思想。

胡风在这里将40年代"知识分子与民众的关系问题"上所发生

[1]《五四运动》,《毛泽东选集》，523页，人民出版社，1967年。

[2]《反对党八股》,《毛泽东选集》，798页。

的向民众，特别是农民绝对倾斜，以至否定知识和知识分子的倾向，归之于一种民粹主义思潮，在80年代引起了我的注意。我在《胡风："五四"传统的历史承担》中，这样写道："我们当然不能夸大40年代民粹主义思潮（倾向）——如前所述，它并不占据40年代思潮的主导地位，是被历史的'正面'掩盖着的'反面'，即使是胡风的反对者、批判者，也不能把他们的思想简单地概括为'民粹主义'。但是，民粹主义思潮（倾向）的存在与影响又是无可回避的事实。指明这一点，并且弄清楚它的来龙去脉，有助于我们认清新中国成立后民粹主义思潮或隐或显的发展，也许还会有助于我们对新中国成立后思想界、文化界、文艺界一些问题认识的深化。"[1]——我这段话其实是暗含着这样的意思：民粹主义思潮在40年代仅是萌芽，或者说还有着某种"正面"意义，到文化大革命就有了恶性的发展，需要认真清理了。

对民粹主义的反思

于是，在90年代初期，我的一部著作《丰富的痛苦》，在讨论堂吉诃德和哈姆雷特的关系问题时，就专门有一节讨论俄国的民粹主义的问题。我关注、讨论的是屠格涅夫的《处女地》，小说写到了俄国"到民间去"的民粹主义知识分子的思考和选择。这批俄国的民粹主义者都是贵族出身，他们觉得贵族身份本身就是一种罪恶，他们从贵族的有罪感出发，"怀着几分空想，几分忏悔，几分利他主义的神圣感，渴望着和'人民'打成一片，为他们服务，抛掉自己原有的一切，跟普通老百姓完全一样，做一个'简单化'的人"。小说主人公，一个贵族妇女甚至说："做个洗锅子、拔鸡毛的邋遢姑娘"，"也许就能拯

---

［1］《胡风："五四"传统的历史承担》，《精神的炼狱——中国现代文学从"五四"到抗战的历程》，123—124页。

救祖国”了。

但他们放弃贵族身份，“走向人民”以后，却陷入了深刻的矛盾中：“我就像一个坏演员，扮着自己不擅长的角色，是非心和怀疑都不中用了，连那种挖苦我自己的、可怜的幽默感都不中用了”，“啊，我在那些时候，多么诅咒我的神经质、敏感、感受性强、喜欢挑剔，这一切都是我的那个贵族父亲留给我的遗产！他有什么权力把我送到这个世界上来……生出一个美学家——又扔他到污泥里面！”——这里所谓“美学家”和“革命实践家”的矛盾，贵族知识分子在走向民众的时候的表演感、自卑、自怨、自我谴责、自我诅咒，以至自我嘲讽……都具有极大的真实性与概括力。

最可悲的是，这批脱离贵族家庭走向民众的知识分子，就像当年的堂吉诃德那样，首先出卖他们的就是那些老百姓。他们去演讲，农民不但不听，反而将他们捆绑起来送交官府，带头人竟是被他们看作是“俄国老百姓的化身”的农民。结果这些知识分子又回去了。

记得当时我讲到、写到这里时，是深深地叹了一口气的：当时，我主要是从总结历史的经验教训的角度，来看民粹主义的，其实这是一种自我清理。我从俄国民粹主义者那里，看到了我自己；我在追问我在“文革”期间屈服于“群众专政”的原因时，我找到了民粹主义思想对我的影响。我的结论是：民粹主义的路是走不通的，而且是应该抛弃的。

对中国现实中“堂吉诃德与桑丘关系”的追问

我当时关注的还有“堂吉诃德与桑丘的关系”。过去我一向认为，桑丘是堂吉诃德的崇拜者，屠格涅夫就说过，堂吉诃德对民众总是有一种征服力量。但在90年代初，我重读塞万提斯的这本书，却发现小说的后半部发生了变化：堂吉诃德慢慢向桑丘靠拢。

更重要的是，这是对中国知识分子精神史的一个发现：在40年代的中国，“堂吉诃德”与“桑丘”的关系发生了一个质变：思想界提出了一个“堂吉诃德向桑丘学习”的命题。

而且这样的知识分子向农民靠拢的倾向，不仅发生在革命的知识分子身上，还发生在一些在许多人看来是属于自由主义派的知识分子身上。最典型的就是废名。抗战时期他是在家乡农村度过的，他和当地的乡亲朝夕相处以后，就觉得农民才是社会的基础。当然这是很有道理的。但他接着又反省知识分子，说知识分子最不懂得国家的根本，就提出了一个“皮之不存，毛将焉附”的命题。于是像废名这样的知识分子也自觉地向桑丘靠拢。

这里有一篇非常有代表性的文章，叫《一个知识分子的自白》，作者是著名的女新闻记者杨刚。她这样写道：“在我的内心里面那个要活的东西，不是我自己，而是一种更大更大的东西，比我大了几万倍还不止，我不过是他的形体之一。”这个“更大更大的东西”就是“人民”，“千千万万的人民”——这也就是前述我在“文革”初期用以说服自己的“多数”的力量。深感自身的无力和渺小的知识分子于是渴望融入这“更大更大的”“多数”中，成为“人民”中的一员，“我们”中的一员，成为“他的形体之一”，而完全消融了自己。于是就获得一个全新的信仰：“无论用怎样的方式，做什么工作，必须是于人民有利”，“要有一颗心，为人民而感觉，而痛苦，而愤恨，处心积虑”，为此而不惜“放逐了那些无谓的自我感伤”，“放逐了晦涩，放逐了轻灵，放逐了那种为将来写作，把眼泪流在背脊上面的罪恶欲望”。尽管明知自己“不能够理解”人民，却要发誓：“一分一厘也不要浪费在写人民以外的东西上。”[1]这样，“人民”在这些知识分子这里就成

[1] 参看钱理群《丰富的痛苦——堂吉诃德与哈姆雷特的东移》，283—284页，北京大学出版社，2007年。

了一个“绝对物”。

被遮蔽的另一面

今天反过来看，这样的反省是有必要的，其中的历史经验教训，至今仍有意义。但也可能遮蔽了一些东西，如对“知识分子和工农相结合”的意义估计不足，对民粹主义的思考还有些简单化。更重要的是，我这一时期的著作都集中在对知识分子自身的反思，普通人民的生活与命运，却在自己的关怀范围之外。这就又引发了新的反省和新的思考。

90 年代的新问题：知识分子与民众的分离

首先是生活本身的变化，暴露出了过去未能审视的矛盾的新的侧面：在 90 年代之后，知识分子自身越来越贵族化，越来越脱离中国的土地，特别是两极分化之后知识分子越来越关注自己，自觉不自觉地陷入一种自恋、自怜、自娱之中，而忽略了身外的广大的世界。而且在发展过程中也有知识分子把知识分子与民众关系的问题推向极端，在他们心中，民众就是暴民，民众总是非理性的。一个是知识的精英化，一个是对民众的疑惧，这就导致了知识分子与民众的分离。如果说过去我们面临的问题是“民众崇拜和民众代言人的崇拜”，那么现在，“知识分子与民众的分离”就是我们必须面对的问题。

新的思考：到底应该怎样看待民众

正是在这样的背景下，到 90 年代中后期，我就开始思考问题的另外一个侧面。

首先提出的问题是："到底应该怎样看待民众"。其实40年代胡风就已经提出这样一个问题。他强调不能把民众抽象化、概念化，而要把他具体化，真实的民众，他们身上"精神解放"的要求和"精神奴役的创伤"，"承受劳动重负的坚强和善良"和封建主义的"安命精神"是纠缠为一体，难解难分的。在90年代中后期这个问题再一次提了出来。1997年我在杂志上看到上海的年轻学者薛毅写了一篇《就精神问题致摩罗先生》，文章说："张承志把'人民'推向神圣的位置，你把'人民'置于脚下，同样是非常可疑的。在这块土地上生存着的人们，千差万别，民间既可以藏污纳垢，也可以延续精神的火种"，"人民既不在我们之上，也不在我们之下"，"对'人民'的关注，理应转化为对每一个具体的生命的关注"。文章特别提出："我们都是从'人民'乌托邦中走过来的人，内心深处保留着对乌托邦的情感记忆。我不认为它应当被抛弃，而应置在恰当的地方。我坚持相信，在淳朴的民间，有着我们至今还未曾真正发现的美好的世界，但我绝不因此而将它推向可膜拜的高度，也绝不因此掩盖日常生活中也有时常目睹的来自底层的暴虐。"[1]

这篇文章给了我很大的启发：一方面，它促使我重新审视"人民乌托邦"的意义，同时又促使我重新思考"知识分子和底层人民的关系"。于是，我提醒人们注意：在"知识分子和底层人民关系"问题上，曾经出现的两方面的偏差：在一些左翼知识分子那里，由对底层人民的理想化发展到"人民至上主义"……而另外一些自由主义知识分子则把对"多数专政"的警惕，发展成为对人民、群众、多数的全盘否定，进而脱离了广大底层人民，构成了中国自由主义知识分子的根本性弱点。而在我看来，这些偏差不仅是历史的失误，更是现实的危险……

[1] 薛毅：《就精神问题致摩罗先生》，《文艺争鸣》1997年1期。

同时也要承认，这些年，一些知识分子如鲁迅所说，只是“咀嚼着身边的小小悲欢，而且就看这小悲欢为世界”，完全漠视底层人民的疾苦，对社会不义、不公，对他人的灾难与痛苦，失去了反应的能力与要求，重又走上了脱离底层人民的老路。而一些仍然与底层人民保持着可贵的精神联系的知识分子，又倒向了“底层人民崇拜”和对知识与知识分子的仇恨。

在这里，第一次提出了“知识分子脱离人民”的问题，这同时也是一个自我反省和自我警戒——对于我，所有的外在问题都最终转化为自己的问题。因此，我的思考也发生了重心的转移。

民众自身的主体性问题

我所能做的，也依然是历史的反思。我发现，中国的启蒙主义有一个基本问题，它强调知识分子引导民众，却忽略了民众自身的主体性问题。解决民众的问题最终靠谁？这是在以前很少考虑的。最近这几年，我自己反复考虑的是这样一个“民众自身的主体性”问题。

我还是从历史的考察入手。我发现其实在“文革”的后期知识分子就开始涉及这个非常重大的问题。去年《读书》12期发表了我的一篇文章，题目是《二十九年前的一封书信》，就提到在“文革”后期，一些民间思想者在思考、设计、预示将要到来的“新启蒙运动”的时候，他们提出一个很重要的命题：“启蒙的意义目的，就在于让人民认识自己，使人民成为一个自觉的社会成员，而不是一个盲目的人类生存者”，要“使他们明了自己的义务和权利，而且明了自己有这种能力而应当去争取这种能力的充分发挥。使他们明了自己不是被施恩者，不是单纯的被疗救者，他们自己就同时是创造者、疗救者和创造物的所有者”，“劳动者一天不觉悟，一天不能认识自己的地位，一天不能掌握自己的命运，一天不能直接参加社会生产的管理，那么他们也就一天不能结束自己过去的那种被人愚弄摆布的可悲地位”。这封“文革”书信里，还谈到所谓“人民的代表”问题：“竭力掩住人民的耳目，混淆他们的视听，却将自己装扮成人民的代表者的统治者是骗子强盗。不仅相信人民的力量，而且竭力使人民认识自己的力量、缺陷，使人民成为自己的自觉的主人者是人民的真正代表者。”[1]——这可以视为文化大革命的历史经验的深刻总结，是对知识分子和人民关系问题的一个认识上的重要发展。

使农民成为“自由人”

1999年我又读到了一篇文章，是对老共产党员，原中共中央农村政策研究室和国务院政策研究中心主任杜润生的一个采访记录。杜老提出，今后农村的改革（实际上整个中国的改革）的方向，是要使农民成为“自由人”。这本是马克思、恩格斯《共产党宣言》的一个基本思想：“每个人的自由发展是一切人自由发展的条件”，因而提出了“自由人”的“联合体”的设想。杜老将马克思主义的这一基本原理运用于中国农村实际，就提出要使农民成为“自由人”，其实质就是“使农民成为有完整权利的公民”，并且具体提出要保障农民的“三大权利”，即“经济上的真正的自主权”，“政治上的民主权利”和“发展文化、受教育的权利”。所谓“政治上的民主权”，除了选举之外，更主要的是应该使农民有自己的组织，来维护他自己的利益和权利。如果发现了对他的权利的侵犯，不管来自哪方面，农民应该有谈判地位和自我保护的权利，有自己的代表去谈判。而“发展文化和受教育权”则关系着在当下城乡二元结构下，农民发展起点上的平等问题。

[1] 卢叔宁：《劫后残灰》，277、280、281页，中国文联出版社，2000年。参看钱理群《二十九年前的一封书信》，《生命的沉湖》，生活·读书·新知三联书店，2006年。

在未来中国知识经济的发展中，如果农民没有受教育的权利，就必然造成起点上的不平等。我们现在在经济上已经形成两极分化了，如果在受教育问题上在文化问题上再发生两极分化，那就会形成恶性循环。——在我看来，杜老所说的农民的“三大权利”，都是抓住了要害的。我因此写了一篇文章，与之呼应，并作了这样的发挥——

“长期以来，我们一直强调政府就是人民（当然包括农民）的代表，即使是自己的利益受到了侵犯（甚至是来自政府方面的侵犯），人民只能反映（而且必须是逐层反映）意见，提出请求，而绝不能‘具有谈判地位和自我保护的权利’，如果各阶层的人民要组织自己的团体与政府‘对话’，就会反过来被认为是对政府权力的侵犯。”这“就事实上颠倒了‘主人’与‘公仆’的关系，‘主人’只能处于被动地位，等待‘公仆’对自己的关心，等待‘为民做主’的‘青天’的出现”。“而有的知识分子总是把人民看作是‘暴民’，怀有先天的疑惧，宁愿自己来做他们的‘代言人’，而反对人民（农民）有自己的团体与相应的民主权利。且不说这种自任的‘代言人’本身就很可疑，即使有的知识分子以一个朋友的身份，真诚地同情人民（农民），为他们说话，这本身当然是有意义的，应该受到欢迎，但这并不能代替人民（农民）的自我保护和自我争取，其实这也是马克思主义的一个原理：人民只能自己解放自己。”[1]

这里所讨论的，依然是“知识分子和人民（农民）的关系”问题。知识分子要么把农民当成暴民，要么就自己去当农民的代言人，其实这都是有问题的。知识分子和农民是两个独立的群体，我们从自己的信念出发，重视普通人，特别是底层人民在社会生活和历史发展中的地位和作用，因此，在向底层社会吸取精神滋养的同时，竭尽所能为

[1]《一个真正的马克思主义者的声音》，《生命的沉湖》，291—292页。

他们呼吁，给以力所能及的帮助，这有点像朋友之间的关系：相互支持与帮助。是朋友的帮助，而不能把自己放在一个代言人的地位。

历史与现实中的“精英政治”论

现在有些知识分子的思路有问题，他们总觉得底层人民是一个非常可怕的力量，因此总想加以控制。我在《与鲁迅相遇》的讲课里，特意对胡适的“精英政治”理念作了分析：“在胡适的知识分子精英的‘开明专制’的现代化模式里，是根本拒绝公民（即他所说的‘阿斗’）的政治参与的；他也直言不讳：‘独裁政治的要点在于长期专政，在于不让那绝大多数阿斗来画诺投票’”，“在胡适这样的有着强烈的精英意识的知识分子眼里，民众与民众运动总是非理性的，他们有着几乎出于本能的防备与疑惧；在他们看来，民众运动如果有意义的话，不过是表达一种可供利用的‘民气’，最后还是要靠自己这样的‘负有指导之责者”。[1]我觉得当下有的知识分子仍然延续了当年胡适的思路，他们的逻辑是：由我们来代表你们去争取争取权利，然后再来保护你的利益。

鲁迅的经验

这里我想讲一点鲁迅的经验。鲁迅在“五四”时期明确说过，我的文学是同情病态社会里的不幸的人民的，但鲁迅很清楚根本问题是要使中国沉默的人民自己出来说话，他说现在中国的人民是没有话语权利的。原因有两个：一是这些处于最底层的人民先天地被剥夺了生存和发展的权利；二是中国的汉字太难了，人民很难掌握汉字，这也在一定程度上限制他们的发言权，因此他说中国的底层人民是沉默的国民。根本的出路在哪里呢？是沉默的国民自己出来说话。但沉默的

---

［1］ 钱理群：《与鲁迅相遇》，229—230页，生活·读书·新知三联书店，2003年。

人民要说话有许多条件，必须有政治、经济、文化的解放才能说话，在这种情况下，他们不能说话，而作为知识分子我是可以说话的，我可以在我的作品里反映他们。但是鲁迅又说，我和他们是有“隔膜”的，我写的是“我眼里”看到的他们的灵魂，不是他们自己的灵魂，这从旁看到的灵魂是有局限的。[1]所以大家看鲁迅作品的人物有两类，一类是知识分子，一类是下层人民。鲁迅笔下的知识分子形象，像吕纬甫、魏连殳和子君、涓生，是非常生动、丰富、饱满的，鲁迅把自己的感情、生命体验，全都投入进去了。而他笔下的闰土、阿Q、祥林嫂，却带有很大的模糊性和象征性，是一种隐喻的形象，这是和他无法真正深入到闰土们内心有关系的。鲁迅很清楚自己的局限性，他没有把自己当成农民的代言人，当成是闰土们的代言人，他是“依了自己的觉察”，写出“我眼里”所看见的闰土。但中国的闰土们却因鲁迅之笔而进入中国文学，这本身就有重大的意义。

鲁迅提示我们：知识分子应该关注底层人民，特别是他们不能发出自己的声音的时候，应该反映他们的疾苦，并且尽可能地帮助他们，但是我们所发挥的作用也就仅此而已，你不能代替他们。你既不能居高临下地以一种救世主的姿态出现，你也不能以代言人的姿态出现，你只是一个朋友，一个真诚的朋友，你的责任是帮助他们认识自己，自己掌握自己的命运，最后要解决问题还要靠他自己。

一个小结：真的知识阶级

最后，我还想向诸位介绍一篇鲁迅的文章：《关于知识阶级》，他讲了几种类型的知识分子，几乎可以作为我们这一讲讨论的总结。

---

[1]　参看《俄文译本〈阿Q正传〉序》，《鲁迅全集》卷7，83—84页。

他首先说："我并不是站在引导者的地位，要诸君都相信我的话，我自己走路都走不清楚，如何引导诸君？"——这是讨论问题的前提：认定知识分子不是"引导者"，既不是学生的引导者，也不是人民的引导者，知识分子和人民的关系是一个平等的关系：共同面对中国的问题，自己的问题，一起进行探讨和实践。

他接着提醒人们注意中国的特殊国情：一方面，总是有人在"骂知识阶级"，"要打倒知识阶级，再厉害一点甚至于要杀知识阶级了。知识就仿佛是罪恶"，但"一方面却又有人以此为自豪"："这种情形是中国所特有的。"——这是我们讨论问题的一个出发点：中国政治、经济、文化的状况，决定了中国始终存在着否定知识、否定文化、否定知识分子的思想暗流，随时可能泛起；另一方面，中国独尊儒家的传统，又使得"儒生"（即儒家知识分子）有很高的社会地位，在知识分子中很容易产生"国师情结"。忽而"知识（知识分子）有罪"，忽而"知识（知识分子）救世"：正是这两个极端的摆动，造成了"知识分子和人民关系"问题上，近一个世纪的摇摆，这都是由中国这样的国情所决定的。

鲁迅又尖锐地指出，中国和俄国等欧洲国家不一样：中国少有"平民出身"的知识分子。他的解释是："欧洲人虽出身贫苦，也能做文章；这因为他们的文字容易学，中国文字却不容易写了。"他说，中国的"大学教授一向住在高大的洋房里，不明白平民的生活"。——这又是一个重要的警示：中国知识分子是很容易脱离中国的平民百姓的。这一点，我们已经看得越来越清楚了。

鲁迅接着谈到了俄国平民知识分子的危机。他说，俄国知识分子确实"能替平民抱不平，把平民的痛苦告诉大众"，"因为他们与平民接近，或自身就是平民"。但俄国的平民知识分子也有危险，因为他们为平民说话，平民欢迎他们，他们的地位就升高了，从而脱离了平民，"变成一种特别的阶级"，他们"不但不同情平民，或许还要压迫平民，以致变成了平民的敌人”。——这是一个深刻的观察。其实中国也出现了不少平民出身但反过来压迫平民的官僚知识分子。他们来自底层，所以想拼命往上爬，有于连情结。他们也自有逻辑：中国没有权力什么问题都解决不了，所以要争取权力来为家乡父老做好事。开始这可能是一个善良动机，但爬的过程中就变了，爬上去之后刚开始可能为父老乡亲做了一点好事，但做着做着自己就忘了，“以至变成平民的敌人”了。在现实社会里，这样的悲剧发生得太多太多了。许多大贪污犯都是平民出身，他都经历过这样一个过程。因此来自平民不等于就能成为“平民知识分子”，真正为平民说话。

鲁迅正是根据他对中国知识分子的弱点的分析，和对俄国知识分子经验教训的总结，提出了“真的知识阶级”的概念，其核心有两条：永远站在平民一边，永远不满足现状，是永远的批判者。鲁迅指出，这样的“真的知识阶级”是必然要和“实际的社会运动”相结合的。[1]这两者之间是有着内在联系，相互支持的：因为坚持自己的彼岸理想，永远不满足现状，就永远站在处于社会弱势地位的平民这一边，因为站在弱势的平民群体立场上，自然就对社会保持永远的批判态度。

也还是鲁迅说得好：“由历史所指示，凡有改革，最初，总是觉悟的智识者的任务。但这些智识者，却必须有研究，能思索，有决断，而且有毅力。他也用权，却不是骗人，他利导，却并非迎合。他不看轻自己，以为是大众的戏子，也不看轻别人，当作自己的喽罗。他只是大众中的一个人，我想，这才可以做些大众的事业。”[2]

我想，我们也可以用鲁迅这段话来结束我们这一讲。

---

[1]《关于知识阶级》,《鲁迅全集》卷 8，223—227 页。

[2]《门外文谈》,《鲁迅全集》卷 6，104—105 页。

六　关于启蒙主义的反思

上次我们着重讨论了知识分子和人民关系的问题。讨论中涉及一个非常重大的问题：我们应当怎么看待和认识启蒙主义。今天我就着重谈这样一个问题。

80年代的启蒙主义和90年代初的反思

大家知道，20世纪80年代在中国思想文化的发展中是一个启蒙主义的时代。中国启蒙主义有两个高潮：一个是“五四”启蒙主义；一个是80年代的启蒙主义。而后者是前者的一个呼应，80年代启蒙主义的核心口号就是“回到‘五四’那里去”。我们上次讲课时讲到“文革”后期已经孕育着或者说呼唤着这样一个启蒙主义时代的到来。这是可以理解的。因为在任何一个蒙昧时代结束以后，都会有一个启蒙的时代，这个我不想多说。问题是在80年代末以后，就有对启蒙主义的反思。我自己应该说是80年代启蒙主义的一个代表人物，到了80年代末90年代初，我也对启蒙主义有一个反省。这主要是从两个方面进行的：启蒙主义可能包含了什么危险或陷阱？启蒙主义到底有多大的作用？这样的反思，主要集中在我1992年所写的《丰富的痛苦——堂吉诃德与哈姆雷特的东移》这本书里面。其中特别是对《罗亭》中的主人公罗亭的形象有个再阐释，即在90年代初期对启蒙主义反省的背景下重新来看俄国文学中的罗亭这个人物形象。[1]

罗亭：启蒙者的魅力

我们这代人是深受俄国文学影响的，罗亭曾经是我们青年时期崇拜的英雄。在讨论知识分子堂吉诃德气质和哈姆雷特气质的问题时，自然会注意到罗亭显然有一种浓厚的堂吉诃德气质。小说中在罗亭出场前，人们就这样议论他："真是口若悬河，会把你淹没的"；而他一出场，就出现了这样的场面："……一刻钟之后，客厅里就只能听见他的声音，大家都挤成一圈，将他团团围住。"这正是启蒙主义者的罗亭："词句是左右逢源地、自由自在地流到他唇边的，每一个字都好像是径直从他的灵魂深处喷涌出来，燃烧着全部信仰的火焰。罗亭掌握着一种几乎是最高的秘密——辩才的音乐。他知道怎样去挑起一条心弦，而使其余一切的弦全部轰鸣起来，颤动起来"，"罗亭的一切思想似乎都投向了未来；这使他的思想显得热情奔放，朝气蓬勃"，"他站在窗边，也并不一定望着什么人，只顾谈着"，"也许有的听众并不确切明白他讲的是什么，但他们的胸臆为之掀动，好像有什么帷幕就在他们面前揭开，有什么光辉就在他们眼前闪耀"。而罗亭本人"在普遍的同情和注意的鼓舞之下，在青年女性的接近和夜的美丽的激发之下，他不禁情感洋溢，达到了雄辩的高潮，诗的极致——凭他说话的声音，恳切而且温柔，就增加了语言的魅力；好像有什么崇高的魔力，从他唇边流吐出来，连同他自己也吃惊了……"

---

[1] 参看钱理群:《丰富的痛苦——堂吉诃德与哈姆雷特的东移》，时代文艺出版社，1993年，第七章，124—133、151—156页；北京大学出版社，2007年，116—125、141—146页。以下有关《罗亭》的分析的引文皆出于此。

这是一段极其形象的对启蒙者的魅力的描述。这首先是语言的魅力，罗亭的言说竟能产生如此的迷惑力、感化力、煽动力，这确实是惊人的，甚至可以称之为“语言的魔力”。而语言的魅力、魔力，只是一个外观形态，隐藏其后的是信仰的火焰，是思想的丰富，是一切从灵魂深处迸发出来的自然真挚的情感和人格的魅力。可以说，这是思想、信仰的魅力、魔力，与情感、人格的魅力、魔力，和语言自身的魅力、魔力三者的结合。我们知道，内在的思想及相关的信仰、人格、情感与外在的语言，这是知识分子的存在形态，可以说罗亭这样的启蒙主义知识分子，他是把知识分子存在的价值和意义发挥到了淋漓尽致的地步。

同时罗亭也把人的内在精神和灵性全部发挥出来。按照“五四”的说法，人本身是兽性和神性的统一，而人的灵性就是一种神性，自然有其神秘的、不可言说的方面，称之为魅力和魔力，就是这个意思。因此罗亭这样的启蒙主义者是非常容易被英雄化和神圣化的，特别容易成为人们尤其是女性心目中崇拜的偶像。

启蒙者从“英雄”向“戏子”的转化

小说中就写到了一位以赶时髦为天职的贵妇人，听罗亭讲话逐渐成为她生活中的必需，如果不听罗亭讲话她就觉得耳中缺了点什么。而且后来又发生了一个有趣的转移，她开始听罗亭讲话，是被他的语言背后所显示的信仰的力量、人格的力量、情感的力量所吸引，但听到最后就变成单纯的语言的迷恋，不再关注他讲什么，就听他的语言本身。这就发生了一个很微妙、很重要的转移，转向了对语言本身的迷恋，进而发展成自身对语言的炫耀，她就会对别人说我听罗亭怎么怎么说了。这是一个过程：由对信仰的迷恋、人格的迷恋转向纯粹的语言的迷恋，最后变成了语言的炫耀。

而反过来，罗亭自己也沉浸在语言的雄辩所造成的幻想之中了，他忘记了现实世界。罗亭讲话时对着窗外，滔滔不绝地说着，然后就产生了一种对语言的幻觉，把现实世界幻觉化了。从语言的迷恋到语言的炫耀，再到幻觉。而一旦到了幻觉，语言、说话就变成了一种表演了。这样，启蒙主义者就由"英雄"逐渐地向"戏子"转化。本来堂吉诃德这个形象就有点戏子的味道，他当年就曾对桑丘说过："我从小就喜欢看戏，对演戏这一行很感兴趣。"堂吉诃德本身的行为就有着表演的成分，而到罗亭这里这种表演的成分就更加突出了。

启蒙的专横："专制主义的浪漫主义者"、"独裁政治的堂吉诃德"

而且人们很快就发现，在听罗亭讲话，接受他的新思想的同时，又不知不觉地被他支配了。小说中一个人物这样埋怨说："他于是着手来解剖我们自己，解剖我们的关系，以及我们应该怎样待人接物；他暴君似的硬要我们弄清我们的感情和思想"，人们接受他的影响，又被他压抑，情不自禁地要反抗他。罗亭这样的启蒙主义者由"英雄"转化成"戏子"，又从戏子转化成"暴君"，而且形成了一个概念："启蒙的专横。"

屠格涅夫能写出罗亭这样的人物形象也是有他的道理的，他写罗亭是有原型的，罗亭的原型就是俄国著名的无政府主义者巴枯宁。而巴枯宁有什么特点呢？人们说他是一个立论武断，爱对他人横加干涉，还以领袖自居，动辄训人的人。他实际上就表现出了像俄国、中国等落后国家的启蒙主义者的某些特征。他们的启蒙并不是真正立足于唤醒对象的自觉，以求达到对象的独立自主，而是以一个领袖和导师的身份出现，居高临下地把自己的主观思想灌输到对象中去，而灌输本身就带有强制性。这种启蒙是干预式的，而非启发式的。这种干预式的启蒙显然带有专制的特征。但是这种启蒙的专制是隐藏在堂吉诃德式的热情无私的教诲背后的。不但启蒙者自身不自觉，而且被启蒙者也难以自察。问题在于，是被启蒙者同意这么做的，是被对象所欢迎的、所渴望的。这是崇高的理想和道德追求目标下的手段的专制，人们往往为了目标的崇高，而自觉或半自觉地接受这种专制。

人们由此概括出了三个概念：这是“堂吉诃德式的专制”，或者叫“专制主义的浪漫主义者”，或者叫“独裁政治的堂吉诃德”。这三个概念是非常深刻的。“堂吉诃德式的专制”提醒我们注意：有一种“专制”是以“热情澎湃的理想主义”的形态表现出来的。“专制主义的浪漫主义”则昭示人们：浪漫主义是可能导向专制主义的。而所谓“独裁政治的堂吉诃德”则揭示了这样的历史和现实：如果一个政治领袖是堂吉诃德，但又是独裁者，这就更加可怕。

据说拿破仑是非常喜欢堂吉诃德的，并对他有深刻的研究。当年拿破仑被放逐到小岛上，他就和周围的侍从一起朗读有关堂吉诃德的篇目。不要把独裁者看得简单化，独裁者往往热情澎湃，拿破仑就是这样。这里有一种很深刻的悲剧性的联系。启蒙主义和浪漫主义这些人们看起来很美好的东西，往往和专制主义之间有着一种内在的精神联系。所以说启蒙主义是一个陷阱，你怎么启蒙，是启发对象的自主性还是把对象作为你的一个强制灌注的对象？你是把他内在的美好的东西启发出来，让他独立地走自己的路，还是让他服从你的思想和思路？这是一个很大的区别，是不同的启蒙。启蒙主义如果搞不好，它会成为一个巨大的陷阱，会导向专制主义。

女性堂吉诃德

我顺便讲一个非常有趣的现象，即所谓“女性堂吉诃德”。我刚才说了，罗亭是一个启蒙主义者。而在屠格涅夫的小说里，有一系列的女性形象，这些女性往往开始时是一个启蒙主义者或堂吉诃德的崇拜者。《罗亭》里的女主人公娜达丽亚，我们一提起她，首先想到的是她倾听罗亭讲话时的神态：“娜达丽亚脸上泛起了一阵红晕，目光一动不动地注视着罗亭，眼睛里一时感到迷惑，一时又发出异样的色彩”，“她如饥似渴地倾听着他的言语，可极力探索它们的意义，把自己的思想，自己的怀疑，都交给他来判断；他成了她的导师，她的领袖”，她愿意把自己交给罗亭。她感到“神奇的美丽的世界，在她无限期待的眼睛之前展开来；从罗亭手中的书的篇页里，奇妙的憧憬，新的，光辉灿烂的思想，如淙淙的流泉一般地流入她的灵魂。而在她那受伟大感情的崇高喜悦所鼓舞的心灵里，圣洁的热情的火光就静静地燃成烈焰了……”这完全是一种迷恋状态，对于书本，对于语言的迷恋，进而达到讲话者的迷恋。迷恋是一种神情恍惚的梦幻般的境界。正是语言唤起这位纯洁的少女无羁的想象力，在想象的幻觉世界中，就泯灭了语言所描述的世界和现实世界之间的界限，甚至用前者代替后者。女性的幻觉是有一个魔力的，能不由自主地将自己的意志、情感、思想无条件地交出，成为类似宗教徒那样的信徒，从而唤起内心的神性，无限的忠诚、热情和勇气。女性美和堂吉诃德精神的结合使屠格涅夫笔下的娜达丽亚具有极大的魅力。而有意思的是到小说结束时，当需要将言辞制造的理想变为行动的时候，被视为领袖、导师的罗亭却退却了。一旦进入现实操作中，为现实生活中的利弊所驱，现实感要比女性强的男性会很快地作出妥协：罗亭露出来他下半身的“哈姆雷特”气。而娜达丽亚却一往无前，不顾一切，愿意迎接任何困难。人们终于发现，女性一旦被唤醒，就决不回头。而女性以她特有的极端性与韧性，把她已经做出的选择坚持到底，她们才是真正的、彻底的堂吉诃德。而罗亭只是半吊子的堂吉诃德。这就是“女性堂吉诃德”，她们有两个特点：一是容易生活在幻觉世界中；二是具有行动的极端性和韧性。

福楼拜的《包法利夫人》中的包法利夫人就是这样的一个形象。她生活在幻觉里，她的幻觉与现实脱离，从而造成了巨大的悲剧，文学上有时称其为“包法利主义”。在我看来，包法利主义和女性堂吉诃德精神特别相像。中国文学中也有类似的情况。很有趣的现象是，在中国的男性与女性关系中，男性在开始的时候一般都扮演启蒙者的角色。因为在中国社会里，男性比较有条件较早地接触更广大的世界，男女谈恋爱的时候，男性启蒙女性，女性是受启蒙者。但后来就出了问题：女性还要继续往前走，追求自由就要自由到底，男性跟不上了，悲剧就这样产生：女性把男性抛弃了，男性还保留着扮演启蒙者角色的感觉，一时间痛苦万分。茅盾的《创造》写的就是这样的故事：男主人公把女主人公“创造”成了“新女性”，就显示出启蒙者专制主义那一面：我创造了你，你必须服从我，由我来改造。而已经觉醒了的新女性却不管这一套，而且她还要往前走一步，男人就不能接受了。小说结束时，夫妻俩谈话后，妻子走了，仆人告诉男主人：“她先走一步了！请少爷赶上去吧。少奶奶说，倘使少爷不赶上去，她也不等了。”还有一部是戏剧，即田汉的《古潭的声音》，也是这个模式，具有很强的象征性。先是男性把女主人公从城市肉的诱惑中解救出来，给她一个灵的神光，并送回老家，自己继续在外面流浪。不料一年后回来，女主人公已经到“远方”去了。原来女主人公在被灵性之光照亮以后，立刻有一种被远方的诱惑吸引住的感觉。她说她的灵魂告诉她，她不能停留，她听见家里的古潭中有一种神秘的声音在呼唤着她，这是一个内在的神的意志的呼唤。最后她跳到湖里，追随而去了。女性内在的、神的欲求被唤醒以后，就不再听从男性启蒙者的声音，而只听命于“古潭”所象征的生命的内在的呼唤和内在的需求：这也是“女性堂吉诃德”。

我的自省与自警

在 90 年代初所写的这本书里，我努力地开掘“堂吉诃德”形象的丰富性：它的启蒙主义的“英雄性”、“表演性”、内在的“专制性”，以及“女性堂吉诃德”的彻底性与反叛性。同学们不难听出，我的这些发现，同时是自我发现，带有浓厚的自我反省的意识。毋庸讳言，我的研究与讲课都有着浓厚的启蒙主义的色彩。而我当时要做的，就是对这样的启蒙主义的研究与讲课进行反思。

我上课是很受学生欢迎的。同学们听课的热情，以至迷恋，既让我感动，又使我担心，并总是引起我的反省：我的讲课是不是带有“专制主义堂吉诃德”那样的色彩呢？我知道我讲课是有魅力的，但是这魅力又是应该警惕的，也就是说，我这样的启蒙式的讲课有优点也有明显的弱点，它往往形成一个“场”，整个的教室就是一个“场”，这个“场”里充满了我的声音，对诸位有吸引力，也有压迫。我记得有一次课后一位同学对我说：“钱老师，我太喜欢听您讲课了。听完课，一个星期中我们的寝室里全是您的声音啊。”这位学生当然是出于好意，但我听后心里很不舒服。因为如果全是我的声音，压制了，以至取消了同学们自己的声音，那就完了，这跟我的追求——希望引发同学们的独立思考——有着巨大的矛盾。这就使我想起了我带的第一个研究生孔庆东说过：“我听钱老师的课，开始时是非常迷恋，坐在第一排。后来就觉得不对劲，我有一种恐惧感，我也想听，但我要抗拒，于是我就躲到最角落里面。”这一躲，他就逃脱了困境。这样的反抗是很能说明问题的：启蒙主义的言说是有一种征服力的。某种意义上，这是启蒙本身的要求：你要启别人的蒙，就希望有吸引力、震撼力，发展到极端，就是征服力，但同时，这样的“征服”本身就带有一定的专制性。这是一个问题的两个方面，启蒙是一把双刃剑，它有魅力，也有杀伤力。所以大家听我的课，必须有强大的反抗力量，最后你必须坚守住自己的思想的独立性，绝不应被任何东西，包括我的思想与言说所淹没。其实读书也是这样。我多次讲过，经典作品，无论是中国的，还是外国的，都是博大精深，你读它会迷恋，不迷恋不行，否则进不去。但迷恋了你就要警惕，走进去不是目的，你还要能跳出来，获得独立自主性。启蒙的目的是让对象获得自己的独立，而不是将对象征服，让他臣服于你。所以启蒙存在着很大的危险性。这是我对启蒙主义的一个反省。不是说启蒙主义不好，而是说启蒙主义可能存在着某种危险或陷阱，而我们必须对此有清醒的认识。

“知识分子想、说、写的困惑”十问

我对启蒙主义的第二个反省是：启蒙到底还有没有用？它的作用是什么？到底有多大？这是90年代以来，中国启蒙主义知识分子面临的问题，其实“五四”以后鲁迅他们那一代也曾面临过这样的问题：每一次启蒙运动以后，都会有对启蒙作用的怀疑和反思。

1993年我写有一篇对自己来说很重要的文章，题目是《中国知识者想、说、写的困惑》，这是一篇“读鲁迅作品的札记”。[1]一开始就引用了刚才分析罗亭的那段话，强调知识分子的存在形态有两个：一

[1] 文收《压在心上的坟》。

是想，一是说、写。知识分子是干什么的？就是想和说、写。可以说所有的知识分子都追求自由的独立的思想和言说。对此我提出很多的问题。大概是一口气问了十个问题。

首先，知识分子和别人不同，他是读了很多书以后再来思想和说话的。和物质文化的创造者的工人、农民说话不同，知识分子在社会分工中是作为“传统文化的接受者与传播者”而存在的（当然他还有新文化创造的作用），因此，知识分子的想、说、写从一开始就不是绝对独立自主的，他必须受到作为潜在知识积累的前人的思想、文字的制约。这就形成了一个陷阱，或者说潜在的危险：随时都有可能（当然不是必然）迷恋于前人发展得十分精致、完备的思想文化及语言文字的表达，从而失去了自我，似乎是自己在想、说、写，实际上发出的却是“唐宋时代的声音，韩愈苏轼的声音，而不是我们现代的声音”。[1]我们北大的学生有机会听很多讲座，演讲的人都很雄辩，否则就上不了北大讲台。但是只要你仔细听，就会发现讲座有两种类型：有的人虽然滔滔不绝，说的却不是自己的话，他其实是二道贩子，贩卖别人的思想和言辞。这就存在很大的危险性，他会成为前人或外国人的传声筒，他的脑子已被践踏了，再来践踏大家；第二种人是真正的知识分子，他博学，又能把很多东西消化，消化以后他能发出自己独立的声音，这就能启发我们的独立思考。这二者有很大的区别，同学们应当有识别力，不要被那些“二道贩子”懵住了。

第二个问题：知识和强有力之间是冲突的。也就是说，知识分子说话他必然受到权力意志的干预和制约，这是任何人都不可能避免的。在我看来，世界上任何一个地方都没有办法避免权力意志的干预

---

[1]《无声的中国》,《鲁迅全集》卷4，12页。

和制约。这样的或显或隐的干预和制约，就形成了知识分子言说的某些特点。鲁迅就注意到许多中国知识分子的言说都有朦胧的特点，这有两个方面的情况：有的知识分子与权势有密切关系，甚至成为权力意志的代言人，但是他又不便于说明自己与权力的关系，说话就自然朦胧；而另一类知识分子是反抗权势的，但即使他再勇敢也不能够不怕关起来，不怕杀头啊，所以说话也得朦胧一点。鲁迅就说：我在写作时自己先要抽掉几根骨头，送到编辑部去，编辑要抽掉几根骨头，主编又要抽掉几根，抽来抽去，等到读者看到文章，已经没有多少骨头了。自己在写文章时也常常考虑有些话不能这样说而要换另一种说法，这一换就模糊、朦胧了。朦胧的言说是故意为之的，这背后有权力的制约，而这制约又是不可避免的。因此，知识分子不可能摆脱权力的干预、制约而达到完全自由的言说。

第三个问题是：也许有的人说自己能不顾利害。这当然是很勇敢，很可贵的。但也还会面临一个问题：你能想说什么就说什么吗？也不行，还有其他的限制。你要经常面临说与不说的两难选择。比如在鲁迅的小说《伤逝》中，男主人公涓生就面临这样一个困境。他开始和子君谈恋爱，后来感情发生变化，已经不爱子君了，但子君还爱着他。这时涓生就面临一个难题：我告诉不告诉她呢？说真话呢还是说假话？不说，就是“说谎”，这是虚伪的，违背知识分子的基本品格，但说出真实，告诉子君：“我不爱你了”，却等于把真实的重负卸给了对方，特别在当时的社会里，子君会承受极大的社会压力，最后她果然在孤寂中死去了，涓生也就无法摆脱内心的负疚。这就是说，无论“说”还是“不说”都要付出良心和道德的沉重代价。“说出真实”与“说谎”的两难选择，是终生折磨着鲁迅和一切知识分子的人生和言说困境。其实，我们每一个人几乎每天都面临这样的选择的困境：说真话，还是说谎？只是我们没有勇气像鲁迅这样正视罢了。

其实，我们还有一种困境，这就是我们要问的第四个问题：面对苦难，“记住”，还是“忘却”？

大家还记得在中学的时候读过的《记念刘和珍君》这篇文章吧，其实未必都读懂了：这篇文章重点不是在讲刘和珍怎样的勇敢，军阀怎么镇压，而是讲鲁迅自己内心的困惑。文章一开始，学生问：“先生，你写了记念文章没有？”鲁迅说：“没有。”“你还是写一点吧，刘和珍生前就很爱看先生的文章。”那就写吧。可是要写了，鲁迅又想：“写了又有什么用？”所以又想不写。但不写也不行啊。日子过去了，人们会忘记了。鲁迅说：“忘却的救世主快要降临了吧，我正有写一点东西的必要了。”但是写了半天，又犹豫起来：写了又有什么用呢？写了只不过徒然增加别人谈话的资料而已……整篇文章就是这“写”还是“不写”，“说”还是“不说”的矛盾。这背后就是一个“记念”还是“忘却”的困惑。所以后来鲁迅还有一篇文章，题目就叫《为了忘却的记念》。这也是让鲁迅困惑终生的。其实，我们也会面临这样的困境：当你经历了让你痛苦万分的事情，或者面对一个个的苦难，你是忘却还是记着它？你竭力忘却它，这就意味着回避，当然有问题，但你时刻记着，让那么沉重的记忆和现实压着你的心，你能承受吗？这就是两难选择。这里所说的记念和忘却的矛盾，和前面说的说真话与说谎的矛盾，都是人言说时所面对的根本性的困境，这样言说就很难进入真正的自由状态。

就算你摆脱了这些困境，把一切都说出来了，你又会面临第五个方面的问题：有人听你说话吗？鲁迅说，要点火是需要火种的，拨动琴弦要有弦啊。没有火种再播也无用；没有弦再拨也不行。有些人既聋且哑，面对这样的人，你说给谁听呀？即使有人反对，也是一种反应，最可怕的是说了没人听，毫无反应，既无反对，也无赞同。这才是巨大的悲哀和寂寞啊！

我经常想这几年是我的黄金时代。为什么？因为我讲话有人反对，也有人听，即启功先生说的："有人喜欢有人骂"，这样自己才觉得说话有意义，最可怕的是到哪一天没人听我讲话了。记得有一个台湾的学者对我说："钱先生……我们是讲了话没人听。"这样的"没人听"的无对象的虚空，或许是更为可怕的。

这就说到了第六个方面的问题。说与写不仅要有对象，还要有场所。这就是说，我们的说与写必须面对一个交流、对话的场域，即语言场。在这个"场"里已经形成一定的规则，如果你讲话、写作不符合这个规则，这个"场"就会对你的话进行反弹，不接受你。就是说，它已经形成了习惯性的思维和倾听的诉求，习惯听某些声音了，如果突然出现了完全不同的另一种声音，它就会认为是异端，是疯子在说疯话。任何一种新的思想和言说，在最初出现时，按照原来的标准来看，都是"胡思乱想"、"胡说八道"。其最有力的就是这样的习惯性的"语言场域"的拒绝。像爱因斯坦的相对论刚出现时，在物理学领域里就被许多人视为"荒唐的谬论"而不予接纳，他被看成是物理学的异端，甚至疯子。鲁迅的老师章太炎，当他对现实提出批评，说了当局和舆论不能接受的话，报纸上就加上一个大标题，说《章太炎发疯了》。但有一天他又说了不具反叛性、能为大家接受的话，报纸又有一个标题，说《章疯子居然不疯》。这里的"疯"和"不疯"，标准就是是否符合千百年来所形成的，又被千百万人所习惯了的传统观念，因此，一切具有独立思想的知识分子都会像《狂人日记》中的主人公那样，发出疑问："从来如此，便对么？"但你要挑战这样的"从来如此"，你就要承受"狂人"的罪名，被视为"异端"。而习惯形成的具有天然保守性的接受场域里，对异端是有着本能的排斥性的，也就是《狂人日记》里"二十左右"的人所说的："我不同你讲这些道理；

总之你不该说，你说便是你错！”鲁迅说有一种罪叫“可恶罪”，你说的话令人讨厌，这便是罪。

第七个问题：还要面对一个“文字的游戏国”，这也是鲁迅的一大发现。鲁迅说，中国人喜欢说“戏场小天地，天地大戏场”。一切的思想、言说都会成了表演。其最显著的特征，就是内心所“想”和所“说”所“写”的自觉割裂：“虽然这么想，却是那么说，在后台这么说，在前台又那么说”，“有明说要做，其实不做的；有明说不做，其实要做的；有明说做这样，其实做那样的；有其实自己要这么做，而非说别人要这么做的；有一声不响，倒做了的”。总之，想、说、写、做，都是分离的，都是游戏，不过“玩玩”而已。更可怕的是，已经形成了游戏规则，明知在说谎，在做游戏，但谁也不点破，“说”者与“听”者之间达成了默契，游戏就这么维持下来。如有人不懂或不接受这个规则，偏要戳穿“西洋镜”，说出真相，就会被觉得可笑，被视为异端。就像童话《皇帝的新装》所讲的，明知皇帝身上赤裸裸的，什么也没穿，大家都明白，但是又都不说破，维持着这场表演。突然有个孩子喊：“皇帝是光着屁股的”，所有的人都讨厌这个小孩，因为他破坏了游戏、表演的规则，扫了大家的兴，就会被淘汰出局。

问题是，当真的知识分子的真实的思想、真实的话语，落入了这样的接受场里，会遭到什么命运？鲁迅曾这样描绘英国著名戏剧家萧伯纳，一位不熟悉中国这种游戏式的语言交流方式的外国人，来到中国以后，如何被中国的听众（他们都是“戏剧的看客”）改造为“演员”：“他说的是真话，偏要说他是在说笑话，对他哈哈地笑，还要怪他自己不笑。”这就是说，在这样的游戏国里，这样的语言环境下，一切严肃的思想，一切认真的言说，都会变成哈哈一笑，一切价值和意义都被消解为无。鲁迅说：“人世却也要完结在这些欢迎开心的人们之中的罢。”

第八个问题：说到底，说和写本身就是无力和无用的。鲁迅举个例子：最厉害的动物从来不吭声，老虎咬人，它一口吃掉，不说也不会叫；会叫的是小老鼠，叫本身是软弱无力的表现，真正强大的东西是不说话的。所以知识分子的说和写，说到底只不过是一些小叫唤而已，这又有什么用呢？启蒙主义知识分子想通过语言的力量来改变现实世界，这是一个天真的梦。

还有第九个问题：说了不但没用，反而可能有害。鲁迅说过，本来铁屋子里的人都睡着了，不但不说不写也不想，完全麻木不仁了。你却要把他唤醒，让他的神经重新变得敏锐起来，他于是痛苦万分。但你又找不到改变的道路和力量——这正是启蒙主义知识分子的根本弱点：他们能看到问题，指出弊端，却不能解决问题。这样就陡然增加了被唤醒者的痛苦。鲁迅问：这不是有罪吗？像罗亭那样，实际上用虚构的语言和概念的世界来掩盖真实的世界。

再如果把话说得更彻底一点，那么，还有第十个问题：从根本上讲，人的思想，是能够完全地自由地用语言来表达的吗？这就说到了语言本身的局限。事实上，人的个体生命的最深切的体验和思想，是不能言说的，一说，就变味，走样了。所以鲁迅说：“当我沉默着的时候，我觉得充实；我将开口，同时感到空虚。”真正自由的思想是存在于一个沉默着的世界里的。这是人的语言的真正困惑。

质疑启蒙主义，又坚持启蒙主义

这连续不断的十个追问，确实把“知识分子想、说、写的困惑”讲到了极致，把鲁迅对启蒙主义所制造的知识分子的语言（说与写）及知识分子自身的种种神话的怀疑与诘难，做了充分的发挥。但这也是鲁迅思想的特点，到了顶点，就会有“对怀疑的怀疑”。因此，我这篇文章的结尾，又归结为鲁迅的双重怀疑：“对启蒙主义的怀疑，以及对‘启蒙主义怀疑’的怀疑，才构成了鲁迅思想的真正特色。”也就是说，鲁迅虽然对启蒙主义提出了许多质疑，但他仍然坚持了启蒙主义。这就是鲁迅式的“反抗绝望”。

我的文章写好了，并没有在国内发表，而是先在韩国作报告。韩国的朋友听了很震惊，和我同时去开会的王富仁先生却在私下把我说了一顿。他说：“老钱，你这个人真是的，你说的都是真的，你讲得非常精彩，你最后也没有否定启蒙主义，但你何必这么说呢？现在，在国内，启蒙主义正受到非难，坚持启蒙主义的人也不多了，你可不能后退啊。无论启蒙主义有多大问题，你都要坚持下去啊！”他这番掏心窝子的话，让我非常感动。我知道我这个人，我的理想主义、启蒙主义已经渗透到血液里了，我不可能根本放弃理想主义、启蒙主义。但我不能不面对现实，面对启蒙主义自身所存在的问题，我要彻底地打破“启蒙万能”的梦。“五四”时有这个梦，80年代我们也有这个梦，以为启蒙可以解决中国的一切问题。现在，这个梦必须被打破，启蒙不是万能的，启蒙是极其有限的。但是它又不是没有作用的，也就是说要把启蒙放在一个恰当的位置上。打破启蒙万能的梦不等于不要坚持启蒙，只有先打破这个梦，坚持启蒙才有意义，否则所有的坚持都是虚幻的，是一种自欺欺人。我们必须打破它，重新建立一种启蒙的意识。只有首先质疑启蒙，然后才能坚持启蒙。质疑启蒙不仅要看到启蒙的危险性，它可能导致专制主义，而且还要看到启蒙的有限性，甚至是极端的有限性。我们需要的，是看到自己的陷阱和局限的清醒的、理性的、低调的、有着明确的边界意识，因而也是坚定的启蒙主义。后来我又把它概括为“既质疑启蒙主义，又坚持启蒙主义”。这也是我在90年代初，经过这一番反思以后，一直坚持至今的一个基本立场。

90年代以后的新问题：民族精神、道德的危机

这就有了一个问题：我为什么一直至今还要坚持启蒙主义呢？这就涉及我对中国现实问题的观察和思考。

在我看来，人性是善恶并存的，问题是一个社会是引导人性向善的方面发展，还是诱导人性向恶的方面发展？“文革”就是把人性中的恶诱发出来，使其恶性发展。“文革”对人的毒害，主要是制造人与人之间的仇恨，诱发人的动物性的嗜杀性。“文革”中许多群众暴力事件是令人发指的，各地对所谓“地（主）、富（农）、反（革命分子）、坏（分子）、右（派）”及其子女残酷打击，还有大规模的武斗，不同意见的群众相互残杀。一方面，进行所谓理想主义的教育，把年轻人都训练成极端的堂吉诃德，另一方面，又进行阶级仇恨教育，培育“夺过鞭子揍敌人”的“阶级感情”，把年轻人训练成狂热的“阶级斗争的战士”。“文革”一开始，就把学校里的校长、老师，都宣布为敌人。这回堂吉诃德面对的不是风车，而是“十恶不赦的妖魔”，他们怎么不会挥舞着铁戈、长矛刺杀过去，致“敌”于死命？这对中国国民性的伤害是十分巨大惨烈的。

最近二十年，把人的欲望不加限制地诱发出来。欲望的魔一旦被放出来，也很可怕，人们越来越多地疯狂追求私欲，人与人之间利益的冲突不断，无情的利益争夺变得你死我活。

我经常在想，一个不知道爱、不知道怕的民族太可怕了。一个社会常靠两个东西维系：“爱”之外就是“怕”。小时候，老一辈的人常说，不要做伤天害理的事，做坏事，将来要遭报应，这是粗俗的宗教观念，却无形中维护了社会道德的一个底线。举例说，也许假冒伪劣

产品在任何社会和任何时候都会存在，但假冒伪劣也有一个限度，就是不能伤害人的生命。我买的这件衣服是假货，穿了没有几天就破了，这当然坏，但不会因此让我丧命。这就是底线，超过底线就是“伤天害理”，为社会所不能容忍，这都是约定俗成的，即所谓“盗亦有道”，做坏事也是有规矩、有约束的。而我们现在的问题是，这样的底线被突破了。那么多的让人丧命的假药假酒，那么多的让农民颗粒无收的假种子，什么事都敢干，没有任何约束。我们经常用“无所畏惧”这个词来赞扬人，但我想，如果整个民族都无所畏惧，这就病入膏肓了。一个社会的道德底线破了，那么这个社会就难以维持下去了。我想这个道理大家都是知道的。

我们正面临着这样的严重的民族精神危机，民族道德的危机，人心的危机，在我看来，这是当下中国最根本的问题。要纠正，恢复元气，引上正道，是很难很难的，而且需要几十年、上百年的时间。这是从根本上制约着民族政治、经济、社会持续健康发展的。其问题的严重性、危险性、迫切性，其影响的深远，是怎么估计也不过分的。我甚至想，这可能就是我们对后代子孙所负欠的最大的债，如果我们不及早偿还，将永远受到良心的谴责！因此，我经常想起鲁迅的话：“此后最要紧的是改革国民性。”[1]在我看来，鲁迅的这一思想，在今天的中国，是有现实意义的，它昭示了启蒙主义的新的迫切性。很多朋友都热衷于中国制度的变革和建设，这确实是当今中国的迫切任务。但如果仅有单一的制度变革、建设，没有相应的国民性的改造，就会像鲁迅所说的那样，“每一新制度，新学术，新名词，传入中国，便如落在黑色染缸，立刻乌黑一团，化为

[1]《两地书·八》,《鲁迅全集》卷11，32页。

济私助焰之具”。[1]

新的教育启蒙

这里就说到了：我们不但要打破启蒙万能的梦想，还要打破制度万能的梦想。现在有一种“制度崇拜”，以为只要引入某个外来的制度，问题就解决了。这也是一个梦。知识分子不能不断地制造梦，既骗自己又骗老百姓，自欺欺人又害别人。我的观点是：启蒙主义需要，制度改革、建设也需要，它们都起着有效而又有限的作用，中国问题的解决，需要合力的作用。而具体到个人，也只能根据自己主客观的条件，去做力所能及的有限的工作。对于我这样的教师、学者，我所能做的，大概也就是启蒙的工作。如前所说，这是对中国启蒙主义反省之后的坚守。

最近这几年来，我热衷于中小学语文教育改革，就是这样的重新进行教育启蒙的自觉努力，即所谓“从娃娃抓起”，是着眼于民族精神的基础建设和长远发展的。但真正实行起来，却是意想不到的艰难。

我曾收到一个刚刚大学毕业的中学语文老师的信，他在信中对我的中学教育启蒙比较担心。他说：“孔庆东先生提醒您小心被人利用，而利用您的却恰恰是台下为您鼓掌的那些人。对此我有相似的看法。我知道您的课很受欢迎，您的著作都是畅销书。但您的演讲和著作在您的听众和读者心中，所引起的并非都是一种痛感的共鸣，不是唤起他们心中的责任感和忧患意识，而是一种快感的消遣。社会中，所谓不得志者大有人在。由于水平和资历都不够，他们很难获得一吐为快的机会，于是就只得从您的言语（作品）中去一听（一

[1]《偶感》,《鲁迅全集》卷5，506页。

睹）为快。这只是一个‘看客的群体’，说不定哪天您就成了示众的材料。”他接着谈到了作为中学教师的自己：“事情有大有小，但道理却往往是相通的。我站在讲台上，我的处境如您在北大的尴尬一样，我们都成了不谙世故的孩子，成了‘做戏的虚无党’们台上供人玩笑的戏子！在我们把他们看成需要开化的观众的时候，他们却将我们置于疯子队列的前沿。当然，我这么说也只是针对效果而言，从本质上讲，您的读者（听众）群体和我的学生都不乏心灵的善良，然而他们可能对我们产生喜爱和尊重，但很少会在理智上接纳和认可我们，可不会有什么真正的行动。”他讲的这些，我心里都明白，但这位年轻的老师用这样明确的语言点破，却使人震撼。于是，我给他写了这样一封信——

“你说我们的听众、读者、学生本性都是善良的，他们现在成了看客，对我们的拒绝，是社会教育的结果。现实生活的逻辑比我们在课堂上所讲的思想文化的逻辑有力得多：这几乎是一切信奉教育至上的理想主义者共同的悲剧。因此，当我们直面自己的尴尬处境的时候，就应该对教育理想主义进行某种质疑，要充分地看到教育本身的局限。中国面临的是整个社会生活的全面改造，离开了政治、经济、文化的改革，单向的教育改革是很难奏效的。作为一个有限的生命个体，所能发挥的作用就更是微弱，几乎是不能心存什么希望的。因此，我们认真地教学，首先是为自己，是从自己的职业道德出发，为了对得起自己的良知，是只顾耕耘而无法预计效果的。在这个意义上，这也是反抗绝望，‘绝望之于虚妄，正与希望相同’。

“从另一面说，我们又要坚守岗位，不要完全放弃理想，为自己寻求某种价值与意义。刚好我正在为《新语文读本》作最后的审读。其中选了陀思妥耶夫斯基的《卡拉马佐夫兄弟》中的一个片段。小说主人公在早夭的同学的墓前发表了这样的演说：‘一个好的回忆，特别是儿童时代，从父母家里留下来的回忆，是世上最崇高、最强烈、最健康，而且对未来生活最为有益的东西……我们以后也许会成为恶人，甚至无力克制自己去做坏事……也许正是这一个回忆，会阻止他做出更大的坏事。’我想，作为一个教师，或者说作为一个启蒙主义者，我们所追求的，而且也是我们唯一能做的，就是成为我们的学生儿童时代‘一个美好的回忆’中的一个有机部分。尽管他们以后在现实生活影响下，会走上不同的道路，即使走向歧途，童年时代的美好、神圣的记忆却是无法抹掉的。或许在某一时刻，由于某种机缘，在他们的心上，会掠过我们的身影，想起我们有意无意地说过的某一句话。那都会给他们的心灵带来片刻的温馨。这正是对我们今天劳动的一个回报。即使学生把我们忘却了，我们仍会感到满足，因为我毕竟试图引导学生创造善良、美好的童年、青少年，或者用我习惯的话来说，有过一个做梦的时代。一个人有过、还是不曾有过这样的人生经历，是大不一样的。我们的意义和价值正在于以自己的存在，向学生们证明，尽管不合时宜，人还可以以那样一种方式生活的。”[1]——这其实也是我给自己找到的一个自我评价，一个启蒙教育者的意义和价值。这或许有一点阿 Q 气，但从一个特定的角度说，有时人是不能不讲一点“精神胜利”的。

我只是真理的探讨者

最后，作两点总结。今天我们要坚守启蒙主义，首先就要警惕把启蒙主义变成专制主义和夸大启蒙的作用。这里的关键是，要恰当地

[1] 钱理群：《相濡以沫——和中学教师的通信（十二）》，《语文教育门外谈》，170—172页，广西师范大学出版社，2003年。

自我定位：我不是真理的代表，我也不是真理的宣示者，我不能霸占真理，我只是真理的探讨者。只有以这样的一个启蒙姿态，才有可能使启蒙者与被启蒙者、老师与学生之间处在一种平等的地位上：大家都是真理的探讨者。而启蒙的目的是要建立自我与对象的双重主体独立性。关键是自我的发现。人性本来有恶有善，启蒙就是要把每一个生命个体中善的方面，把人性中被遮蔽的和被压抑的美好的东西发掘出来，并把它发展深化。这是教育的目的。它建立在一个前提上，就是相信人性是有善的一面，是有真善美的追求的，只不过有时由于种种原因它被遮蔽了、被掩盖了，需要启蒙者去激发，需要用知识来培育、提高、升华，使人成为自由的、独立的生命主体。在这一过程中，老师或者说启蒙者自身真、善、美的因子，也被激发，它是一个双向的激发，达到相互的生命成长、相互的良性发展。

话语方式的选择

其次，启蒙总要落实到话语方式上。有三种话语方式：一种是宣讲式的、布道式的，我讲你听，把听众当成一个收容器，把自以为的“真理”拼命地往里灌。或者假设每一个听众都是一个筐子，滔滔不绝地把各式各样的语言货色，也包括语言垃圾，都扔进筐子里，把它塞满塞实。这就是我们所要警惕和反对的带有专制色彩的“布道”式的“启蒙”。另一种是对话式的，如从散文方面讲，属于“闲话风”的散文，就是大家坐在一起聊天、谈话。就好像过去，在夏天，大家搬个小凳，坐在四合院或者胡同里聊天。聊天能产生很多感受，记下来就是“闲话风”散文。这是一种宽松的、亲切的、自然的谈话，每一个人既是说话者，又是听话者，不是我说你听，而是大家都说都听。说话者和听话者是一种平等的关系，与我说你听、我启你蒙的布道式的讲话是大不一样的。这种启蒙亲切、平易近人，不是把结论强加给别人，而只是把自己思考的收获和别人交流，同时把在探讨中的困惑也告诉别人。还有一种是独语，像鲁迅的《野草》，它是内审式的。独语也有对话，但是自己跟自己对话，而不是跟他人对话；不是启蒙主义的，而是对自己内心世界深的开掘和无情的审问，是对自我灵魂的严酷的拷问。他拒绝别人进入他的内心世界，因此有特殊的表达方式。不同的说话者、不同的说话目的、不同的说话姿态，都会有不同的语言和不同的言说方式。如果你把自己设想为是真理的宣示者、捍卫者，你就会以布道式的言说方式说话；如果你是真理的探索者，要与别人讨论问题，就要选择闲话式的言说方式；你如果要自我审视，专门讨论自己的问题，要拒绝别人，那么你就要用独语。重要的是你如何认定自己的角色。

七　关于理想主义的反思

反思的两个背景

我们在反思“启蒙主义”以后，再来反思“理想主义”。这都是中国现当代社会的重大问题，更是我个人生命中无法回避的问题：因为我在许多人心目中都是，事实上也是，一个不可救药的启蒙主义者和理想主义者。当然，我心里也有数，我和启蒙主义、理想主义的关系，远要比人们想象的要复杂得多，因此，才会有“反思”。而我的反思，无论怎样尖锐，也不会因此而将理想主义根本否定与抛弃，在这个意义上，由我来做反思，或许是比较合适的。

我已经说过，对“文革”的记忆，是我们这一代学者的一个特点。我们是带着“文革”的经历和问题进入学术界，开始我们的思考与研究的。对于我来说，如何看待“红卫兵的理想主义”就是一个让我困惑不已的问题，由此而上升为学术问题，就引发了对“理想主义”的持续了几十年的追问与思考。这事实上构成了我的学术研究的内在线索之一：从作为起点的《心灵的探寻》（该书的《后记》就包含了最初的反思），到中期的代表作《丰富的痛苦——“堂吉诃德”与“哈姆雷特”的东移》、《话说周氏兄弟》（特别是其中的《谈“做梦”》、《论“演戏”》、《说“食人”》几篇）、《1948：天地玄黄》，以及同时期写的一些随笔、思想笔记，都有对问题的深入思考；到了晚年，更有对理想主义在质疑之后的坚守。这将近二十年的思考与实践，既是对历史所提出的疑问的回答，更是对现实问题的回应，因此，不同阶段有不同的思考与言说重心。

“红卫兵”中的理想主义及其命运

而作为思考起点的“红卫兵”问题，却又是一个充满了误解、曲解的领域。如何认识“红卫兵”，成了一个当事人避之不及，而观察者又感到十分困惑的问题。这里也不能展开来讨论，只能略说几句。首先要说明的是，“红卫兵”的发展是有两个阶段的：开始是“老红卫兵”，他们后来发展成为“联动”，是恐怖的“红八月”的制造者。在“老红卫兵”逐渐退出以后，就出现了后起的“造反派”的“红卫兵”。他们中有些在“文革”初期被打成“小右派”，后来在毛泽东发动的“批判反动资产阶级路线”运动中得到解放，并起而造反的。我所接触的，基本上都是这样的造反派“红卫兵”；如我在前面的回忆中所说，我也是在“资产阶级反动路线”中被打成“反革命”，获得平反后就起来造反的，因此，我对他们有着更多的理解的同情，这也是我不想回避的。当然，和任何群众组织一样，造反派“红卫兵”也是复杂的，有随大流，并无多少明确的思想与追求的，也有投机造反，以谋个人利益的，但据我的接触与观察，造反派“红卫兵”中的许多骨干力量，他们开始可能是因为受到了压抑而自发的反抗，但在运动的发展过程中，却逐渐产生了某种自觉意识，成了“当代革命者”（这是当年的一位造反派“红卫兵”的自我命名）。

在“文革”时期这样的造反派“红卫兵”中的理想主义者，几乎是遍布中国城乡的。他们所受到的俄罗斯文学和法国启蒙主义的影响，更是说明这些理想主义者的出现，不仅有着深刻的时代原因：正是“文革”曾经给他们以表演的舞台，更有着深厚的精神滋养和思想根源。更引人深思的，是这些理想主义者的命运：“文革”只给他们提供了短暂的机会，但很快就将他们边缘化了，于是就有了那“黯淡”的结局，但有的“造反成功”，进入权力机构，参与了“权力和财产的再分配”，成了所谓“文革新贵”；有的坚持造反，而脱离了已经越来越厌倦“造反”的大多数老百姓，走上了自我孤独的道路。

我们要着重反思的是，这些造反派的“红卫兵”，是怀着他们的理想参加造反的，但他们的造反行为却在所谓的“革命理想”的旗号下，制造了许多暴行，完全走到了自己理想的反面。这样，“红卫兵”的理想主义就和当时的体制形成了一种缠绕：或被镇压，或被边缘化，或被同化，而同化的结局也许是最令人震撼的。问题是这样的同化，是有着理想主义自身的内在根源的。于是，就有了这样的追问：从理想主义的门进去，为什么竟走进了别的房间？

这正是“文革”结束以后，一直萦绕在我心中的一个必须回答的问题。

青春是可怕的

1994年，我写了一篇题为《青春是可怕的》的文章，在引述了米兰·昆德拉在《玩笑》里关于“青春是一个可怕的东西”的论述以后，这样写道——“文化大革命正是历史为青春提供的一个‘游乐场’，中国的红卫兵一知半解却狂热地相信人们教给他们的革命雄心壮志，以及相应的豪言壮语，决心横扫一切牛鬼蛇神，把中国改造成纯而又纯的革命圣地，成为世界革命的基地和中心。——他们把中国传统的浪漫主义乌托邦理想与中华民族中心梦发挥到了极致。然而，也正是这‘一群狂热的孩子’，他们既是真诚又是虚假的‘激情和幼稚的状态’，却真的‘变成一个灾难的现实’……

“我们从来都是说：‘青春是美丽的！’——这是作家巴金的名言，也是中国作家、现代知识分子的共同信念，甚至成了中国现代文学的基本主题。但是，我们现在必须正视：‘青春是可怕的！’连同所有与青春相联系的乌托邦幻想，一切非理性的抒情诗都有导向负面的可能。正如昆德拉所说，‘人世间凡属于上帝的一切也可以属于魔鬼’。

“昆德拉另一个判断也同样发人深思：应把‘青春的罪恶’‘仅仅看成是期待着长大的烦躁不安’。——我们在20世纪的中华民族身上，也同样发现了这种青春期的烦躁不安。上一世纪末，沉迷于‘中华中心梦’的古老的中国一觉醒来，突然发现自己成了‘世界的婴儿’，于是产生了‘期待着长大’（赶上世界，潜意识中仍然没有放弃‘中华中心梦’）的焦躁。我们这个民族从‘五四’时期就不断呼唤‘青春’，这绝非偶然。它表现了中国现代民族蓬勃向上的精神，也显示了它的不成熟性；以至于长期以来，我们一直视‘青春’为历史的正题，而忽视它的负面。在某种意义上，20世纪中国历史舞台，不断为青春的表演提供‘游乐场’，而最终演出了文化大革命那样的青春专制暴力的大浩劫。20世纪的民族青春史，也就从正面转向了负面，这可以说是历史对我们民族不成熟的一个无情惩罚。”

我的“五大反思”

这是一个沉重的话题。我们首先要做的是对自己的理想本身及其观念，以及背后的思维方式的反思。在1995年我在韩国作过一个报告，其中就有“五大反思”：

一、关于在地上建造“天堂”，实现至善至美的“大同”世界、理想社会的反思。

对于理想社会的追求，本是人类自古以来就存在的；中国古代典籍中提出的“大同”社会，陶渊明笔下的“桃花源”就是人们所熟知的乌托邦理想世界。但是，儒家乌托邦的大同世界仅是传统知识分子的一个追求目标，高悬于彼岸世界，作为一种纯粹理想的存在，并不试图变为现实——儒家所要建造的现实世界是一个小康社会。直到19世纪末，康有为在他的《大同书》里，在传统的大同理想中注入了现代民主主义的客观内容，但他仍然让“其思想恒穷于极大极远”并不作为“行事”的具体现实目标，正像梁启超所说，康有为“自发明一种新理想，自认为至善至美，然不愿其实现”。但历史进入了20世纪，在中国实现大同社会，却成了一代又一代激情澎湃的中国知识分子、革命者追求的现实目标。20年代风行一时的新村运动即是第一次大胆的试验；“五四”新文化运动大部分领导人，以及“五四”运动中成长起来的年青一代，都卷入了这一试验，毛泽东就是其中最热心的倡导者与实行者之一。1949年新中国成立，毛泽东即宣称中国革命已经找到了“一条到达大同的路”（《论人民民主专政》）。正是毛泽东运用他所掌握的强大的国家政权力量，将亿万中国人民最大限度地组织起来，在20世纪的中期（1958年），在九百六十万平方公里的土地上，试图通过人民公社的组织形式，以“大跃进”的速度，在中国建立一个彻底破除了资产阶级法权的，政治上绝对平等，经济上绝对平均的，人人都获得全面发展的“共产主义”的人间“天堂”。一个无可回避的事实是，同样充满了浪漫主义幻想的中国知识分子，正是这场大试验的最热心的支持者、最热情的歌颂者。连新中国成立初期与毛泽东有过激烈的论辩、被认为最具独立思考力的梁漱溟也写了长篇论文，论证人民公社正是他多年追求的理想。这场试验失败以后，不到八年，毛泽东又发动了“文化大革命”。正是这两次大试验使好不容易才初具建设规模的新中国元气大伤，给中国人民（包括知识分子）

带来无穷的灾难，使中国的建设整整延迟了二十年。也就是在这二十年间，包括日本、韩国在内的中国周边国家获得了飞速的发展。浪漫主义、理想主义的追求竟然结出这样的恶果，这一严峻的事实，使中国人民、中国知识分子不能不正视浪漫主义理想的负面意义，它所可能落入的陷阱：至善至美的理想社会，只能存在于彼岸世界，是一个可望而不可即的远方目标。

二、关于至善至美的纯粹的人性的追求，以及“人的改造”的反思。当时所提倡的是一种至善至美的纯粹的人性。从一系列具体论述中可以看出，所谓的至善至美的纯粹的人性，主要包括两个方面。一是自觉地压抑、克制人的动物性的本能欲望（从性欲到物欲），使人成为纯精神、道德的存在物，一是自觉地压抑、克制人的个人欲望，实际上就是要求人的非动物化与非个人化。这种将人片面化与畸形化的人性观、伦理观与中国人强调的群体性的，主张“存天理，灭人欲”的传统人性观存在着内在的一致性。而这两方面——对于传统人性观、伦理观的继承，避免西方物质文明的弊端的设想，都极容易得到知识分子的认同与共鸣。这样人的改造导向了人的工具化。

三、关于追求思想的至善至美性、绝对真理性的反思。

正像毛泽东所说，十月革命一声炮响，给中国人民送来了马克思主义。在探索中华民族振兴之路时，有不少知识分子都选择了马克思主义作为自己观察、分析问题的基本理论与方法。鲁迅在给自己的朋友的通信中就明确地指出，马克思主义的历史唯物主义、辩证唯物主义，是极其明快的方法，许多纠缠不清的问题都因此迎刃而解。应该说，一些知识分子对马克思主义的这种接受与接近，开始时完全是一种自觉的选择。但是，后来一切非马克思主义的思想、学说、理论都被宣布为非真理的伪科学，某些学说、理论，主要是自然科学的学说与理论之所以还具有某种科学性，也是因为其某些结论客观上与马克思主义的结论相符合。在一些人的心目中，马克思主义变成了至善至美的绝对真理；对马克思主义的解释权、发挥权，以及在马克思主义体系内的发展权，自然也只能集中在少数绝对权威手里。这样，就必然导致马克思主义的绝对化，影响了理论、学说的多样化发展，导致思维的僵化。

四、关于人民和知识分子关系的反思。

人民在中国意识形态中，一直占有极其崇高的地位。只占人口极少数、时时感到自身的软弱无力的知识分子，本来就受到中国文化中“民本主义”传统的影响，现在又面对着占人口大多数的，已经组织起来的人民大众，必然产生某种敬畏与崇拜心理。

“高贵者最愚蠢，卑贱者最聪明”的思想是极“左”观念的重要组成部分。在极“左”的意识结构中，人群分为两大阵营：一方面是年轻人、贫人、贱人、被人看不起的人、地位低下的人、学问比较少的、被压迫的、无名的人、小人物；与之相对立的，则是老年人、富人、贵人、被人看得起的人、地位高贵的人、学问比较多的、压迫者、有名的人、大人物；前者构成了“人民”的主要成分，是最聪明、最有道德、生命力旺盛、迷信较少，因而是最有前途的；而后者则或是敌人，或者是人民中应被改造、斗争的对象。他们愚蠢、无道德、生命力衰退、顾虑重重，是最无前途的。于是，历来被尊为高贵者的知识分子，其实是最愚蠢的。这种反常的逻辑彻底剥夺了知识分子的知识资本，从心理上打掉了他们的“威风”，这里带有反智主义的倾向。

五、关于将斗争（矛盾、反抗、运动）绝对化、神圣化的“斗争哲学”的反思。

鲁迅曾经说过，人受了压迫，为什么不可以反抗？在备受民族压迫与阶级压迫的20世纪前半期的中国，斗争的尖锐、复杂、激烈，本是不可避免的社会现象，并且显然具有历史的合理性。但是，也必须看到，特别是在基本上实现了国家统一、独立，需要相对稳定的社会秩序，进行和平的经济建设时，中国社会却不断出现巨大的震荡，阶级斗争的风浪一浪高过一浪。这里，固然也是因为存在着外国帝国主义、霸权主义的封锁，国内种种矛盾的因素，但与极“左”领导者的主观诱导、强化，以至制造显然有关。毛泽东正是将斗争（矛盾、反抗、运动）的客观性、合理性加以绝对化，形成了他的斗争哲学。在当时，到处流传着毛泽东鼓动斗争的名言：“斗则进，不斗则退，不斗则修，不斗则垮”，“天下大乱，达到天下大治。过七八年又来一次”，“与天奋斗，其乐无穷；与地奋斗，其乐无穷；与人奋斗，其乐无穷”。

面对不断发动的“大规模的群众性的急风暴雨般的阶级斗争”，知识分子感到惶惑不安，却每一次都身不由己地卷入斗争浪潮。事实上，每一个中国知识分子都成了残酷的生存竞争的参与者与受害者。而一些青年知识分子（如“文革”中的“红卫兵小将”）则为斗争哲学中内含的浪漫主义的激情所吸引，从而自觉、不自觉地充当了阶级斗争的急先锋。这一切，对于中国人民、中国知识分子今天似乎已经成为一场噩梦，但它所造成的精神内伤却不容忽视。在儒家中庸之道熏陶下形成的“温良恭俭让”的传统似乎已经不存在，中国人、中国知识分子都变得好斗、善斗，精神气质上充满了骚动不安。这一切，都会对中国的现实以至未来，产生深远的影响。

从以上的讨论中可以发现，每一个命题在逻辑与历史的起点上，都充满了纯粹、崇高的理想主义、浪漫主义的精神，而其逻辑的展开，历史的实现的结果，却显示出了别的歧向。正是中国知识分子本身所具有的浪漫主义和专制主义的双重气质，使得他们身处这样的历史情境，常常不能保持独立的清醒的批判态度，往往身不由己地卷入其中，既是受害者，又是推波助澜者。

专制的狂信导致对道德底线的突破

在我们这一代理想主义者的以上理念的背后，显然存在着一种思维方式，即是对“绝对”、“纯粹”物——绝对的、纯粹的社会、观念、道德、人性——的迷恋和崇拜。既将自己的理想、信仰绝对化、神圣化，达到狂热的地步；又绝对不容于任何异己者，并将其妖魔化，必要发动“圣战”，灭之（不仅是精神的摧毁，更是肉体的消灭）而后快，这是其追求“纯粹”的必然结果。我曾在《谈“做梦”》一文里引述周作人的一个概念：“专制的狂信”，这真是一语中的：理想、信仰一旦发展到“狂信”的极端，就必然导致专制主义。

顺便说一句：现在大家都在谴责“恐怖主义”，在我看来，恐怖主义分子中相当一部分人就是这样的陷入“专制的狂信”的理想主义者。他们也是追求宗教的绝对性与纯粹性，对“异教徒”，他们所说的“帝国主义的妖魔”发动“圣战”，不惜牺牲自己的生命，以及无辜平民的生命。而作为“恐怖主义”对立面的“布什主义”，又何尝不是这样的“专制的狂信”的理想主义者，他们也同样把自己信奉的美国式的民主视为绝对真理，追求全球范围的纯粹的美式民主的绝对统治，而对“邪恶国家”发动“圣战”，不惜牺牲无辜平民的生命。而无论是恐怖主义者，还是布什主义者，他们其实都奉行同一行为准则，有着同一理念：“目的就是一切”，“为了神圣的理想，为了达到崇高的目的，可以采取一切手段”。这样的高论，无论打着怎样的神圣的旗号，其实就是向人之为人的道德底线挑战，是对人的嗜杀的动物性的诱发，制造人的精神迷乱：许多违反常理、常情的暴行就是这样产生的。

理想主义向虚无主义的转化

还要补充的是，文化大革命时期的造反派中的包括我在内的理想主义者，如前所说，大都受到不同程度的压制，因而郁结着一种怨愤情绪，这样的怨愤和理想主义的情怀结合在一起，就会产生很大的反抗的力量。但如鲁迅早已警告过的那样，在群众的怨愤中，如果不注入“深沉的勇气”和“明白的理性”，就很有可能被利用。在某种程度上，文化大革命就是将群众的怨愤引向“烧毁一切”的文化破坏和浩劫。我在1986年所写的《心灵的探寻》的“后记”里，就有过这样的反省：“20世纪以来，中国已经多次发生全民族非理性的狂热，我自己亲历的就有1958年的大跃进和十年大动乱，每一次狂热都是在一种受压抑的怨愤情绪的冲动下开始的，最后却走到了反面。这样的悲剧经常发生在迫切要求改变自己地位的落后国家，受压抑的阶层中。具有局部合理性的历史要求的被利用，就特别令人感到悲哀和沮丧。这是历史对不成熟的民族、阶层及其知识分子的惩罚。无论是对于我们民族，还是我自己，这都是一个沉重的历史教训。”

后来，又读到了张中晓的《无梦楼随笔》，他从另一个角度发出了重要的警告。他说：“在这多难的人间，人成为畜生的机会太多了”，“举凡贫困、监禁、苦役等等，都能使人堕落为兽，使人性粗暴、脾气乖戾、绝望与不近人情”，“在孤独中，人失掉了爱、温暖和友情”，人因此在“内心生长着兽性”。这就是说，当人处在受压迫的地位，“失掉了爱、温暖和友情”，却有可能进而失去对“爱、温暖和友情”这些人性的美好本身的信任和追求，进而扭曲了自身的人性，变得粗暴、乖戾、绝望、不近人情。张中晓把这叫作“压迫的腐蚀”：受压迫的处境，恰恰是“人生向神和兽的十字路口，是天堂与地狱的分界线”。因此，“临亢者固须理智克制，处卑时尤须理智照耀，不然阴毒之溃胜于阳刚之暴，精神瓦解，永堕畜生道矣”。——我们已经讨论过，当受压抑产生怨愤而反抗，处于“临亢”状态时，人有可能因失去理智而由“人”变成“兽”；现在，张中晓又提醒我们注意：当人“处卑时”，即在完全无力改变自己的处境，完全绝望时，又有可能因失去理智而陷入不相信一切的虚无主义的“精神瓦解”后的“阴毒”之中，同样由“人”变成“兽”。张中晓的“在这多难的人间，人成为畜生的机会太多了”的感慨，正是揭示了人的一个根本困境：在压迫下，人很容易陷入“理想主义”和“虚无主义”的两个极端，并在两者间摇摆，不断互换，而且总不能摆脱控制，甚至成为其同谋。

90年代以后的状况

而中国社会发展到90年代以后，虚无主义，以及市侩主义、犬儒主义、享乐主义，已经成为重要倾向。我多次说过：“这是一个消解神圣，消解浪漫、理想的追求，最终要将人的精神也消解殆尽的时代。”（《献身学术》）这自然是中国社会迅速物质化、世俗化的反映。

再反思：重新认识理想主义

正是针对这样的主流意识形态和思想文化状况，我们今天需要重新认识“理想主义”问题。

首先，对我们前面所讨论的“五大反思”，还需要进行“再反思”。……

是的，我们必须吸取将“彼岸理想此岸化”的教训，但是，我们能因此放弃对“乌托邦理想”的向往与追求吗？

是的，我们要反对将人“非动物化”和“非个人化”的“思想改造”，但我们又能走到另一个极端，把人仅仅看作是动物性的、纯个人的存在吗?

是的，我们反对“人民崇拜”，但我们又能鄙视人民，漠视他们的利益，完全脱离普通老百姓吗?

…………

此外，还有许多相关的问题。比如，在历史的再认识、再考察中，我们如何认识“五四”以来的激进主义的革命思潮及其实践，如何认识社会主义运动的理论与实践，等等。

这些问题都是我们必须认真对待与思考的。有的问题，我们在前几讲中已经有所讨论；有的将在后面几讲里再做讨论；有的则只能另找机会，或留给大家思考了。坦白地说，有些问题，我自己也没有想清楚，还需要继续进行思考和探索。

我们所要坚守的理想主义

和我们的讨论，最直接相关的，自然是：我们今天还需不需要理想主义，还要不要堂吉诃德精神?——在这个风行虚无主义、享乐主义、颓废主义的时代，我们确实需要呼唤和坚守理想主义，我们仍然需要堂吉诃德精神，需要那“铁肩担道义，妙手著文章”的博大志向，敏锐的思维，那对社会的深切关怀，忧国忧民的赤子情怀，又是我们必须继承的宝贵的精神财富。

当然，我们还要追问：要坚持怎样的理想主义?如何看待理想主义的价值与局限?

首先，我们需要的理想，是自发的，是我们内在生命所要求的，独立自主选择的真正的信仰、信念。

其次，我们需要理想主义，又不要将其绝对化。我是主张采取“既坚持理想主义，又质疑理想主义”这样一种比较复杂的态度的。

我们需要的理想绝不能成为“狂信”，它必须是鲁迅所期待的那样，贯注着“明白的理性”精神，是理性而非狂热的。

我们需要的理想必须贯注“自我怀疑”的精神，看到理想主义的有限与局限，是低调而非高调的。

我们需要的理想必须有鲁迅说的“深沉的勇气”，贯注着鲁迅式的“韧性”精神，为理想的实现，锲而不舍，长期奋斗。

我们需要的理想同时是开放的，而不是独尊独断的，它坚守自己的信仰，又尊重别人的信仰，贯注着“思想、信仰自由”的精神。

这大概就是我们今天的讨论的主要结论。

八　关于思想与行动的关系问题

我们今天讲一个新的题目——关于思想和行动的关系的思考。

我自己对这样一个问题的思考，已经持续了将近二十年，始终是思考的一个中心命题。大体上，可以分三个阶段。

80年代：对于行动、实践的呼唤

首先是在80年代，主要是对于行动、实践的呼唤。这突出地表现在我的第一部独立的学术著作《心灵的探寻》里。这正是80年代所提出的问题。当时最盛行的，就是尼采的说法：上帝已经死了。过去我们这一代人都坚信沿着毛泽东指引的方向往前走就行了，到了80年代，经过对文化大革命的反思，破除了个人迷信，对这个问题产生了怀疑。因此，我们走什么路呢？这是当时所面临的问题，大家都感到非常苦恼。

我在《心灵的探寻》的第三章“于无所希望中得救”里，谈到鲁迅的思想：“将先前一切自欺欺人的希望之谈全部扫除，将无论是谁的自欺欺人的假面全都撕掉，将无论是谁的自欺欺人的手段全都排斥，总而言之，就是将华夏传统的所有的小巧的玩艺儿全都放掉，倒去屈尊学学枪击我们的洋鬼子，这才可望有新的希望的萌芽”，[1]并重

---

[1]《忽然想到（十一）》，《鲁迅全集》卷3，102页。

申了“曾经给无数在黑暗中摸索的人们以鼓励和力量的”鲁迅那句名言：“希望是本无所谓有，无所谓无的。这正如地上没有路；其实地上本没有路，走的人多了，也便成了路。”——这里透露出了：对终于打破了偶像和自欺欺人的幻想，获得精神解放的“得救”感，和“传统”决裂的决心，从西方世界（“洋鬼子”）吸取资源的渴望，以及从新的实践里寻找新的希望的期待：这都是“五四”时代的，也是80年代初期、中期的时代思潮与情绪，这是我所感受到和发现的二者的契合点。从今天来看，这样的历史重来，既是80年代的意义，也是它可能有的局限。

由此而形成了我的“五四观”，其实也是对“80年代”的一种理解：“这是历史的转折时期、过渡时期。旧的规范、原则已经被否定，新的规范、原则还没有建立。在没有现成的规范可寻，即‘没有路’的情况下，人们只有一条出路：自己‘选一条似乎可以走的路’‘姑且走走’，一边探索，一边不断校正方向，总结经验，最后走出一条路来，并创造出新的规范、新的原则。正是这几乎一无所有的空白的地上，给实践提供了最好的机会。这是‘实践第一’的时代，是‘实践创造一切’的时代”，“对于革新者，这正是施展才能的大好时机，是进行新的开拓、创造的黄金时代。他们不唯信书，也不为人所束，充满自信力，同时，脚踏实地，埋头苦干，在干中创造出一切”。——这都可以看出时代的乐观主义气息：相信通过群体的实践能够为中国找出一条新的道路来。我们当时以为又一个“五四”时代已经到来。

文章接着又反过来对中国知识分子的历史道路作了一个反顾：“缺乏实践行动的机会与能力，曾经是中国知识分子最大的悲剧与致命弱点。历来知识分子都有报国无门的哀叹，就像卧藏隆中的诸葛亮一样，知识分子在思辨中，常常能够对历史事变的发展（或其局部）作出惊人准确的预见、猜测，并且有自己的安邦治国的韬略，但是，并不是所有的人都有诸葛亮那样的付诸实践的机会。有高于一般的思想，在或一程度上预见到历史事变的发展，却不能参与历史变革，对历史发展施加自己的影响。心灵高飞了，身体却陷在泥淖，思辨和实际脱节，只能清议空谈，不能行动，也就成为古往今来一切有抱负有才能的知识分子最大的精神痛苦。”——这段话其实是夫子自道。如我在第二讲里所说，我们这批人在“文革”后期思考中国的未来，人类的出路，有许多的想法。可是身居边远地区的社会底层，没有任何实践的机会，只能限于空谈。现在好了，改革开放了，给我们这些不见经传的底层知识分子提供一个机会，来实现我们的理想和抱负。所以当时处于一种相当兴奋的状态，而我们当年这些“民间思想村落”的朋友也确实通过各种途径，以各种形式，参与了70年代末和80年代的思想解放运动和改革开放的实践。我当时的选择，是通过学术研究，参与思想、文化的实践。

这也影响到我对鲁迅的认识：比较重视鲁迅思想的实践性，强调他对中国知识分子“隐逸”、“无为”传统的批判和埋头苦干、拼命硬干，注重实践、行动的固有传统的深刻联系，以及他一再向青年发出的行动的召唤，强调“鲁迅真正寄以希望的，也正是那些挺身于变革现实的实践第一线的行动型的青年”，“他从中国共产党人在马克思主义理论指导下的革命实践中看到了中国未来的希望”。

在这一章里，我还特别引述了一位1983届的学生作业里的一个观点：“无论如何，我们应该把（毛泽东、周恩来）这一代知识分子看作鲁迅之后的，努力克服知识分子弱点的而最终成为政治家的一代而加以认真研究。”这位学生将两代人作如此对比：鲁迅是启蒙的一代，毛泽东、周恩来是实践的一代，“前者是对后者的呼唤，后者是对前者的继承。然而在这继承的过程中，肯定会抛弃其中许多丰富的东西，朝着更加实际的方向发展。发展过程中果然出现了前者曾思索过的潜在的危机。然而，前进就不能既患得又患失。只是在危机终于爆发，反过来阻止前进的时候，重新的思索、选择，又成为新一代人的使命。这也许就是我们今天的现实。而对我们来说，我们所继承的事业的先驱者的理想仍不失为值得回味的初衷"。——这里所谈到的鲁迅和毛泽东之间的联系，以及在继承过程中出现的危机和今天必须在反思中继承：这些观点，都引起了我的共鸣。这一点，是很有意思的：如前所说，"和传统决裂"是当时的时代思潮。而我却因为一直把毛泽东、鲁迅视为精神导师，但同时认为应该对革命发展中出现的问题进行反思，以总结历史经验、教训。而在当时的读者看来，我的这个态度就不免有些保守，在阅读《心灵的探寻》一书中对这一部分论述也不加注意。我自己有时也觉得这是自己的一个历史的重负。

这位学生最后对鲁迅的评价也是我所认同的：鲁迅"在屈原以来中国知识分子愤世嫉俗的硬骨头传统中，注入行动的血液和希望的光明。这就是在鲁迅之后的青年把鲁迅作为民族魂，作为旗帜，作为真正猛士的原因"。我由此而得出一个结论："强烈的行动、实践欲望，是鲁迅和当代青年精神共鸣点之一：他们本来就共同生活在实践走在理论前面的巨大变革的时代。"[1]

这就是我们当时对1980年代的中国的改革开放的一个认识。这个认识是符合实际的。大家还记得邓小平的一句话："摸着石头过河"，这和我们的思想很合拍。"摸着石头过河"就是要在实践中来解决问题。这样一个指导思想在当时的历史条件下，是有重要价值的，否则改革开放就无法进行下去。但这样一种"摸着石头过河"的选择，其背后又隐藏着很多危险，但是这些危险，当时的人不可能看到。我也是一直到了90年代，在反顾从"文革"结束到80年代再到90年代这段历史时，才察觉到背后的问题。

---

[1]《心灵的探寻》，60—64页。

被遮蔽的问题：理论批判与创造的缺失，实用主义泛滥

这首先就是对理论的忽略。理论准备不足，这本来就是中国改革开放的一个先天性的问题。我在1997年写过一篇文章，谈到“文革”后期，我们这些民间的思想者，已经意识到中国将要发生巨大的变化，也意识到应该为这样一个历史大变革铸造理论武器的历史任务。这样的理论准备工作本是应由知识分子来完成的，这是它的职责所在。但在“文革”的后期，中国的知识分子状况是怎样的呢？一方面被排斥，整体处于被压抑的状态，另一方面，经过这几十年的改造，特别是“文革”的冲击，他们成了惊弓之鸟，精神已经萎缩。处于这样的现实环境和精神状态的中国知识分子，在主客观上都不能承担历史提出的为未来社会变革进行理论准备的任务。但其中少数杰出者还是做了一些工作，比如说顾准的思考就有很大的意义和贡献，但似乎也只有一个顾准，因此，后来才有人说，幸亏有了顾准，不然，中国知识分子就交了一份白卷。知识分子总体缺席，只能由当时的民间思想者来承担。而当时的民间思想者是什么人呢？大多数是青年学生，有少数像我这样的大学生，大多数是高中生、初中生，甚至是小学生。我在文章中称他们为“半大孩子”。这是个历史概念。他们至多只是“未来的知识分子”，知识准备不足，更谈不上理论修养，但历史却把他们推上了思想舞台，承担起理论探讨的任务。所以这是一次不足月的精神分娩，我在文章中说：“他们思考的精神意义远远超过价值意义”，从历史角度看，很了不起，理论成果却很有限。这样，以后中国终于发生的社会大变动，即今天所说的“改革开放”，也就先天地存在“理论准备不足”的缺憾。[1]

---

[1] 参看钱理群：《思想寻踪》，《六十劫语》，108—111页，福建教育出版社，1999年。

现在可以看得很清楚：一方面，先天的理论准备不足，另一方面，过分强调了行动与实践，又忽略了理论的意义，这就造成了许多严重的问题。

首先无法避免实用主义。如只要能发展生产，不管什么办法；只要能引进外资，不论付出什么代价；发展就是一切，其他不管，等等，其所带来的后果，今天已经是有目共睹。整个思想文化界也显得非常浮躁，缺少深入的学理的研究、探讨。从表面上看，80年代理论界也非常热闹。大量的西方理论被引入，这对解放思想、培养新的一代人，确实有很大作用，也有很大影响。问题是，当时对西方思想的译介是有一定的片面性的，这些年一直有人对此提出批评；更重要的是，还是鲁迅当年早已指出的，许多人热衷的仅是玩弄花样翻新的“新名词”，而并不注意其真实内涵与意义，更用西方的概念硬套中国现实，从而遮蔽了中国的真实问题：这都是学术研究中的实用主义。因此，80年代，我们高喊民主、法制，但对民主的理念、法制的实质，都缺少理论上的深入讨论，更不联系中国的实际。对中国自身的历史实践经验，在“割断传统”、“全盘否定”的思潮下，自然少有理论的科学总结，许多宝贵的思想遗产因此被遮蔽、强制割断；对历史的失误，一方面只限于道义的谴责，另一方面又几乎没有进行理论的科学批判。因此，我们回顾80年代以来的中国学术，也许在翻译阐释，某些历史研究、专业研究上，有所成就，或有可观的成就，但理论创造和建设，却是十分地稀薄，至今也没有出现真正的理论家。与此同时，却充斥着伪理论、伪学术。知识分子放弃了自己的理论职责，这是一个根本性的失责。

说到底，这反映了我们民族的一些根本弱点。我曾经说过，我们民族有两大弱点：一是理论思辨能力、抽象思维能力不足，一是想象力不足。我这个观点受到很多人批评，但我仍坚持这一看法。其实我自己也是这样：有浓厚的历史研究的兴趣，却少有理论兴趣，理论修养不足，在理论方面下工夫不够，更缺少理论的创造力。这都是有愧于做一个真正的知识分子的。

启蒙思想者的困惑

那么刚刚说了，整个80年代都呼唤实践，是一个行动的时代，当时有非常大的意义，也蕴藏着危险。到了80年代末，我曾有一篇《答北大校刊记者问》，谈“知识分子的角色转换”问题，是1989年2月写的，发表在《人民日报》上，引起了很多人的注意。我在讲话中指出，说中国知识分子可能发生分化，当时我分析有三种类型的知识分子，一部分将会积极地参政经商，投入到政治、商业和经济的实际运动中去；另一部分知识分子是希望在学术领域从事基本的文化建设，属于学院派；还有一部分知识分子仍然坚守着启蒙的工作。我强调三种选择各自有各自的价值，同时也各自面临着自己的问题。其中特别谈到了启蒙主义知识分子所面临的“启蒙的社会结果与启蒙者的愿望相违背”的“困惑”：“作为思想启蒙基本上是理性的、逻辑的，对后果也有足够的考虑，希望朝良性的方向发展。但社会运动是非理性的，一旦兴起，就难以控制。所以当它越来越激进的时候，许多倡言民主、呼吁改革的理论家往往哑口无言。”在这篇采访里，我还首次提到了知识分子的“知行矛盾”：“作为思想者他必须有超前意识。思想可以超越模式，不受任何限制，但日常生活却必然受制于社会规范。”[1]这篇讲话虽然很短，对我却很重要，因为它标志着我对“思想与行动的关系”的观察与思考重心的一个转移。

---

[1] 钱理群:《当代知识分子的角色转换》,《人之患》,136—137页，浙江人民出版社，1993年。

我之所以在这个讲话中，提出启蒙知识分子的困惑，首先是因为我这时正在写《周作人传》，我在考察他在“五四”运动前后的思想时，就发现了这样的矛盾：“思想文化的启蒙必然导致被启蒙者变革现实的直接政治行动，这是启蒙者无法预先控制的。扩大了说，这是一切思想启蒙者必然面临的两难境地：或者与自己的启蒙对象一起前进——从思想走向行动，不仅必然按照行动（特别是政治行动）逻辑对思想的纯正性作出某些必要的与不必要的修正、妥协（在行动逻辑中这两者本是难以划分的），而且还必不可免地为狂热的往往是偏激的群众所裹挟，给自己带来许多违心的烦恼，弄不好连自己也失去了启蒙者所特有的理性精神，在与群众同化的过程中发生自我的异化。如果拒绝这样做，那又会最后被自己的启蒙对象无情地抛弃，而且自己据以安身立命的一切，甚至那张平静的书桌，也会被群众的暴力毁于一旦——这正是启蒙的必然结果。”[1]

90年代初思考重心的转移：思想和行动的矛盾

到1992年，我开始直面“思想和行动的矛盾”问题，进行有距离的学术化、历史化的深入探讨。这样的思考的主要成果，集中在我的《丰富的痛苦——堂吉诃德与哈姆雷特的东移》一书中——此书涉及的问题很多，都不同程度地由国内问题及苏联、东欧事件所引发，而“思想与行动的矛盾”无疑是其中的核心问题之一。

我是从世界知识分子共同面临的精神问题入手，来进行我的探讨的。切入口又是世界文学的两大典型：哈姆雷特和堂吉诃德。具体到

[1]《周作人传》，230—231页。

“思想与行动关系”的讨论，我首先关注的是莎士比亚研究史上最著名的所谓“哈姆雷特的‘延宕复仇’”问题。这个由英国批评家托马斯·汉莫于1736年提出的经典课题，揭示了作为思想者的知识分子的一个特点：常常因为思虑过多产生了行动上的犹豫不决，并引发了持续而广泛的讨论。18世纪英国批评家寇尔列支就细致地分析了知识分子的心理结构。他们的内心有几对矛盾，一是想象世界和真实世界之间的矛盾，一是内在世界与外在世界之间的矛盾，一是心灵的冥想和感官的感受之间的矛盾。他的智慧、思考和行动之间也会有矛盾。这几者之间，本来是可以达到某种平衡的。但无论在哈姆雷特那里，还是堂吉诃德那里，这种平衡都明显地被打破：哈姆雷特倾向内在的想象的智慧的世界，而排斥外在的真实的和行动的世界。而堂吉诃德则把这二者混同，以冥想代替感觉，以内部世界代替外部世界，把幻想当作实质，把现实和想象合一，造成思想的混乱。一种偏于狭隘，偏于思想型而不行动，另一种则是不顾一切地行动，不考虑后果。这正好是两种极端。哈姆雷特和堂吉诃德是知识分子的两种极端或者人性发展的两个极端。

而引起我的兴趣与思考的是，人们在批评哈姆雷特的犹豫不决、缺乏行动时，其背后的价值理念和标准，即认定行动是存在的主要目的，因此，思想必须转化为行动，行动的价值高于思想的价值。这恐怕无论在中国，还是世界，都是一个共识，很少有人质疑。我们批评知识分子，最通常的说法就是“思想的巨人，行动的矮子”。在前面我说的“实践、行动的时代”就更是如此。——但这恰恰是需要质疑的。

“行动的后果”：
“思想的实现即思想和思想者的毁灭”

这里我们要谈到一个非常重要的作家和思想家，就是德国的海涅。海涅对哈姆雷特和堂吉诃德都有深刻的把握。他重点讨论的问题，就是思想和行动的关系。海涅关注这个话题，是有深刻原因的，这和海涅对德意志民族的精神缺陷的反思直接相关。海涅多次谈到，当德国人在劳心焦思地要解决哲学问题的时候，英国人正本着他们实践方面的理解在讥笑我们。他说，大陆属于法国人、俄国人，海洋属于不列颠人，只有梦中的天空王国属于我们德国。他希望用英国人的模式改造德国人，少一点哲学，多一点实践。因此，他反省哈姆雷特，就等于在反省德国民族。于是就有了海涅的名言："思想走在行动之前，像闪电走在雷鸣前一样。"他没有完全否认思想，要德国人完全否认思想是不可能的；他说思想应该像闪电一样，闪电之后就是雷鸣，之后就是行动。思想走在行动之前，思想是对行动的呼唤，接着应该是行动的到来。

但海涅真正要呼唤行动者的时候，他又犹豫了。他如此提出问题：我要呼唤的行动者，究竟是什么人呢？他的回答是：很可能是一些先验的唯心主义者，一些意志狂热主义者，而且是武装起来的。其实就是堂吉诃德，凭着先验的主观幻觉、主观意志行事，狂热而又掌握了"枪杆子"的堂吉诃德，是十分危险的。这正是海涅所担忧的：堂吉诃德们"行动的后果是什么？"——这"行动后果"的追问，正是典型的海涅式的命题。

海涅这种担忧是有现实根据的。他的依据就是法国大革命，像海涅这样的德国知识分子对法国大革命的态度充满了矛盾：一方面，法国大革命倡导的民主、自由、平等对知识分子有吸引力，但同时他们又恐惧于雅各宾专政。也就是说，他们欣赏卢梭的思想，但恐惧于雅各宾派的行动。这里存在着一个思想家卢梭和行动者、实践家罗伯斯庇尔的关系问题：某种意义上可以说，卢梭呼唤着罗伯斯庇尔，罗伯斯庇尔是对卢梭的响应，是卢梭思想的实践，实践的结果就变成雅各宾专政。这正是思想与行动的关系：思想要求变成行动，而行动的后果则往往使思想变形、变质，甚至走到思想的反面。在海涅著名的诗作《德国——一个冬天的神话》第六章里，总有一个“乔装假面的客人，阴森森地站在我的后面”。我问：“你是谁？你要做什么？”他回答：“我具有实践的天性”，“我要把你想的变成实际。你想，可是我却要实行”。到第七章，“客人”就真的把我的“要清除过去的遗骸”的思想付诸实践：“举起刑刀，把可怜的迷信遗骸砍得粉碎，他毫无怜悯，把他们打倒在尘埃。”这里显然存在着思想、思想家的逻辑与行动、实践家的逻辑的错位：就“清除过去的遗骸”这一命题或历史任务而言，思想家的理解和期待，只是思想的批判、扬弃，而变成实践家的行动，就必然是暴力的摧毁，变成武器的批判，走到了思想家的愿望的反面。

海涅所揭示的这一“思想与实践的巨大反差，矛盾对立”现象，引起了我的兴趣和长久的思考。我发现，这样的反差、对立，不仅仅存在于法国大革命，卢梭与罗伯斯庇尔之间，或许是一个更为普遍的，甚至带有某种规律性的现象。比如，百科全书派的启蒙主义者所设计的理想王国，与后来实现了的资本主义的社会现实之间，出现了巨大的反差，以至走到了反面。我据此而提出了一个重要命题：“思想的实现即思想自身以及思想者的毁灭。”[1]

我所提出的这一命题，引发了我的年轻朋友的热烈讨论。在《丰富的痛苦》一书的“后记”里，就引述了甘肃天水师范的一位老师来信中，对这一命题的精彩阐释和发挥——

“思想与实践的巨大的落差，甚至矛盾对立，这可能与人类思维

[1] 钱理群：《丰富的痛苦——堂吉诃德与哈姆雷特的东移》，90页，北京大学出版社，2007年。

和社会历史自我发展的特征有关。仅就人类思维而言，在原始社会阶段，其内容无所不包，其形式也浑然一片，不知何为抽象思维，何为形象思维。此时，人类还分辨不出主体与客体、生命与无生命之间的巨大差别。所以，这自然也就不存在思想与实践的关系问题。然而到了后来，随着思维能力的进一步发展，思维方式的进一步完善，思维的结果——思想与被思维的对象现实之间也就有了一定的距离和差别。至少思想追求理性的普遍概括性、内在的联系性和必然的逻辑性。而现实毕竟是现实，它丰富多样、五彩缤纷，发展变化有多种可能，并且这还是各种力量综合作用的结果。这样，思想与现实也就有了各自存在的方式和发展的方向。

“而实践作为这两者的中介和联系，也就不得不处在两难的境地：一方面被思想所召唤，要把抽象的理性要求转化为客观具体的现实存在；另一方面，这一过程自始至终又只能在现实条件的制约下来进行。因为这些条件是历史流传下来的，无论好坏都是一种客观存在。人们只能在正视它的前提下，并以它为基础才可能谈得上新的创造和发展。但这样，思想必然会在实践的过程中产生变化，甚至还会因为各种因素的凑合，特定时空条件的作用而出现思想失落的情况。海涅所引的民谚‘播下的是龙种，收获的却是跳蚤’正是此之谓也。于是，这就在人类的思想、文化和历史现实之间不可避免地出现二律背反的社会现象。

“正是与此相联系，我们不妨从功能品性上把思想分为实践理性与精神理性这两种。前者以实践为目的，不仅注重现实对思想的需求，而且更注重各种现实因素对思想的制约，侧重以此来达到思想向现实的转换。因此，这种思想以历史的具体性、实践的策略性与操作性为其特征。而后者则以人类社会的终极目标为目的，侧重于相同的利益与统一的价值，试图超越历史的阶段性和现实的具体性。因此，这种思想以理性的普遍性和永久性为其特征。应当承认，这两种思想在历史上常处在矛盾中。……而且，就是在一个人的精神世界的构成之中，这两种品性的思想也可能同时并存，并此起彼伏，相互消长。当然，在现实中，无论整个社会或个人，这些思想总得有个运动的结果，其矛盾也会解决。但最终这一切都只能是实践所导致的必然结果。而且这‘实践’也还是诸多现实条件所制约决定下的实践。这样，也就进一步证明了你所揭示的那一命题——‘思想的实现，即思想者思想的毁灭’。”

这里，对“精神理性”与“实践理性”的区分，是重要的。长期以来，我们重视的是实践和实践理性，忽略以至否定精神理性，这背后的“实践的价值绝对高于思想、精神、理论的价值”的价值理念，是应该质疑的。

“还思想于思想者”：我的自我定位

这也关系着知识分子的选择问题。这也是我思考上述问题的另一个重要背景。如前面所说，我在周作人的研究中，发现了启蒙知识分子的两难。在《丰富的痛苦》里，我又再次回到这一命题上来，讨论了周作人在“五四”以后的选择问题。我这样谈到周作人的另一个思路：“既然‘行动’的‘后果’必然导致‘思想’不同程度的异化，那么，就应该切断‘思想’与‘行动’的联系，把自己（以及知识分子，至少是一部分知识分子）的活动（价值实现）限制在纯精神的思想文化领域内，也即‘还思想于思想者’。这样，周作人不但拒绝了中国知识分子‘经世致用’的传统道路，而且也对作为‘哈姆雷特的延宕’问题的前提的‘行动是存在的主要目的’的人生哲学，提出了质疑。这就是说，周作人式的‘还思想于思想者’的命题，从根本上消解了‘思想与行动脱节’的哈姆雷特命题，当然也就同时消解了以坚决的行动作为存在价值的堂吉诃德命题。”[1]——尽管我在这里基本上是一个客观叙述，谈周作人的选择，而且对他的这一选择，我是有保留的，但仍不难看出，对“还思想于思想者”这一命题，我还是有相当的认同的。

这也关系着我自己的选择。就在1994年我在韩国讲学时，写了一篇文章:《自说自话：我的选择》。这篇文章的背景是90年代中国思想文化界曾经展开一个关于人文精神的讨论，当时很多知识分子对自身的边缘化很不满意，有一种精神上的失落感。我对此做了一个反向的思考。在我看来，知识分子，特别是我这样的人文知识分子，处在中心位置既不正常，还常常容易失去自己。就像当众演讲一样，你说的不一定是你自己想要讲的，而是听众期待你讲的话，这是处在中心位置必然付出的代价。处在边缘，就可以得到一种解放，可以说我自己想说的话，而不必看别人的脸色说话。

这里的关键，是知识分子，特别是人文知识分子的自我定位，自我角色的认定。由此而引起我对自己在80年代对知识分子的自我期待的一个反省。在前面所引述的《心灵的探寻》里的那段话里，曾谈到“卧藏隆中的诸葛亮”，其所反映的就是传统知识分子的“诸葛亮情结”，自以为有“安邦治国的韬略”，就等着有一个“刘备”三顾茅庐，然后脱颖而出。现在经过80年代的风风雨雨和90年代初的反思，终于清醒了：第一，至少我自己绝没有“安邦治国的韬略”，连自己的人生道路都还在探索中，因此，既当不了“导师”，更不是当“国师”的料，而且一切自命为“导师”、“国师”者，我都觉着可疑；其次，我也绝不能当“军师”或“幕僚”，因为那就意味着把希望寄托在别

[1]《丰富的痛苦——堂吉诃德与哈姆雷特的东移》，186页。

的什么身上，充当其附庸或雇员，这是与我的独立自主和精神自由的追求根本违背的。同时，我也弄清楚自己的理想主义、洁癖，以及缺乏行动能力等精神气质与弱点，绝对不适于从事政治、经济、文化的实践活动。这样，我终于弄清自己"不是什么"，"不能做什么"：一不是"导师"、"国师"，二不是"军师"、"幕僚"，三不是"政治、经济、文化实践家"，相关的事都不能做。当然，这就同时意味着我也明确了：自己"是什么"，"能够做什么"。于是，就有了"思想者"的自我定位，并且有了如下自我角色的认定——

"所谓'知识分子'，尤其是他们中间的人文知识分子，就是思想者。'思想'是他唯一的职责和职能，人文学者关心的是'应该'怎样，而不是'实际上'怎样。也就是说，他对人和社会的关注本质上是一种'彼岸世界'的理想关怀。他是用彼岸理想的价值，来对照此岸现实的存在，从而不断发出自己的批判的声音。人文学者无须考虑现实政治、经济、文化的实际运作，也不提供设计方案，那是政治家、企业家和他们的智囊团的活动范围。同时人文学者也必须小心地划清'此岸'和'彼岸'，的界限，清醒地认识自己的思想的彼岸性，即永远是可望而不可即的理想，认清思想的合理性并不就是现实的合理性，而绝不越位将彼岸理想现实化、此岸化。这自然不是说人文学者可以脱离、不关心此岸现实，他的超越性关怀必须建立在现实关怀的基础上，而且他的作用也是通过对现实的批判性而实现的。只是需要强调，人文学者和此岸现实的关系与联系不同于小政治、经济、文化实践家，'批判'是人文学者与现实联系的极限，绝不能越位变成直接的现实行动。在这个意义上，可以把人文学者视为'批判者'，他的基本任务就是不断揭示现实人生、社会现存思想、文化的困境，以打破有关此岸世界的一切神话。因而作为思想者的人文学者绝不是政治、经济、文化的实际运作者、实践者的军师，当然更不是'国师'，也不是附庸，二者既互补，又相互制约。”

这里，显然把思想作为知识分子的本质。在我看来，知识分子必须也只能承担两个任务：

首先是为现实的与未来的变革铸造思想和理论的武器。这当然不能脱离现实，问题意识必须从现实中来，但任务是铸造理论武器，又必须与现实保持一定距离。

思想者，也即知识分子的第二个任务，就是以他的价值理念对现实提出批判，尖锐的毫不犹豫的批判。他代表的是公众的公共利益，因此可以进行独立的批判。于是，我给自己做了这样的定位：“自觉地站在边缘位置，用自己的方式，说时代的中心话题。”

这里，有几层意思。一是认定自己所处的边缘位置，既看重它的特定价值，又清醒于其必有的限度，以及可能有的陷阱，这样才能“从容而独立地、不计效果地说自己想说的话，并因此而消解了因期待过殷而产生的浮躁之气”。其二，“本性不改，仍然关心与思考社会、人生、政治、国家、民族、世界、人类的大事，即所谓‘时代的中心话题’”。其三，“这种关心和思考，不带现实功利性与操作性，而是有距离的，更带专业性的、学理性的，更为宏观，也更带根本性的思考。对于我个人来说，更是偏于一种‘史’的考察。思想、研究的题目是从现实出发的，思考、研究的心态与视角则是超越的”。[1]

这也就是我当时所理解的“还思想于思想者”的含义。

这又遮蔽了什么：我的反思

今天，反过来看我这些定位、选择，以及我所提出的“还思想于

[1]《自说自话：我的选择》,《压在心上的坟》，220—222 页。

思想者”的命题，我想做两个方面的反思和分析。一方面，我仍然认为，这样的定位与选择，对于我是合适的，而且是我还要坚守的，甚至可以说，也许到了最近这几年，在我退休以后，才真正做到了“自觉地站在边缘位置，用自己的方式，说时代的中心话题”，我尤其珍惜、看重的是其内含的边界意识，只有充分认识自我选择的有限性，才会有真正的自尊、自重。而这样的选择也是可以作为某一类知识分子的选择的：偏于理论创造、批判，和实际运动保持一定距离，不参与实际操作和具体实践，这是必要的、有价值的。

但作为一个普遍性的命题，将知识分子简单地还原为“思想者”，笼统提出“还思想于思想者”，则可能产生偏颇。首先是没有和周作人的选择划清界限。周作人在大革命失败以后所作出的选择，自有他的意义，但也明显存在两个问题。首先，周作人，以及类似他的知识分子，之所以要将思想与行动脱钩，就是因为他们认定，行动，特别是群众的行动必然是非理性的，是应该规避的。这前提本身，其内含的精英意识，反群众的倾向，就是可以，也应该质疑的。更为致命的是，周作人的“还思想于思想者”，实际上是要否认知识分子的社会责任感，要把自己还原成“纯粹的个人”，根本斩断个人和社会的联系，完全放弃知识分子的历史使命。思想一旦失去了和实际生活的联系，就成了自娱自乐的智力游戏：而这正是周作人所追求的——当然，他还有矛盾的另一面。

问题的严重性在于，在提出“还思想于思想者”这一命题的90年代初，周作人的选择，正是一些知识分子所需要借鉴的，所谓“岗位意识”就是在这样的背景下提出的，而我当时对此是缺乏警觉的。尽管“还思想于思想者”的命题，对于我自己，不会，也没有导致对现实的逃离，如前所说，我即使站在边缘位置，也是在关心、思考时代的中心话题，这是由我以及我们这一代人的特殊经历所决定的，但作为一个普遍性命题，笼统地不加分析地强调“还思想于思想者”，就可能给淡漠现实的知识分子提供口实：这也是必须正视的。

90年代中期以后的问题和我的矛盾

另一方面，强调知识分子的理论创造和批判功能，是完全必要的，如我在前面几讲中一再提到的，理论创造力与批判力不足，一直是中国知识分子的两大问题，这是有负知识分子职责的。但如果因此而忽略或者没有充分重视直接参与社会实际的实践型知识分子的意义和作用，也会产生偏颇。如前所说，80年代初，我们曾片面强调实践和实践型知识分子，后来又走到另一个极端。特别是到了90年代中期、后期，以至到了今天，远离现实生活，脱离脚下土地，沉湎于知识名利场和小圈子，自恋、自怜、自闭、自我表演、自我玩弄，几乎成了一种知识分子病。从整个中国的社会变革的大局来看，这个问题就更加严重。知识分子和民众的隔绝，知识分子和实际社会的隔绝，已经成了一个社会问题。

我们今天所谓“自由主义者”和“新左派”，吵得昏天黑地，社会根本不予理睬，就是因为都是“空谈”，与社会无关。我的选择是偏于进行理论的创造和思想的批判，因而必须关注现实，但又要保持一定的距离。这当然有局限，但却是适合我的，包括我的精神气质：总体上看，我是一个思想型，而非实践型的知识分子。这就是我的问题：我意识到知识分子参与社会的重要性和迫切性，但我自己做不到。

不能把社会实际运作理想化和浪漫化。这也是鲁迅的一个经验。鲁迅在1927年底在《关于知识阶级》里说了那番话以后，他自己就真的投入了社会实际，与反抗国民党统治的共产党合作。今天有些人居然说，这是鲁迅的一个错误选择。我真不知道这是从何说起。在国民党白色恐怖下，这是需要非凡勇气的，我就做不到。而更难能可贵的是，鲁迅一方面参与共产党领导的社会实际运动，一方面又依然保持着他的清醒和批判态度。这是有别于同时期的太阳社、创造社的知识分子的，他们一旦和工农社会实践运动相结合，就将其理想化、绝对化、神圣化，完全放弃了知识分子自身的独立批判性。这其实就是当年鲁迅和太阳社、创造社知识分子论战的实质。鲁迅自己也因此陷入了深刻的矛盾与痛苦中：一方面，要参与、支持社会反抗运动，因此而承受着各方面的巨大压力——如前所说，时至今日，这还是鲁迅的一大“罪状”；另一方面，他又要坚持知识分子，一个思想者的独立批判立场，因而发现运动的很多问题，而且发现了以后，还要进行斗争，这又要承受来自“自己人”的同样巨大的压力。但一面斗争，一面还要支持，因为这是当时唯一反抗国民党统治的运动。在鲁迅这里，可以说是把思想与行动，理想、信仰与实际社会运动，思想者与实践者之间的复杂万端的纠缠关系，推到了极端。

采取多种方式建立思想
与行动、实践的有机联系

鲁迅和其他先驱者的经验对于我们无疑是非常重要的。问题是，今天我们究竟怎么做，如何处理思想与行动的关系。

总结历史的经验教训，我们首先要确立一个大前提：知识分子不能脱离社会现实，不能放弃应有的社会责任，必须关怀现实和实际生活，和脚下的土地、土地上的人民，保持精神的联系，必须参与社会变革，建立思想与行动、实践的有机联系。在这样的大前提下，通过什么途径，以什么方式，建立怎样的联系，是可以，而且应该有多种

选择的。

一种是从现实问题出发，进行理论思考研究，为社会改革铸造理论思想武器，为社会提供根本性的价值理想。这样一类理论家型的知识分子，其理论创造的抽象程度越高，从表面看来似乎远离现实，其实是和现实的更深层面、更高层次上的结合。这样的知识分子的意义和价值不可低估。今天的中国，这样的知识分子还没有出现，却是我们今天这个价值失落的时代所迫切需要的：时代正呼唤着真正的理论家。

第二类是我在前文所提出的以批判作为和现实的主要联系方式与极限的批判型知识分子。他们与现实的联系，自然比较引人注目，但也自有其限度。

第三类是直接参与政治、经济、文化、教育实践，以及不同形式的实际社会工作的行动型、实践型的知识分子。

不可忽视的还有专家型的知识分子。他们主要从事专业知识的生产、积淀、传授、传播。而他们的专业知识有的与现实生活联系密切，有的则是间接的，更为隐蔽、曲折的，看似无关却有关。尤其是他们中有的知识分子在主观上是以远离现实，躲进象牙塔作为自己的选择。就我个人而言，我不赞成这种象牙塔选择。但我觉得有一些人，他就关在房间中做研究，不闻窗外事，只要他是认真的严肃的努力、创造，尽管有缺陷，但仍然有他的不可替代的价值，这样的选择，也应该得到尊重。我们要建立的是多元的思想、学术的生态平衡。

其实，说到底，我们这里所说的所有的选择，在自有其价值，因而有其存在理由的同时，都有其局限，都存在着走到极端就会落入的陷阱。

我们今天讨论的这些问题，我的思考到现在还没有结束，我的思想有些混乱，可以听得出有些前后矛盾，也就是说还没有完全理清楚，说出来只是为供同学们的思考作参考。

还有一点时间，我们就来做课堂讨论吧。请大家提问或发表意见。

发言者一：谢谢钱先生的讲课。我觉得你很诚实，你做不到的你敢承认，这是非常难得的。你说你愿意站在边缘，害怕处在中心位置，怕被群众情绪影响，怕辩论，这就证明你本身的思想还没想透，自己还不坚定。因为一个真正掌握真理的人，不管什么人，哪怕全体的人都反对他，也不怕。因为他相信，真理与他同在。

钱：你说得很对。我一直认为自己是一个非常软弱的知识分子，有一种内在的软弱。我有洁癖，这是知识分子的一个毛病，就是害怕在争论中被别人泼脏水。鲁迅就不怕，他不轻易和别人论争，但如果觉得非争不可，就勇往直前，也不怕被泼脏水。而我却顾虑重重。有时候就是你说的，自己没有把问题想清楚，不敢随便去讲。你说真正掌握真理的人，是无所畏惧的，也许是这样吧。我年轻的时候，甚至在80年代的时候，总觉得自己手里有点真理，什么都敢说。现在，也许是经历多了，年纪大了，或者更准确地说，越来越看清自己了，就怀疑起来了，经常问自己：这样想对吗？这样做对吗？这么说，自己做得到吗？哪怕是对的，自己做不到，就不敢去要求别人。自己都没把握的事情，到处去鼓吹，在我看来，这是犯罪。这就使自己常常显得比较胆怯，不敢随便说话。还有一点，也让我胆怯。现在这个社会，特别是思想文化界，老是要你站队，要你表态，旗帜鲜明地表明态度和立场：你赞成什么，反对什么，你拥护，还是不拥护？两军对垒中，你站在哪一边？而我的考虑却比较复杂。首先我不大相信人们信誓旦旦地说的话，他说得越坚定，我越怀疑，总觉得背后可能有陷阱，就不敢轻易表态。我对“不是白，就是黑；不是对，就是错”这一类“两军对垒”的二元对立的思维、说话方式，也很怀疑。对于争得你死我活的双方，我常常觉得他们各自在某些方面都有点道理，我都赞成；而在另外一些方面，又都没有道理，我都不赞成。这就使自己的态度很暧昧，无法明确表态。如果把心里的话，全都说出来，就是这也不赞成，那也不赞成，这儿有问题，那儿也有问题，都很可疑。我的立场，就在这种种怀疑之中，我只会说“不对”，要问我“应该如何”、“怎样才对”，我也说不清楚。我知道，这都是“哈姆雷特思维”在作怪：思虑越多，说话越犹豫，行动就更犹豫。最近就有位年轻的批评家批评我，说我对金庸的评价，态度暧昧。我知道，拥金派与反金派立场都非常坚定：一方就是说金庸好，无论怎么攻击，都说金庸好；另一方就是反金庸，怎么说也反。而我，却是折中派。我觉得金庸有他的价值，但似乎没有说的那么好，但要全盘否定金庸，我又觉得不对。我的立场就是不坚定，也不勇敢地捍卫自己的意见，对那位年轻批评家的批评，我就不回应。我的文章发表了，意见说出来了，就完了。不管别人怎么批评，都不回应。批评得对，心领就是；有的批评，心不以为然，也不辩驳，就采取这么一种躲避的态度。我承认，这是洁癖，就是想保持一个真实的自我，最大限度地减少伤害的自我。

这里也存在一个矛盾：要完全保持一个真实的自我，大概只有把自己密封起来，这又是我所不愿意的；在公众面前的自我，总免不了要变形。我的态度的暧昧，什么都是，什么都不是，形象就容易模糊。一个时候，两军对垒的双方，都以为你是同道，同时又觉得你说的话不够劲。没有达到他们希望的样子。另一个时候，又都认为你是他们的反对者，于是你就从双方争取的对象变成一致打击的对象。这些年我在中国思想文化界的命运，就是如此。我之所以有这么多的矛盾，大概就是你所说的，我不是真理的掌握者，只是一个真理的探索者，一个充满困惑，甚至常常无可奈何的真理探索者。

发言者二：您提到自己面临一个选择时，马上想到前面有一个什么陷阱。我想这反映了您的一种自我反对倾向。我的问题是，当您选择了走进鲁迅先生的时候，您有没有意识到前面陷阱的存在呢？

钱： 这个问题提得很尖锐，问到了我和鲁迅的关系。鲁迅对我，确实有非同小可的意义。记得摩罗曾经说过，我们都是“无赖之徒”，就是说，我们失去了信仰，就没有了可以仰赖、可以依靠的东西。我这样的人，不信上帝，那么靠什么呢？坦白地说，我靠着鲁迅，鲁迅是我的思想的基本源泉，精神的基本依靠。但我又清楚地知道，鲁迅不是上帝，鲁迅并不可靠。他连导师都不肯当，他自己都处在探索中，自身充满了矛盾、困惑，怎么靠？但我又几乎别无选择，所以说，这是无可奈何的选择。既然明知不可靠，为什么还要靠呢？

我的理由也很简单：第一，鲁迅思想是深扎在中国这块土地上的，既面对着他的时代的现实，又有很大的超前性，因此，他对于我们，又是“现在式”的存在，我们在现实中遇到问题，感到困惑，可以和他进行对话、交流，并总能够获得启示。第二，正因为他不自命导师，他就不会束缚我，反而会促使，甚至逼迫我独立思考。这是一个可以信赖的，能够不断提供精神资源的长者、先驱，简单说，靠着他，我放心，心里踏实。尽管我知道，他不能解决我所有的问题，说到底，最终还得靠自己。

我同时也清楚地知道，这样的选择，本身也就意味着一种局限。所以有人说，钱理群“走在鲁迅的阴影下”。我从不回避：我的任务就是“讲鲁迅，接着鲁迅往下讲”，我自认为这是一个很大的价值，同时，也是一个很大的局限。

当然，我也希望自己能成为鲁迅的对手。鲁迅一生的最大遗憾，就是没有遇到真正的对手，能真正击中他要害的对手。研究的最高水准、最高目的，就是成为自己研究对象的对手，能够超越对象的对手。

这不是想不想的问题，而是能不能，有没有超越其上的思想、文学的力量。我自认没有这样的能力、水平和境界。而且这不是个人的问题，某种程度上，这是历史的局限、时代的局限。

发言者三：您反复强调知识分子应面对中国的现实问题。最近许多人都在谈“三农”问题，您是怎样面对中国的农村问题的？

钱：最近，我读了李昌平的《我向总理说实话》，看了心里实在难过。我首先反省自己：我们这些人确实是在象牙塔里待惯了，对现实太隔膜也太冷漠了。我相信李昌平只不过向我们提供了一部分农村的真实，就已经让人震惊了。现在大家都来谈“三农”问题，说明中国知识分子开始关心现实，开始意识到自己与中国现实、与农村脱离的问题。这是很好的。但是我又有点警惕，我担心这里是否有新的炒作，是否有做戏的可能？是真的都在关心吗？有许多知识分子又在开药方了。开出的一些药方我觉得可疑，比如有人说农村的出路是土地的自由买卖。对这样的高论，我实在有些不放心。中国农民就剩这么一点土地了，当然进城打工了，脱离了土地，但打工不成还可以回去，还有退路。这是中国农民比下岗职工好的地方，下岗职工一下岗，什么也没有了。农民实在不行，还有土地。如果土地可以买卖，一买卖就变成兼并了。而谁去兼并呢？还是有钱者，农村的高利贷者、权力者们，这将给中国的农民带来什么呢？……我坦率地承认，我不了解中国的农村，也不知道自己可以为中国的农民做什么事，当然，我会努力地去寻找这样的途径，在我未找到之前，我宁愿沉默。我总觉得空洞地表示对“三农”问题的关注，多少有点做戏的嫌疑。所以我现在不太想谈“三农”问题。

发言者四：老师在课堂上讲了许多痛苦。但我想，一个人可以阳光地活着，这不更好吗？

钱：我所说的是“丰富的痛苦”。我当年在上大学时读过一本俄国的剧作，题目就给我留下了很深的印象：《智慧的痛苦》，意思是说，真正的思考和智慧，一定是和精神的痛苦相伴随的，这是没有办法的事情。这是代价，也是价值：思考与智慧的痛苦，是丰富的，它给你的是生命的充实感。因此，我常说，我因思考而痛苦，但我从未感到空虚，我每天都为新的探索、新的发现而兴奋不已。这也是一种快乐，一种为思考、智慧的阳光所照耀的生活。当然，这是我这样的知识分子的选择。人们完全可以选择另外一种不那么沉重的，更为轻松的，更偏重于物质享受与精神的愉悦的生活。那也很好。但要有一个前提：你的快乐是通过自己诚实的劳动得来的，不能建立在别人的痛苦之上，不能靠掠夺别人伤害别人来换取你的快乐。

顺便再说一点：你们听我的课，听我不断地叙说知识分子的精神痛苦，这也可能造成某种误解。我刚从韩国回来，就遇到一件事，可以说是一个笑话吧：一位初次见面的韩国朋友，他对我说：“钱先生，我以前通过读你的著作来想象你，总觉得你一定是愁眉苦脸的，瘦骨伶仃的，整天生活在痛苦中的人。没想到生活中的你，竟是一个开朗、乐观，经常放声大笑的胖子，简直就像一尊弥勒佛！”这道理很简单：人是立体的，书本、课堂上所显示的，只是人的精神面貌的某一侧面，仅根据人在特定场合的言说来对一个人作出判断，往往会造成只知其一、不知其二的片面性。

发言者五：老师讲知识分子问题，但有一个方面似乎没有涉及，就是知识分子和国家的关系的问题。我很想听听老师在这方面的看法。

钱：这个问题很大，也很重要，以后或许有机会来详细讨论。这里简单谈两点。我这个人对权力，也包括国家权力都有点警惕，这当然是片面的，不能一般地否定国家权力。但对国家主义的警惕却是有必要的。将国家作为一个绝对物，无条件地鼓吹国家至上，这方面我们是有沉痛的历史教训的。另一方面，现在还没有到“世界大同”的时候，生活在现实时空下的知识分子，不能完全没有爱国主义情怀和民族国家意识。不能用全球化来否定民族的独立和国家利益，对国际霸权主义也要保持一定的警惕。当然，也要警惕极端民族主义：它是很容易被国家主义者所利用的。

发言者六：钱先生，您刚才谈到了上帝。在我看来，中国上古的贤哲们，和上帝关系还是很好的。黄帝、文王、武王、孔子、老子，对上天理解非常透，所以，从这个角度来说，我们不是没有上帝，只是缺少上帝的化身，也就是耶稣。我不明白，为什么钱教授您说执意不相信上帝呢？

钱：我发现一个有趣的现象：很多基督教徒都拿我做传教对象，总觉得我有可能信基督教。

发言者七：那位同学每回在公共场合，都要宣传宗教。我觉得不好，我想对那位同学说，每个人都有不信仰宗教的自由，不要强迫别人。

钱：我还是来回答他所提出的问题吧。我是一个经验主义者，我这一生中的许多惨痛经验使我很难接受任何具体的宗教。第一个经验是，我没有办法使上帝成为我心中的上帝。在我的感觉中，上帝始终是他者，而我绝不会把自己交给任何一个他者，这是我们这一代的惨痛经验：就是因为轻易地把自己无条件地交给他者，我们上了许多当。当然，我知道，在真正的基督教徒那里，上帝不是他者，而是存在于自己心中，但我感觉不到，做不到这一点，我就没有办法把自己交给上帝。这是一个理由。第二，就是我上过太多太多的自称自命的“圣徒”的当，因此，我对圣徒有先天的反感，所有的宣传我都觉得可疑，尽管我知道这样的怀疑也应该怀疑，但我无法排除自己的疑心，就只能这样了。但我愿意有宗教情怀，对宗教文化也很感兴趣，就是无法皈依任何具体的宗教，成为宗教徒。当然，这只是我个人的选择。宗教问题就如刚才那位同学所说的，有信的自由，也有不信的自由，大家可以讨论。今天就到这里为止。

九　自然人性论与个人主义问题

自然人性论和个人主义，是80年代学术界研究的热门话题，也是近年来争论比较多的两个话题，我仅从我自己的研究来谈一谈学术界对这两个话题在认识上的发展过程。

自然人性论问题

80年代所面临的问题：革命禁欲主义

这两个问题实际上都牵涉到人性问题。为什么在80年代会成为主导性的话题呢？这跟人们的“文革”经验直接相关。如前一讲所谈到的，当时主导的人性观的最大的特点，一是强调人的非动物化，二是强调人的非个人化。非动物化就是把人所有的欲望都看成是罪恶，所以要最大限度地克制人的欲望；非个人化则强调人是集体的，要将个人的东西压抑到最大限度，这实际上是一种所谓的“革命禁欲主义”，它在“文革”时期发展到顶端。“文革”有两个影响最大的口号，一个是“在灵魂深处爆发革命”，一个是“狠斗私字一闪念”，甚至将这种观念仪式化了，叫作“早请示，晚汇报”，每天请示、汇报的内容就是面对着毛主席像，“狠斗私字一闪念”，报告、忏悔这一天自己曾经有过的“私心杂念”，成为一种仪式就标志着对人的个人欲望的压抑，已经深入了人们的日常生活。实际这样的忏悔不是始自

“文革”，我记得在念大学的时候，反右运动以后，曾有运动，也是要求将个人的隐私，最隐蔽的东西坦白出来，以示忠诚。非个人化，不允许有私欲，也不允许有隐私，只要求人将最个人化的东西全部暴露。这样的运动后来发展到非常荒谬的地步，你说得越丑陋，越耸人听闻，越光荣。这也是有传统的，延安后期有一个“抢救运动”，谁坦白自己是特务，就给谁戴大红花、骑大马，而且开小灶，请他吃特别伙食。我有一个中学同学，平时虚荣心就比较强，喜欢出风头。上了大学以后，在交心中，看到别人都在坦白，得到表扬，而他没有什么可坦白的，反倒弄得灰头土脸。为了制造“轰动新闻”，他脑子一热，就去坦白：“我曾经有过一闪念：想暗杀毛主席！”显然是编出来的。当天表扬了他，第二天就抓了起来，他为这件事吃了几十年官司，怎么也说不清楚。事情虽然荒唐，却很能说明问题的本质：所有这些“非动物化、非个人化”的人性论，以及相关的这些运动、仪式，都是制造精神迷乱，但它打着的却是美好的旗号。

在“文革”结束之后，我们所面对的就是这样一种达到了荒诞程度的，近于可怕的所谓的革命禁欲主义。面对这样的现实，我们开始思考，如何将这个现实话题变成一个理论问题，于是就有了“人性论”的讨论：“人到底是个什么东西？”就在这样的背景下，“五四”所提出的“自然人性论”就引起了80年代的学术界，特别是我这样的搞现代文学的学者的关注。

80年代对“五四自然人性论”的阐释

“五四”时期的自然人性论是针对传统宋明理学“存天理，灭人欲”的理念提出来的。也就是说，“五四”面对的是中国传统禁欲主义，而如前所说，80年代我们面对的是革命禁欲主义，所以两个时代所面对的问题确有相似之处。关于“五四自然人性论”的研究，在我的学术著作里主要集中在两篇文章：一篇收在《周作人论》里，叫《性心理研究与自然人性的追求》；另一篇《话说周氏兄弟》中讨论周氏兄弟的妇女观和儿童观时，也提到了自然人性论。

“五四”时期周作人有一篇很有名的文章，题目叫《人的文学》。首先讨论“人”，强调人是一种动物，但又不是一般的动物，而是一种进化的动物，一种有精神性的动物。因此，人有肉与灵，神性和兽性两个方面。首先，人是以动物的生活为生存基础，作为基础的是人的本能的欲望，是人的兽性。比如爱情，首先是生理上的吸引，爱情的基础是人的本能的性欲。但人既然是精神性的动物，那么，人的爱情，就不仅是生理上的吸引，还包括情感、人格的牵引。在周作人这些“五四”先驱者看来，人的动物性和精神性，肉和灵，是可以统一的。人有自然的本能，也有超越本能的理性，这两个方面都属于人的本性。凡人的自然欲求均不能阻挡而只能疏通，要让人的本能欲望自然发泄，但同时人也有精神追求，人有情与理两个方面，有情欲也有理性，理性会自然地约束人的情欲，二者可以达到一种平衡。应让人的这两个方面，兽性与神性，本能欲望和精神理性，都自然地发展，在发展过程中，自会形成相互的补充、制约，达到自然的平衡，而不要人为地去干预：这就是“自然人性论”。

在80年代我们阐释“五四”时期的“自然人”的时候有几个重点：首先是强调对人的自然本能的肯定，要批判“性不净”思想。鲁迅家乡就有一个习惯，人挑水桶，第一桶是可以用的，第二桶是不可用的，为什么呢？因为人在挑水的时候屁股可能会撞到第二桶水，因此是不干净的。所以周作人写过《上下身》，说人的观念中以为以肚脐眼为分界，肚脐眼之上都是美的，肚脐眼之下都是丑恶的。“性不净观”是怎么产生的？周作人认为它其实是一种人的蛮性的残留，是一种原始迷信的残留。古代的人本能地认为植物的生长和人的繁衍之间有一种神秘联系。所以在原始人的观念中，夫妻在田野里性交能使五谷丰收，但是如果是非法的野合就可能使庄稼歉收，在未婚制度下会导致人口质量的下降，进而影响植物的生长。因此，男女间的私人问题在原始社会就成了公共问题，“五四”时期的“性不净观”就是这种原始蛮性的残留，要给予批判。当时有一个著名的命题就是：人的一切生命的本能都是美的、善的，都应该予以满足。这就赋予了人的本能的欲望以一种善的、美的品质。这应该是一种破天荒的观念。

周作人从人的本能是美而善的一点出发，提出他要为荡妇辩护。传统观念认为荡妇是最不好的，传统观念里对女性有两个说法，一个是“荡妇”，一个是“圣母”，女人要当圣母而不要当荡妇，圣母就是指女人履行她繁衍的职责，而荡妇则是指女性满足她本能的欲望。在传统观点看来，圣母是好的，荡妇是不好的，周作人于是要为荡妇辩护。虽然我们说爱情不仅有本能的欲望还有人格的牵引，但如果对某些人来说，主导爱情的就只是本能的欲望，应该怎么看呢？周作人要为她们辩护，就是说为性欲而性欲也是有价值的。他进而就提出来了，对颓废这个问题应该怎么看。颓废一直以来就是个坏词，而周作人提出他也要为颓废作辩护。他认为颓废无非就是对生命的欢乐的追求，这种追求看似有点毒性，但他认为这种毒性毒得有点儿甜味儿。他认为中国人太缺少对生命的欢乐的追求了，因而中国人也没有对死的快乐的追求，既无死之欢乐，也无生之欢乐，所以中国人是太乏味了。追求生之欢乐和死之欢乐的颓废，在中国是有意义和价值的。这种观点在80年代也引起我们强烈的共鸣。当时我在北大讲这些的时候台下的学生也很欢迎，对于禁欲主义而言这的确是思想的一个很大的解放。

然后就是关于性和文学的问题。“五四”时期郁达夫的小说《沉沦》就出现了。《沉沦》是最早从性、本能方面来写人的爱情的。但实际上他并非单纯写性，虽然其中有比较露骨的性描写。有一个年轻诗人叫汪静之，他写了这样一句诗："我瞟了一眼我的情人。"在今天我们觉得这根本不算什么，但在当时却引起了轩然大波，怎么能在大庭广众之下瞟一眼他的情人？这一个"瞟"字就引起了很大风波。周作人首先出来谈了性和文学的关系。他说，性既然是人性当中不可回避的一个东西，性是人性中最重要的一个方面，因此文学就应该表现性。而且他提出来，在性爱的过程中，人的精神处于最敏感、最活跃、最自由的状态之中，所以通过对性的描写，能够最微妙地表达人性中最本质的东西。他从这样的角度来肯定性和文学的关系，当时他还做了保留，他说这样的描写性爱的作品应该主要让成年人、有性生活经验的人来读，而不能让未成年的孩子来读，在80年代这种观念也引起了积极的回应，我记得张贤亮在《绿化树》中对裸体的女性进行了描述，当时引起了很大轰动。

"五四"时期引起80年代共鸣的另一个命题，是强调性生活是个人的事情。周作人认为两性生活只要不造成畸形的后代，性是完全个人的，别人不能干涉。所以周作人提出"各人自扫门前雪，休管他人瓦上霜"。当时有些道学家喜欢管别人的性生活，周作人就指出那些道学家本人可能也是性生活最泛滥的人。他甚至提出，男女之间在性的问题上如果出现什么毛病，应该原谅，应该采取宽容的态度。周作人甚至说了一句在80年代仍然很骇人听闻的话，他说："我的女儿是不是处女，这我一点也不感兴趣。"在强调性的个人化和对于性的宽容态度的背后，还隐藏着他对于人性弱点应该宽容的观点。他说："我最厌恶那些自以为毫无过失，洁白如鸽子，以攻击别人为天职的人们。"他说人性的弱点是应该被原谅的。徐志摩就是一个因为性爱而引起轩然大波的人，但周作人是喜欢徐志摩的，他说徐志摩这个人确有很多缺点，但缺点也只会让人觉得他更可爱。

我们在80年代就强调了"五四"时期的自然人性论的这几个方面。

强调人的本能欲望，强调对人在性问题上的宽容态度，强调性和文学的关系，等等。但我对周作人的观点也提出了一个批评。因为周作人是主张在人的纵欲和性欲之间要有一个适当的平衡，他强调反对禁欲主义不能走到纵欲主义的另一个极端，我的著作里对他的这个观点提出了批评。我认为他这样的观点其实是中庸之道。从表面看起来，一方面不反对人的自然情欲，一方面又主张节制。这看起来是很好的，但是中庸之道是在自然情欲和理性都未得到充分发展的情况下人为地将二者合而为一，从表面看起来毫无偏颇，避免了片面性，是一种成熟的表现，但实际上是一种早熟甚至残缺不全。我认为搞中庸会使得两者都不能充分发挥，反而弄了个不伦不类。

90 年代遭遇的尴尬

这就是 80 年代我们对自然人性论研究的概况。但是历史发展是无情的。今天再来看那时的研究，就发现了某种尴尬：当年为荡妇辩护，今天荡妇已经成了光荣；当年肯定人的自然本能，今天变成了人欲横流；当年对禁欲主义的批判，今天发展成了纵欲主义；当年对人的非动物性的批判，今天发展成了人的动物化。记得鲁迅曾说过：“倘以表现最普通的人性的文学为至高，则表现最普遍的动物性——营养，呼吸，运动，生殖——的文学，或者除去‘运动’，表现生物性的文学，必当更在其上。”（《“硬译”与“文学的阶级性”》）现在，真的出现了“表现生物性的文学”，而且也打着“表现最普遍的人性为至高”的旗号：历史真的会嘲弄人。

纵欲主义与禁欲主义的结合

而我们要追问的是，这样的思想、文化、文学现象的社会基础是什么？这样一种欲望泛滥的根源在哪里呢？我以为它还是存在于 90

年代以来的社会结构当中。钱权交易演变为钱权色交易，败坏了整个民族的风气，就是在这种情况之下出现了纵欲主义。在今天，禁欲主义和纵欲主义是同时存在的。如果你们看了《我向总理说实话》，就会发现有些农民靠男的打工、女的卖淫来生活，所以纵欲主义的背后暗藏了很多悲惨的东西。同时还有那些底层民众，在基本生活没有得到保障的情况下，不可能有正常的婚姻、家庭生活，性压抑依然是严重存在的。

对“自然人性论”的历史与现实的具体分析

认清这一点，非常重要。它提醒我们：在对 80 年代所进行的“自然人性论”的介绍、传播与讨论进行反思时，要有一个历史与现实的具体的分析态度。我以为至少要作三方面的分析：一是要看到：它所面对的是“文革”时期达于极致的革命禁欲主义，它是从这样的问题意识出发的，因此具有历史的合理性。二是要正视：它也因此遮蔽了一些问题，比如强调人的本能欲求的合理性，批判人的“非动物化”的倾向，却对人的“非动物性”，即其“精神性”方面有所忽略以至遮蔽，对所要批判的“人的‘非动物化’”倾向中的某些合理因素缺乏具体分析，而采取了笼统否定的态度，这样的理论的片面与偏颇对后来的向“动物性”方面的发展，是有影响的。因此，今天有必要来进行反思。但这样的反思，却不能走到对“自然人性论”的全盘否定的极端——这就是我要强调的第三方面的分析：不仅要看到它的历史合理性，也要看到它的现实合理性：尽管如前所说，纵欲主义已成为社会的主要病害，思想、文化上的主要倾向，但禁欲主义的存在，就决定了自然人性论所具有的启蒙、批判的功能依然存在。我们不能总在“欲望至上”与“精神至上”两个极端间来回摇摆，我们可以随着问题意识的变换，有不同的强调侧面，变换我们的言说重心，但一定要防止“一种倾向掩盖另一种倾向”，对自己在特定语境与问题意识下的言说，保持一种清醒，警惕其可能形成的某种新的遮蔽。这样，就可以把自己的言说相对化：一方面，要有自信，相信它是有意义和价值的，否则就不用说了，但另一方面，又要有自省和自警，看到其有限性，承认其限度。这其实就是赋予自己的言说以某种开放性：它不是自我封闭的，而是有着不断吸取、开拓新的思想资源，自我调整、发展的更大空间。

回到钟摆的中点，追求动态的平衡

这里，我还想回过头来思考中国传统的中庸之道的价值，其中就有一个问题：如何看待我当年对周作人的批评？今天上课前，我重读了周作人的《生活之艺术》。这篇文章写于“五四”之后，是对“五四”的反思。今天我们在80年代之后对80年代进行反思，也能认识到他的反思的意义和价值。他说：“中国人的生活方式现在只是两个极端：非禁欲即是纵欲”，“二者互相反动，各益增长，而其结果则是同样的污糟”，要么无自由，要么无节制，而“无自由，无节制，一切在礼教的面具底下实行迫压与放恣，实在所谓礼者早已消灭无存了”。因此，周作人提出，要恢复“本来的礼”，提倡一种合理的生活方式。他说：“动物那样的，自然地简易地生活，是其一法；把生活当作一种艺术，微妙地美地生活，又是一法：二者之外，别无道路。”“生活的艺术即在禁欲与纵欲的调和”，“欢乐与节制二者并存，且不相反而实相成”。他还说，中国传统的中庸之道强调“天命之谓性，率性之谓道，修道之谓教”。教育就是教人“率性”而行，在两者之间取得平衡，他说这就是礼的核心。今天回过头来看，中国传统的中庸之道，它所强调的“禁欲和纵欲之间的平衡、调和”，是有它的价值的，特别在我们今天总结历史的经验教训，试图寻求人性的健全合理发展，建设一种新的比较健全的生活的时候，它对我们应该是有很大的启示意义的。但我要说的是，这是一种理想的状态，它的现实实现，必然是一个充满矛盾的、动态的过程，因此，必然出现鲁迅说的“偏至”，而且只有有了“偏至”，才会使某一侧面充分地展开、发展，即所谓“矫枉必须过正”；在这个意义上，我当年批评周作人，说将“平衡、调和”绝对化，任何一个侧面都未得到充分发展，过分、过早地讲调和，追求静态的绝对的平衡，就会形成“早熟”现象，这不是没有道理的。但我的批评又是片面的，因为我没有同时强调，“偏至”状态只是追求人性健全发展过程中的一个阶段，不能将其凝固化、理想化，我们追求的是人性（人的动物性与精神性）的“动态的平衡”，因此，对“偏至”状态，是需要不断突破、不断调整的，不然，就会出现我们前面所说的状态：不是“欲望至上”，就是“精神至上”，在两个“偏至”中来回摆动。这样的教训我们受到的实在太多了：我们需要回到“中点”上来，但又不将其绝对化，而要追求“动态的平衡”，即“不平衡中的平衡”。

以上所讲，不仅是对我们这里讨论的人性问题认识的总结，或许还有更广泛的意义。

个人主义问题

我讲的第二个问题是关于个人主义的思考，这也涉及如何看待“人的个人性、群体性的关系”问题，也是“人性”问题思考的一个部分。

20 世纪初鲁迅提出的问题：个人和国家、中国和世界的关系问题

这个问题，早在 20 世纪初，鲁迅就提出来了。他说，当时知识

分子中最流行的观点有二，一说人是“世界人”，一说人是“国民”。现在，一百年过去了，到了21世纪初，当下的中国对于人的认识，好像也还是这样两种观点：不是“世界主义”（现在叫“全球主义”），就是“民族主义”。但鲁迅当年却对这两种最时髦的“人论”，提出了质疑，他发现，无论“国民”，还是“世界人”，都是群体概念，缺少个人概念，也就是说，只有“群体的人”，而无“个体的人”。鲁迅因此提出要用“个”的概念来对抗“类”的概念：这是鲁迅思想发展起点上的一个基本观点，在80年代，又引起了我们这一代人的强烈共鸣。

我们先来讨论鲁迅在20世纪初，提出这样的“个”的概念的时代背景：其实是要回应当时的知识分子在思考中国和自身在新世纪发展道路时，必须面对的两个问题：一是如何处理“个人”和“国家”的关系；一是如何看待和处理“中国”与“世界”的关系。——今天我们已经看得很清楚：这两大“问题意识”是贯穿整个20世纪的，而且一直贯穿到今天。鲁迅在问题一出现的时候，就敏锐地抓住了，这确实有眼光。而且他对问题的思考又不同于大多数人。

强调“人是国民”，这是典型的民族主义思想，发展到极端就是国家主义。当时最流行的观点就是为了国家的利益应牺牲个人利益、个人自由，孙中山就是热心鼓吹者之一，以后的政治家、政治领袖，也都鼓吹“国家至上”。尽管不断有人（鲁迅就是其中的一位）质疑这种观点，但国家至上始终占主流地位。这当然不是偶然的：它牵涉到中国所走的现代化道路。中国是个后发国家，始终有一种赶超情结，要赶超就要进行最大限度的社会动员，这就要依靠着国家的强权，将人民最大限度地组织化，就是人们常说的“集中力量办大事，搞大规模的建设”，这就需要限制个人的自由，鲁迅说：“强有力不许人民有自由思想，因为这能使能力分散”（《关于知识阶级》），就是看透了其间的矛盾。这样一条以“富国强兵”为目标的国家主义的现代化道路，就决定了国家主义必然成为现代中国的主流意识形态。晚清以降莫不如此。对这样的主流意识形态的质疑，在其产生时，即20世纪初就有了，但比较集中的批判是“五四”时期。“五四”当然有明显的爱国主义倾向，但人们却忽视了“五四”对国家主义的批判。陈独秀就提出“我们应不应当爱国”的问题。他提醒要警惕有人利用国家主义来迫使人们无条件放弃个人幸福，他说片面强调爱国主义容易陷入非理性，容易被利用。

我们还是回到20世纪初鲁迅所面临的问题上来。当时许多人都强调“世界人”，这是对前面说的“中国”与“世界”的关系问题的回应。这样的“世界”眼光当然是对以“中国”为“天下”中心的传统观念的一个大突破，但问题是在20世纪初的维新派眼里，“世界”就是“西方”，他们讲要做“世界人”，就是要向西方靠拢，“言非西方之理弗道，事非西方之术弗行”（《文化偏至论》）。鲁迅要质疑的正是这样的“世界”观，和对西方的盲从态度。

因此，鲁迅提出“个”的概念，正是对以上两种主流意识形态的反抗：一方面，在“个人与国家”关系问题上，强调个人的独立性与主体性；一方面，在“中国”与“世界”的关系上，强调中国自身的独立性与主体性。而他的“个”的概念的核心，就是强调“个体精神自由”，主张“（中国）将生存两间，角逐列国是务，其首在立人，人立而后凡事举；若其道术，乃必尊个性而张精神”（《文化偏至论》）。这样一条“首在立人”而“立国”，强调以人的个体精神自由为前提、基础的现代化道路，显然是和前述占主导地位的富国强兵的国家主义现代化道路相对立，而和五四新文化运动的精神相一致的：强调个体生命的独立、自主、自由，这就是“五四”时期的“个人主义”的基本含义。

80年代面临的问题：非个人化和中华中心主义的极端形态

鲁迅在20世纪初所提出的“个”的概念，“立人”的思想，以及“五四”的“个人主义”，“个性解放”，在30年代以后，就逐渐地边缘化了，占主流地位的，始终是国家主义的思潮。但到了80年代，却突然引发强烈的回响，一时成为思想、文化、学术、教育……的中心话题，可以说是深入人心，深刻地影响了一代人。这样的爆发，当然不是偶然的。从思想、文化、意识形态的发展的角度说，这是在“文革”时期，国家主义发挥到了极限的一个必然反弹。一方面，国家利益、集体利益被推到“至上”的极端地位，要求个人无条件地绝对服从与牺牲——强调的是国家、集体利益的绝对一致，并最后落实为绝对服从，对个人利益和个性的彻底抹杀，从而将人的“非个人化”推于极致。另一方面，又强调“中国是世界革命的中心”，把民族主义的极端形态，传统的“中华中心主义”推向极致。我们这一代在80年代进入学术界时，所面临的就是这样的“如何从‘非个人化’的极端形态，从‘中华中心主义’的民族主义的极端形态的精神束缚中解放出来”的问题。在80年代我认准了两个批判对象：一是封建专制主义，一是中华中心主义。这是我对自己以及我们那一代的痛苦经验教训的一个基本总结，包含了我的一个基本认识：我认定“封建专制主义”与“中华中心主义”是我们民族的两大痼疾顽症，阻碍国家走向健全发展之路。

中华中心主义、民族主义，国际、国内问题的交织

我对“中华中心主义”的警惕和批判。我在1995年《关于民族主义思潮的访谈录》（文收《压在心上的坟》），1997年《话说周氏兄弟》里，都反复谈到要警惕有人在民族主义的旗帜下贩卖大中华中心

主义。我是这样说的：“我觉得当前中国正弥漫着一种很可怕很糟糕的民族主义情绪。一种是保古主义，一种是兽性爱国主义。”我提到了由著名的知识分子提出，风行一时的“21世纪是中国的世纪”论，指出：中国经济刚恢复了“元气”，开始起飞，就这样“自我扩张”，实在是可笑又可怕的，这就是中国的国民性：贫弱的时候装“孙子”，强大了就要当“老子”。我特地选了当时一个杂志上的一篇文章提出的一个“高论”，作批判的靶子：“进入90年代，随着西式乌托邦梦的破裂以及一系列在西方遏制下的民族意识的本能的反应，民族情绪开始复兴。新一轮的民族主义有一种使命意识，因为中国是伟大的，必须在世界范围内有独特、非凡的发言权，中国应该成为新世纪的文明发源地，中国应该发挥示范效应，使世界走向更美好的明天。”在我看来，“所谓‘新一轮’者，是古已有之的中华中心主义与十年浩劫中喧嚣一时的‘世界革命中心与策源地’论的新版本”，因此发出这样的质问：“我们做了一个世纪的中华中心主义的梦，文化大革命中这种使命意识达到了登峰造极的地步，给我们的民族带来灾难才过去二十年，伤口未完全愈合，为何如此健忘？而且我实在弄不明白，为什么中国人不能以平等的姿态，作为世界大家庭中的普通一员，取得一份应该取得的自己的独立的发言权，偏要那么独特非凡。鲁迅曾说过一句很沉重的话。他说，中国人对于异族历来只有两种称呼，一种称它为禽兽，一种称它为皇上，从来没有称它为朋友。这新一轮的民族主义又把外国人看成是禽兽。但是，禽兽很容易变成圣上，主人很容易变成奴才，主奴是很容易互变的，要知道，既可以独特非凡地君临于他国之上，也就可以独特非凡地充当他国的附庸。”我还引述了鲁迅的一段话：“用笔和舌，将沦为异族的奴隶之苦告诉大家，自然是不错的。但要十分小心，不可使大家得出这样的结论：‘那么，到底还不如我们似的做自己人的奴隶好。’”并作了这样的提醒：在批评西方社会的弊病（这也是当时的一个时髦）时，“要警惕得出这样的结论：西方帝国主义这么坏，还是中国好。觉得当中国人的奴隶比当外国人的好，这种所谓‘爱国主义’的逻辑，很容易迷惑人”，就特别应该保持高度的警觉。——这是1997年说的话。现在又过去了五年，这些话好像还没有过时：这些年中国经济有了新的发展，大概又要做新的“大国”梦了吧。

我们批评中华中心主义，另一方面我们能不能放弃民族主义？这其实是有历史教训的。周作人就是个例子。周作人为什么成了汉奸呢？很重要的原因是他的国家观念非常淡薄，日本提出亚细亚主义就引起他的共鸣。在这个问题上鲁迅其实是有所预感的，他在临死之前和周建人的谈话中谈到周作人，他注意到北方的教授发表救国宣言，周作人没有签名。鲁迅对此是理解的，因为在救国宣言上签名其实是一种表态，多少带有表演性质。在鲁迅、周作人这样的思想比较深沉的知识分子眼中，这种表演式的爱国主义是没有多大意义的。但鲁迅紧接着又说了一句话：“还是签名好。”就是说还得有个态度，民族主义、爱国主义的底线是不能越过的。周作人的悲剧在于他越过了这条底线。周作人的教训今天还是有意义的，尽管大家都在大谈“全球化”、“地球村”，但这毕竟不是“世界大同”，国家还存在，就有维护国家主权、国家利益的问题，就不能没有民族主义和爱国主义，这也是独立的知识分子必须坚守的立场。就是说，我们反对、批判国家主义，同时又是爱国主义者；我们反对、警惕中华中心主义，也要反对、批判国际霸权主义：我们反对的是“一切霸权”，不能有任何例外。

我在这里想谈谈科索沃事件发生时我的矛盾心境。我写了一篇文章，题目叫《无法言说》。因为科索沃事件非常复杂，在事件当中中国各类知识分子的反应也引起像我这样的知识分子的非常复杂的感觉。首先，怎么看待北约的轰炸？北约轰炸的理由是南联盟对其境内的少数民族实行种族灭绝政策，但到现在我们还不了解到底有没有种族屠杀，如果有，国际干预是否需要？这就涉及应该以人道主义还是以国家主权为第一原则的问题。在我看来，一定的国际干预是需要的。如果你的邻居在杀小孩，你该怎么办？是冲进去救还是站在旁边喊“不要杀不要杀”？我认为还是冲进去救比较合适，那冲进去是不是会妨碍到别人呢？不会！所以我的观点是允许干涉，现在世界一体化，国家问题在某种程度上也是世界问题，所以国际干预在科索沃真的发生了屠杀的前提下是必要的，但有一个问题就是干预的程度有多大。如果你动用军事力量，伤及平民，那是不被容许的，当然我要声明我不管操作的，完全是思想家的立场，不是政治家的立场。有一条原则不能违背，那就是不能滥杀无辜。所以北约这样绕过联合国来采取军事行动，我认为是不对的。在北约轰炸的背后，确实隐藏着美国的霸权主义。“冷战”时期美苏对抗形成了一种相对的制约和平衡，而苏联的瓦解使美国拥有了绝对的权力，“绝对的权力必然导致绝对的腐败”，我认为这种说法不仅适用于国内，也适用于国际社会。我有一个判断：北约轰炸南联盟意味着美国走向反面的开始，它以后发动伊拉克战争，使自己陷入更大困境，不是偶然的。所以面对美国霸权的威胁，民族主义是不能被取消的。实际上美国和欧洲的许多真正的知识分子是批判霸权主义的，权力的绝对泛滥是最大的威胁，因此我认为当时中国学生和民众的抗议有它的正义性。我不同意一些知识分子把学生表达出来的强烈的民族主义情绪理解为一种极端的非理性的行为。另一方面也应该看到，在学生的抗议当中，确实包含很复杂的东西。当时我在北大，我发现和正义感同时存在的还有其他一些倾向。学生为什么对科索沃事件反应强烈呢？因为学生普遍有一种幻灭感。在这之前我们的教育培养了学生的亲美感，现在突然发现了美国的另一面，幻灭感就会导致极端的反弹。当时一个学生把北大校园里的大字报全部抄了下来，他也给了我一份，这是很宝贵的资料。其中有一张大字报提出要变“以经济建设为中心”为“以打仗为中心”，在国际上要与俄罗斯结为联盟、大幅提高军费……这是典型的对外的极端民族主义和对内的极端法西斯主义——我也正是从科索沃事件的国内反应中，看到了我们所面临的问题的复杂性：人道主义与民族主义，人权与主权的矛盾，正当的民族主义、爱国主义与极端民族主义、法西斯主义的交织，反霸权主义与盲目排外的混杂，国际问题和国内问题的交错，等等。

最后，战争结束了，天下太平了，我读鲁迅的《野草》，读得惊心动魄：“一切鬼魂们的叫唤无不低微，然有秩序，与火焰的怒吼，油的沸腾，钢叉的震颤相和鸣，造成醉心的大乐，布告三界：地下太平。”（《失掉的好地狱》）我这样写道：“这世界大概就要在这不死不活的状态之中维持下去了。在这太平声中，还有几人能记得科索沃事件中牺牲的平民，那死尸的血痕，听见母亲深夜的哭泣？”——这其实也就是我们今天讨论的问题：人们总是用“国家”、“民族”、“世界”、“人类”这些大词，“类”的概念，掩盖了历史的真正承担者，这些“普通百姓”的“个体”生命的真实的痛苦。我们也因此理解了鲁迅在一百年前强调“个”的概念的深意。

80年代对20世纪初鲁迅问题的遮蔽，对西方现代化模式的膜拜

我们现在再回到80年代的语境中去。同学们如果做细心的考察，就可以发现，在80年代，在我们对鲁迅在20世纪初提出的“个”的概念，以及“五四个人主义”思想作出积极的回应的同时，我们却忽视了鲁迅同时期对维新派对西方的盲从态度的批评，形成了某种遮蔽。这当然不是偶然的疏忽，恰恰暴露了我们的问题：在80年代，

我们的“世界”观，实际上是承接了世纪初的维新派的思想，把“世界”等同于“西方”，而且也是“言非西方之理弗道，事非西方之术弗行”。那时我们确实有一个简单的想法：“现代化就是西方化”，我们要走的现代化道路就是“英美的路”。这里也有个沉重的教训：50年代我们说要“走俄国的路”，“苏联的今天就是我们的明天”；到80年代我们又说“走英美的路”，“美国的今天就是我们的明天”：为什么从来没有想到要走“自己的路”呢？

当然，这里也有一个理论的问题：到底有没有“普世价值”？如何看待这样的“普世价值”和西方的关系？五六十年代，我读大学的时候，有一个非常响亮的口号，叫作“兴无灭资”，就是要“大兴无产阶级思想，大灭资产阶级思想”。而什么是资产阶级思想呢？记得我的大学毕业鉴定中有一条：“有比较系统的资产阶级的自由、民主、人道、博爱的观念”，后面还有一句：“不过经过教育，本人认识比较深刻。”有趣的是这个修饰语“资产阶级”，这就意味着把“自由、民主、人道、博爱”这些观念都统统奉送给了资产阶级。而“自由、民主、人道、博爱”其实是普世性的，是人类文明的结晶，并不是资产阶级所专有、独有。对此，应该作两个方面的理解：既然这是西方文明的一个贡献，那么，向英美等西方资本主义国家的先进经验学习，就是非常重要的，哪怕它们曾经侵略过我们。顺便说一句：这也是鲁迅终身坚持的一个基本立场，他有一个重要观点，就是要向侵略者学习，他之所以要反对中华中心主义，就是因为它是一种盲目的民族自大，阻碍中国向世界，也包括西方世界开放。但另一方面，学习英美等西方国家的先进经验，吸取西方文明所贡献的普世价值，并不等于就要“全盘西化”。这里有三个问题：一是不能把西方文化理想化、绝对化，制造“西方神话”，形成“西方中心主义”的西方文化崇拜——我们要反对一切文化神话、文化崇拜，一切中心论。搞中华文化神话，文化崇拜，中华中心主义不行；搞西方文化神话，文化崇拜，西方中心主义，也不行。其二，再先进的经验，即使是普世价值，也不能“照搬”，而必须和自己的国情相结合，有一个本土化的问题。其三，不能因此而否认、放弃自己民族的文化传统。事实上，人类文明是世界各民族共同创造的，我们重视英美文明的贡献，却不能因此而忽视，以至否认英美之外的其他西方国家文明，以及东方文明，也包括中华文明的贡献。我们说的普世性的观念、价值，应该包括东方文明、中华文明中所积淀的普世性价值观念。

以此来观照我们80年代的“世界”观，就不难看出，我们把世界等同于西方，只认同西方文明中的普世价值，主张“现代化就是美国化”，这背后是有两个问题的，一是应该构建怎样的“世界图景”？一是如何在全球化的当今世界，既最广泛地吸取人类文明的一切成果，又保持自身思想与文化上的独立性？而当时我们那种将西方世界“唯一化”的世界图景，不仅是鲁迅在世纪初就批判过的维新派的世界观的再现，而且也是“五四”时期的世界图景的一个倒退。同学们可以去翻一翻《中国新文学大系》的“史料卷”，里面有“五四”时期翻译作品的“总目”，尽管资料并不全，但仍可以看出，当时的翻译视野是相当广阔的，所囊括的国家、民族计有：欧洲的俄国、法国、德国、英国、意大利、希腊、西班牙、瑞典、挪威、丹麦、比利时、荷兰、匈牙利、波兰，亚洲的日本、印度、波斯、犹太（族），非洲的南非等。特别注重的是俄国和“被压迫民族的文学”。周作人在《北大的支路》一文里，特意提到北京大学“添设德法俄日各文学系，创办研究所”，专门开班教授朝鲜、蒙古语，以为这“实在是很有意义，值得注意的事”。他强调，讲“西方文化”，“只根据英美一两国现状而立论，未免有点笼统”，并提醒人们更要注意希腊文化、印度文化、阿拉伯文化和日本文化的介绍与研究：这都显示了一种开阔的、多元的世界文化视野和图景。相形之下，80年代我们自称要“走向世界”，而我们的世界图景却是这样地狭窄，我们的世界想象又是如此地单一！最早向我们发出警示的，是我的导师王瑶先生。我在很多场合都提到王瑶先生和我的一次谈话，他问我，你们讲“20世纪世界”，为什么不讲社会主义国家和民族独立解放运动？可见你们的“世界”无非是“西方世界”。这真是一针见血之论：我们对社会主义和民族独立解放运动的忽视，显然和我们对“西方现代化”模式的膜拜有关；“世界”想象的背后，是一个现代化道路的选择问题。但我对这个问题，真正有体悟，并开始新的思考，却要到90年代中后期，那时候我才认识到前面所提到的“重构世界图景”与“重建思想、文化独立性”这两大问题的重要性和迫切性。而到了新世纪，更是意识到了：在继续广泛地吸取世界文明成果，包括以“民主、自由、人道、博爱”为核心的普世价值（对这一点我是一直坚持，从未发生动摇）的同时，最重要的是，要直面“中国问题”，重视“20世纪中国经验”，以及东方、亚洲经验，并从中国国情出发，进行新的实验和创造，以寻求中国自己的现代化道路，并进行新的理论总结与创造，以为人类文明提供新的资源。——关于这方面的思考和实践，涉及的问题比较多，以后或许可以另作详细讨论，这里就只出一个题目吧。

划清“个人主义”和“利己主义”的界限

在80年代，我们对鲁迅20世纪初的思想的遮蔽，还有一个方面，也很值得注意。鲁迅在《文化偏至论》里，特地提醒说，不能将“个人”的概念理解为“害人利己之义”，那将是一个极大的“迷误”。到了30年代，他又对“咀嚼着身边小小的悲欢，而且就看这小悲欢为世界”的“有意低徊，顾影自恋之态”提出婉转的批评(《〈中国新文学大系〉小说二集序》)。但鲁迅的这些提醒和批评，在80年代却没能进入我的视野，可以说是对其视而不见；直到2001年我在上“和鲁迅相遇”课，重读鲁迅著作时，才引起注意和思考，并因此对鲁迅“个”、“己”的概念有了新的体认，在指出鲁迅的“个”、“己”是“真实的、具体的人，而不是普遍的、观念的人；是个别的、个体的人，而不是群体的人”，是强调“人的自主性”，即“摆脱了对‘他者’的依赖关系，不依附任何其他力量，彻底走出了被他者奴役的状态，从而进入了生命的自由状态”的同时，又有了这样的补充阐释：“鲁迅‘个’的观念的第二个含义是常常被人们忽略的。鲁迅讲的‘己’、‘我’并不是人们常说的利己主义的‘己’，不只是看到眼前利益的、目光短浅、心胸狭隘的‘己’”，于是，就引用了《文化偏至论》的这句话，并且说：“鲁迅讲的‘个’与‘己’，是有着非常宽阔的胸襟的大写的‘人’，是和他人、万物相通的”，“鲁迅自己直到生命的最后一刻，还感到‘无穷的远方，无数的人们，都和我有关’，真可谓‘心事浩茫连广宇’，也就是说，整个人类，整个生命，以至整个宇宙都和他息息相通”，所以他说，“博大的诗人”是必定“感得全人间事，而同时又领会天国之极乐和地狱之大苦恼的精神”，“看到别个捉去被杀”，“是比自己更苦恼”的。这就是说，“鲁迅的个体生命自由观，是包含着一种（‘推己而及人，推人而及己’的）博爱精神，一种佛教所说的大悲悯情怀的。他所讲的个体精神自由是一个非常大的生命境界”。——这样的新的理解与阐释，显然和90年代以来，中国的政治、经济、社会的变化，及其引起的思想、文化，以至伦理、道德观念的变化，直接相关，是由时代产生的“新的问题意识”激发下的新的感悟和新的思考。在这样的新情势下，划清“个人主义”和“利己主义”的界限，更全面、科学地确立“个人”的意义，“个人”与“他者”的关系，就成了一个迫切的学术与教育的课题。

建立更合理的“个人”和“他者”的关系

一方面，我们必须反抗利己主义事实上的支配性影响，在“个人主义”的理念中注入“人道主义”的理念和情怀，强调人的群体性，人是社会关系的总和，各个个体生命之间的相关、相通与互助，提倡对一切生命（特别是弱势群体的生命）的关爱，在共同发展与自由中获得自我生命的发展与自由；另一方面，我们同时要警惕各种伪态，依然坚持80年代所强调的人的个体性、主体性，坚持鲁迅的“立人”理想，自觉追求摆脱一切依附关系的人的个体精神自由与独立自主性。也就是说，我们对80年代的“个人主义”理念，既要看到它的局限和可能产生的遮蔽和曲解，因此要有发展，又要看到它今天依然具有的现实意义，因此又要有所坚持。由此而建立起更加合理健全的“个人”与“他者”的关系：在这方面，我依然相信“五四”时期所倡导的“自他两利”的伦理观（参看鲁迅：《我之节烈观》）。

十　最后的话题：关于大学教育与北大传统

我们这门课，讲到现在，已经接近尾声了：大概还剩下三次讲课的时间，原来预定要讲的有些内容恐怕讲不了了。而这是我在北大，在大学正式讲台上，最后一次讲课，所以要利用最后的时间，说一说我最想对北大学生讲的话。那么，就谈谈我对大学教育的理解和期待，我对北大传统的理解和期待。其实这些年我也陆续写了不少这两个方面的文章，如《重新确立教育的终极目标》、《校园风景中的永恒》、《不容抹杀的思想遗产》、《北大百年：光荣与耻辱》、《现代文学与现代教育关系之考察》、《追求文、理的融通》、《关于研究生教育的思考》、《沉潜十年》（以上收《学魂重铸》）；《想起了七十六年前的纪念》、《漫说北京大学与五四新文化运动》、《教育史上的一件往事》（收《六十劫语》）；《周氏兄弟和北大精神》（收《压在心上的坟》），《北京大学教授的不同选择——以鲁迅和胡适为中心》（《与鲁迅相遇》之一讲），等等。同学们有兴趣可以找来读，这里只能就其中的主要观点，梳理出几个问题，大略地谈一谈。

第一个问题：关于大学的理念

教育原点的追问

我开始思考与介入教育问题，大学教育和中小学教育问题，大概是在北大百年校庆前后。记得1988年，我曾经接受过一个记者关于中小学语文教育的采访，这也是我介入语文教育改革的开始，没有想到，这一开口，就陷进去了，惹出了许多麻烦，也有许多故事，今天就不讲了，关于我对中小学基础教育的看法，以后有机会再专门谈。不过，我那次谈话，倒没有就语文谈语文，而是一开始就提出了一个大问题——

"现在的问题不仅仅是中小学的问题，也不仅仅是大学的问题，而是整个国家教育的问题。其最根本的问题就是教育的精神价值的失落。如果要解决这个问题，首先要追问，追问到教育的原点上，追问到前提性的问题上。这就是说，我们办教育是干什么的？大学是干什么？中学是干什么？小学是干什么？如果这些问题不解决，其他枝节问题就没法讲清楚。"(《重新确立教育的终极目标》)

这就是说，我对中国教育问题的关注与思考，首先抓住的是教育的"精神价值的失落"的问题。这个问题又连接着两个更大的全局问题：教育精神价值的失落，不是孤立的，它是和90年代以来，中国社会整体性精神价值失落相联系的；而教育的精神价值的失落的深层原因，直接与教育体制问题相关，教育体制问题又是和整个体制问题相关联的。而我们当时所能做的，就是提出教育的理念问题，进行教育原点的追问，在某种程度上，就是要进行教育思想的启蒙，重新恢复或建立现代大学教育的理念。

历史的起点：蔡元培校长的教育思想及其命运

既然要进行教育原点的追问，那就必须追溯到现代大学教育的起点。因此，我首先进行的是对我们北大蔡元培校长的教育思想的考察。大家知道蔡先生是中华民国第一任教育总长，这是推翻封建专制王朝建立现代国家以后的第一任教育主管，他的教育主张与行动，自然引人注目。而他所做的第一件事，就是召开全国临时教育会议，以作为“全国教育改革的起点”，今天我们讲教育改革，其实就是从蔡元培先生那时开始的。他当时教育改革的目标是要变“君主政治时代”的教育为“现代民主政治时代”的教育。蔡先生在开幕式上即指出，君主时代的教育的最大特点与弊端就在于，引国民“迁就于君主或政府之主义”，使受教育者“皆富于服从心、保守心，易受政府驾驭”。因此，蔡先生所要进行的教育改革，其基本目的，就是要使受教育者，进而使国民从服从君主、政府……的奴役状态中解放出来，获得作为独立个体的精神自由与解放。在他看来，这是现代民主政治时代的教育和君主政治时代的教育的根本区别所在。

为实现这样的教育的根本转变，蔡先生采取了两项改革措施，可以说选择了两个突破口，一是废除前清学堂管理通则中有关“拜孔子仪式”的规定，这显然是要打破神圣不可侵犯的孔子偶像，以根本结束“定于一尊”的思想控制，这在当时确实是一个革命性的举措。同时又提出要确立新的“教育宗旨”，从根本的教育理念、教育目的上解决问题。这当然也抓住了要害。蔡先生提出了“五大教育”并举的方针，即：一、道德主义教育；二、军国民主义教育；三、实利主义教育；四、世界观教育；五、美育教育。

这五大教育的提出，可以说是蔡先生对中国，以至世界教育所面临的问题的一个回应。蔡先生曾明确提出，要破除中外教育思想中的“二弊”：“一曰极端之国民教育”，“二曰极端之实利教育”。前者既是中国封建传统的，又是“近世（西方）帝国主义”的教育，这种“极端之国民教育”实质上是国家主义的教育，是将教育与受教育者都依附于政治与国家的强权意志，使人成为国家政治机器的工具，是反科学、反民主、反自由、反人道的强权教育。而后者，按蔡先生分析，则是“当今物质文明之当王，拜金主义之盛行”的产物，其特点是：

“以致用之科学为足尽教育之能事，而摒斥修养心性之功者”，是集中体现了西方工业文明之弊端，使教育和受教育者依附于市场的实用主义的商业化教育，其目的是使人成为商业机器的工具。这两者貌似两个极端，有着不同的社会背景，但在教育的依附性和教育对象的工具化这两个基本点上，却是一致的。这正是蔡先生所要拒绝的。

但蔡先生在反对和警惕“极端之国民教育”和“极端之实利教育”的同时，又清醒地看到，特别是在中国这样的贫穷、落后的国家，“国民教育”与“实利教育”的必要。他提醒人们必须正视这样的中国现实：“我国地宝不发，实业界之组织尚幼稚，人民失业者至多，而国甚贫。而实利主义之教育，固也当务之急也。”在他看来，培养实用人才，以适应国家建设的需要，这也是教育的任务，对于中国这样的落后国家而言，或许是具有某种迫切性的。这样，既要适应现实，实行“国民教育”和“实利教育”，又要避免走向“极端”，而导致教育根本价值和目标的失落，这正是蔡先生，以及中国现代教育所面临而又必须解决的问题。蔡先生的“五大教育”的思想，即是试图解决这一中国现代教育的难题所做的最初尝试。

大家知道蔡先生深受康德哲学的影响，他根据康德哲学关于“现象世界”与“实体世界”的划分，把教育也分两个层面：现象世界的教育与实体世界的教育。在他的设计里，所谓“军国民主义”，相当于今天说的“体育”；“实利主义”，相当于今天说的“智育”；“道德主义”，相当于今天说的“德育”：这三大教育都属于“现象世界的教育”，是立足于“现象世界”，即我们通常说的“此岸世界”，是服从于现实的国家的需要，是为实现国家的独立、富裕、民主、平等，追求现世的幸福这样的一个政治目的服务的。这样的“现象世界的教育”，是隶属于政治的，国家本位的，形而下的，经验的，相对的，偏于“术”的。但蔡先生又强调，同时还需要，或者说更加需要有“超轶（现实）政治之教育”，即“实体世界”（我们通常所说的“彼岸世界”）的教育。他因此提倡“世界观教育”和“美育教育”两大教育，其着眼点，是人的个体生命的自由全面的发展，是要培养学生的终极关怀，信仰、人格、情操、思想的独立，精神的自由，个性的发展，创造力的开发。完全不同于智育、德育、体育等现象世界的教育，它是超越政治的，人的个体精神本位的，形而上的，超验的，偏于“道”的。在蔡先生的教育思想中，这样的“世界观教育”才是教育的终极目标。——顺便说一句，蔡先生倡导的“世界观教育”和我们今天所进行的“世界观教育”是有着质的不同的，我们的世界观教育是“德育教育”的一部分，蔡先生的世界观教育关注的是彼岸的、终极性的信仰，是具有某种宗教性的，但他又认为，宗教具有某种独断性、排他性，有可能形成新的专制，因此，他提出“以美育代替宗教”，以超越利害关系的、具有普遍性的美育来陶冶人的性情，培养高尚的情操，焕发人的内在的创造精神。概括地说，在蔡先生的教育思想体系里，此岸现象世界的德、智、体教育和彼岸实体世界的世界观、美育教育，相互矛盾，又相互补充、制约，构成了一个有机整体，现代教育就实现在这二者的张力中，因而两个方面，都是缺一不可的。而世界观教育、美育教育又是更带根本性的。

正是从这样的教育理念出发，蔡先生给“什么是教育”下了这样的定义：“教育者，养成人格之事业也。使仅为灌输知识、练习技能之作用，而不贯之以理想，则是机械之教育，非所以施于人类也。”同时，蔡先生又把高等教育分为两类，一类是培养实用型的专门人才，他称之为“专科”；而他所强调的“大学”，是“纯粹研究学问之机关，不可视为养成资格之所，亦不可视为贩卖知识之所，学者当有研究学问之兴趣，尤当养成学问家之人格”。所以他提出大学必须“偏重文、理两科”，并且在《大学令》中规定：“设法、商等科不设文科者，不得为大学；设医、工、农等科而不设理科者，不得为大学。”他因此强调“文、理交融”，认为“终极价值体系”之“重建”是大学责无旁贷的任务。

蔡先生后来在回忆他的《大学令》里的制度设计时说：“但此制迄未实行。”这就说到了蔡先生的教育思想在中国现实中的命运：尽管人们以蔡先生为中国现代教育之父，但他的教育思想却从未完整地实行过。甚至可以说从一开始就被阉割了：前面说到的第一次全国临时教育会议，蔡先生提出的两个提案都遭到了很大的挫折。关于“废除拜孔子的仪式”案，出席会议的议员认为，若将此案明白公布，恐引起社会无谓之风潮，只需在学校管理规程中删去，此议案因此不予成立。蔡先生提出的“五大教育”宗旨，会议最后审查的决议却是：“注重道德教育，以国家为中心，而以实利教育与军国民教育辅之。至美育一层，议加入中小学校、师范学校教师，俾加注意。”后议长又加入“世界观”三字付表决，赞成者少数。美育教育简单地变成中小学音乐课、美术课，也就在实际上被消解了。这就意味着，蔡先生教育思想中最核心的“世界观教育”和“美育教育”，被拦腰砍去了！

因此，中国的现代教育从其起点上就是一个半截子的教育。这又意味着什么呢？蔡先生有一个明确的说明：“专制时代（兼立宪而含专制性质者言之），教育循政府方针以标准教育，常为纯粹之隶属政治者。共和时代，教育家得以立于人民之地位以定标准，乃有超轶政治之教育。”这就是说，如果教育只剩下下半截，局限于“国家本位”的“隶属于政治”的教育（如前所说，这样的教育是有必要、有意义的），而削去上半截，取消“超轶于政治”的“人的个体生命发展本位”的教育，教育就不能从根本上与专制时代的教育划清界限，也就谈不上“共和时代”的“现代教育”，根本失去现代教育的终极目标、精神价值。

这样的教育思想在起点上的阉割，对中国现代教育的影响是极为深远的，又是致命的。可以看出，中国的现代教育始终没有摆脱蔡先生所警戒的“极端之国民教育”和“极端之实利教育”，也即国家主义的教育和商业化教育的两大阴影。这当然不是偶然的。蔡先生曾谈及中国民族、国民党政府“见小利，急近功”，少有超越性思维及对人的生命的根本关怀，因此，总是囿于国家发展的眼前的功利需要和商业的利益，而不能理解和接受终极性的超功利，着眼于受教育对象长远发展的教育的本性与本质，从而一再导致教育的终极目标和精神价值的失落。

我们今天面临的问题

1998 年北大百年校庆前后，关心中国教育的人们所深感忧虑的，也是这一时期我所写的文章的重心所在。

首先质疑的，是一以贯之的为利益服务的教育观和“为市场服务，培养市场所需要的人才”的新教育观。我将这样的教育观指导下的人才观做了这样的概括——

“这将是怎样的一种人才呢？他们有一种很强的能力，能够正确无误、准确无偏差地理解‘他者’（在学校里是老师、校长，在考试中是考官，以后在社会上就是上级、长官、老板）的意图、要求；自觉地压抑自己的不同于‘他者’要求的一切想法，然后正确、准确、周密地，甚至是机械、死板地贯彻执行，所谓一切‘照章’（规定，社会规范）办事，做到恰当而有效率，并且能够以明确、准确、逻辑性很强而又简洁的语言文字，作出总结，并及时向‘他者’汇报。这样的人才，正是循规蹈矩的标准化、规范化的官员、技术人员与职员。他们能够提供现代国家与公司所要求的效率，其优越性是明显的，但其人格局限也同样明显：一无思想，二无个人创造力、情感力和想象力，不过是能干的和有用的工具。”（《“往哪里去？”》）

不可否认，这样的人才观，反映了现代教育的一个悖论：一方面，它确实需要培养有能力有效率的专门的实用人才（包括技术官员），但同时它又存在着使人工具化、奴隶化的陷阱和危险。如我们在前面所讨论的，蔡先生也曾遇到过既需要“国民教育”和“实利教育”，又要防止其走向“极端”的困惑，他所提出的“五育并举”的思想就是企图在满足不同层次的要求的教育之间取得某种平衡。而现在所提出的“新教育观”与“新人才观”，就必然和当年蔡先生等先驱者的教育理想、理念，背道而驰，并且越走越远了。

于是，就有了这样的思考：一方面，“今天有些教育者竟把教育对象，特别是喜欢独立思考的学生，视为‘不安定因素’，严加防范，千方百计将其强迫纳入既定的秩序，‘思想者’竟成了‘有问题者’，岂非咄咄怪事”（《想起了七十六年前的纪念》）；另一方面，是“实利主义教育”发展到极端，“大学里的人文精神的严重失落，早已是掩盖不了的事实。许多大学早已成了‘养成资格之所’，学位、职称成了不少师生唯一追求、奋斗的目标，‘做官、致富’早就成为学生上大学、家长培养子女上大学的公开的目的，能够向学生贩卖点货真价实的知识，已算是好教师，贩卖知识假货的滥竽充数者越来越多。连蔡先生亲自养育的北大在‘实利主义’教育的巨大压力下，也越来越向‘专科化’的方向发展。各级领导忙于创收，忙于接待吃喝，机构的商业化、官僚化的结果是很少有人真正地（而不是形式主义地）关心科研与教学，最后，不可避免地导致了科研和教学的大幅度滑坡”（《校园风景中的永恒》）。

关于大学教育的两大功能的思考

但我们并没有因此停止思考。在大学理念问题上，我的思考集中在一点：大学教育在民族精神、民族文化发展中应发挥什么样的作用，具有什么功能？这也是从一个特定的角度来讨论："大学是干什么的？"

积淀与传承，大学的坚守精神

首先，大学教育担负着民族文化与人类文明的积淀和传承的任务。这又包含相互依存的两个侧面，一是知识的传授，也就是将思想文化转化为知识，并将其规范化和体制化；一是精神的传递。就拿我们现代文学这门学科来说，它是有一个形成和发展的过程的。它建立的基础，首先是"五四"新文化运动开创的中国新文学的思想、文化、创作的实践。这样的实践发展到一定程度，就要转化、提升为知识、学术，成为一种精神资源，进入大学课堂，成为一门学科。也就是说，学科的形成就是将思想、文化的实践成果转化为知识，成为体系化、规范化的学术与精神资源的过程。这样的体系化、规范化的知识、学术和精神资源，作为一门课程进入课堂，就成为一种教育资源，通过教师的传授与学生的学习，一代又一代地传递下去。可以说，现代文学就是通过中小学的语文教育，以及大学里的我们这门学科的教学进入传统，并在民族心灵上扎根的。而同学们到大学里来，目的也很明确，就是要通过一门门的课程的学习，在教师的指导下，最广泛地读书，获取知识，吸取最广泛的精神资源，用民族文化和人类文明所创造的一切精神财富武装自己，不仅学得专业知识，更为自己一生的精神成长打好底子，同时将民族文化和人类文明的基本经验和精神传统继承与发扬下去。

大学的这样一种"民族文化与人类文明的积淀和传承"的功能与作用，就决定了大学的"保守性"特质。长期以来，我们不加分析地把"保守"作为一个贬义词来使用，仿佛保守就意味着落后、守旧，因而就是愚昧，等等。这背后有一个"新比旧好，越新越好"的观念，其实是大可质疑的。从知识发展的角度来说，是必须先有学习，继承，借鉴，积累，而且在学习的初期，还有一个模仿、重复前人的过程，没有“旧知”的积淀，绝不可能出“新知”。从精神发展的角度，就更是要有坚守，有些基本的东西是不能动的。其实，“保守”也就是“坚守”。从这一层面说，大学在民族、国家、社会的总体结构中，是一个民族文化传统、民族精神的象征，是坚守、保守文化传统、民族精神的堡垒。在这个意义上，大学精神就是“坚守（保守）精神”。大学诚然不能脱离现实，但又必须和世风流俗保持一定的距离，即所谓远离尘嚣，保持干净、冷静与清醒：它不但不能随波逐流，更不能对歪风恶俗推波助澜，而且应该起到社会清洁剂、清醒剂、中流砥柱的作用。尤其是在民族危难和社会失范的时期，大学的这样的坚守精神就显得特别地重要。

而我们现在所生活的，就是这样的社会失范的时代。但也正是在我们这个时代里，实用主义、虚无主义，正是腐蚀着中国社会风气和教育的两大思潮。其在教育领域的表现和恶果，就是知识的实用化（拒绝一切和实用无关的知识）和精神的无操守（拒绝一切精神的追求与坚守）。

质疑与创新，永远的批判和创造精神

大学的作用、功能还有第二个方面，即要对社会发展的既定形态，对已有的文化、知识体系，以至人类本身，作不断的反省、质疑与批判，并进行思想文化学术的新的创造；不仅要回答现实生活所提出的各种思想理论问题，更要回答未来中国以及人类发展的更根本的问题，思考看似与现实无关，却是更带原创性的所谓纯理论（包括自然科学理论）的问题，以为民族、国家、人类社会的发展与变革，提供新的精神资源，提供新的思维、新的想象力与创造力。

这是大学功能中的“革命性”的方面。这同时也就决定了大学在关注社会和思想、文化的现实形态的同时，又要保持一定的距离。如一位学者所说，大学应和“现状”（社会、政治、经济、思想、文化、学术……的现状）保持本质上的张力关系，保持某种怀疑的、批判的态势，这才有新的创造的可能。——没有批判（质疑和否定）就不会有创造（立新、建设），而批判的目的正是为了创造。至少说应该有一部分大学里的教授和学者自觉地处于社会、学术的边缘位置，以保持思想与学术的独立性、超越性、彻底性与超前性，以及本质上的批判性与创造性。大学里对学生的培养和训练，一个重要方面，就是要培养学生的逆向思维的能力，怀疑、批判的精神，不拘一格的想象力，独立创造的精神与能力。大学的基本精神就是鲁迅所说的“永远不满足现状的，永远的批判和创造精神”。它和前述“坚守精神”相反相成，构成了“大学精神之魂”。

应该看到，当下我们正处在一个价值崩溃和混乱的时代，不仅我们每一个人，而且整个中国与世界都面临着一个“价值理想，以至信仰的重建，文化重建”的任务。大学理应充分发挥自己的批判和创造功能，回应这样的历史性的要求。

据我的观察，中国的大学生、研究生中出现了一批（当然不是全部）“做戏的虚无党”，前面所说的实用主义、实利主义与虚无主义已经渗透其灵魂，他们很懂得如何配合，做各种表演，同时利用体制的力量，最大限度地从中获取自己的利益。一切关心中国教育和中国社会未来发展的人们必须对此有一个清醒的认识和估计。

问题更在于，它是得到知识分子的主动、半主动的配合的。这乃是因为这样的要求，是有相应的制度保证的。这是有一整套评价标准、竞争机制和操作程序的，如职称的评定与竞争，学科带头人、人才工程的成员的评定与竞争，硕士点、博士点、重点学科、学术基地的评定与竞争，不同级别的科研项目的评定和竞争，不同级别的评奖的评定和竞争，等等。同学们都是大学中人，这其间的种种弊端，以至丑闻，都耳熟能详。最初是为获得基本生存条件，不得不入，而一旦从中获得好处，就会由无止境的利益冲动和欲望所驱动，入其中而得其乐，进而乐不思返，放弃了学术与精神的坚守、批判和创造，自动、半自动地抛弃大学精神和知识分子的职责与良知。——这就是我们正在上演，还会长期演下去的“大学失精神”的悲剧，而许多场合已经变成闹剧了。

我们现在就大学功能与作用问题作两点小结。

在相互矛盾、补充与制约中实现大学教育的生态平衡

首先，这些年，我们一直在谈“创建第一流大学”，其实在我看来，真正的第一流的大学，就是能够最大限度地发挥大学的两大功能，在民族和国家的思想文化结构里，同时担负着“学术、文化、精神的堡垒”和“新学术、新思想、新文化的发源地”的双重重任的。在现代大学史上，“五四”时期的北京大学和抗战时期的西南联大都起到了这样的作用。当然，我们也要看到，大学功能的这两个方面，总的说来，自然是统一的，而且是相互渗透，很难截然分开的。但也存在某些紧张关系。如前所说，要完成思想、文化、学术的积淀和传承，在一定程度上，需要将思想、文化转化为知识、学术，并将其规范化和体制化；而新思想、新文化、新学术的创造，又是以对既成的、被体制化的思想、文化、学术提出质疑与批判为前提的。这样的“规范化、体制化”和“对规范、体制的突破”的双重要求，就构成了大学与学院学术的内在紧张。大学教育实际上就是在这两者的张力中进行的，是在相互矛盾和制约、相互补充中达到某种平衡，获得比较健全的发展。事实上，大学教授是自然分为两种类型的，一些教授是学问家，对传统极其熟悉，如数家珍，虽然可能创造力有所欠缺，但能够很好地起到知识的积淀和传递的作用，这样的教授是绝对不能

少的。但同时会有另一批教授，他不断对现有知识体系进行质疑，同时也试图进行新的创造，自立新说，尽管并不成熟，却打开了一个新的思路，这样的教授也是不可少的。作为学生，听这两类教授的课可能会有不同的感受：前者一般很有秩序，非常条理，合乎规范而有系统，有时略嫌枯燥，缺少创意；后者思想活跃，充满活力，很能引发思考，但不太规范，合理性和荒诞性并存。学生们正可以从这两类教授的相互比较与补充中，学到比一种类型、一个模式的教学更多的东西。这两类教授彼此之间有时也会互有批评，前者常说后者不严谨，没学问，后者老说前者知识陈旧，缺乏活力。其实正是说明了互补的必要。当然，校园里的教授也不都是我们这里所说的这么极端，更大量的可能是复合型的，但也都会有鲜明的个性，不同的治学方法、教学风格。我经常说，校园的林子里什么鸟都该有，不能让学生只听一种鸟鸣，这样才能保持大学里的“学术生态平衡”。

大学的两条生命线

这里，实际上已经说到了我要总结的第二点：大学要真正发挥我所说的两大功能和作用，是需要一定的前提和条件的。我们在前面谈到大学应该和社会、思想、文化、学术的“现状”，和“世风流俗”保持一定距离，就已经隐含了大学所应采取的一定的超然的、独立的立场。在某种程度上可以说，大学里的教授、学者应该是“公共知识分子”，也就是说，他代表的是公共利益，坚守的是民族文化、人类文明中的普适性的价值理想和个人的思想、学术追求，而绝不是他者的意志和利益，更要防止和拒绝自身成为一个利益集团。这样才能保持精神的独立。学校要有更多的独立性，学校里的校长、教师、职员、工人和学生要能享有充分的民主权利。高度集权的教育体制使大学不可避免地体制化、官僚化，即人们通常所说的“衙门化”，高校里的腐败现象屡禁不止，这是最值得忧虑的。

说起“自由”，人们自然要想起蔡校长当年在北大所实行的“兼容并包”的办学方针。如蔡先生自己所说：“近代思想自由之公例，既被公认，能完全实现者，厥唯大学。大学教员所发挥之思想，不但不受任何宗教或政党之拘束，亦不受任何著名学者之牵制。苟其确有所见，而言之成理，虽在一校中，两相反对之学说，不妨同时并行，而一任学生比较而选择，此大学之所以为大也。”我曾经讨论过这样一个问题：什么是大学里的“第一流的人才”？最重要的就是要有原创性与开拓性。特别是开创思想与学术的新路的初期，他们必要向已被普遍认同，并多少被凝固化的“定论”与权威挑战，在既定思想、学术秩序的维护者眼里，他们的新思想、新学术都是“野狐禅”，是“胡思乱想”和“胡说八道”。这正是提醒我们，大学要培育、拥有第一流的人才，必须真正保证思想自由与学术无禁区，并实行“保护少数”的原则，要能够容纳甚至鼓励思想与学术的异端。不然的话，就有可能压抑甚至扼杀最具有创造力的一流人才，而鼓励循规蹈矩的平庸之才，并且形成不敢触及思想与学术的重大问题，不敢独立思考，谨小慎微、瞻前顾后、唯唯诺诺、人云亦云的萎靡之风。这是我们的学术多年来缺少大格局、原创性，批判力、想象力、创造力不足的一个重要原因。

关于大学的理念问题，我们就谈到这里。

第二个问题：关于北大的传统

这个问题也是北大百周年校庆前后提出来的。我这里还保留着一个学生社团的一份刊物。时间是在 1997 年，重要的是这些北大学子发出了这样的痛心的反省和热切的呼唤：“今天的北大，今天的北大青年似乎一下子推去了身上沉甸甸的责任，我们功利实用，我们胸无大志，我们冷漠，我们丧失了太多北大年轻人特有的品质，真正精粹的品质”，“时事社就是在这样的危机的环境下诞生的。一群依旧充满理想，一群依旧心怀天下，一群有着热血与责任感的青年聚集在一起。他们只是想让人知道，北大的青年依旧把自己和整个社会接连在一起，依旧用一双双年轻热情的眼睛关注着民族的命运，依旧全身心地为这个国家的前途而思考”，“时事社为你，为北大，为中国撑起一方理想主义的天空，让你听到真北人的声音，让你感受到多少年来鼓舞了一代又一代青年的真北大的精神！”

尽管在百年校庆前后，在北大确实发动了一个以“寻找蔡校长。寻找北大真声音”为中心的民间纪念活动，师生们自编《蔡元培》话剧并上演，又举行了多场蔡校长教育思想的报告会，并最后汇集出版了《校园风景中的永恒》一书，但这些声音，很快就被时尚淹没了，这篇时事社编辑部的文章，后来我收入了《走近北大》（四川人民出版社，2000年），却没有任何反响。

现在是2002年，距离1997年，又过了五年的时光。我们今天再来谈北大传统，它能得到北大学子的心灵的响应吗？

我还是从历史说起，从我们的蔡校长说起。

“读书不忘救国，救国不忘读书”

据一位外国学者分析，蔡先生对北大的期待，存在着矛盾的两个方面：一方面，他期待北大成为“献身学术研究和自我修养的一个封闭的圣地”，与社会隔绝，静心做学问。——我们在前面谈到大学的两大功能，也谈到了大学必须与社会现状和世俗保持一定的距离，这样才能使大学真正富有坚守精神与批判、创造精神。但这样的坚守、批判与创造，又无不是对现实问题的回应，也就必然要有现实关怀作为其前提。蔡先生更是期待大学（特别是北京大学）能够担负起“指导社会”的作用，即蔡先生所说，“教育指导社会，而非随逐社会也”。因此，他支持北大的老师办《新青年》、学生办《新潮》，通过现代传媒把北大校园里的思想传播到社会中去。他还提倡平民教育，鼓励学生走出校门，对平民进行宣传、教育。他想通过这些方式，把北大的校园文化转化为社会文化。这背后的理念就是知识分子应该对国家和社会发挥指导作用。在蔡先生看来，这正是中国的“清流传统”：“往昔昏浊之世，必有一部分之清流，与敝俗奋斗，如东汉之党人，南宋之道学，明季之东林。”这就是说，作为北大校长，蔡先生既想把校门关起来，使学校成为一个封闭的学术圣地，又想打开校门去影响社会。他的初衷是希望这种影响限制在思想、文化、学术范围内，期待北大仅仅成为思想、文化、学术中心，最好不要干预政治。但思想学术和政治有时就很难区分，想把影响限制在思想学术的范围，和政治拉开距离，这在中国现实中几乎是不可能的。到最关键的时刻，连蔡先生自己都要发动学生去干预政治。据现在看到的材料，1919年5月2日深夜，外交部长秘密派人告诉蔡先生，说北洋政府已经决定在巴黎和约上签字，情况万分紧急，蔡先生只得发动学生上街游行：可以说“五四学生爱国运动”这把火就是蔡先生点起来的。这也就使蔡先生陷入极度矛盾中。所以，当被捕学生一旦被释放，他就立刻提出“读书不忘救国，救国不忘读书”，重申“以研究学问为第一责任”，“使大学成为最高文化中心”，并告诫学生：“诸生唤醒国民之任务，至矣，尽矣，无以复加矣”，万不可为“参加大多数国民政治运动之故而绝对牺牲”自己的学业，要求学生回到课堂埋头读书。而学生的回答却是：“奈何生居中国，感于国难，遂迫而牺牲神圣学术之光明，以从事爱国运动”，在学生看来，国难当头，热血青年不可能“两耳不闻窗外事”。——这大概就是校长和学生在认识和选择上的错位吧。

这里所谓“读书”与“救国”之间的两难选择，在某种程度上是反映了教育和政治之间的复杂关系的。胡适一语点破了在中国现实境域中矛盾的焦点所在：“凡在变态的社会与国家内，政治太腐败了，而无代表民意的机关存在着；那么，干预政治的责任必然落在青年学生身上了”，“如果在常态的社会和国家内，国家政治，非常清明，且有各种代表民意的机关存在着，青年学生就无须干预政治了，政治的责任就要落在一般中年人的身上了”（《五四运动纪念》）。

北大历史上的辉煌

1917年至1919年间，蔡元培校长领导下的北大，作为独立知识分子的自由集合体，成为“五四”运动（它包括新文化运动与学生爱国运动两个部分）的中心和发源地，开创了中国现代思想、文化的新的时代。记得美国著名的哲学家、教育家杜威对蔡先生有一个评价：“以一个校长的身份领导那个大学，并对那个民族、一个时代起到转折作用的，除了蔡元培，恐怕还找不出第二个。”这同时可以视为对北大的评价：一所大学，能够对自己民族、国家的政治、思想、文化的发展，社会的变革，历史的进程产生直接与深远的影响，确实罕见，称之为“辉煌”是一点也不过分的。北大也因此确立了它在中国现代历史上，国家政治、思想、文化生活中，特别是国人心目中的崇高地位。

最重要的是北大精神传统

如何看待北大的光荣传统以及在新的历史条件下，如何继承、发扬传统，并找到自己的位置这些问题，都是今天的北大学生，也就是在座的诸位所应该认真思考的。我只想强调一点：重要的，也是更应该牢牢地把握住的，是这些辉煌的历史瞬间所显现、所培育的北大精神传统。

对这一精神传统，人们（包括北大人）有着不同的理解和阐释，这是很正常的。同时也就会有不同看法之间的争论，这也是正常的。对这些年流行的一些说法，我觉得就很有加以辨析的必要。比如有人说，北大的传统就是传播马克思主义的革命传统。有的人还说得更彻底：正因为如此，在马克思主义已经成为国家指导思想的今天，再谈北大的传统是“兼容并包”，不但没有必要，而且是有害的了。这种说法，似乎也有事实依据：确实在蔡先生所提倡的“兼容并包”的方针下，当时还被视为“洪水猛兽”的马克思主义才得以在北大传播，并影响到全国，这构成了北大传统的一个重要方面。但把北大传统只归结为“马克思主义的革命传统”，不仅会以偏概全，而且会遮蔽也是以北大为起源的其他思想传统。于是又有人鼓吹“北大的传统，就是自由主义的传统”，这似乎也有事实根据：以胡适为代表的自由主义知识分子在北大确实有深远的影响，但这同样是以贬低，以至否定另外一些人，如陈独秀、李大钊、鲁迅等知识分子对北大同样深远的影响为前提的，仍然是对北大“兼容并包”传统的一个阉割，而其背后的“争正统、建法统”的心态和意图，是更值得警惕的。还有人说，北大的“五四”传统就是“爱国传统”，我们所说的“五四”，其实是包括“五四”新文化运动和“五四”学生爱国运动两个方面的。学生运动中所提出的“外争国权，内惩国贼”的口号，其爱国主义的立场自是相当鲜明，而新文化运动也显然存在“爱国救亡”的思想背景。但另一个事实却是不能忘记和抹杀的：“五四”先驱者还同时展开了对打着爱国主义旗号的国家主义思潮的批判。陈独秀甚至提出了“我们应不应该爱国”这样的问题来进行讨论，他指出，“爱国大部分是感情的产物，容易陷入‘盲动’”，“往往失去了理性”而被利用。他还写文章提醒国人，要拒绝借口国家利益至上而要求人民放弃“自由权利与幸福”，“供其牺牲”的蛊惑。正是出于对在爱国的口号下对人的自由与权利的剥夺的警惕，李大钊才着重提出：“我们应该承认爱人的运动比爱国的运动更重。”这对我们也是一个提醒：把“五四”传统、北大精神简单地归结为“爱国主义”，是有可能蕴含着某些危险的。还有一种说法，“五四”传统、北大精神就是“科学精神”。我在中文系的一次讲话中就指出，这也是一种阉割：“科学”与“民主”是“五四”传统、北大精神的两个不可分割的基本侧面。科学的发展必须以一定的民主为前提，而科学一旦与民主分离，就会产生极为严重的后果。鲁迅早就指出，电的发明，既可以用来造福人民，也可以作为残害人的生命的工具，给人类带来无穷的祸害。而民主一旦离开了科学理性精神，也同样会带来灾难。因此，我在中文系的讲话最后提醒说，在纪念“五四”，谈到北大精神时，会听到各式各样的说法，大家一定要坚持独立思考，最好自己去读一些原始材料，自己研究，自己辨别，得出自己的结论。

现在谈谈我对北大精神的一个理解——当然，这是可以讨论的。在很多场合，我都把我所理解的北大精神，概括为八个字，即“独立、自由、批判、创造”的精神。这和人们通常说的“兼容并包，思想自由，独立人格”的北大传统，“科学与民主”的北大传统，在精神上是一致的，它更是从我们前面所讨论的大学的两大功能出发，强调北大所开创的现代知识分子的基本品格。这首先是一种政治、社会、思想、文化的立场与态度——作为一个独立、自由的知识分子，怀着终极性的彼岸关怀和理想，对此岸现实政治、社会、体制、现行观念、价值体系……进行不断的批判，又为社会与思想文化的发展提出极富创造性与想象力的前瞻性的理想，从而成为鲁迅所说的“常为新的，改进的运动的先锋”。同时，这也是一种学术的立场与态度——强调学术自身的独立性，追求作为学术研究的必要前提的个体的精神自由，坚持同样是创造性的学术活动前提的怀疑主义和批判精神（包括对自身的怀疑和批判）。因此，“独立、自由、批判、创造”，既是北大的思想、精神传统，也是北大的学术传统。——我这样讲，也是有感而发的。因为人们总把北大的思想传统与学术传统分割以至对立起来：前些年，人们只谈北大思想、精神传统，而忽略北大学术传统；这些年，包括在北大百年校庆期间，总有些人只谈北大学术传统，避谈或极力淡化北大思想、精神传统，而所谈的“学术传统”也限于学风问题，避谈其内在精神。这可能都会妨碍我们对北大精神的理解与继承。

北大百年光荣与百年耻辱

在北大的百年历史中，是有过惨痛的教训的。我说的是被称为“史无前例”的文化大革命。从表面上看，北大也是文化大革命的“发源地”，但那张被毛泽东称为“第一张马列主义大字报”的却是被操纵的。问题是，有那么多的北大人，如此狂热地卷入，并且在卷入过程中出现了大量的令人发指的暴行，从而构成了北大历史上最黑暗的一页。这是不能回避的，也是应该认真总结经验教训的。其中最重要的一条，就是鲁迅说的，要在政治参与中注入科学的理性精神，坚持独立思考，怀疑、批判精神（包括自我怀疑和批判），民主意识，对个体精神自由的尊重和保护，也就是将我们前面所说的“独立、自由、批判、创造”的北大精神，真正贯彻到政治参与中。

由此而引发出来的问题是：我们应该怎样看待和分析北大的历史，这也是北大百年校庆时争论的一个焦点。我在一篇文章里，这样写道：“我们在回顾北大百年历史时，有意无意地回避了许多东西。我们高谈北大的光荣，却不敢触及同样惊心动魄的北大耻辱；我们一厢情愿地描绘了一个‘一路凯歌行进’的百年辉煌，却闭眼不承认前进路途中的坎坷、曲折、倒退与失误；我们用鲜花（有的竟是假制的纸花）与甜腻的歌唱掩盖了历史的血腥与污秽！而更无情的事实，还在于我们在片面描述，以至曲解、阉割历史时，实际上正是在掩盖现实北大的种种矛盾，诸多问题！”（《北大百年：光荣与耻辱》）我们说过，怀疑与批判精神是北大的一个传统；现在的问题是：这样的怀疑、批判是否适用于北大自身？我在当时引起很大反响的《想起了七十六年前的纪念》一文中所强调的，就是要把“校庆”变成一个“自我反省、批判”，而不是一味“歌功颂德”，自我陶醉。

这样的讨论，也许太严肃了。那么，我们换一个话题：看看北大历史上最有名的两位文科教师，也是中国影响最大的知识分子胡适和鲁迅，对北大传统有什么看法，对北大学子有什么期待？

胡适：做“为中国造历史，为文化开新纪元的学阀”

我们先说胡适，看他在北大的两次演讲。

在1920年北京大学开学典礼上，胡适明确地提出，北大要真正成为“新思潮的先驱”、“新文学的中心”，必须“从现在这种浅薄的‘传播’事业，回到一种‘提高’的研究工夫”。他说：“若有人骂北大不活动，不要管他；若有人骂北大不热心，不要管他。但若有人说北大的程度不高，学生的学问不好，学风不好，那才是真正的耻辱！我希望诸位要洗刷了它。我不希望北大来做那浅薄的‘普及’运动，我希望北大的同人一齐用全力向‘提高’这方面做功夫。研讨创造文化、学术及思想，惟有真提高才能真普及。”（《普及与提高》）

1921年北大的开学典礼上，胡适又有一个讲话，谈到“年来因有种种的风潮，学校的生命几致不能维持，故考试不严，纪律也很难照顾得周到”，因此强调要“严格考试”和加强纪律。接着又针对“外界人说我们是学阀”，讲了这样一番话：“我想要做学阀，必须造成像军阀、财阀一样的可怕的有用的势力，能在人民的思想上发生重大的影响……所以我们一方面要做蔡校长所说的为知识而知识的精神，另一方面要造成有实力的为中国造历史，为文化开新纪元的学阀，这才是我们理想的目的。"(《在北大开学典礼上的讲话》)

胡适对北大学生的期待，显然有两个重点：一是要以"为知识而知识"的精神，下"提高"的研究功夫，"创造文化、学术及思想"，为此，必须建立严格的制度与纪律，致力于学院化、体制化的建设工作。这样的努力和追求，就使得胡适成为中国现代学院派的最主要的代表，他是期待北大走向学院化的道路的。前面我们说到，蔡元培对北大的定位原来有两个方面，一是"献身学术研究个人修养的封闭的圣地"，一是"政治文化活动中心"，这构成了一个矛盾。现在胡适的主张，就是要取消后一个功能，希望北大远离政治，使北大成为纯粹的"研究学问的机关"，北大传统也主要的是一个学术传统——他依然强调学术的独立与自由。但胡适其意又不仅在学术，而是要通过学术造成一种"像军阀、财阀一样的可怕的有用的势力"，借学术"实力"来影响社会，"在人民思想上发生重大影响"，即为"天下师"，进而取得政治权力，为"国师"，"为中国造历史，为文化开新纪元"。所以他的远离政治，主要是远离民间反抗政治，而最终还是要进入国家政治体制，推行精英政治的。因此，他对北大学生的期待，不是一般的专家，而是有"势力"的"学阀"，而且有可能要当"领袖"，用我们今天的话来说，就是培养"精英"，技术、文化精英和政治精英，而这两者又是可以转化的。

鲁迅：不妨做"泥土"，北大应"常为新的，改进的运动的先锋"

鲁迅没有对北大学生作过演讲。这和他在北大的地位有关：他不像胡适那样，处于北大的中心位置，有指导学生的责任；他只是讲一两点钟课的兼职讲师，一般不对北大说三道四，只是北大二十七周年校庆时，应学生会之约，写了篇《我观北大》。

但鲁迅有几次在其他学校的演讲，寄语青年学子，也应该包括北大学生在内吧。一次是在北师大附中，题目叫《未有天才之前》，其中有这样一些话："在座的诸君，料来也十之九愿有天才的产生罢"，但天才是"由可以使天才生长的民众产生，长育出来的"，"没有这种民众，就没有天才"；而"天才大半是天赋的；独有这培养天才的泥土，似乎人家都可以做。做土的功效，比要求天才还切近"；而"做土"也不容易，它要"扩大了精神，就是收纳新潮，脱离旧套，能够容纳，了解那将来产生的天才；又要不怕做小事业"；"泥土和天才比，当然是不足齿数的，然而不是坚苦卓绝者，也怕不容易做"。

鲁迅的这段"寄语"有几点很可注意：其一，他并不否认"天才"，但他更关注的是使天才得以产生的，作为社会、文化根基的"民众"，这样的"平民"立场与眼光，显然不同于胡适的"精英"立场与眼光。其二，作为一个教育者，他在和青年讨论人生目标的选择的时候，更关注的是如何确立"大家都可以做"的更为"切近"的目标，而不是少数具有天赋的学生的选择。因此，他实际上是提醒年轻人要以"平常心"看待自己和人生，而不要陷于浪漫主义的英雄梦中。其三，鲁迅其实是把自己也摆了进去的，他给自己的定位，也是做"常人"、"俗人"，也即"泥土"，他绝没有胡适那样的做"国师"、"天下师"的情结，他甚至拒绝做年轻人的"导师"。其四，但他并没有降低对青年人和自己的要求，他说的"泥土"是能够"收纳新潮，脱离旧套"的"泥土"，按我的理解也是具有"独立、自由、批判、创造"精神的现代知识分子，同时还"不怕做小事业"，这是一个很高的目标，鲁迅称之为"坚苦卓绝者"，这也是一个很高的评价。

1927年，鲁迅在中山大学开学典礼上有一个《致语》，讲到当时的大学生活："现在，四近没有炮火，没有鞭笞，没有压制，于是也就没有反抗，没有革命"，学生们"在平静的空气中，度着探求学术的生活"。鲁迅提醒说："但这平静的空气，必须为革命的精神所弥漫；这精神则如日光，永永放射，无远弗到。"否则，"中山大学也还是无意义。不过使国内添了许多好看的头衔。"(《中山大学开学致语》)

鲁迅在这里把"革命"与"大学"、"学术"联系起来，是有着深刻意义的。他所说的"革命"，就是我们前面所分析的"永远不满足现状，永远的怀疑、批判、创造"的大学精神，也就是鲁迅所要强调，并提醒人们注意的是大学的革命性功能。鲁迅显然并不反对学生"在平静的空气中，度着探求学术的生活"，这样的"平静"本也是正常的学习与研究的必要条件，但鲁迅确实看到了"平静的空气"可能潜在的危险：一旦凝固下来，就会形成自我封闭，完全脱离了实际生活，失去了鲜活的思想的碰撞、冲击，校园里的师生就陷入了"无问题"也就"无思考"的状态，逐渐丧失了批判与创造的冲动与能力，导致精神的平庸和学术的萎缩和委琐，而所培养出来的人才，如果都是一些塞满了知识，精神却是畸形的所谓"专家"、"教授"，那确实"不过是国内添了许多好看的头衔"。这样的大学教育是"无意义"的。

于是，我们也就懂得了鲁迅的"北大观"。鲁迅在他的《我观北大》的文章里，一开头就说，有人指他为"北大派"，他的回答是："北大派么？就是北大派！怎么样呢？"——我想，在座的北大同学听了这话，会有一种说不出的亲切感。鲁迅说："我觉得北大也并不坏"，他珍惜的是，北大有一种精神。什么精神呢？鲁迅说了两句话："第一，北大是常为新的，改进的运动的先锋"，"第二，北大是常与黑暗势力抗战的，即使只有自己"。我们先看第二点。鲁迅举出的例子是：1923年和1925年，北大因为北洋军阀政府的教育总长在教育上倒行逆施，而先后两次宣布与教育部脱离关系，这就是"常与黑暗势力抗战”，也就是捍卫了我们在前面所说的，作为大学教育的生命线的“教育的独立性”，这确实极为难得，甚至是绝无仅有的。再看第一点：“北大是常为新的，改进的运动的先锋”，这正是和鲁迅对大学的“革命”功能的强调相一致的。这里所说的“新的，改进的运动”，我理解应该包括两个方面，一是要坚持思想、文化、学术上的不断的“新的，改进的”即新的批判与新的创造；二是要和“新的，改进的”社会、政治、思想、文化实际运动保持联系，以不断获取新的思想活力。而其中的一个关键，就是要坚持前面所说的，大学教育的另一条生命线：“思想、学术的自由。”

我已经尽可能如实地把胡适与鲁迅对北大传统的理解，对北大学子的期待，介绍给诸位了。可以看出，他们的意见是不一致的，这其实是显示了两种类型的中国现代知识分子的不同选择的，但他们也有一致之处，比如都强调思想与学术的自由，要创造“新文化”，等等。同学们作为今天的北大学子，对这两位老北大的师长的同和不同的期待，如何看待，作出怎样的回应，是你们自己的事。在认真的思考中，将形成每一个北大人自己的北大观，自己的北大期待，而这样的北大期待，某种程度上，也是一个自我期待，自我选择。

第三个问题：我对北大的期待

不可回避的现实

我想从现在喊得最响亮的一个口号说起：要把北大办成“世界第一流大学”，这已经成为北大的奋斗目标了。但在我看来，恰恰是应该质疑的。

首先，这里所说的“世界”是一个什么概念？当年周作人写过一篇文章，叫《北大的支路》，说北大在“大家只知道尊重英文的时代”，

“添设德法俄日各文学系”，以后又开设朝鲜、蒙古语班，这都是中国教育界、学术界的“重大事件”。为什么“重大”呢？因为它显示的是一个“兼容并包”的“大世界”观：不仅是美国，还有其他西方国家，更有东方世界。但以后的“世界”就变得越来越狭窄了。我50年代上北大时，入学通知书上就写着：祝贺你考取了“东方莫斯科大学——北京大学”。那时候的“世界第一流大学”就是“莫斯科大学”，北大以此为奋斗目标，也进行了“一边倒”的教育改革，结果导致了北大自身传统的强制切断。现在历史似乎又在重演：据说这是一个“全球化就是美国化”的时代，美国的教育代表了世界一流水平和发展潮流，看来北大又要以成为“东方的哈佛大学”作为自己的奋斗目标了。这是十分危险的。这可能导致中国大学教育、北大教育独立自主性的丧失。

强调中国教育的独立自主，当然不是拒绝接受外国的教育经验，但这里有三条线：一、必须是多元的吸取，而不能只限于某个单一的资源。二、必须吸取其“根底”，即普世性的人类文明的结晶，而不是枝叶。事实上，我们这里反复讨论的“教育独立，思想、学术自由”的思想，就是蔡元培先生那一代人吸取了西方教育的经验，并和中国教育实践结合的一个结晶，它是具有普世性的。三、必须重视本国的教育资源。这不仅有中国古代的教育资源，更包括了中国现代教育百年的经验，其中就有我们这里讲的北大传统，我实在担心，如果我们用“大换血”的方式来进行“改革”，很可能把北大那一点老底子都“改”掉了。我这里随便举个例子，都说老北大治学有一股“散漫”之风，据说这就意味着“无效率”，不适应竞争社会的要求，必须改革。在我看来，这恰恰是北大之为北大，北大能出人才的原因之一。因为其背后不仅有着学术自由的理念，即放任学者按照自己的兴趣和性情，在没有任何外在干预与压力下，做自己的学问；而且也包含着对学术逻辑的深刻理解与尊重：学术（至少是人文科学）是不能急功近利，不能求速效，不能以数量计，不能“计划生产和组织”的，而且大多数情况下，都是个人的独立、自由的精神劳动。所谓“散漫”，看似漫不经心，其实是一种沉潜状态，是在淡泊名利、不急不躁的心态下，潜入生命和学术的深处，进行自由无羁的探讨和创造。这样做出来的学问，看似无用，却有大用，看似无效（率），其实有大效、真效。我在与一些外国学者和留学生的接触中了解到，他们中许多人都对北大看似松懈，实则给教师的学术研究留下较大的空间，比较充裕的时间的学术环境，以及我们师生之间亦师亦友的关系（这也是中国古代教育的传统），表示十分倾慕；据说在他们那里，在竞争的压力下，已很难按自己的意愿从容地做学问，师生之间的关系已经越来越商业化了。我们当然反对“干好干坏都一样”的大锅饭现象，需要有压力和竞争，但这必须是学术的压力和竞争，不能靠其他的压力和竞争，也不能简单地将商业竞争规则用于学术，以市场上的需求来要求和评价学术。在学术竞争方面，北大也有自己的经验。我在北大工作二十多年，就时刻感到来自学术和教学的压力和竞争，从不敢有半点松懈，而无须政治和经济的压力或诱惑。

这里，实际上是提出了一个重大问题：能不能用政治的逻辑、经济的逻辑来治理学校，指导教育改革？它将导致什么结果？现在，又在“创办世界一流大学”的口号下，用经济的逻辑，资本、市场的逻辑改造北大，使北大越来越商业化，而恰恰丢掉了思想的逻辑、学术的逻辑、教育的逻辑。正是在这体制化、官僚化、商业化的过程中，教育独立、思想与学术自由这大学教育的两大生命线，北大“独立、自由、批判、创造”的思想传统、学术传统，都受到了很大破坏。现在，我们所面临的，正是要用经济的力量、资本的逻辑来根本改造北大。这使得一切关心北大命运的人们不能不产生一种担忧：因为它正在奏效。我们也不能不像当年鲁迅那样，尖锐地提出“北大失精神”的问题。

任何时候都不要抛弃“独立、自由、批判、创造”的北大精神

我们都是普通的老师与学生，无力抵挡这一切。我们所能做的，也只是“坚守”，我们还要坚守思想的逻辑、学术的逻辑、教育的逻辑。

因此，我对北大学子有两个期待。

首先是任何时候都不要抛弃“独立、自由、批判、创造”的北大精神。

这就是说，同学们可以有不同的选择，毕业后会走向不同的工作岗位，从事不同的事业，人生的道路也会有许多的变化，但有一点，应该是一致的、不变的，就是我们既为北大这块土地所养育，我们就永不抛弃“独立、自由、批判、创造”的北大精神。

你或许从政，但你必须做一个具有“独立、自由”思想，“批判、创造”精神的政治家、公务员，而不是谋求私利、随风转舵的政客和唯唯诺诺、无所事事的官僚。

你或许经商，但你必须做一个具有“独立、自由”思想，“批判、创造”精神的企业家、经营者，而不是投机取巧、谋取暴利的奸商，无所作为的庸商。

你或许治学、任教、从事新闻出版工作，你也必须做一个具有“独立、自由”思想，“批判、创造”精神的学者、教师、编辑和记者，而不是出卖灵魂的帮闲、帮忙文人，混迹文坛学界的无用之人。

当然，如何坚持“独立、自由、批判、创造”的北大精神，不同的人，有不同的环境、不同的机遇，也有不同的气质和才能，因此，其表现形式、发挥程度是不一样的。有的同学可能表现比较突出，发挥比较充分，成为一个杰出人才；更多的同学则尽职尽责，但也自有操守：有所为（创造），有所不为（怀疑、批判），更有独立、自由的思考与人格。这是我们作为“北大人”的底线，是不能轻言放弃的。

我知道，要做到这一点，很难，很难，要坚持一辈子，就更难，更难。真要坚持“独立、自由、批判、创造”的北大精神，是要付出代价的，这是一条充满艰险的人生之路。我有时又想，我面对同学们，提出这样的期待，是不是过于理想化，甚至会害了大家？但我又真诚地相信，这是一条通往真实的人生、充实的人生之路，那充满“丰富的痛苦”的人生，才是真正有意义的。这是我一生的经历、经验告诉我的。记得我年轻时候读鲁迅的《“与幼者”》，他引述日本作家有岛武郎的一句话：“幼者呵！……上人生的旅路罢。前途很远，也很暗。然而不要怕。不怕的人面前才有路。”每回读到这里，我都非常地感动。今天，我在这里向诸位提出这样的期待，也是要告诉大家，这条路，“前途很远，也很暗”，但是，“不要怕。不怕的人的面前才有路”。——当然，我的期待，对诸位来说，只不过是人生选择中的一个参考意见；路怎么走，还是要自己选择的。

而且，我还有第二个期待。

目光永远向前，向下，立足中国的大地

在1999年12月，我应北大学生会之约，写了篇短文：《新世纪寄语青年》，讲了两点意思。首先是：“新世纪呼唤着新的思维，新的批判力、想象力与创造性，呼唤着更加自由的精神空间，我们每一个人都应为之作出贡献。”——这包含了我的一个判断：新世纪（也就是我们现在已经进入了的21世纪）人类面临着“文化重建”的任务，又是一个知识大发展、大交融，全人类文明大碰撞、大交流、大融合的时代，这样的新世纪是特别呼唤批判、创造、自由的精神的，我之所以在前面如此强调不要抛弃北大精神，实际是着眼于这样一个新世纪发展的大趋势的，诸位作为一个新世纪的人才，如果抛弃了这样的精神，是有可能被这个大时代抛弃的。

但我这篇短文的重点是表达这样一个意思——

“不想预测新世纪将给这个世界，给中国，给我们带来什么。只是希望北大学子，也希望我自己，目光永远向前——要听得见‘前面的声音’的呼唤，不停地往前走；同时又目光向下——要立足于中国的大地；沉入民间，更关注人民的真实生活，自己也要做一个真实的普通人。”

这里说“不想预测新世纪将给这个世界，给中国，给我们带来什么”，也是包含了我的一个判断的：21世纪，无论是世界、中国，以至我们自己，都会遇到非常复杂的、难以预测的情况，这将是一个既有大发展，又会有许多新的困惑，以至迷茫的时代。这就很容易产生“前方”等待着我们的“是什么”，我们应该怎么办的问题。我今天也把这个问题提出来，和诸位讨论。

当年鲁迅在他《野草》中的《过客》里，就讨论过这个问题。文章中的“小女孩”（或许就包括什么都还没有开始的在座的诸位）说：前方是“花园”，但这很可能是一个一厢情愿的美丽的梦；“老人”（大概就是我这样的饱经风霜的一代人）说：前面是“坟”，这或许是反映了更根本的真实。问题是面对这样的前景的态度：“老人”宣布，他将“休息”，不再往前走；而鲁迅笔下的“过客”（在一定程度上也是他自己）却在短暂的犹豫以后，表示：我不能“回转去”，也不能“休息”，因为“那前面的声音叫我走”，“我只得走！”——“过客”的这种“明知前面是坟而偏要走”的精神，是很有启发性的。这里所说的“声音”其实是自己内在生命的“绝对命令”，就是说，不管前面是什么，即使是“坟”，也绝不后退，绝不停留，绝不气馁，绝不放弃，要“走”，“往前走”，不断地探索、寻找，在似乎没有路的地方走出路来，“地上本没有路，走的人多了，也便成了路”（《故乡》）。我在这里郑重地把鲁迅的这一“过客精神”推荐给诸位，就是希望大家在今后的人生道路上，无论什么情况下，即使是最困难，似乎绝望的时候，也不气馁，不放弃，“目光永远向前”，“不停地往前走”，保持积极向上，向前，在实践中不断探索的精神状态，这其实也就是鲁迅所说的“常为新的，改进的运动的先锋”的北大传统，在我们每一个北大学子身上的体现。

我的“目光向下”的期待，则包含了我的一个隐忧。按蔡元培先生对大学结构的设计，北大应属于“研究型”大学，而不是“实用型”的大学（蔡先生称为“专科”）。我曾经说过，“北大首先要培养出一批为我们国家、民族，为学术发展提供新思维的思想家，鲁迅所期待的‘精神界之战士’；同时，北大所培养的各专业的专家、学者都必须是思想者，必须是永远不满足现状，永不停止思想探索的精神流浪汉”，“是本专业新的学术思想、新的研究领域和方向、新的技术和方法的开拓者”。因此“北大的教学和学术研究应更注重于基本的学理、基础的理论，应更具有原创性、开拓性与超前性，更注重自然科学、社会科学、人文科学的相互吸取和综合”。而现在的问题恰恰是北大放弃了自己研究型大学的优势，在所谓“适应市场需要”的口号下，向实用型的专科靠拢，不但造成了学校定位的混乱，而且极大地降低了学校教学、研究的水准与品位，距离前述培养高素质的具有思想与学术开拓性、原创性的精英人才的目标越来越远。而真正的民族思想文化学术的精英，他也必然是人类、民族良知的代表，社会公共利益的代表，必然有着强烈的社会关怀、底层关怀，他的目光是既向上也向下的，即所谓“脚踏大地，仰望星空”。

蔡校长在就任第一天的演说中，就谆谆教导说：“诸君须抱定宗旨，为求学而来。入法学者，非为做官；入商科者，非为致富。”以后他又在许多场合反复强调一点：“大学为纯粹研究学问之机关，不可视为养成资格之所，亦不可视为贩卖知识之所。”而我们希望北大学子“目光向下——要立足于中国的大地，沉入民间，更关注人民的真实的生活，自己也做一个真实的普通人”，正是一个“立足点”的问题。在人们所说的“全球化”的时代（这是21世纪最基本的特点），立足点是一个大问题。在世界范围内，我们应立足于中国本土，然后才可能真正立足世界；在国内，我们应立足于民间、底层、普通百姓，那是国家、社会的根基，也是我们生命之根。所谓“目光向下”，就是要关注中国这块土地上的大多数人的生存状况，实实在在地为他们谋利益：这是我们做人的根本，也是做一个现代知识分子的根本。而强调“做一个真实的普通人”，则是要强调鲁迅所提倡的“泥土”精神，作为年轻人，既要有高远的理想，所谓“不想做将军的兵绝不是好兵”，也要以一颗“平常心”，更要有“不怕做小事业”的精神，这对北大人或许是尤其重要的，如许多人都谈到的那样，北大学子很容易犯的毛病，就是“志大才疏”，“眼高手低”。其实不肯、不屑、不能做小事情的人，也是干不了大事情的。我们在前面讲的“独立、自由、批判、创造”精神都是要落实到一件件的小事情上的。我对北大学子的两个期待，是相辅相成的，归结为一句话，就是前面讲的，“脚踏大地，仰望星空”。这是一个真的“人”的境界，也就是要做一个真正的“人”。

以上这番话：关于大学教育，关于北大传统，关于我对北大学子的期待，都是一些“胡思乱想，胡说八道”，它很不切实际，也很不合时宜，同学们也未必同意。但都是我的心里话，已经憋了很久了。也算是我对北大的“告别词”吧。讲完了，我的使命就完成了。

还有一点时间，讲最后一个问题——

我与北大的关系

我是1956年考上北京大学中文系新闻专业的，那年，我十七岁，距今已经四十六年了。读到二年级，我们新闻专业和人民大学新闻系合并，1958 年我就转到人大去了。尽管我是人民大学的毕业生，但我始终感到自己是北大的学生。大学毕业后，分到贵州安顺一所卫生学校教语文，业余时间读鲁迅，特别是在文化大革命时期读鲁迅，慢慢地有了自己的一些想法，第一个念头，就是回到北大讲台上，向学生们讲述“我的鲁迅观”。这样一个梦想，支持着我度过了在贵州十八年艰苦的岁月。1978 年，正是我离开北大二十年之后，我作为“文革”后第一批研究生，回到了北大。1981 年留校任教，我的梦想，终于变成了现实。但后来整个中国知识界面临着新的选择，当时我就宣布自己的三大选择，叫“三不离开”：第一，不离开中国；第二，不离开北京大学，不离开北大的学生，这是我的根据地，我的精神家园；第三，不离开中国现代文学研究，特别是鲁迅研究，这是我的阵地。这也可以算是我的三个坚守。正是这三大坚守支撑着我度过了最艰难的日子，一路坚持下来，到了现在我最后又要离开北大的讲台。在这二十一年的北大讲学生涯中，除了讲现代文学之外，主要是讲鲁迅，我从 1985 年开始给 1981 级学生讲鲁迅，一直讲到现在，讲到今天，此刻。就是说北大有二十一届学生，几代北大人听过我讲鲁迅，这是我的北大讲学史中最大的光荣，最引以为豪的。在《心灵的探寻》（这是我第一次给北大学生讲鲁迅的讲稿）的再版序里，我这样写道：这是连续十几年的“虽有起伏，却从未间断过的心灵的交流，精神的对话”，这十几年“外部世界发生了多么巨大的变化啊，而在北大这里，却奇迹般地坚持了心的追求与精神的传递，贯通其间的正是鲁迅等先驱者开创的‘北大传统’”。我因而产生了三个“坚信”：“坚信鲁迅的力量：他活生生地存在于‘当代’（中国与世界）”；“坚信北大的力量：不管经历怎样的挫折，它永远是中国的精神圣地”；“坚信精神的力量，人性的力量：人之为人，总是要有超越物质的精神的追求”。

我最后说，这是“北大学生启示我的这样的信念”，因此，我永远感激北大的学生，永远怀念北大的讲台。

四年前，我为自己六十年的人生旅程，作了这样一个总结：“我的生命就这样与两个空间——贵州与北京大学，一个群体——中国的年轻人，建立了血肉般的联系，而与后者联系的主要纽带则是鲁迅。由此构成了我的生命中的‘四大情结’：人生道路的支点，精神的后援，思想、灵感、想象力的源泉，学术的出发点与归属……都在里面了。”我在另一篇文章里也谈到，“我的精神基地有二：一是被人们称作‘精神圣殿’的北京大学，一是处于中国落后边远地区的贵州安顺”。我也在和“社会的顶尖与底层，学院与民间”都保持密切的精神联系中受益，这或许是我的人生之路与治学之路的一个基本经验。

我因此常常吟诵艾青的诗句：“为什么我的眼里常含泪水？因为我对这土地爱得深沉。”——我确实是太爱北大，太爱贵州了。

我也曾想，我在北大扮演一个什么角色。我曾经说过，燕园的林子很多，各样的鸟都有，我大概是一只乌鸦，北大的一只乌鸦。我说过，北大如果都是乌鸦也不行，都是喜鹊可能也不行，学术、教育的生态平衡需要各种各样的鸟。这就叫“兼容并包”。我希望成为北京大学兼容并包的大的生态环境中有自己独立个性的一个独特的存在。我从来不试图将自己的人生之路、治学之路，自己的思想观点强加给学生，我最喜欢对学生说的话，就是“我姑妄讲之，你们姑妄听之”。记得这门课的一开始，我也是这么讲的。我只是希望通过自己的讲课，显示自己的生命存在，告诉学生，人还可以这样存在。同学们或许会从这样的存在中受到某种启示，或者毫无感觉；或者在以后的某个瞬间，回想起在北大的生命历程中还遭遇过这样的一个生命个体，或许早就遗忘，这都不要紧。自己的生命与北大的生命有过联系，这就够了。我是极其珍惜这样的联系的。

前两天，我到贵州去，跟贵州师范学院的学生见面，他们提出的第一个问题就是："北大怎么了？你怎么看？"我当时确实很受震动。我首先想到的是，在北大百周年校庆时，贵州安顺的一份小报上，就有篇文章表示了对北大的失望。我突然意识到，很多中国的有精神追求的人，还在向往精神的独立、自由的年轻人，他们眼睛是看着北大的。这些年，我和许多北大以外的青年通信，是深感北大在这些年轻人心目中的地位与分量的。我当然知道这是一个"神话"，我写回信的一个很大的任务就是要打破它，但我又不忍心打破：一个民族，特别是处于困惑中的民族，是需要相对超越的一方"净土"的；一个民族的年轻人，如果失去了"梦乡"，连梦都不能做，那就太可悲、太危险了。当意识到这么多年轻人失望，我突然感到了自己应负的责任。因为我是北大一个成员，北大的问题和我有关。坦白地说，过去我在北大内部批评北大，就很少联系到我自己，现在听到了北大外的年轻人批评的声音，就觉悟到这就是在批判我自己：我和北大同时站在被审台上。我毫不犹豫地向贵州的大学生表示了我的负疚感，同时又说，请大家相信，北大是一个有传统的学校，北大开辟的精神独立与自由的传统总会一代一代地以不同的方式传下去的。我当时就作出一个决定，一定要把贵州同学对北大的关注，以及我所受到的震撼，告诉北大的同学：今天我讲出来了。

现在，我要离开北大的课堂、讲台了。这意味着，一段与北大的因缘的结束，一段与课堂的因缘的结束，一段自我生命的"死去"。

但我的生命的活力还在，一段新的生命也就在结束、死去的这一瞬间开始。

有同学问我，老师，退休后你要到哪里去？

我的回答是——

回归到家里去，开始我的新的研究，新的著述，同时要尽享家庭之乐。

回归到我的“第二故乡”贵州去，关注边远地区、社会底层所发生的事情，做力所能及的工作。

回归母校，到中学去，继续关注并参与教育的改革。

这“三回归”就是回归家园，回归生命的起点。

同时要始终守住鲁迅。

此刻，我的一生道路浮现在眼前。特别想起生命低谷时期的几段“座右铭”，这或许集中了我一生的信念、坚守与经验，就送给诸位，作为告别赠言吧。

这是“文革”的三个座右铭——

“路漫漫其修远兮，吾将上下而求索。”（屈原）

“永远进击。”（鲁迅）

“在命运面前，即使碰得头破血流，也绝不回头。”（传说出自青年毛泽东）

这是2000年自撰——

“我存在着。我努力着。我们又这样彼此搀扶着。——这就够了。”

该说的都说了。就到此为止吧。谢谢大家。

下编

我的精神自传

引　言

此刻，正是2003年1月17日的早晨，面前放着我的第一本独立完成的学术著作《心灵的探寻》，“后记”里写着“1986年4月27日晚12时”完稿，那么，我的写作生涯已经持续二十年了。再过一个多月，我的人生道路也要迈过六十六岁的门槛：似乎到了作一番初步的清理的时候了。

于是，我坐下来开始写“我的精神自传”。

“我的精神自传”，更准确地说，应该是“学术、精神自传”，因为我的精神发展是与我的学术工作紧密联系在一起的，而且这背后是有我对学术研究的一种理解的，夸大点说，就是我的学术观吧。在我看来，学术研究与创作尽管有不同的特点，例如后者强调、前者却拒绝虚构，等等，但又存在着本质的一致性：都是一种创造主体的生命运动。于是就有了追求“自我生命与学术的一体性”的选择：“学术的探讨，同时也是生命的挣扎”；对研究对象的发现，同时也是对自我的发现；“随着学术上的不断开拓，自我生命也得到不断地升华”。[1]我喜欢在学术著作的后面，附一个长长的“后记”，讲述写作背后的“我的故事”，与著作中所讲的“他人的故事”一起，构成一个有机的整

[1]《有缺憾的价值——关于我的周作人研究》，《压在心上的坟》，59页，四川人民出版社，1997年。

体；并且将这样的“后记”称为“墓志铭”，这并非戏言，因为我每写完一本书，常有鲁迅那样的感受：“我的生命的一部分，就这样地用去了……逝去，逝去，一切一切，和光阴一同早逝去，在逝去，要逝去了”，编辑成书，不过是将“陈迹收存起来”，“掘坑”造“坟”而已。[1]从积极意义上说，这样一本又一本学术著作，就构成了一个又一个的人生脚印，划出了一道在挣扎中前行的生命轨迹。

迄今出版的我的三十部著作，就是一部我这二十年的“精神自传”。

这不仅是因为其中投入了我的生命，更是因为，我的所有的学术探讨，对外部世界历史与现实的追问，都最后归结为对自我内心世界的逼视，对自我存在的历史性分析与本体性追问——

“我是谁？我何以存在与言说？”

这就是我的学术研究的自我反观性。在这二十年的中国与世界前所未有的大变动、大转型中，我一直紧张地审视、拷问着自己，并通过学术研究寻找自我的安身立命之地。

于是，在不同的历史时期与相应的写作阶段，就有了不同的自我命名。

---

[1]《写在〈坟〉后面》，《鲁迅全集》卷1，283页，人民文学出版社，1981年。

一　历史的中间物

在《心灵的探寻》扉页，写着："谨献给正在致力于中国人与中国社会改造的青年朋友们"，还有这样一段题词："向青年学生讲述我的鲁迅观：这是做了几十年的梦。现在使命已经完成，我应当自动隐去。但仍期待于后来者——鲁迅的真正知音必在中国当代青年中产生。"

这里，有着鲜明的"历史中间物"意识——这也是《心灵的探寻》一书的核心概念。这是我对作为研究对象的鲁迅的一个发现[1]，也是对研究主体的自我的一个发现。

一代人的精神特征与学术特点

"我也在其中"

在《心灵的探寻》的"再版后记"里，我这样写到这本书："这是我的《狂人日记》：第一次发现'以前的三十多年，全是发昏'，第一次明白：数十年'时时吃人的地方'，'我也在其中混了多年'，我也未

[1] 在80年代学术界最早关注鲁迅的"历史中间物"观念的还有汪晖，他在《历史的"中间物"与鲁迅小说的精神特征》一文里有精彩的论述。在《心灵的探寻》315页的一条注释里，我特地提到汪晖的这篇文章，并说到"本文作者曾与汪晖讨论过这些问题，从他那里得到不少启发"。

必无意之中没有吃过人！于是有了我的第一次‘反戈一击’：面对几十年形成的，几乎渗入灵魂、血肉的观念、准则、理想、信仰，第一次发问：‘从来如此，便对么？’同时有了我的第一次‘挣扎’，第一次灵魂的呼号：‘没有吃过人的孩子，或者还有？救救孩子……’从此，义无反顾地走上了用怀疑的批判的眼光重新审视历史、社会、现实，重新审视既成观念中的先验的前提的道路；这同时也是自我灵魂的煎熬与升华之路。”[1]对这一段话，还有过这样一个说明：“这里说的不只是我自己，或许也包括……我的许多同代人……而且这样地与鲁迅相类比，也并非想攀附前贤，不过是强调这一代人从以对人的奴役为特征的政治文化的束缚中解放出来，与‘五四’那一代挣脱不把人当作人的‘封建文化’的束缚是同样‘艰难’与伟大的。这时间上至少间隔了两三代的两代人也因此而结下了精神上的不解之‘缘’。”[2]

这大概是很能说明70年代末与80年代初期，在“文革”结束以后，像我这样的五六十年代的知识分子的精神状态的。既有一种摆脱在“文革”中发展到极端的“以对人的奴役为特征的政治文化”的束缚以获得解放的强烈欲求，却又无法简单、轻松地与之告别，因为“我也在其中”：这是一个最震撼心灵的发现。《心灵的探寻》的“后记”里这样谈到了自己，以及这一代人的精神迷误——

“他们半是被迫、半是自动地放弃了探索真理的权利，放弃了独立思考的权利；这不仅从根本上背离了鲁迅所开创的中国现代知识分子的历史传统，而且也是知识分子历史品格的丧失：在社会分工中，

---

[1]《心灵的探寻·再版后记》，《心灵的探寻》，319页，北京大学出版社，1999年第2版。

[2] 钱理群：《“将苦难转化为精神资源”——〈艰难的选择〉导读》，文收赵园：《艰难的选择》，2—3页，上海文艺出版社，2001年第2版。

以思考作为本职的知识分子居然停止了思考，甘心做驯服工具，这真是历史的大倒退、大悲剧，也是历史的大嘲讽。但我们却长期以来对此麻木不仁，安之若素，甚至沾沾自喜。在本书写作过程中，当我重读到鲁迅这段话：‘自己明知道是奴隶，打熬着，并且不平着，挣扎着，一面“意图”挣脱以至实行挣脱的，即使暂时失败，还是套上了镣铐罢，他却不过是单单的奴隶。如果从奴隶生活中寻出“美”来，赞叹，抚摩，陶醉，那可简直是万劫不复的奴才了。’回想起我也曾长时间地‘陶醉’于自己的驯服中，我觉得鲁迅是在用鞭子抽打我的灵魂，我无地自容！”[1]

这里，从奴隶向奴才的转化，是真正可怕的。对于我来说，这或许还另有一种残酷性：当我终于发现并承认自己已经被奴化与驯化，就意味着我必须同时承认与正视自己对鲁迅传统的背离：“研究了几十年的鲁迅，现在终于发现，自己在一些基本方面（当然不是全部）与鲁迅是隔膜的，这自会引起一种难言的、挖心掏肺的痛苦。”[2]

“陷入重围，进退失据，左右为难”的尴尬

研究周作人，则更是引发了内心的激烈冲突：“是周作人唤起了似乎已经忘却、否定、埋藏了的本来的‘自我’”——这个“自我”由于家庭的背景，由于幼年时期所受到的教育[3]，本能地趋向个性独立与解放，自由、民主与人道主义，但经过以后的脱胎换骨的改造，又获得了以追求社会平等的乌托邦世界，强调思想统一，意识形态化

[1]《心灵的探寻·后记》，《心灵的探寻》，349—350页，上海文艺出版社，1988年。

[2] 同上，351页。

[3] 这在《有缺憾的价值》一文中有过简要的说明，可参看。我所写的关于家庭与早年所受教育的回忆，也可参看，分别收入《世纪末的沉思》、《压在心上的坟》、《六十劫语》中。

与崇尚斗争哲学为核心的革命意识形态，并形成了一个新的自我："从外表的衣着、谈吐，到内在的思维方式、知识结构、感情、文化心理、审美意趣……都发生了'异化'，形成了新的'本能'。"这样的未经改造的旧我与改造了的新我，个人自由、民主观念与革命意识形态的相互诘难、打架，造成了价值判断上的摇摆，而当时在心理上的感觉，则是仿佛"陷入重围，进退失据，左右为难"，"尴尬极了，也难受极了"。以致在相当长的时间里，写不出自己满意的文章。[1]文章发表了，也受到两个方面的诘难。极"左"派以维护革命正统为己任，认为我离经叛道，而且因为是内部造反，就如当年鲁迅所分析的，"以为这是最可恶的叛逆，比异阶级的奴隶造反还可恶，所以一定要除掉"。[2]而新派则以为我的思想解放不够彻底，仍不能摆脱革命意识形态传统的束缚。

有缺憾的价值，生命不堪承受之重

而我当时是认同于新派的年轻人对我的批评的，但鉴于历史的教训，我知道必须忠实于自己，即使是局限，也只能如实呈现，在未彻底想通并真正找到新路之前，不要轻易变动；于是，就有了这样的自我反省："可以说每迈一步，都强烈地感受到与时代、学科发展不相适应的旧的观念、思维定式、研究方法、知识结构，以至语言习惯，对我们的束缚；于是，我们只能一面挣扎，一面前进。我们不断地反省自己，否定自己，修正自己的形象，经常处在'今是而昨非'的感慨与惶惑之中。我们十分清醒地意识到自己研究成果的局限性，就如鲁迅所说，'至多不过是桥梁中的一木一石，并非什么前途的目标、

[1] 参看《有缺憾的价值》,《压在心上的坟》，52—56页。

[2]《二心集·序言》,《鲁迅全集》卷4，191页。

范本'"[1]，在明确意识到自己"能做、能达到什么"与"不能做、达不到什么"的基础上，就有了对自己的学术工作意义与价值的一个基本估计，我提出了"有缺憾的价值"的概念，在自我否定与批判的同时，也包含了有限度的自信与自我肯定。

而造成价值缺憾的一个重要原因，就是知识结构上的缺陷，这是我一再痛苦而无奈地谈及的：我们这一代人是在文化断裂的时代成长起来的，由此形成的"先天的知识结构的欠缺，是以后怎么努力也难以弥补的"，这就造成了某种历史的尴尬："一方面学术发展的客观情势要求我们担当'承上启下'的责任，我们现在也确实处于当代中国学术的中坚地位，但自身的知识结构的先天缺陷却使我们时有力不从心之感。我们的悲剧性正是在于，尽管就个人才华、天赋而言，特别是后天努力、勤奋的程度，我们未必就一定逊于前辈与后人，但身受'书读得越多越蠢'的时代思潮所造成的'文化断裂'之害，致使我们中间很难出现大师、大家级的人物：非不愿、不为，乃不能也；而这'不能'又确非自己的责任。这里的痛苦是别代人很难理解、体味的，我们也不需要别人的怜悯，只能如鲁迅所说，躲进丛林，自己舔干净身上的血迹……如果有人抓住知识上的缺陷全盘否认这几代人，我们只能报以苦笑。"[2]

另一方面，"既对于学科的发展有着强烈的责任感与使命感，又清

---

[1]《同代人的观察与理解》，《世纪末的沉思》，113—114页。

[2]《书〈妄说"读书"的口号〉后》，《压在心上的坟》，155—156页。在此文中，我还谈道："我们中间有的人对确实存在的知识与精神气质上的明显缺陷，百般掩饰，采取'不承认主义'。他们自我感觉过分良好，或者为传播媒介不恰当的吹嘘所陶醉——如果仅限于此，不过是文人的自大；有的人却进而美化自己所成长的那个'文化断裂'的时代，或者讳疾忌医，不准许对'书读得越多越蠢'的思潮作任何批判，那就不仅可怕，而且可恶了。"

醒于自我的局限性，于是，在积极方面便时时产生一种危机感、紧迫感，迫使自己不断学习，不断探索，不敢有半点松懈；消极方面却又形成了巨大的精神压力：我们自己背起的‘十字架’实在是过于沉重了”。[1]

这确实是生命的不堪承受之重。我曾在一篇悼念文章里谈到这一代人的内心的苦楚：“时代先赋予我们热情、天真的理想主义的气质，接着又教我们懂得世故、现实。一次次的磨难，使我们变得似乎坚强，而我们内心却十分软弱；我们愤世嫉俗，又忍辱负重。历史的使命感使我们强烈地要求为事业献身，无情的现实却使我们不能不瞻前顾后。我们的心向着未来，羡慕着青年人的勇敢；行动却往往为古老的鬼魂所牵绊。历史要求我们为上一代画句号，又为下一代作引号；在许多人心目中，我们却是无出息的一代。夹在老年与青年，历史与未来，理想与现实……中间，我们身心交瘁；我们唯一的依靠，就是几十年苦斗中练就的内在的坚韧力量……然而，再坚韧的弓弦也会绷断……”[2]

写作的“自我惩罚性”，赎罪与还债

在另一篇文章里，我谈到了历史记忆所造成的“心灵的风暴”，以及由此形成的写作的“自我惩罚性”：“正是这样的已经化为血肉的（个人与家庭的）‘苦难体验与记忆’，成为我观察（理解）本世纪中国历史与文学，以至中国的现实与未来的基础。而且在我的‘苦难记忆’中，最不堪回首的一页页，全是关于外在压力下，内心的动摇、屈服，以至叛变，自我人性的扭曲、丑恶，以至变态……这样一些惨不忍睹的记录。我无法抹去这一切，它梦魇般地压在心上，像一

［1］《同代人的观察与理解》，《世纪末的沉思》，114 页。参看《有缺憾的价值》，《压在心上的坟》，61 页。

［2］《悼“第一个倒下者”》，《世纪末的沉思》，5—6 页。

座座的‘坟’。‘悔恨’之蛇就这样无时无刻不咬嚼着我的灵魂，只有在倾诉于笔端的那一刻，才稍得舒缓。近二十年来，我从不放下手中的笔，不敢有一日的松懈，其实并非勤奋，实在是出于这内心的驱动。而且现在还看不出心灵的风暴已经停息、可以住笔自慰的任何征兆——我大概就要这样无休止地自我惩罚，‘写’下去的罢。”[1]

“自我惩罚”也就是“赎罪”；此外，还有“还债”。在我的第一本随笔集《人之患》里谈到了“在中国做‘人’之难”：“处在‘人伦’关系网中，每当提笔写作时，总是觉得身后站着许多人——我的前辈（父母、兄长、老师……）与同辈人，他们养育、发现、塑造了我，在人生的关键时刻给我以支持与鼓励，这种‘恩惠’对于我都成了一种精神的威压；另一面我又时时感到身前也站着许多年轻的朋友，我寄希望于他们，似乎又自觉承担了某种义务与责任。正是承受着上下两代人（还有同代人）的压力，我常有生命不堪重负之感，唯有靠写作来自寻摆脱。”[2]某种程度上可以说，我的写作生涯的第一阶段所做的，就是“还债”的工作：我不仅实实在在地为我的老师、父母、兄长编辑了文集、纪念集，写了回忆、悼念文章[3]，而且将我的这一时期的著作全献给了他们，即扉页题词中点明的“四大献书”：“谨献给正在致力于中

[1]《苦难怎样才能转化为精神资源（代序）》，《压在心上的坟》，2页。

[2]《人之患·序》，《人之患》，1—2页，浙江人民出版社，1993年。

[3] 先后编辑了《王瑶先生纪念集》（天津人民出版社，1990年）、《王瑶文集》（北岳文艺出版社，1995年）、《先驱者的足迹》（河南大学出版社，1996年）、《王瑶和他的世界》（河北教育出版社，1999年）、《王瑶全集》（河北教育出版社，2000年），《纪念钱宁同志》（清华大学出版社、水利电力出版社，1987年）、《遗爱永恒：钱临三纪念集》（1994年自印）、《钱天鹤文集》（中国农业科技出版社，1997年，并在扉页上表明：“谨借此书表达我们对父亲、母亲、大姐、大哥、三哥、二姐的怀念——愿他们在地下安息”）。回忆、悼念文章则收入《人之患》、《压在心上的坟》，可参看。

国人与中国社会改造的青年朋友们”(《心灵的探寻》)、“献给我的导师们”(《周作人论》)、“献给我的同学和同代人”(《周作人传》)、“献给我的老伴可忻”(《大小舞台之间——曹禺戏剧新论》)，此外，还有在“后记”里说明“献给贵州那一方土地上的我的精神兄弟姐妹”的《丰富的痛苦——堂吉诃德与哈姆雷特的东移》(尽管这已经是下一个时期的著作)。本以为债已还清，可以竦身一摇，使自己轻松一下，不料很快就意识到对同时代的牺牲者和养育自己的土地与人民的责任，开始了下文将要详尽讨论的新的写作——看来，“负罪与还债情结”将永远伴随我的写作，并成为自己的学术研究与写作的一个基本特质。

带着自己的丰富“经历”闯入学术界[1]

在一篇文章里，我还谈到自己是“带着自己的丰富‘经历’闯入

[1] 我的安顺“小朋友”篮子君在读了本书初稿后，来信提示说：“我觉得你对自己‘学术准备期’的意义有点估计不足。这是一个十分特殊的‘预备役’阶段，对你后来的研究路向和治学特点有极为深刻的影响。举例来说，你早先在鲁迅研究及文学研究中养成的两大特点：现实关怀和精神关怀(人文关怀)，在你后来的研究中——尤其是在90年代中期以后——几乎是一直贯穿到底的，且越到后期越显突出和强烈。对此如不稍作提示，那么，你后来的那些越界发言和广泛言说似乎就显得有些突兀，而不知这其实是渊源有自、一以贯之的。就我的观察而言，你自进入专业研究以后，从‘二十世纪中国文学三人谈’起，一直到周作人传、论写作止，你的研究路径似乎表现出更多的学院化特点，我认为，这是一段你渴望融入学院，争取得到学院承认的‘进入期’，因此也是一段有意(或无意？)要抑制和摆脱过去那种非学院化的民间研究习惯(民间野性、民间立场)的时期。但从《大小舞台之间》开始，这种被压抑的野性与习惯却突然得到某种程度的舒缓与释放，或者说唤醒与激活。……此后一段时间，似是这两种路径、两种倾向的矛盾、冲突，时有强弱的纠缠期，亦是你在这两者之间犹豫、徘徊的时期。中经1999年的遭遇之后，忽然大彻大悟，两者由矛盾转趋平衡，且互为支撑，进退自如，也即俗话常说的‘看透了’，用学术语言讲则是渐入化境，获得了某种(转下页)

学术界的”，“不仅曾在社会最底层经历了中国社会的大动乱，而且经历了从狂乱的迷信到清醒的自省的精神的大蜕变”。这两个方面的经历都对我的思想与学术研究产生了深刻的影响。首先是因此而对“中国社会、文化，中国国民性及自我灵魂中根深蒂固的封建主义（特别是其中的封建专制主义），抱有极度的敏感”与高度的警惕性，这也就形成了我的一个基本立场与底线：对任何时候、任何形态出现的专制主义，都坚持一种绝不妥协的批判态度。

另一方面，由于在自我反省中，“对自己曾一度自动地放弃‘自我’，有一种摆脱不掉的‘内疚’情绪，因而反过来极度强化了对于个性独立与自由的追求”，这也构成了我的一个基本立场与底线。[1]在下文中还会谈到，我正是带着这样的经历与经验去接受与理解鲁迅的“立人”思想的，直到世纪末，我仍然坚持这样的底线：“‘个体精

（接上页）意义上的自由和超脱。学术训练成了言说的基础与凭借，而民间关怀（包括现世关怀、底层关怀和精神关怀）则成了学术动力和取向。过去长于政治观察和思想分析的特点，在专业学术的浸润下有了更多的学理色彩，同时，又打破了纯粹学术和学院传统的某些局限，由此形成了富有特色的治学之路和个性化的声音，并使某些自我角色的选择（转化）和定位，如‘精神界战士’、‘思想者’等，得到了加强和突显。在某种意义上，你后期的治学之路，颇有点向‘预备期’回归的趋向；或者说，早期形成的某些治学特点，实际上一直潜伏在你的专业化研究之中，时强时弱、时隐时现地影响着你，越到后期则越表现得明显和自觉，并终于形成了在更高意义上的一种回复。有鉴于此，我认为，在你谈到自己是带着丰富的‘经历’闯入学术界的这一点时，似可以再稍作展开，略加提示。”——篮子君的这一意见，是有道理的。但考虑到我在《我的回顾与反思》中对我的“学术准备期”已有了一个初步的描述，这里就不再展开了。而篮子君对我的学术道路的分析，我也是基本认同的，并有“知己者”之感，这是我要感谢篮子君的。

[1]《有缺憾的价值》,《压在心上的坟》，60、59页。

神自由’是绝对不能让步的。这是‘做人’还是‘为奴’的最后一条线。”[1]这里，显然存在着对他人与自我的生存状态与“奴性”的极度敏感与高度警惕。我在好几篇文章中都引述了增田涉的回忆：“鲁迅的著作和他的日常谈话里，常常出现‘奴隶’这个词”；并且作了这样的解说：“对于鲁迅，这不是抽象的概念，而是‘直接触到内心’的现实，‘这一现实是经常在他的生存中，经常在鼓动他的热情，缠住他的一切思考’。”——因此，这也是对鲁迅与自我的一种双重发现。[2]

---

[1]《绝对不能让步》,《六十劫语》，9 页，福建教育出版社，1999 年。

[2]《有缺憾的价值》,《压在心上的坟》，60 页。我在《绝对不能让步》一文中，这样概括了我对鲁迅的“基本思路”的理解：“把人当做人，还是使人成为奴隶（无论什么形式与旗号），是区分传统社会（历史，文化）与现代社会（历史，文化）的基本标准与尺度；自觉为人，还是甘当奴隶（无论什么形式与旗号），是区分传统人（知识分子）与现代人（知识分子）的基本标准。他的几乎无所不至的社会批判和文化（文明）批判正是以此为价值尺度的。”（《六十劫语》，10 页）在周作人的研究中，我也十分重视他的“反奴性”的思想，见《反奴性：基本命题之三》，见《读周作人》（天津古籍出版社，2001 年）。而周作人堕落为汉奸的一个重要教训也就是他“参与开创的五四传统一是爱国救亡，一是个体自由，现在周作人于这两者都彻底背离”，并成为异国侵略者的奴才（见《周作人传》，478—479 页，北京十月文艺出版社，2001 年第 2 版），并得出这样的结论：“对一切形式的奴隶统治（不论是异族的，还是‘我们自己’的），以及任何旗号下的出卖民族与个人尊严自由的‘奴才’行为，都应该受到谴责，而不能有任何的原宥，更不用说美化。”但同时我又强调，要对周作人“为什么会事敌？是思想、文化以及其他方面的什么动因，是怎样的思想逻辑使他落入陷阱？特别是作为一个曾经是民族优秀知识分子的周作人的失足，包含了怎样的思想、文化，以至理论上的教训？”都应该做学术的深入探讨，不能只限于“政治与道义的谴责”（参看《周作人研究之我见》,《读周作人》，257—258 页）。

历史的追问：自我独立性是怎么丧失的？

也就是这样的自省，触发了我对“20世纪中国知识分子精神史”的研究兴趣，而且采取的是一种批判性的审视立场与态度。而最初阶段的思考与研究，主要集中在两个问题上。

首先是我们这一代人为什么会发生半是自动、半是被迫地放弃知识分子独立思考的权利，放弃对个人独立、自由的追求这样的历史悲剧？初步的结论有以下几个方面：

在民族主义问题上所发生的迷误

在《心灵的探寻》“后记”里，我这样写道：“20世纪五六十年代，中国大陆先后经历了两次外来的封锁——50年代以美国为首的西方社会的封锁，60年代以苏联为首的国际共产主义运动的封锁，这对于恰恰在这二十年内在中国大陆成长起来的这一代知识分子的思想、性格、文化心理结构的形成与发展，产生了极其深刻的影响”，首先是形成了这一代人的强烈的民族主义情绪，为国家的独立、富强献身的巨大热情，独立自主、自力更生、奋发图强的精神，这本是这一代人的一个特色与优越之处，但历史的教训在于这一代人却由此出发，陷入了一个陷阱，这是鲁迅早已警告过的：在强调“一致对外”时，要防止对国人正当权利的剥夺。[1]“20世纪中国却一再出现这样的‘误解’：知识分子对民族、社会责任感的强调，总是要以知识分子个性的丧失为代价。这其实是根本上反映了儒家文化传统特点的；而中国的知识分子作为传统文化的承担者，也就自觉、不自觉地继承了这一传统”，“这里所发生的，正是鲁迅所预言的悲剧：人们只注意了‘一致对外，反

---

[1] 参看《华盖集·忽然想到（十一）》，《鲁迅全集》卷3，92页。

帝反霸'，却因此而放松了对国内封建（专制）主义的警惕"。[1] 迷误的另一方面是，由于国家在五六十年代高举起了民族主义的旗帜，在维护民族独立与国家建设方面取得了瞩目的成绩，这就赢得了知识分子的信任，但发展到极端，就逐渐变成了盲从，并接受了这样的理论与现实："探索中国发展道路这类'大事'是毛泽东这样的领袖的特权，而我们普通老百姓（包括知识分子）只需要按毛泽东的指示办事，踏踏实实地做好本职工作"，如前文所分析，我们这一代知识分子就是这样作出了关键性的错误选择："半是被迫、半是自动"地放弃了知识分子的"独立思考的权利"。[2] 这里有一个转换：听从"国家"的意志变成了听从"国家代言人"的意志，服从"国家利益"为之牺牲亦如此。但这也正是一切"牺牲论"的实质。[3]

---

[1]《心灵的探寻·后记》,《心灵的探寻》，347—348、350 页。值得注意的是，到了 90 年代末与 21 世纪初，又有人重申儒家的这一传统，以"纠正"西方传统"过分追求个性独立自由"之"弊"，对这类似是而非的说法，我仍持怀疑态度，而我以为更值得警惕的是，有人又在"维护国家、民族利益"的旗号下，剥夺人们（特别是弱势群体）的个人利益与权利。

[2]《心灵的探寻·后记》,《心灵的探寻》，349 页。

[3] 篮子君读了这一段论述后，在来信中作了这样的补充与提醒："这里讲知识分子在'民族主义问题上所发生的迷误'，虽然明确讲了知识分子'半是被迫、半是自动'放弃了自己'独立思考的权利'，但从第一点讲形成强烈的民族主义情绪，到第二点讲知识分子形成的社会传统，以及第三点讲从信任到盲从，事实上基本只讲了'自动'的一面，而对'被迫'的一面却有所忽略。这样不仅使论述显得不够全面和准确，更重要的是容易让人忽略或事实上遮蔽了知识分子在所谓的改造和批判中，尤其是在一波接一波的政治整肃中被迫强制性地沉默和失语，从而也就被剥夺了自己独立思考的权利的现象。而我认为，这才是知识分子丧失其地位和权利的主要原因，这无论如何是不该被忽略的。因此，我建议是否以注释形式（以免影响行文），对此稍加申论？"——我完全同意篮子的意见，特录于此，也算是代我加了一个十分重要的注释吧。

这里所反复出现的正是一个如何对待民族主义的问题。一方面，在民族国家存在的情况下，就不能没有民族主义，强调民族利益，民族独立自主，民族自尊、自强就自有其意义，在这方面，周作人的教训是不能忘记的；另一方面，把民族主义发展到极端，就会变成“中华中心主义”，盲目排外，自外于世界文明发展的进程，对内实行在“民族、国家至上”旗号下的专制主义。而以上两种情况，无论是对民族主义的简单否定与抛弃，还是推行极端民族主义，都会导致奴隶主义与蒙昧主义，堕落为国际帝国主义、霸权主义，或国内专制主义体制的奴才。——而这样两个危险的陷阱，是不能不予以警惕的。[1]

在处理知识分子与人民关系问题上所发生的迷误

在《心灵的探寻》“后记”里，我还这样总结了历史的教训：“正像屈原反复吟诵‘长太息而流涕兮，哀民生之多艰’那样，生活在中国这块多灾多难土地上的人民的苦难，始终在折磨着中国知识分子的灵魂”，“与人民共命运，成为中国知识分子最重要的传统”，而在20世纪的历史发展中，又形成了一个“知识分子与工农大众相结合”的传统。而我们这一代五六十年代成长起来的知识分子，在接受了这一传统的正面意义，使这一代人在精神上始终与底层人民有着血肉联系的同时，也受到了其负面的影响，即接受了所谓“知识分子工农化”的理论与“改造”实践。“在越来越明确地把与普通工农等同（画等号）作为奋斗目标时，知识分子与工农的关系发生了曲扭：他们不再是相互支持，相互吸取、补充的平等的社会变革力量，而人为地划分成了改造者与被

[1] 民族主义的问题一直是困扰我并让我反复思考的问题。除了以上引述的文章外，我还写有《关于民族主义思潮的访谈录》（收《压在心上的坟》）、《外来文化观（上）》（收《话说周氏兄弟》）等，可参看。

改造者，知识分子成了不‘脱胎换骨’，就不允许存在的异己力量。”[1]

这里还存在一个可怕的逻辑迷宫：“先是对知识分子确实存在的弱点的夸大——具有‘反省’传统的中国知识分子很容易就接受了这种夸大，纷纷自觉地谴责自己；然后打出了‘兴无（产阶级思想）灭资（产阶级思想），反对修正主义’的旗号——对西方与苏联的封锁极端反感，被激起了民族主义、爱国主义热情的中国知识分子，也很容易地从‘保卫中国意识形态纯粹性、独立性’的角度接受了这些口号；然后在‘兴无灭资，反对修正主义’的神圣旗帜下，把以科学与民主为中心的现代意识统统划到‘资产阶级、修正主义思想’的范围，而予以根本否定与彻底践踏。这样，中国现代知识分子赖以存在的基础与代表历史前进方向的现代科学文化的密切联系，就从根本上遭到否定与摧毁，以至发展到最后，‘书读得越多越蠢’，‘知识’本身变成了‘罪恶’。这是一个可怕的‘逻辑的迷宫’：不但‘前提’（‘知识分子与工农相结合’）具有历史的合理性，而且每一步推理，都有可以被接受的‘理由’，似乎‘合乎逻辑’。喜欢作抽象推理、逻辑游戏的中国知识分子就这样一步步地，不知不觉地自己‘出卖’了自己：终于‘相信’了自己‘有罪’，‘相信’自己不经‘彻头彻尾、彻里彻外’的根本改造，就失去了存在的价值。”[2]

这里，同样包含了深刻的历史教训。在90年代末，我又回到这一命题时，曾归结为两点。首先是“对知识分子弱点的批判，也绝不能引向对知识分子与知识的贬抑与否定”，这样的反文化、反智主义

[1] 篮子君在来信中建议：“在谈到对知识分子的改造时，可否直接点明，‘改造论’就是一种‘原罪论’，即把知识分子都当作一种具有‘原罪’（不与工农结合）的职业群体看待。”——“原罪论”确实是一个要害。

[2]《心灵的探寻·后记》，《心灵的探寻》，353—355页。

的思潮在中国是有社会基础的，应时刻保持警惕。其次，“批判历史与现实的‘国民性的弱点’，不能因此而导致对民众的蔑视、恐惧与排斥”，这样的“精英主义”的倾向在历史与现实中也是存在的，同样应保持警惕。[1]

在伦理观上所发生的迷误

在知识分子的“彻头彻尾、彻里彻外”的改造中，一个重要方面，即是要求出身于上层社会的知识分子与自己的“反动”家庭和父母“划清界限”。本来，作为人之子作出不同于父辈的选择，这是其人格独立的权利，本身是无可非议的；问题是现在要求进一步视父辈为仇敌，从精神以至肉体上伤害自己的亲人，这就越过了做人的底线。这正是前文所提到的我的精神自责中“最不堪回首”的一页。我曾写有《哦，你是我的父亲》、《这也是一种坚忍和伟大》、《无以表达的悔恨》等文，作为自己的耻辱柱，铭刻在心，永志不忘。问题是这样的迷误是有所谓革命伦理观作为支撑的，因此，它既是被迫的，同时又有某种自觉性：这里所显示的思想改造的魔力才是真正可怕的。因此，在进行历史的反思时，就必须做去蔽破障的工作。

我在一篇文章中这样分析又一个逻辑的迷宫：“先是从理论上提出，在阶级社会里，人只有阶级性，根本不存在‘超阶级的人性’，也就不存在当年鲁迅所说的‘离绝了交换关系利害关系的爱’。承不承认人伦关系中存在着‘天生的爱’——这是一条线；这条线一越过，下面一系列严重的‘后果’都由此而生。当年，我们（知识分子）正是从这里作出了理论上的让步（退却），并由此开始了一系列理论（思想、

[1]《能写的与不能写的》，《我存在着，我努力着》，151页，黑龙江人民出版社，2004年。

情感、心理）上的迷误的。然后，他们又从儒家那里搬来了‘大义灭亲’的伦理观念，并将‘义’加以意识形态化的解释，例如‘义’即‘革命的（阶级的、政党的、民族的）理想（最高利益）’等等；同时又把这样的革命化了的‘义’神圣化，赋予绝对真理性，变成了所谓神圣不可侵犯的‘革命大义（正义）’。在这样的‘革命大义’面前，一切人的本性的尊严、自由，一切（首先是属于人的本性的尊严、自由、欲求，以及人与人之间的爱）都微不足道，可以而且必须牺牲的。[1]——这又是一个理论（伦理）的关口：在这一点上，任何人（知识分子）一旦作出让步、妥协，产生迷乱，下面所发生的一切，都将是身不由己：只要宣布人伦关系中的任何一个环节（或父或子，或夫或妻，等等）是‘革命’的敌人，他就自然被排斥在一切社会（人伦）关系之外，人们也就用‘革命’的名义与自己的被宣布为敌人的亲人划清界限，这就是所谓‘大义灭亲’。正是这样的作为‘真理’化身的‘革命大义’消解了人们在灭亲时可能产生的心理障碍（以至罪恶感），甚至赋予一种自我

[1] 篮子君在来信中对这一段分析，提出了一个问题：“何不直接点明过去用阶级论来取代和否定人性论的实质（或要害）？我不知你在这里是否有点有意规避这种提法的味道？不然，本来呼之欲出，绕也绕不开的提法何以不见使用？事实上，从今天的眼光去看，采用这样的提法并不意味着否定阶级分析的合理性。阶级论是一种社会分析方法。同时，与之并存且并不冲突的还有其他很多种分层、分群的方法，比如性别分析、代际分析、职业群体或利益集团分析、社群分析、信仰分析、民族分析等等。过去的谬误是在于以阶级分析来取代一切分析，否定一切分析，阶级理论是唯一的社会（也包括历史）分析理论，而且将这一唯一的社会分析取代了伦理分析，所以才出现了那么多的反人性的现象。”——篮子君说得对，我之所以没有采用“用阶级论来取代和否定人性论”的说法，是担心从另一极端将“阶级论”与“人性论”绝对对立，从而忽视和否认阶级论、阶级分析方法的合理性。事实上在90年代以来，回避对中国社会现实的阶级分析，已经成为一种主流意识形态了。而我对此是始终怀有警惕的。当然，我也反对“用阶级论来取代和否定人性论”，我们曾经有过的历史教训也是不能忘却的。

崇高感：这是真正的精神迷魂剂。”而“所谓‘服膺（听命）革命大义（真理）’，实际上就是服从自命的‘革命化身（代言人）’，服从他们对‘革命大义’的因时因地而不断变化的各种解释：这正是在革命（真理）名义下的自我奴化”。“而这样的自我奴化，又是以灭亲为代价的；灭亲的结果是给自己的亲人带来无尽的灾难，难以愈合的精神创伤，以至泯灭了民族精神的火种”，“刀刃的另一面，是对自身的伤害”：“泯灭了人爱的天性，就必然导致对人的内在兽性（嗜血性）的放纵”，“‘文革’中的许多在今天看来是不可思议的罪恶正是这样产生的”。[1]

历史观的迷误

在20世纪中国，知识分子本来就存在着不同的选择。“其中最具影响的就是追求‘民族解放、社会平等、思想统一与意识形态化’的选择，与强调‘个性解放与自由、思想分离与超越’原则的选择。”而革命的成功，就被宣布为前一选择的绝对胜利，后一选择的绝对失败与破产，并简单转化为一种价值判断，即“已经实现（或基本实现）的选择是不容置疑的绝对正确的，未能实现的选择则是无可怀疑的百分之百错误的。在新中国成立后高度政治化与组织化的历史环境下，‘绝对正确’与‘百分之百的错误’又迅速地升格为‘进步’与‘保守’（‘反动’），以至‘革命’与‘反革命’”。这背后实际上是蕴含着中国传统的“成者为王，败者为寇”的历史观。正是在这样的历史观的压力与影响下，许多曾经选择“个性解放与自由”，因而对革命持保留甚至反对态度的知识分子，就产生了不同程度的负罪感，并急于向革命意识形态靠拢，即所谓“回头是岸”，这就是许多被称为“个人自由主义者”的知识分子最终半是自愿、半是被迫地接受改造，放弃对

[1]《还要追问下去》，《六十劫语》，21—22页。

个性独立与自由的追求的原因。

而惩罚还落到了历史学家的身上，因为按照这样的历史观，“历史学家就只有一件事情可做：为已经实现的选择作出它‘必然实现’（这一结论也同样是在研究之前就‘先验’地存在的）的‘科学论证’”，这样就使得“自身的价值等同于在中国历史上每一次王朝更替都会出现的，为处于胜利地位的新王朝大唱赞歌的‘皇家史官’，从而根本上丧失了知识分子的独立品格”。——“当我的反思得出了这样的结论时，竟出了一身冷汗，并长久地陷入了痛苦的自责之中：我们自称历史唯物主义者，为什么竟连司马迁为历史的失败者——项羽——写本纪的‘胆识’都没有了呢？……”[1]

自我审问：
知识分子在体制中扮演了什么角色？

也正是这样的“一身冷汗”，迫使我追问知识分子在体制中所扮演的角色，审视中国知识分子自身的劣根性：这也是我这一时期以及以后很长时期知识分子精神史研究的另一个重点。

我后来在一篇文章中，提出了“受害者的理性合作”的概念[2]，包括我自己在内的这一代知识分子，在体制中所扮演的正是这样的双重角色：既是“受害者”，又是“理性的合作者”。

于是，鲁迅对知识分子的两个概括：“帮忙、帮闲”与“才子+流氓”引起了我的关注与共鸣。——这又是一个对鲁迅及知识分子自我的双重发现。

---

[1]《有缺憾的价值》，《压在心上的坟》，62—64页。

[2]《和凤鸣与她的〈经历——我的1957年〉》，文载《随笔》2004年4期。

帮忙与帮闲

在一篇阅读札记里，我发现孔乙己的悲剧在于其自我的主观评价（“自认‘读书人’高人一等，是负有特殊使命的‘君子’”）与其实际地位（“不过是一个供人取乐的玩物”）之间的巨大反差，并突然醒悟到，这正是再深刻不过地揭示中国知识分子自身的状况：“正像鲁迅所尖锐指出的，中国现代知识分子的实际地位，不过是‘官’的‘帮闲’与‘帮忙’，和‘大众’的‘帮闲’与‘帮忙’，却自认为是时代的‘良心’、民众的‘导师’、国家的‘栋梁’”，即所谓“社会结构中的主体”：“现代中国知识分子的‘奴化’竟然是在知识分子‘自我崇高化’的心理过程中完成的。这里的悲剧性与荒谬性是远远超过了孔乙己们的。”因此，中国知识分子首先需要的是“清醒地正视自己的真实的生存处境”：在“新的社会格局中，我们一方面不可能从根本上改变对政治权力的从属，却同时增加了成为‘商人’的‘帮闲’、‘帮忙’与‘大众’的‘帮闲’、‘帮忙’的危险”。[1]

帝王气、才气和流氓气

问题是，有相当一部分知识分子是相当主动地去充当这样的“帮忙”与“帮闲”的；这就涉及中国知识分子的一些根本性的弱点。这也是我一直在紧张而焦虑地观察、思考的。

1989年当“提高知识分子的地位，充分发挥知识分子在治理国家中的作用”成为一个“热门话题”时，我却“想着另一个也许有些‘超前’的问题：知识分子真的掌了权，实现了‘专家治国’，又怎样呢？”我的这一隐忧来自历史，也来自我对中国知识分子的一种观察

[1]《“帮忙”、“帮闲”的陷阱》，《压在心上的坟》，185—188页。

与理解。文章提出了中国知识分子的三大“劣根性”，希望引起警惕：“一曰‘酋长思想’。即唯我独‘尊’（独‘革’），不容忍异己、异端，以滥用权力、锻炼人罪为乐。好独断，喜‘定于一’，不习惯、不允许多元、自由发展”；“二曰‘二元论思维定式’。非此即彼，非白即黑，不是百分之百正确，就是百分之百错误，不是革命，就是反革命。把不同意见、不同选择极端化，只承认‘你死我活’的绝对对立，不懂得、不接受‘对立物互相渗透、补充’的观念”；“三曰‘噬杀’倾向。周作人说，不珍惜人的生命，尽量地满足他的残酷贪淫的本性，这在中国是一个根深蒂固的遗传病，帝王将相，学者流氓，无不传染得很深，‘将来中国亡之根即在于此’。周作人将‘知识分子’与‘帝王’、‘流氓’混为一谈，自然是对知识分子的大不敬，但我以为这正说明他对知识分子的病症看得很准——至少是中国的知识分子”。[1]

这里所说的，首先是中国知识分子的“帝王气”、霸气、杀气。这是历史告诉我的：在20世纪中国思想文化史上，知识分子之间的本属正常的不同意见、不同选择之间的争论，最后都要借助政治之力进行“实际解决”（鲁迅曾经愤怒地质问：“什么是‘实际解决’？是充军，还是杀头呢？”），“被‘实际解决’的，自然首先是知识分子，而且是他们中间的最杰出者；而‘实际解决’的始作俑者，或作伥者，也大半是知识分子，而且其中也不乏声名显赫的大知识分子”。[2]“我有时在默默地观察当今活跃于文坛与思想界的‘名流’时，——无论是比我长一辈的，与我同辈的，以及比我年轻一辈的，我都在他们身上发现了或多或少，或明或暗，或自觉或不自觉的知识分子的专制”，我也时刻警诫自己身上的专制气。“人们说愚民专制的可怕在其‘不受任何约

[1]《由历史引出的隐忧》，《压在心上的坟》，135、140—141页。

[2] 同上，137页。

束’的群体的‘疯狂性’；知识分子专制的可憎就在其精细、严密的‘合法化’与 ‘科学化’。但在崇尚独尊、大一统，排斥个性、自由、少数、异己、分离、多元……上，则与帝王专制、愚民专制毫无二致。”

“在中国，‘痞子’之多，及其在历史变革中所发挥的‘特殊作用’，都可以看作是落后的经济、文化加于中国变革事业的‘历史包袱’，或者说是一个不大不小的‘历史的玩笑’。这样，作为经济、文化落后国家的知识分子，中国文人学者在不屑与‘痞子’为伍的同时，自己身上也沾染了‘痞子’气（‘流氓’气，‘匪’气）。”[1]到了90年代我又回到这一命题上来，特意引述了鲁迅的观点：“无论古今，凡是没有一定的理论，或主张，而他的变化没有一定的线索可寻，而随时拿了各种各派的理论来做武器的人，都可以通称为流氓”，并且说：“当一个社会发生混乱的时候，旧的秩序破了，新的秩序没有建立起来，在这样一个转型期间，就会出现这些穿行其中的流氓”，“流氓的出现是一个‘末路现象’。这几年的中国正是这样一个流氓横行、沉渣泛起的时代。我们有泡沫经济……还有泡沫文化，这正是意味着时代要发生变化了”。[2]在21世纪初的讲课中，我再次详细地讨论了鲁迅关于“才子＋流氓”的论述，强调：“流氓文化”是“中国传统文化与西方殖民文化、商业文化”的“恶性嫁接”，“‘才子＋流氓’气正是封建传统文人气息与洋场文氓气息的杂糅”，并且总结说：“有了这三‘气’：‘才气’、‘流氓气’与‘帝王气’，便可以不仅在上海，更在整个中国社会横行无阻——这也是为中国的历史与现实所一再证明了的。”[3]

---

[1]《反思三题·未来的“忧患”是什么？》，《压在心上的坟》，132页。

[2]《论“演戏”》，《话说周氏兄弟》，216、218—219页，山东画报出版社，1999年。

[3]《鲁迅与创造社、太阳社的论战》，《与鲁迅相遇》，317页，生活·读书·新知三联书店，2003年。

学术新贵，学霸，文化明星，二道贩子

这时候中国知识分子的地位已经发生了变化。于是，在2003年所写的《中国大学的问题与改革》一文中，又有了新的概括；知识界与大学里出现了“学术新贵”、“学霸”、文化明星，以及“向中国贩卖西洋货，向外国贩卖中国货”的“学术二道贩子”，他们都把前述“三气”发挥到了极致，而且已成气候，成了“利益集团的有机组成部分”。更让人忧虑的却是，今天所采取的政策，所建立的新的科举制度，导致知识分子的“精神软化，学术批判力、创造力与独立性的减弱”[1]。知识分子的变化又以一种新的形态出现了。

警惕“伪士”，更无情地解剖自己

于是，就出现了对知识分子的堕落的尖锐批判，这样的批判对促进知识分子的自醒无疑有当头棒喝的作用。但如果批判者自身缺乏自省，并进而把自己置于道德审判者的地位，那也会落入传统的道学家的陷阱。正是在这一点上，鲁迅的“中间物意识”在20世纪末与21世纪初，再一次显示出新的意义。在写于2001年的《与鲁迅相遇》里，我这样写出了我的新的理解，也可以说是对鲁迅的新发现与对自我的新的警示：“要评判、否定旧思想、旧文化，就先得批判、否定自己”，“从绝对对立中发现自我和他者的纠结，从单向地批判外部世界的他者，转向他我、内外的双重、多重批判的缠绕”，“鲁迅的怀疑、批判精神得到了彻底发展，批判的彻底不彻底就在于看能否批判自己。所以鲁迅一再说，别人总是说我无情剖析别人，其实我更无情剖析我自

[1]《中国大学的问题与改革——我的追问与思考，以及我的言说立场》，《中国大学的问题与改革》，281—283页，天津人民出版社，2003年。

己。在我看来，这样一个具有彻底的自我批判、自我怀疑精神的鲁迅，这样一个无情解剖自己的鲁迅，才是真正意义上的‘鲁迅’”。这也同时提醒我们，要警惕知识分子中的“伪士”：“真、伪与否的一个重要划分标准就是看有没有自我批判的精神。如果只是一味猛烈地批判别人，从不批判自己，这就很应该怀疑一下。”“中国是一个盛产道学家的国家，道学家是‘天国’的把门人，打着道德理想主义的旗号，却干着排除异己的勾当，仿佛不经他的‘严格’得可怕的法网的筛选，就休想进‘天国’”，“这样的知识分子看起来很是激昂”，其实“不过是‘拉大旗，做虎皮’”，并且也是帝王气、流氓气十足，“鲁迅说，越激烈的人就越要引起注意，这是大有深意的”。[1]

而对鲁迅“历史中间物”意识中的自我批判精神的认同，同时也就使得我的思考与写作具有了一种“反省性”的品质：我所有的言说，都不是为了批判别人，当然更不是用以维护某个既定的秩序，而只是要反省自己，摆脱内心的黑暗，是一种自我清理、清洗、清算与警示，以便有一天清醒、干净而坦然地去见“上帝”。

[1]《十年沉默的鲁迅》，《与鲁迅相遇》，98—99页。

二　堂吉诃德与哈姆雷特

时代巨变对知识分子所提出的问题

1992年8月17日，在为刚刚“画上句号”的《丰富的痛苦——堂吉诃德与哈姆雷特的东移》所写的“后记”里，我写下了这样两段话——

“这些年来，中国与世界所发生的历史巨变，给我们提供了一个新的契机，回过头来更深入地审视自我以及中国与世界的知识分子的精神历程，以便为历史如此这般的发展找到一个内在的精神发展的逻辑。我正是在这样的思想背景下发现了我自己与同类知识分子（中国的与世界的）精神气质上的堂吉诃德气、哈姆雷特气，以及二者之间的对立、渗透、消长起伏的。”

“此刻回想起来，促成我决心写书的，还有一个潜在的心理动因：也许是因为哈姆雷特的怀疑精神突然变得‘可疑’，也许是因为堂吉诃德的理想主义受到冲击，我为一种失落感压抑感所攫住，并且像陷入了‘无物之阵’似的，无以摆脱。过去，每有不快，只要到校园走一遭，一切痛苦都会自然平息。现在却不能，校园已不再是‘精神的圣土’。我只能‘逃’回我的书斋，如同鲁迅所说，‘躲进小楼成一统，管它冬夏与春秋’……在写作过程中，我过着奇异的双重生活：忽而是有形的，无形的，说得出的，说不出的，有‘大名目’的，琐细、无名的……种种烦恼缠身，却因此而烦躁、不安，觉得一切都是'无聊'；又突然转入无羁的精神漫游，诚实的心灵交流，天马行空般的思想驰骋，虽不免是悲剧的，荒诞的，却依然是严肃的真实追求，尽管永远也无结果，寻不出任何解答，但毕竟是全身心投入的认真的探索，因而感到精神的自由，心智的解放与生命的充实。因此，对于我来说，这本书的写作，是再一次的'自我拯救'，是用精神的充裕来补救现实的缺憾的，阿Q式的，堂吉诃德式的自我挣扎。"[1]

于是就有了那样的校园、社会气氛，那样的生存处境，以及那样的情感、心理反应，那样的生命困惑与挣扎。而我更想强调的是，在那样的生存与精神危机中，我的思考与反省。

按照当时及以后的流行的说法，苏联、东欧的巨变意味着"冷战"结束；有人更因此而宣布"历史的终结"。但我立刻警觉到：这背后依然隐含着一个"成者为王，败者为寇"的历史观，这正是我所不能接受的：如前文所说，在这方面，我们有过沉痛的历史教训。于是，我的思考与反省就有了另一个方向。尽管出现了这样的巨大曲折，却不能否认与回避一个事实：社会主义的理想、共产主义运动曾经吸引了全世界的工人、农民、普通民众和知识分子，其中也有像德国的海涅、法国的罗曼·罗兰、中国的鲁迅这样的各民族最杰出的代表。由此而产生的问题是：社会主义的理想、共产主义运动为什么会产生这样的吸引力？当知识分子投身于共产主义运动时，遇到了什么问题，有着怎样的命运，这其中包含了怎样的历史经验与教训？集中到一点，就是"知识分子与共产主义运动的关系"问题。这也正是我在历史巨变中所面对的问题。

[1]《丰富的痛苦·后记》，《丰富的痛苦——堂吉诃德与哈姆雷特的东移》，325、328页，时代文艺出版社，1993年。

时代问题转化为自我追问：“我是堂吉诃德”，“我和哈姆雷特”

这首先是我自己的问题。也就是说，它必然地要反观于我自己，变成一个“我是谁”的自我追问。于是，就有了这样的自我发现与反省——

“不知道后人将怎样观察、评价尚沸、我、我们这一代人；作为当事人，我却想提醒人们注意：我们的青少年时代是生活在一个封闭的，却又充满了信仰、理想、浪漫精神的，制造‘乌托邦’的时代文化氛围里的一代人，常常具有堂吉诃德气质：执迷于一种幻觉——一个绝对的，纯粹的真、善、美的理想境界，不惜为之付出一切代价。”

“另一面：‘哈姆雷特精神’的被压抑、扼杀，从而形成了我们精神发展的畸形状态；以及在新时期到来之后，哈姆雷特精神在唤醒后又不断受到质疑，堂吉诃德精神在遭到质疑后又不断被呼唤：这一切，构成了我们这一代人——20 世纪五六十年代成长起来的，新中国的第一代知识分子精神史的一个重要侧面。”[1]

现实问题如何转化为学术问题

当确认“我就是堂吉诃德”，并思考“我与哈姆雷特的关系”时，就已经将自己与同代人置于 20 世纪中国知识分子精神史、世界知识分子精神史中的堂吉诃德、哈姆雷特谱系之中。现实的思考转化为历史的考察，就有了《丰富的痛苦》一书的写作。而且有了一个很有意

[1] 《丰富的痛苦·后记》,《丰富的痛苦》，326—327 页。我对自我与这一代人的堂吉诃德精神的发现，是通过对早逝的贵州的好友刘尚沸的精神感悟与分析而达到的，在这篇“后记”里有详细的说明，可参看（见同书 326 页）。

思的发现：17 世纪初，一个西班牙人和一个英国人，创造了堂吉诃德与哈姆雷特；而这两个“文学幽灵”却跨越几个世纪的门槛，从西方走到了东方的中国。在东移过程中，有两个重要的中介：德国与俄国，这也正是马克思主义的发源地与共产主义运动的中心。也就是说，堂吉诃德与哈姆雷特的东移与马克思主义的传播、共产主义运动的东扩，几乎是同步的，这大概不是偶然的。这样，《丰富的痛苦》一书，在考察“堂吉诃德与哈姆雷特的东移”的文学现象、精神现象的背后，就自然潜在着“知识分子与共产主义运动的关系”问题，或者说，我是从对知识分子身上（当然也是我自己身上）的“堂吉诃德气”与“哈姆雷特气”的剖析、自审这里切入，来考察、反省历史与现实的知识分子和共产主义运动的关系的。

一个真正意义上的自我审视与调整

在审视堂吉诃德时，首先注意到的是他对“黄金世界”的向往（见塞万提斯原著第一部第十一章），并有这样的阐述：“这是一个人人劳动，人人平等的，人与人之间、人与自然之间保持着和谐的，道德崇高的，公有制的理想的群体社会。这样的渴望回到人类原始状态的理想，是很容易想起塞万提斯的前辈，16 世纪英国思想家托马斯·莫尔《乌托邦》一书对未来的‘乌托邦’世界的描绘的。”而堂吉诃德所特有的“天赋使命感”却使他的乌托邦理想追求，“笼罩着一层神圣的光圈”，“正是这种浪漫主义的苦难哲学、斗争哲学，无限地焕发出了堂吉诃德的勇敢、意志力，和忠于信仰的牺牲精神，从而自塑出一个道德完善者的形象，或者说圣徒的形象”。[1]

[1]《丰富的痛苦》，13—14 页。

同时注意到的是，在“东移”中起到关键作用的俄国作家屠格涅夫，在他的著名演讲中，把堂吉诃德和哈姆雷特视为“人类天性赖以旋转的轴的两极”，他们表现了人的本性中“为他物而存在”与“为自己而存在”的两种对立倾向；屠格涅夫因此而赞扬堂吉诃德“首先是表现了信仰”，将自我生命“作为他在世界上实现理想、确立真理与正义的手段”，因而“性格中有着崇高的自我牺牲因素”，“是世界上最道德的人”。[1]

而尤其引起我深思的，是另一位“东移”中的关键人物德国大诗人海涅，这位马克思、恩格斯的密友，在共产主义运动刚刚兴起时，就“从真正的本质上发现了共产主义并且充当了它的热情洋溢的预言者”，他说：“共产主义”“对我的心灵具有一种使我不能抵御的魔力”，这是因为共产主义运动的宗旨是“建立一个同等光荣、同等神圣、同等幸福的众神民主”，“是对一切民族的博爱，是财富归众人、归地球上所有自由公民所公有”；共产主义者“信奉的根本信条是绝对的世界主义”；而尤其吸引他的是共产主义者“从理论转到行动，转到一切思想的最终目的”的强有力的实践品格，以及给敌人“以致命的打击”的意志与力量。但海涅也毫不隐晦自己对共产主义运动及将由这个运动建立起来的新的社会的疑惧：“他们将用长满老茧的手毫不怜惜地砸碎我心爱的大理石雕像……唉，我的歌集将被杂货商折成纸袋给未来的老太婆装咖啡和烟草。唉！我预见到这一切，每当我想到毁灭，心里就感到一种说不出的悲哀……”[2]

在经历了时代的巨变以后，读到海涅的这段话，所引起的震撼是可以想见的；于是，就有了这样的分析：“在某种意义上可以说，海

[1]《丰富的痛苦》，113—115 、117 页。

[2] 同上，96—97、98 页。

涅对共产主义运动既赞赏又疑惧的态度，正是他身上的‘堂吉诃德’气与‘哈姆雷特’气的反映，而这都是来自知识分子（人）的本性的：他们既天生地有着追求‘群体（人类）平等’的人道主义倾向，又本能地对个体精神自由、个性发展持有特殊的热情与敏感。海涅在共产主义运动兴起时所面临的两难选择，是‘共产主义运动与知识分子关系’问题的最初思考，以后人们将不断地回到这个命题上来。”[1]——最后一句话实际上说的是我自己正回到历史原点的追问，在某种程度上，也是前述“历史中间物”的内在矛盾与自我反省在新的历史条件下的一个继续。而且应该说，思想与情感的震荡是更为激烈的。一方面，我仍然无法摆脱自己内心深处对堂吉诃德精神的迷恋，因为那是我的天性使然，在这个意义上，海涅所感到的社会主义、共产主义的吸引力以至“魔力”，对我依然存在。但另一方面，我不能不面对海涅的哈姆雷特式的问题，对“成者为王，败者为寇”的历史观的拒绝，当然不能变成对历史与现实的错误的回避与否认。在这样的社会环境与语境下，我只能有一个选择：将我的主要思考与言说，集中于对堂吉诃德精神的负面所造成的思想迷误的反省，对“在哪里，因为什么落入陷阱”的检讨，也就是要将海涅的追问继续下去。这既是对历史经验教训的总结，同时也是对仍在现实生活中发挥作用的某些逻辑、理念的审察。

我因此常常想起鲁迅在大革命失败以后说的一段话：当军阀们也在宣称自己“信仰三民主义”的时候，“真的总理（按：指孙中山）的信徒，倒会不谈三民主义，或者听人假惺惺的谈起来就皱眉，好像反对三民主义模样”。[2]而且我也不担心自己对堂吉诃德精神的反省会

---

［1］《丰富的痛苦》，98 页。

［2］《魏晋风度及文章与药及酒之关系》，《鲁迅全集》卷 3，513 页。

导致对其全盘否定与抛弃，因为心里有数：在根底上我始终是一个堂吉诃德，这样的本性是不会变的。现在所要做的，依然是一个自我清理，以便以一种更加清醒、更加理性的态度，对待堂吉诃德精神与自己身上的堂吉诃德气，同时唤起内在于自己，却长期被遮蔽的哈姆雷特气，并加以批判性的审视，以形成更加复杂的具有张力的新的心理结构：这将是一个真正意义上的自觉的自我调整。这才是历史巨变以后"我的工作"。

对乌托邦理想的反省：划清"此岸"与"彼岸"的界限

这是我们必须面对的"从这个门进去，却从另一个门走出来"的悲剧：乌托邦理想的合理性与令人迷恋，是无可怀疑的，但为它的实现的努力与奋斗，却全然变化。这也就是当年顾准所提出的问题。这里的原因自然是复杂的，下文所要讨论的，其实也都是这个问题。首先要说的是，迷误之一就是我们在追求乌托邦理想，将其作为自己向往的目标与信仰时，忽略并进而否认了它的彼岸性。于是，就有了这样的反省："至善至美的社会与人性实际只是一个终极目标，只能存在在彼岸世界，可以不断地去接近它，但永远也达不到。一旦把彼岸目标此岸化，就会带来巨大的灾难。不能简单地否认乌托邦的作用，但是乌托邦只能在彼岸世界照亮此岸世界，以发现此岸世界的种种缺陷，然后才不断地进行变革；没有乌托邦的理想追求，人们很容易对现实表示满足，失去变革的动力。但如果有人要把它搬到现实中来，把它此岸化，就会走向反面"，"本世纪最大的教训，就是忘记了这条彼岸与此岸的线"。[1]

---

[1]《外来文化观（下）》，《话说周氏兄弟》，103—104页。

在某种意义上，这也是海涅当年所探求的“思想与行动的后果”的关系的问题，这正是一个典型的哈姆雷特命题。海涅是这样预言思想变成行动的后果的：“它们可能变成一些最危险的现象……可能像疯狂的酒神节游行队伍那样冲击一切国度……可能用酒杖打烂我们那些最为纯洁的花朵……”在《丰富的痛苦》一书里，我将海涅的这一困惑概括为“思想的实现即思想自身以及思想者的毁灭”的命题。[1]我的这一概括是可以得到许多历史事实的支持的，例如“充满理想主义色彩的卢梭思想，一旦转化成现实，就成了罗伯斯庇尔的专政。启蒙主义思想家，百科全书派的理性的理想王国，它们的现实实现却是罪恶的资本主义”[2]，等等——这是一个相当有意思的理论问题，在下文（第六节）还会有更进一步的展开。

对道德理想主义的反省：
人的“圣人”化即人的“工具”化

乌托邦理想在追求至善至美的纯粹的社会的同时，还追求至善至美的纯粹的人性。堂吉诃德无疑是一个道德理想主义者，如前文所说，他的身上有着一道神圣的光圈，是被视为“圣徒”的。而与这样的至善至美的纯粹人性追求相联系的，就是对人的改造：将“凡人”改造成为“圣人”。如前文所说，这是20世纪中国所进行的最大胆的试验之一。在中国式的改造中，所奉尚的至善至美的纯粹的人性，主要包括两个方面。一是“摆脱人的生物根源，压抑（以至取消）人的本能欲望，以实现‘人的非动物化’”；一是“强调对人的个人欲望的

---

［1］《丰富的痛苦》，94—95页。

［2］《外来文化观（下）》，《话说周氏兄弟》，104页。

压抑与克制”，以实现“人的非个人化”。而“‘人的非动物化’，必然导致人的伦理化，使人成为一种‘伦理工具’；而‘人的非个人化’更是提倡‘个人’成为某个‘群体’的工具”。[1]这样，人的改造就最后归结为人的工具化。

对政治浪漫主义和经济浪漫主义的反省：拒绝做梦，回到常识

海涅曾经预言，未来革命的推动者，将是一些“梦想家”，即现代堂吉诃德们，而他们最显著的精神特征，就是“意志狂热主义”与“先验唯心主义”。[2]应该说这是一个极其深刻的概括与发现。20世纪后半期中国的最大失误与迷误之一就是1958至1960年的全民做梦，其“本质上就是政治浪漫主义、经济浪漫主义、道德理想主义和不受限制不受监督的权力的结合，从而造成很大的灾难”。而其背后的所谓“大跃进”哲学就是海涅所说的“意志狂热主义”与“先验唯心主义”，可以概括为“四大迷信”：“首先是迷信主观精神和意志，并将其夸大到极端，提出的口号是：‘人有多大胆，地有多大产’，‘不怕做不到，只怕想不到’”；“第二，迷信群众运动……‘中国人多议论多，热气大，干劲大，一张白纸正好画又新又美的图画’……强调多数人的力量可以创造奇迹，迷信多数”；“第三，迷信权力。将不受监督的权力和群众运动结合起来，仿佛什么人间奇迹都能创造”；“由此，引申出迷信青春，迷信无知……（所谓）‘卑贱者战胜高贵者，年轻的战胜年老的，无知的战胜有知的，小人物战胜大人物，这是规律’”。“迷

[1]《现代中国人精神史的一个侧面》，《六十劫语》，258、259—260页。

[2]《丰富的痛苦》，91页。

信主观精神意志的同时是反科学、反理性，在迷信群众运动的另一面是反专家、反知识分子，在迷信多数的同时压制少数，在迷信权力的同时压制民主，在迷信青春的同时反对老年人。”[1]

以后我还专门写了一篇文章谈“青春是可怕的”，总结了“文革”中红卫兵“集‘天使’与‘恶魔’于一身”的历史悲剧，强调“连同所有与‘青春’相联系的乌托邦幻想，一切非理性的‘抒情诗’都有导向‘专制’的可能”。[2]

于是，就有了这样的新世纪的期待：“一个是要爱惜生命，一个是从容不迫地搞改革搞建设，这看起来是唱低调，其实讲的是人类的常识，希望中国人能够回到常识中来。”[3]

对民粹主义的反省

我们仍然从海涅对堂吉诃德与他的仆人桑丘关系的认识说起：他发现，并且强调，历来被认为是堂吉诃德的附属的桑丘，“始终比那好高骛远，不切实际的主人明晓事理”，他进而提出：“肉体有时候似乎比精神看问题更深刻。人们用脊梁和肚皮思考往往比用脑袋思考更加正确。”海涅之所以如此思考与提出问题，是因为他从他的企图“通过毁灭物质来美化精神”的德国同胞和德国知识分子身上，看到了“堂吉诃德”的幽灵，显然带有“强烈的民族自我批判意识”。[4]这样的“堂吉诃德与哈姆雷特的关系”的主题，尔后在屠格涅夫的笔下，就有了

[1]《谈“做梦”》，《话说周氏兄弟》，193、190—191页。

[2]《青春是可怕的》，《压在心上的坟》，160页。

[3]《谈“做梦”》，《话说周氏兄弟》，197页。

[4]《丰富的痛苦》，88、87页。

新的展开：在《处女地》等作品里，出现了俄国民粹党人的形象；在《丰富的痛苦》里我作了这样的分析与描述："这些俄罗斯的哈姆雷特在发现（和承认）自己的软弱时，就把'人民'（抽象的，他们所不熟悉的，因为不熟悉，在想象中就有了一种神秘感）美化，以至神圣化，沉湎于只要和人民打成一片，就能'把整个世界翻转过来'的浪漫主义的神话里。怀着几分空想，几分忏悔，几分'利他主义'的神圣感，天真的、激情澎湃的知识分子渴望着和人民打成一片，为他们服务，抛弃自己原有的一切——在他们看来，那都是贵族的'罪恶'。跟普通的老百姓完全一样，做一个'简单化'的人，成为他们真诚的内心追求。"但结局却相当严峻：当他们到农民中做宣传鼓动，"农民们非但没有跟着他走，反而将他捆起来送交官府，带头人竟是一位被看作是'俄国老百姓的化身'的农民"。[1]——可以看出，在描述俄国民粹主义者时，我是相当动感情的：因为在某种程度上，我也在讲述着中国知识分子，以及我自己的故事。中国知识分子之所以驯服地接受劳动改造，又确实是内心深处的民粹主义情结所致。——除了将人民理想化、神圣化之外，还有将苦难神圣化，这都会导致容忍与屈从。[2]这里还存在着另一种迷误，即"用'劳动者'的铁的逻辑，不

[1]《丰富的痛苦》，146—147、150页。

[2] 在《和凤鸣与她的〈经历——我的1957年〉》（载《随笔》2004年4期）一文里，我有过这样的分析："这正是那一代革命者与向往革命的青年共同的精神特征：将劳动和劳动人民理想化、圣洁化，知识者天然有罪的民粹主义的信念，将苦难神圣化，在苦难中纯净灵魂，成为'新人'的'圣徒'情结，这里显然存在着俄罗斯文化对这一代人的深刻影响。这样的信念与情结的道德自律的纯洁性，是无可怀疑的，但鲁迅早就警告过，'陀思妥耶夫斯基式的忍从'是有可能导致'对于横逆之来的真正的忍从'的。现在所发生的，正是对自我道德完善的追求，却导致……忍从的悲剧。"

但否定了堂吉诃德的精神幻觉和精神的追求冲动，也否定了哈姆雷特的精神痛苦，即以物质的东西抹杀了全部精神，也就否定了知识分子赖以生存的基础”。[1]

对启蒙主义的反省

屠格涅夫还创造了一个“下半身是哈姆雷特，上半身是堂吉诃德”的罗亭的形象，这也是我们这一代人最为熟知的俄国文学典型，是一位“把新思想灌输到某部分人中间去的传播者，是启蒙者、宣传鼓动家”。在他身上，体现着“思想、信仰的魅力（魔力），与情感、人格的魅力（魔力），语言自身的魅力（魔力）三者的结合”，“这既是知识者价值的充分自由的发挥，也是‘人’的灵性（精神）、神性方面的充分自由的发挥”。但屠格涅夫却在他身上发现了“启蒙者的专横”，这又是一个具有历史深度的命题。在《丰富的痛苦》里，我这样写出我的理解：“（这）实际上是表现了俄国这样的文化落后的国家的启蒙主义者的某些特征的：他们的‘启蒙’，并不是真正立足于唤起对象的自觉与独立自主，而是以‘领袖’、‘导师’的身份，居高临下地将自己的主观思想灌输于对象。‘灌输’即带有某种强制性，是‘干预式’而非‘启发式’的”；“这是一种隐藏在堂吉诃德式的热情无私教诲背后的专横，不仅启蒙者自身不自觉，连被启蒙者也很难察觉”；“困惑也正是在这里：这是崇高的理想、道德追求、目标下手段的专制，人们往往为了目标的崇高而自觉、半自觉地接受这种专制”；“一方面是一种人格的魅力的吸引，另一方面又是专制所必然带来的灾难性后果，人们常常因为这两者的巨大反差而在对‘堂吉诃德的专制’的评

[1]《丰富的痛苦》，145 页。

价上产生摇摆”。研究者却因此提出了“专制主义的浪漫主义者”与“独裁政治的堂吉诃德”的概念（莫洛亚：《屠格涅夫传》）。[1]这是一个十分重要的命题，还有待做更深入的研究与展开。

启蒙主义者最容易产生的迷误也就是夸大启蒙的作用，而回避甚至无视现实的真实的生存与言说困境。因此，对启蒙主义的反省也必须从直面真实的困境开始。我为此在90年代初写了《中国知识者“想”、“说”、“写”的困惑》，详尽讨论了鲁迅对知识者的言说及知识者自身的种种神话的怀疑和诘难，同时强调鲁迅对自己的怀疑也表示了怀疑，“正是这‘双重怀疑’——对启蒙主义的怀疑，以及对‘启蒙主义怀疑’的怀疑，才构成了鲁迅思想的真正特色”。[2]我也正是在鲁迅的启发下，找到了自己的立足点与基本立场：既质疑启蒙主义，又坚持启蒙主义；既质疑理想主义、乌托邦主义，又坚持理想主义、乌托邦主义：在质疑中坚持，在坚持中质疑。

对精神皈依的反省

这也是堂吉诃德东移史上的著名命题：“堂吉诃德的归来。”有意思的是，周作人在1922年所写的最早的介绍文章里，就特地谈到塞万提斯小说的结尾，“山差”（桑丘）的一声高喊：“我所怀慕的故乡，请你张开眼睛看他回到你这里来了！”认为这是“全书的精义”。[3]这也是我在80年代末与90年代初所关注的命题。本来，“皈依”是人

---

[1]《丰富的痛苦》，133、125、127—129页。

[2]《中国知识者“想”、“说”、“写”的困惑》，《压在心上的坟》，183页。在此文之前，我于1988年还写过《启蒙者的两难选择》一文，也收入同书中。

[3] 参看《丰富的痛苦》，169页。

的生命的本能的欲求，我在一篇文章中，就谈到"'上天'与'下地'，'出走'与'回归'，'向前'与'反顾'，以至'骛新'与'怀旧'，'开拓'与'保守'，'破坏'与'稳定'，'躁动'与'安宁'，'变'与'不变'……构成了人生的生命欲求的两极；人从来就是在这两极选择中徘徊，不断地倾斜，同时伴随着巨大的精神痛苦……"[1]但在20世纪中国知识分子精神史中，这样的出于本能的皈依欲求却产生了精神迷误。我曾写有《"流亡者文学"的心理指归》一文，对抗日战争中一部分知识分子的精神发展轨迹，作了一个描述。这是心灵的三部曲：首先是在战争与流亡中，陷入了极端的孤独、绝望，以至虚无；于是开始寻找"软弱、孤独的个体赖以支撑自己的归宿"，并在幻想与想象中将"作为'归宿'的国家、民族、家庭、土地、人民（农民）、传统（文化）……诗化（浪漫化）、抽象化与符号化，并赋予宗教的'神圣灵光'"，从而制造出"种种现代'神话'与现代'崇拜'"：我将其概括为"战争浪漫主义"；正是这样的寻找归宿的战争浪漫主义情怀，使这批战乱中的中国的堂吉诃德走向革命，他们把政权、组织与领袖视为"'祖国'（'民族'、'土地'）的化身，'人民'（'农民'）的代言人，'母亲'、'传

---

[1]《芦焚：知识者的漂泊之旅》，《精神的炼狱》，249页，广西教育出版社，1996年。后来我又把这样的认识扩展到对"周氏兄弟"的体认："周氏兄弟在生命形态选择上的困惑就其本质而言，又是超越民族、国家与时代，是属于人自身的，也就是所显示的是人天性中的'悖论'：人始终是在'剧变'与'稳定'，'破坏'与'凝固'，'创造'与'保守'，'躁动'与'安宁'，'激情'与'温情'，'粗暴'与'温和'，'失衡'与'平衡'，'无序'与'秩序'，'冲突'与'和谐'，'悲慨'与'闲适'，'崇高'与'平凡'……也就是生命之'重'与'轻'这样的生命形态（心理、情感……）的两极选择的张力中摇摆。"周氏兄弟与堂吉诃德、哈姆雷特一样，也是"体现着人类天性中的两个根本对立的特性"，只是具有不同的典型意义。参看《有意味的参照》，《读周作人》，252—253页。

统’、‘家’（‘家长’）的象征”，从而达到了“精神的皈依”。他们将确实存在的“新社会”的“新现象”在量与质上加以夸张，虚幻出了“一个纯粹、至美的‘圣地’、‘圣人’与‘圣徒’”，将其视为“没有任何矛盾、缺陷的绝对存在和终极归宿”，这就不但失去了对现实存在的真实感觉，正视现实的缺陷的胆识，并实际上“将自己置于绝对地无条件地承认（满足并进而服从）‘现实’的地位，自动地放弃了作为知识分子存在标志的独立思考与批判权利”。[1] 我们所面对的正是追求皈依的悖论：这是人的本能欲求与本性，为人所难免；却因此有可能导致人对强大力量的依附。

这确实是一个精神的陷阱。21 世纪伊始，当许多人处于绝望、虚无中时，我又回到这一命题上来，在一篇文章中提出这样的警告：“寻找支撑自己的‘归宿’，这本是人的一种本能的欲求；当个体生命因虚无主义而陷于极端悲观、绝望、孤独时，是很容易被充满自信的强有力者的坚定、决断所吸引，进而被其俘虏的。一个没有‘自己的精神家园’的人，是不可能有真正的独立的人格的。”[2]

对“斗争哲学”的反省：堂吉诃德和他的“发疯的徒弟”

海涅在预言将出现“先验唯心主义”与“意志狂热主义”的现代堂吉诃德时，还说他们将是“武装起来”的革命者：这是对堂吉诃德精神的另一个重要的发现。其实在塞万提斯的作品里，堂吉诃德早就

---

[1]《“流亡者文学”的心理指归》，《精神的炼狱》，147、151—152 页。在《丰富的痛苦》第十二章，在“何其芳找到‘归宿’以后”的讨论中，也涉及这一问题，可参看。

[2]《重在建构孩子自己的精神家园》，《追寻生存之根：我的退思录》，94 页，广西师范大学出版社，2005 年。

被人称为“拿枪杆子的光辉榜样”，西班牙骑士本人则不但自称“耍枪杆子是我的职业”，而且有“法律不靠枪杆子就站不住”的理论，还曾义愤填膺地高喊：“谁说拿笔杆子的行业比拿枪杆子的高，那就请他们滚出去！”[1]可见堂吉诃德早就是一个“枪杆子崇拜者”。这是他的“好斗”本性所决定的，他早就认定自己是“把战斗当职业”的“扶弱济贫”的“游侠骑士”的继承人。而他因此而表现出来的反抗精神、斗争精神与牺牲精神也正是其魅力之所在。[2]

但十月革命以后的苏联作家，却发现了堂吉诃德和他的“发疯的徒弟”之间的矛盾与冲突。在卢那察尔斯基著、瞿秋白翻译的《解放了的董吉诃德》里，堂吉诃德坚持他对“自由、平等、博爱、仁慈”的“黄金时代”的“超越一切时间与空间”的绝对理想，因而“要求干净的手段”，“不要做凶恶的事情”，反对暴力与专政；而自称他的“徒弟”的革命者，却坚持“我们的真理是有空间有时间的”，“目的的伟大，什么手段都可以用”，“为了达到目的，可以牺牲一切”，他们肯定堂吉诃德精神与理想作为终极目标的合理性，却强调其“用新世纪的慈爱，去对抗旧世界的强暴”的主张的现实不可行性，因而采取了“为了最终实现‘博爱、仁慈’的理想原则，而必须先施行‘革命暴力’”，并使自己成为“压迫者”的思路与实践，并因此而将坚持理想与原则的堂吉诃德送进监狱，堂吉诃德则怒斥他的“发疯的徒弟”为“穿着红大氅的残忍的专制魔王”。[3]——重观这场发生在30年代的以文艺形态出现的论争，自然会有许多感慨。

---

[1] 塞万提斯：《堂吉诃德》，杨绛译本，下册204页，上册355页，上册351页，人民文学出版社，1987年。

[2]《丰富的痛苦》，91—92、14页。

[3]《丰富的痛苦》，252—256页。

这里仍然存在着一个关于反抗、斗争、革命的悖论：如鲁迅所说："人被压迫了，为什么不斗争？"[1]反抗、斗争、革命的历史合理性是绝不能否认的，不然我们就会陷入屈从压迫与奴役制度的奴隶哲学与奴才哲学，但如果将其绝对化、神圣化，发展成"斗争就是一切"的斗争哲学，不断地设置一个又一个的斗争对象（其内在逻辑就是一切妨碍实现自己的目标的人都是敌人），而斗争就是"一个吃掉一个"，为了实现目标，可以不择手段，任意地滥杀无辜，并且经常采取群众性的暴力，这样，就必然将人的嗜杀性，中国人喜欢"窝里斗"的恶习，一切最恶的本性与欲望都诱发出来，形成全民族的大厮杀，每一个人，包括知识分子都成了残酷的生存竞争的参与者与受害者，从而导致了人的动物化。而一些青年知识分子（如"文革"中的"红卫兵小将"）则为斗争哲学中内含的浪漫主义激情所吸引，从而自觉、不自觉地充当了这样的残酷斗争的急先锋。

问题是我们为什么会接受，甚至迷恋于这样的斗争哲学？在这方面，我是有惨痛的历史教训的。在《心灵的探寻》的"后记"里，曾有过这样的自省：由于"处于社会的最底层"，"对于党内不正之风所引起的一部分当权的干部与群众之间尖锐矛盾有着十分具体、强烈的感受，以至于产生了相当严重的对立。在满腔怨愤亟待喷发的心理和情绪支配下，自然很容易地就接受了毛泽东将矛盾、对立绝对化的'斗争哲学'；而我则更进一步把鲁迅的斗争精神绝对化，把鲁迅对中国中庸主义的传统文化的批判绝对化，从另一个极端曲解了鲁迅"。"前几年重读《鲁迅全集》，看到鲁迅早在1925年就已发出警告：'我觉得中国人所蕴蓄的怨愤已经够多了'，'当鼓舞他们的感情的时候，还须竭力启发明白的理性'，否则'是非常危险的'，我受到了极大的震

[1]《文艺与革命》，《鲁迅全集》卷4，83页。

动，由此而想到，20世纪以来，中国已经多次发生全民族非理性的狂热，我自己亲历的就有1958年的‘大跃进’和十年大动乱，每一次‘狂热’都是在一种受压抑的怨愤情绪的冲动下开始的，最后却走到了反面。这样的悲剧经常发生在迫切要求改变自己地位的落后国家，受压抑的阶层中。具有局部合理性的历史要求的被利用，就特别令人感到悲哀和沮丧。”[1]

对追求“历史合题”的哲学观、世界观的反省：拒绝一切精神避难所，反抗绝望

在80年代末与90年代初所进行的前述七个方面的反省，既是对历史与现实的反省，更是一个自我反省，可以说是对我内在的堂吉诃德气、浪漫主义气质的一次集中的批判性审视，一次全面的清理；而这样的清理最后又必然指向更为根本的哲学观、世界观。于是，在1993年所写的《我这十年研究》一文中就有了这样的反省：一位年轻朋友对我的《心灵的探寻》强调的“心灵辩证法”提出了批评，认为我在“揭示了鲁迅人格和心灵的种种矛盾和困惑”的同时，又宣布“这些矛盾和困惑最终都得到了解决，即由对立达到了辩证的统一”，而这是不符合事实的。这是一个及时的提醒，它使我意识到了自己的鲁迅研究的根本缺陷，更“指明了我的‘世界观’的矛盾”。而“认真思考自身‘世界观’的缺陷，则是在发生了那场历史性的事变以后，如一个朋友所说，我‘从中心走向边缘，从意欲改变世界到处于被世界改变的威胁中’，对‘无人地带’的充分自觉，使我必须重新面对‘破碎’而无以‘弥合’的‘自我’，对‘自我’的‘绝望’而产生了重

[1]《心灵的探寻·后记》,《心灵的探寻》，359—360页。

新调整‘自我’的强烈欲求。也就是说，我是从自我的‘破碎’的发现与自觉，进而思考他人（包括研究对象）、人性、人自身，以至世界、宇宙的‘破碎’，并进而发现了‘弥合破碎’，发现了‘弥合破碎’的一切努力的可悲与可笑。我终于明白，我所谓的‘心灵辩证法’不过是黑格尔的历史‘合题’，最后必然导致泯灭矛盾、追求绝对存在、承认现状的统治者的历史哲学，这就走向了出发点的反面”。[1]——意识到这一点，我确实又出了一身冷汗。

就是在这样的自我反省中，我对鲁迅的“历史中间物”的命题又有了新的认识与发现：“对他来说，‘中间物’既是他对处于大转折时期的历史个体‘在’而‘不属于’两个社会的历史地位的一种确认，又是他对世界本质的一种体认。”“他把世界的本体既不理解为‘圆而神’的混沌，也不理解为‘周而复’的连续，而看作无限发展之链与中间环节的对立统一：世界是无限进化的、发展的，而这种无限是由有限的中间物来构成的。这样，他就从根本上确认，中间物与有限是万事万物的存在方式。”并因此“首先拒绝了‘完美’（善）与‘圆满’，不承认历史发展、社会形态、人生（艺术）道路的‘极境’即‘至善至美’性，进而确认了不圆满、有缺陷才是历史、社会、人生、人性、艺术的正常存在的形态，以至客观发展法则”；“鲁迅同时拒绝了‘全面’，断然否定了‘毫无流弊的改革’，毫无偏颇的选择，进而确认‘无论什么都是有弊的’，都是在偏颇中发展的”；“鲁迅还拒绝了‘永久’（恒），否定历史社会生命中的‘凝固’与‘不朽’，确认万事万物的过渡性，一切都是环节、中介，在具体时空下存在，并必然在另一种时空中丧失存在的理由

[1]《代序：我这十年研究》，《精神的炼狱》，2—3页。

与价值”。[1]鲁迅所要抛弃与拒绝的是将乌托邦世界此岸化的幻觉，关于此岸世界的绝对性、至善至美性、全面性、永恒性的神话，这些“通常是处于现实苦难中的人们的精神避难所，鲁迅却要杜绝（堵塞）一切精神逃薮（退路），只给人们（以及自己）留下唯一的选择：正视（直面）现实、人生的不完美、不圆满、缺陷、偏颇、有弊与短暂、速朽，并从这种正视（直面）中，杀出一条生路”[2]：这就是鲁迅式的“反抗绝望”的哲学，并且通过痛苦的反省而内化为我自己的哲学。[3]

一个重要的提醒：区分“真假堂吉诃德”

1933年鲁迅用自己的笔名发表了瞿秋白的一篇题为《真假堂吉诃

[1] 篮子君在来信中对这一段分析，作了如下补充和提醒：“在论述鲁迅的‘历史中间物’命题时，强调他‘拒绝完美与圆满’，‘不承认历史发展、社会形态、人生（艺术）道路’等等的‘极境’即至善至美，进而确认了只有‘不圆满’、‘有缺陷’才是历史、社会、人生等的常态。这里是否也应该考虑到，这种‘确认’本身也是一个悖论？即一方面承认世界是不圆满的、有缺陷的，但另一方面似也应该承认，人也有对这种不完美、有缺陷的东西进行改进和改革的必要，就是说，人也应该有他对不完美的不满，有对缺陷、弊端等等进行变革的权利，指出和允许这种不满与权利，才意味着给人们变革现实的努力与必要留出空间，这样论述在逻辑上才显得周全。否则，只承认不完满、有缺陷，恐怕又会走向另一个极端：让人在缺陷、弊端、不足等等方面无所作为，消极对待。这一层是不能不考虑的。”

[2]《作为思想家的鲁迅》,《走进当代的鲁迅》, 66—67页，北京大学出版社，1999年。此文系与王乾坤先生合作，上述概括中也包括了他的一些思考成果，我从中受到了很大启发。

[3] 在90年代中期我以《鲁迅〈野草〉里的哲学》为题在北京大学与全国许多高校演讲，介绍鲁迅“反抗绝望”的哲学，引起了大学生们的强烈反响。文收《压在心上的坟》、《走进当代的鲁迅》诸书。

德》的文章，以后又将此文收入自己的文集《南腔北调集》，他显然认同于文章所提出的警示："中国的江湖派和流氓种子，却会愚弄堂吉诃德式的老实人，而自己又假装着堂·吉诃德的姿态"，"你要是把假痴假呆当做真痴真呆，当真认为可笑可怜，那就未免傻到不可救药了"。[1]其实堂吉诃德性情中就多少有点表演的成分，曾有过"大家一样都是演戏的"的高论，而西班牙看客也将他看作是供取乐的"戏子"，屠格涅夫笔下的罗亭也有人将他讥讽为"一个戏子"。[2]但鲁迅、瞿秋白关注的是中国的假堂吉诃德，在他们看来，堂吉诃德"这种书呆子，乃是西班牙书呆子，向来爱讲'中庸'的中国，是不会有的"。[3]中国的文化土壤，更容易产生假堂吉诃德。

因此，鲁迅在观察中国知识分子时，始终把关注点集中在区分真假上。这是贯穿他一生的基本命题。早在20世纪初，他就在中国的维新派知识分子那里发现了"伪士"。20世纪最后一年在遭到当代伪士的围剿以后，我对鲁迅的这一命名有了新的领悟与发现，并作了这样的阐述："'伪士'有这样几个特点：第一，他们都是无信之士，没有信仰的知识分子；第二，他们却要扼杀别人的信仰，不许别人有信仰；第三，他们又把自己打扮成信仰的捍卫者。"[4]同时注意到的是，鲁迅20世纪20年代在自称"特殊的知识阶级"的现代评论派的绅士身上，发现了"做戏的虚无党"。他们也是"毫无特操，是什么也不信从的，但总要摆出和内心两样的架子来"。[5]由此而想到的是堂吉诃德在当代中国的命运与意义的问题。记得在写作《丰富的痛苦》时，

[1]《真假堂吉诃德》，《鲁迅全集》卷4，519—520页。

[2]《丰富的痛苦》，37、126页。

[3]《中华民国的新"堂·吉诃德"们》，《鲁迅全集》卷4，352页。

[4]《以"立人"为中心》，《与鲁迅相遇》，88页。

[5]《马上支日记》，《鲁迅全集》卷3，328页。

曾与友人薛毅讨论过这样的问题，他曾发表过这样的意见：“堂吉诃德式的纯洁、善良、真诚、热情、和谐……这一切都是叫人神往、叫人渴望的。可这些在现实中却是脆弱、易逝的，至少是无法遏止住人性的虚伪、阴暗、险恶的。它们永恒地存在于乌托邦中，存在于圣母那里，那就得让它们永恒、完整地保存在那里，使之成为一道神圣的阳光，照亮现实深渊，照亮人性残缺。但在中国，在没有认真思考文革这场大灾难之前，在没有真正有力地解剖中国红卫兵的狂热，50年代知识者的忠诚等等之前，堂吉诃德精神的合理部分是不可能被人们接受的。要么是像鲁迅所说的假堂吉诃德，要么是使堂吉诃德精神连带着一种既可贵又过于梦幻的天真的品格。现在真正的堂吉诃德并没有出现，我们所做的是为他的出现而准备。”[1]或许他说的是有道理的吧。

---

[1]《丰富的痛苦·后记》,《丰富的痛苦》，332—333页。

三　幸存者

在80年代后期，我与黄子平、陈平原共同提出了“20世纪中国文学”的概念，为学术界所注目；90年代初，我们出了三本书，而书名却意味深长：《丰富的痛苦》（钱理群）、《千古文人侠客梦》（陈平原）、《幸存者的文学》（黄子平）。后来我在一篇文章中说到，当看到黄子平新书上的“幸存者”三个字时，“我甚至受到了灵魂的震动”[1]，从此，这一命名就与我的写作纠缠为一体了。[2]

我的问题：为谁写作？为何写作？

幸存者的写作

我曾经一再追问自己：为谁写作？为何写作？于是，就有了这样的自白：“我是有了曲折的人生经历，和我们的国家与人民一起经受了巨大的苦难以后，才投身于现代文学研究的。因此，从我从事学术工作的那一天起，就把自己的研究的目的、任务归结为‘将苦难转化

[1]《岁月无情又多情》，《二十世纪中国文学三人谈·漫说文化》，144页，北京大学出版社，2004年。

[2] 篮子来信说：“你用的那个‘幸存者’的意象极好。我读至此时，不觉心里一动，一下子也觉得有些异样，仿佛被什么东西击中了一般的感觉。及至越往下，越觉得这个有些苍凉、有些悲怆的命名，实在是意味深长。”

为精神资源’，因此将自己的写作命名为‘幸存者的写作’。所谓‘幸存者’有两个意思：在我所经历的历次运动中，许多远比我优秀的人都牺牲了，而我还活着；在当下的中国，还有许多优秀的人才，他们仍在追求、思考，甚至写作，却没有话语权，是我所说的‘民间思想者’，而阴差阳错，我成了学者，多少有了点发出声音的条件。作为这样的幸存者，对于那些被毁灭了的生命，对于沉默的大多数，就多多少少有一种义务与责任。他们存在于我的学术生命之中：无声地站在我的身后，支持我，激励我，又要求我，当我提起笔时，无法不听从这些无声的命令。我是为他们写作的。”[1]

作为幸存者的写作，要将“苦难转化为精神资源”却是十分困难的。

首先是“转化”的前提：“苦难”是否存在，也都成了问题。不得进入历史的叙述，这样，年青一代面对历史叙述中的这一段空白，就只能接受既定的解释，而不可能有自己的任何独立的思考与判断。这意味着导致反右、“文革”这样的历史错误的文化观念与体制上的弊端，没有得到认真的反省和清理，就完全有可能在某种历史条件下，被今人或后人所继承和发展，甚至将历史的罪孽当作神明重新供奉起来，以另一种形式重演20世纪的历史悲剧。

被遗忘的还有历史运动中的有血性的人物，那些中国的脊梁。思想先驱者之被人为地遮蔽与抹杀，他们的思想成果不能为后人所知，这就导致了思想的不断中断，每一代人都不能在前人思考已经达到的高度上继续前进，而必须一次又一次地从头开始：这应该是中国当代思想始终在一个低水平上不断重复的重要原因。而这种精神传统的硬性切断，对整个民族精神的损伤也许是更大的：坚卓者的灭亡，必然

[1]《为中国的读者写作》,《追寻生存之根》，237页。

导致妥协、乡愿之风盛行，活命哲学猖獗，实际也是整个民族精神的堕落。

于是，就有了恢复历史记忆的努力。

在某种程度上，这也是一个全球性的呼唤。我在文章里这样写道："每个民族在回顾20世纪时，都有一些不堪回首的记忆：这是民族的耻辱，也是精神的隐痛。敢不敢揭露这样的全民族的精神创伤，正视其中淋漓的鲜血，正确地总结沉痛的历史教训，这是一个民族是否真正通过苦难走向成熟的重要标志。"我的这段话引起了我所尊敬的日本学者丸山升先生的共鸣，他在一篇演讲里特意指出："我认为现在这句话对日本人特别有意义。同时不但如此，它把问题把握为'每个民族'，也就是由于人类共同弱点而来的问题。"[1]

我的工作：将苦难转化为精神资源

但要真正恢复历史的记忆，也是极端艰难的。我曾在一封通信里与台湾学者讨论过"文革"记忆的诸多难处，这里只引述其中一点。我们所经历的"文革"、反右等一系列的政治运动，都是一种群众专政。几乎每一个中国人，都是"被专政"的对象，同时又"参与专政"，其心灵的伤害与扭曲都是非常严重的。"文革最可怕之处，就是在一种非正常的状态下，把人（而且是每一个人）人性中恶的因子诱发出来，并使其恶性地发展。人一旦回到正常状态，再回顾这段历史，就会有不堪回首之感。在这个意义上，可以说，几乎每一个中国人的文革回忆，都是一种残酷的记忆。我甚至认为，如果强制每一个中国人都来回忆这一段历史，检讨自己的责任，这本身也构成了一种残酷；

[1] 丸山升：《活在二十世纪的鲁迅为二十一世纪留下的遗产》，《鲁迅研究月刊》2004年12期。

有些人，特别是普通老百姓，想将其像一场噩梦一样彻底忘却，从记忆中驱除，是有它的合理性的。”这样，我们就面临着一个两难选择：一方面，“人的记忆总是‘避重就轻’，自觉不自觉地回避那些不堪回首的痛苦的丑恶的因而给自己以沉重的压力的记忆，而突出、强化那些轻松美好能给自己以陶醉感的记忆。这也是人之常情，或者说是人性的弱点，是应该给以理解和同情的”；另一方面，如前文所说，如果整个民族对自己民族最不堪的历史都采取回避的态度，那就会造成极大的民族隐患。我认为，“在解决这一矛盾方面，有责任感的知识分子是有很多工作可以做的。至少是‘从我做起’，对那段历史，包括自己在那段历史中的全部表现作出毫不回避的反思和认真清理。只有在这个基础上，才可能有相对真实的回忆与相对客观、全面的研究”。但“这样做，无异于要重新撕裂自己记忆的伤疤，这是绝难做到的，这种‘绝难做到’的苦境却是非亲历者所难以理解的——他们不知道文革的创伤有多么严重和残酷！”[1]

而且还不能止于记忆，对于一个个体生命，对以往的苦难，既知道了悔恨，又有了这几分清醒，大概也就够了。但对于一个人文学者，也即扮演了某一社会角色的个体，他的思虑应该更为深广：既要从个体的苦难体验与记忆出发，又不能止于此，还要经历思想的飞跃与升华，才能超越一己的经验局限，达到更为普遍性的认识。这就是说，“‘苦难’（痛苦）并不能直接提供‘丰富’的精神资源，它是‘智慧’的伴随物，至多说是蕴涵着可能引发出智慧的因子，却不是智慧本身，因此，它需要‘发掘’、‘转化’，也就是我们所说的需要‘反思’，其所能达到的‘丰富’程度，取决于是否具有‘反思’的精神、内在要求，以及是否具有足够的思想力与想象力。而尤其重要的，又

---

[1]《关于文革记忆与研究的通信》，《追寻生存之根》，48页。

是是否具有强大的批判精神与力量”。[1]

这正是我要做的工作：反思历史，总结经验教训，将苦难转化为精神资源。

我的研究一：追问背后的原因和教训

具体地说，我主要是进行了两个方面的研究。首先是在正视的基础上，追问背后的原因与历史教训。

决定人的命运的体制问题

关于单位所有制的思考

共和国成立初期，政府对知识分子采取一个“包下来”的政策。所有知识分子都被安排在某一个单位里，都有工作。这项政策在当时受到知识分子的欢迎。因为在国民党统治下，许多知识分子都饥寒交迫，无法维持生活。成为国家单位里的人后，衣食住行，子女教育，一切都有了保障。但谁也没有注意到这项政策背后所隐藏的更深远的影响，这便是“单位所有制”对于人的决定性影响。“单位领导认定你是反革命，要批判你，你只能检讨，否则就被开除。开除之后，你便一无所有，没有容身之处。即使有硬骨头，说什么‘我不怕’，但你可以做伯夷，你的妻儿呢？因此知识分子别无选择。这种单位所有制形成的是一种更严重的并且是无法摆脱的管制关系。”[2]

反右运动中划分右派的标准中，更有“攻击各级领导机关和领导

[1]《苦难怎样才能转化为精神资源（代序）》，《压在心上的坟》，5—6页。

[2]《析“主与奴”（下）》，《话说周氏兄弟》，266—267页。

成员，诬蔑工农干部和革命积极分子”者即为右派的明确规定。处于最底层的右派则要承受领导与左派积极分子的双重管制。

关于当时制度性歧视的追问与思考

极“左”时期规定，凡有海外关系，或直系亲属被杀者一律不能在要害部门工作；有反革命的历史问题和现实问题的人，即使不逮捕，也要在单位内处于领导控制与群众监督之下。这里却将控制和监督扩大到“有海外关系者”与“直系亲属被杀者”，剥夺其在要害部门工作的权利，则显然是一个制度性歧视。此后，血统论愈演愈烈，并逐渐形成了所谓用人制度上的阶级路线。建立“非农业户口”与“农业户口”的身份制，也是一种按出身划分的制度性歧视。

关于思想文化文学体制的思考

在《彩色插图本中国文学史》里，我第一次以“计划化控制”概括当代中国的文学体制，并作了这样的分析：“1945 年 6 月 2 日，延安《解放日报》发表了文艺界党的领导周扬的一篇题为《关于政策与文艺》的文章，强调‘在新社会制度下，现实的运动已不再是一个盲目的、无法控制的、不知所终的运动，而变成一个有意识有目的有计划的工作过程’，这里也自然包括文艺运动在内。”“由于逐渐实行了‘以阶级斗争为纲’的国策，文学艺术也被视为‘阶级斗争的晴雨表’，进而提出了‘文学艺术必须置于党的绝对领导与监督下’的要求，文学艺术创作问题列入从中央政治局到各级党组织的议事日程，也成为国家计划的重要组成部分，从而纳入了‘计划化’的轨道。从全局性的文艺方针，文艺政策，到具体的创作题材的比重，以至作家的创作方式、创作方法……都有明确的规定，逐渐形成了一些创作模式，有形无形地影响、制约着作家的创作。由于文学作品的出版、发行，以及一切传播媒介也都无一例外地纳入国家的计划轨道，这样，就形成了文艺作品从生产（作家创作）到消费（读者接受）的计划网络，实现了全面的计划化控制。”[1]

以后，我又通过对丁玲的《太阳照在桑干河上》的个案研究，对这样的计划化文学体制作了更具体深入的分析：“尽管‘文学作品’还保留着某种‘商品’的外壳（仍要通过‘卖’与‘买’的商业行为发行），但‘文学市场’的需求已不再成为文学生产（写作）、流通（销售）的驱动力，而代之以‘政治’的需求，‘文学市场’的悄然隐退意味着文学艺术的生产与传播机制的根本变化，从此纳入党所领导的国家计划轨道，也即纳入体制化的秩序之中，‘文艺成为政治的工具，党的机器中的螺丝钉’才真正得到了体制上的保证。”文章还特地提到了文学期刊、媒体、文学批评与文学批判运动的特殊功能：它是对计划体制的必要补充，除了严格的审查制度，还有意识形态的作用：一旦发现著作不符合意识形态的要求（而这样的要求又是随着政治形势的变化而不断变化的），就可以通过批判（包括大规模的批判运动）来进行纠正，“其目标与任务非常明确，即是要加强‘文艺战线上的计划性、组织性、纪律性’，以实现‘更强有力的思想上组织上的集中与统一’，‘把小资产阶级的落后的反动的，甚至地主、资产阶级的思想驱逐出文艺战线之外’”，这就在“实际上宣布要建立一个独断话语权的文学秩序。在某种意义上，这似乎是一个必然的结果：与高度集中的政治、经济权力结合为一体的文学（这正是社会主义现实主义文学最根本的特征），也一定要求文学话语权力的高度集中与统一”。[2]

---

[1]《新世纪的文学·“计划化”轨道》，董乃斌、钱理群主编：《彩色插图本中国文学史》，347—348页，贵州人民出版社，2004年。

[2]《“新的小说的诞生”》，《1948：天地玄黄》，197、212—213页，山东教育出版社，1998年。

关于群众专政的思考

在《一个人的命运及其背后的社会体制的整体运动》一文里，有过这样的描述与分析：“用群众运动的方式来进行阶级斗争，参加者以千人、万人、数十万人、数百万人计的群众斗争大会遍布中国每一个角落，真正做到了普天之下，无一处不是斗争的场所。”这样的全民性的斗争会，其革命警惕性之高，达到了不可思议的地步。凡是敌人，他的一举一动无不暗藏反革命的阴谋；更进一步，所有的人，都可能是敌人，所有的小事，都可能反映了“阶级斗争的新动向”。而这样的心理、氛围的背后，却隐藏着一种普遍的恐惧和不安全感。

国民性病态

这其实是“五四”时期鲁迅所提出的“改造国民性”命题的一个继续。因此，鲁迅对中国国民性的批判，成为我的追问与审视的基础与起点，在某种程度上是接着鲁迅的命题往下说，是又一个对鲁迅与自我的双重发现。

说“食人”

这是鲁迅对中国国民性的一个基本判断，他在1918年写给许寿裳的信中，谈到《狂人日记》时，这样说道：“偶阅《通鉴》，乃悟中国人尚是食人民族，因成此篇。此种发见，关系亦甚大，而知者尚寥寥也。”[1]本来人类在追求生存过程中，特别是在灾荒中，在战争中，在原始社会的历史中，都有食人的记载。但中国特色在于，一是数量大，持续时间长；二是多为习得性食人，即“在伦理道德的美名之下，在道德理想主义旗帜下的食人”，在中国，“‘食人’是与‘忠’、‘孝’

[1]《180820致许寿裳》，《鲁迅全集》卷11，365页，人民文学出版社，2005年。

这样一些中国传统的儒家主流文化的基本概念联系在一起的”。[1]而且这样的食人还延续到现代，鲁迅说：“革命的被杀于反革命的。反革命的被杀于革命的。不革命的或当作革命的而被杀于反革命的，或当作反革命的而被杀于革命的，或并不当作什么而被杀于革命的或反革命的。革命，革革命，革革革命，革革……”[2]形成了民族的嗜杀性，对人的个体生命的极度漠视。[3]

谈“做梦”

在前文检讨政治浪漫主义与经济浪漫主义时，对“做梦”现象已有讨论，这里从国民性的角度再作一点补充，即这样一种全民性的做梦现象，也是有国民性基础的。我曾这样描述“革命狂欢节”：“这首先是语言的迷信，语言的狂欢”，全民写诗，全民狂发豪言壮语，“这种狂热的语言可以称为群众的‘高调逻辑’，对人们有催眠作用。这里还包含‘从众心理’，在群体中，在语言魔力的召唤下，人变得大胆了，勇敢了，富有幻想，无所顾忌了。‘从众心理’有保护作用，无论做什么事都可以不负责，这实质上是用精神、语言的魔力将人的本性迷惑。”所谓“大批判，大辩论”就是对不同意见者施行语言专政。“但没有人会对此有任何的反省，因为每个人都处在高度兴奋的狂热中，都有一种莫名的神圣感，仿佛自己在创造历史，为‘真理’而战。”我对此作了这样的分析：“过去的中国，一般认为中国人是一个讲中庸之道的民族，不容易狂热，中国人像热水瓶，是一个温和的民族。但是在本世纪，这个民族一而再、再而三地陷入一种狂热当中，这种狂热在中国传统中并不多见，所以我认为这是一种新的国民性。原因

[1]《说“食人”》,《话说周氏兄弟》，164页。

[2]《小杂感》,《鲁迅全集》卷3，556页，人民文学出版社，2005年。

[3]《说“食人”》,《话说周氏兄弟》，164、170页。

就在于本世纪中国始终处于想赶上、超过西方先进国家的民族渴望中，或者说，我们民族始终处于一种被包围的状态，被围状态形成突围心理，所谓高速度、好大喜功都是由这种民族主义情绪而产生的。”[1]

论“演戏”

这是鲁迅对中国国民性的另一个重要概括：中国是一个“文字的游戏国”。[2]这就是说，中国的语言是可以游离于想与做之外的，有自由流动的特征，这就是鲁迅所说的：在中国“有明说要做，其实不做的；有明说不做，其实要做的；有明说做这样，其实做那样的；有其实自己要这么做，倒说别人要这么做的；有一声不响，而其实倒做了的。然而也有说这样，竟那样的”。[3]而我想追问的是，这样的语言的游戏性与大一统的权力结构的关系。“当一个人处于权力者的地位（这里不仅仅指最高统治者，每个等级中的每个人都有权力者的一面）时，他的语言形态有一个鲜明的特点，就是权力与语言的合一，形成语言的霸权”，而其极端形态就是“指鹿为马”，这是“权力意志发展到极端而形成的（语言）游戏”。“奴隶经常的语言形态是沉默，成为沉默的大多数”，“但他们要生存又不能完全不说话，所以要追求生存的艺术，养生保命的办法，这时语言的意义就是如何养生保命。这时唯一的办法就是迎合，但这是被迫迎合，与奴才的主动迎合性质不同。正因为如此，奴隶必然也是不信的，他们的迎合固然有自我保存、自我求生存的性质，也未尝不可说是一种愚君政策”，还有一种就是“强迫说话”，“既无说话的权利，也无不说话的权利”，强迫表态就“必然带有表演特点，必然说假话，这是一种奉旨表演”。而奴才则是“主

[1]《谈“做梦”》，《说话周氏兄弟》，190—191、193—194页。

[2]《逃名》，《鲁迅全集》卷6，396页。

[3]《推背图》，《鲁迅全集》卷5，91页。

动、自觉地充当做戏的虚无党”。奴才的语言艺术就是鲁迅所说的“二丑”艺术。这是一种双重表演：既演给现在的主人看，又是给现在的主人的对立面看，因为他们可能成为他的新主人。“又要对现在的主人表示忠诚，又要与现在的主人保持一定距离”，“他的特殊表演技巧就是折衷主义的语言方式”，“似是而非，左右逢源，这是富有弹性的语言，也是游戏语言的最大特点”。[1]

鲁迅还有一个重要论断：“群众，——尤其是中国的，——永远是戏剧的看客。”[2]所谓“看客”是包含两种身份的：既看别人，又被别人看；既看戏，又演戏，这“构成中国人的基本生存方式，也构成人与人之间的基本关系”。而在看的过程中，既把别人的真实痛苦，变成自己娱乐的材料，从中获得快感，也转移了自己的痛苦，同时又“把启蒙者看成演员”，“把（启蒙者）庄严、神圣的死戏剧化、游戏化”，将一切真实的努力、奋斗的意义全部消解：这都显示了中国国民性的残酷与麻木。[3]

析“主与奴”

这又是鲁迅对中国国民性的一个重大发现：人们通常说中国人有奴性，鲁迅却发现中国人的“奴性”不是单独地存在，它是和他的“主（子）性”同时存在的：“有权时无所不为，失势时即奴性十足。”这自然与中国的社会结构有关：鲁迅曾引用《左传》的话，说中国的大一统统治的最大特点，是一个金字塔式的等级制度。每一个人对上面的人来说，他是奴才，对下面这层的人来说，他是主人。每一个人都有这样的双重地位，由此造成了中国人性（国民性）中的“奴性”与

[1]《论“演戏”》,《话说周氏兄弟》，211、213—215页。

[2]《娜拉走后怎样》,《鲁迅全集》卷1，163页。

[3]《论“演戏”》,《话说周氏兄弟》，205页。

“主(子)性”的并行与相互转化。因此，在中国，历史上的农民造反，并不是要使人改变自己的奴隶地位，不过是争一把椅子，也即争夺谁做“主人”。

大一统的权力结构决定了权力在整个政治、经济、思想、文化、社会生活中，起到了决定性的作用。在这种情况下，主奴转化完全决定于权：“有权就是主人，没权就是奴才。”因此，在中国很容易产生“权力崇拜”，产生“权力至上”的观念。“文革”在思想上对中国人民毒害最深，而且至今还在影响着人们思想与行动的，有两个观点，一个是“有权就有一切”，一个是“只要目的是崇高的，就可以无所不为”，不择手段，什么事都可以做。这已经成为中国国民根深蒂固的“集体无意识”。[1]

释“怨愤”

这也是鲁迅所提出的一个重要命题：“我觉得中国人所蕴蓄的怨愤已经够多了，自然是受强者的蹂躏所致的。但他们却不很向强者反抗，而反在弱者身上发泄”，这正“证明这些人的卑怯。卑怯的人，即使有万丈的愤火，除弱草以外，又能烧掉甚么呢？”[2]而这样的怨愤在中国却是愈演愈烈，发展成一种怨恨。于是，又有了这样的检讨：“‘怨恨’确实已经注入了中国国民的血液之中。几十年的反复折腾，不断地‘革命，革革命，革革革命，革革……’(鲁迅语)，使所有的中国人都在成功与失败、整人与被人整……中轮回，就造成了对他人、对社会的极度的怨恨，毒化了整个民族的心灵。——我们在反省极权体制对人的心灵的影响时，注意了‘奴化’这一面，却忽略了‘毒化’，其实，这也许是更为深刻的。这个民族已经不懂得爱，不知

[1]《析“主与奴”(上)》,《话说周氏兄弟》, 237、239、243、244—245页。

[2]《杂忆》,《鲁迅全集》卷1，225页。

道对生命（人的生命、大自然的生命）的敬畏，而是无所畏惧、肆无忌惮地怨恨、践踏、破坏、毁灭一切有价值的东西。问题是不仅是掌权者、胜利者如此，就是受迫害者、失败者也是如此，这是一个全民族的怨恨、破坏、腐败与专制，这是极为可怕的，是中国式的极权结出的最大恶果，要真正从我们民族心灵中消解这种渗入骨髓的怨毒，恐怕要经过几代人的努力。”[1]

我的研究二："看地底下"的"中国的脊梁"

必须破除民族“自欺力”。但又不能导致民族“自信力”的丧失，走向民族虚无主义。这个问题也是鲁迅提出的，他在《中国人失掉自信力了吗》一文中指出：“我们从古以来，就有埋头苦干的人，有拼命硬干的人，有为民请命的人，有舍身求法的人……虽是等于为帝王将相作家谱的所谓‘正史’，却往往掩不住他们的光耀，这就是中国的脊梁。这一类的人们，就是现在也何尝少呢？他们有确信，不自欺；他们在前仆后继的战斗，不过一面总在被摧残，被抹杀，消灭于黑暗中，不能为大家所知道罢了。”鲁迅最后告诫我们：“要论中国人，必须不被搽在表面的自欺欺人的脂粉所诓骗，却看看他的筋骨和脊梁。自信力的有无，状元宰相的文章是不足为据的，要自己去看地底下。”[2]其实这也是我所遇到的问题。这方面的发现与研究，主要集中在两个方面。

1957 年的民间

这首先是对现有的“正史”叙述的质疑：1998 年北大百年校庆

---

[1]《心有灵犀——一束通信》,《生命的沉湖》，356—357 页。

[2]《中国人失掉自信力了吗》,《鲁迅全集》卷 6，118 页。

时，“我翻遍为北大一百年所写的令人眼花缭乱的各类图书，竟然发现：关于 1957 年的这一段，在北大的历史叙述（记忆）中已经消失，变成一片空白，仿佛什么也不曾发生，不留半点痕迹（！）；仅有的一本却仍然把这段历史描绘成一小撮‘右派’学生在‘诬蔑’、‘攻击’……”正是这唤起了我的历史记忆——1957 年我是北大中文系新闻专业二年级的学生，是历史的在场者与幸存者；同时激发了我的研究激情。于是，就有了《原上草——记忆中的反右派运动》一书对原始材料——当年的“右派”大字报的重新发掘，与初步的研究成果：《不容抹杀的思想遗产——重读北大及外校“右派”的言论》。文章以大量的史实说明：1957 年在以北大为中心的中国大学校园里，所发生的是一场民间的社会主义民主运动。学生们自觉地高举社会主义民主与法制的旗帜，猛烈批判各种社会弊端。并且使“五四”精神获得了新的时代内容，形成了所谓“右派”精神传统，这就是“不懈地探索，勇敢地捍卫真理与正义，始终坚守思想的独立、自由、批判、创造的精神”，“永远不满足现状，永远说真话，因而是永远的批判者的精神”。由此而得出结论：“1957 年‘广场’上的思考与呐喊，正是 80 年代中国思想解放运动的先声”，“更为重要的是，他们当年所提出的问题与任务，仍然是今天的中国的改革者需要继续解决与完成的，他们当年的思考今天依然保持着新鲜的生命活力，他们思考的成果，以及思考过程中可能有的不足与失误，对于后来者，都是极其宝贵的启示”。

因此，对 1957 年“右派”遗产的发掘，所引起的是内心的强烈自责。我沉痛地写道：“我们的历史学家（也包括我自己）失职、失责了！”“这是我们每一个有良知的过来人、学者的耻辱啊！”以后，又给自己与中国的学术界提出了一个新的任务：“建立起‘1957 年学’，作为现代政治史、思想文化史、知识分子心灵史……的重要组成部分，为正在进行的‘中国人与社会的改造’提供思想资源。”[1]从此，这一任务就成了精神的债务，至今也还在还债。

文化大革命中的民间思想者

最早提出这一课题的是朱学勤先生在《读书》上所发表的《思想史上的“失踪者”》。它却唤起了我和我的贵州朋友的历史记忆：因为“文革”后期，我们也有这样一个思想群体，正是朱学勤所说的“民间思想村落”。这样的记忆与现实的思考产生了《民间思想的坚守》一文。文章论述了“民间思想村落”出现的背景，以及所意识到的历史使命：“在‘文革’的后期，特别是在林彪事件以后，人们再也不能不面对现实了，当理想的面纱脱落，露出狰狞面目时，怀疑开始并且逐日增长了。于是，体制之外的民间独立思考，就由少数先驱者发展到相当的范围”，民间思想村落也就应运而生。而且这些人的聚合“是有着自觉的历史意识的，他们的民间思考也是有着明确的方向的，即是为必然（也必须）到来的中国思想与社会的历史性大变动做思想的准备，铸造新的理论武器”。“这其实正是在历史大变动的前夕，先进的知识分子所应该担负的历史使命。但当时的中国知识分子却正在作为被‘全面专政’的对象，而受到全面的打击，而在残酷的迫害下，特别是长期的‘思想改造’的结果，知识分子自身也正处于整体性的萎缩状态，客观与主观两个方面都不可能自觉地担负起实际上已经成熟的这样的历史使命。”这就使得民间思想村落的主体部分都是当时的知识青年，学历最高的也只是高中毕业生，也就是我所说的“半大孩子”。“在知识分子被迫整体缺席的情况下，这些文化水平不高的年轻人毅然挑起重担，以体制外的民间独立思考开启了思想

---

[1]《不容抹煞的思想遗产》，《学魂重铸》，20、38、31、39、42页，文汇出版社，1999年。

解放运动的先河，这无论如何是具有思想史的意义的。但提出的理论任务本身与担当者的实际理论能力的巨大差异，也同时决定了‘文革’后期的这一次‘民间思想村落’的思考，‘只能是一种不足月的精神分娩，一次走不到头的精神漂流’，‘他们思考的精神意义远远超过价值意义’”，这同时也使得以后终于发生的改革开放运动“先天地存在着‘理论准备不足’的缺憾”。

但对于我来说，“文革”后期自己参与其间的思想村落的重新发掘，也同样引发了自省与自责：因为在这样的民间村落里，我这样的50年代的大学生，是处于老师的地位的，而当时我的思想状况却是：尽管经过“文革”的教训，开始思考一些问题，却没有从几十年的思想改造所形成的思想状态中根本解放出来，自我思想的局限也影响了周围年轻的朋友，就大大限制了整个思想村落思考的深度，这是我一直深感内疚与歉意的。[1]

当然，对“文革”后期的民间思想村落的重新发掘，也打开了对“文革”认识的一个新的思路，至少是提醒注意：“文革”的遗产并非一片废墟，“文革”中的民间思考就是一个被遮蔽、遗忘的思想资源与精神资源。当然，“文革”的复杂性，决定了这样的资源的开掘与研究的难度更大，但也因此具有更大的吸引力，这将是我下一步研究的主攻方向。

“精神界战士”谱系的自觉承续

同时引发思考的是，不仅是昨天、更是今天的民间思想者的意义，以及我和他们的关系。我并不想美化民间思想者，但我仍然要强调

---

[1]《民间思想的坚守——篮子〈山崖上的守望〉序》，《我存在着，我努力着》，44、46—48页。

“民间思想者的存在本身，对中国的现在与未来的思想与学术发展的不可忽视与抹杀的价值”，而现在的问题正在于他们至今还是一个不被承认的群体。事实上，一个民族思想学术的发展，尽管一般说来，是以学院的专业研究作为主力，同时又必须以民间的业余的研究作为基础与后盾，而二者的界限又不是绝对的，是可以（必须）互相交流与转换的。而我自己则一再谈道：“我的学术研究是不能离开我的这些散落在民间的精神兄弟的，他们对我的意义不仅是一种精神的支持与监督，他们既是我的写作也即精神对话的主要对象，而且也是我的思想、灵感的一个来源，我们之间确实存在着……‘心灵感应’。”[1]我极其珍视，并且竭力地保持与这些民间思想者的精神联系。

我把自己所做的以上工作，称为鲁迅所开创的“精神界战士谱系的自觉承续”，并有这样的阐述：鲁迅在20世纪初，殚精竭虑地“为中国在20世纪的变革提供新的理想与价值；为此，他提出了‘首在立人，人立而凡事举；若其道术，乃必尊个性而张精神’（《文化偏至论》）的理想，从而在现代中国的历史上高举起了‘个体精神自由’的旗帜。鲁迅认为，要实现‘立人’的理想，关键是要有一批‘精神界之战士’”。[2]——下文将会谈到，世纪之交我又回到鲁迅这一命题上来，曾对“精神界之战士”做过这样的解说：“‘精神界之战士’首先具有‘摩罗’也即‘恶魔’的特点，鲁迅有一个概括，说：‘恶魔者，说真理者也’”，他们“正是鲁迅所期待的首先‘立’起来的‘人’，首先觉醒的知识分子，他们有信仰，自觉地追求个体精神自由，有自由创造精神和想象力，更有强大的主体独立意志，‘惟向所信是诣，举世誉之而不加劝，举世毁之而不加沮’，同时又‘尊侠尚义，扶弱

[1]《民间思想的坚守》，《我存在着，我努力着》，51页。

[2]《“精神界战士”谱系的自觉承续》，《学魂重铸》，175—176页。

者而平不平'"。"他们最显著的特征，一是'反抗'，是批判的战斗的知识分子，而且……这种批判是广泛与彻底的，有一种'不克厥敌，战则不止'的劲头。二是注重行动，即所谓'指归在动作'，是具有很强的实践精神的知识分子。"[1]但鲁迅对精神界战士的呼唤，在20世纪初的中国，竟是应者寥寥，于是，他仰天长叹："今索诸中国，精神界之战士者安在？""但在荒原中毕竟走出了第一批精神界战士，而且在焦虑的期待中，陆续有了后继者，经历了'五四'直至抗战的千锤百炼，中国终于有了一个以鲁迅为先驱的'精神界之战士'的谱系。但是，接着出现的，却是精神界战士的被惩罚、被改造，以至导致肉体与精神死亡的大悲剧。"[2]无论是1957年的右派学生，还是"文革"中的民间思想者，无不具有精神界战士的精神与品格，这是鲁迅所说的"地火在地下运行，奔突"[3]，精神的火种永远不会熄灭：鲁迅开创的精神界战士的谱系经过50年代与60年代两代青年艰苦卓绝的奋斗、牺牲，在中国的民间得以承续。

而我更关注的是，这样的精神谱系在现实中国的年青一代中的承续。坦白地说，我曾经感到失望与忧虑。这是有根据的：90年代以来，大学生们曾有过一段沉寂，以后商品经济的浪潮的冲击，又产生了精神的困惑。记得在90年代初给大学生讲鲁迅时，就引发了激烈的论争，表面上是争论"鲁迅应该进博物馆，还是依然存在于我们生活中"，背后却是每个人的人生选择：是选择生命之重，还是生命之轻？[4]但到1997年我在讲"话说周氏兄弟"的选修课时，却意外地引

---

[1]《以"立人"为中心》,《与鲁迅相遇》，89—90页。

[2]《"精神界战士"谱系的自觉承续》,《学魂重铸》，176页。

[3]《野草·题辞》,《鲁迅全集》卷2，159页。

[4] 参看《鲁迅与九十年代北京大学学生》，文收《走进当代的鲁迅》，289—297页。

起了强烈的反响与共鸣，情况几近于80年代。

就在这样的气氛中，我读到了这样一份由北大学生社团时事社所写的题为《寻找真北大的声音》的宣言："一群依旧充满理想，一群依旧心忧天下，一群有着热血和责任感的青年聚首一起"，"他们试图以自己的行动宣称北大的精神不会消灭"，"批判地叛逆地永远抗争，积极地建设地不断开拓，这才是北大的真精神。而时事社正是以这种中国从来罕有的精神品质为社团灵魂，并努力将这种精神散播开来"。[1]这显然是对鲁迅所开创的"精神界之战士"传统的自觉承续。也在这一阶段，我接触到了一些北大与校外的学生、青年写作者，对这一代人的精神历程有了更切实的了解，就有了这样的判断与分析："有那样一批年轻人在80年代至90年代末这段时间内，经历了一场精神的蜕变：他们通过自己的（而非外部权威暗示的）绝望体验，开始面对这世纪与自我真实的（而非虚幻的）生存境遇，试图寻求'自救'、'自赎'之路"，"我们这一代（或几代）中的部分人，是通过文化大革命中的绝望体验才真正认识与选择了鲁迅的，由此引发了我们在80年代思想解放运动中的种种思考；而现在年轻的一代中的部分人又在世纪末的绝望体验中，发现了鲁迅，而又不止于鲁迅（这是有别于我们这一代的）。鲁迅所开创的精神界战士的传统，正是在更具有独立性的新一代人这里断而复续了"。[2]有如沙漠中发现了绿洲，我内心的喜悦是可以想见的，或许也因此多多少少将年轻人理想化，这大概也是我们这一代人的一个弱点，我自己尤其如此，但当年轻人

[1] 北大《时事》编辑部：《寻找真北大的声音》，钱理群主编：《走近北大》，四川人民出版社，2000年。在我看来，它与1957年《广场》发刊词具有同样的意义：都是北大校史上不可抹杀的一页。

[2]《"精神界战士"谱系的自觉承续》，《学魂重铸》，181—182页。

开始走出迷惘，走自己的路时，为他们呐喊，给予鼓励与支持，却是我义不容辞的责任，是“历史中间物”的应有之义。于是，我先后写了《我看九十年代北大学生——余杰〈火与冰〉序》、《“精神界战士”谱系的自觉承续——摩罗〈耻辱者手记〉序》、《喜读〈新青年文丛〉》等文，在青少年中引起很大反响，但也遭到了许多指责，我却至今不悔。

四　学者、教师、精神界战士

选择的困惑

小学五年级老师征求“我长大了做什么”的签名，我填的就是当老师：这是年轻时候的第一个梦。到了中学，就想当作家，而且是儿童文学家，在某种程度上，也可以看作是教师梦的一个延伸。[1]就是怀着这样的梦想而成了北京大学中文系新闻专业的学生。但很快就发现自己没有文学创作的才能，于是转而想当学者。1957 年鸣放期间，公开宣称同意费孝通教授的观点，并宣布自己向往的就是“一间屋，一支笔，一本书”的书斋生活，却因此番言论戴上了“走白专道路”的帽子，没有被打成右派，已是万幸。大学毕业时，欲读研究生而不准，理由是“你的书已经读得太多，因此变蠢了，应该到实际生活中去锻炼改造”。于是，又阴差阳错，当上了教师，先后在贵州安顺卫生学校与师范学校教语文，一教就是十八年。

到 1978 年成了王瑶先生、严家炎先生的研究生，学者道路终于

[1] 以后，我也一直没有忘记自己的“儿童文学梦”。在 2004 年写给一位年轻的儿童文学研究者的信中这样写道：“研究儿童文学，这可能是我在生命最后阶段所要做的事，是我最后一个研究计划。这也是我的一个浪漫想象：在七八十岁时，通过对儿童文学的研究，实现人生老年与童年的相通，这是一件真正富有诗意的事情。”

在我的面前敞开。但我却发生了犹豫。原因是我骨子里的堂吉诃德气，使我迷恋行动，有一种当一名“战士”的内在冲动。那时中国正处在历史大转折的关头，每一个人都面临着新的选择。在做研究生的第一年里，我一直在“当学者”与“当战士”（直接投身于当时正蓬勃发展的社会民主运动）这两条道路中徘徊，矛盾，斗争，苦闷。但最终还是走上了学者之路，并且越来越沉迷其中。

学术与政治的关系，学院派的价值与危机

但矛盾并未解决，而且转化为一个“学术”与“政治”的关系问题。而这也是80年代以来学术界一直争论不休的问题。曾有过这样的观点：“政治”就是“官本位”的“权力政治”，从政，或政治关怀，现实关怀，最多也是一个“时段性角色行为规范”，而不具有“终极性普世价值”；而唯有学术才具有终极性，“学术乃天下之公器，有比现实政治更长久的独立价值”，唯有为学术而学术的纯粹的学者才能真正实现“个人本位”的普世价值，“以学为本”才是真正的“传道”，等等。[1]这实际上是一种价值观的颠倒，即以“为隐而隐，为学术而学术”为“元价值”，以经世致用、政治关怀、现实关怀为“无价值”。这样的颠倒的价值观（“学术至上”）与所要颠倒的价值观（“政治至上”），其内在的思维方式却是惊人的一致：都是将“政治”与“学术”决然对立，并将某一种选择绝对化。

对这样一种将学院派的选择绝对化的倾向，我当然不能认同，但却有一种理解的同情。因为，在中国，学院派的追求实际上并没有得到认真的实践，即使是论者所说的“学术本位”的呼吁盛行一时的90

[1]　参看夏中义《九谒先哲书》，348—349、345、405、408页，上海文化出版社，2000年。

年代，也很快为商业化的浪潮所淹没，“纯学术”甚至也成为一种包装，在这样一个表演型的“假学者”横行于世的时代，一个“不读书”的时代，真正的学者坚守学术本位，不为政治与商业的诱惑所动，保持学术的独立，淡泊明志，一头钻进象牙塔，埋头从事自己感兴趣的专业研究，也是需要勇气，而且是值得尊重的。因此，当90年代末到本世纪初，学院派受到越来越多的责难以至否定的时候，我倒是愿意为真正的学院派辩护的。

当然，我也同样看到了学院派的危机。在我看来，除外在的学术环境实际上不利于学院派的发展之外，危机更来自学院派不能清醒地意识自身的有限性，对可能出现的陷阱缺乏必要的警觉。我曾在一篇文章里表示了这样的“忧虑”：“在一些知识分子那里，‘退回学院’却意味着历史与现实‘问题’的淡出，创造性思考的退化，把学术研究变成纯粹的技术操作，成为证明某种西方流行理论的有效性的智力游戏，从而失去内在的生命底蕴与活力。”[1]我在另一篇文章里则谈到，某种程度上，这正是“现代学术”自身的危机：“当现代学术研究越来越趋向职业化（这是一个不可避免的趋势），研究工作逐渐成为可规范的，具有可操作性的专业行为，这一方面促成了研究的精密化、科学化，但同时也可能（自然不是必然）使研究成为纯粹的‘学术操练’……这样的‘无魂的研究’是手段变成目的所结出的苦果”；“当现代学术研究与现代文化市场发生越来越密切的联系（这也是一个不可避免的趋势），研究工作逐渐成为一种具有商业性的行为，这一方面为研究成果的传播，社会接受与向实践的转化，提供了广阔的可能性，并必然成为学术研究的一个新的推动力，但它同时也孕育着学术研究完全商品化的危险，人们

[1]《二十世纪中国知识分子空间位置的选择与移动》，《追寻生存之根》，45页。

同样将手段变成目的……（造成了）‘泡沫学术’与‘假冒伪劣的学术产品’”。[1]学院派的学术不能回避的还有与体制的关系，在学术研究越来越体制化的情况下，一方面学院里的学者有可能在我所说的“新的科举制度”（它有一套非常严密的等级式的量化评价标准与烦琐的操作程序）的控制下，失去独立自主性，同时也会有少数的学院派学者在新的权力关系网络中成为“学霸”。在一篇关于大学教育的文章里，我还谈到，有“一些学者，他自己的学术可能做得不错，却为一己的学术思路所拘，从而对不同于己的新的学术追求失去了判断力，常常因其存在某种不足和缺憾而予以简单的否定，而任何一个新的创造，在其草创阶段，总是毛毛糙糙，显示出某种不成熟性的”，这样的学者或许还没有达到“学霸”的程度，但却也会因将自己的研究观念、方法绝对化而有意无意地压抑了学术的创造力。[2]

在某种程度上，这也就是我的问题，或者说，是我在走上学术道路时，所面临的问题：怎样既不重踏政治至上，学术为政治服务，成为政治的附庸的覆辙，又能够避免淡化历史与现实问题，而失去学术活力的危机？也就是如何在学术与现实、政治之间保持必要的张力？经过此后二十年的思考与实践，在世纪末的一次学术座谈会上，我这样谈到了自己的认识：“（我）努力地追求自己的研究与当代生活保持一种息息相关的联系。在我的理解中，这包括以下几层意思。一是充分重视中国本土的经验。二是研究的问题意识必须产生于当代中国与

---

［1］《警惕“现代学术”的陷阱》，《返观与重构——文学史的研究与写作》，207页，上海教育出版社，2000年。

［2］《中国大学的问题与改革——我的追问与思考，以及我的言说立场》，《中国大学的问题与改革》，87页。

世界的现实，但思考与研究却要保持一定的距离，应该是学理的，更带根本性与超越性的，以实现现实关怀与超越性关怀的有机结合。三是要处理好当下性与历史性的关系，既要对当事人在什么样的历史情境与历史语境下作出这样或那样的选择，有一种理解的同情，又要正视与揭示这些选择所产生的后果：这后果是历史当事人所不可能预知，而又是研究者所面临的当下现实。”[1]——这也算是我的学术研究经验的一个总结吧。

以上是对我初入学界，在研究生学习阶段的困惑所引发的一些讨论，现在再回到历史的“当时”。

学者的生命形态与魅力

1981 年毕业留校，担任了王瑶先生的助手；而我做的第一件工作，就是协助先生撰写《〈故事新编〉散论》，这是先生晚年最重要的学术论述，是为纪念鲁迅诞生一百周年而写，却准备了二十多年。于是，我有了一个机会近距离地观察、感受作为学者的王瑶，感悟学者的生命形态与魅力：“工作一开始，先生就拿出一大堆大小不等的纸片，让我熟悉‘材料’。我打开一看，只见这些纸片，有的是剪报，有的是正规的卡片，有的竟是香烟盒、旧日历；上面或密密麻麻地抄录着原始材料，或歪歪斜斜地写着三言两语偶尔掠过的思考，有的就只有有关材料的出处；再仔细看，这些纸片的时间跨度竟长达几十年，我现在能够想起的，就有 1956 年 9 月 5 日《人民日报》上所载徐淦《鲁迅先生和绍兴戏》一文的剪报，1962 年 4 月 25 日《人民日报》上所载佐临《漫谈“戏剧观”》

[1]《我的忧虑、困惑和挣扎——在上海大学“全球化与中国现代文学研究的转变”国际研讨会上的发言》，《生命的沉湖》，329 页。

一文的剪报，1963年3月14日《光明日报》载周企何《川剧丑角艺术》的剪报，写着‘1980年《戏剧学习》2期丁扬忠《布莱希特与中国古典戏剧》’几个字的纸条；还有几张纸条，则是先生平时在欣赏电台广播的肖长华、姜妙香合演的京剧唱片《连升店》，尚小云、荀慧生合演的《樊江关》时，随手记下的，时间大概总是五六十年代；另一张好像是‘文化大革命’前先生在观看了拍摄成电影的湖南花鼓戏《补锅》后记下的几句台词……看着这一堆已经发黄的纸片，想到先生为了解决《故事新编》中的‘油滑’问题这一鲁迅研究中的难题，竟思考、酝酿、准备了二十五个年头，想到先生八十年如一日地时时刻刻都处在学术研究状态中，连平时看报、听戏、看电影都能随时赋予他学术的灵感，我突然强烈地感受到了学术研究的艰辛与乐趣，学者生涯的特殊魅力，对作为‘学者’的先生似乎也有了更深的理解。把几十年的研究心得写成正式的学术论文，这在先生是一个收获的季节。但他仍然是极其认真，甚至可以说是小心翼翼地做着最后的文字工作。我至今还清楚地记得，文章的每一个小标题，他都与我仔细地推敲过，先生的要求十分严格，既要能概括文中的内容，又要文字简明，还要前后字数统一，具有形式上的匀称美，‘且说《补天》’这个标题就是先生和我一边散步，一边讨论，琢磨了将近一个小时才最后定下来的。我发现，精心选择、调遣语言文字，对于先生简直是一种享受，他是那样兴致勃勃，甚至是怡然自得地品味，吟哦，陶醉于其间，神态又是那般的洒脱、从容……整整半个月，先生仿佛卸去了外在角色加于他的一切，沉浸在真正学者的单纯与明净之中。我不禁从旁欣赏起来，并且受到了深深的感动。”[1]我突然明白：这就是我所需要的，这“单纯与明净”正是这几十年来一直梦寐以求的学术境界、人生境界！尽管我在与先生相处十多年间，这样的状态仅见

[1]《从麻木中挤出的回忆——王瑶师逝世一周年祭》，《世纪末的沉思》，49—50页。

过这一次，但就是这瞬间印象却几乎照亮了我此后的学术与人生道路：无论处在怎样的外在与内在的困境之中，只要一步入学术的幽林，就安静、平息下来，进入生命的沉潜状态。如我在《与鲁迅相遇》的“后记”里所说：这“不是对现实痛苦的回避，而是使这痛苦更加刻骨铭心，并超越一己的痛苦，思考国家、民族、人类的大问题，感受人生的大悲欢，生命因此得到了升华与自赎”[1]，在这样的生命的高峰体验中，自我心灵就达到了单纯与明净。

学术研究对我有一种天生的吸引力

我知道，我自己的本性或许是更接近学术的。学术研究对我有一种天生的吸引力。这首先是一种历史的诱惑。我曾谈到“每回埋头于旧报刊的灰尘里时，就仿佛步入当年的情境之中，并常为此而兴奋不已”。[2]按我的理解，所谓“步入当年的情境”，就是与作为研究对象的“故人”进行超越时空的心灵的对话与交流。我在《周作人传》中曾写有“风雨故人来”的专节，这是我写得最为动情的文字，记得陈思和君在评论《周作人传》时，特地提到了这一节：他算是看懂了我的文字。[3]文中所说的周作人的读书与写作境界其实是包含了我自己对学术研究的理解与追求的：“像当年陶渊明那样，‘历览千载书，时时见遗烈’，在与‘遗烈’结缘、对话中，使自己寂寞的内心得到慰藉，精神也得到升华。读书的过程，就是一个‘物我’的回响交流的过程，一方面用自己的胸襟与眼光去发现古人，另一方面，又通过这种发现

[1] 《与鲁迅相遇·后记》，《与鲁迅相遇》，318 页。

[2] 《我怎样想与写这本书？——代后记》，《1948：天地玄黄》，324 页。

[3] 参看陈思和：《关于周作人的传记》，《中国现代文学研究丛刊》1991 年 3 期。

进一步肯定自己，扩大、丰富自己，建立起支撑自我的精神柱石”，正是“通过这种努力，将自我与历史联系起来，也就是在历史存在中找到自我存在的根据与理由”。[1]我后来在《读周作人》中又引述周作人的《〈风雨谈〉小引》，这样描写了和故人结缘的读书与写作的心理过程及所构成的意境：有如“风雨故人来”，“始而‘寒雨荒鸡，无聊甚矣’，遂盼故人之来；既而‘暴雨如注，群鸡乱鸣’，仍不见故人，以致‘积忧成病’；‘雨甚而晦，鸡鸣而长，苦寂甚矣’，正当绝望之时，故人忽来，则‘喜当何如’”，这淡淡的忧郁中的淡淡的喜悦，所谓“寂寞的不寂寞之感”，自然不只是读书、治学的境界，更是一种人生境界。[2]我经常谈到自己感到“热闹中的寂寞”时，就去读书与研究，以求“寂寞中的充实与喜悦”，所说的正是这出入于学术的心境。这样的与故人结缘的研究，是有严格的选择的，即有所谓“有缘”还是“无缘”之分。现在想起来，我真正有缘的故人并不多，经常造访的，主要是周氏兄弟，此外不过是曹禺、艾青、穆旦、萧红、路翎、师陀等五六人而已。外国朋友则有莎士比亚、塞万提斯、海涅、屠格涅夫诸位，都是从小就十分仰慕的。

吸引我的，更有语言文字的美，我的文学研究的真正动力其实是来自对语言的迷恋。我多次谈到，“文学作品，从根本上说，是一种语言的艺术”，“真正的文学大师笔下的语言，是具有生命的灵性的，它有声，有色，有味，有情感，有厚度、力度与质感，是应该细心地去体味、沉吟、把玩，并从中感受到一种语言的趣味的”。[3]这是人

[1]《周作人传》，325—326页，北京十月文艺出版社，2005年第2版第8次印刷。

[2]《闲适意境：寂寞的不寂寞之感》，《读周作人》，172—173页。

[3]《用文学经典滋养下一代——〈二十世纪中国文学名著中学生导读本〉序》，《学魂重铸》，152页。

们所不知道的：我的研究起点，常常是对作品的朗读，通过如痴如醉的曼声吟哦，进入作者的语言世界和内心世界；我曾经这样谈到我的经验："鲁迅作品不能只是默看，非得朗读不可。他作品里的那种韵味，那种浓烈而又千旋万转的情感，里面那些可意会不能言传的东西，都需要通过朗读来触动你的心灵。这已经是我的一个经验：讲鲁迅作品，最主要的是读，靠读来进入情境，靠读来捕捉感觉，产生感悟，这是接近鲁迅内心世界和他的艺术的'入门'的通道。"[1]——这不仅是阅读、讲解鲁迅，自然也包括研究鲁迅。我还这样描述一次难忘的集体研讨的经历："我们黎明即起，在桂林山水的掩映下，大声地朗读作品，流连于语言文字的声光色影之中……最难忘的，是那一刻（仿佛是一位朋友正在朗读《果园城记》）没来由地突然感动，泪水满盈，一句话也说不出，但或许就在这一瞬间，我懂得了什么是文学与文学研究。"[2]

尽管我是通过感悟语言来进入作家作品研究的，而且我还始终对作品的形式，即所谓"有意味的形式"保持着极为浓厚的兴趣，但我受到知识结构的限制，在自己的研究论著中，却很少讨论艺术问题，文学形式与文学语言的问题，这就构成了一个矛盾，以至于"有时深夜翻读自己的有关鲁迅的研究著作和文章，在感到欣慰的同时，又隐隐有一种莫名的不安，甚至负疚感"。于是，就有了这样的反省：我"无法回避自己内心深处对文学形式，特别是文学语言的迷恋，更确切地说，它们对于我是一种近乎神秘的诱惑。我知道自己的精神气质与文学艺术有着本能的亲和，而我所受的教育与在扭曲了的时代里所

[1]《"为人生"的文学》，《与鲁迅相遇》，138页。

[2] 钱理群：《文学本体与本性的召唤——〈诗化小说研究书系〉总序》，收吴晓东：《镜花水月的世界：废名〈桥〉的诗学研读》，4页，广西教育出版社，2003年。

形成的多少被扭曲了的积习，又使我与文学的审美之间，横隔着某种障碍。在我有可能来独立设计自己时，时间的紧迫感使我不得不选择一条驾轻就熟的路，以避免作大幅度的调整。这样阴差阳错，我终于与文学（形式与语言）失之交臂，成为了生命中永远的遗憾”。[1]当然，尽管没有专门的论述，对文学语言的关注，还是贯穿我的全部研究的，如果仔细察看，是不难看出这样的研究内在思路与线索的。同时，我也以极大的热情关注、支持朋友们（特别是年轻朋友）的有关研究，并做了一些组织工作，如提出对20世纪中国文学的经典作品“进行精细的文本分析，抓住‘有意味的形式’这一中心环节，总结现代作家的艺术创作经验，进行理论升华，逐步建立‘中国现代诗学’”的设想[2]，主编《诗化小说研究书系》等；我也多次表示对大学中文系的本科生、研究生教育“文学本体的丧失”的不满：“习惯于不着边际的宏观‘神侃’和烦琐的所谓科学分析，而不注重文本的细读，特别是对文学语言的品味，失去了起码的艺术感悟、敏感与直觉力”，以及对“现代文学研究学科发展的全局”的忧虑：“包括我自己在内的许多人都把注意力放在文学的外部关系的研究，从思想史、学术史、文化史的角度切入，在这方面已经或将要取得的成绩都是无可厚非的”，但“对文学形式与审美研究的忽略，则有可能导致文学本体的丧失”。正是基于这样的忧虑，从90年代末开始，我用了很大的精力从事文学教育，先后在北大开设理科“大一语文”，中文系本科学生的“现代文学经典文本细读”，研究生的“《野草》研读”，还和一些朋友先后编撰了《二十世纪中国小说读本》、《现当代文学名著导

[1]《文学本体与本性的召唤——叶世祥〈鲁迅小说的形式意义〉序》，《远行以后——鲁迅接受史的一种描述（1936～2001）》，165页，贵州教育出版社，2004年。

[2]《目标与选择——我的中国现代文学研究大纲》，《返观与重构》，179页。

读》、《大学文学》等读本或教材。我对中小学语文的关注，其中心点之一也是倡导真正的文学的阅读。在我看来，对大中小学生的文学教育实际上是一个国民的基本素质的培育；对我自己而言，则是一种精神欠缺的补偿，是对自己的“文化、思想史背景下的文学史研究”可能产生的弊端的一个必要弥补。[1]

对我来说，学术研究的魅力更在于它的创造性与想象力。在这方面，我或许更多地受到了吴组缃先生与林庚先生的启示。——他们与王瑶先生一起被称为北大中文系文学专业80年代的三大巨头，对我们这些研究生的影响也确实巨大。我曾在一篇吴组缃先生小说选的序言里，这样谈到“吴先生做人与作文的追求”：“务去陈言滥调，绝不人云亦云，无论如何要有自己的东西，言他人所不能言，写他人所不能写”，因此，他“每有一作，必在对于生活、人生、人性的开掘与艺术形式上，都有新的探索，新的创造”，并且认为“这样的独立创造精神，是‘五四’的传统，也是现代文学精神的一个重要方面”。[2]记得王瑶先生也曾给我们的研究提出了一个高标尺：每写一文，必要对所研究的课题有所推进，或提供新材料，或提倡新的观点、思路，必要有自己的发现；而所写的重要论著，则应成为所研究的课题的一个不可忽视的存在，别人的研究可能也必然超过你，却不能绕开你的研究。老师们的教导，成为我的自觉努力的方向：我的每一部代表性的著作，从《心灵的探寻》、《周作人传》，到《大小舞台之间——曹禺戏剧新论》、《丰富的痛苦——堂吉诃德与哈姆雷特的东移》，到《1948：天地玄黄》、《与鲁迅相遇》，不仅在研究领域上不断地有新的

[1] 钱理群：《文学本体与本性的召唤》，收吴晓东：《镜花水月的世界：废名〈桥〉的诗学研读》，5页。

[2] 《吴组缃时代小说·序》，《吴组缃时代小说》，2页，上海文艺出版社，1997页。

开拓，而且每一部著作在研究方法、结构方式、叙述方式……上都有不同的新的探索。我因此提出了“文学史叙述学”的概念，在这个意义上，可以说我的这些著作都是学术文体的实验之作，这样的实验性学术给我带来的兴奋、喜悦是难以言说的。而这样的实验欲求，本身就构成了研究的内在动力。我在总结《1948：天地玄黄》一书的写作时就这样写道：“对于一个文学史家，每一次文学史写作实践，不仅要考虑描述内容，也要努力探寻与其内容相适应的形式——文学史结构与叙述方式（包括叙述视角、叙述语调等），这一点与作家的创作并无实质的区别。……我的这一次写作冲动恰恰是来自一种文学史写作形式（结构与叙述方式）的试验欲求，在人们往往忽略文学史写作形式的时候，这也许是不无意义的吧。”这样的形式实验的研究，在某种意义上，也可以说是“为学术而学术，为研究而研究”[1]，其吸引力就在于这样的实验是真正具有创造性的。

而更让我醉心的是那样的研究：“带有强烈个人性的，不受‘趋向’、‘潮流’限制的研究。在这些更富有想象力的研究中，将出现人们意想不到的课题、思路、角度与方法，它是不可规范，无以归类的。人们开始可能因为其研究路数的‘野’，以及不可避免的种种疏漏、缺陷，而不能接受，但这类研究往往给学术发展带来新的可能性，注入新的活力，即使在某些方面它是不可重复的，但也仍然显示出创造性生命的魅力，并且真正体现了学术研究的个体性本质。——对这样的境界，虽不能至，却心向往之。”[2]这正是我所追求的：一是学术研

[1]《我怎样想与写这本书？——代后记》，《1948：天地玄黄》，324页。当然，即使是《1948：天地玄黄》也依然掩饰不住我的研究的强烈主观色彩与现实关怀，参看同书324—328页。

[2]《研究的想象力——对现代文学研究趋向的展望》，《返观与重构》，185—186页。

究的个性化，一是学术研究的“不可规范，无以归类”性。这类研究，常有神来之笔，是连自己都无法重复的，自我的创造力能够得到这样自由无羁的发挥，无论付出什么代价，都是值得的。在我的研究中，每遇到这样的创造的快感，我都是分外珍惜的。

照亮我的学者之路的还有林庚先生的一番话。那也是我的学术生涯中的永恒记忆：林庚先生在他最后一次公开讲课时，将他一生写诗、治学、做人的经验，生命的追求，凝结为一句话：“诗的本质就是发现；诗人要永远像婴儿一样，睁大了好奇的眼睛，去看周围的世界，去发现世界的新的美。”[1]直到现在，每天早上醒来，我都会突然涌现出许多新的写作思路，各种不合常规的构想与想象，层出不穷的计划、设想——不仅是我自己的，也还有关于整个学科发展的计划与设想，弄得兴奋不已，然后就急急忙忙地赶紧写，赶快做。[2]我经常陶醉在这样的执着而疯狂的投入性的研究中，从中获得了极大的乐趣，这是真正的学者的乐趣。我曾经这样审视自己：“我有一个不安定的灵魂，我的内心深处，时时涌动着不断地破坏与创造的生命欲求，我缺乏足够的耐心，在一个领域深挖细刨，总是渴望着到未知的

[1]《我的研究与思考》，《我存在着，我努力着》，237页。

[2] 我对于现代文学研究有着近乎天生的迷恋，极强烈与自觉的学科发展的责任感，始终关注着学科发展的每一个新的动向，以及本学科出现的新人，并尽力给予支持，同时不断提出有关学科发展的新设想、新课题，并尽可能地通过现代文学研究会的学会工作与《中国现代文学研究丛刊》的编辑工作，以及学术研究丛书的出版的筹划，进行民间的学术组织工作，在这方面投入了大量精力，并乐此不疲。这方面的思考与倡导已编辑为《返观与重构——文学史的研究与写作》一书。退休后尽管自己的研究已走出现代文学，但学科的发展仍是关注的一个重点，有关文章已收入《追寻生存之根：我的退思录》：现代文学研究也是我的一个根。2004年还写有《我们所走过的道路：〈中国现代文学研究丛刊〉一百期回顾》等长文：这已经是现代文学学科发展史、学术思潮史的研究了。

‘远方’去作新的开拓”，“我真的像鲁迅笔下的‘过客’，永远听见前面有一个声音在召唤（更确切地说是一种诱惑），同时又感到后面有一根无形的‘鞭子’在抽打着我，我就这样被冥冥中的一种力量所驱使，一刻不停地向前奔突、探索，无休止地做着新的试验。明明知道，周围的朋友（包括学生）也不断告诫，这样做会带来许多问题、缺陷、遗憾，这是学术上不成熟的表现，还会经常把自己置于狼狈不堪的境地，等等；我也不是没有犹豫过，多少次试图皈依，但终于发现我不能、也不愿改，我无法按别人以及某一程度的我自己要求、期待我的那样去做，我仿佛命中注定，只能做这样的有缺憾的选择，这才会保存一个真实的自我。——就为了这一点，付出再大的代价，也许仍然是值得的”。[1]

教育的诱惑

其实，在八九十年代我所受到的不只是学术的诱惑，更有教育的诱惑：我曾在一篇写于90年代初的文章中这样写道：“因为写了几本书，于是有人称我为‘学者’，但我更愿意人们把我看作‘老师’”，也就是说，在自我身份的认定中，“老师”是居于首位的：“老师，更是我的钟爱，我的追求，更适合我的内在气质”[2]，我的第一本随笔集命名为《人之患》就隐含了这样的意思：“借用一下‘人之患在好为人师’这句孟老夫子的古话，对于我，既是写实，又是自嘲，该是恰当的。”[3]而且还有这样的阐述：“有朋友说，听我讲课，比看我的书，

[1]《读周作人·后记》,《读周作人》，265—266页。

[2]《离题的追念》,《我存在着，我努力着》，11页。

[3]《人之患·序》,《人之患》，1页。

印象要深刻得多，这大概是有道理的。我的学术著作，其实并非严格的学者的研究成果，而是一种教师的讲授：那处处都可以察觉到的强烈的宣讲欲，那滔滔不绝的语势，以及过于明晰的表达和特意强调的语气……无不闪动着一个沉醉于自己职业趣味的教师的影子。更有意思的是，我的研究，竟也遵循着‘教学相长’的原则。青年朋友（其中许多人都自称我的学生），既是我的著作的接受者，又是共同创造者，更准确地说，他们参加了我的研究工作的全过程。我的研究的起点往往不是独自的沉思默想，而是在书房的高谈阔论之中：我常从与青年朋友的交谈中，获得灵感，产生最初的思想萌芽，以至原始的创作冲动；而我一旦酝酿着某种想法，又总是迫不及待地向来访的青年朋友（熟识的与不熟识的）倾诉，不厌其烦地一遍遍地重复，正是在这重复叙述过程中，自己的思想逐渐明晰起来，同时在谈话对象的不断补充中获得丰富与发展。因此，待到一切成竹在胸，奋笔直书时，我所写下的，早已不单纯是个人的创造。至于在讲课过程中，直接从学生那里获得反馈，更是常有的事；在将讲义整理成书时，我喜欢引用学生作业中的观点，这正是出于对学生劳动的尊重与感激之情。我常说，离开了青年朋友、学生，我将一事无成，这绝非夸大之辞。”[1]我经常开玩笑说，要惩罚我，最好的办法就是将我与青年学生隔离开来。——后来有关部门真的这么做了，尽管未必有效。我过去头顶上都悬着一个“争夺罪”，这大概也是我的一个宿命。

如前文所说，我从小就有当老师的理想，但在20世纪八九十年代，以至新世纪我如此醉心于教师的职业，显然有新的思想文化背景与自我的动因：这是与“历史中间物”的自我定位直接相联系的。作为“中间物”的具体化，就是“做沟通鲁迅与当代青年的桥梁”。而

[1]《离题的追念》，《我存在着，我努力着》，11—12页。

最能发挥这样的桥梁作用的，又是北京大学这样的教育空间。简言之，就是“在北京大学的讲台上讲我之鲁迅观”，这就是年青时代的一个梦，是决定了我的后半生的最重要的决定性的自我选择，而且二十多年以来，从未动摇，也从未间断过。从 1985 年上半年给中文系文学专业 1981 级本科生开设“我之鲁迅观”课，到 2001 年上半年给中文系与外系 2000 级本科生讲“与鲁迅相遇”，下半年为研究生开设“最后十年的鲁迅”的讨论课，前后讲了十七年的鲁迅，有将近二十一届的北大中文系与外系的学生听过我的鲁迅课或讲座，这可能是我的后半生事业的最可观的成就。它与我前半生在贵州中等专业学校执教十八年（教学的一个重要内容也是讲鲁迅，特别是到了“文革”后期，更是自觉地向年轻人传播鲁迅思想），与退休以后两年多以来在更大范围内，特别是深入到中学生中去讲鲁迅，构成了一个以“讲鲁迅，接着鲁迅往下讲”为中心的将近四十年的教学生涯，这同时也构成了我的极为可贵的精神历程。

无法回避的内心的疑虑，以至恐惧

当我沉湎于大学里的学术与教学生涯的宁静时，我的内心深处却又时时涌起阵阵不满、不安与自责，终于在 1997 年由一本《恩怨录——鲁迅和他的论敌文选》引发了一次集中的喷发——

“（我）为了摆脱内心的孤独感，而时时想到鲁迅的‘骂人’，企望从中得到些许精神的支援。汪晖在他为《恩怨录》所写的序里反复引用的鲁迅的那句话：‘在这样的境地里，谁也不闻战叫：太平’，我也是常常记起的；因为正像汪晖所说，‘这是平和中正的时代，退居宁静的学者的时代，用各种各样的墙各各相隔绝的时代’，而我正是生活在这校园里的‘墙’内，被社会认定，扮演着‘宁静的学者’的角色。这或许正是现代文明的追求，是发展现代学术的需要与必然，而且也不能说对我毫无蛊惑，在某种意义上这正是我长期奋斗的一个结果与归宿，但我无法回避内心的疑虑、担忧、恐惧与悲哀。我担心与世隔绝的宁静、有必要与无必要的种种学术规范会窒息了我的生命活力与学术创造力和想象力，导致自我生命与学术的平庸与萎缩；我还忧虑于宁静生活的惰性，会磨钝了我的思想与学术的锋芒，使我最终丧失了视为生命的知识分子的批判功能；我更警戒、恐惧于学者的地位与权威会使我自觉、不自觉地落入权力的网络，成为知识的压迫者与政治压迫的合谋与附庸。我同时又为成了学术'名人'陷入传播媒体的包围中，在与普通百姓及年轻人的交往中增添了许多不必要的障碍，而感到悲哀。于是，我内心深处，时时响起一种生命的呼唤：像鲁迅那样，冲出这宁静的院墙，'站在沙漠上，看看飞沙走石，乐则大笑，悲则大叫，愤则大骂，即使被沙砾打得遍身粗糙，头破血流'也在所不惜"，那是一个真正令人神往的精神境界："那独立、自由意志的高扬，批判精神的充分发挥，那大爱与大憎的结合，不正是我们当下社会、今日中国知识分子，以及我自己，所匮缺的吗？"[1]

这样的情感的喷发，当然不是偶然的：有我自己的情感、心理发展的内在逻辑，也有深刻的中国社会思想文化发展的背景。

自我学术遭遇引发的心灵风暴

先说我自己的学术命运，以及由此引起的心灵的风暴。我从不讳言：我的学术研究属于"野路子"，总要触犯各种戒律，因此，无论

[1]《寻求精神支援——〈鲁迅和他的论敌文选〉序及其他》，《走进当代的鲁迅》，322—324页。

写作还是出版，总是不得安宁。首先是几乎没有一部著作没有经过不同程度的删改，主编、编辑，还有我自己，层层动手术，与读者见面时已是遍体鳞伤，惨不忍睹，我都一一记录在案，写有《立此存照》十八篇，可参看。而几乎每书（自己写的、编的）一出，都要引起轩然大波，或誉或毁，都很极端，可谓爱憎分明。自然，其中也有中肯的批评，严肃的心平气和的不同意见的学术商讨，以及借题发挥式的学术讨论。这些正常的与不正常的学术反应，我也有记录，曾编为一辑：《生命延伸——关于我的学术研究》，收入《六十劫语》一书中，可参看。在某种程度上，这也是我自己的追求，一方面，我深信："文学研究与文学创作一样都应该是开放的，即是说，它的学术生命将延伸到读者（包括评论家）的诘难、批评、阐释、发挥……中，在读者的'再创造'中得到真正的价值实现"，因此，这些讨论式的反应正是我所期待的。[1]另一方面，我又信奉鲁迅的文学观："诗人者，撄人心者也"[2]，而且在我看来，学术研究也是如此，它是要搅动人的灵魂的：或引起心灵的震撼，夜里睡不着觉；或触动某些人的某根神经，气得跳脚、骂娘，由此引发的毁誉分明的多少有些情绪化的评价、论争，也是正常的。问题是，在中国的国情下，总是有人要利用自己手中的政治权力或学术权力，对自己不赞同、看不惯的异端进行惩罚；更有些人手中并无权力，于是就进行告密式的揭发批判，以望引起掌权者的注意，而予以惩罚，而这类鲁迅说的"乏走狗"的伎俩，却往往得逞。这些都必然引起我的愤怒，却又因无权无力反抗而陷入深深的痛苦中。

---

[1]《〈心灵的探寻〉、〈周作人传〉、〈周作人论〉的延伸》，《六十劫语》，283—284页。

[2]《摩罗诗力说》，《鲁迅全集》卷1，68页。对鲁迅的"撄人心"的文学观，我在《与鲁迅相遇》一书中，有过具体的分析，可参看该书75—76、116—117页。

这里要讨论的是来自学院派的某些批评与诘难。可以说，有一种批评性的意见，即“不严谨”、“主观性太强，六经注我”，以及“过度阐释”等等，几乎一直伴随着我的学术研究，而且好像至今也还有这样的非议。对此，我有具体的分析，因而采取了不同的态度。大体有三个方面。其一是，它促使我反省自己的研究所确实存在的问题，在某种程度上，是我的一些先天性的缺陷。如前文所说，我的知识结构是存在着严重缺陷的，因此，在我的著作中时有常识性的错误。记得我的《周作人传》写出后，曾请舒芜先生审稿，他指正了数十个错误，真让我羞愧难言；后来，舒芜先生要写书评，问我要不要指出这些问题，我回答说：当然要写，但他最后还是没有提及，而是对全书给予了相当高的评价，我当然知道这是对我的爱护与鼓励，内心的感激也是难言的。对类似的批评指正，包括最近一次我的《与鲁迅相遇》中的一处错误，一位读者在《文汇读书周报》上提出公开批评，我都是欣然接受，并心怀感激、不安与内疚的。出现这样的错误，还与我的前述过于强烈的写作欲望，急急忙忙往前赶的写作状态与方式直接有关，因而我写得太多太快，难免不拘小节，显得粗疏，留下易被抓住的小辫子。这甚至暴露了我精神气质上的某些弱点，我的一位同窗好友因此提醒我：“今后你要在学得鲁迅的敏锐、峻急、愤激的同时，也学一学他的从容、镇定和通脱。”[1]这确实是击中要害，却又涉及人的本性难以改变，我也因此常有无奈之感。其二，这显然是两种不同的学术观念、方法与追求之间的争论，而对这类学派之争，我的态度一贯是两条，一是“坚持自己的意见的合理性，即所谓据理力争”——不过我奉行的是“不争论”原则，对一切善意的以及不善意的挑战，

[1]《〈丰富的痛苦——堂吉诃德与哈姆雷特的东移〉的回应》，《六十劫语》，325—326页。

我通常的对应办法是不予回应，我行我素，用研究实绩来证明自己研究的合理性与价值。这里其实是隐含着一种学术自尊、自信与自省的，在第一部学术著作《心灵的探寻》的“引言”里，我就对自己的研究作了这样的估计与期待：“它既自尊，清楚自己的价值，又自重，绝不以否定或攀缘别一种研究道路来换取对自己的肯定，那种‘肯定’实际是对自己的辱没；它更公开宣布自己的不足，因此也就为自己取得了一种开放的姿态。人们不但可以从这样的研究中得到启示，而且可以从其不足之处开始，进行新的更富有创造性的开拓。其研究的生命力恰恰也在于此。”[1]二是“要尊重对方的意见，要善于从对方的不同意见中发现某些合理的因素，从对方对自己的驳难中警觉自身可能存在的盲点或陷阱”。[2]比如，面对“过度阐释”的诘难，我一面仍然坚持自己的主体介入的研究方式，同时也以此为警戒，要求自己掌握好其中的“度”。而如何发掘对方意见中的合理因素，实质上是一个在异中求同，避免陷入非此即彼的二元对立的陷阱的问题。在我看来，在注重第一手的原始材料在研究工作上的意义这一点上，我与我的批评者之间就有一致之处。在这个意义上，我也可以承认自己属于学院派。我深受鲁迅与王瑶先生重视“史料的独立准备”传统的影响，可以说，我的每一部重要的学术著作都有新的学术眼光照耀下的史料的新发掘，像《丰富的痛苦》这样的著作甚至因为引文过多而影响了行文的流畅。——当然，无可否认，这也是一种写作策略，一个必须的妥协，是为获得现行学术体制的承认而不得不付出的代价。但在更深层次的史料观上，我仍然坚持自己的生命史观：“史料本身是一个个活的生命存在在历史上留下的印迹，因此，所谓‘辑佚’，就是对

[1]《心灵的探寻·引言》，《心灵的探寻》，27页。

[2]《致于漪先生书》，《语文教育门外谈》，395页，广西师范大学出版社，2003年。

遗失的生命（文字的生命，及文字的创造者——人的生命）的一种寻找与激活，使其和今人相遇与对话；而文献学所要处理的版本、目录、校勘等整理工作的对象，实际上是历史上的人的一种书写活动与生命存在方式，以及一个时代的文化（文学）生产与流通的体制与运作方式。”因此，在我看来，强调史料的独立准备，不仅是为了强调学术研究的科学性，“同时也是包含了一种新的研究思路，即把现代文学的文本还原到书写、发表、传播、结集、出版、典藏、整理的不断变动的过程中，去把握文学生产与流通的历史性及其与时代政治、思想、文化的复杂关系”。[1]——这大概就是“异中求同”，又“同中守己”吧！其三，不可否认，有的批评、指责，是把自己的具有某种合理性的研究思路夸大为一种评价标准，符合自己的研究思路的即为“学风严谨，具有科学性”，不同者即为“学风不严谨，科学性不足”。本来作为个人，要坚持这样的评价标准，至多不过是一种偏见，因此，对这类纯属个人的批评，我虽不能同意与接受，但仍尊重其批评的权利，但如果这样的偏见与一定的学术权力，甚至行政权力结合起来，就会形成对学术上的不同意见与追求的一种压抑，而我对此类权力的压迫是特别敏感的，情绪反应也特别地强烈，常因此而受到极大的伤害。问题的复杂性还在于，批评者所采取的常是一种“抓住一点，不及其余”的策略，即他所抓住的确是你的“小辫子”，但借此而进行全盘否定。我就遇到过这样的批评：抓住的是《周作人传》中的两条常识性的错误，在此之前也有人批评过，得出的结论却是：这样的人能当博士生导师吗？——我一生中，不断被这样的质问所困扰，这一次是学术的，下文将要谈到的，则是政治的，这都说明我这个所谓“学

[1]《史料的“独立准备”及其他——在中国现代文学的文献问题座谈会上的讲话》，《追寻生存之根》，246页。

者”大概是不适合在当下生态环境中生存的。而且还要给我加上可怕的罪名，这回是：有了这样的“知识分子和文化人”，“我们的传统民族文化遗产恐怕会很快就‘辩证’地消亡泯灭了”。而这样的批评很快就得到了体制的支持：北大校学术委员会开会审批博士生导师资格时，有关部门违反常规地在会上散发了这篇文章，结果自然是“未获通过”。[1]这样，我所要面对的实际上是学术批评、争论背后的学院学术体制，不仅无力抵抗，有时为了获得起码的物质的与学术的生存条件，而不得不作出许多妥协，这都会带来巨大的精神痛苦。

这样的痛苦我自己是能够承受的，因为我毕竟是压不住的；真正让我觉得难以忍受的，是对不成熟的年轻人的压抑。我在《关于研究生教育的思考》一文中，曾专门谈到“如何对待‘特别’的学生的问题”：“这样的学生，常常有一些以寻常的眼光看来是比较‘怪’的想法，他们的思维是反常规的，经常让导师都大吃一惊。很显然，这样的学生，连同他们的古怪想法，是很容易被否认与抹杀的。但如果仔细分析，就会发现，他们的‘怪念头’有的恰恰是极富创造性的，甚至是超前的，但同时又是与一些混乱不清的，甚至是谬误的东西混杂在一起，一时难以区分。在这种情况下，作为导师，就有责任要保护这样的学生的极其可贵的创造性，那些属于未来的创造的萌芽，同时也要指出其问题，加以引导——引导也是保护。这样做的前提，是导师要有自我质疑的精神，不能简单地认为，自己不懂的，不能理解与接受，与自己不同的，就是错的、不好的。”[2]这自然是有感而发：因为缺乏自我质疑，以自我学术为标准，有意无意地压抑了学生的创造性的问题，是在学院学术与教育中经常发生的事情。我身处其中，又

[1]《〈心灵的探寻〉、〈周作人传〉、〈周作人论〉的延伸》,《六十劫语》，314页。

[2]《关于研究生教育的思考》,《学魂重铸》，102—103页。

具有强烈的中间物意识，就很容易和这样的学院体制发生冲突。同时又不满意于学生的“不争气”，面对学生论文中的明显的疏漏，有意保护而不能，这就经常陷入尴尬的境地与难言的痛苦中。

北大与学术“失精神”引发的危机感

而在1997年前后，我所在的北京大学正临近它的百周年纪念，它引发了人们对北大现实的批判性审视。首先感到校园危机的是敏感的年轻学生。在前文已经提到的《时事》编辑部的文章《寻找真北大的声音》里，这样写道：“在炎热的燕园，眼前不断变换着景物……一切的大兴土木似乎在表明北大是欣欣向荣的。可是我感受不到一点新鲜的气息，只有压抑的感觉。因为三角地只有TOEFL培训和招聘的广告了，因为民主草坪上只是坐着相互拥抱的情侣了，因为图书馆里只有一张张透出英语单词和微积分的麻木的面孔了，理想与责任感已经在我们的头脑中缺席了。我实在难以找寻到北大的气息，青春的活力。我不断地问自己我是在北大吗，怎么我听不到‘五四’的呐喊，怎么我看不到三角地的指点江山，怎么我听不清理想主义的声音，怎么我看不到热血沸腾的青年，怎么我感受不到心忧天下的责任……失去了精神的北大正如一个被抽去脊柱的巨人，他的肌肉在不断发达，可他总也立不起来。”[1]这呼唤或有片面之处，却是绝对真诚的。后来，我应时事社之约，作过两次演讲，其中一次好像是在校外，而不久就听说时事社没了，我大为震动，前来报告的学生闪烁着的泪光，像火一样烧灼我的心。我作出这样的判断：这些学生民间刊物，冲破了思想沉寂状态，重新高举精神自由与独立的旗帜，表现了极其可贵

[1]《寻找真北大的声音》，钱理群主编：《走近北大》，282页。

的批判、创造精神与勇气。但又立刻引起了这样的自责：我恨自己的软弱与无力。就连此刻我所写下的这一切，所谓史家的判断，又有什么用呢？说穿了不过是阿Q式的自慰——这样的自责与内疚，就是我后来在北大百年校庆时出来说话的一个最直接的动因，我依然是在还债，而且我很清楚，我不过是将这些年轻人的声音放大，公开说出而已。

接着又一件事让我震惊，事情就发生在我的身边：中文系一位年轻教师，在报上发表文章，揭露北大的问题，呼吁北大应正视自己所面临的精神危机与学术、教学危机，却招致领导的震怒。我想起了鲁迅1933年所说的一句话："北大堕落至此，殊可叹息，若将标语各增一字，作'五四失精神'，'时代在前面'，则较切矣。"[1]在1997年10月所写的一篇文章里，我这样写道："因为北大精神的失落感，以及追回失去的精神的焦灼感，以及对这些失落感、焦灼感的质疑，由此引起的自我嘲讽……这一切都搅成一团，弄得我不得安宁，而且随着百周年校庆的临近而愈加强烈，而且看不到平息之日……"[2]

而这样的"失精神"的现象，并不只是北大的问题；或者说，北大的问题只是90年代中国思想、文化、学术问题的一个集中反映。而我所从事的专业——现代文学研究，特别是鲁迅研究，因为它与"五四"新文学运动的血肉联系，对这样的"五四失精神"的现象的反应，自然是格外敏感与强烈，而且引发了学科发展的危机感，并产生了激烈的争论。在《中国现代文学研究丛刊》1997年1期，发表了"现代文学研究十五人谈"的一组文章，即有学者尖锐地指出："新时期以来，中国现代文学曾有过争鸣的辉煌历史，但近年来却陷入了

[1]《致台静农》，1933年12月27日，《鲁迅全集》卷12，309页。

[2]《旧文重抄并抄后感》，《六十劫语》，179页。

沉寂的泥沼而不能自拔，尤其是面对当下的许多重大的文化与文学思潮问题，放弃了发言权”，在这位学者看来，作为一个现代文学的研究者、现代知识分子，继承与发扬“五四文化批评精神”，“永远和时代与社会保持一种离心力，一种文化批判姿态”，具有现实的迫切性。而另外一位学者则更进一步指出，不应用“学术化”来“掩盖思想力的贫弱，掩盖对‘重大问题’的缺乏反应能力”与“‘学术’的贫困”：“我怕有一天，这学科会成为一个看似‘自足’的学术沙龙，因自言自语而沾沾自喜，在与外界缺乏交换的封闭状态中自我消磨。”而另一些学者则提出了相反的意见，主张“改变一下心态、思路和方法——把历史还给历史，让学术成为学术，用平常的心态看待我们的学科，但用更严格的‘古典化’学术标准和研究方法来从事我们的研究工作”，因而呼吁“加强一点史学的品格、理性的节制、客观的精神和传统的学术规范，而不是一味地追求批评性的激情、当代性的兴趣和主体性的发挥”。[1]在某种程度上，这正是“精神界战士兼学者”的学术传统与“为学术而学术”的学术传统之间的论争的继续。我当然是站在前者的立场上，但我对后者也有一种同情的理解，而且从我强调学术研究的个人性的立场出发，在我看来，一个学者选择什么样的学术道路，是与自身的精神气质直接相关的，是不能、也不必勉强的，在这个意义上，争论并无多大意义，只能是各自陈述，各行其是。对于我来说，最终走向精神界战士之路，同时又对之不断进行质疑，都是由我内在的精神气质与生命欲求所决定的，是一种宿命。

---

[1] 参看丁帆：《对〈中国现代文学研究丛刊〉的几点建议》；赵园：《关于现代文学研究的随想》；解志熙：《“古典化”与“平常心”——关于中国现代文学研究的若干断想》，均载《中国现代文学研究丛刊》1997年1期。2004年我曾写有《我们所走过的道路》一文，论及这场争论，文载《中国现代文学研究丛刊》2004年4期，可参看。

鲁迅"精神界之战士"传统的再发现

讨论中所提出的"对当下许多重大的文化与文学思潮"的挑战的"应对"问题，当然不是无的放矢。我在一篇文章里，曾有过这样一个概括："这是一个饶有兴味的思想文化现象：在90年代中国的文坛学界，轮番走过各式各样的'主义'的鼓吹者，而且几乎是毫不例外地要以'批判鲁迅'为自己开路"："风行一时的保守主义者反省激进主义，把'五四'视为导致文化大革命的罪恶的源头，鲁迅的启蒙主义变成专制主义的同义词。'悄然兴起'的'国学风'里，民族主义者，还有'新儒学'、'新国学'的大师们，鼓吹新的中国中心论，自然以鲁迅为断裂传统的罪魁祸首。在某些人眼里，鲁迅甚至免不了'汉奸'之嫌。号称'后起之秀'的中国后现代主义者视理性为罪恶，以知识为权力的同谋，用世俗消解理想，告别鲁迅就是必然的结论。用后殖民主义的眼光看'五四'那一代人，他们的改造国民性的思想，鲁迅对阿Q的批判，不过是对西方文化霸权主义的文化扩张的附和。自由主义者鼓吹'宽容'，炫耀'绅士风度'，对'不宽容'的'心胸狭窄'的鲁迅自然不能'宽容'，他被宣判为'极权统治'的合谋。还有自称'新生代'的作家，也迫不及待地要'搬开'鲁迅这块'老石头'，以'开创文学的新纪元'。"[1]如前文所说，90年代初以来，我对启蒙主义、激进主义思潮曾经有过反思，特别注意到其有可能导致专制主义的危险与历史教训，但现在所面临的却是对启蒙主义与激进主义的全盘否定，这却是我所不能接受的，并引起了我的高度警惕。而面对现实生活中所发生的严重的国民精神危机与严重的两极分化、社会不公，启蒙主义与激进主义的

---

[1]《远行以后》，100—101页。

正面价值却反而得到了显现。我曾经说过："这是一个消解神圣，消解痴情、激情，消解浪漫、理想的追求，最终要将人的精神也消解殆尽的时代。"[1]在这样的时代氛围里，重新强调理想、神圣、激情与启蒙，自然有其反拨的意义，但又极容易落入完全忽视历史曾经有过的教训，将其重新理想化、绝对化的陷阱，这同样也是我所不能同意，并始终保持高度警惕的。正是在这样的两难选择中，鲁迅的经验又被重新发现与观照。我后来这样概括鲁迅在"五四"时期的立场："尽管怀疑启蒙主义究竟能起多大作用，但仍不放弃启蒙的努力"[2]；可以说我是在鲁迅这一"'怀疑启蒙而又执着启蒙'的'知其不可为而为之'的选择"[3]启示下，找到了自己的立足点。

也可以这样说，在90年代末，当鲁迅成为思想文化学术界一些人的主要批判"靶子"时，包括我在内的另一部分知识分子却重新发现了作为精神界战士的鲁迅的榜样的意义。如汪晖在他的《死火重温》里所说："正是在这样的知识状况下，在'有机知识分子'成为一种日益边缘化的文化现象的时代，鲁迅所创造的辉煌业绩值得我们思考：在一个日益专家化的知识状态中，在一个媒体日益受控于市场规则和消费主义的文化状况中，鲁迅对社会不公的极度敏感，对知识和社会的关系的深刻批判，对文化与公众的关系的持久关注，以及他的灵活的文化实践，都为在新的历史条件下再创知识分子的'有机性'提供了可能性。这是中国知识分子的伟大传统。"[4]

---

[1]《献身学术——王家平〈鲁迅精神世界凝视〉序》，《学魂重铸》，189—190页。

[2]《"为人生"的文学》，《与鲁迅相遇》，110页。

[3]《鲁迅"多疑"的思维方式——兼谈对〈一件小事〉的一点看法》，《走进当代的鲁迅》，181页。

[4]《死火重温——〈恩怨录——鲁迅和他的论敌文选〉序》，汪晖：《死火重温》，433—434页，人民文学出版社，2000年。

对于我来说，这不仅是对鲁迅的传统认识的一个深化，更是寻找自我位置中的一个重要结论。如前文所说，在“文革”结束，重回北大校园一开始，我就存在着一个“做战士，还是当学者”的矛盾，而当时的“战士”概念主要是指从事实际的社会运动，但我事实上是并不具备政治实践家的素质的，这是自我的内在矛盾的一个重要方面。后来，我对“精神界之战士”做过这样的解说：不同于一般的战士，“他关注的始终是精神现象，人的精神问题，他要反抗的也主要是精神奴役现象”。[1]这样，学者与精神界战士之间就获得了内在的统一：都同样以“精神现象，人的精神问题”为自己的对象，学者从事的是学理的探讨，历史的考察；而精神界战士的工作是现实的社会批判、文化批判与思想启蒙。前者为后者提供批判的理论与历史资源，后者则是将前者的思想成果转化为现实的批判力量，为更广大的读者所掌握，在某种程度上可以看作是学术的普及工作。但二者又存在着一定的矛盾：除了时间与精力之外，也还有类似鲁迅所说的“研究是要用理智，要冷静的，而创作须情感，至少总得发点热（文化批判也一样——钱注）”的矛盾，“于是忽冷忽热，弄得头昏”。[2]因此，在具体操作中必然在不同时期、不同境遇下，有不同的侧重，其社会角色也会发生相应的重点转移。就我个人而言，如果说在1981—1996年这十五六年的时间以主要精力从事学术研究，从1996年末开始，由于前述种种内在与外在的因素的推动，就将主要精力转向社会、文化批判与启蒙工作，也即学术的普及工作：这是我的“将苦难转化为精神资源”的学术追求的题中应有之义。

[1]《以“立人”为中心》,《与鲁迅相遇》，92页。

[2]《读书杂谈》,《鲁迅全集》卷3，441页。

社会角色的重心转移

这样的重心转移是以两篇演说（1996年10月25日晚在北大作《周氏兄弟与北大精神》的公开演说，1996年11月整理的《鲁迅〈野草〉里的哲学》的演说），一门课程（1997年下半年开设的“鲁迅、周作人思想研究”课程，后以《话说周氏兄弟》为名整理成书，还以讲课中的部分内容在北京及各地高校作公开演讲），三篇文章（1998年先后发表于《读书》、《方法》等杂志的为北大百周年校庆所写的《想起了七十六年前的纪念》、《不容抹杀的思想遗产——重读北大及外校“右派”的言论》，以及《“精神界战士”谱系的自觉承续》）为标志，在校内外引起了强烈的反响。后来，这些文章及在此前后写的系列文章，就产生了更大影响。这些演说、课程与文章、文集，显然是以我的周氏兄弟、知识分子精神史研究作为学术后盾，是前文所说的我作为“历史的中间物”、“堂吉诃德与哈姆雷特”与“幸存者”的思考的结晶，包含了对北京大学传统与现实的反思，历史与现实的体制的批判，知识分子的反省，国民性弱点的剖析，背后的伦理观、历史观、哲学观、话语方式的追问，以及精神界战士的追寻，等等，其中贯穿了对“独立、自由、批判、创造”精神（在我看来，这正是北大传统与现代知识分子传统的核心）的呼唤，自然引起了年青一代强烈的共鸣。——我实际上是试图在90年代的中国，重新推动新的思想的启蒙，在某种程度上是“五四”启蒙传统的一个继承和发扬；对我这样的“五四”新文学的研究者而言，其实就是不但“讲五四”，而且“接着往下讲，往下做”了。

我的研究与写作也因此走出了校园与学术圈子，并且逐渐形成了一个相对稳定的所谓“忠实读者”的群体，我曾有过这样的分析：“我们正处在一个社会大转型的时代。一方面是现世主义、实利主义、消费主义盛行一时，物欲横流，精神则处于被消解的地位。另一方面，却又存在着与之相对抗的选择与努力：一部分人仍在坚持独立的思考，由于处在现实生活的种种矛盾之中，经常处于精神苦闷之中，从而产生了强烈的精神饥渴；他们在中国人口总数中所占比例极小，但由于中国的人口多，绝对数却并不小。其中有大、中学的青年学生，他们本来就是现当代文学的主要接受对象，自然也是我们的研究著作的主要读者。我这里还要特别强调的是，一些遍布于中国的大、中、小城市与乡镇的'文化人'，有的在地方文化、教育部门任职，有的则是普通的工人、公务员，正是他们构成了我们的学术的重要接受对象。一方面，作为忠实的读者，如饥似渴地读我们的书，同时又向更广大的人群（朋友、学生）介绍、宣传我们的思想和观念。有了这样的社会基础，我们的学术就有可能走出专业范围，产生更大的社会影响。"

这又反过来影响了我的学术研究与写作，于是，对"我为谁写作"就有了新的思考与追求："我'为中国读者而写作'，我从对中国社会、思想、文化的关注与思考中获得问题意识，以此作为我的学术研究的出发点与归宿，并以中国读者对我的研究成果的接受与评价，作为自己的学术价值的主要依据与体现"，"我更希望我的学术著作能够走进更广大的人群中，因此，我更'为中国的普通读者而写作'，在某种程度上，我更重视中国普通读者对我的学术的接受与评价。由此形成了我的一个基本追求，即所谓'学术性与普及性的统一'"。我"一直在寻找一种既适合于专业对象，又为专业外的普通读者所能接受的学术语言与学术文体。因此我尽量少用专业性过强的术语，力避艰涩的过于欧化的表达方式，力求明白易懂，并且有意识地以一种坦诚、亲切的，与读者交心的方式，采用多少有些感性化的诗性的语言，注重细节呈现，强调现场感，将分析寓于描述之中"；"这些年还自觉地尝试‘对话体’、‘漫游体’、‘讲课实录’等学术文体：这都是为了使自己的学术著作走向中国的普通读者，获得更广阔的空间”，发挥思想启蒙的作用。[1]这仍然是在追求学者与精神界战士的统一。

又陷入了新的困境

但当我把自己的学术研究成果转化为社会批判与文化批判，进行某种程度上的角色转换时，却没有想到竟会引起轩然大波，并使自己陷入了困境之中。

我在有关北大的多次演讲与文章中，都反复强调了“北大应该有一种危机感与紧迫感”。我指出：“任何没有危机感的个人，学校，民族，都是没有前途的”[2]，如果“‘不知反省’，不以不足、失误为羞耻，反过来掩盖确实存在的严重问题，以至危机，甚至以‘否定成绩，破坏安定团结’等等借口，来压制对北大的任何反省，那么，无论怎样信誓旦旦，都不是真的爱北大，至多不过是自欺欺人的表演而已”。而我对北大的反省则集中在“北大失精神”这一点上：“教育精神价值失落，这正是当前北大存在的突出问题。”在我看来，这主要表现在两个方面，其一是蔡元培提倡的构成了北大生命线的“思想自由，兼容并包”精神的失落；其二是蔡元培力主的“所谓大学者”，实为“共同研究学术之机关”的教育理念与传统的失落，北大成了蔡元培所批判的“养成资格之所”，“拜金主义之盛行”使北大的教育变成了“使教育者与被教育者依附于市场的实用主义的商业化教育”。这样，对北大教育，以至整个中国教育的反省，就不能不回到起点、原点上，

[1]《为中国的读者写作》，《追寻生存之根》，237、236、238页。
[2]《周氏兄弟与北大精神——北大演讲录（一）》，《压在心上的坟》，274—275页。

即对教育本质的追问："什么是教育？什么是大学？大学教育的目的是什么？""我们要把北大办成一所什么样的大学？"[1]我的这些文章在北大百年校庆期间发表，引起了几乎是爆炸性的反应，广大校友与师生，以及社会上许多人对北大校庆活动的政治化与商业化早已不满，对我所强调的反省精神就自然引起强烈共鸣，于是争相传看，学生还将我写的一篇纪念蔡元培校长的文章《校园风景中的永恒》在校园里广为张贴，再加上我参与组织的《蔡元培》话剧的上演，更将人们对蔡元培开创的北大传统的怀念推向高潮。在校方某些人看来，这都和他们"过不去"，于是，也与我"过不去"：不准我这样一个在职的教授在学校作公开学术演讲，这在北大校史上也是罕见的。我写信给校长，提出抗议，校长却无力干涉。这引起了学生的强烈反应，于是就借学校评选"最受学生欢迎的十佳教师"之机，将我选为1999年"十佳"之首，以示对我的支持。

极"左"派对此大为震惊。这样，他们就终于找到了一个批判的靶子。于是，由他们把持的某杂志首先发难，并在其所能掌握与影响的报纸、杂志上，对我进行了长达半年之久的批判。其罪名与三十四年前"文化大革命"开始时，我作为"资产阶级反动学术权威"被"革命师生"揪出来时的罪名如出一辙。

对于我个人来说，这是一次漫长的精神磨难。

即使是与同情者、支持者之间也存在着隔膜，也依然有着不被理解的悲哀。当有年长或年轻的朋友把我视为什么"代表"，表示对我寄以"厚望"时，我总感到惶惑不安。极"左"分子已经把我当作"资产阶级代表人物"，因此必除之而后快；如果另一种力量把我视为"代

[1]《想起了七十六年前的纪念——读〈北京大学日刊〉有感》，《六十劫语》，183—184、187、189、186、185页。

表”，因而必要“保卫”之，那我自己的独立的个体生命将置于何地呢？其实期待本身对我追求的个体精神自由也是一种侵犯。我真的经常这样想：我就是我，我是为自己说话的，为什么要成为某种“代言人”，说人们希望我说的话呢？我之所以对自己成为公众人物感到不安、烦躁，就是日益感到了失去自我自由的危险。

这里还有一个“故事”：一位年轻读者来信把我当作“代表”，说了许多热情的话，我回信感谢他的信任，又委婉表示不愿扮演这一角色，他又写信，仍然坚持那样的我不堪承受的期待，我突然被激怒了，就写了一封信断然拒绝，他也被激怒了，寄来一封“信”，里面只有一张白纸，大概是借此表示对我的蔑视。我却顿时感到轻松：他对我的失望与断绝，正是我所期待的，我们都保持了自己的独立性。

还有的年轻人（包括北大学生）称我为“精神导师”。我心里很明白，这不过是说说而已，不能过分当真。尽管如此，每当有人这样说，我总是感到惶惑不安，并且总要当面或公开表示拒绝。原因很简单：“精神导师”是要给别人指路的，而我自己还在寻路过程中，因此，我无论是上课、写文章，还是私下交谈、通信，总是坦率地将自己的矛盾、困惑如实地告诉读者和学生，我愿意是与青年人一起切磋学问、探索真理的朋友，而绝不是自以为真理在握，专门训导他人的“导师”，这样的“导师”身上浓厚的道学家气息正是我深恶痛绝的。

在与年轻人的接触中，我还有一种紧张感，“文革”中一位女学生就是因为对我表示了某种程度的同情而被打成反革命，以致最后被迫自杀。我曾为此写过文章，说这是“永远压在心上的坟”。这样的历史当然不能重演。这对我来说，也是一个底线，否则我将永远愧为人师。

同时，我又时刻警诫自己：不能把年轻人，以及自己的读者、听众，演说效果理想化：“青年崇拜”与“语言幻觉”正是启蒙主义的两个陷阱。在一次对北大学生的公开演讲中，我说过这样一番话："我在这里演讲，看起来是我讲你们听，你们受我影响，实际上我是被你们牵着鼻子走。我讲到某处，你们鼓掌了，我也兴奋起来；我立刻明白，你们期待我讲什么，于是，我就顺着你们的期待讲下去，越讲越起劲，却越讲越'走火'。事后想起来，会觉得害怕：哎呀，我讲了些什么呀，这根本不是（或不完全是）我自己的意思，我上了听众的当了！当年鲁迅说，听众的掌声是会把人的命送掉的，这是很有道理的。"听到这里，学生都笑了，我却怎么也笑不出来：这是一种相当沉重而苦涩的生命体验。后来我在一篇文章里这样写道："说的不是'自己要说的话'，而是'别人（读者，听众）要（期待，希望）你说'的话，'说（与写）'成了表演，而且是别人（读者，听众）提线，你演傀儡戏。这就是鲁迅所说的，知识分子成了'帮忙'与'帮闲'：官的帮忙、帮闲，商的帮忙、帮闲，大众的帮忙、帮闲。后者往往不易察觉，却更为可怕与可悲。"[1]

在这个一切都商品化的时代，如同要区分真假堂吉诃德一样，还要区分真假精神界战士。我因此不得不写文章划清界限："由于思想的超前，或者如鲁迅说的比别人更敏感，看得更透，精神界战士身居于大众之中，也会有一种孤独感、寂寞感与绝望感。但首先这是一种建立在对国家、民族、大众、他人，以至人类、世界、宇宙的大关怀、大悲悯基础上的大孤独、大寂寞、大绝望，而绝不是对一己的悲欢的感伤的咀嚼，那只能显示自我精神之'小'。""终日愁眉苦脸、呼天抢地的，是鲁迅批评的'零余者'，而绝非精神界的战士。""真正的精神界战士确实在尖锐地批判着、反省着国民性与知识分子的弱点，但人们可以从中感受到一种对人的爱与宽厚之心，他们绝不以道德与

---

[1]《自说自话：我的选择》，《压在心上的坟》，219页。

真理的化身自居，作苛刻的道德与政治的判决，在这方面，精神界战士可以说是历史与现实中的道学家的天敌。”[1]——这同时也是一种自我警戒。

而我的尴尬之处正在于，如前文所说，就本性而言，我是更适应于闭门写作，与三五好友、几个学生在客厅里高谈阔论的学者生活方式的；一旦走出个人独处的书斋，就会陷入面对众多矛盾不知如何应对的狼狈境地：既要坚持自己的基本信念，又不得不作出妥协；既要保持自我道德上的纯正，却又时时面对各种污秽。特别是当整个社会的空气不良，人们总不惮以最坏的恶意去猜度他人（有时我们自己也难免），再加上商业社会无法避免的媒体炒作，就会形成种种流言，不仅有口难辩，而且辩诬本身就是一种屈辱。而我又没有鲁迅那样的“将泼来的污秽以加倍的力量扔掷回去”的勇气与智谋，或者说，我有鲁迅所深恶痛绝的知识分子的洁癖，害怕在一片混战中弄脏了自己，带来更大的精神伤害，于是，对来自一切方面的误会、流言、攻击都隐忍不言：这样的处境，对于一个无力自卫而又敏感的学者的损害之深，是非亲历者所绝难体会的，只能如鲁迅所说的那样，独自逃离人群，自己舔干净身上的血迹。它更会使你对自己的选择产生怀疑：我做这些事到底有什么意义？值得吗？人们真的需要我吗？而每一次动摇，又会带来新的自我谴责：人啊，你为什么如此地软弱？……

而更为隐蔽也更为要害的却是精神的内伤。我曾在一篇文章里这样写道：“专制主义的压迫，由此形成的人的孤独感、受压抑感、屈辱感等等，不仅会激发起人的正当的愤怒与反抗，同时也会造成精神的伤害，甚至反抗本身也都是一把双刃剑：在刺伤对手的同时，也会伤害自身。这种伤害突出地表现为一种‘怨毒’，对他人、世界的敌

[1]《能写的与不能写的》，《我存在着，我努力着》，152—153页。

意，对爱与光明这些人性中最柔和的部分的有意无意的排除，这种人性的硬化、粗暴与乖戾，构成了自我的精神的黑暗，鲁迅所说的他痛恨而又除不去的内心的‘毒气’与‘鬼气’，说的就是这种在反抗外在的黑暗中伤及自身的精神的黑暗。”“专制主义不仅造成了人的‘奴化’，也‘毒化’了受害者的心灵，这不仅是在更深的意义上剥夺了人的精神自由，而且也会使被压迫者在‘以恶抗恶’中自身由人变成兽。”于是就有了这样的自省：“在多方挤压下，（我）陷于极度的烦闷、烦躁之中……我越来越发觉自己与周围的世界的不和谐，从而产生某种敌意；越来越自觉意识到自己的思想与他人的分歧，从而产生深刻的孤独感。我变得格外的敏感与脆弱，也格外的愤激”，“我同样处在向‘神’与向‘兽’的十字路口。我必须向自身精神的黑暗宣战”。我愈要唤起我内心的光明，我愈要激发出内心的爱。“‘处事贵己心自由，能超越事上，而不为事所限制。于是能从容，能主动，能无私，能达权（将事能弥，遇事能救，既事能挽），能长虑（未事知来，始事知终，定事知变）；能提得起，放得下，算得到，做得完，看得破，抛得开；能耐烦，能镇定。己心清醒警惕，能应变。’——这是一个更高的境界，应努力追求。”[1]

渴望回到生命的沉潜状态

就在这样的心理背景下，我不止一次地想重新回到学术，回到生命的沉潜状态。正是在 1998 年我向我的研究生作了一个“沉潜十年”的报告，要求他们“一定要‘沉静’下来，即所谓‘板凳甘坐十年冷’，着眼于长远的发展，打好做人的根基，学术的根基，而且要‘潜入’

[1]《2000 年伊始》,《生命的沉湖》，203—204 页。

下去，潜到自我生命的最深处，历史的最深处，学术的最深处”。[1]这其实也是我内心的生命欲求。这里也内含着我的“兼学者与精神界战士”的选择的矛盾。我很清楚，自己的社会批判与文化批判是以长时期的学术研究成果作为资源的，但这样的言说，又不免是对我的研究成果的一种简化，许多人（特别是非同专业的读者）完全根据我的这些思想随笔来了解我，不仅会使我的学术研究被忽略，而且因此造成了一些误会，有时我就会产生不被理解的悲哀。1998 年年底所写的《话说周氏兄弟》的“后记”里，我还谈到了自己的某些危机感：“再不进行新的开拓，我将要重复自己了”，并发出这样的自我警戒：“我需要停下来，作新的补充，新的思考，新的探索。这将是一个新的挑战，对自我创造力、想象力的挑战。”[2]也就是说，我要重新回到学术研究上，强化学者的角色，经过一段沉潜，再对社会发言，那或许将是更有力的声音。——但这样的转变由于种种原因，至今也还没有完成。

---

[1]《沉潜十年》,《学魂重铸》，197 页。

[2]《话说周氏兄弟·后记》,《话说周氏兄弟》，306 页。

五　真的知识阶级

在2000年以后，我因为身心付出太多太大，免疫力急剧下降，终于病倒；在病中作回顾时，却突然有了这样的怀疑与自省：我如此喋喋不休地谈论自己这一年的种种遭遇与心境，是不是也存在着某些问题？我想起了鲁迅的自我警戒："我时时说些自己的事情，怎样地在'碰壁'，怎样地在做蜗牛，好像全世界的苦恼，萃于一身，在替大众受罪似的：也正是中产的智识阶级分子的坏脾气。"[1]

我能作出这样的自省，并非偶然：某种程度上，我已经思考、反省五年了。

世纪末中国知识分子的危机

这就需要从1995年说起。当时我正在韩国外国语大学任教，就有了可能有距离地思考一些更为根本的问题。记得当时我写了五篇"异国沉思录"，即《未名湖畔的老人——悼吴组缃先生》；《关于北大历史命运的思考》——后来我关于北大的许多言说正源于这些思考；《目标与选择——我的现代文学研究大纲》——这是对我以后的学术研究的一个总体规划；《自说自话：我的选择》——这是对自我的一

[1]《二心集·序言》，《鲁迅全集》卷4，191页。

个新的定位，下文我们还将作详尽讨论；《世纪之交中国大陆知识分子对历史的反思与现实困境》——这是一次全面的思想清理与自我反省，它更是决定了我以后的思想发展与选择，或许是五篇沉思录中最重要的，这里摘录其中部分内容。

在改革开放的初期，中国大多数知识分子都满怀理想主义、浪漫主义，激情地期望与相信，经过改革开放，将消除中国的一切弊端，出现全新的中国、全新的社会、全新的人，这仍然是一个现代神话。

中国知识分子曾对市场经济寄以很大的希望，但没有料想到，市场经济的魔鬼一旦从神瓶中释放出来，就由不得人的支配，而按照自己的铁的意志，扫荡一切，改造一切，不仅对旧体制进行了有力的冲击，促进了中国经济的也许是过高速度的发展，而且几乎在同一时刻，又将刚刚解放的人的欲望无节制地膨胀，引向人们毫无思想准备的方向，中国社会与中国人以惊人的速度世俗化与现世化，并被引向超前消费。由此而引发出理想的丧失，道德状况的恶化，以及整个社会风气的变化，出现了严重的社会治安问题。另一方面，必然出现钱权交易，从而产生了依靠权力而攫取大量财富的腐败分子。

处于这样的社会现实中，中国知识分子再一次陷入了严重的危机。首先，知识分子难以与社会进行正常的交流。中国知识分子在此方面的要求日趋急切，但他们的这一迫切心情却未必为普通人民所充分理解。而市场经济的无情扫荡，又把知识分子，特别是他们中的人文学者，从改革开放初期的思想启蒙阶段所处的中心位置推向了时代的边缘，在全民经商热的大潮之中，人文学者突然发现，仿佛一夜之间，无论官方还是民间，谁也不再关心他们在想什么，谁也不愿或者没有时间倾听他们的严肃的不合潮流的声音了。这种被社会冷落的状况，使仍然一腔热血、忧国忧民的知识分子陷入相当尴尬的境地。

这样，一方面，是否、能不能、怎样坚持知识分子的精神阵地，又一次成为知识分子（尤其是青年知识分子）面前的十分尖锐与严重的问题。另一方面，市场经济的法则同样无情地渗入精神领域，造成了知识分子的世俗化及其精神产品的商品化，从而引发了知识分子更加深刻的精神危机。

20世纪末中国知识分子的生存危机与精神危机，自然也包括我自己的。按照我的思维习惯，所有外在的社会、思想、文化问题，都会转化为我自己的问题。

首先是，对90年代中国出现的社会、思想文化、精神危机——

我应负什么责任?

这是一个典型的“历史中间物”的命题：“从绝对对立中发现自我和他者的纠结，从单向地批判外部世界的他者，转向他我、内外的双重、多重批判的缠绕。”[1]从表面看来，知识分子对于90年代出现的贫富不均、两极分化、理想的丧失、道德状况的恶化、社会风气的变化，似乎并无责任，许多知识分子在批判这些现象时，所采取的旁观的，甚至居高临下的姿态，似乎也是理所当然的。但我面对这些问题时，却无法旁观与平静，总是要想到“我也在其中”。于是，就引发了对80年代的改革开放，与包括我在内的知识分子所扮演的角色的反省与反思。

在前文中谈到，在70年代末，“文革”刚刚结束时，我和我的贵州朋友曾经有过不同的选择，或进入体制内推动改革，或坚持体制外的民间努力，这就是说，在当时，中国的改革是存在着两种推动力

[1]《十年沉默的鲁迅》，《与鲁迅相遇》，98页。

与思路的，即体制内自上而下的改革运动与体制外自下而上的民间努力。我们当时设想，这两个方面是可以而且应该相互补充、相互制约，形成良性互动的。但历史发展的结果却非如此，中国的改革正因为缺少了民间努力的补充、制约，最后走向经济开放而其他方面改革滞后。这正是经济发展却带来了严重的精神危机的根本原因。中国改革的格局是在中国主流知识分子的支持、参与下形成的，这就是我所说的“我也在其中”的意思。

90年代初，中国改革出现了徘徊，其后果也开始显现，在这又一个历史的关键时刻，中国知识分子最为关注的是人文精神的失落，这样的批判性的关注，在整个社会风气趋向远离现实、远离政治的情况下，自然是有积极意义的，但形成对照的，却是知识分子对同时发生的两极分化现象，工人、农民生存状态的急剧变化，反应迟钝，他们对自身边缘化的敏感，就多少带有自怜、自恋的病态。在某种程度上可以说，这种边缘化也是知识分子自身造成的。我在好几篇文章里对包括自己在内的知识分子的状态做过这样的反省：“回顾中国80至90年代的社会政治、文化思潮，以及中国知识分子的表现，不正是应当‘保守’时‘激进’，应当‘激进’时‘保守’？”[1]“正是这十年中，中国的知识分子始终陷于自怜与自恋之中，事实上已经脱离了中国民众的大多数，失去了对现实中的问题作出反应的欲求与能力，将来中国无论发生什么，知识分子都将被无情地抛弃，这几乎是一个无可改变的趋向。而这样的结果不仅是中国知识分子这个群体的悲哀而已。”[2]事实上，到了世纪之末，中国知识分子在利益的驱动下，已经发生了严重的分化。由于体制对知识分子采取了积极吸纳的政

[1]《读文有感》,《压在心上的坟》，190页。

[2]《心有灵犀——一束通信》,《生命的沉湖》，357页。

策，并逐渐趋向精英治国，中国知识分子的主流派与体制，已经浑然一体，难解难分了。

反省我和体制的关系：“在”与“不在”的尴尬

而我这样的既在体制内，又坚持某种程度上的批判立场的知识分子，就陷入了极大的困境之中。既在体制中，当然也就分享了某种利益，同时也无法摆脱与体制的纠缠，但又有着自觉的批判意识，处在边缘位置。这样的“既在”又“不在”的状态，正是典型的“历史中间物”的特征。于是就不可避免地受到多方面的挤压。

真正成为压力的，还是自身的问题。我在一次学术讨论会上这样说道：“我已经没有能力来解释周围的世界，也没有能力作出明确的判断——而我们又处在一个要求站队的时代，总是在要求人们明确表态：赞成，或者反对。而我的反应、态度却往往是复杂的，立场就不免是模糊的：很可能是既不赞成（反对）这，又不赞成（反对）那，把所有的话都讲出来，就会成为‘公敌’，就得‘横站’。而实际上我究竟赞成什么，主张什么，自己也想不清楚：我只能说‘不应该’这样那样，对‘应该’怎样怎样，交的是一张白卷。而且说到底，我对自己的立场与态度也是怀疑的。于是就只剩下无词的言语，只能沉默。”[1]——正是在这样的境遇与心理背景下，我对鲁迅在《野草·题辞》里所说“当我沉默着的时候，我觉得充实；我将开口，同时感到空虚”，对他在《颓败线的颤动》里所描写的“无词的言语”，产生了强烈的共鸣，有了新的理解与阐释：“这里所反映的‘战士’与现实世界的感情关系是极其复杂的：作为被遗弃的异端，当然要和这个社

[1]《我的忧虑、困惑和挣扎》，《生命的沉湖》，325 页。

会‘决绝’，并充满‘复仇’、‘歼除’与‘诅咒’的欲念，但他又不能割断一切情感联系，仍然摆脱不了‘眷恋’、‘爱抚’、‘养育’、‘祝福’之情。在这矛盾的纠缠的情感的背后，是他更为矛盾、尴尬的处境：不仅社会遗弃了他，他自己也拒绝了社会，在这个意义上，他已经‘不在’这个社会体系之中，他不能、也不愿用这套体系中任何语言来表达自己，但事实上他又生活‘在’这社会之中，无论在社会关系上，还是在情感关系上，都与这个社会纠缠在一起，如果他一开口，就有可能仍然落入社会既有的经验、逻辑与言语中，这样就无法摆脱无以言说的困惑，从而陷入了‘失语’状态。‘她于是举两手尽量向天，口唇间漏出人与兽的，非人间所有，所以无词的言语。’这又是一个非常深刻的也是很带悲剧性的‘无’的选择：不能（也拒绝）用现实人间社会的言语表达自己，而只能用‘非人间所有，所以无词的言语’。一个真正独立的批判的知识分子，他的真正的声音是在沉默无言中呈现的。”

而且还有了这样的对鲁迅《过客》的阐释：“过客却无法拒绝这前面的声音……这是他内在生命的‘绝对命令’——往前走。一切都可以怀疑，但有一点不能怀疑，就是往前走。走的结果怎样，怎么走，这些都可以讨论，但有一点不容讨论，就是必须走。这是生命的‘底线’，这一点必须守住。”[1]在某种程度上这也是我在20世纪末与21世纪初所能够作出的选择。

面对现实，应该确立怎样的价值理想？

身处20世纪末与21世纪初，我经常想起，并在演说中不断提及的，还有鲁迅在给许广平的信中说的一段话：在人生的路上，遇到

[1]《〈朝花夕拾〉和〈野草〉》，《与鲁迅相遇》，286、288页。

“歧路”与“穷途”时，就“选一条似乎可走的路再走”。[1]在这一段时期，很多年轻朋友都和我讨论信仰问题；我也认为中国正面临文化重建的任务，而文化重建的核心就是信仰的重建。但我又认为，这并非一日之功，在未建立起新的信仰以前，不妨寻找一个至少可以使自己信服的价值理想，作为自我在中国与世界的现实中的精神立足点，这大概也是“选一条似乎可走的路”吧！

于是，我再一次到鲁迅那里去寻找精神的资源。1995年与1997年我写了两篇重要文章:《鲁迅对现代化诸问题的历史回应》、《鲁迅与20世纪中国》[2]，其背后的问题意识正是由前述90年代中国的现实引发的对中国现代化道路的历史反思与检讨。

对鲁迅“立人”思想的重新发现

鲁迅在20世纪初所提出的“立人”思想，就是在这样的观照中被重新激发，并有了这样的阐释:“当鲁迅面临时代提出如何建立中国的‘近世文明’(也就是我们今天所说的‘现代化道路’的选择)这一历史课题时，他也没有采取将西方现存的现代化道路全盘搬来的明快而简单的做法，而是采取了有分析的，因而不免是复杂的甚至矛盾的态度。他在《文化偏至论》、《科学史教篇》、《破恶声论》等文章中，把西方工业文明中的几个基本命题:‘物质’、‘科学’、‘理性’、‘民主’、‘社会平等’，放到科学史、人之历史与西方思想文化发展史

[1]《致许广平》，1925年3月11日，《鲁迅全集》卷11，14页。

[2] 此二文均收《走进当代的鲁迅》，与收入同书的《作为思想家的鲁迅》及《创造新形式的先锋——鲁迅小说论》、《生命体验和话语方式——鲁迅散文论》、《适合自己的文体——鲁迅杂文论》等文章，是我继80年代出版的《心灵的探寻》以后，90年代有关鲁迅研究的主要成果。

中进行历史的考察。一方面，对于上述命题对促进西方社会进步的作用给予了充分的肯定，在鲁迅看来，这都是中国传统社会与传统文化中所缺乏的，自然有极大的借鉴作用。另一方面，鲁迅同时又清醒地指出，在巨大的无可否认的价值背后，却隐藏着同样巨大的危机：对物质文明的追求如果发展成物质崇拜……就必然导致‘林林众生，物欲来蔽，社会憔悴，进步以停’的严重后果。同样，如果‘以科学为宗教’，‘别立理性之神祠’，‘举世惟知识之崇，人生必大归于枯寂，如是既久，则美上之感情漓，明敏之思想失，所谓科学，亦同趣于无有矣’。……鲁迅还发出这样的警告：如果把民主变成‘众数’（多数，人民，群众，等等）的崇拜，就必然陷入历史的循环：‘以独制众者古，以众虐独者今’……而如果把社会平等理解为‘使天下人人归于一致’，‘风俗习惯道德宗教趣味如尚言语’‘大归乎无差别’，其结果一定是‘夷峻而不湮卑，若信至程度大同，必在前此进步水平以下’。”鲁迅的这些分析都非常锐利而给人以启发，但我更感兴趣，也更受启发的，却是鲁迅式的思维方式：“他从不对某一单一的命题作孤立的考察，而总是关注与提出与之相对立的反题，也即在正、反题的对立中（例如，‘科学’与‘信仰’，‘理性’与‘非理性’，‘物质’与‘精神’，‘群体、多数的民主’与‘个体、少数的自由’，‘平等’与‘差别’，等等）进行辩证的思考。但他又从不把正、反题的对立绝对化，对任何一方作绝对的肯定或绝对的否定，他总是在肯定的同时提出质疑，又在质疑的同时作出肯定。这种双重肯定与双重否定的立场、态度，使他的价值判断带有很大的相对性，但他又从不追求折中的‘合题’”，与其说他在抹平正、反题之间的矛盾、对立，毋宁说他在正视正、反题的对立的同时，更不回避自身在选择上的矛盾与困惑：他在肯定、质疑中往返、反复，正是深刻地反映了他已经将正、反题的外在矛盾内化为自我精神上的矛盾和痛苦。而他自己最后的个体选择又始终是偏至的，他更强调个体的精神自由。但在强调中又充满矛盾：他从不试图给世人提供一个毫无偏颇、矛盾、缺陷，全面而完美的救世良方，他要寻找的是个人的似乎可走的路，对他人来说，不过是“姑妄说之，姑妄听之”。——但恰恰是这样的双重怀疑的思维方式与将自我判断相对化、个人化，因而不免犹豫不决的态度，提供了一个在面对当下中国与世界问题（甚至是学术问题）时我所能接受的思维方式与态度。

因此，鲁迅“对中国的‘近世文明’（现代化道路）的设计，就包含了矛盾的两个方面：从民族主义的立场出发，他强调‘立国’，用今天的术语来说，就是建立独立、统一、民主、富强的现代民族国家，以‘雄厉无前，屹然独见于天下’，但他又强调这样的现代民族国家必须是‘人国’，即以‘立人’为前提与基础，而‘立人’的要义就在‘尊个性而张精神’。他明确地表示，不能单一地‘以富有为文明’，‘以路矿（即科学技术——引者注）为文明’，‘以众治（即民主政治——引者注）为文明’，而必须把‘人（首先是个体的人）的精神自由’作为中国现代文明的基本指标”。“这样的中国的现代化目标（更准确地说，是一种理想）的提出，无疑具有重要的意义。而尤其值得注意的是，鲁迅的‘个体精神自由’的思想具有双向批判性。它首先是指向中国传统文明中的专制主义的，但同时也是针对前述西方工业文明的种种弊端的。鲁迅在《文化偏至论》的结尾，曾总结性地将前者称作‘本体自发之偏枯’，将后者看作是‘以交通传来之新疫’，二者并称为‘二患’。这是意味深长的。它表明包括鲁迅在内的中国现代知识分子，始终怀有对传统的专制主义与西方现代文明病的双重疑惧与忧虑，这样的心理重负无疑影响着他们对中国现代化道路的思考与选择。”[1]

---

[1]《科学总结二十世纪中国经验》，《追寻生存之根》，26—27页。

因此，鲁迅“立人”思想的意义并不在于他提供了怎样的现代化模式——他的由“立人”而“立国”的思路，带有明显的启蒙主义与理想主义的色彩，某种程度上是一个乌托邦的理想目标，甚至带有一定的彼岸性，因而不具有可操作性，这本来也不是鲁迅给自己提出的任务。而且鲁迅的“立人”与“立国”理想也显然内含着“个人本位”与“国家本位”的矛盾，某种程度上也是我们今天所面临的矛盾，它是根植于人的本性的个体性与群体性的矛盾的。鲁迅对我们的启示正是要正视这样的矛盾，在正视中寻找出路。

鲁迅“立人”思想的最大价值是对现实病症的无情揭示，它所具有的巨大的批判力量。我从中感到的震撼，正是鲁迅在20世纪初即已提出的“二患交伐”的危机。并由此引发了对一个世纪以来中国现代化道路的反思与反省：“鸦片战争以后，面对西方殖民主义侵略的威胁，怎样使落后的中国赶上西方国家，迅速成为一个独立、统一、富强的现代民族国家，就成为一代又一代的中国现代知识分子奋斗的目标，形成了一个恐怕至今也没有摆脱的所谓‘赶超情结’——其实我们今天倒是应该对于这样的作为前提的‘赶超情结’提出质疑的。……接着的问题是，怎样实现‘赶超’？最容易产生的思路就是利用国家强权、政治强权的力量，把全国人民‘组织起来’，以实现最大限度的社会总动员，以及思想、行动的高度统一，以便集中力量‘办大事’，进行国家现代化建设。这条富国强兵的国家主义的道路，对于有着强烈的民族主义情绪的不发达国家的知识分子是有吸引力的。但是这条国家主义的道路又是以牺牲个人的独立与自由，绝对服从所谓民族国家的‘整体利益’为前提的。”[1] 这条以“富国强兵”为目标的国家主义的现代化道路，在操作层面就是一条从19世纪末

[1]《二十世纪中国知识分子空间位置的选择与移动》，《追寻生存之根》，35—36页。

的洋务运动开始的“中学为体，西学为用”的道路：在集权体制下，充分发挥其社会动员力量的优势，通过对西方的技术模仿实现经济快速发展。应该承认，这条道路可以在一定时期，在一定程度上，促进经济的高速发展，实现国家独立与统一，但它所内在的危机也是明显的：不仅要以牺牲人的个体精神自由为代价，而且在引进西方科学技术的同时，也必然使鲁迅极为警惕的西方文明病泛滥，从另一个方面限制人的个体精神自由。

可以看出，对于鲁迅，“立人”思想不仅是一个实现国家现代化（即他所说的“近世文明”）的目标，同时是一个价值理想：这或许是我更为看重的。我在《鲁迅与20世纪中国》里，这样写道：鲁迅作为一个现代思想家，他“始终紧紧抓住了‘人’这个轴心，他最关心的是‘人’在中国社会结构与中国历史中所处的地位与真实处境”。“在鲁迅的观念中，‘把人当作人’还是‘使人成为奴隶’是区分传统社会（历史，文化）与现代社会（历史，文化）的一个基本的价值标准与尺度。”因此，“对个体的人的独立自由精神的渴望，对人的被奴化的危险的警惕，就构成了鲁迅思想（心理，情感）的两个基本侧面”，也正是他的立人思想的正题与反题。“鲁迅还由此而形成了一种特殊的敏感点：一切有可能重新导致人的‘奴（隶）化’的危险，都会引起鲁迅的高度警惕与强烈反应。”前述鲁迅对西方文明病的批判，其实集中到一点，就是他发现人成了物质的奴隶，科学技术的奴隶，众数的奴隶，发现了“新的奴役的再生产、再建构”。而且他“几乎在一切方面都发现了这种关系的延续与再生产”。他又有了这样的恐惧：“我觉得革命以前，我是做奴隶；革命以后不多久，就受了奴隶的骗，变成他们的奴隶了。”于是，在1925年，鲁迅得出了这样的结论：“我觉得什么都要重新做过。”接着是十数年的奋斗，但到了鲁迅离开这个世界的1936年，他所面对的依然是历史的循环，于是，就立下了对一切奴役人者，一切奴役制度的辩护士“一个都不宽恕”的遗言——这依然是呼唤：“什么都要重新做过。”在我看来，“鲁迅的‘立人’思想，和这样一种九死不悔，百折不挠的执着追求与奋斗精神，正是20世纪不断奋起，不断受挫，仍然挣扎的民族历史的精神结晶”。

面对这样的世纪精神遗产，我不能不感到心灵的震撼。因为在鲁迅逝世六十多年的世纪末，“如果要做世纪总结，却依然是鲁迅当年所说的那些话。……历史又一次无情地循环，我们再度回到了原来的起点上……‘什么都要重新做过！’”[1]这样，在迈进人生旅途第六十个里程时，我终于有了这样的觉悟：“经过十数年的苦苦探索与体验，鲁迅的‘立人’思想已经由外在的理性认识内化为自己的生命追求，因此这是一次自我的‘安身立命’。把‘个体精神自由’确定为彼岸性的终极追求，这也就确立了在中国现实变革运动中思想文化上的彻底的批判立场：坚持对一切形态的奴役体制、奴役现象的揭示与批判，坚持对一切人（特别是知识分子）各种形态的奴性的揭示与批判，坚持对自我已经（或可能）出现的奴性与压抑他者的倾向的揭示与批判。”

在确定了这样一个自己可以接受的价值理想与价值立场以后，我没有忘记同时给予一个限定：“我不想否认这一选择所具有的启蒙主义、理想主义色彩，但它同时包含了对启蒙主义与理想主义可能导致的专制主义的警惕与批判。另一方面，则是对自我这一选择的个人性与有限性的一种清醒与自觉：‘个体精神自由’仅是我自己所能体认的终极追求，对于他人（包括我的读者、学生、后代）不具有任何示范的意义。真正的意义在自己：不仅是对青年时代的‘消灭一切人压迫人、人剥削人现象’的理想的更高层面的确认与升华，同时奠定了

[1]《鲁迅与20世纪中国》,《走进当代的鲁迅》，116—124页。

今后岁月生命的新的基础。”[1]

对革命的再认识

确实，“真正的意义在自己”。如前文，特别是《历史的中间物》与《堂吉诃德与哈姆雷特》两节所言，近二十年我的精神发展的起点，是对意识形态的批判性审视，对其走向的历史过程的揭示；这同时是一种自我批判，是对意识形态的消极影响的清理，对自己由理想主义走向精神奴化的心灵创伤的更加无情的解剖，以及历史教训的总结，反复追问一个问题：我们究竟在哪里，由于什么原因发生了失误，落入了陷阱？这追问是痛苦而彻底的，因而所总结的教训就是刻骨铭心的，已经内化为生命中的永恒的记忆。

但也如前文所强调，对于我来说，这样的批判没有也不可能导致对意识形态，及其内含的革命精神的全盘否定与抛弃，因为它是与我的堂吉诃德的精神气质联系在一起的，那样一种深刻的源自内在生命欲求的精神联系，是不可能割断的。因此，当历史走到另一个极端，当革命意识形态及革命精神被抛弃，并因而产生了严重的后果，在这样的新的思想文化背景下，将革命意识形态、革命精神的合理内核剥离出来，抢救出来，使之成为新的批判性的精神资源的一个有机组成部分，就是历史的需要，更是我内在生命的欲求。“消灭一切人压迫人、奴役人、剥削人的现象”的彼岸理想，追求社会平等的社会主义价值理念，对被压迫者、对社会弱势群体的同情与关注，与社会底层人民的血肉联系，对一切压迫、奴役、侵略的非正义行为的反抗，为理想而献身的精神，博大情怀，坚强意志，等等，在自我生命的深处

---

[1]《六十劫语（代序）》，《六十劫语》，2—3 页。

得到新的激发。

这里需要提及一篇没有引起关注，我自己却是非常重视的写于2001年8月的文章——《坚守我们的信仰，在今天的中国》。文章一开头即指明一个事实：我们这一代“是读马克思主义的经典著作、毛泽东的著作以及鲁迅的著作长大的”。[1]我在另一篇文章里谈到，“因此，要总结自己的一生，是不能回避‘我和马克思主义的关系’这个问题的”。并且有了这样的回顾：“马克思主义真正对我的精神世界产生影响，是在文化大革命的后期。无情的现实击碎了我们的许多幻想，必须寻找新的出路。我们开始抛弃那些打着马克思主义旗号的小册子，而直接去读马克思主义的原著：这在我的思想发展中几乎是决定性的一步。于是，我们发现了一个与灌输给我们的完全不同的马克思学说，并且发自内心地接受了它。”[2]我不敢说自己是一个马克思主义者，但我真正下了工夫研读的理论著作却只有马克思主义的原著，其余的西方理论老实说都是道听途说的，在这个意义上，可以说，我的思想与学术研究的理论基础与方法论基础，是马克思主义学说所奠定的。我当然不是信徒，我对“信徒”一直持怀疑态度。马克思主义对我的人生道路与思想发展的影响，却是不争的事实。我在“文革”结束以后所写的第一本著作《心灵的探寻》里，就这样写下了我对马克思学说与鲁迅思想的理解：“马克思对自己的思想和任务的说明，也同样适用于鲁迅及其同时代人：新思潮的优点恰恰就在于我们不想教条式地预料未来，而只是希望在批判旧世界中发现新世界”，“我们的任务不是推断未来，和宣布一些适合将来任何时候的一劳永逸的决定”，“（而）是要对现存的一切进行

[1]《坚守我们的信仰，在今天的中国》，《生命的沉湖》，320页。

[2]《2000年总结之一》，未刊稿。

无情的批判”，“鲁迅就这样‘永远结束了以为人的思维和行动的一切结果具有最终性质的看法’，而达到了与马克思主义哲学相一致的结论”。[1] 如果仔细考察我在八九十年代的著作，就不难发现：打破对所谓“尽善尽美的社会、国家、制度、人性、学说，所谓终极性真理”的幻想，正是贯穿性的基本思想线索；在我自觉地“对现存的一切进行无情的批判”的时候，马克思学说彻底的批判精神显然是我重要的思想资源之一。

但当马克思主义被某些人从理论到实践全面抛弃的时候，我又不能不谈论“马克思主义对我的影响”了。就在《坚守我们的信仰，在今天的中国》里，我引述了对我影响最大的马克思主义的两个基本观点。其一是恩格斯在《路德维希·费尔巴哈和德国古典哲学的终结》里所说“这种辩证哲学推翻了一切关于最终的绝对真理和与之相应的人类绝对状态的想法。在它面前，不存在任何最终的、绝对的、神圣的东西”，其二是马克思、恩格斯在《共产党宣言》里所说“代替那存在着阶级和阶级对立的资产阶级旧社会的，将是这样一个联合体，在那里，每一个人的自由发展是一切人的自由发展的条件”。我认为，“这两点正是马克思主义与鲁迅思想根本相通之处”；正是这样的“永远的批判精神”与“追求个体精神自由的理想”，经过几十年的磨难，已经成为我们的基本信仰，决定了我们在现实生活中的基本立场与选择。而我想强调的是：“我们必须坚守这一切，尽管在今天的中国，一切理想与信仰都变得不合时宜。我们必须坚守这一切，尽管我们清楚理想与现实的距离，尽管我们意识到自己的理想、信仰的某种乌托邦性。”“但我们仍然要坚守这一切，不仅因为人是不能没有乌托邦的，更是因为我们只有有了彼岸的理想、信仰的追求，我们才能永远

[1]《心灵的探寻》，7、24 页。

不满足于现状，对现实保持清醒，不断地发出我们的批判的声音。”[1]

当然，对于我来说，重提革命意识形态的价值理想、革命精神，绝不是简单的全面回归，更不是对历史存在的错失的规避与美化，因为历史的教训早已成为生命记忆的不可抹杀的部分，更因为同样是生命内存的哈姆雷特的怀疑主义的理性精神的日益强化，并且已经形成了前文一再强调的往返质疑的思维方式。因此，当我在重新唤起那些革命精神的同时，已经开始了新的质疑，我清醒地知道，与历史合理性同时存在的是历史的局限性，甚至潜藏着某种陷阱。这样，到了世纪末与新世纪初，我已经不可能如 20 世纪 80 年代，甚至 90 年代初期中期那样，充满自信、决断地言说，而只能在质疑中坚守自己的价值理想，同时强调它的个人性；我同样害怕，“在寻求中”，“未熟的果实偏偏毒死了偏爱我的果实”的年轻人。[2]

在质疑中坚守这样的价值理想，就决定了我在 20 世纪末与 21 世纪初的中国思想文化界的自我定位。这正是我一直紧张思考的第三个问题。

“真的知识阶级”，批判的知识分子：我的选择与命运

启发我思考的仍然是鲁迅的一篇演说《关于知识阶级》及一篇文章《学界三魂》。

鲁迅所提出的“真的知识阶级”的概念，过去也知道，王得后兄在 80 年代评论我的《心灵的探寻》时就引述过，但我并没有特殊的感觉；一直到了 20 世纪末，一读就读进去了，竟有豁然开朗之感。

[1]《坚守我们的信仰，在今天的中国》，《生命的沉湖》，321—324 页。

[2]《写在〈坟〉后面》，《鲁迅全集》卷 1，284 页。

鲁迅说：真的知识阶级“他们对于社会永不会满意的，所感受的永远是痛苦，所看到的永远是缺点，他们预备着将来的牺牲，社会也因为有了他们而热闹，不过他的本身——心身方面总是苦痛的”；真的知识阶级又“与平民接近，或自身就是平民”，因此，他们拒绝“在指挥刀下听令行动”，而要“发表倾向民众的思想”，而且“想到什么就说什么”，是“不顾利害的”。[1]我立刻意识到：这正是最适合于我的选择，是我所要坚守的：一是永远不满足现状，做一个永远的批判者；一是永远站在底层民众，社会弱势群体这一边，做他们真诚的朋友。这可以说是我的前述价值理想导致的必然选择：我以“消灭一切奴役现象”的终极理想照亮此岸；我以“每一个人的个体精神自由”为追求，其内在逻辑必然是“只要还有一个人或一个群体没有获得自由的发展，我们自己就是不自由的，我们自身的发展也是不健全的”。

这样的“真的知识阶级”的选择，不仅如鲁迅所说，会带来永远的苦痛，并且将自身置于永远的边缘化的境遇之中。

20世纪末、21世纪初，中国思想文化学术界影响最大的，大概就是所谓自由主义者与“新左派”之争。我没有介入这场论战，因为从一开始我就认为这样的命名，特别是对“新左派”的命名是不准确的，而由此进行的排队与非此即彼的站队、划线，就更让我反感，从年轻时候开始，每一次政治运动（反右，红专辩论，反修学习，直至“文化大革命”）都没完没了地要求不断“站队”，没想到到了“新时期”，还要继续“站队”，这真可谓几十年不变的“中国特色”。尽管自觉地退避三舍，但仍逃脱不了，忽而成为双方争取的“同盟者”，忽而又成了双方讨伐的对象，弄得我自己也莫名其妙。仔细想想，这大概是与我“什么都是，又什么都不是”的立场有关，我因此在给朋友的信

[1]《关于知识阶级》,《鲁迅全集》卷8，191、188、190页。

中，自称为鲁迅所说的“蝙蝠”，是“毫无立场”，即无以归类的。而蝙蝠，如鲁迅所说，是常常被作为“骑墙的象征”而被“大家”所讨厌的。[1]与论战双方坚定不移的鲜明立场相比，我确实是“骑墙”的：不是没有立场，而是在选择了某一立场，作出了某一判断的瞬间，就产生了怀疑，而且对毫无自我质疑的坚定立场本身，也是怀疑的：这都是前述我的双向质疑的思维方式所决定，即所谓本性难移。从另一个角度看，却又是一种相当彻底的批判态度，即对既定的各种立场、态度，都投以怀疑的眼光：或不能认同，或有所认同，但同时又有怀疑与保留。[2]

我更清楚，自己和自由主义者与所谓“新左派”的分歧，从根底上说，是因为他们都有一个“国师情结”，都是以“治国平天下”为己任的，并自以为有治国的韬略良方，希望为“知己者”所用，也就必然要与这样那样的权势集团发生各种暧昧关系，而这恰恰是我所警惕，并要不断质疑的。我所要坚持的，实际就是一个独立的边缘知识分子的独立批判的立场，不参与性与拒绝归类的特异性。

这样，我对自己的立场也必然有一个自我质疑，或者说有一个自我限度的清醒认识：“我十分清楚，自己的理想的彼岸性与乌托邦性，也即非现实性。如果真要按我的理想去治国，真正把它完全现实化、此岸化，那是反而会造成灾难的。”[3]这其实正是20世纪中国最大的悲剧，对此，如前文所述，我已经作过反省与历史教训的总结，这样的历史是不能重演的。肯定这一点，当然并不意味着对自己的乌托邦理想的坚守就毫无意义，我这样的知识分子就只能限于空谈。这是因

[1]《谈蝙蝠》，《鲁迅全集》卷5，203页。

[2] 参看《一封致友人的信》，《追寻生存之根》，322页。

[3]《2004年总结》，未刊稿。

为强调理想的彼岸性，同时也就是承认这样的理想虽不能至，却是可以不断趋近的，因此，也就能够成为向理想不断奋进的一个强大的动力，在这个意义上，我所要坚守的乌托邦理想正是鲁迅《过客》里的“前面的声音”，有还是没有这样的声音，听还是不听这样的声音的召唤是大不一样的。更重要的是，这样的彼岸理想是一个批判此岸现实世界的强大的思想力量。因此，所谓“真的知识阶级”，更准确的命名应该是“批判的知识分子”，批判是他与社会的唯一联系，他按照自己的理想，对违背理想的现实的种种弊端，提出批判，对可能产生的奴役、压迫现象提出预警，以引起社会的注意，起到某种制约的作用、社会清醒剂的作用。他的力量、作用在这里，限度也在这里，越过一步，要具体地干政，做政治实践的指导者，那就是越位，并且会走向自己的反面。我在对北大学生的一次演讲中，曾自嘲地将自己，也将这样的批判的知识分子称为“乌鸦”。我说：校园与社会都不能没有乌鸦，但都是乌鸦恐怕也不成；健康的校园与社会环境会容纳乌鸦的存在，让它自由地叫唤，听取它的警示，但不一定完全照他的意见办；当一个校园和社会不能容纳这样的乌鸦，就说明校园与社会环境出了问题，至少是校园与社会的主事者失去了自信，变得软弱，甚至是陷入了危机。

后来，我在研究鲁迅与现代评论派关于“特殊知识阶级”的论战时，重读了鲁迅的《学界三魂》，鲁迅谈到知识分子有三魂：官魂、匪魂与民魂；我对他所说的“民魂”产生了强烈的共鸣，并有了这样的理解：鲁迅所说的“民魂”，就是“真的知识阶级”，“他是自外于独立于官匪之外的。按王富仁先生的说法，他是以一个公民的身份，一个社会普通成员的身份来说自己想说的话。民魂不是官，他说的话是没有法律效应的，别人不是非听他不可，也不是非照他办不可，他只是‘姑妄说之’，别人也就‘姑妄听之’，仅供参考而已。民魂他也不是匪，因此他说话是要负责任的，他是要人活，不是要人死的。民魂同样不是导师，不是国师，因此他并不要教训别人，指导别人，不承担‘治国平天下’的‘神圣使命’。民魂的唯一愿望就是说自己想说的话，他对社会的唯一要求就是能听他讲话，只要听就够了，就完了。因此，这样的民魂在‘学界三魂’中是唯一背后没有权力的：官魂背后有政治权力，匪魂就是明天的官，他也有潜在的政治权力。因此，民魂是最独立的，同时也是最没有力量的，他也是最孤独的，最容易受到伤害的”。[1]

这大概就是我的选择与命运。

[1]《鲁迅与现代评论派的论战》,《与鲁迅相遇》，265页。

六　思想者与实践者

在前述讨论中已经涉及思想与实践、行动的关系问题，在这里，做更进一步的展开。这可以说是缠绕我近二十年的一个理论与实践问题。

质疑“实践至上”，“还思想于思想者”

在前文曾经谈到初读研究生时，所面临的“做学者，还是当战士”的困惑，这背后显然有一个“实践、行动至上”的理念。这其实是一个很传统的观念。在日常生活中，对知识分子最尖锐的批评就是“思想的巨人，行动的矮子”。记得在大学读书时，我就因为常陷于冥想却缺乏行动能力，而在小组会上不断受到这样的指责，弄得不知所措。后来我研究堂吉诃德与哈姆雷特，才知道西方思想、文学界在哈姆雷特身上发现了一个“犹豫不决的思想者”，“由于缺乏行动造成思想与行动的分离”，因而引发了对所谓知识分子弱点的自省，这其实反映了一种时代哲学主题：“行动是存在的主要目的”。[1] 马克思主义的一个基本点也是“不仅要批判旧世界，而且要改造旧世界”，共产主义运动对海涅这样的知识分子最初的吸引力之一就是其“从理论转

[1]《丰富的痛苦》，52、55 页。

到行动”的强有力的实践品格。[1]而鲁迅所呼唤的“精神界之战士”的一个基本特征也是“指归在动作”的实践性。因此，我在作为思想探索起端的《心灵的探寻》里，首先强调的也是这样的实践传统。但在《心灵的探寻》里，我同时注意到了“主要从事精神产品创造的知识分子（含文艺家）”与“主要从事政治活动的政治家”，由于“处于不同的社会地位，有着不同的劳动方式、生存方式，进而造成了他们不同的思维方式、心理素质，这是形成政治家与知识分子（含文艺家）‘歧路’的一个重要原因”。[2]这里，就已经暗含着思想者与实践者不同的思维方式、思想逻辑的问题：这正是我后来要进一步展开的思想命题。

在前文谈到的80年代末以后，我在探讨“知识分子与共产主义运动关系”问题时，注意到了海涅等对“思想与行动的后果”的关系的思考，开始面对彼岸理想此岸化所造成的灾难，面对“思想的实现即思想与思想者的毁灭”的事实，于是对“行动是存在的主要目的”与“思想必须转换为现实”这一类前提性的命题产生了怀疑。[3]一位年轻的朋友在和我讨论这些问题时发表了很好的意见。他提出“不妨从功能品性上把‘思想’分为‘实践理性’与‘精神理性’这两种。前者以‘实践’为目的，不仅注重现实对‘思想’的需求，而且更注重各种现实因素对‘思想’的制约，侧重以此来达到‘思想’向现实的转换。因此，这种思想以历史的具体性，实践的策略性与操作性为其特征。而后者则以人类社会的终极目标为目的，侧重于相同的利益与统一的价值，试图超越历史的阶段性和现实的具体性。因此，这种

[1]《丰富的痛苦》，97页。

[2]《“于天上看见深渊”》，《心灵的探寻》，35页。

[3] 参看《丰富的痛苦》，89—98页。

思想是以理性的普遍性和永久性为其特征”。在这位朋友看来，不仅可以将思想文化史上的知识分子、思想者划分为这两种类型，而且“就是在一个人的精神世界的构成之中，这两种品性的思想也可能同时并存，并此起彼伏，相互消长”。[1]

这样的讨论自然是能够引发思考的。我因此提出了“还思想于思想者”的命题，这一命题虽是从周作人的选择中概括出来的，[2]但我却赋予了不同的意义，即是延续我在《心灵的探寻》中的思考，强调“‘思想家（知识分子）’与‘实践家（政治家、企业家……）’之间的合理分工与相互制约的问题。前者提出新的思维、理想；后者在实践（现实化）过程中，就要充分考虑现实条件的制约，最大限度地减少可能产生的各种负面后果。思想家与实践家两者的思维逻辑、方式、心理素质……各方面都是不同的：思想家要有想象力，要求思想的超前性，实践家则更要有现实感，注重实现的可能性；理论要求彻底，实践则不能没有妥协……”[3]

之所以做这样的区分，提出“还思想于思想者”这样的命题，首先是对知识分子“是干什么的”，我自己“能够做什么”的一个反思。在前文提到的在韩国所写的《自说自话：我的选择》里，我强调“知识分子（尤其是他们中间的人文学者）就是思想者，‘思想’是他唯一的职责与职能。人文学者关心的是‘应该’怎样，而不是‘实际是’怎样。也就是说，他对人和社会的关注本质上是一种‘彼岸世界’的

---

[1]《丰富的痛苦·后记》，《丰富的痛苦》，331页。

[2]《丰富的痛苦》，196—197页。我将周作人在20世纪30年代所作的选择作了这样的概括：“切断‘思想’与‘行动’的联系，把自己（以及知识分子，至少是一部分知识分子）的活动（价值实现）限制在纯精神的思想文化领域内”，这也是一种“还思想于思想者”。

[3]《周氏兄弟与北大精神》，《压在心上的坟》，271页。

理想关怀，他是用‘彼岸理想’的价值，来对照‘此岸现实’的存在，从而不断发出自己的批判的声音”，“在这个意义上，可以把人文学者视为‘批判者’，他的基本任务就是不断揭示现实人生，社会现存思想、文化的困境，以打破有关此岸世界的一切神话”。我同时又强调：“人文学者无须考虑现实政治、经济、文化的实际运作，也不提供设计方案，那是政治家、企业家和他们的智囊团的活动范围。”这样，就把我所认同的人文学者，或曰批判知识分子，与以充当“国师”、“谋士”、“幕僚”、“智囊”为己任的传统的与现实中的许多知识分子划清了界限。这样的人文学者，批判知识分子就无须因为现实中的利弊考虑，而仅在所谓“大坏、小坏”中作出选择，而可以将自己的价值理想贯彻到底，坚持批判的彻底性与全面性；同时也摆脱了与各种利益集团的纠葛和依附关系，保持了思想与言说的相对独立与自由，用我的话来说，就是“可以不顾及别人的愿望，不看别人的眼色，自说自话——说自己想说、愿意说的话”。我自己也由此找到了一个“个人定位”：“自觉地站在边缘位置，用自己的方式，说（关心）时代的中心话题”：其一，站在边缘位置，就可以“从容而独立地、不计效果地说自己想说的话，并因此而消解了因期待过殷而产生的浮躁之气”；其二，“是本性不改，仍然关心与思考社会、人生、政治、国家、民族、世界、人类的大事，即所谓‘时代的中心话题’”；其三，“这种关心与思考，不带现实功利性与操作性，而是有距离的，更带专业性的，学理的，更为宏观，也更带根本性的思考”。[1]

提出“还思想于思想者”，也是为了强调批判的知识分子的有限性，也即我“不能做什么”：“批判是人文学者与现实联系的极限，绝不能

[1]《自说自话：我的选择》,《压在心上的坟》，220—221、219—220、222页。

越位变成直接的现实行动。”[1]我在对北大学生的演讲中，反复提醒，也是自我警戒：思想的合理性并不就是现实的合理性，“思想家不顾条件与可能，把自己的在理论形态上具有极大合理性的思想直接变为现实，就会酿成天下大乱”。因此，“我们在要求思想的无羁无忌地自由驰骋的同时，也要承担一种责任：在将自己的自由思想（理想）变为社会实践时，必须慎而又慎，要充分考虑现实实现的可能与条件，要最大限度地减少其负面的作用。也就是说，‘思想要自由、激进，而行动则要稳健’”，或者说“开始要早，步子要慢”。我对学生说：“不要小看这几个字，这是总结了本世纪无数的经验教训（其中还包括了血的教训）以后，才得出来的，千万不要忘记。”[2]——我这番话，引来了学生的热烈鼓掌，但愿北大学生是理解我的。

以“思想者”的立场，介入中小学语文教育改革

到了 1999 年，发生了一件影响我以后的思考、写作方向，并进而影响了我的生活与命运的事情，即是我对中小学语文教育改革的介入。这样的介入开始是被动的，不过是接受了一次采访（《重新确立教育的终极目标——钱理群访谈录》），应约写了一篇评论高考试卷的文章（《往哪里去?!》），参加了一次教育部召开的座谈会，却不料引起强烈反响，从此欲罢不能。而最初介入，所坚持的是思想者的立场。其实是延续了我前两年由对北大教育的反思而引发的关于中国教育的思考，因此，第一次接受采访时，谈的是“重新确立教育的终极目标”这样的宏观的问题，提出要进行前提性的教育原点的追问：

[1] 《自说自话：我的选择》，《压在心上的坟》，221 页。

[2] 《周氏兄弟与北大精神》，《压在心上的坟》，271—272 页。

“我们办教育是干什么？大学是干什么的？中学是干什么的？小学是干什么的？”强调“如果这些问题不解决，其他枝节问题就没法讲清楚”。因此，我从一开始就提出了我的教育理念与理想，提倡“以‘立人’为中心”的教育，强调中小学教育的根本目的是要为人的一生的健全发展打好两个底子——精神的底子与终生学习的底子。[1]不难看出，这其实就是我的追求个人精神自由的价值理想在教育方面的具体体现，“立人”的概念就是直接取自于鲁迅的思想。

我就是从这样的价值理想与理念出发，对现行的中国中小学教育体制与理念进行了尖锐的批评。我指出，“1949年以来，许多失误可能可以弥补，但有两个大的失误却是很难弥补的。一个是人口问题，这使我们现在面对如此庞大的人口毫无办法；其次就是教育问题”。[2]我的批评集中在两个方面。一是“我们这些年所贯彻的教育，就是被拦腰砍断的教育，是片面的，残缺的，丧失终极目标的教育。而这种教育从根本上还没有摆脱传统教育的影子”[3]，“我们现在是培养学生不说自己的话，专说别人的话。更严重的问题在于，我们已经形成了一整套机制，专门训练学生说假话”，而“培养一个人怎样写作，在另一个意义上，就是培养一个人怎样做人。说别人的话就是奴隶，说假话、讲歪理就是奴才”。[4]而我批判或反思的重点却是“为适应国家工业化要求与赶超战略目标的现代教育”，也即有的学者所说的“国家主义教育”。这也是前文提到的我对“富国强兵的国家

[1]《重新确立教育的终极目标》，《语文教育门外谈》，52、54页。参看收入同书的《以“立人”为中心——关于九年制义务教育中的语文课程改革的一些思考》。

[2]《语文教育的弊端及其背后的教育理念问题》，《语文教育门外谈》，72页。

[3]《重新确立教育的终极目标》，《语文教育门外谈》，53页。参看收入同书的《以“立人”为中心》。

[4]《语文教育的弊端及其背后的教育理念问题》，《语文教育门外谈》，78页。

主义的中国现代化道路”的反思的一个延续与重要方面：“为实现赶超，所谓多快好省地培养国家急需的建设人才，于是就建立起了国家包揽、控制一切的高度集权、统一的计划化的刚性教育体制，不但完全取消了教育的社会职能与社会的有机联系，也取消了所有教育者与被教育者的自主权。而工业化所要求的是专业化程度越来越高的专门人才，强调知识的专一化与标准化。现代化逻辑渗透于整个教育，就形成了一系列的教育理念，如重实用知识，轻普遍知识；重科技，轻人文；强调理性，压抑非理性；强调知识的积累，压抑知识的创新；强调职业技能的训练，压抑心灵、智慧、能力的开发；鼓励思维与行为的趋同，压抑逆向的、批判性的、发散性的思维；强调被动的、接受性的教育，压抑主动性的、创造性的教育。而这背后更是隐藏着一种目标预设，所要培养的是循规蹈矩的标准化、规范化的官员、技术人员和职员。他们能够提供现代国家与公司所要求的效率，其优越性是明显的，但其人格局限也同样明显：一无思想，二无个人创造力、情感力与想象力。在这个意义上，他们也是齿轮与螺丝钉，而且是国家机器与商业机器的双重齿轮与螺丝钉。”但同时我对这样的批判也产生了一个警惕，即是否会因此而遮蔽了现代性逻辑的某种合理性，并因此而产生另一方面的后果？于是，我的言说也就显得复杂起来：“我们所面对的，正是现代教育的一个悖论：一方面，它确实需要培养有知识有效率的专门科学技术人才，但它同时又存在着使人工具化的陷阱与危险。与今天我们整个民族是在追求现代化与反思现代化的矛盾张力中寻求发展一样，在教育上，也同样要在承认现代性逻辑的某些合理性，注重知识的积累，科学理性精神的发扬，逻辑思维能力与语言的准确性、简明性的培育与训练，满足国家建设的需要，与警惕、防止教育与人的工具化，注重对人的知识创新能力，思维的批判性、发散性的培养，人文精神的熏陶，想象力、创造力的开发这二者矛盾的张力中寻求发展。”[1]

可悲的是，我这样的模糊化、复杂化的立场并不为人们所理解。无论是支持者还是反对者（姑且这么说），都把我的思想简单化与片面化了。我成了争论一方的代言人，另一方的假想敌，其实都是违背我的意愿，强加于我的。而反应的强烈程度更是出乎我的意料。反对者大有非将我逐出他们所霸占的教育领地不可之势。但权力的介入并不能阻止我将自己的关注视野由学术扩展到中小学教育，不仅因为在外在压力下，坚守本身就具有了一种反抗的意义，更是因为这样的参与是我内心的欲求。这就是我在《以“立人”为中心》一文一开始就明确说明的：“在自己历经沧桑、步入老年时，又处于世纪之末，我越来越感到，或许为正在成长中的孩子做点事，才是更为实在而有意义的——这几乎是看透了一切之后，唯一没有也不愿、不敢看透的一点。”[2]这背后有三层意思。其一是出于我对中国问题的一个判断：在我看来，中国的问题很多，但影响最为深远的，是中国的人心、中国的国民性出了问题，也就是说，中国的众多危机中，人的精神危机是更为根本的。而要解决人的危机，固然需要以制度的改革为基础，但教育，特别是中小学的基础教育，却是一个基本的关键环节。也就是说中国社会和人的改造与建设要从青少年抓起：他们将决定中国的未来。这就表明，我之所以介入中小学语文教育改革，实际上是希望进行新的思想启蒙。这其实与1998年北大百年校庆前后我在北大所推动的民间纪念，在大学生中进行思想启蒙，是同一个思路：现在把它深入到中小学生里了。而这样一个认识，是承袭了“五四”新文化运

---

[1]《以“立人”为中心》,《语文教育门外谈》，5—6页。

[2] 同上，3页。

动的先驱者的思路的，他们那一代人，从蔡元培、胡适到朱自清[1]、叶圣陶都不同程度地参与中小学语文教育改革，并将其作为“五四”新文化运动的有机组成部分，这当然不是偶然的。我因此写有《五四新文化运动与中小学教育改革》的长文，实际是要表明，我这样的“五四”新文学的研究者关注、参与中小学语文教育改革，既是继承“五四”新文化运动的传统，也是履行自己的一种职责。其三，这样的具体介入，也与我越来越感到批判的无力，有一种生命的空泛的危机感有关：我越来越希望能够做一些更为“实在”的工作。

由思想者转向实践者：角色的转换

这样，我也就必然要实行某种角色的转换：由一个思想者转向实践者。这样的转换，也是中小学教育改革的需要。改革不能只停留于批判，更需要建设：我们曾经有过只破不立的惨重教训。而且我当过中学语文老师，深知教育改革的最终落实要依靠处于第一线的老师，尽管他们也渴望新的理念、新的信息，但更关注的可能是具体的操作，希望能给予更具体的帮助。这样，我对中小学语文教育改革的参与，就必须担当思想者与实践者的不同角色，按照不同的逻辑行事：“思想者着眼于新的教育理念的建设，并从自己的教育理念出发，对现行教育的弊端作出批判，从而形成一种思想、舆论的压力，以促成改革，并为其所呼唤的改革提供思想资源，因此，要求思想的彻底，并具有一定的超前性，因而带有理想主义的色彩，而不考虑现实的操作。实践

[1] 朱自清是我的导师王瑶先生的老师，他生前做的最后一件事就是中学语文教材的编选，因此，我之参与中学语文教育改革，编选课外读物，从一开始就是以继承朱自清先生的传统自励的。

者面临的是教育的现状，不仅感受到改革的必要性与迫切性，更要考虑在现实的主客观条件下，改革的可能性与有限性，因而奉行‘逐步推行’的改良策略，这其中也包括必要的妥协，而不可能像思想者那样彻底，这样，改革才可能稳步而有效地进行，最大限度地避免可能产生的负面作用。很明显，对于中国的教育改革，思想者与实践者都是不可或缺的，他们既互补又相互制约。如果没有思想者所提供的大视野与新理念，及其锐利的批判所形成的巨大的冲击力，改革或者根本不可能进行，或者只能在既有框架下打转，变成换汤不换药的表演；反之，如果没有实践者对于思想者的理想的调整和具有可行性的操作与实验，也会因理想与实践脱节、过于超前而带来灾难性的后果。”[1]

我选择的实践工作有二，一是主编一套课外读物《新语文读本》，二是参加清华大学云舟网络教育实验室主持的网络评价试验：在我看来，中国的中小学教育改革除了要根本改变观念以外，在操作层面上，最关键的两个环节，一是教材与课外读物的改革，一是评价观念、方法与制度的改革。这两方面的改革，当然主要依靠国家、政府的力量，但民间参与也是必要的；改革能否达到预期的目的，关键又在于能否建立在科学研究与实验的基础上。因此，我将自己的参与方式明确地规定为两条：一是坚持“民间性”，后来我主编的《新语文读本》纯系民间行为。另一方面，民间立场也使我获得了一种不受意识形态限制与干预（这样的限制与干预是体制内的教材编写不可避免的）的相对独立与自由，是更适合于我的一种介入方式。也就是说，我想推动的是一个自下而上的民间教育改革运动，作为自上而下的教育改革的补充与制约因素。二是坚持“科学实验性”，即将课外读物的编写与网络评价的试验都当作学术工作来做，这也是我作为一个学

[1]《我与清华大学的网络评价试验》，《语文教育门外谈》，237页。

者所应该采取的介入方式，后来我也确实写了一批总结性的文章，对中小学语文教育，包括阅读教育、写作教育，课外读物的编写，都作了一些理论的探讨，并结集为《语文教育门外谈》一书。这样，我的学术领域就从现代文学研究扩展到中小学语文教育的探讨，尽管所取得的成果有限，但总算是一个新的开拓吧。

或许更为重要的是，作为教育领域的思想者与实践者，我给自己的行为方式也规定了两条。首先是高扬理想主义。《新语文读本》的编写一开始就明确：这是一群理想主义者的聚合，我们的目标是“要用我们民族与全人类最美好的精神食品来滋养我们的孩子，让他们身心得到健康的发展，为他们的终生学习与精神成长打底”。因此，我们提倡“阅读经典，走近大师”，并且强调“教育必须注意学生的可接受性，但教育也应该有一定的超前性，为学生设置一定的难度，使学生在克服困难中成长，而一旦战胜困难，就会使每一个学生的语言感悟能力与精神境界提高到一个前所未有的高度，教育当然应该照顾大多数，但对有着更大学习潜力的学生却也不可忽视。这应该是因材施教的一个重要方面。《新语文读本》所要树立的或许是一个较高的标尺，它既能满足一些希望进一步学习的学生的欲求，对中等程度的学生也自会有吸引力，这样一种‘更上一层楼’的境界在中学教育（也包括语文教育）中是必不可少的”。[1]

我的另一个梦，则是为千千万万的农村的孩子编一套书，“里面集中了民族与人类精神文明的精华，这些孩子即使没有机会和条件读其他的书，只要有这一套书在手，通过反复阅读而步入文明的殿堂，并终生受益”。坦白地说，促使我编《新语文读本》的最强大的动因

[1]《〈新语文读本〉编者的话》、《〈新语文读本〉编写手记》，《语文教育门外谈》，275、302页。

就是这样一个梦：在我看来，城市里的孩子有机会接触各类课外阅读的选本，用不着我去锦上添花，而真正处于精神饥渴状态的农村的孩子也许是需要我去雪中送炭的。但这样一个想法与前一个高标尺的理想又确实存在某些矛盾，这就使得《新语文读本》总体上偏深，再加上篇幅过大，价格也就自然偏高，这都使得《新语文读本》事实上难以深入农村。后来我又编选了《新语文读本》农村版，算是一个弥补，但效果也不甚理想。对此我是“耿耿于怀”的，因为它涉及我的基本教育理念：在我一开始介入中小学语文教育改革，就将“公平的观念”作为我的两个基本的教育观念之一（另一是“参与的观念”）。我对教育的介入，没有选择高等教育为重点（尽管我也写了不少以北大为中心的关于大学教育的文章，也参与了大学文学选本的编写工作），而以义务的、基础的教育为中心，就是因为基础教育关系到每一个人基本教育权的享有，属于基本的人权，关系着成才与经济发展的竞争中起点的平等。[1]而要实现教育的平等，关键又在农村的教育：这自然也是前述我的“真的知识阶级也即批判知识分子”的选择在教育观念上的一个自然延伸。

在坚持理想主义的同时，我又强调了在实际操作中的现实主义。一是强调从一件一件的具体的甚至是琐碎的事做起，做踏踏实实的建设工作，因此，我决不做空头主编，而实实在在地参加每一项具体的编辑工作，以致积劳成疾。另一是低调行事。首先是从一开始就为自己划定一条线，认清自己能做什么，不能做什么；能做的，在有什么价值的同时又存在着怎样的限度。因此，我对《新语文读本》的定位是：这是一本课外读物，而不是教材；它的对象是有了语文学习的基本能力以后希望继续提高的学生，而不是全体学生；它是文学、文化

[1]《以“立人”为中心》，《语文教育门外谈》，7页。

读本与精神读本，偏于文学语言与人文精神的熏陶，而不以语文知识的传授与语文能力的训练为自己的主要任务。这既是《新语文读本》的特色、特殊价值所在，同时也是它的一个限度。于是，在《〈新语文读本〉编者的话》中就有了这样的宣言："我们所提出的语文教育学的理念与原则、设想，在拥有自己的价值的同时，也存在着不足与缺憾，因而是可以并且欢迎讨论的，我们自己也将在他人的批评、质疑和自我反思与认识深化的过程中，不断对之进行修正与逐渐完善。我们也只是期待《新语文读本》能够成为众多的课外读物中有自己特色的一种。这里，始终贯穿着一种自我质疑的精神，或许这正是这套《新语文读本》的最大特色。"[1]

但可悲的是，《新语文读本》推向社会以后，它的命运就是我们自己所不能操纵的。开始，它受到极大的挤压，但当它在市场中表现出生命的活力以后，就产生了越来越大的影响。对此，我当然感到欣慰：这样的民间对体制的影响，正是我们所追求的目标之一，但我更感到忧虑，因为超出《新语文读本》自身限度的影响，就不是我们所期待的，比如说，如果将其视为教材的样本，再加上并不关心，也不了解《新语文读本》的基本精神，完全出于功利与商业目的去模仿、搬用，那就会走向反面，在某种程度上，可以看作是对《新语文读本》的另一种形式的伤害。我们对此也同样几乎完全无能为力。所幸，我自己从一开始对所做的这些事就持有怀疑的态度，我心里很明白。这是我一再说明的：我的一切努力、挣扎，尽管耗尽心血，其成效只是小数零点零零零几，但我确信是正数，这就够了。据说《新语文读本》最多已发行到二十多万册，但如果其中有几百人真正读进去，产生不同程度的影响，我也就心满意足了。

---

[1]《〈新语文读本〉编者的话》，《语文教育门外谈》，281页。

想大问题，做小事情

到了新世纪初，这逐渐成了我的生命存在方式，我将其概括为一句话："想大问题，做小事情。"坦白地说，这是包含了许多无奈，也具有某种反抗的意味。面对"同意与解释"、"宣传与做戏"的四大时尚，我给自己定了三条线：一是底线，维护自己"不（不同意，不解释，不宣传，不做戏）"的权利，沉默的权利；二是只要有可能就发出自己的独立的真的声音，做社会狂热中的清醒者，做一个批判者；三是如果没有这个可能，仍不放弃自己的独立思考。同时仍要积极"做事"，做自己愿意做，力所能及，又是有条件做的，并于己既无害，还有利于社会的事情。这些事情可能作用很小，微不足道，但对我自己来说，则是一种坚守，即毕竟把自己的信念化作了日常生活伦理和具体的行为，即所谓"反身而诚"。这就是"做小事情"的意思。

所谓"想大问题，做小事情"就是"将思想的天马行空与做事的脚踏实地结合起来，将由于对自己的信念的坚守而表现出来的思想的彻底、激进，与现实操作中的低调行事结合起来，在这两者之间形成一种张力"。这样做，既可以使自己的日常生活为理想之光所照耀，于是，所做的小事也就被赋予了一种诗意；同时理想的追求又可以落实到日常具体生活中，具有很强的可操作性，从而避免了空谈与无所事事，而在内心世界里，又可以在总体的焦虑中获得每一个生活瞬间的踏实感。我曾说："这或许可以部分地解释许多朋友都感到的'文章里的钱理群'的忧心忡忡与'生活中的钱理群'的兴致勃勃之间的矛盾。"[1]——在日常生活中我确实是兴致勃勃的，我曾向年轻的朋友这样描述我的生命存在形态："（我的）生命历程中，有高峰，也有过

---

[1]《面对二十一世纪：焦虑、困惑与挣扎》，《追寻生存之根》，14—15页。

低谷，我都始终如一地坚持不断给自己设置大大小小的理想与现实的目标，大至要不断攀登思想与学术的高峰，小至读一本（一批）书，或者写一篇（一组）文章，一本书，或者编一套书，甚至策划一次旅游……我都是带着一种期待、想象，怀着一种激情、冲动，全身心地投入，陶醉于其间，用婴儿的眼睛去重新发现，把它看作是自我生命的新的开拓与创造，从中去获取诗的感觉。我追求生命投入的强度，因此，我有一句话，叫作‘要读书就玩命地读，要玩就拼命地玩’，这种生命的自由的酣畅淋漓状态，正是我所向往的。”当然，我也同时声明：“这或许是我的个性所致，而且生命的支出太大，并不值得效法，只是适合于我而已。”[1]同时，我也在警惕陷入阿Q主义的陷阱。

存在着，努力着，彼此搀扶着

在反抗绝望中常能得到同道者的理解与支持：这也是我的悲观主义中的乐观主义。我在参与中小学语文教育改革的一开始就提出，尽管目前有志于改革的老师在教师的总数中，比例还不算大，但中国人口多，教师队伍也相当庞大，因此有理想、有追求的老师绝对数量还是相当可观的，这些人“应该相互了解，相互支持，进行心灵的与实际经验的交流，在相濡以沫中，会感到自己并不孤独，还有真同道在”。[2]《新语文读本》编委会就是这样的同道者的聚合，而且在《新语文读本》产生较大影响以后，朋友们又乘势开拓许多新的项目、新的领域，聚合了一批新的同道，这样就如同滚雪球一般，形成了相互

[1]《我的人生之路与治学之路——与南师附中同学谈心（代序）》，《我存在着，我努力着》，9—10页。

[2]《教育的真谛》，《语文教育门外谈》，127页。

独立又相互支持的志在推动教育改革的力量。这或许是编写《新语文读本》的最大收获。而且我们相信，还有更多的并不相识的同道，在不同方面、不同角度、不同领域，做着各自的努力，而社会的进步与理想的实现，正是仰赖于历史合力的作用。我因此而懂得了鲁迅所说的“无穷的远方，无数的人们，都和我有关”的深意。[1]而尤其让我感动，并且给我以慰藉的是，当语文界的大人物、自命的所谓权威对我大加讨伐时，我收到了大量的来自基层的老师与同学的来信，其中充满了理解、信任，更有许多真知灼见，也有善意的批评与提醒，这是我真正应该倾听的声音。这些年，我每年都要和遍布全国的上百位没有见过面的大朋友与小朋友通信，主要是三部分人：研究生，大、中、小学学生；中小学教师；民间思想者。我用极大精力一一回复，这是一种双向的生命运动：在我给需要我的年轻人以帮助的同时，也从他们那里得到更丰厚的回报，对于我，这正是与中国底层社会和年青一代建立精神联系的一个重要的渠道。

在2000年10月28日《在长江读书奖颁奖会上的讲话》里，我说了这样一句话：“我存在着。我努力着。我们又这样彼此搀扶着。——这就够了。”这是从我作为思想者与实践者的生命历程中提炼出来的座右铭，夸大一点，说这是我的哲学与信念也可以。“正是对这样一种‘存在之美，奋进之美，人性、人情之美’的不懈追求，构成了我内心深处的光明，并以此抵御一切外在与内在的黑暗。”[2]

---

[1]《“这也是生活”……》,《鲁迅全集》卷6，601页。

[2]《我存在着，我努力着·后记》,《我存在着，我努力着》，247页。

七　漂泊者与困守者

“离去—归来—离去”：一个文学模式的发现

首先，这是一个文学的发现。1989年7、8月，我写了研究40年代作家的两篇论文：《芦焚：知识者的漂泊之旅》、《无名氏：生命的追寻与幻灭》。我在作家芦焚笔下的旷野中的“跋涉者”身上，发现了“向远方凝望”的神态，发现了“要到神秘的，未知的‘远方’去‘探险’，去寻找‘没有人知道的命运’”的渴望，“正是这永远达不到的追求健全生命的‘绝对理想’，这永远‘不能满足的欲望’，构成了‘人’的生命本质，驱赶着精神与肉体尚未萎缩的人们挣脱生活给戴上的‘无形的镣铐’，抛弃了安身立命的‘家’的‘老巢’，离别了生养自己的乡土，走上了四处漂泊的人生之路”。但“当他们一涉入城市，就立即淹没在‘大旅馆’中熙熙攘攘的人群之中，突然失去了自己的声音，自己的色彩”，“待到真正在这金钱支配的、机械的城市中安顿下来，这些怀着获取新的生命活力的希望流亡而来的跋涉者，竟然发现了另一种形态的生命的枯萎”，“于是，这些曾经有着浪漫主义的豪勇的跋涉者们，成了真正的精神流浪汉”，他们哀叹“我们得到了没有期待的，失去了我们期待的”，并且“回答不出‘我是谁？’‘我要到哪里去？’”。于是心灵深处又“响起‘归去’的呼唤”。但待到真正归来，“他走到大街。‘在任何一条街岸上’都看见‘狗正卧着打鼾，它们是决不会叫唤的，即使用脚去踢也不'”，“他走进人家。'屋子里的陈设仍旧跟好几年前一样……所有的东西几乎全不曾变动，全在老地方'”。“于是，仿佛又有一种声音在身边响着：'你到这里来干什么呀？'寻求灵魂的安宁么？获取生命的新源泉么？这里什么也没有，只有生命的'坟墓'。”“'荡子'们重又感到了失落，并且突然发现，对于朝思暮想的家乡，自己不过是一个陌生的'客人'”，“这些永远'不大实际的灵魂'与这永远'不变'的小城从根底上是不能相容的”，他们于是只有两种选择：或者匆匆赶来“一见”之后，又匆匆离去，并且永远埋葬了这思乡的旧梦；或者留滞在这里，却永远不被承认，仿佛小城里“根本没有他这么个人，只在人家的笑谈中才存在”。“离去—归来—离去”：“'人'事实上已经陷入了永远走不出去的'怪圈'。真可谓'上天无路，入地无门'，哪里也不是灵魂的'安置'（更不用说'安息'）处。”[1]

后来，我在鲁迅的著作中，也发现了这样的“离去—归来—离去”的生命轨迹与文学模式[2]，随着研究的深入，就更加意识到这其实也是中国现代文学的一个基本的叙述模式，这自然是深刻地反映了中国现代知识分子的生存困境的。

漂泊与困守：我的基本生命命题、精神命题

我这里对作家笔下的40年代中国大地上的跋涉者生命轨迹的描述，读起来竟像是在描述一些正在从农村涌向城市的90年代的中国农民和乡村知识分子的命运。但在那个夏天，引起我强烈共鸣的，却

[1]《芦焚：知识者的漂泊之旅》,《精神的炼狱》，246—251页。

[2]《创造新形式的先锋——鲁迅小说论》,《精神的炼狱》，75—77页。

是自我生命无可着落、无所皈依的漂泊感。

或许正是在这样的心理背景下，“我与贵州安顺”的关系，成了我的生命命题。1990年7月，我写了一篇文章，评论我的安顺朋友与学生写的剧本《故乡人》，此剧描写的正是一个“由农村流向城市”又“回到故乡”，发生种种冲突以后，又不得不再度“离去”的故事，当时正在北京演出，引起京城戏剧界的关注。我在文章中却借题发挥，几乎是原封不动地抄了前文所引述的那一大段文字，最后才点题：“我眷恋‘安顺’，又害怕回归‘安顺’，只好在‘异乡’继续作生活的精神的流浪”，又加了一句：“这里所说的‘安顺’，既是实指，又是象征。”这里所说的既“眷恋”又“害怕”的心态，是符合我当时的思想状况的：如《堂吉诃德与哈姆雷特》一节所言，我正在对自己身上的堂吉诃德气进行反省，其中一个重要方面就是所谓“堂吉诃德的归来”，我对精神皈依的欲求，是既理解，更警惕其可能落入的陷阱的。

文章发表后，在安顺友人中立即引起了反响，篮子君还专门写了一篇回应文章，从另一个“新的视角”，对“更多是植根于群体的并非源之于个人的，与‘离去’相反的‘困守’心态”与精神，作了相当深刻的分析与阐发：“离去者一走了之，将一切都置诸脑后。而困守者却只能守住命运的堑壕，无可退让地承受起离去者所避开的一切轻与重”，“与离去通常所获得的成功相比，困守只有无言的艰辛和默默的忍耐。尽管也会有不满和抱怨，但他却不能拒绝，也不能推诿”，“当他们习以为常，不声不响地辗转于那从四面八方挤压过来的艰苦与繁巨、沉重与压抑、痛苦与失望、庸俗与琐碎时，他们所表现出来的那种沉着和平静，是怎样一种默默无闻的英雄气概啊！于是，在平淡无奇、见惯不惊的凡庸之下，我们发现了一种被无数不引人注目的‘同名数’所掩盖起来的困守精神——一种只有从整体的把握中才能去体悟、去领会的集体精神状态。这是一个国家、一个民族最深层强固的存在基础，最悠久绵长的成长根须。这是一种无言的伟大，卑俗的崇高，一种貌似柔弱和顺从的顽韧和不屈不挠”。[1]

篮子的文章引起了我的极大震撼。后来我将自己的这一篇剧评与篮子的回应合成一篇，以《乡之子的漂泊与困守》为题收在我的一本随笔集里。从此，“漂泊者”与“困守者”就成了我的一个基本的生命命题与精神命题。

篮子的文章所提出的是一个关涉历史观与文化观的重大问题。我后来在一篇文章里就提到，历史书所记载的只是“决定亿万人的命运的大人物的历史活动，恰恰忽略了那‘亿万人’的活动”，而如篮子所说，他们在大地上的困守才真正构成了“一个国家、一个民族最深层强固的存在基础”；人们一谈起文化，总是关注记载在历史典籍里的文化，而忽略了普通人的日常生活中的文化，“它不显山不露水，甚至不易被觉察，却又是极其顽强的”，“深扎在中国普通民众的精神结构的深处”，因而构成了民族文化的底蕴。[2]而真正决定一个民族命运的，也是这个民族普通人的生活逻辑，或者说，不论历史发生什么变动，最终总要回到这块土地上的大多数人的生活逻辑上来，这变动中的“不变”，所具有的“最悠久绵长”的生命力，也是一个民族的真正力量所在，尽管处于历史辉煌位置的大人物永远不会承认这一点，而以群体显示存在的普通平民百姓，大地的困守者们，也永远是沉默的。

[1]《乡之子的漂泊与困守》,《世纪末的沉思》，192—194页。

[2]《对共和国历史的另一种书写——在〈一个平民百姓的回忆录〉座谈会上的发言》,《生命的沉湖》，248、250页。

自觉建立两个精神基地

意识到这一点，我就能从更高的角度来看待我与贵州安顺的关系，后者正是我的生命存在之根。而具体到我与安顺朋友的关系，在某种意义上，是可以视为漂泊者与困守者的关系，这两者是可以而且应该互补的。在一封与安顺朋友的通信中我这样写道："(像）我这样的一个生活在抽象精神的象牙之塔里的知识分子，常常会羡慕世俗生活的现实感与人情味。而你身处于世俗中，却苦闷于'杂事如蚕丝一样缠得人日益消沉，人的精力就这样毫无意义地一点点消失，如指缝间不断漏落的沙子'。理想的人生大概是应该自由地出没于精神的象牙塔与世俗生活之间吧。"[1]于是，就有了建立"两个精神基地"的自觉："一是被人们称作'精神圣殿'的北京大学，一是处于中国边远落后地区的贵州安顺"，"我相信，社会的顶尖与底端，学院与民间之间是可以也应当相通的"。[2]坦白地说，我很为有这样两个精神基地而感到自豪，一个学者，一个知识分子能够自由地出入于其间，这是一种特殊优势，因此对北大与贵州安顺，我有着永远的怀想与感激。

"沉入于国民中"

正是因为有了这样的经验，我对鲁迅为摆脱辛亥革命后的苦闷，"沉入于国民中"的努力[3]，就产生了强烈共鸣，有了新的理解，并以此作为对年轻一代的一个基本要求。在一篇题为《沉潜十年——对新

[1]《心有灵犀——一束通信》，《生命的沉湖》，362—363页。

[2]《世纪末的心灵相遇》，《六十劫语》，23页。

[3]《〈呐喊〉自序》，《鲁迅全集》卷1，418页。

一代研究生的期待》的讲话中，我对“沉入于国民中”这一命题作了四个方面的阐述：一、学者、知识分子应该“保持与中国国民（普通老百姓）的日常生活的有机联系”，学术研究的问题意识应“自于（或立足于）中国的本土的现实”。二、“在这历史的转折时期，在中国国民（普通老百姓）的日常生活中，在中国人口密集的广大农村，也就是历史地平线的下面，一方面正在发生深刻的变化；另一方面，也保持着某种不受外在时势变动影响的永恒的常态”。“新一代的学者担负着为中国的发展提出新思想、新理想的历史使命，而新思想、新理想的提出，是不能脱离，甚至是要仰仗于对由上述‘变’与‘常’所决定的中国基本国情的深刻了解的，否则我们的‘创造’就会成为‘无根之木’。”三、“学院里的学术要不断从民间学术、民间思想中去吸取养料。”“学院的体制化，一方面是学术发展的必要，另一方面也有可能形成对学术创造力的一种压抑。在这些方面，具有某种野性，即不规范也因此不受约束的民间思想、民间学术就能够对学院的学术起到补充的作用。”四、一个学者的精神世界应该是“极为开阔的”，“如果学者的胸襟、视野像他所生活于其中的书斋那样狭窄，那就太可悲了”，“真正的学者是最热爱生活、热爱生命的”，“他对人，特别是普通人（所谓‘国民’）的日常生活有着最通达的理解，正因为书斋生活相对枯燥，也因为学者因思想的超前而时常咀嚼寂寞与孤独，他对平凡人生中浓浓的人情味，就有着本能的向往与挚爱，以至于依恋”。[1]——这里，自然都渗入了我自己的生命体验与欲求。

新的困惑：面对科索沃战争、“9·11”事件和伊拉克战争

重新回到这一命题，是在新世纪初，又有了新的思想文化背景，

[1]《沉潜十年》，《学魂重铸》，202—205页。

即全球化的背景。因此，有必要将我对全球化问题的认识过程先作一个简要的回顾。

在80年代，以至90年代初，我们虽然也提出了“中国文学走向世界”这样的命题，但至少像我这样的知识分子关注的中心仍是中国自身的问题；记得有一位与我们关系相当密切的日本朋友，为此感到十分诧异，他问我：为什么全世界知识分子都非常关注的一些话题，你们却很少谈及？我正是由这样的提醒，发现自身思考视野的狭窄：我们这一代人要真正走出自我封闭，是要有一个过程的。但很快，中国又走向另一个极端：“与国际接轨”突然成了一种时髦的口头禅与行为规范，我这样的人又不免产生许多疑惑。

而真正引起我认真思考的，是1999年的科索沃事件。我在这一年年末所写的一篇题为《无法言说》的文章里，对我的思想作了一个清理。首先引起震惊的是“美国与北约对南联盟的狂轰滥炸，正是其世界霸权主义的集中暴露，如此的霸道与专制，完全容不得任何不同的声音，不作任何妥协，并且根本不把他国（特别是弱小国家）人民的生命当作一回事，与对本民族人民生命的重视形成鲜明的对比，从而暴露了潜意识里的种族主义，把国际强权政治推向极端”。由此引发了我对“冷战”时期与“冷战”结束后的世界格局的重新思考：“以苏联为首的社会主义阵营与以美国为首的资本主义阵营的对立，这样的冷战格局所造成的消极影响，是这些年人们谈论得比较多的。人们却因此忽略了另一方面，即社会主义与资本主义二元对立结构的相互制约、渗透与影响所具有的积极意义。在某种程度上，资本主义制度在经历了自己的种种危机以后，之所以还保持了某种生命活力，很大程度上，是因为经过他们国内的许多社会主义者（包括许多共产党人）的顽强斗争，在某些方面吸取了社会主义理想中的积极因素，从而获得了某些自我调节的功能。而社会主义对资本主义的绝对拒绝，甚至为了所谓的纯洁性，而不惜将自身某些合理因素推向极端，这恰恰是导致某些社会主义国家解体的重要原因。到世纪末，在基本上失去了社会主义体制的制约，获得了全球范围的绝对权力以后，资本主义的内在的专制性就会得到毫无顾忌的恶性引发，从而导致了自身的腐败。'绝对的权力导致绝对的腐败'的客观法则同样适用于资本主义。"——这可以说是我第一次遭遇全球化问题，并有了这样的最初的思考。

而且我突然发现，自己立场的复杂、模糊与难以言说。我坚持我的"立人"理想，强调人的生命价值，强调个体精神自由，反对一切奴役与压迫，就必然地，一反对南联盟领导人对科索沃少数民族的种族灭绝；二反对美国与北约对南联盟的狂轰滥炸，伤及无辜平民；三反对极端民族主义的"公意"；四不赞同自由主义知识分子对青年学生与民众中正当的民族情绪的简单否定，以及他们的全盘美国化的主张；五不同意所谓"新左派"根本不承认或忽视极端民族主义的危险性的态度。我知道自己的立场也自有矛盾之处，比如我既是一个人道主义者，因此我反对借口维护主权侵犯人权，但我又是一个民族主义者，在我看来，无论怎样强调世界一体化，世界大同始终是一个彼岸理想，在此岸世界是不可能完全消灭民族国家的，也就不能完全放弃民族主义，因此，我也反对借口维护人权而侵犯主权，同时又对盲目排外的极端民族主义怀有高度的警惕。这样，我所坚持的就是一个思想者的全面而彻底的批判立场，在现实的政治、外交中是不具有可操作性的，如前文所说，在我看来，这样的操作、实践不是我的职责。我所能做与要做的，仅是自由地说出我的意见。我必须承认，我没有鲁迅那样的敢于"横站"，与多方面的论敌同时作战的勇气与智慧，我从根底上是软弱的，于是，就只有沉默了。而我最感痛苦的是，战争结束了，天下太平了，在这太平声中，还有几人能记得躺在南联盟土地上那些死尸的血痕，听见母亲深夜的饮泣？

新世纪伊始，“9 · 11”事件的发生，使我再一次陷入了言说的困境。在20世纪末，我曾写过一篇关于对新世纪的期待的短文，和众多的豪言壮语相反，自认唱的是低调，只是提出了两点希望，一是“懂得爱惜人的生命，不要动不动就要人死”，二是“回到常识”，不要再做梦。[1]发生在美国本土的爆炸将我的“不再杀人”的幻想击得粉碎。而随后发生在中国的极端民族主义与极端美国化的反应，更使我目瞪口呆。众多的中国民众与年轻人的幸灾乐祸，对人的死亡的冷漠；某些中国知识分子“从此开始美利坚时代，顺之者昌，逆之者亡”的预言，都让我不知所措。处于这两个时代高调的夹击之中，我感到窒息并无以言说。接着是“新帝国论”的出笼，“先发制人”、“打击邪恶轴心国”被宣布为美国国策，一个以美国为主宰的“国际新秩序”终于浮出地平线。我开始紧张地思考：全球化将给我们带来什么？在上海召开的有关全球化的一个座谈会上我第一次提出了自己的困惑：有朋友“提醒我们，‘全球化’也即‘世界一体化’已经成为我们的生活事实，是谁也回避不了的；我承认这一点，但确实想不清楚，‘全球化’将给我们带来什么。有人许诺我们，也有人一厢情愿地想象、希望：全球化将给我们带来富裕，带来自由、民主，带来全人类的协调、合作，带来人类公理的确立，带来‘世界融入中国，中国影响世界’的辉煌……但我怎么也看不到这样的前景”，在我看来，这都像是在说梦话。说实在话，在20世纪我们已经吃够了做梦的苦头，至少是我，再也不愿意沉湎于幻觉中自欺欺人了，“9 · 11”事件后，“直觉告诉我：世界将不得安宁，中国也恐怕未必太平：21世纪将仍然是一个充满矛盾、充满对立与斗争的

[1]《世纪总结与期待》，《六十劫语》，50页。

动荡的年代”。[1]

2003年美国绕开联合国发动的伊拉克战争，又使我面临着对自己信念的一次严重考验。在我看来，布什政府不顾国际舆论的反对，悍然发动对伊战争，当然不是所宣称的“解放伊拉克人民”，也不仅仅是为了控制伊拉克的石油，这实际上是要建立一个一切由美国说了算的“美利坚世界帝国”的一个关键性步骤。面对这样一个打着民主旗号的重建有着浓厚的种族主义倾向的世界奴役秩序的倒行逆施，我当然要反对。但布什所要推翻的萨达姆政权却是一个独裁统治，许多善良的中国人，也是怀着对专制主义的痛恨，而支持这场战争的，其中有许多人是我的朋友，或者是我的“忠实读者”，这都对我形成了巨大的压力，我要坚持反战，就难免引起误会。但这又是我不能越过的底线，即是要反对一切对人，特别是无辜平民生命的杀戮，反对一切形式的奴役；在这艰难的选择中，我多次想起鲁迅的提醒：我们既不能做自己人的奴隶，也不能做异族的奴隶。[2]于是，我再一次坚守了作为批判的知识分子，一个思想者的立场，公开宣布：“布什、萨达姆与本·拉登所代表的三种势力，正在构成对人类文明的根基——人的个体生命的存在的巨大威胁，对人类文明的基本原则——人道、人权、民主、自由、法制与和平的根本性挑战。在我看来，这正是21世纪一开始，世界所面临的危机。”我将这三位势不两立的“当代英雄”符号化，同视为人类文明的敌人，是因为我发现了他们之间内在的思想逻辑的相通，甚至用语上都惊人地一致：“比如他们都宣布对方是‘邪恶力量’（‘9·11’恐怖主义分子与萨达姆都指美国为‘魔鬼’，美国则直称伊拉克等国为‘邪恶轴心国’），这样就把自己置于‘正义’、

[1]《我的忧虑、困惑和挣扎》，《生命的沉湖》，326—327页。

[2] 参看《半夏小集》，《鲁迅全集》卷6，595页。

‘真理’的化身，‘替天行道’的地位，占领了道德的制高点。”实际是将自己所信奉的文明原则，自己所属的文化绝对化、神圣化，并将不同于自己的文明、文化“妖魔化”，为了追求文明、文化的“纯洁化”，而不惜动用武力歼灭一切“异端”。这其实正是人类历史上一切“宗教战争”的逻辑，现在在21世纪又以一种新的现代形式复活了。[1]现在资本主义的总代表、总头目，又正在试图用战争输出民主，以“解放邪恶国家”为己任，尽管目前气势正盛，但前途也未必美妙：历史最终是无情的。21世纪一开始就重演20世纪的悲剧，只是变了主角，这样的循环，令人感到历史的残酷。如《历史的中间物》与《堂吉诃德与哈姆雷特》两节所说，我在八九十年代既已总结过的历史教训这么快就获得了这样的现实意义，也使人感慨万端。

“全球化”的悖论：追求普世价值和文化多元化与本土化

这背后还存在一个重要的理论与实践问题：如何理解全球化？我们需要什么样的全球化？这正是我在2003年到贵州，和朋友们一再讨论的问题。在我们看来，“全球化是一个悖论。在消抹差别，追求统一的同时，它还需用差异性、地方性和多样性来加以支撑。换言之，失去了地方性和多样性，全球化不仅没有意义，而且必然造成灾难”。“全球化并不仅仅只是单纯地与国际惯例接轨，它还应有注重地方性和本土性的一面，因为全球化是以多元化为基础的，没有多元化就没有全球化。所以，地方性和本土性，或者说个别与差异，这是制约单一化的手段，也是全球化的内在张力。”“文化的多样性是尤其不可忽略的。”“人类有普世价值，也有共同的文明规范。不过，这种普世价值、共同规范是由世界人类共同提供的，是由不同国家、不同民

---

[1]《面对二十一世纪：焦虑、困惑与挣扎》,《追寻生存之根》，4、11、10页。

族和不同文化共同参与构建的，它没有也不该有什么‘中心’、‘核心’，当然也就没有什么‘边缘’与‘依附’。要警惕将某一种文化绝对化与普世化，将全球化变成用某一种文化征服全球，形成单一的世界文化格局的文化霸权主义。所以，统一与分殊，普世价值与多元文化，正是全球化悖论中不可分割的两个方面。”[1]

强调“普世价值与多元文化”的不可分割，显然是针对国内思想文化界的两种思潮，一是拒绝普世价值、拒绝向西方学习的极端民族主义，主张“拿来主义”、坚持批判传统封建主义的鲁迅，这些年不断被某些人，包括部分年轻人指责为“汉奸”，就是这种思潮的极端表现；另一则是将西方文化，特别是美国文化绝对化、普世化的“美国化即全球化即现代化”的思潮。我在2003年讨论北大教育改革的一篇长文里，即指出了这样的危险：“如果在‘与国际学术接轨’的口号下，将外国的学术界，包括西方汉学界理想化、绝对化，甚至产生新的迷信，以‘中国学术的西方化、美国化’为目标，这不但会从根本上丧失学术自信力，而且有失去学术独立性的危险。这些年所出现的学术研究中的中国历史、现实‘问题’的淡出，创造性思考的退化，将用中国的材料来证明西方某种流行的理论的有效性作为学术规范与追求的倾向，就充分显示了这样的危险。”文章还指出，在有些人看来，“美国的教育就代表了当今世界第一流水平，甚至代表了世界教育发展的‘潮流’，中国大学要进入‘国际主流’，就是要瞄准美国顶尖级大学，把美国哈佛大学的理念与体制，稍加改变，搬到中国来，把北大改造成‘中国的哈佛’”——这其实正是20世纪50年代“向苏联一边倒”、把北大改造成“东方莫斯科大学”的思路的翻版，是

[1] 篮子：《归来的学魂——钱理群2003年贵州之旅》，收《追寻生存之根》，209—210页。

又一个历史的重演："什么时候我们真正能够跳出'一边倒'的依附性思维，走独立自主的中国大学教育之路呢？"[1]

"认识脚下的土地"：漂泊者和困守者的内在矛盾与危机

同时存在的还有中国母语的危机。北大人事改革的最初方案中规定以能够用外语讲课为评定教授的条件，试图以外语（主要是英语）作为大学的教学、工作用语，正是这样的母语危机最突出的表现。我因此想起了这样的诗句："为什么如此多的人移居英语？/努力成为黄种白人，而把汉语/看作离婚的前妻，看作破镜里的家园？究竟/发生了什么？我独自一人在汉语里幽居，/与众多的纸人对话，空想着英语，/并看着众多的中国人跻身其间，/从一个象形人变为一个拼音的人。"

这不仅是民族文化的危机，更是人的存在危机：当人们，特别是年青一代，对生养、培育自己的这块土地一无所知，对其所蕴涵的深厚的文化，厮守在其上的人民，在认识、情感，以至心理上产生疏离感、陌生感时，就是在实际上失落了不只是物质的，更是精神的家园，"这不仅可能导致民族精神的危机，更是人自身存在的危机：一旦从养育自己的泥土中拔出，人就失去了自我存在的基本依据，成为'无根的人'"。[2]

本节所讨论的重点"漂泊者与困守者"的内在矛盾与危机，就在这样的视野下，重新进入了我的思考，这也是2003年返回贵州时，与朋友们讨论最多的一个问题，这是前述1990年的讨论的继续与深入："漂泊与坚守，是人的两种生命形态，两种生命选择，也是人的

[1]《中国大学的问题与改革》，《追寻生存之根》，63、70页。

[2] 同上，79页。

两种心理欲求。它们交织在一起，纠缠在一起，矛盾，冲突，形成一种内心的紧张和选择的张力，也形成一种奇异的心理伴生现象：漂泊者有渴望坚守的一面，坚守者也有渴望漂泊的一面。也就是说，两者常常是错位互换的：漂泊之中有坚守，坚守之中有漂泊——尤其是精神的漂泊。但这里还有一个更根本的问题，即有没有精神家园的问题。对于漂泊者来说，如果有了一片灵魂依归、精神寄托的家园，那么，即使他人在旅途，即使是生活在别处，他仍是有‘根’的；反之，他踏上的就是一条精神的不归路。而对于坚守者来说，如果他对这块土地及土地上的人民和文化毫无感情，冷漠，陌生，疏离，厌倦，一切都不关心，一切都无所谓，浑然不知，熟视无睹，一心只想着逃离，所谓身在曹营心在汉，那么，这种人即使走不出去，被迫留下来成为困守者，他也是没有根的”，“因此，不管是漂泊者还是坚守者，都有一个构建自己精神家园的问题”。[1]

而这也正是我自己的问题，或者说，我所更加强烈地感受到的是自我的存在危机：这又是一次外在危机向自身的内转。如前文所说，我一直将贵州安顺视为我的第二故乡，我的精神基地，而现在所提出的问题却是：“我了解这块土地，了解这块土地上的人民和文化吗？”

---

[1] 篮子：《归来的学魂》，《追寻生存之根》，213页。后来篮子在给我的来信中又作了这样的补充与提醒：“精神家园，既具有彼岸性，也有此岸性。作为彼岸性的东西，它包含有某种终极关怀的意蕴，而作为此岸性的东西，它无非是人在现实生活中的一种立足点，以及与之相应的那些信念、观念、准则等等。因此，有根无根的问题，实则也就是一个心是否有所系，命是否有所安的问题。它既离不开一定的地缘文化，又不能把它简单地理解为一个狭隘的地缘性、具象化符号，毋宁说，它更多是一种地缘象征和文化认同的心理指归。总之，我想得也不是很清楚，只是觉得需要划清某种界限，以免把它误会为一种狭隘的地方性或地方性文化。”——这自然是一个重要的厘清。

再进一步追问："我有根吗？"这问题是惊心动魄的，也是令自己颇为难堪的。于是，就有了这样的自省："是的，我在那里生活、工作了十八年，但我对世世辈辈根植在这块土地上的安顺普通百姓，他们的日常生活、习俗，他们的情感、内心渴求，他们的行为方式，人际关系、思维习惯……其实是十分陌生的，识其面而不知其心，我只不过是曾在这块土地上匆匆行走的过客"；"我发现自己一生竟是在不断地迁徙、奔走中度过的，于是，许多的城市：重庆、南京、上海、杭州、北京、安顺……都和我发生过关系，却都不深，缺乏刻骨铭心的生命的血肉联系。这也跟我自己的生活方式有关：走到哪里，都是关在校园或公寓的封闭环境中，过着与世俗生活隔离的书斋生活，我当年在安顺的十八年也是这么度过的。这在某种程度上就将自己从看似凡俗、具体、琐细，其实是更生动、活泼，也更真实的人的生活土壤中拔出，成了无根的人"。进一步反思则发现："这样的无根化的悲剧，恐怕并不只是发生在我一个人身上，它有着更深刻的时代根源：应该说迅速变化流动的现代生活本身，即容易使人成为失根的漂泊者；而我们那个时代对人的世俗生活的绝对排斥（一律斥为'资产阶级、小资产阶级情调'），对人的纯精神化的要求与精心培植，就自然产生了像我这样的畸形人。据我的观察与感受，前一方面的问题，将随着全球性的流动变得更加突出和复杂；而后一方面的问题，却并不具有普遍性，甚至出现了反向的排斥精神的现象。应该警惕的倒是对世俗生活的关注与表现，也变成是纯物质的，而忽略了其精神内涵：这也是一种消解，而且是带根本性的。"[1]

[1]《戴著〈一个人的安顺〉序言》，收戴明贤：《一个人的安顺》，1—2 页，人民文学出版社，2004 年。

追寻生存之根，重建精神家园

这样，到2002年8月，我从北京大学退休以后，就有了一个新的思想命题与生命命题：追寻生存之根，重建精神家园。[1]

首先，这样的命题的提出，是以前文分析的关于全球化的思考为背景与基础的，就获得了更为阔大的视野，更丰厚的历史内涵。我在一次"答记者问"中这样说道："退休，对于我来说，是一个精神的解脱，从此可以不再扮演'北京大学现代文学专业教授'这一角色。因此也就摆脱了这一角色所必有的、必要与不必要的清规戒律，以及自己套上的种种重负，也可以不再受专业限制"，"关注与思考一些更重大的问题，更自由地驰骋于更广阔的领域，做更无忌的想象与言说"，简言之，就是可以"胡思乱想"与"胡说八道"了。[2]具体地说，在退休后的两年半中，我的思考集中在由这一总命题引发出的三个分命题上，即"总结20世纪中国经验"、"构建精神家园与汉语家园"、"认识我们脚下的土地"。

"总结20世纪中国经验"可以说是对我的近二十年学术工作的一个概括与提升，其实，从前文的回顾中，就不难看出，无论作为"历史的中间物"、"堂吉诃德与哈姆雷特"、"幸存者"，还是"学者、教师、精神界战士"、"批判的知识分子"、"思想者与实践者"、"漂泊者与困守者"，我的一切研究、思考与活动，都是从"关注中国问题"出发，立足于"总结20世纪中国经验教训"，并力图为"创造中国理论"提供历史与思想资源。现在有了这样更加明确的表述，也就意味着有了更大的自觉性。在一次学术讨论会上，当朋友们提

[1] 退休后的思考后来汇集成了一本思想随笔，即《追寻生存之根：我的退思录》。

[2]《面对二十一世纪：焦虑、困惑与挣扎》,《追寻生存之根》，3页。

出如何使我们的研究“能够对变化中的社会和世界作出应答和解释”，“如何处理文学所凝聚、所体现的‘本土经验’，如何通过此种丰富经验的描述、分析和阐发，向当代世界提供多样的思想资源”，我发表了这样的意见：或许对中国社会主义文化的研究，对20世纪中国经验教训的总结，可以在这方面作出某种回应，“我特别看重的是这一课题本身所具有的理论前景：如果说对苏联、东欧经验的研究曾取得了巨大的理论成果，那么，远为丰富与复杂的中国式的社会主义文化的研究也同样有可能取得某种理论上的突破，这是中国的人文学者有可能为世界思想文化的发展作出独特贡献的一个领域，至少我们是可以这样期待的”。[1]——当然，我同时也十分清楚，自己所能做的工作是极其有限的：不过是提供一个历史当事人的一种观察、体验、思考而已。

“构建精神家园与汉语家园”同样也是对我的关于中小学教育思考的一个概括与提升，是我在前一阶段所提出的“打好精神底子与终生学习的底子”思想的一个发展，而“汉语家园”概念的提出，则显然针对日趋严重的母语危机，并赋予我对中小学语文教育改革的参与以新的意义。“认识我们脚下的土地”则是一个全球化背景下提出的新的教育课题，前文已有论述，不再多说。

更重要的，“追寻生存之根，重建精神家园”这是我的生命的需要。在2002年6月27日上最后一课时，北大学生问我：老师，你退休后要干什么？我的回答是“三回归”：回归家庭，回归贵州，回归中学。这表明了一种行为的走向，也是一个精神的趋向，即逃离中心，走向边缘，走向底层，走向生命之源。我仍住在京城，主要闭门著述，尽可能减少参加会议；我的主要社会活动全在“远方”：或去

[1]《我的忧虑、困惑和挣扎》，《生命的沉湖》，331—332页。

贵州——我在那里度过了从二十一岁到三十九岁一生中的最美好的时光，在我人生的艰难岁月是这块土地接纳了我，我带着新编的《贵州读本》与老朋友及当地大学生们进行心灵的交流；或去南京师范大学附中——那里是我的生命远行的出发点，为母校中学生上课，是旧梦重温，也是新的开拓；或去南方（上海、杭州、广东等地）讲学——在我最困难时，那里的朋友给了我最有力的支持。这都可以看作是一种回报，但更是一次次的精神吸取与滋养："仿佛回到真实的大地，感受到某种永恒的东西。"[1]

"回到大地"还有一个题中应有之义，即是"回归自然"。退休后，最惬意、最放松的，莫过于与老伴一起两次国外漫游：2003 年的欧洲五国的浪漫之旅，2004 年的加拿大的家庭休假。前者是我在 20 世纪 60 年代就做过的梦——那个年代会有这样的梦，真是不可思议。而后者却是难得尽享天伦之乐，并留下了《旅加日记》，其中就有"我与大自然的关系及其表达"的思考："每次旅游，我都没有文字留下，我从不写游记。深层次的原因是，自然，包括自然风景，恐怕不是语言文字所能描述的。语言文字仅是人的思维与表达的工具，在自然面前，就显得无能为力。坦白地说，在大自然面前，我常有人的自卑感，在自然奇观面前，只感到心灵的震撼，而无以言说。也正是这一点，显示了摄影（包括电影摄影）的力量和作用。所谓摄影，本质上是人与自然发生心灵感应的瞬间的一个定格，是我经常喜欢说的'永恒瞬间'。它所表达的是一种直觉的、本能的感应，又有极强的直观性，也就保留了原生形态的丰富性与难以言说性，这正是语言文字所达不到的。摄影所传达的是人与自然的一种缘分：摄影者经常为抓不

[1]《"因为我对这土地爱得深沉"——〈贵州读本〉编者絮语》，《追寻生存之根》，201 页。

住稍纵即逝的瞬间而感到遗憾，这实际上是意味着失去了（或本来就没有）缘分。”“因此，我的自我表达，也就有了这样的分工：用文字写出来的文章、著作，表达的是自我与社会、人生，与人的关系；而自我与自然的关系，则用摄影作品来表达。我经常在学生和友人中强调摄影作品在我的创作中的重要性，甚至说我的摄影作品胜过我的学术著作的价值，这其实并非完全是戏言。对于我来说，与自然的关系是更为重要的，我本质上是更亲近大自然的。只有在大自然中，我才感到自由、自在与自适，而处在人群中，则经常有格格不入之感。越到老年，越是如此。即使是旅游，我对所谓人文景观始终没有兴趣，我总觉得其中虚假的成分太多。真正让我兴奋、醉心的，永远是那本真的大自然。这样的类似‘自然崇拜’的心理，还有相关的‘小儿崇拜’，其实都来自‘五四’，我承认，自己本质上是‘五四’之子。”这里，还有一个有趣的感受：“在花园里遇到了许多中国人，来自台湾、大陆、香港的都有。于是，就听到了许多华语。按说他乡听乡音是一件极高兴的事，我却有一种陌生感，想来大概是因为来加拿大以后，我都为两种语言所包围：英语和广东话，这都是我听不懂的。这样，这半个月来，我除了与老伴用语言（汉语）交谈以外，与人的交流（包括两个孩子）都是借助于某个眼神、动作与表情，更多的是与大自然进行无声的对话。我几乎已经习惯于这样的近乎原始的交流方式，现在突然置于熟悉的语言世界中，反倒觉得不习惯了。这也算是一个独特的生命体验吧。”在融入了大自然之后，精神家园的内涵也就更为丰厚。在那一个早晨，独自坐在屋前的平台上读书，突然发现，更准确地说感受到了寂静：“它无声，却并非停滞，在无声中有生命的流动：树叶在微风中伸展，花蕊在吸取阳光，草丛间飞虫在蠕动，更有人的思想的跳跃和飞翔。这就构成了一种寂静之美”，而我的生命又进入了从容、沉潜的状态：这或许就是“诗意地栖居在大地上”，这是非常之美的。[1]

和青年志愿者的相遇

而尤感欣慰的是，在寻找精神家园时，我与中国更年轻的一代人相遇了。由于某种机缘，我与北京大学生中的青年志愿者群体，发生了联系。据说，到2004年5月，全国各大学已经成立了一百二十个这样的社团，北京地区已达三十多个。年轻人自发地组织起来，利用假期下乡开展支农调研、支教扶贫活动，同时又积极参与城市农民工的法律咨询和他们的子弟的教育。2004年暑期一部分北京学生社团组织了“西部阳光行动”，把支农支教与西部开发结合在一起。经过一段摸索，许多青年志愿者逐渐将工作重点放在乡村建设的实验点上。可以说，一个“关注农村，塑造自我，建设新乡村”的热潮正在中国的大学校园悄然兴起。这对我又是一个惊喜的发现，并且毫不犹豫地给予支持。我不仅向“西部阳光行动”提供捐助，帮助他们在边远地区建立了五个乡村图书室，参与北师大“农民之子”社团组织的北京市首届打工子弟学校作文竞赛评选工作，还由此引发了新的思考，对青年志愿者运动作了历史与理论的阐述，以《我们需要农村，农村需要我们——中国知识分子“到农村去”运动的历史回顾与现实思考》为题，在北大、北师大等校作公开演讲，引起了大学生们的强烈反响。我关注的是一个世纪思想文化现象：在20世纪，从20年代到70年代，整整五代知识分子几乎是前仆后继地奔赴农村，走向民间；在80年代、90年代中断了将近二十年后，到了新世纪初，又有第六代年轻人重新走向广大的农村。我要和年轻人讨论的是这背后的

[1]《旅加日记》，未刊稿。

历史的动因与历史经验教训。我这样讲道："这里有一个最简单、最基本的事实：生活在中国这块土地上的，绝大多数人是农民，正是中国的农村：土地上的房屋，河流与森林……构成了一个永恒的存在，因此，不认识中国的农民和农村，不了解他们真实的生存状态，不懂得他们的思想感情，不知道他们的要求、愿望，陌生于他们的文化，就很难说真正认识中国这块土地。在我看来，在过去一个世纪，一代又一代的现代知识分子之所以这样'前仆后继'地走向农村，其内在的动因就是要寻找认识与改造中国的根基，要寻求自己的生命之根。在这个意义上说，在新世纪初，你们的青年志愿者运动，也是一个寻根运动，是在补你们生命历程中不可或缺的一课：重新认识你脚下的土地，重建你的精神家园。"我同时强调的是，"当下中国最迫切、最重大的两大问题，无论是解决两极分化、发展不平衡的问题，还是推动政治改革，其关键都在农村的改造与建设"，"我们今天尤其应该明确地提出：农民不富裕，就谈不上国家的富裕；农民没有充分享有民主、自由的权利，就谈不上国家的民主、自由；农民没有根本改变落后、愚昧状态，就谈不上国家的文明；农民没有从种种束缚下解放出来，就谈不上国家的解放。应该以这样的观念与追求，作为我们建立现代国家的基本理念与目标"，而如果不打好乡村民主建设的基础，中国的政治改革就会成为"沙上建塔"，如"五四"先驱者所说，"若想得到个立宪的政治，先要有个立宪的民间"，"这样的农村，才是培养民主主义的沃土"。我得出的结论是："到了新世纪初，又重新产生了'有理想、有献身精神的知识分子与渴望改变农村面貌的农民相结合'的历史要求，新的青年志愿者运动也就这样应运而生。"——在这里，依然贯穿着我的启蒙思想：新农村建设运动在某种意义上，也是一个民间的思想启蒙运动，而青年志愿者参与其间，也将获得自身思想的启蒙与精神成长。这样，我在这十年中所做的三件大事：组织北大百年校庆的民间纪念，推动中小学民间教育改革，参与青年志愿者运动，实际上是有着内在联系的：都是在推动民间的思想启蒙运动。这同样也是一个双向运动：在这一过程中，我自身的生命也获得了不断的深化和升华。

在我看来，大学生中的青年志愿者运动，对中国的学术界与教育界是一个有力的挑战。于是，就有了这样的反省：中国这块土地，中国农民，普通人民的生存状态，正在发生书斋里很难想象的深刻的变化，也面临着空前复杂而尖锐的问题，而我自己，以及我们许多知识分子，对这些却知之甚少，了解一些，也是失之笼统，更缺乏深切的体验，我们事实上是越来越陌生于脚下这块土地了。现在许多人都在谈论中国的学术危机、思想危机，在我看来，这或许是一个更带根本性的危机。在所有关于中国大学教育改革的设想与实践中，乡村建设问题都没有进入我们的视野，我们从来没有想过中国的大学应该担负培养乡村建设人才的重任。我们的大学教育——恐怕还不只是大学，而且还包括中、小学教育，我们的整个教育都严重地脱离了中国农村的实际，也就是脱离了中国最基本的国情，这难道不应该引起我们深刻的自省吗？

我同时注意到，这样的志愿者行动，这样的乡村改造与建设运动，并不只是限于中国，在某种程度上，这是一个世界范围内的运动，也就是说，对它的观察与思考也必须置于全球化的背景之下。我对大学生们说：志愿者行动是一个理想主义者的运动。这也是一个国际现象：西方国家、东方国家的知识分子，发达国家、发展中国家的知识分子，经过了一个世纪的风风雨雨，大家心中的上帝都死了，都面临着一个理想重建、价值重建的任务。今天还要不要坚持理想主义？如何坚持？理想主义者的出路在哪里？这都是全球性的思考问题，也是全球性的实践课题。而乡村改造与建设运动，则是发展中国家，东方知识分子所关注的问题，除了自身的意义以外，还是一个寻求不同于西方社会的东方民族国家的现代化道路的自觉尝试。这也是我们所面临的问题：在中国的乡村改造与建设中，如何整合中国传统的乡土资源，走出一条既吸取了西方现代化建设的成功经验，又有别于他们的中国自己的乡村改造与建设的道路来。这同时又是一个现代民族文化的重建过程。或许这也是我们正在进行的乡村改造与建设的更深层次的目标与意义吧。

我当然没有忘记，向年轻人讲述一个世纪的知识分子"到农村去"运动的教训，这正是我在前述对堂吉诃德与哈姆雷特精神的反思中已经总结过的：知识分子到农村去，熟悉遇到的就是与农民的关系问题。而最容易发生的又是两种倾向：或者是以救世主的姿态，包打天下，把农民当作救济、施恩的对象，这是一种英雄主义、贵族主义的态度；或者将农民理想化，将农村小生产的生产方式与生活方式美化，把自己置于被改造的地位，这是我们一再提及的民粹主义的倾向，对历史上发生过的这两种倾向都应该保持必要的警惕。对理想主义也要有一个正确的态度，提倡一种低调的、理性的理想主义，首先是坚持理想主义，同时又理性地估计与正视理想主义实现的有限性，这背后其实是包含了鲁迅先生所提倡的韧性精神的，就是认准一个目标，就不计效果地、不问收获地、持续地、一点一点地做下去。既清醒于个人作为的局限，又相信历史合力的作用，也就是鲁迅说的，地上本没有路，走的人多了，也便成了路。

"那前面的声音叫我走"

这是一条漫漫长途，我曾追随以鲁迅为代表的先驱者和我的老师们往前走，曾经和我的同代人相互搀扶着走，曾经和知青那一代人以及之后那一代人一起走，现在又与世纪初的青年志愿者走到了一块，而始终与我相伴随的，则是我的贵州、安顺的朋友。而且还要这样继续走下去。

> “你是怎么称呼的？”——“我不知道。”
>
> “你是从那里来的呢？”——“我不知道。”
>
> “你到那里去？”——“我不知道。”
>
> “你已经这么劳顿了，还不如回转去。”——“那不行！我只得走。回到那里去，就没一处没有名目，没一处没有地主，没一处没有驱逐和牢笼，没一处没有皮面的笑容，没一处没有眶外的眼泪。我憎恶他们，我不回转去！”
>
> “（你）还不如休息一会的好吧。”——“但是，那前面的声音叫我走。”
>
> “他似乎曾经也叫过我。……我不理他，他也就不叫了，我也就记不清楚了。”——（徘徊，沉思，忽然吃惊，）“然而我不能！我只得走。我还是走好吧……”
>
> （过客向野地里踉跄地闯进去，夜色跟在他后面。）[1]

2005年1月17日—3月5日陆续写成，3月6日定稿

[1]《过客》,《鲁迅全集》卷2，189、191—192、194页。

后 记

我于2002年8月退休，到现在已经五年了。在这五年中，除了从更大范围从事社会文化教育实践活动——关注和参与中学语文教育、西部农村教育、地方文化研究、青年志愿者运动外，主要的兴趣和精力还在学术研究：先后出版了《鲁迅作品十五讲》(北京大学出版社，2003年)，《鲁迅九讲》(福建教育出版社，2007年)，《钱理群讲学录》(广西师范大学出版社，2007年)——这三本书或是学术普及著作，或为学术演讲，都还是"业余研究"，我的真正学术主业，花大力气写的主要是两本书。另一本就是刚收笔的这部《我的精神自传》，它纠缠我的时间更长：书的上篇《我的回顾与反思》是2002年3月至6月，在北大讲"最后一门课"的讲稿，因此有"北大演讲录之三"的副题——"之一"是1997年下半年讲的《话说周氏兄弟》，"之二"是2001年上半年讲的《与鲁迅相遇》；书的下篇《我的精神自传》，是2005年应一位杂志主编之约而写，最初只准备写一篇文章就算交卷，不料越写越长，越写越认真，竟有了书的规模；2006年、2007年，又在朋友的催促下，将学生录音、整理的《我的回顾与反思》的讲稿正式成文，作了一些补充与发挥，还补写了几篇文章，最后成书，已经耗费了五年时光，更是倾注了退休前后的主要心血。

这本书，在我的学术著作中，确实占据了相当独特的地位：它既是我的自传，学术自传与精神自传，又是一部学术史、思想史、知识分子精神史的著作。

它首先是我的自传。本来，传记写作就是我的学术研究的重要组成部分：《周作人传》自然是写传记的自觉尝试，而《与鲁迅相遇》、《大小舞台之间——曹禺戏剧新论》其实也都可以看作是鲁迅、曹禺的精神史、生命史的书写。最近有一位年轻的研究生还发表过这样的看法："对于钱理群一代人而言，最适用也最好操作的，就是传记学批评方法和心灵史模式。"[1]这大概有点道理，我自己也说过，我的现代文学研究的"目标"就是"探讨隐藏在大量的文学现象背后的人的生存境遇、体验与困惑，以显示一个历史时代人的生命涌动的轨迹"。[2]在这个意义上，我的学术研究具有广义的传记性，是一种"生命史"的研究与写作。而不同于以往的著作，这回我写的是自己的传记，自己的生命史。而写"自传"也是新文学的一个传统，胡适就是自传写作的鼓动者、倡导者，他还有过"四十岁写儿童时代，五十岁写留学时代到壮年时代，六十岁写中年时代"的浪漫设想。[3]那么，我在望七之年写自传，也是情理之中的。

不过，我要写的自传，却并不符合胡适的要求。他在《四十自述》自序里，曾表示"希望社会上做过一番事业的人"，"赤裸裸的记载他们的生活，给史家做材料，给文学开生路"，那么，他期待的是写"琐碎生活"的实录体的自传。[4]而我所写的主要不是自己的人生经历、日常生活，而偏重于精神历程、学术生涯，不是用实录的方法，而偏于自我解剖、自我分析。我的自传，其实就是对自己的思想、学术的

[1] 吴佳燕：《论钱理群的现代文学研究》，电子文稿。

[2]《现代人的生存困境及审美形态——我这十年研究》，《返观与重构》，155页。

[3]《〈四十自述〉"自由中国"版自记》，《胡适全集》卷18，3页，安徽教育出版社，2003年。

[4]《〈四十自述〉亚东版自序》，《胡适全集》卷18，7页。

一次清理、反省和反思，在另一个意义上，也是对自己的学术著作的一个自我解读。

为什么要作自我解读？这又和我的学术研究的两个特点有关。

我的研究是有强烈的问题意识和思想创造的欲求的。也就是说，我总是直面“内在于现实、历史和自我”的“问题”，到我的专业——现代文学史、思想史的研究中去作“历史”的追溯，并努力从中提升出某些“思想”的命题，以达到“现实—历史—思想”的互动、交融。而作为这些自觉追求的成果和体现的学术著作，它的外在表现形态主要是一种历史的叙述，而问题意识是隐含其后的，其所提出的思想命题也大都点到即是，而且是分散的。这就需要通过“回顾”，既说明每一部著作背后的问题意识，及不同阶段的著作之间的问题的关联，又将其中的思想命题贯穿起来，形成思想的一定程度的系统性。“回顾”的另一面，还有“反思”，即清醒地意识到，作为一个受到现实制约的学者、知识分子，在面对问题进行思考与研究，在有自己的时代的“发现”的同时，又会有所“遮蔽”，从而产生自身和时代的新问题。这就需要经过“反思”，弄清自己的在特定时空下的学术研究，“发现了什么，可能又遮蔽了什么？”并且“将这些发现与遮蔽，放到整个中国政治、经济、社会、文化的历史实践这样一个大背景下来看，又暴露了怎样的问题？置于当下现实中，又有怎样的意义？”这样的反思本身就具有精神的价值，并且能够成为新的思考与研究的新的起点。——这就是本书的第一部分《我的回顾与反思》所要做的工作。

我的研究还追求“自我生命和学术的一体性”：学术的探讨，同时也是生命的挣扎；对研究对象的发现，也是对自我的发现；随着学术的不断开拓，自我生命也获得不断深化、升华，以至新生。因此，我说过，在我这里，“所有的学术探讨，对外部世界历史与现实的追问，都最后归结为自我内心的逼问，对于自我存在的历史性分析和本体性追问：我是谁？我何以存在与言说？”——本书第二部分《我的精神自传》，所要揭示的，就是在一定的生命历程中的学术著作的背后，我的自我存在的追寻，我的自我“精神命名”。

这样，我就把自己赤裸裸地暴露给读者了。这或许有助于你们读“懂”我的著作，有助于我们一起来解剖这个叫作“钱理群”的人，他的思想与学术，同时，也反思我们自己，创造我们自己。然而我又担心，这会形成新的遮蔽，因为任何学术著作的实际内涵都是小于或大于作者自己的主观追求与预设的，在这个意义上，根据作者的自述去读其书，是危险的，不仅有可能被误导，也会妨碍作为具有自身主体性的读者的独立理解与发挥。而这样的独立理解与发挥，才是阅读的意义所在。

我的“野心”很大：这本书又是一部关于1980年代以来的中国思想史、学术史、知识分子精神史的研究著作。

我曾经和友人黄子平、陈平原一起提出“20世纪中国文学史”的概念，其实我自己最为倾心的却是“20世纪中国知识分子精神史”。我的写作策略，是“拎起中间，带动两头”：因此，首先选择了“1948年”，考察在这个历史转折的关头中国知识分子的选择和心路历程，写了《1948：天地玄黄》。接着就着手考察1949年以后半个世纪的知识分子的精神之旅。我没有按一般的思路，把目光投向上层知识分子，而关注被遗忘的，作为民间思想者存在的青年知识分子，于是，就有了相关的写作。同时又无法摆脱研究现实生活中的知识分子，80年代以后的中国思想、文化、学术界的诱惑。但又深知其难：一是缺乏距离，难以把握；二是身处其中，难于应对非学术的干扰。这就想到以自己的研究为个案，两个难题都好解决。记得我的导师王瑶先生说过，由于“我们现在仍然处在历史进程之中，因此，要写出一本高质量的学术思想史或文化史还很有很多困难，甚至像黄宗羲《明儒学案》、梁启超《清代学术概论》这类纵观全局的书籍，一时也还难以出现”，“如果只选择一个适当的角度或审视点”，来考察时代思想、文化、学术的发展，“可能是既具体有征而又能体现发展轨迹的，在现阶段也比较容易着手”：这就是所谓“从一个人看一个世界”，“通过某一审视点来总览全局”。[1]而我之所以“毛遂自荐”地选择自己的研究作“审视点”，是因为我属于“文革”后第一届研究生，在这段历史中正处于承前启后的地位，而我研究的中国现代文学领域也正是这一时期的“显学”，它和现实的政治、思想、文化、学术思潮，以及其他人文科学、社会科学的研究都有比较密切的联系，这样，我所面对的问题，对问题的思考、处理方式，以及产生的问题（遮蔽、失误，等等），都具有一定的“典型性”。

而且这都是自己所亲历，并渗透了自身的生命体验，就容易如一位学者所说，“回到原历史脉络和情境中去体会和理解，以重新获得具体感”，而达到“复杂化”的理解。[2]——这样，我就把自己的研究赋予了某种“典型现象”的意义。因此，我的研究的研究，就超越了一般的自传的写作方式，而有更多的分析、审思，以及背后的“时代思想、文化、学术问题”的追问与反思。

和我所有的学术著作一样，本书的写作，也有研究方法及学术叙述学上的自觉追求和设计。除了以上所说，以自己的学术作个案来审视80年代以来的中国大陆思想、学术，是王瑶先生所倡导，我长期坚持的“典型现象”研究方法的新的尝试以外，我还设想过，请一批比我年轻的朋友，也即另一个时代的学者，对我的这些“回顾与反思”，以及所涉及的80年代以来的中国思想、学术问题作评点，包括

---

[1] 《希望看到这样一本书》，《王瑶全集》卷8，50页。

[2] 贺照田：《制约中国学术思想界的几个问题》，《开放时代》2002年1期。

批评和质疑，以形成多个视点，形成一种包含了思想交锋（不仅和我，也在评点者之间）的对话关系，这就将大大扩展本书的思考，并使本书的叙述进一步复杂化。应该说，这是一个很有吸引力的设想。我和一些年轻的朋友最初都为之兴奋不已。但操作起来却很困难，主要是这些年轻朋友都太忙了，我也不好意思用自己的著作去太多地打搅他们。最后，只有北大的贺桂梅君对《我的回顾与反思》中的第一讲《我的人生之路与治学之路（上）》作了详尽评点，我的贵州老友篮子君对《我的精神自传》作了部分点评，但我已经获益匪浅，现一一照录于相关部分的注释中，以形成局部对话，务请读者留意。我也希望以后还有机会再作这样的尝试。

不知道有没有读者，在读完本书以后，还有兴趣提起笔来，评点一番？

2007 年 10 月 18 日